2010

WOLFGANG SCHMITT /1992

Sphären der Gerechtigkeit

»Theorie und Gesellschaft«
Herausgegeben von
Axel Honneth, Hans Joas und Claus Offe
Band 23

Michael Walzer

Sphären der Gerechtigkeit

Ein Plädoyer für Pluralität und Gleichheit

Aus dem Englischen von Hanne Herkommer

Campus Verlag
Frankfurt/New York

Die Originalausgabe erschien 1983 unter dem Titel
»Spheres of Justice. A Defense of Pluralism and Equality«
bei Basic Books, New York
Copyright © 1983 by Basic Books, Inc.

Die Deutsche Bibliothek — CIP-Einheitsaufnahme
Walzer, Michael:
Sphären der Gerechtigkeit : ein Plädoyer für Pluralität und
Gleichheit / Michael Walzer. Aus dem Engl. von Hanne
Herkommer. — Frankfurt/Main ; New York : Campus Verlag, 1992
(Theorie und Gesellschaft ; Bd. 23)
Einheitssacht.: Spheres of Justice <dt.>
ISBN 3-593-34644-3
NE: GT

Das Werk einschließlich aller seiner Teile ist urheberrechtlich geschützt.
Jede Verwertung ist ohne Zustimmung des Verlags unzulässig. Das gilt
insbesondere für Vervielfältigungen, Übersetzungen, Mikroverfilmungen
und die Einspeicherung und Verarbeitung in elektronischen Systemen.
Copyright © 1992.
Alle deutschen Rechte bei Campus Verlag GmbH,
Frankfurt/Main
Umschlaggestaltung: Atelier Warminski, Büdingen
Satz: Fotosatz Norbert Czermak, Geisenhausen
Druck und Bindung: Fuldaer Verlagsanstalt, Fulda
Printed in Germany

Inhalt

Vorwort zur deutschen Ausgabe 11
Vorwort 15
Persönlicher Dank 23

1. Komplexe Gleichheit

Pluralismus 26
Eine Theorie der Güter 30
Herrschaft und Monopol 36
Einfache Gleichheit 41
Tyrannei und komplexe Gleichheit 46
Drei Distributionskriterien 51
    Der freie Austausch 51 · Das Verdienst 53 · Das Bedürfnis 56
Hierarchien und Kastengesellschaften 58
Der Argumentationsrahmen 61

2. Mitgliedschaft und Zugehörigkeit

Mitglieder und Fremde 65
Analogien: Nachbarschaften, Vereine und Familien 70
Das Territorium 80
    Das »weiße Australien« und die unabweisbaren Erfordernisse 85 · Flüchtlinge 89
Ausländertum und Einbürgerung 93
    Die athenischen Metöken 94 · Gastarbeiter 98
Mitgliedschaft und Gerechtigkeit 105

3. Sicherheit und Wohlfahrt

Mitgliedschaft und Bedürfnis 108
Die Gemeinschaftsversorgung 113
    Athen im 5. und 4. Jahrhundert 114 · Eine mittelalterliche jüdische
    Gemeinde 118
Der gerechte Anteil 122
Ausmaß und Umfang von Versorgung und Fürsorge 127
Wohlfahrtsstaatlichkeit in Amerika 134
    Die medizinische Versorgung – ein spezieller Fall 137
Eine Bemerkung zum Zusammenhang von Wohltätigkeit und
Abhängigkeit 145
    Blut und Geld – zwei Beispiele 147

4. Geld und Waren

Der allgemeine Kuppler 150
Was man für Geld nicht kaufen kann 153
    Die Zwangsaushebung im Jahre 1863 153 · Blockierte Tausch-
    geschäfte 156
Was man für Geld kaufen kann 161
Der Marktplatz 167
    Das größte Warenhaus der Welt 171 · Waschmaschinen, Fernseh-
    geräte, Schuhe und Automobile 174
Die Ermittlung und Festsetzung von Löhnen 178
Redistributionen 183
Geschenke und Hinterlassenschaften 187
    Der Geschenkeaustausch im Westpazifik 187 · Geschenk und
    Schenkung im Code Napoléon 190

5. Das Amt

Einfache Gleichheit in der Amtssphäre 195
Die Meritokratie 203
    Das chinesische Examenssystem 209
Sinn und Bedeutung der Qualifikation 214
    Was ist falsch am Nepotismus? 219

Die Ämterreservierung 221
    Die Schwarzen in Amerika 225
Professionalismus und der Übermut der Ämter 231
Die Eindämmung des Amtes 237
    Die Welt des Kleinbürgertums 238 · Arbeiterkontrolle 239 · Politische
    Patronage 240

6. Harte Arbeit

Gleichheit und Härte 244
Gefährliche Arbeit 248
Schwerarbeit 251
    Der israelische Kibbuz 254
Dreckarbeit 256
    Die Müllmänner von San Francisco 261

7. Freizeit

Die Bedeutung von Muße als freier Zeit 270
Zwei Formen der Ruhe 274
    Eine kurze Geschichte des Urlaubs 277 · Die Bedeutung des
    Sabbat 281

8. Erziehung und Bildung

Die Bedeutung von Schulen 288
    Das »Haus der jungen Männer« bei den Azteken 291
Die Elementarerziehung: Autonomie und Gleichheit 293
    Hillel auf dem Dach 294 · Der japanische Weg 297
Spezialschulen 300
    Die Schulzeit des George Orwell 307
Assoziation und Segregation 310
    Privatschulen und Ausbildungsgutscheine 314 · Die Talentsuche
    oder das Aufspüren von Talenten 318 · Die Integration und der
    Schulbus 320 · Nachbarschaftsschulen 324

9. Verwandtschaft und Liebe

Die Verteilung von Liebe und Zuneigung 227
    Platons Wächter 330
Familie und Wirtschaft 333
    Manchester im Jahre 1844 334
Heirat und Ehe 336
    Der Bürgerball 338 · Der Sinn des »Stelldicheins« 340
    Die Frauenfrage 343

10. Göttliche Gnade

Gnade als ein besonderes Gut 348
    Die Mauer zwischen Kirche und Staat 351 · Das puritanische
    Commonwealth 352

11. Anerkennung

Der Kampf um Anerkennung 356
    Eine Soziologie der Titel 356
Öffentliches Ansehen und individuelle Verdienstlichkeit 369
    Stalins Stachanowarbeiter 374 · Der Nobelpreis für Literatur 376 ·
    Römische und andere Triumphzüge 379
Die Bestrafung 381
    Der Ostrazismus in Athen 384 · Der vorbeugende Gewahrsam 386
Selbstschätzung und Selbstachtung 388

12. Politische Macht

Souveränität und begrenzte Herrschaft 399
    Machtblockierungen 401
Wissen und Macht 403
    Das Staatsschiff 405 · Disziplinarinstitutionen 408
Eigentum und Macht 412
    Der Fall Pullman, ein Lehrstück aus dem Staate Illinois 418

Das demokratische Bürgerrecht 429
    Das athenische Lossystem 431 · Parteien und Vorwahlen 433

13. Tyranneien und gerechte Gesellschaften

Die Relativität und die Nichtrelativität von Gerechtigkeit 440
Gerechtigkeit im 20. Jahrhundert 445
Gleichheit und sozialer Wandel 448

Anmerkungen 453
Sachregister 473
Personenregister 477

Vorwort zur deutschen Ausgabe

Seit dem Erscheinen von *Spheres of Justice* in den Vereinigten Staaten sind jetzt fast zehn Jahre vergangen. In dieser Zeit hat das Buch zumindest eine der Hoffnungen erfüllt, die sich Verfasser gewöhnlich machen: Es hat eine intensive und lebhafte Debatte hervorgerufen. Der Rahmen dieser Debatte ist allerdings mehr von den Philosophen als von Politik- und Sozialwissenschaftlern oder von politisch und sozial engagierten Bürgern bestimmt worden. Thema der Debatte war mehr die meta-ethische Frage des Relativismus als die Forderung nach »komplexer Gleichheit«. Aber gerade diese Forderung erscheint mir die interessantere Idee des Buches – ich hoffe, den deutschen Lesern wird es ebenso gehen. Diese Forderung ist sicher keine relativistische Idee – außer vielleicht in dem Sinne, daß in primitiven und undifferenzierten Gesellschaften ohne nennenswerte Arbeitsteilung die Forderung nach »komplexer« Gleichheit kaum Sinn machen würde. In allen modernen Gesellschaften aber ist komplexe Gleichheit ein gültiger Standard.

Aber gewiß enthält das Buch auch eine relativistische Behauptung. Sie besagt, daß wir die Verteilung sozialer Güter weder verstehen noch beurteilen und kritisieren können, bevor wir deren Bedeutung für das Leben jener Männer und Frauen begriffen haben, unter denen diese Güter verteilt werden sollen. Verteilungsgerechtigkeit (aber nicht jede andere Art von Gerechtigkeit) steht in Relation zu sozialen Sinnbezügen. Wie könnte es anders sein? Ein Gut wie die Mitgliedschaft in sozialen Gruppen, eine berufliche Position oder ein Amt, ein Bildungszeugnis oder eine medizinische Leistung werden in verschiedenen Gesellschaften verschieden gedeutet und bewertet. So scheint es nur vernünftig vorzuschlagen, daß diese Güter deshalb verschieden verteilt werden sollten, das heißt von verschiedenen Instanzen, nach verschiedenen Verfahren und gemäß verschiedener Kriterien.

Dieses Argument, daß nämlich dieselben Güter verschiedene Verteilungsregeln in verschiedenen Gesellschaften erfordern, ist weniger wichtig, weniger interessant und von geringerer politischer Bedeutung als das weitere Argument, daß verschiedene Güter verschiedene Verteilungsregeln innerhalb ein und derselben Gesellschaft verlangen. Es gibt einfach keine einzig richtige Verteilungsregel oder einen konsistenten Satz von Verteilungsregeln, nach der man alle heute begehrten Güter verteilen könnte. Dies ist der Punkt meiner Meinungsverschiedenheit mit John Rawls und anderen Philosophen, deren »Gerechtigkeitsprinzipien« in der Lage sein sollen zu bestimmen, wie alle wichtigen Güter verteilt werden sollen. Dagegen möchte ich die allgemeine Vorstellung von einer Eigenständigkeit von Gerechtigkeitsregeln und von der Autonomie einzelner Verteilungssphären vertreten. Keine einzelne sachliche Verteilungsregel kann Allgemein-Zuständigkeit beanspruchen, aber dennoch gibt es eine universelle Verfahrensregel: Jedes Gut soll nach den Geltungskriterien seiner eigenen »Sphäre« zugeteilt werden.

So müssen wir die Sphären der verschiedenen sozialen Güter gegeneinander abgrenzen und so gut es geht dafür sorgen, daß es nicht zu einer Verwischung dieser Grenzen kommt. Danach ist jedes der Güter nach seinen ihm eigentümlichen Gerechtigkeitsgründen und in Übereinstimmung mit der Bedeutsamkeit zu verteilen, die es für eine bestimmte Gruppe von Menschen hat. Liberale, demokratische und sozialdemokratische Ziele setzen gleichermaßen das voraus, was ich an anderer Stelle die »Kunst der Grenzziehung« genannt habe. Dies ist wohlgemerkt eine Kunst, keine Wissenschaft. Autonomie ist immer relativ, Grenzen sind durchlässig, und ihre genaue Lage ist immer ein strittiger Gegenstand von Verhandlungen. Aber wir können uns durchaus mit Aussicht auf Erfolg dem Ziel widmen, daß es ausgeschlossen sein soll, daß ein einzelnes soziales Gut alle anderen dominiert. Was die Norm der komplexen Gleichheit verlangt, ist eine Gesellschaft, in der diejenigen Menschen, die mehr Geld, mehr Macht oder mehr technisches Wissen haben (und solche Menschen wird es immer geben) daran gehindert sind, sich allein deswegen auch in den Besitz von jedem anderen sozialen Gut zu setzen.

Ein Vorschlag wie dieser wird so lange nicht auf fruchtbaren Boden fallen, wie wir nicht in der Lage sind, den gültigen sozialen Sinngehalt der einzelnen Güter zu identifizieren. Einige unter meinen Kritikern bestehen darauf, daß in einer zunehmend »multikulturellen« Welt genau dies nicht möglich ist. Merkwürdigerweise behaupten aber manche derselben Kritiker auch, daß mein Vorschlag den konventionellen Sinngehalt sozialer Güter vorbehaltlos als Prämisse akzeptiert und deshalb zwangsläufig und unvermeidlich konservativ sei. Jetzt haben sie also plötzlich keine Schwierigkeit mehr, den sozialen Sinn von Gütern zu identifizieren. Und natürlich ist eine solche Feststellung des »Sinnes« von Gütern möglich: Kein Zusammenleben, kein Verteilungssystem könnte lange überleben, ohne daß es eine ziemlich weitgehende Übereinstimmung über das »Wesen« (im nicht-metaphysischen Sinne) von Gütern, die Legitimität der Macht, die Zuständigkeit und die Qualifikationsvoraussetzungen der Inhaber von Berufspositionen usw. gebe. Man muß sich nur einmal Streitigkeiten über solche Sinnfragen anhören, um zu bemerken, wie viel die Streitenden tatsächlich gemeinsam haben – nämlich die zugrundeliegenden Maßstäbe, die für alle oder fast alle verbindlich sind und die erst ihre Argumente für sie wechselseitig verständlich machen.

Gleichzeitig ist es immer möglich, daß dieses geteilte Sinnverständnis endet. So mag eine Gruppe von Einwanderern aus einer traditionellen Gesellschaft oder eine Gruppe von Bürgern, die sich einer neuen Religion zugewandt haben, aus dem (fast) allgemein geteilten Einverständnis über die Bedeutung sozialer Güter herausfallen. So werden sie dann etwa nepotistische Regeln bei der Zuteilung von Ämtern gutheißen oder nach Anzeichen für göttliche Auserwähltheit der Bewerber Ausschau halten. Kulturkonflikte dieser Art können im Prinzip sehr tiefe Spaltungen auslösen, obwohl sie tatsächlich selten zum totalen Bruch führen. So anerkennen zum Beispiel die fundamentalistischen Christen in den USA die Prinzipien des demokratischen Regierungssystems, wenn sie auch bei Wahlen jeweils nach dem vermeintlichen »Kandidaten Gottes« suchen und ihre Stimme für ihn abgeben. Und die meisten unserer Einwanderer haben sich rasch auf das Prinzip eingestellt, daß die Tüchtigen Karriere machen können, und sind sogar enthusiastische Anwälte dieser Regel geworden. Mächtige soziale Sinngebungen für die begehrenswerten Dinge sind in tagtäglichen Praktiken verkörpert, werden zeremoniell bestätigt und ideologisch begründet, und sie werden dann eher umgedeutet und revidiert als plötzlich aufgekündigt. Der »Multi-Kulturalismus« selbst beruht auf allgemein akzeptierten Vorverständnissen über den Sinn religiöser Toleranz, allgemeiner Zugehörigkeit zur Rechtsgemeinschaft, der Vereinigungsfreiheit und des wechselseitigen Respekts und der Anerkennung.

Daß die Lehren und Prinzipien über Verteilungsgerechtigkeit von sozialen Sinngebungen abhängen, bedeutet freilich nicht, daß eine entsprechende Gerechtigkeitslehre auf konservative Politik oder Philosophie festgelegt wäre. Denn diese Vorverständnisse konstituieren nur unsere moralische Kultur, aber sie regeln nicht die Einzelheiten unseres täglichen Lebens. Wir mögen zum Beispiel alle davon überzeugt sein, daß medizinische Leistungen an

Kranke nach dem Maßstab ihrer Behandlungsbedürftigkeit verteilt werden sollen. Aber in einer kapitalistischen Gesellschaft wie den Vereinigten Staaten ist es wahrscheinlicher, daß medizinische Leistungen nach dem Maßstab der Zahlungsfähgkeit von Patienten zugeteilt werden. In den ehemals kommunistischen Gesellschaften war der entsprechende Maßstab die politische Macht. Insofern hat der allgemein anerkannte Gerechtigkeitsstandard eine kritische Kraft: Weit davon entfernt, die vorherrschenden Verteilungsarrangements zu konservieren, untergräbt er sie. Die theoretisch anerkannte Autonomie der verschiedenen Sphären wendet sich gegen die tatsächliche Usurpation sozialer Güter durch politische, wirtschaftliche und technische Eliten.

Ich bin davon überzeugt, daß mit dieser Theorie auf diese Weise auf vielen Gebieten Radikales geleistet werden kann. Aber ist sie nicht dennoch an unsere eigene Zeit und unseren Ort sowie die gegebene Kultur sozialer Deutungen gebunden? Ich gestehe, daß das verbreitete Bild von einem Moralphilosophen, der auf einem hohen Berg steht und mit seinem Finger auf ferne und kaum begriffene Gesellschaftszustände deutet, für mich nicht attraktiv ist. Aber andererseits sind uns andere Gesellschaften als die eigene nicht völlig undurchsichtig, fremd und exotisch. Zumindest einiges im Leben ihrer Angehörigen verstehen wir durchaus – so die vertrauten Genüsse des Friedens, der Freiheit und der Ruhe und die ebenso vertrauten Belastungen des Mangels. Dies erlaubt uns, gegen Fremdherrschaft, Tyrannei und Unterdrückung überall dort Stellung zu beziehen, wo sie auftreten; dieses sind gemeinsame menschliche Erfahrungen, denen überall und immer mit Widerspruch und Widerstand begegnet werden kann.

Ich vertrete deshalb eine Morallehre, die sich zwar auf vorherrschende Deutungen im Hier und Jetzt stützt, aber gleichwohl manchmal in einem Spannungsverhältnis zu jenen Vorverständnissen steht. Ich habe versucht, über diese andere, weniger standortgebundene Moralität in meinem Buch über gerechte und ungerechte Kriege (*Gibt es den gerechten Krieg?* Stuttgart: Klett/Cotta 1982) etwas zu sagen. Dort vertete ich eine Minimaltheorie der Menschenrechte. Aber diese Lehre erlaubt uns nicht, im Detail die Verteilungsregeln in anderen Gesellschaften zu beurteilen, die ihre eigene Geschichte und eigene Kultur haben. Deren Angehörige müssen solche Regeln für sich selbst bestimmen – das ist ein Gebot der Moral, und vielleicht auch eines der Gerechtigkeit.

Michael Walzer
September 1991
(Aus dem Englischen von Claus Offe)

ns vorprogrammiert. Engagierte Männer und Frauen verraten es oder scheinen es zumindest zu verraten, sobald sie darangehen, eine Massenbewegung zugunsten der Gleichheit zu organisieren und dabei Macht, Positionen und Einfluß unter sich zu verteilen. Der Verbandssekretär, der die Vornamen sämtlicher Mitglieder seiner Organisation kennt, oder der Pressesprecher, der ein gewisses Geschick im Umgang mit Journalisten und Reportern entfaltet, oder auch der nimmermüde Volksredner, der, von Ortsverband zu Ortsverband eilend, »die Basis aufbaut«, sie alle sind nicht nur wichtig und unentbehrlich, sondern zugleich ganz gewiß auch mehr als nur Gleiche unter Gleichen, mehr als gleichgestellte Gefährten auf dem Weg zu einem gemeinsamen Ziel. Sind sie damit Verräter? — Vielleicht; vielleicht aber auch nicht.

Vorwort

Gleichheit, wörtlich verstanden, ist ein Ideal, das seinen Verrat vorprogrammiert. Engagierte Männer und Frauen verraten es oder scheinen es zumindest zu verraten, sobald sie darangehen, eine Massenbewegung zugunsten der Gleichheit zu organisieren und dabei Macht, Positionen und Einfluß unter sich zu verteilen. Der Verbandssekretär, der die Vornamen sämtlicher Mitglieder seiner Organisation kennt, oder der Pressesprecher, der ein gewisses Geschick im Umgang mit Journalisten und Reportern entfaltet, oder auch der nimmermüde Volksredner, der, von Ortsverband zu Ortsverband eilend, »die Basis aufbaut«, sie alle sind nicht nur wichtig und unentbehrlich, sondern zugleich ganz gewiß auch mehr als nur Gleiche unter Gleichen, mehr als gleichgestellte Gefährten auf dem Weg zu einem gemeinsamen Ziel. Sind sie damit Verräter? — Vielleicht; vielleicht aber auch nicht.

Die Anziehungskraft, die von der Idee der Gleichheit ausgeht, läßt sich nicht aus der wörtlichen Bedeutung des Begriffs erklären. In einem autokratischen oder oligarchischen Staat mag man zwar träumen von einer Gesellschaft, in der die Macht so verteilt ist, daß jeder exakt gleich viel Anteil an ihr hat; wir wissen jedoch genau, daß eine solche Gleichheit in der Realität noch nicht einmal die erste Zusammenkunft ihrer Vorkämpfer zu überdauern vermag. Denn die Versammlung wird nicht nur alsbald einen Vorsitzenden wählen, es wird auch jemanden geben, der eine eindrucksvolle Rede halten und alle Anwesenden davon überzeugen wird, daß sie gut daran tun, sich seiner Führung anzuvertrauen. Und so werden sie am Ende des Tages damit begonnen haben, sich auseinanderzusortieren — der Zweck, zu dem solcherlei Zusammenkünfte ja schließlich auch da sind. Ebenso: Als Bürger eines kapitalistischen Staates mögen wir zwar träumen von einer Gesellschaft, in der jeder über gleich viel Geld verfügt; wir wissen jedoch genau, daß Geld, welches am Montag in der Frühe gleichmäßig verteilt wird, noch ehe die Woche um ist, eine Neuverteilung erfahren haben wird, die als gleich zu bezeichnen mit Sicherheit falsch wäre. Einige werden ihr Geld auf die hohe Kante legen, es sparen, andere werden es investieren, und wieder andere werden es einfach ausgeben (und dies wiederum auf höchst unterschiedliche Art und Weise). Das Geld ist dazu da, diese unterschiedlichen Aktivitäten zu ermöglichen; existierte es nicht, würde der Tauschhandel mit Sachgütern, wenn auch etwas langsamer, die gleichen Resultate zeitigen. Und schließlich: In einem feudalen Staat mag man zwar träumen von einer Gesellschaft, in der alle Mitglieder gleich viel Ansehen und Respekt genießen; wir wissen jedoch genau, daß selbst dann, wenn wir jedem den gleichen Titel zuerkennen, wir nicht umhin können — und es auch gar nicht wollen —, von den vielen unterschiedlichen Arten und Graden von Können, Stärke, Klugheit und Weisheit, von Mut, Freundlichkeit, Energie und von Würde Kenntnis zu nehmen, die ein Individuum vom andern unterscheiden.

Auch wären viele von uns, die aktiv für Gleichheit eintreten, durchaus nicht glücklich mit dem Regime, das nötig wäre, um ihr in ihrer wörtlichen Bedeutung Geltung zu verschaffen: dem Staat als Prokrustesbett. »Der Egalitarismus«, schreibt Frank Parkin,

»scheint ein politisches System zu erfordern, das es dem Staat ermöglicht, jene Sozial- und Berufsgruppen dauerhaft im Zaum zu halten, die ansonsten aufgrund ihrer Fähigkeiten oder ihrer Ausbildung oder auch ihrer persönlichen Eigenschaften . . . Anspruch auf einen unverhältnismäßig großen Anteil an den Gratifikationen der Gesellschaft erheben könnten. Die wirksamste Art, solche Gruppen in Schach zu halten, besteht darin, daß man es ihnen verwehrt, sich politisch zu organisieren«.[1]

Der so spricht, dies sei betont, ist ein Freund der Gleichheit. Kein Wunder, daß die Beschreibung der Repression, die sie erfordern, und der beängstigend eintönigen Konformität, die sie erzeugen würde, auf seiten ihrer Gegner noch sehr viel drastischer ausfällt. Eine Gesellschaft von Gleichen, so sagen ihre Widersacher, wäre zwangsläufig eine Welt des falschen Scheins, in welcher Menschen, die in Wirklichkeit nicht gleich seien, gezwungen würden, sich so zu geben und so zu handeln, als wären sie gleich. Und diesen Falschheiten und Lügen müßte von einer Elite oder einer Avantgarde Geltung verschafft werden, deren Mitglieder ihrerseits wiederum so tun müßten, als seien sie in Wirklichkeit gar nicht existent. Keine allzu verlockenden Aussichten!

Aber das ist es nicht, was wir meinen, wenn wir von Gleichheit sprechen. Zwar gibt es Egalitaristen, die, Parkins Schlußfolgerung aufnehmend, mit der politischen Repression ihren Frieden gemacht haben; doch ist das von ihnen verkündete Credo so düster und grimmig, daß es, soweit es überhaupt verstanden wird, nicht allzu viele Anhänger mobilisieren dürfte. Und selbst diejenigen, die das verfechten, was ich in meinen Überlegungen als »einfache Gleichheit« bezeichnen werde, zielen in aller Regel nicht auf eine nivellierte und konformistische Gesellschaft ab. Was aber ist es dann, das ihnen vorschwebt? Worauf wollen sie hinaus? Was kann Gleichheit bedeuten, wenn man sie nicht beim Wort nehmen darf? Es geht mir an dieser Stelle nicht – oder zumindest nicht primär – darum, in gehabter philosophischer Manier zu fragen: Worin sind alle Menschen einander gleich? Und welche Besonderheiten sind es, die sie in dieser oder jener Hinsicht zu Gleichen machen? Gewiß, das vorliegende Buch kann aufs Ganze gesehen als eine lange und komplizierte Antwort auf die erste der beiden Fragen gelesen werden; doch gilt dies keineswegs auch für die zweite Frage, deren Antwort ich schlichterdings nicht weiß, auch wenn ich in meinem Schlußkapitel eine wichtige Besonderheit namhaft machen werde. Da es aber mit Sicherheit mehr als nur diese eine von mir ausgemachte Besonderheit gibt, kann es nur eine Auflistung von Dingen sein, die im Falle der zweiten Frage die angemessene und plausible Antwort liefert. Eine Patentantwort in Gestalt eines Schlagwortes wäre ohne Zweifel falsch. Was hingegen zweifelsfrei feststeht, ist, daß die gesuchte kumulative Antwort einen wichtigen Umstand zur Voraussetzung hat, den Umstand nämlich, daß wir uns wechselseitig als menschliche Wesen, als Angehörige der gleichen Art erkennen und anerkennen, und daß es sich bei dem, was wir erkennen und wovon wir Notiz nehmen, um Körper und Geist, um Gefühle und Hoffnungen und vielleicht sogar um Seelen handelt. Für die Zwecke dieses Buches setze ich diese Erkenntnis und Anerkenntnis voraus, d.h. das Bewußtsein davon, daß wir einerseits zwar sehr verschieden voneinander, andererseits aber auch erkennbar gleich sind. Frage: Welche (komplizierten) sozialen Arrangements erwachsen aus dieser Differenz und dieser Gleichheit?

Die Grundbedeutung des Wortes Gleichheit ist negativ und der Egalitarismus in seinen Ursprüngen eine abolitionistische Konzeption, deren Ziel zwar nicht die Abschaffung aller Unterschiede in toto ist, wohl aber die Beseitigung einer bestimmten Konstellation von Unterschieden, die sich ihrerseits zu verschiedenen Zeiten und an verschiedenen Orten durchaus unterschiedlich ausnehmen kann. Die Angriffspunkte, die der Egalitarismus ins Visier nimmt, sind stets höchst spezifisch: aristokratische Privilegien, kapitalistischer Reichtum, bürokratische Macht, rassische oder sexuelle Vorherrschaft. Und dennoch nehmen Streit und Kampf in all diesen Fällen in etwa die gleiche Form an, denn in ihrem Zentrum stehen stets und immer wieder die

Möglichkeit und die Fähigkeit einer einzelnen Gruppe von Menschen, ihre Mitmenschen zu beherrschen. Es ist nicht die Tatsache, daß es Reiche und Arme gibt, die egalitaristische Konzepte auf den Plan ruft, sondern die Tatsache, daß die Reichen die Armen aussaugen, daß sie sie in ihre Armut hineinzwingen und daß sie ihnen Unterwürfigkeit und Demut abverlangen. Genauso ist es nicht die Existenz von Adligen und Nichtadligen oder von Amtsinhabern und einfachen Bürgern (und ganz sicher nicht die von verschiedenen Rassen oder Geschlechtern), welche die weit verbreitete Forderung nach Abschaffung von sozialen und politischen Unterschieden produziert; es ist das, was die Adligen den Nichtadligen antun, was die Amtsinhaber den einfachen Bürgern zumuten, was Menschen, die Macht haben, denen zufügen, die keine Macht haben.

Es ist die Erfahrung der Unterordnung – der persönlichen Unterordnung vor allem –, welche den Nährboden abgibt, auf dem die Vision von der Gleichheit gedeiht. Die Gegner dieses Wunschbildes behaupten oftmals, daß die leidenschaftlichen Gefühle, die egalitären Konzepten Leben und Kraft verleihen, nichts anderes seien als Neid und Haß; und es ist nur zu wahr, daß solche Gemütswallungen jede untergeordnete Gruppe heimsuchen und bis zu einem gewissen Grad wohl auch ihre Politik bestimmen – daher der »rohe Kommunismus«, den Marx in seinen Frühschriften beschrieben hat und der nichts anderes ist als die Erhebung des Neids zum Gesetz.[2] Aber Neid und Haß sind unersprießliche Passionen; niemand vermag wirklichen Genuß aus ihnen zu ziehen; und ich glaube, man kann mit Fug und Recht sagen, daß der Egalitarismus weniger der Niederschlag des unbewußten Auslebens dieser Gefühlswallungen ist als der bewußte Versuch, den Umständen zu entkommen, die sie hervorrufen. Und genau das ist es, was diesen Neid und diesen Haß so unversöhnlich macht – denn daneben gibt es eine Art von Neid, der sozusagen an der Oberfläche allen sozialen Lebens liegt und der keine ernsthaften Folgen zeitigt. Ich kann meinen Nachbarn um seine gärtnerische Begabung oder seinen wohlklingenden Bariton beneiden oder auch um seine Fähigkeit, die Zuneigung und den Respekt unserer gemeinsamen Freunde zu gewinnen; aber all das wird mich nicht dazu veranlassen, eine politische Bewegung zu organisieren.

Ziel des politischen Egalitarismus ist eine Gesellschaft, die frei ist von Herrschaft. Es ist diese intensive Hoffnung, die in dem Wort *Gleichheit* Ausdruck findet: keine Kratzfüße, kein Katzbuckeln und kein Speichellecken mehr, kein angstvolles Zittern, keine Hoheit und keine Ihro Gnaden, keine Herren und keine Sklaven mehr. Diese Hoffnung gilt nicht der Auslöschung jeglicher Unterschiede zwischen den Menschen; wir müssen nicht alle gleich sein oder die gleiche Menge gleicher Dinge besitzen. Die Menschen sind einander (in allen wichtigen moralischen und politischen Belangen) dann gleich, wenn es niemanden gibt, der Mittel in seinem Besitz hält oder kontrolliert, die es ihm erlauben, über andere zu herrschen. Aber die Mittel der Herrschaft sind in unterschiedlichen Gesellschaften verschieden geartet. Herkunft und Geblüt, Grundbesitz, Kapital, Bildung und Erziehung, Gottgefälligkeit und göttliche Gnade sowie staatliche Macht, sie alle haben sich irgendwann als Mittel erwiesen, die es bestimmten Menschen ermöglichten, über andere Menschen zu herrschen. Herrschaft ist immer vermittelt durch ein bestimmtes Set von sozialen Gütern. Wiewohl die Praxis der Herrschaft eine persönliche ist, ist es nichts, was in den Personen selbst läge, das ihren Charakter bestimmt. Deshalb noch einmal: Gleichheit in dem von uns erträumten Sinne erfordert nicht die Repression von Menschen. Worauf wir uns verstehen, worüber wir bestimmen und gebieten müssen, sind allein die sozialen Güter; Menschen so umzumodeln, daß sie, sei's gelängt oder gezwängt, in ein Prokrustesbett hineinpassen, ist nicht erforderlich.

Meine Intention in diesem Buch ist es, das Bild einer Gesellschaft zu zeichnen, in der soziale Güter und Werte nicht als Mittel der Herrschaft genutzt werden bzw. nicht als solche genutzt werden können. Ich werde nicht versuchen, Rezepturen zu entwickeln, wie eine solche Gesellschaft herzustellen sei. Sie als solche zu beschreiben, ist schon schwer genug: Egalitarismus ohne Prokrustesbett; ein lebendiger und offener Egalitarismus, der nicht am strengen Wortsinn des Begriffs klebt, sondern an den großzügigeren Dimensionen und Inhalten seines Wunschbildes orientiert ist; ein Egalitarismus, der mit Freiheit gleichzusetzen ist. Dabei ist es nicht meine Absicht, einen im Niemandsland gelegenen Idealstaat oder ein allüberall anwendbares philosophisches Ideal zu konzipieren. Eine Gesellschaft von Gleichen liegt durchaus im Bereich unserer Möglichkeiten. Sie ist eine praktische Möglichkeit hier und jetzt, die, wie ich nachweisen möchte, in unserem gemeinsamen Verständnis von sozialen Gütern latent bereits existiert. Ich spreche von *unserem* gemeinsamen Verständnis, weil ein Wunschbild in erster Linie für diejenige Sozialwelt belangvoll ist, in der es entwickelt wird. Seine Bedeutung für andere Sozialwelten ist nicht gegeben, zumindest nicht zwingend. Es enthält und nährt eine bestimmte Vorstellung davon, wie Menschen sich aufeinander beziehen und wie sie die von ihnen hervorgebrachten Dinge nutzen sollten, um ihre Beziehungen zueinander in der von ihnen gewünschten Form gestalten zu können.

Meine Argumentation ist eine streng subjektive. Ich kann nicht behaupten, daß ich jemals eine nennenswerte Distanz zu der Sozialwelt gewonnen hätte, in der ich lebe. Nun besteht ein Weg — möglicherweise ist es der originäre Weg —, den ein Philosoph im Bestreben, sein Geschäft zu betreiben, beschreiten kann, ganz sicher darin, daß er aus den eigenen vier Wänden heraustritt, die Niederungen des Ortes, an dem er lebt, hinter sich läßt und eine Bergeshöhe erklimmt, die es ihm ermöglicht, das zu tun, was der Normalmensch nicht tun kann, nämlich einen objektiven und universellen Standpunkt einnehmen. Wer sich auf einer solchen Bergeshöhe befindet, der beschreibt das unter ihm liegende Tal des Alltagslebens aus der Ferne und damit aus einem Abstand, der seine spezifischen Konturen verschwimmen und es eine allgemeine Form annehmen läßt. Was indes mich selbst angeht, so werde ich diesen Weg nicht einschlagen, sondern mit beiden Beinen fest auf dem Boden der unmittelbaren Tatsachen verharren — ein Entschluß, der mich dennoch nicht daran hindern wird, insofern ebenfalls Philosophie zu betreiben, als ich versuchen möchte, mir und meinen Mitbürgern die Welt der von uns geteilten Bedeutungen, d.h. unsere gemeinsame Sinnwelt, zu erklären. Gerechtigkeit und Gleichheit können möglicherweise als philosophische Artefakte entwickelt werden, für eine gerechte oder eine egalitäre Gesellschaft gilt dies jedoch meiner Ansicht nach nicht. Wenn eine solche Gesellschaft — wenn auch verborgen und versteckt in unseren Konzepten und Kategorien — nicht bereits existierte, dann könnten wir sie auch in Zukunft niemals konkret ausformen und verwirklichen.

Um die mögliche Realität (einer bestimmten Art) von Egalitarismus augenfällig zu machen, versuche ich, meine Behauptungen an zeitgenössischen und historischen Beispielen, an Verteilungsrechnungen in der amerikanischen Gesellschaft und — im Sinne des Kontrasts — in einer Reihe von anderen Gesellschaften konkret zu erhärten. Nun sind Verteilungsrechnungen bar jeglicher Dramatik, und ich kann im Umgang mit ihnen nur selten die Geschichten erzählen, die ich gerne erzählen würde: Geschichten mit einem Anfang, einer Mitte und einem Ende, die von sich aus eine Moral abwerfen. Meine Beispiele sind deshalb eher so etwas wie grobe Skizzen, in deren Zentrum bisweilen die Akteure der Verteilung, bisweilen die Verteilungsverfahren oder die Verteilungskriterien und bisweilen der Nutzen und die Bedeutung der Dinge stehen, die wir miteinander teilen oder tauschen. Sie sollen die Kraft sichtbar machen, die den zur Verteilung gelangenden Dingen selbst anhaftet, oder genauer, die Kraft, die unseren Vorstellungen von diesen Dingen innewohnt. Wir erzeugen und gestalten die soziale Welt nämlich ebensosehr in unserem Geiste wie mit unseren Händen, und die konkrete Welt, die wir dabei bislang geschaffen haben, bietet sich für egalitaristische Interpretationen durchaus an. Wobei sie sich, wiederum sei's gesagt, keinem wörtlich verstandenen Egalitarismus fügt – dafür sind unsere Sozialentwürfe allesamt zu kompliziert; was diese jedoch sehr wohl zulassen, sind Maßnahmen zur Ächtung der Nutzung von Dingen zum Zwecke der Ausübung von Herrschaft.

Diese Ächtung hat ihre Quelle, wie ich meine, weniger in einer universalistischen Konzeption vom Menschen, d.h. von Personen, als in einer pluralistischen Konzeption von Gütern. Ich werde deshalb auf den folgenden Seiten John Stuart Mill nacheifern und mich der (meisten) Vorteile begeben, die mir und meiner Argumentation aus der Idee von den persönlichen Rechten – d.h. den Menschen- oder Naturrechten – erwachsen könnten.[3] Als ich mich vor einigen Jahren mit dem Thema Krieg befaßte, stützte ich mich nachhaltig auf die Rechtsidee. Immerhin kann die Theorie vom Recht und von der Gerechtigkeit im Kriege tatsächlich aus den beiden elementarsten und allgemeinsten Menschenrechten entwickelt werden – und zwar in deren einfachster (negativer) Form: aus dem doppelten Recht des Menschen darauf, *nicht* seines Lebens und *nicht* seiner Freiheit beraubt zu werden.[4] Und was in diesem Zusammenhang vielleicht noch wichtiger ist: diese beiden Rechte scheinen die moralischen Urteile zu begründen, von denen wir uns in Zeiten des Krieges gemeinhin leiten lassen. Tatsächlich geht sogar eine erhebliche Wirkung von ihnen aus. Ganz anders liegt der Fall jedoch dort, wo es um distributive Gerechtigkeit geht, hier sind diese Rechte nur von begrenztem Nutzen. Und so werde ich mich vornehmlich in denjenigen Kapiteln auf sie beziehen, in denen es um die Zugehörigkeit zu und die Wohlfahrt in einer Gemeinschaft geht; aber selbst hier werden sie uns in der Substanz der Argumentation nicht sehr viel weiterhelfen. Der Versuch, der Gerechtigkeit oder der Gleichheit dadurch umfassend zum Durchbruch zu verhelfen, daß man die Rechtsansprüche der Menschen ausweitet, sie vergrößert, macht aus dem, was da ausgeweitet und vergrößert werden soll, sehr schnell eine Farce. Die Feststellung, die Menschen hätten ein Recht darauf zu haben, was sie unserer Meinung nach haben sollten, besagt nicht viel. Männer und Frauen haben in der Tat Rechte, die jenseits des Rechts auf Leben und Freiheit liegen, aber diese Rechte ergeben sich nicht aus unserem gemeinsamen Menschsein; sie folgen vielmehr aus gemeinsamen Vorstellungen von sozialen Gütern und haben ihren je besonderen Lokalcharakter.

Aber auch Mills Prinzip der Nützlichkeit kann in einer Argumentation über und zugunsten von Gleichheit nicht als letztinstanzlicher Bezugspunkt figurieren. »Nützlichkeit im weitesten Sinne« — unter diesem Motto läßt sich, wie ich vermuten möchte, so ziemlich alles ins Werk setzen; was jedoch nicht heißt, daß der klassische Utilitarismus nicht ein koordiniertes Programm, einen zentralen Plan von höchst spezifischer Art zur Verteilung sozialer Güter voraussetzte. Aber selbst dann, wenn dieser Plan so etwas wie Gleichheit zustande brächte, wäre dies keinesfalls die Gleichheit, die ich beschrieben habe, eine Gleichheit frei von jeder Art von Herrschaft, denn die Macht der Planer wäre dominierend. Wenn wir die sozialen Bedeutungen von zur Verteilung gelangenden Sozialgütern respektieren wollen, dann dürfen wir ihre Verteilung nicht koordinieren, dürfen wir sie nicht anordnen, weder im Verweis auf eine allgemeine Glückseligkeit noch auf irgend etwas anderes. Herrschaft läßt sich nur dann ausschließen, wenn soziale Güter nach je spezifischen »internen« Sach- und Vernunftgründen verteilt werden. Ich werde in meinem ersten Kapitel erklären, was ich damit meine, und danach darzulegen versuchen, daß die Theorie von der distributiven Gerechtigkeit — ganz im Gegensatz zu der vom Utilitarismus — keine Integrationswissenschaft bzw. -lehre ist, sondern die Kunst der Differenzierung.

Gleichheit ist schlicht und einfach das Ergebnis dieser Kunst — zumindest für uns, die wir mit den uns hier und heute zu Gebote stehenden Gütern und Gegebenheiten arbeiten und umgehen müssen. Für den Rest des Buches werde ich versuchen, diese Güter und Gegebenheiten, die Dinge, die wir herstellen und verteilen, Stück für Stück zu beschreiben. Ich werde mich bemühen herauszufinden, was Sicherheit und Wohlfahrt, Geld, Amt, Erziehung, Freizeit, politische Macht usw. für uns bedeuten, welchen Stellenwert sie in unserem Leben haben, und wie wir sie gemeinsam besitzen, unter uns verteilen und miteinander tauschen könnten, wenn wir von jeder Art von Herrschaft frei wären.

Princeton, New Jersey, 1982.

Persönlicher Dank

Dankeserklärungen und lobende Erwähnungen sind eine Sache der distributiven Gerechtigkeit, sie sind die Münze, mit der wir unsere intellektuellen Schulden begleichen. Daß diese Begleichung wichtig ist, bezeugt nicht zuletzt ein Spruch aus dem Talmud, welcher besagt, daß ein Gelehrter, der *alle* seine Quellen nennt und ihnen dankbar seine Referenz erweist, den Tag des Heils ein wenig näher rücken läßt. Aber diese umfassende Dankbarkeit ist gar nicht so leicht zu realisieren, denn vieler unserer tiefsten Verpflichtungen sind wir uns vermutlich überhaupt nicht bewußt, möglicherweise deshalb, weil wir sie einfach nicht erkennen können — und so ist der große Tag weiterhin fern. Selbst in diesem Punkt ist die Gerechtigkeit fragmentarisch und unvollkommen.

Im Akademischen Jahr 1970 - 71 hielt ich an der Harvard Universität zusammen mit Robert Nozick eine Lehrveranstaltung zum Thema »Kapitalismus und Sozialismus« ab. Der Kursus hatte die Form eines Streitgesprächs, das sich zu einer Hälfte in Professor Nozicks Buch *Anarchy, State and Utopia* (New York, 1974) und zur anderen in der vorliegenden Schrift nachlesen oder besser nachvollziehen läßt. Ich habe nicht versucht, auf Nozicks Auffassungen in Form einer detaillierten Entgegnung einzugehen, sondern nur einfach meine eigene Position entwickelt. Dennoch weiß ich, daß ich unseren gemeinsamen Diskussionen und den in ihnen zutage getretenen Meinungsverschiedenheiten mehr verdanke, als ich sagen kann.

Ich hatte Gelegenheit, diverse Kapitel dieses Buches auf Konferenzen der Society for Ethical and Legal Philosophy und in Seminaren, welche von der School of Social Science am Institute for Advanced Study veranstaltet wurden, vorzutragen und zur Diskussion zu stellen. Ich danke allen Mitgliedern jener Gesellschaft wie auch den Wissenschaftlern, die während der Akademischen Jahre 1980 - 81 und 1981 - 82 meine Institutskollegen waren. Hervorheben möchte ich dabei Rat und Kritik, die mir vor allem Jonathan Bennett, Marshall Cohen, Jean Elshtain, Charles Fried, Clifford Geertz, Philip Green, Amy Gutmann, Albert Hirschman, Michael McPherson, John Schrecker, Marc Stier und Charles Taylor haben zuteil werden lassen. Judith Jarvis Thomson hat das Gesamtmanuskript gelesen und auf all jene Stellen den Finger gelegt, an denen ich, wiewohl im Recht mit dem, was ich sagte, besser daran getan hätte, eine Beweisführung zu liefern. Ich habe versucht, diese Beweisführung zu unternehmen, wenn auch leider nicht immer mit der von ihr (und mir) gewünschten Schärfe und Tiefe.

Robert Amdur, Don Herzog, Irving Howe, James T. Johnson, Marvin Kohl, Judith Leavitt, Dennis Thompson und John Womack, sie alle haben je ein Kapitel des Buches gelesen und mir hilfreiche Hinweise gegeben. Meine Frau Judith, die große Teile des Textes Wort für Wort kennt und die Gesamtthematik immer wieder mit mir erörtert hat, bestärkte mich in meinem Bestreben, Verwandtschaft und Liebe – und sei's auch nur unzureichend – in meine Überlegungen einzuschließen.

Niemand, der heute über Gerechtigkeit schreibt, kann umhin, die Leistung von John Rawls auf diesem Gebiet anzuerkennen und zu bewundern. Was seine textliche Arbeit unmittelbar angeht, so darf ich sagen, daß ich mich mit *A Theory of Justice* (Cambridge, Mass., 1971) größtenteils im Dissens befinde. Mein Unternehmen ist von dem Rawlsschen sehr verschieden, obendrein stützt es sich auf andere akademische Disziplinen (nämlich auf Geschichte und Anthropologie statt auf Ökonomie und Psychologie). Und doch hätte mein Vorhaben ohne seine Arbeit nicht die Gestalt angenommen, die es angenommen hat – möglicherweise hätte es sogar überhaupt keine Gestalt angenommen. Es gibt indes zwei andere zeitgenössische Philosophen, denen ich mich sehr viel näher fühle und deren Auffassung von Gerechtigkeit meiner eigenen mehr entspricht, als die von Rawls dies tut. In *Justice and the Human Good* (Chicago, 1980) stellt William M. Galston sozusagen ganz in meinem Sinne fest, daß soziale Güter »in verschiedene Kategorien unterteilt sind«, und daß »jede dieser Kategorien ein bestimmtes Ensemble von Ansprüchen und Anforderungen auf den Plan ruft«. Und Nicholas Rescher spricht mir in *Distributive Justice* (Indianapolis, 1966) geradezu aus dem Herzen, wenn er, wie ich dies auch tue, für eine »pluralistische und heterogene« Konzeption und Erklärung von Gerechtigkeit plädiert. Allerdings wird der Pluralismus dieser beiden Positionen meiner Ansicht nach in beiden Fällen beeinträchtigt, wenn nicht gar vereitelt – im einen Fall durch Galstons Aristotelismus, im anderen durch Reschers Utilitarismus. Ich selbst versuche, mich in meiner Argumentation von solchen grundsätzlichen Bindungen und Verpflichtungen möglichst frei zu halten.

Das Kapitel über Zugehörigkeit erschien – in einer früheren Fassung – zunächst in dem von Peter G. Brown und Henry Shue bei Rowman und Littlefield (Totowa, New Jersey, 1981) edierten Band *Boundaries: National Autonomy and Its Limits*. Ich danke den Herausgebern für ihre kritischen Kommentare und dem Verleger für die freundliche Genehmigung zum Wiederabdruck des Aufsatzes an dieser Stelle. Ein Ausschnitt aus Kapitel 12 erfuhr eine erste Veröffentlichung in *The New Republic* (vom 3. und 10. Januar 1981), und einige der Aufsätze, die in meinem Buch *Radical Principles* (New York, 1980) gesammelt sind, nachdem sie zunächst in der Zeitschrift *Dissent* erschienen waren, sind erste Gehversuche auf dem Weg zu der hier von mir präsentierten Theorie. Brian Barry war es, der mir mit seiner Kritik der *Radical Principles* in *Ethics* (Januar 1982) den Anstoß gab, sie neu zu formulieren. Die beiden Zeilen aus W.H. Audens »In Time of War« sind übernommen aus *The English Auden: Poems, Essays, and Dramatic Writings, 1927-1939*, herausgegeben von Eduard Mendelson, (New York, 1978).

Mary Olivier, meine Sekretärin am Institute for Advanced Study, schrieb das Manuskript immer wieder neu, und immer wieder mit der gleichen unfehlbaren Genauigkeit und einer unerschöpflichen Geduld.

Martin Kessler und Phoebe Hoss von Basic Books schließlich standen mir mit jener förderlichen Ermutigung und jenem herausgeberischem Rat zur Seite, wie sie in einer gerechten Gesellschaft dereinst jeder Autorin und jedem Autor zuteil werden dürften.

1. Kapitel
Komplexe Gleichheit

Pluralismus

Die Idee der distributiven Gerechtigkeit ist eine ausgreifende Idee. Sie zieht die gesamte Güter- und Wertewelt in den Bannkreis philosophischer Reflexion hinein. Nichts bleibt unbeachtet oder wird übergangen; kein Merkmal, keine Besonderheit unseres gemeinschaftlichen Lebens, die sich dem aufmerksam prüfenden Blick dessen entziehen könnten, der nach distributiver Gerechtigkeit strebt. Die menschliche Gesellschaft ist eine Distributions-, eine Verteilungsgemeinschaft. Damit ist zwar nicht alles über sie gesagt, aber doch das Wesentliche, denn es sind tatsächlich der gemeinsame Besitz, die Verteilung und der Tausch von Dingen, die uns zweckhaft zusammenführen. Und wiewohl es auch die Herstellung, die Produktion der von uns gemeinsam besessenen, unter uns verteilten und miteinander getauschten Dinge ist, die uns dazu veranlaßt, uns zusammenzutun, ist doch just diese Produktion – i.e. die Arbeit selbst – durch die Praxis der Arbeitsteilung ihrerseits ebenfalls unter uns aufgeteilt. Mein Platz in der Wirtschaft, mein Rang in der politischen Ordnung, meine Reputation bei meinen Kollegen, meine materiellen Besitztümer, sie alle werden mir durch andere Männer und Frauen zuteil. Man kann sagen, daß ich das, was ich besitze, zu Recht oder zu Unrecht besitze, verdienter- oder unverdientermaßen; doch sind solche Feststellungen angesichts der Vieldimensionalität der Verteilung und der Zahl der an ihr beteiligten Personen ganz gewiß nicht leicht zu treffen.

Die Idee der distributiven Gerechtigkeit betrifft aber nicht nur das Haben, sondern ebensosehr das Sein und das Tun. Sie ist mit der Produktion ebenso eng verknüpft wie mit der Konsumtion und mit Identität und Status nicht minder eng als mit Grundbesitz, Kapital oder persönlicher Habe. Unterschiedliche politische Ordnungen und unterschiedliche Ideologien erzwingen bzw. rechtfertigen unterschiedliche Verteilungen von Zugehörigkeit oder Mitgliedschaft, von ritueller Herausgehobenheit und göttlicher Gnade, von Verwandtschaft und Liebe, von Wissen, Reichtum, physischer Sicherheit, Arbeit und Muße, von Gratifikationen und Sanktionen sowie von einer Vielzahl von Gütern, die wir uns sehr viel konkreter und materieller vorstellen dürfen – wie z.B. Nahrung, Wohnung, Kleidung, Beförderung, medizinische Versorgung, Waren aller Art nebst all den merkwürdigen Dingen (wie Bilder, seltene Bücher oder Briefmarken es sind), welche die Menschen zu sammeln belieben. Und dieser Vielfalt von Gütern entspricht eine Vielfalt von Distributionsverfahren, Distributionsagenten und Distributionskriterien. Zwar gibt es auch so etwas wie einfache Verteilungssysteme – zu denken ist z.B. an die Sklavengaleere, an Klöster, Heilanstalten oder auch Kindergärten (wiewohl auch diese, je einzeln und aus der Nähe betrachtet, sich als unerwartet komplex erweisen können) –, es läßt sich aber nirgendwo eine vollentwickelte menschliche Gesellschaft entdecken, die jemals um diese Multiplexität herumgekommen wäre. Wir müssen sie allesamt untersuchen, die Güter und ihre Verteilungsmodi, und zwar an ganz verschiedenen Orten und zu ganz verschiedenen Zeiten.

Dabei läßt sich allerdings kein singulärer Zugangspunkt zu dieser Welt der distributiven Arrangements und Ideologien ausmachen, denn es hat niemals ein universelles Tauschmittel gegeben. Seit dem Niedergang der Tauschwirtschaft, des Naturaltauschs, ist das Geld zwar das allgemeinste und gebräuchlichste Medium, aber die alte Maxime, derzufolge es Dinge gibt, die für Geld nicht zu haben sind, ist nicht nur normativ, sondern auch sachlich nach wie vor richtig. Was käuflich sein soll und was nicht, ist etwas, worüber stets und zu allen Zeiten die Menschen entscheiden und worüber sie bisher in vielerlei Weise entschieden haben. Gewiß, der Markt war die gesamte Geschichte hindurch einer der wichtigsten Mechanismen für die Verteilung von sozialen Gütern; aber er war niemals – und ist auch heute nirgendwo – ein allumfassendes Verteilungssystem.

Desgleichen hat es niemals einen singulären Ort der Entscheidung, eine Spezialinstanz gegeben, von der aus alle Verteilungsvorgänge kontrolliert worden wären; und zwar hat es diesen Ort ebensowenig gegeben, wie es eine singuläre Gruppe von Entscheidungsträgern im Sinne von Bevollmächtigten gab, die diese Entscheidungen getroffen hätten. Kein Staat war jemals so allgegenwärtig und allbeherrschend, daß er die Verteilungs- und Tauschmuster, aus denen eine Gesellschaft ihre Gestalt gewinnt, in toto hätte reglementieren können. Viele Dinge entziehen sich der Kontrolle des Staates; neue Strukturen bilden sich heraus — Verwandtschaftsgeflechte, Schwarzmärkte, Interessengemeinschaften, Bürokratiefilze, klandestine politische und religiöse Organisationen. Staatsvertreter können Steuern erheben, Einberufungen aussprechen, Zuweisungen festsetzen, Reglements aufstellen, Anstellungen vornehmen, Gratifikationen und Sanktionen verfügen; der umfassende Zugriff auf die Gesamtsphäre der Güter bleibt ihnen gleichwohl ebenso versagt wie die Möglichkeit, in und mit ihrer Person jeden anderen Verteilungsagenten zu substituieren. Aber nicht nur sie können dies nicht, es gibt auch sonst niemanden, der es vermöchte. Es finden zwar immer wieder Anschläge auf den Markt statt, Versuche, ihn aufzukaufen; eine allumfassende erfolgreiche »Distributionsverschwörung« hat es jedoch noch niemals gegeben.

Und schließlich hat es auch niemals ein singuläres Kriterium oder ein singuläres Set von miteinander verknüpften Kriterien gegeben, die für alle Verteilungsvorgänge gleichermaßen gegolten hätten. Verdienst, Eignung, Abstammung und Geblüt, Freundschaft, Bedürfnis und Bedarf, freier Austausch, politische Loyalität und demokratische Entscheidung, sie alle hatten und haben, miteinander verwechselt und vermengt und von konkurrierenden Gruppen ins Feld geführt, im schwierigen Nebeneinander mit zahllosen weiteren Einflußkomponenten ihren je speziellen Stellenwert im Gesamtgeschehen.

Die Vielfalt der Arrangements und Ideologien, welche die Geschichte in puncto distributiver Gerechtigkeit offenbart, ist riesig. Und dennoch geht der erste Impuls des Philosophen eher dahin, sich von dem, was die Geschichte herzeigt, d.h. von der Welt der Erscheinungen, nicht einnehmen zu lassen, sondern nach einer dem Ganzen zugrunde liegenden Einheitlichkeit zu suchen: nach einem kurzen Katalog von Grundgütern, der sich schnell verdichten läßt auf ein singuläres Gut; nach einem singulären Verteilungskriterium oder einem kohärenten Set von miteinander verknüpften Kriterien; und nach einem Philosophen, der seinerseits, zumindest symbolisch, einen in sich konsistenten Standpunkt innehat, von dem aus er die Dinge beurteilt. Ich werde zeigen, daß die Suche nach Einheitlichkeit den Gegenstand der distributiven Gerechtigkeit mißversteht und verfehlt. Und dennoch ist dieser philosophische Impuls in einem gewissen Sinne unabweisbar; denn selbst wenn man sich, wie ich es tun werde, für den Pluralismus entscheidet, dann erfordert auch diese Entscheidung immer noch eine kohärente, in sich stimmige Rechtfertigung und Erklärung. Es muß Prinzipien geben, die sie, diese Entscheidung, begründen und die ihren Geltungsrahmen abstecken, denn der Pluralismus verlangt nicht von uns, daß wir jedes denkbare Distributionskriterium gutheißen oder jeden Möchtegern-Verteilungsagenten akzeptieren. Möglicherweise gibt es sogar so etwas wie ein singuläres Pluralismusprinzip und eine einzig legitime Art von Pluralismus. Aber auch dieser Pluralismus wäre immer noch ein Pluralismus, der eine breite Skala von Verteilungsmustern und -verfahren umfaßte. In einem klaren Gegensatz dazu steht die Basisannahme der meisten Philosophen, die über Gerechtigkeit nachgedacht haben, und zwar von Platon angefangen; für sie gibt es nur ein einziges philosophiefähiges bzw. philosophisch begründbares Verteilungssystem.

Dieses System wird heute gemeinhin als dasjenige beschrieben, für welches in einem abstrakten Sinne vernunftbegabte Männer und Frauen votieren würden, wenn sie genötigt wären, ohne Wissen und Kenntnis von ihrer eigenen Situation und ohne die Möglichkeit, partikularistische Ansprüche zu stellen, eine unparteiische und gerechte Entscheidung darüber zu treffen, nach welchen Prinzipien eine abstrakte Gütermenge zu verteilen sei. Die entsprechenden Wissens- und Anspruchsbeschränkungen einerseits und eine entsprechende Güterdefinition andererseits vorausgesetzt, dürfte es wohl in der Tat so sein, daß alle zu dem gleichen singulären Schluß gelangen würden, d.h., daß sie sich, solchermaßen genötigt und eingeengt, tatsächlich allesamt für ein und dasselbe Distributionssystem entschieden. Und dennoch sagt diese Einheitlichkeit nichts über Gewicht und Bestand des von ihnen gezogenen singulären Schlusses aus. Vielmehr muß nachhaltig bezweifelt werden, daß die gleichen Männer und Frauen im Stande von konkreten Normalbürgern, d.h. ausgestattet mit einem starken Identitätsgefühl und der Verfügungsgewalt über die eigenen Güter und verstrickt in die Nöte und Sorgen des Alltags, ihre hypothetische Entscheidung wiederholen oder sie auch nur als die ihre wiedererkennen würden. Das Problem liegt nicht in erster Linie im Interessenpartikularismus, von dem die Philosophen stets annahmen, sie könnten ihn zuverlässig und sozusagen betriebssicher – d.h. unstrittig – beiseite räumen. Das können Normalbürger auch; und sie tun es z.B. immer dann, wenn sie dem Gemeinwohl den Vorrang vor ihren persönlichen Interessen geben. Das größere Problem liegt ganz ohne Zweifel im Partikularismus der Geschichte, der Kulturen und der Zugehörigkeiten. Selbst wenn sie sich der Unparteilichkeit und der Gerechtigkeit verschrieben haben, werden die Mitglieder einer konkreten politischen Gemeinschaft aller Wahrscheinlichkeit nach sehr viel weniger von der Frage bewegt: Wofür werden vernunftbegabte Individuen unter abstrakten allgemeingültigen Bedingungen dieser oder jener Art votieren? als von der Frage: Was würden Individuen wie wir wollen, Individuen, die in etwa der gleichen Situation sind wie wir, die einer gemeinsamen Kultur angehören und gewillt sind, dieser Kultur auch weiterhin gemeinsam anzugehören? Diese Frage verwandelt sich sehr schnell in die Überlegung: Welche Entscheidungen haben wir im Lauf unseres gemeinsamen Lebens bereits getroffen? Welches gemeinsame Verständnis teilen wir (realiter) miteinander?

Gerechtigkeit ist ein menschliches Konstrukt; und es steht keineswegs fest, daß sie nur auf eine einzige Weise hergestellt werden kann. Jedenfalls möchte ich diese philosophische Standardbehauptung erst einmal in Zweifel ziehen. Die Fragen, die die Theorie der distributiven Gerechtigkeit aufwirft, lassen eine breite Skala von Antworten zu, in der auch Raum ist für kulturelle Diversität und politische Alternativen. Es geht nicht nur um die Efüllung eines singulärePrinzips oder Prinzipiensystems in unterschiedlichen historischen Konstellationen. Niemand dürfte bestreiten, daß es eine Vielfalt moralisch statthafter Implementationen gibt. Um sichtbar zu machen, daß es um mehr geht, werde ich im folgenden versuchen, den Nachweis dafür zu erbringen, daß die Prinzipien der Gerechtigkeit ihrerseits in ihrer Form selbst pluralistisch sind; daß die verschiedenen Sozialgüter aus unterschiedlichen Gründen von verschiedenen Agenten und Mittlern auf der Basis unterschiedlicher Verfahren verteilt werden sollten; und daß alle diese Unterschiede sich herleiten aus den unterschiedlichen Bedeutungen der Sozialgüter selbst – dem unvermeidbaren Resultat eines historischen und kulturellen Partikularismus.

Eine Theorie der Güter

Theorien der distributiven Gerechtigkeit handeln von einem sozialen Prozeß, dem gemeinhin folgendes Erscheinungsbild nachgesagt wird:

Menschen verteilen Güter an (andere) Menschen.

»Verteilen« bedeutet in diesem Zusammenhang geben, zuweisen, tauschen usw. Im Mittelpunkt des Interesses stehen die Individuen, die am einen oder anderen Ende der entsprechenden Aktionen auf den Plan treten: nicht die Produzenten und die Konsumenten, sondern die Distributionsagenten und die Rezipienten, d.h. diejenigen, die die Güter verteilen, und diejenigen, die sie empfangen. Wie stets gilt unser Interesse uns selbst. Doch ist es in diesem

Fall nicht der Mensch als Gesamtperson, der uns interessiert, sondern — eingeschränkt und speziell — der Mensch in seiner Eigenschaft als Gebender und Nehmender. Was ist unser Wesen? Welche Rechte haben wir? Was brauchen wir, was wollen wir, und worauf haben wir Anspruch? Wozu sind wir berechtigt? Was würde uns unter idealen Bedingungen gefallen, worauf würden wir uns gerne einlassen? Die Antworten auf diese Fragen verwandeln sich in Distributionsprinzipien, die die Bewegung der Güter steuern und kontrollieren sollen. Die theoretisch definierten Güter werden als Dinge angesehen, die in jede Richtung bewegt werden können, d.h. die ortsveränderlich sind.

Aber dies ist nicht nur eine zu schlichte Interpretation dessen, was wirklich vorgeht, sie zwingt uns auch allzu rasch zu allgemeinen Aussagen über die menschliche Natur, über das Wesen des Menschen und seine moralische Kraft — Aussagen, die kaum jemals auf allgemeine Zustimmung stoßen und einen generellen Konsens hervorrufen dürften. Ich möchte deshalb eine etwas genauere und zugleich komplexere Kennzeichnung des angesprochenen zentralen Prozesses vornehmen, indem ich sage:

Menschen ersinnen und erzeugen Güter, die sie alsdann unter sich verteilen.

Hier gehen Konzeption und Herstellung von Gütern ihrer Verteilung voraus, d.h. diese wird von jenen bestimmt. Güter tauchen nicht einfach irgendwann in den Händen von Distributionsagenten auf, die sie entweder nach Belieben oder nach einem Generalprinzip verteilen.[2] Es ist vielmehr gerade umgekehrt: die Güter sind es, die mit ihren und wegen ihrer Bedeutungen das entscheidende Medium von sozialen Beziehungen bilden; ihre Geburtsstätten sind die Köpfe der Menschen, dort nehmen sie die Gestalt an, in der sie hernach in deren Hände gelangen; die sich herausbildenden Verteilungsmuster richten sich an den gemeinsamen Vorstellungen davon aus, welche Bedeutung die Güter haben und wozu sie da sind. Die Distributeure unterliegen den Zwängen, die von den Gütern ausgehen, die sie in Händen halten; man könnte fast sagen, daß die Güter sich selbst unter die Menschen verteilen.

»Die Dinge sind es, die im Sattel sitzen
und der Menschheit die Sporen geben«.[3]

Zu bedenken ist dabei allerdings, daß es sich immer um spezielle Dinge und um spezielle Gruppen von Männern und Frauen handelt. Und natürlich sind wir es, die Menschen, die die Dinge hervorbringen — auch den Sattel, in dem diese hernach sitzen. Es geht mir keineswegs darum, die Bedeutung und das Gewicht der menschlichen Tatkraft zu leugnen, ich möchte nur die Aufmerksamkeit von der Verteilung von Gütern auf ihre Konzeption und Erzeugung umlenken, d.h. auf jenes Geschehen, in dessen Verlauf die Güter benamst, mit einer Bedeutung versehen und kollektiv hergestellt werden. Was wir brauchen, um den Pluralismus der Distributionsmöglichkeiten erklären und eingrenzen zu können, ist eine Theorie der Güter. Für unsere unmittelbaren Zwecke hier sei sie, diese Theorie, auf sechs Thesen zusammengedrängt:

1. Alle Güter, die in bezug auf distributive Gerechtigkeit von Belang sind, sind soziale Güter, Güter, die nicht gemäß irgendwelcher privater Idiosynkrasien bewertet werden bzw. die sich einer solchen idiosynkratischen Bewertung entziehen. Die Frage, ob es andere Arten von Gütern überhaupt gibt, möchte ich offen lassen, da ich mich nicht in der Lage sehe, sie exakt zu beantworten. Gewiß, es gibt Privatgegenstände, die aus persönlichen und gefühligen Gründen heraus geschätzt und in Ehren gehalten werden, doch geschieht dies nur in Kulturen, in denen die entsprechenden Gefühle sich sozusagen normativ an solche Gegenstände heften. Ein schöner Sonnenuntergang, der Duft von frischem Heu, eine wundervolle Aussicht auf eine Stadt, sie können persönlich und privatim hochgeschätzte Güter sein, auch wenn sie zugleich, und dies sehr viel augenfälliger, Objekte einer kulturellen Bewertung und Hochschätzung sind. Und selbst bei Neuerfindungen sind es nicht die Vorstellungen des Erfinders, an denen sich ihre Bewertung orientiert; denn auch sie unterliegen einem allgemeineren Prozeß der Konzeption und Erzeugung – eine Regel, die, wie uns das erste Kapitel der Schöpfungsgeschichte lehrt, für die Güter Gottes selbstverständlich keine Geltung hat, denn dort lesen wir: »Und Gott sah an alles, was er gemacht hatte; und siehe da, es war sehr gut«. (1:31). Diese Bewertung bedarf der Zustimmung eines (möglicherweise zweifelnden) Menschengeschlechts oder einer Majorität von Männern und Frauen oder einer bestimmten Gruppe von Personen, die unter idealen Bedingungen zusammenkommen, nicht (wiewohl Adam und Eva im Paradies Gottes Einschätzung vermutlich bestätigt und bekräftigt hätten). Andere Ausnahmen von der konstatierten Regel kann ich mir allerdings nicht vorstellen. Der Grund, weshalb Güter auf Erden eine gemeinschaftliche Bedeutung haben, liegt darin, daß ihre Konzeption und Erzeugung soziale Prozesse sind. Diese Tatsache erklärt auch, warum Güter in unterschiedlichen Gesellschaften unterschiedliche Bedeutungen haben. So erfährt das gleiche »Ding« seine Wertschätzung aus ganz unterschiedlichen Gründen, oder es wird an einem

bestimmten Ort hoch und an einem anderen gering geachtet. John Stuart Mill hat einmal beklagt, daß die Menschen ihre Zu- und Abneigungen »en masse« faßten;[4] eine andere Art und Weise, an sozialen Gütern Gefallen zu finden oder eine Abneigung gegen sie zu entwickeln, ist mir indes nicht bekannt. Ein isoliert lebender Mensch dürfte weder die Bedeutung von solchen Gütern erkennen noch die Gründe verstehen können, weshalb sie im einen Fall als angenehm und im andern als unangenehm empfunden werden. Erst von dem Moment an, da Menschen sich an etwas »en masse« entzücken, wird es für den Einzelnen möglich, aus dieser Masse auszuscheren, auf latente oder subversive Bedeutungen hinzuweisen, nach alternativen Werten Ausschau zu halten — einschließlich solcher Werte wie Allbekanntheit und Absonderlichkeit. Eine mäßige Exzentrizität gehörte bisweilen durchaus zu den Spezialprivilegien des Adels, d.h., sie war ein soziales Gut, anderen sozialen Gütern vergleichbar.

2. Frauen und Männer gewinnen ihre je konkrete Identität aus der Art und Weise, in der sie soziale Güter erst ersinnen und erzeugen und hernach besitzen und benutzen. »Zwischen mir als Person und dem, was mir gehört, genau zu unterscheiden, fällt mir äußerst schwer«, schrieb William James.[5] D.h., Verteilungsakte dürfen nicht als Handlungen von Personen mißdeutet werden, in deren Köpfen oder Händen nicht bereits spezielle Güter existieren. In Wirklichkeit stehen diese Personen in einem festen Bezug zu einem ganz bestimmten Set von Gütern; sie haben eine gemeinsame Geschichte der geschäftlichen Trans- und Interaktionen, und zwar nicht nur je einzeln miteinander, sondern auch mit der moralischen und materiellen Welt, in der sie leben, als Ganzer. Ohne diese Geschichte, die mit der Geburt beginnt, wären sie als agierende Personen, als einzelne Männer und Frauen, gar nicht kenntlich und hätten sie keinerlei Ahnung davon, wie das Geschäft des Gebens, Verteilens und Tauschens von Gütern zu betreiben ist.

3. Die Vorstellung, es könne ein einziges, sozusagen ein singuläres Set von Primär- oder Grundgütern für alle moralischen und materiellen Welten geben, geht nicht nur an der Realität vorbei, es müßte auch so abstrakt konzipiert sein, daß sich über die Art der Verteilung der Güter auf seiner Basis kaum etwas aussagen ließe. Noch der Bereich der Lebens- und Grundbedürfnisse ist, wenn wir die moralischen und die physischen Erfordernisse gleichermaßen in Rechnung stellen, sehr groß, wobei die Rangskalen der Bedürfnisse immer wieder anders aussehen. Dem einzelnen Bedarfsgut haften, auch wenn es — wie z.B. im Falle der Nahrung — allüberall erforderlich ist, an unterschiedlichen Orten dennoch höchst unterschiedliche Bedeutungen an. So ist das Brot nicht nur das Grundnahrungsmittel der Menschen, es ist auch der Leib

Christi, das Symbol des Sabbat, das Medium der Gastlichkeit und vieles andere mehr. Theoretisch ist ein enger Sinn des Wortes Brot denkbar, in dem die erstgenannte Bedeutung tatsächlich primär ist, so daß, wenn es nur zwanzig Personen auf der Welt und gerade genug Brot gäbe, um diese zwanzig zu ernähren, der Primat von Brot als Grundnahrungsmittel ein taugliches Verteilungsprinzip abgeben würde. Aber dies ist die einzige Konstellation, in der dem so wäre, und selbst in diesem hypothetischen Fall können wir nicht absolut sicher sein, daß es so geschähe. Denn wenn der religiöse Gebrauch von Brot mit seiner ernährungstechnischen Verwendung konfligieren würde — wenn die Götter verlangten, daß das Brot gebacken und danach verbrannt würde, statt gegessen zu werden –, dann steht keineswegs fest, welche Verwendung die primäre wäre. Als was, d.h. in welcher Funktion soll dann aber das Brot in die Universalliste aufgenommen werden? Die Frage zu beantworten wird immer schwerer, bzw. die konventionellen Antworten darauf werden immer unbefriedigender, je weiter wir von den Notwendigkeiten zu den Möglichkeiten, Fähigkeiten, Reputationen usw. voranschreiten. Diese lassen sich nur dann in die Liste aufnehmen, wenn sie jeder spezifischen Bedeutung entkleidet, d.h. völlig abstrakt — und damit für jeden praktischen Zweck bedeutungslos — sind.

4. Und doch ist es die Bedeutung der Güter, die Art und Richtung ihrer Bewegung bestimmt. Distributionskriterien und -arrangements stecken nicht im Gut selbst bzw. im Gut an sich, sondern im sozialen, d.h. im gesellschaftlichen Gut. Wenn wir wissen, was dieses soziale Gut ist, was es für jene bedeutet, die ein Gut in ihm sehen, dann wissen wir auch, von wem es aus welchen Gründen wie verteilt werden sollte. Alle Verteilungen sind gerecht oder ungerecht immer in Relation zur gesellschaftlichen Bedeutung der zur Verteilung gelangenden Güter. Das Prinzip, um das es hier geht, ist in vielerlei Hinsicht ganz gewiß ein Legitimationsprinzip, aber dennoch nicht in jeder, denn es ist auch ein kritisches Prinzip.*

---

* Sind die sozialen Bedeutungen denn nicht, wie Marx gesagt hat, nichts als »die Gedanken der herrschenden Klasse«, nichts als »die als Gedanken gefaßten herrschenden materiellen Verhältnisse«?[6] Ich glaube zwar nicht, daß sie jemals nur und ausschließlich das sind, wiewohl die Mitglieder der herrschenden Klasse und die von ihnen begünstigten Intellektuellen durchaus in einer Position sein können, die es ihnen ermöglicht, die sozialen Bedeutungen für ihre persönlichen Zwecke zu nutzen und sie in ihrem Sinne zu verdrehen. Wenn sie aber tatsächlich so verfahren, dann stoßen sie alsbald auf Widerstand, einen Widerstand, der (intellektuell) in genau denselben Bedeutungen wurzelt. Die Kultur eines Volkes ist immer ein Gemeinschaftsprodukt, selbst wenn keine umfassende Kooperation praktiziert wird, und sie ist immer ein komplexes Produkt. Das gemeinsame Verständnis von bestimmten Gütern

Als zum Beispiel eine Vielzahl von Christen im Mittelalter die Sünde der Simonie anprangerten, taten sie dies mit der Feststellung, die Bedeutung eines speziellen sozialen Gutes, wie ein geistliches Amt es sei, schließe dessen Kauf und Verkauf aus. Gehe man vom christlichen Amtsverständnis aus, so folge – ich bin geneigt zu sagen zwingend – daraus, daß Amtsinhaber ihres Wissens und ihrer Frömmigkeit und nicht ihres Reichtums wegen auszuwählen und zu berufen seien. Es gebe gewiß Dinge, die man mit Geld kaufen könne, ein Kirchenamt gehöre jedoch keinesfalls dazu. Dem Begriff der *Simonie* vergleichbar sind die Begriffe der *Prostitution* und der *Bestechung;* auch sie beschreiben den Kauf und Verkauf von Gütern, die ihrer sozialen Bedeutung nach niemals zum Kauf angeboten oder gekauft werden dürften.

5. <u>Soziale Bedeutungen tragen historischen Charakter, und so wandeln sich die Verteilungspraktiken</u>, die gerechten wie die ungerechten, im Lauf der Zeit. Dennoch gibt es Schlüsselgüter, deren, man könnte fast sagen, charakteristische, normative Verteilungsstrukturen sich über die Grenzen (wenn auch nicht über sämtliche) von Zeit und Raum hinweg immer wieder durchgesetzt haben. Ihre Reiteration ist es, die den britischen Philosophen Bernard Williams zu der Feststellung veranlaßt hat, Güter sollten immer nach »Zweckdienlichkeitskriterien« verteilt werden – wobei die Zweckdienlichkeit sich eher an essentielle als an soziale Bedeutungen zu knüpfen scheint.[7] Die Überlegung, Ämter z.B. seien an Kandidaten zu vergeben, die die Eignung dafür besäßen, findet – wenn auch nicht als einziges Kriterium für die Vergabe von Ämtern – einen sichtbaren Niederschlag in höchst unterschiedlichen Gesellschaften, Gesellschaften, die allerdings insofern eine Gemeinsamkeit aufweisen, als sie allesamt Simonie und Nepotismus, oder wie diese Tatbestände in ihren Sprachen heißen, für sündig oder ungerecht erachten. (Wobei die Ansichten darüber, welche Arten von Positionen und Stellungen füglich als »Ämter« zu bezeichnen seien, sehr weit auseinandergehen). Auch hier wieder gilt die Strafe generell als ein negatives Gut, das jenen Menschen zuteil werden müsse, denen sie, die Strafe, aufgrund eines Urteilsspruches, nicht jedoch einer politischen Entscheidung zukomme. (Aber was konstituiert ein Urteil? Wer spricht es aus? Oder anders und kurz gesagt, wie sorgt man dafür, daß ei-

---

schließt Prinzipien, Verfahren und Handlungskonzepte ein, für die sich die Herrschenden gewiß nicht entscheiden würden, wenn sie *in der je konkreten Situation* wählen könnten – ein Umstand, der die Sozialkritik sozusagen vorprogrammiert und ihr die Munition frei Haus liefert. Der Zugang zu dem, was ich als die »inneren« Prinzipien zur Abwehr der Übergriffe mächtiger Männer und Frauen bezeichnen möchte, stellt sozusagen die Normalform des kritischen Diskurses dar.

nem Beschuldigten Gerechtigkeit widerfährt? Die Unstimmigkeit in all diesen Fragen ist beträchtlich). Die konkreten Beispiele laden zur empirischen Untersuchung ein. Es gibt kein rein intuitives oder spekulatives Verfahren zur Auffindung von Zweckdienlichkeitskriterien.

6. Wenn aber die Bedeutungen der Güter distinkt im Sinne von eigenständig sind, dann erheischt ihre Verteilung Autonomie. Das je einzelne soziale Gut oder Set von Gütern konstituiert gewissermaßen seine eigene Distributionssphäre, innerhalb deren sich nur ganz bestimmte Kriterien und Arrangements als angemessen und dienlich erweisen. So gehört Geld nicht in die Sphäre des Kirchenamtes, es ist dort etwas Ungehöriges, ein Störenfried, der aus einer anderen Sphäre hereindringt. Frömmigkeit wiederum sollte auf dem Marktplatz, nimmt man ihn in der ihm generell zugedachten Funktion, keinen Vorteil bringen. Was immer rechtmäßig zum Verkauf angeboten wird, sollte an gottlose, ketzerische und sündige Männer und Frauen genauso verkauft werden wie an gottesfürchtige (anders wären nennenswerte Geschäfte auch gar nicht zu machen). Der Markt steht allen offen, die zu ihm kommen, die Kirche nicht. Es gibt indessen keine Gesellschaft, in der die verschiedenen sozialen Bedeutungen jeweils völlig eigenständig wären. Was in der einen Distributionssphäre passiert, hat Einfluß darauf, was in der anderen geschieht; wonach wir deshalb allenfalls Ausschau halten können, ist eine relative Eigenständigkeit. Aber diese relative Autonomie ist, nicht anders als die soziale Bedeutung, ein kritisches Prinzip – ja sie ist, wie ich den gesamten Text hindurch immer wieder zu verdeutlichen versuche, ein radikales Prinzip. Sie ist radikal, auch wenn sie keinen singulären Maßstab impliziert, an dem alle Verteilungen gemessen werden müßten. Einen solchen singulären Maßstab gibt es nicht. Was es hingegen gibt, sind (wenn auch umstrittene, so doch in etwa erkennbare) Maßstäbe für das je einzelne soziale Gut und die je einzelne Distributionssphäre in der je einzelnen Gesellschaft; und diese Maßstäbe werden häufig dadurch verletzt, daß mächtige Männer und Frauen willkürlich Güter für sich usurpieren und in Sphären eindringen, in denen sie nichts zu suchen haben.

Herrschaft und Monopol

Bei genauem Hinsehen erweisen sich diese Verletzungen durchaus als gezielte, planvolle Verletzungen. Wiewohl ein Resultat sozialer Sinngebung und gemeinsamer Wertvorstellungen, befördert und begünstigt die Autonomie doch eher die gelegentliche Umgestaltung und Auflehnung als den alltäglichen Routinevollzug. Der großen Komplexität ihrer Verteilungssysteme wegen sind die meisten Gesellschaften auf der Basis dessen organisiert, was man als eine soziale Version des Goldstandards bezeichnen könnte: ein einzelnes Gut oder eine bestimmte Spezies von Gütern bestimmen den Wert in sämtlichen Distributionssphären. In der Regel werden diese Güter monopolisiert und wird ihr Wert stabil gehalten vermittels der Macht und des Zusammenhalts derer, die in ihrem Besitz sind. Ich bezeichne ein Gut dann als bestimmend oder dominant, wenn die Individuen, die über es verfügen, deshalb, weil sie darüber verfügen, zugleich auch über eine Vielzahl weiterer Güter gebieten können. Monopolisiert wird ein Gut dann, wenn eine Einzelperson, sozusagen ein Monarch in der Welt des Wertes, oder eine Gruppe von Personen in der Qualität von Oligarchen den Besitz dieses Gutes erfolgreich gegen alle auftretenden Rivalen wahren können. Dominanz bezeichnet eine Art der Verwendung und der Nutzung von sozialen Gütern, die über die Grenzen von deren intrinsischen Bedeutungen hinausgeht oder die diese Bedeutungen ihren Interessen und Vorstellungen gemäß selbst erzeugt. Monopol steht für eine Art der Verfügung oder Kontrolle über soziale Güter, welche die Ausnutzung ihrer Dominanz zum Ziel hat. Sind Güter knapp und zugleich allgemein nachgefragt, wie etwa Wasser in der Wüste, so wird ihr Monopol sie direkten Weges zu dominanten Gütern machen. Meist ist die Dominanz jedoch ein sehr viel kunstvolleres und komplizierteres Produkt, ein Werk vieler Hände, in dem Realität und Symbolik miteinander verschmelzen. Körperliche Stärke, ein guter Name, ein geistliches oder politisches Amt, Grundbesitz, Kapital oder technisches Wissen, sie alle haben, wenn auch in unterschiedlichen historischen Epochen, nicht nur den Status von dominanten Gütern erlangt, sondern sind jeweils auch von ganz bestimmten Personengruppen monopolisiert worden. Und wenn dem erst einmal so ist, dann fließen alle guten Dinge denen zu, die über die eine beste Sache verfügen – nach der Devise: wer da hat, dem wird gegeben. Oder, um die Metapher zu wechseln, ein dominantes Gut verwandelt sich in ein anderes Gut, genauer, in viele andere Güter, in einem Prozeß, der häufig wie ein natürlicher Prozeß aussieht, in Wirklichkeit aber ein magischer ist, eine Art von sozialer Alchimie.

Indes, das soziale Gut, das jemals die gesamte Gütervielfalt gänzlich dominiert hätte, gibt es ebensowenig wie das perfekte Monopol. Was ich hier beschreibe, sind nur Tendenzen, wenn auch entscheidend wichtige Tendenzen. Denn es sind ganze Gesellschaften, die wir auf der Basis der in ihnen etablierten Umwandlungsmuster charakterisieren können. Einige dieser Charakterisierungen lesen sich äußerst einfach: in einer kapitalistischen Gesellschaft ist das Kapital bestimmend und läßt sich leicht umwandeln in Ansehen und Macht; in einer Technokratie ist es das technische Wissen, dem die gleiche Rolle zufällt. Doch dürfte es nicht allzu schwer sein, sich vorzustellen oder herauszufinden, daß es auch kompliziertere soziale Arrangements gibt. Tatsächlich sind Kapitalismus und Technokratie sehr viel komplexer, als ihre Bezeichnungen dies implizieren, selbst wenn die genannten Begriffe eine durchaus konkrete Information über die wichtigsten Formen von Beteiligung, Aufteilung und Tausch vermitteln. Die monopolistische Kontrolle über ein dominantes Gut produziert eine herrschende Klasse, deren Mitglieder an der Spitze eines Distributivsystems stehen – so wie die Philosophen es gerne täten, wenn sie behaupten, die Weisheit zu besitzen, die sie so sehr lieben. Da aber die Dominanz immer mangelhaft und das Monopol immer unvollkommen bleiben, ist die Herrschaft der herrschenden Klasse immer eine instabile Herrschaft. Sie, diese Klasse, sieht sich ständig herausgefordert durch andere Gruppen, die im Namen alternativer Umwandlungsmuster gegen sie antreten.

Die Distribution ist es, um die der gesamte soziale Konflikt sich dreht, sie bildet seinen Inhalt. Marxens nachdrückliche Herausstellung des Produktionsprozesses sollte uns nicht daran hindern, die einfache Wahrheit zur Kenntnis zu nehmen, daß der Kampf um die Kontrolle über die Produktionsmittel ein Verteilungskampf, ein Kampf um die Distribution ist. Worum es geht, sind Boden und Kapital, und das sind Güter, die gemeinsam besessen, aufgeteilt, getauscht und endlos konvertiert werden können. Aber Boden und Kapital sind nicht die einzigen dominanten Güter; es ist möglich (und in der Vergangenheit möglich gewesen), in ihren Besitz zu gelangen vermittels anderer Güter – militärischer oder politischer Macht, eines geistlichen Amtes oder durch Charisma usw. Die Geschichte offenbart keine dominanten Einzelgüter und auch kein von Natur aus dominantes Gut, sondern nur unterschiedliche Arten von magischen Kräften und von miteinander konkurrierenden Gruppen von Magiern.

Der Monopolanspruch auf ein dominantes Gut – wenn er zu öffentlichen Zwecken formuliert wird – stellt eine Ideologie dar. In seiner Standardform verknüpft er rechtmäßigen Besitz mit einer Reihe von persönlichen Qualitäten im Medium eines philosophischen Prinzips. So ist die Aristokratie oder die Herrschaft der Besten das bevorzugte Prinzip derer, die Anspruch auf eine vornehme Herkunft und auf Intelligenz erheben: sie sind gemeinhin die Monopolisten des Grundbesitzes und der familialen Reputation. Geistliche

Oberhoheit gilt denen als Leitlinie, die für sich reklamieren, das Wort Gottes zu kennen: sie sind die Monopolisten der Gnade und des Amtes. Die Meritokratie oder die dem Begabten offenstehende Karriere wird von denen zum Leitprinzip erhoben, die von sich behaupten, begabt zu sein: sie halten zumeist das Monopol auf Bildung. Und der freie Tausch als Prinzip wird vor allem von denen verfochten, die bereit sind bzw. die sagen, daß sie bereit seien, ihr Geld zu riskieren: sie sind die Monopolisten des beweglichen Besitzes! Alle diese Gruppen — wie auch andere, die ihrerseits ebenfalls durch ihre Prinzipien und Besitztümer definiert sind — konkurrieren miteinander im Kampf um die Vorherrschaft. Bisweilen ist es eine einzelne Gruppe, die den Sieg davon trägt, um später von einer anderen Gruppe aus dieser Position wieder verdrängt zu werden, bisweilen bilden sich Koalitionen aus Gruppen, die sich gezwungenermaßen in die Oberhoheit teilen. Einen endgültigen Sieg gibt es nicht und sollte es auch nicht geben, was jedoch keineswegs bedeutet, daß die Ansprüche der verschiedenen Gruppen notwendig falsch oder die Prinzipien, auf die sie sich berufen, als Distributionskriterien generell untauglich wären. Im Gegenteil, die Prinzipien sind innerhalb der Grenzen einer speziellen Sphäre in vielen Fällen genau die richtigen. Ideologien lassen sich leicht verfälschen, doch ist ihre Verfälschung nicht das Interessanteste an ihnen.

Es ist die Untersuchung dieser Kämpfe um die Vormachtstellung, die mir den Leitfaden für meine eigene Argumentation und Beweisführung liefern soll, denn diese Kämpfe haben, wie ich meine, eine paradigmatische Form: Eine Gruppe von Männern und Frauen — eine Klasse, eine Kaste, eine Schicht, ein Stand, ein Bündnis oder eine soziale Formation — gelangt in den Genuß eines Monopols oder Fast-Monopols auf ein dominantes Gut; es kann auch ein Zusammenschluß, eine Koalition von mehreren Gruppen sein, die sich dieses Monopols erfreuen usw. ... Das dominante Gut wird mehr oder weniger planvoll in alle möglichen anderen Dinge umgewandelt — nicht zuletzt in Möglichkeiten, Befugnisse und Reputationen. Dabei geschieht es häufig, daß sich die Mächtigen in den Besitz von Reichtum und Vermögen bringen, während die aus vornehmen Familien Stammenden nach Ehre und Ansehen und die Gebildeten nach Ämtern trachten. Kann sein, daß die Ideologie, welche die Inbesitznahme dieser Güter rechtfertigt, einer Vielzahl von Menschen als Wahrheit gilt. Doch sind Groll und Widerstand (fast) ebenso verbreitet wie Vertrauen und gläubige Zustimmung. Es gibt immer Menschen, deren Zahl im Zeitverlauf in der Regel zumeist stetig zunimmt, die in dieser Inbesitznahme keine Rechtmäßigkeit, sondern eine widerrechtliche Aneignung erblicken. Die herrschende Klasse besitzt die Qualitäten, die sie für sich reklamiert, wenn überhaupt, ganz gewiß nicht allein. Der Umwandlungsprozeß tritt in Gegensatz zum allgemein herrschenden Verständnis von den zur Debatte stehenden Gütern. Daß der sich daraus ergebende soziale Konflikt ein intermittierender oder endemischer Konflikt ist, zeigt, daß an irgendeinem Punkt Gegenforderungen artikuliert werden. Wiewohl diese Gegenforderungen von unterschiedlichster Art sein können, lassen sich doch drei Generalformen ausmachen, denen ein besonderes Gewicht zukommt:

Gegenforderung I: Das dominante Gut, was immer es sei, ist so umzuverteilen, daß alle Mitglieder der Gemeinschaft oder zumindest eine breite Allgemeinheit in seinen Besitz gelangen — Implikation: das Monopol ist ungerecht.

Gegenforderung II: Es muß dafür gesorgt werden, daß alle Sozialgüter eine autonome Verteilung erfahren — Implikation: die Dominanz eines einzelnen Gutes ist ungerecht.

Gegenforderung III: Das gegenwärtig dominante Gut muß durch ein anderes, von einer anderen Gruppe monopolisiertes Gut substituiert werden — Implikation: die bestehende Herrschafts- und Monopolstruktur ist ungerecht.

Die dritte Forderung ist nach Marx' Ansicht das Modell für jede revolutionäre Ideologie — mit Ausnahme vielleicht der proletarischen, nach der keine andere mehr folgt. So figuriert die Französische Revolution in der marxistischen Theorie als das Ende der Dominanz von adliger Geburt, vornehmem Geblüt und feudalem Grundbesitz und der Beginn bürgerlichen Reichtums. Die ursprüngliche Situation wiederholt sich mit anderen Subjekten und Objekten (was keineswegs unwichtig ist) mit dem Ergebnis eines alsbaldigen Neubeginns des Klassenkampfes. Es liegt nicht in meiner Absicht, an dieser Stelle der Marxschen Interpretation zuzustimmen oder sie zu kritisieren. Ich selbst vermute, daß realiter etwas von allen drei Forderungen in jeder revolutionären Ideologie steckt. Aber auch das ist keine Position, die ich hier zu verfechten gedenke. Wie groß die soziologische Relevanz der dritten Forderung auch immer sein mag, von philosophischem Interesse ist sie nicht — es sei denn, man glaubt an ein von Natur aus dominantes Gut, welches denjenigen, die es besitzen, einen Rechtstitel auf die Herrschaft über den Rest der Menschheit verleiht. In einem gewissen Sinne war es genau das, was Marx glaubte. Die Produktionsmittel sind die gesamte Geschichte hindurch das dominante Gut, und der Marxismus ist insofern eine historizistische Lehre, als er behauptet, daß, wer die maßgeblichen Mittel kontrolliere, rechtmäßig herrsche.[8] Nach der Kommunistischen Revolution werden wir alle gemeinsam die Produktionsmittel kontrollieren – der Punkt, an dem die dritte Forderung in der ersten aufgeht. Bis dahin ist das Marxsche Modell ein Programm für den im Gange befindlichen Verteilungskampf. Es wird natürlich von Bedeutung sein, wer in diesem oder jenem Moment, sozusagen punktuell, obsiegt; und doch werden wir gar nicht erkennen können, warum oder inwiefern es von Bedeutung ist, wenn wir den Blick einzig und allein auf die sukzessiven Geltendmachungen von Dominanz- und Monopolansprüchen gerichtet halten.

Einfache Gleichheit

Es sind die ersten beiden Forderungen, mit denen ich mich befassen werde, genau genommen eigentlich nur die zweite, denn sie scheint mir die Pluralität von sozialen Bedeutungen und die massive Komplexität von Verteilungssystemen am besten zu erfassen. Da aber die erste Forderung die unter Philosophen häufiger diskutierte ist – sicher nicht zuletzt deshalb, weil sie dem eigenen Streben dieser Profession nach Einzigartigkeit und Singularität entgegenkommt –, werde ich die Schwierigkeiten, die ihr anhaften, dennoch in einiger Ausführlichkeit erörtern müssen.

Diejenigen, die die erste Forderung erheben, greifen zwar sehr wohl die Monopolstellung, nicht aber die Dominanz eines speziellen sozialen Gutes an. Ein Angriff, der allerdings nicht nur ein Angriff auf den spezifischen Einzelfall darstellt, sondern auf das Monopol im allgemeinen; denn wenn z.B. Geld dominant und allgemein verbreitet ist, dann dürfte es kaum möglich sein, daß daneben ein anderes Gut eine Monopolstellung erringt. Stellen wir uns eine Gesellschaft vor, in der alles käuflich ist und in der alle Bürger gleich viel Geld besitzen – ein Gefüge, das in meiner Terminologie als »System der einfachen Gleichheit« figurieren wird. Die hier gegebene Gleichheit wird im stattfindenden Umwandlungsprozeß solange vervielfacht, bis sie das gesamte Spektrum der sozialen Güter erfaßt hat. Dabei läßt sich das System der einfachen Gleichheit insofern nicht lange bewahren, als der Fortgang der Umwandlung in Gestalt des freien Tausches auf dem Markt mit Sicherheit Ungleichheiten mit sich bringt. Um einfache Gleichheit über lange Zeit hinweg aufrechterhalten zu können, bedürfte es eines »Geldgesetzes«, vergleichbar den Agrargesetzen aus alter Zeit oder den hebräischen Sabbatbestimmungen, die für eine periodische Rückkehr in den Ausgangszustand sorgten. Nur ein zentralistischer und aktivistischer Staat wäre stark genug, um eine solche

Rückkehr zu erzwingen; und es ist eine durchaus offene Frage, ob Staatsbeamte tatsächlich willens oder in der Lage wären, im Falle von Geld als dominantem Gut entsprechend zu agieren. In jedem Fall ist der Ausgangszustand aber noch aus einem anderen Grunde instabil. Nicht nur bildet sich alsbald ein neues Monopol heraus, es schwindet auch die Dominanz des alten.

In der Praxis ist es so, daß mit dem Zerbrechen des Geldmonopols die Dominanz des Geldes aufgehoben wird. Andere Güter kommen ins Spiel, die Ungleichheit nimmt neue Formen an. Halten wir uns noch einmal das System der einfachen Gleichheit vor Augen. Alles steht zum Verkauf, und alle haben gleich viel Geld. D.h., alle sind gleichermaßen in der Lage, ihren Kindern eine Ausbildung zu kaufen. Einige tun es, andere nicht. Die Ausbildung erweist sich als eine gute Investition, denn andere soziale Güter werden zunehmend nur solchen Personen zum Kauf angeboten, die ihre Bildung mittels Zeugnis und Zertifikat belegen können. Und so investiert alsbald jeder in die Erziehung; oder — was wahrscheinlicher ist — der Kauf von Bildung wird via Steuersystem universalisiert. Doch nun verwandelt sich die Schule in eine Welt der Konkurrenz, in welcher das Geld nicht länger bestimmend ist. Es sind natürliche Gaben, die Sozialisation innerhalb der Familie oder ein gewisses Geschick im Ablegen von Prüfungen, die statt dessen dominieren, und es ist eine neue Gruppe, die den Bildungserfolg und seine Beglaubigung monopolisiert. Nennen wir sie (ihrer Selbstbenamsung folgend) die »Gruppe der Begabten«. Was die ihr Angehörenden letztlich fordern, wenn sie Ämter, Titel, Privilegien, aber auch Wohlhabenheit als einen ihnen zukommenden Besitz reklamieren, ist die Dominanz des von ihnen kontrollierten Gutes auch außerhalb der Schule. Es ist die den Begabten offenstehende Karriere mitsamt Chancengleichheit und anderen Dingen mehr. Die Fairness, so ihr Desiderat, gebiete es, so zu verfahren; das Talent wolle ans Licht; aber das sei noch längst nicht alles, hinzu komme, daß begabte Männer und Frauen die Ressourcen, die auch jedermann sonst zur Verfügung stünden, ihrerseits kräftig mehrten. Dies ist die Geburtsstunde von Michael Youngs Meritokratie und allen sie begleitenden Ungleichheiten.[9]

Was ist in dieser Situation zu tun? Man kann den neuen Umwandlungsmustern Grenzen setzen, indem man die Monopolmacht der Begabten zwar anerkennt, sie aber sogleich eingrenzt und eindämmt. Dies scheint mir die Intention des von John Rawls entwickelten Differenzprinzips zu sein, demzufolge Ungleichheiten nur dann gerechtfertigt sind, wenn sie der am wenigsten begünstigten bzw. der am meisten benachteiligten sozialen Klasse den größtmöglichen Nutzen bringen sollen oder tatsächlich bringen.[10] Genauer gesagt, das Unterschiedsprinzip ist eine Beschränkung, die begabten Männern und Frauen in dem Augenblick auferlegt wird, in dem das Monopol des Geldes gebrochen ist. Es funktioniert folgendermaßen: Stellen wir uns einen Chirurgen vor, dessen Verdienstforderungen höher sind, als der aufgrund seiner speziellen Fähigkeiten und seiner (im harten Konkurrenzkampf am College und an der medizinischen Fakultät von ihm erworbenen) Zeugnisse ihm zukommende gleiche Anteil am allgemeinen Reichtum ausmacht. Wir werden auf seine Forderungen dann, und nur dann, eingehen, wenn ihre Erfüllung den ausbedungenen Nutzeffekt zeitigt. Gleichzeitig werden wir den Verkauf operativer Eingriffe – d.h. die direkte Umwandlung von chirurgischem Können in Geld – begrenzen und reglementieren.

Diese Reglementierung wird zwangsläufig eine Obliegenheit des Staates sein, genauso wie die Schaffung und Gewährleistung der Einhaltung von Geld- und Agrargesetzen Obliegenheiten sind, denen der Staat nachzukommen hat. Einfache Gleichheit würde eine kontinuierliche Staatsintervention erfordern mit dem stets gleichen Ziel, neu sich herausbildende Monopole aufzubrechen oder einzuschränken und neue Formen der Dominanz nicht aufkommen zu lassen. Eine solche Praxis läßt jedoch die Staatsmacht selbst zum zentralen Objekt von Konkurrenzkämpfen werden. Einzelne Gruppen werden versuchen, den Staat zu monopolisieren und ihn zur Festigung ihrer Herrschaft und Kontrolle über andere Sozialgüter zu benutzen. Oder der Staat wird auf der Basis des ehernen Gesetzes der Oligarchie von seinen eigenen Vertretern monopolisiert. Politik ist immer der direkteste Weg zur Herrschaft, und politische Macht ist (sehr viel eher als die Produktionsmittel) vermutlich das wichtigste und ganz sicherlich das gefährlichste Gut in der menschlichen Geschichte.* Daher die Notwendigkeit, die Vertreter von

---

* Ich sollte an dieser Stelle auf eine Tatsache hinweisen, die im Lauf meiner weiteren Ausführungen hoffentlich immer deutlicher sichtbar wird, die Tatsache nämlich, daß politische Macht ein höchst spezielles Gut ist, ein Gut, das einen Doppelcharakter trägt. Zum einen gleicht es allen anderen Gütern, welche Menschen erzeugen, hochschätzen, tauschen und miteinander teilen, indem es bisweilen dominant ist und bisweilen nicht, indem es sich bisweilen im Besitz von vielen, bisweilen von nur ganz wenigen befindet. Zum andern unterscheidet es sich aber auch von allen anderen Gütern, indem politische Macht, ganz gleich, wer sie in welcher Form besitzt, die Regulationsinstanz für soziale Güter im allgemeinen ist. Politische Macht wird dazu benutzt, die Grenzen aller Distributionssphären (ihre eigenen eingeschlossen) zu sichern und zu verteidigen und das gemeinsame Verständnis davon durchzusetzen, was ein Gut bedeutet und wozu es da ist. (Sie kann jedoch, wie allseits zu sehen, auch dazu benutzt werden, in die verschiedenen Sphären einzudringen und das vorhandene gemeinsame Verständnis zunichte zu machen.) In diesem zweiten Sinne ist politische Macht sozusagen immer dominant – sie ist es jedoch nur *an* den Grenzen und nicht *inner-*

Zwang und Beschränkung ihrerseits einzuschränken und konstitutionelle Kontrollen und Gegenkontrollen einzurichten. Sie setzen dem politischen Monopol Grenzen und erweisen sich in dem Moment als um so wichtiger, in dem die diversen sozialen und ökonomischen Monopole aufgebrochen werden.

Eine Möglichkeit der Begrenzung von politischer Macht liegt in ihrer breiten Verteilung. Daß dies kein absolut sicherer Weg ist, kann angesichts der vieldiskutierten Gefahren der Mehrheitstyrannei nicht verwundern; dennoch sind diese Gefahren vermutlich zumeist weniger groß als befürchtet. Die größere Gefahr der demokratischen Staatsführung liegt darin, daß sie sich im Umgang mit neu oder erneut sich herausbildenden Monopolen in der Gesellschaft im ganzen wie auch mit der sozialen Macht von Plutokraten, Bürokraten, Technokraten, Meritokraten usw. als zu schwach erweist, diesen nicht gewachsen ist. Theoretisch gesprochen ist die politische Macht in einer Demokratie das dominante und in jeder von ihren Bürgern gewünschten Weise konvertible Gut. Praktisch gilt auch hier die Tatsache, daß der Zerfall des Machtmonopols zugleich die Dominanz der Macht neutralisiert, sie aufhebt. Die politische Macht kann nicht breit verteilt sein, ohne in den Sog all der anderen Güter zu geraten, welche die Bürger bereits besitzen oder zu besitzen hoffen. Demokratie ist deshalb, wie Marx erkannte, im wesentlichen ein Reflexsystem, das die herrschende und die neu sich herausbildende Verteilung von Sozialgütern widerspiegelt.[11] Demokratische Entscheidungen sind geprägt von den kulturellen Konzepten, die die neuen Monopole entweder selbst inaugurieren oder deren Existenz sie zumindest gutheißen. Um sich gegen diese Monopole behaupten zu können oder gar über sie zu obsiegen, muß die politische Macht zentralisiert, wenn nicht sogar ihrerseits monopolisiert werden. Wiederum gilt: der Staat muß sehr mächtig sein, wenn er die Funktionen erfüllen soll, die ihm durch das Unterschiedsprinzip oder einen ähnlich interventionistischen Herrschaftsmodus zugeschrieben werden.

Dennoch könnte das System der einfachen Gleichheit funktionieren. Vorstellbar ist eine mehr oder weniger stabile Spannung zwischen neu sich herauskristallisierenden Monopolen und politischen Beschränkungen, zwischen dem von den Begabten erhobenen Anspruch auf Privilegien und der Durch-

---

halb derselben. Das zentrale Problem der Politik besteht deshalb darin, den fundamental wichtigen Unterschied zwischen »an« und »in« zu wahren und zu garantieren. Aber das ist ein Problem, das auf dem Hintergrund der Imperative von einfacher Gleichheit nicht lösbar ist.

setzung des Unterschiedsprinzips sowie zwischen den Durchsetzungsorganen und der demokratischen Verfassung. Und trotzdem vermute ich, daß die Schwierigkeiten immer wieder auftreten werden und daß an vielen Punkten der Geschichte nur ein einziges Heilmittel gegen persönliche Privilegien zur Verfügung steht: die staatliche Zentralgewalt, so wie es umgekehrt nur den einen Ausweg aus dem Dirigismus gibt: das persönliche Privileg. Wir werden Macht mobilisieren, um das Monopol in Schach zu halten, und danach nach einer Möglichkeit suchen, die Macht, die wir mobilisiert haben, einzudämmen. Es gibt aber keine solche Möglichkeit, die nicht zugleich strategisch gut postierten Männern und Frauen Gelegenheit dazu böte, wichtige soziale Güter an sich zu raffen und sie zu ihrem höchstpersönlichen Wohl zu nutzen.

Mit diesen Fragen und Problemen bekommt man es zu tun, wenn man das Monopol und nicht die Dominanz als Kernproblem der distributiven Gerechtigkeit ansieht. Es ist natürlich leicht nachvollziehbar, warum Philosophen (und auch politische Aktivisten) bevorzugt das Monopol ins Zentrum stellen. Die Verteilungskämpfe der Moderne beginnen mit einem Kampf gegen den alleinigen Zugriff des Adels auf Land, Ämter und Würden. Dieser alleinige Zugriff scheint deshalb ein besonders unheilvolles Monopol darzustellen, weil er sich auf Geburt und Geblüt stützt, für welche der Einzelne nichts kann, und nicht etwa auf Reichtum, Macht oder Bildung, die allesamt, zumindest dem Prinzip nach, verdient sein oder werden können. Wenn nun jeder Mann und jede Frau sozusagen zu »Kleingrundbesitzern« in der Sphäre von Geburt und Geblüt werden, dann ist tatsächlich ein großer und wichtiger Sieg errungen. Das Geburtsrecht hört auf, ein dominantes Gut zu sein; fortan gibt es dafür nicht mehr viel zu kaufen; Reichtum, Macht und Bildung treten in den Vordergrund. Auf der Basis der letztgenannten Güter läßt sich einfache Gleichheit allerdings nicht aufrechterhalten oder doch zumindest nur insoweit, als die soeben von mir beschriebenen Wechselfälle und Unbeständigkeiten es zulassen. Innerhalb ihrer jeweiligen Sphäre – verstanden im heutigen Sinne – tendieren diese drei Güter dazu, natürliche Monopole auszubilden, die sich nur dann ausschalten lassen, wenn die Staatsmacht selbst dominant ist und von Amtsträgern monopolisiert wird, die ihrerseits an dieser Ausschaltung interessiert sind. Doch es gibt, wie ich meine, noch einen anderen Weg, der zu einer anderen Art von Gleichheit führt.

Tyrannei und komplexe Gleichheit

Meiner Meinung nach sollten wir uns auf die Reduzierung der Dominanz konzentrieren und nicht, oder zumindest nicht vornehmlich, auf die Zerschlagung oder die Eindämmung des Monopols. Wir sollten überlegen, was geschieht, wenn man den Rahmen, in dem spezielle Güter konvertierbar sind, einengt und die Autonomie der Distributionssphären auf den Schild hebt. Allerdings hat dieses Argumentationsmuster, wiewohl historisch-politisch gesehen gar nicht ungebräuchlich, im philosophischen Schrifttum keinen allzu großen Widerhall gefunden. Die Philosophen haben fast immer dazu tendiert, die bestehenden oder sich herausbildenden Monopole von Reichtum, Macht und Bildung zu kritisieren (oder zu rechtfertigen). Oder sie haben spezielle Umwandlungen kritisiert bzw. gerechtfertigt — wie etwa die von Reichtum in Bildung oder die von Ämtern in Reichtum. Und dies alles zumeist im Namen eines radikal vereinfachten Verteilungssystems. Anders die Kritik an der Dominanz, sie vermag einen Weg zu weisen, auf dem zunächst eine Umgestaltung der konkreten Verteilungskomplexität erreicht und danach ein sinnvoller Umgang mit ihr praktiziert werden kann.

Stellen wir uns dazu eine Gesellschaft vor, in der sich diverse Sozialgüter in Monopolbesitz befinden — wie es der Fall ist und immer der Fall sein wird, wenn man auf fortgesetzte Staatsinterventionen verzichtet —, in der es aber kein einzelnes Spezialgut gibt, das generell konvertierbar wäre. Ich werde in meinen weiteren Darlegungen versuchen, die Grenzen der Konvertierbarkeit exakt zu bestimmen, im Moment muß eine vage Allgemeinbeschreibung genügen. Die von uns ins Auge gefaßte Gesellschaft ist eine komplexe, egalitäre Gesellschaft. Wiewohl es zahllose kleine Ungleichheiten in ihr gibt, vervielfacht sich die Ungleichheit in toto im Umwandlungsprozeß jedoch nicht. Auch addiert sie sich quer über die verschiedenen Güter hinweg nicht zu einer Gesamtsumme auf, denn die Autonomie der Distributionsvorgänge führt dazu, daß eine Vielzahl von Lokalmonopolen entsteht, die sich im Besitz differenter Personengruppen befinden. Ich will damit nicht behaupten, daß komplexe Gleichheit per se stabiler sei als einfache Gleichheit, neige aber zu der Annahme, daß sie sowohl diffusere als auch spezifiziertere Formen des sozialen Konflikts zuläßt, wobei der Widerstand gegen die Konvertierbarkeit weitgehend von Normalbürgern geübt werden dürfte, und zwar innerhalb ihrer je eigenen Kompetenz- und Kontrollsphären und ohne ausgreifende staatliche Interventionen.

Das von mir skizzierte Bild ist, wie ich meine, ein recht attraktives Bild. Warum es attraktiv ist, habe ich allerdings bislang noch nicht gesagt. Die Argumentation zugunsten von komplexer Gleichheit hat ihren Ausgangspunkt in unserem Verständnis — und damit meine ich unser aktuelles, konkretes, positives und spezielles Verständnis — von den verschiedenen Sozialgütern. Von hier aus schreitet sie fort zu einer Erklärung der Art und Weise, in der wir uns vermittels dieser Güter aufeinander beziehen. Einfache Gleichheit impliziert einfache Distributionsverhältnisse, soll heißen, wenn ich meinerseits 14 Hüte besitze und Sie Ihrerseits ebenfalls 14 Hüte besitzen, dann sind wir beide, Sie und ich, gleich. Wenn die Hüte dazuhin dominant sind, hängt auch alles Weitere an ihnen als dominantem Gut, weil sich in diesem Fall unsere Gleichheit auf alle Sphären des sozialen Lebens erstreckt. Aus der Sicht, die ich hier zu vertreten gedenke, besitzen wir allerdings nur die gleiche Anzahl von Hüten, und es ist wenig wahrscheinlich, daß Hüte sich über einen längeren Zeitraum hinweg als dominantes Gut halten werden. Gleichheit ist eine komplexe Relation zwischen Menschen, vermittelt durch die Güter, die sie erzeugen, miteinander gemein haben und unter sich verteilen; eine Identität der Besitztümer erfordert sie nicht. Und so ist es denn nur natürlich, daß die Diversität der Distributionskriterien groß ist, ebenso so groß wie die sich in ihnen widerspiegelnde Vielfalt der sozialen Güter.

Die Argumentation zugunsten der komplexen Gleichheit ist von Pascal in einer seiner Pensées in bestechender Weise formuliert worden.

»Die Tyrannei besteht in dem Verlangen, überall und auch außerhalb seines eigenen Bereichs zu herrschen.

Verschiedene Gruppen: Starke, Schöne, Kluge, Fromme, jede herrscht bei sich zu Haus und nicht anderswo. Und mitunter treffen sie aufeinander, und der Starke und der Schöne schlagen sich völlig töricht darum, wer Herr des andern sein solle, denn ihre Herrschaft ist unterschiedlicher Art. Sie können sich nicht verständigen, und ihr Fehler ist, überall herrschen zu wollen. Nichts kann das, nicht einmal die Macht, sie hat nichts in dem Königreich der Gelehrten zu bestellen; ...

Tyrannei. Also sind solche Reden falsch und tyrannisch: Ich bin schön, also muß man mich fürchten — ich bin stark, also muß man mich lieben — ich bin...

Tyrannei ist: auf eine Weise haben zu wollen, was man nur auf andere haben kann. Verschiedenes fordern die verschiedenen Vorzüge: Das Gefallende verpflichtet zur Liebe, die Macht verpflichtet zur Furcht, das Wissen verpflichtet zu glauben«.[12]

Marx stellt in seinen Frühschriften eine ähnliche Überlegung an; vielleicht war es der zitierte Gedanke Pascals, der ihn dazu veranlaßte:

»Setze den *Menschen* als *Menschen* und sein Verhältnis zur Welt als ein menschliches voraus, so kannst du Liebe nur gegen Liebe austauschen, Vertrauen nur gegen Vertrauen etc. Wenn du die Kunst genießen willst, mußt du ein künstlerisch gebildeter Mensch sein; wenn du Einfluß auf andere Menschen ausüben willst, mußt du ein wirklich anregend und fördernd auf andere Menschen wirkender Mensch sein. . . Wenn du liebst, ohne Gegenliebe hervorzurufen, d.h., wenn dein Lieben als Lieben nicht die Gegenliebe produziert, wenn du durch deine *Lebensäußerung* als liebender Mensch dich nicht zum *geliebten Menschen* machst, so ist deine Liebe ohnmächtig, ein Unglück«.[13]

Dies sind keine einfachen, leicht eingängigen Gedanken, und mein Buch ist zum größten Teil nichts anderes als das Wagnis einer Erklärung dessen, was sie bedeuten. An dieser Stelle möchte ich jedoch etwas Einfacheres und Schematischeres versuchen, nämlich eine Übersetzung der vorgetragenen Überlegungen in die Begriffe, die ich bislang bereits benutzt habe.

Der erste und wichtigste Punkt in der von Pascal wie auch von Marx geführten Argumentation besteht in der Feststellung, persönliche Qualitäten und soziale Güter hätten ihre je eigenen Operationssphären, in denen sie ihre Wirkung frei, spontan und rechtmäßig entfalteten. Es gebe impulsive oder natürliche Umwandlungen, die sich sozusagen logisch aus der sozialen Bedeutung spezieller Güter ergäben und damit jedermann intuitiv einleuchteten. So gesehen appellieren die Überlegungen der beiden Denker an unser ganz normales Alltagsverständnis; doch ist dies nicht alles, denn sie richten sich auch gegen unsere allgemeine Ergebung in unrechtmäßige Umwandlungsmuster. D.h., sie sind auch ein Appell, aus unserer Ergebung doch Unmut und Groll werden zu lassen. Es stimmt etwas nicht, so macht Pascal deutlich, mit der Umwandlung von Macht in Glauben. Politisch gesprochen bedeutet er uns, daß kein Herrscher, nur weil er mächtig ist, auch das Recht hat, über unsere Ansichten zu bestimmen. Noch kann er, wie Marx hinzufügt, einen berechtigten Anspruch darauf erheben, uns in dem zu beeinflussen, was wir tun und lassen. Wenn ein Herrscher dies wolle, dann müsse er überzeugend, ideenreich, begeisternd usw. sein. Diese Gedanken bedürfen, um wirksam werden zu können, eines gemeinsamen Verständnisses von Wissen, Einfluß und Macht. Soziale Güter haben soziale Bedeutungen; ihre, der Bedeutungen, Erklärung ist es, die uns den Weg weist zur distributiven Gerechtigkeit. Forschen wir also nach den internen Prinzipien der je einzelnen Distributionssphäre.

Die zweite Überlegung der beiden Denker besagt, daß die Mißachtung dieser internen Prinzipien nichts anderes sei als Tyrannei. Ein Gut in ein anderes umzuwandeln, wenn es zwischen beiden keine innere Verbindung gebe, heiße, in eine Sphäre einzudringen, in der eine andere Gruppe von Personen zu bestimmen habe. Innerhalb der je einzelnen Sphären sei das Monopol nämlich durchaus nicht ungehörig. So spreche beispielsweise nichts dagegen, daß überzeugende, ideenreiche Männer und Frauen (Politiker) nach politischer Macht strebten. Hingegen sei der Gebrauch von politischer Macht zum Zwecke der Erlangung von anderen Gütern ein tyrannischer Gebrauch. Hier wird eine alte Definition von Tyrannei verallgemeinert: Fürsten, so heißt es in zahlreichen mittelalterlichen Texten, werden dann zu Tyrannen, wenn sie das Eigentum ihrer Untertanen an sich raffen oder in deren Familienleben eindringen.[14] Anders gesagt, im politischen Leben — aber auch jenseits davon — begünstigt die Herrschaft über Güter die Herrschaft über Menschen.

Das System der komplexen Gleichheit ist das Gegenteil von Tyrannei. Es erzeugt ein Netz von Beziehungen, das Dominanz und Vorherrschaft verhindert. Formal gesprochen bedeutet komplexe Gleichheit, daß die Position eines Bürgers in einer bestimmten Sphäre oder hinsichtlich eines bestimmten sozialen Guts nicht unterhöhlt werden kann durch seine Stellung in einer anderen Sphäre oder hinsichtlich eines anderen sozialen Guts. So kann Bürger X Bürger Y bei der Besetzung eines politischen Amtes vorgezogen werden mit dem Effekt, daß die beiden in der Sphäre der Politik nicht gleich sind. Doch werden sie generell solange nicht ungleich sein, wie das Amt von X diesem keine Vorteile über Y in anderen Bereichen verschafft, also etwa eine bessere medizinische Versorgung, Zugang zu besseren Schulen für seine Kinder, größere unternehmerische Chancen usw. Solange das Amt kein dominantes Gut ist, ist es nicht allgemein konvertierbar; die es innehaben, stehen – zumindest potentiell – in einem Verhältnis der Gleichheit zu den von ihnen regierten oder verwalteten Männern und Frauen.

Doch was, wenn die Dominanz entfällt, die Autonomie der Sphären gesichert ist und es die gleichen Leute sind, die erst in der einen und dann nacheinander in allen Sphären erfolgreich sind, die in jeder Gruppe triumphieren und Güter aufhäufen können, ohne dabei unrechtmäßige Umwandlungen vornehmen zu müssen? Eine Situation, die ganz gewiß eine nichtegalitäre Gesellschaft begünstigen, die aber zugleich auch auf die eindringlichste Weise zeigen würde, daß eine Gesellschaft von Gleichen keine allzu realistische Vorstellung ist. Ich bezweifle, daß es eine egalitäre Argumentation gibt, die, konfrontiert mit folgender Geschichte, nicht ins Schleudern geriete: Der von mir in freier Wahl und ungeachtet seines familiären Hintergrundes oder seiner persönlichen Finanzkraft in sein Abgeordnetenamt gewählte Volksvertreter ist zugleich ein kühner und ideenreicher Unternehmer. In seiner Jugend hat er Naturwissenschaften studiert, in allen Examina überdurchschnittlich gute

Ergebnisse erzielt und etliche wichtige Entdeckungen gemacht. Im Krieg war er außergewöhnlich tapfer und hat die höchsten Auszeichnungen errungen. Seinerseits ein freundlicher und überaus gewinnender Mann, wird er von jedem, der ihn kennt, gemocht. Aber gibt es solche Menschen tatsächlich? Möglicherweise; und dennoch hege ich so meine Zweifel daran. Wir erzählen gerne Geschichten wie die, die ich soeben kolportiert habe, aber diese Geschichten sind Fiktionen, sie handeln von der Umwandlung von Macht, Geld oder akademischen Fähigkeiten in legendären Ruhm. Eins ist jedenfalls gewiß: es gibt nicht genug solcher Menschen, als daß sie eine herrschende Klasse konstituieren und über den Rest von uns gebieten könnten. Auch können sie allein schon deshalb nicht in jeder Distributionssphäre erfolgreich sein, weil es Sphären gibt, an denen die Erfolgsidee schlicht vorbeizielt. Und was ihre Kinder betrifft, so dürfte unter Bedingungen der komplexen Gleichheit ihr Erfolg sich kaum umstandslos auf diese vererben. Im großen und ganzen werden die besten Politiker, Unternehmer, Wissenschaftler, Soldaten und Liebhaber verschiedene Menschen sein; und solange die Güter, die sie besitzen, ihnen keine weiteren Güter eintragen, gibt es keinen Grund, ihre Fähigkeiten und Leistungen zu fürchten.

Die Kritik an Dominanz und Herrschaft weist uns den Weg zu einem offenen Distributionsprinzip: *Kein soziales Gut X sollte ungeachtet seiner Bedeutung an Männer und Frauen, die im Besitz eines anderen Gutes Y sind, einzig und allein deshalb verteilt werden, weil sie dieses Y besitzen.* Dieses Prinzip dürfte für jedes Y, das jemals dominant war, irgendwann einmal geltend gemacht worden sein. Aber es ist nur selten als allgemeines Prinzip formuliert worden. Pascal und Marx haben seine Anwendung gegen alle möglichen Ys angeraten, und ich werde versuchen, diese Anwendung zu spezifizieren. Dabei werde ich meinen Blick aber nicht auf die Mitglieder der Pascalschen Gruppen richten – die Starken oder die Schwachen, die Schönen oder die Unscheinbaren –, sondern vielmehr auf die Güter, die sie miteinander teilen und untereinander verteilen. Der Zweck des Prinzips ist es, unsere Aufmerksamkeit auf das zu konzentrieren, was wir verteilen; über die Größe der Anteile oder die Art der Verteilung sagt es nichts aus. Statt dessen zwingt es uns, die Bedeutung von sozialen Gütern zu ergründen und die verschiedenen Distributionssphären in ihrem Innern zu erforschen.

Drei Distributionsprinzipien

Die aus meinem Vorhaben resultierende Theorie dürfte kaum besonders elegant ausfallen. Keine Interpretation der Bedeutung eines sozialen Guts oder der Grenzen des Bereichs, in dem es rechtmäßig seine Wirkung entfaltet, wird unstrittig sein. Auch ist kein ordentliches Verfahren zur Hand, mit dem die unterschiedlichen Interpretationen entwickelt oder überprüft werden könnten. Die vorgelegten Argumente und Belege werden bestenfalls grob sein, indem sie den vielfältigen und konfliktreichen Charakter des sozialen Lebens widerspiegeln, das zu verstehen und zu regeln wir gleichzeitig bestrebt sind, wobei dem Regeln das Verstehen in jedem Fall vorauszugehen hat. Ich werde alle Überlegungen, die auf ein singuläres Distributionskriterium abzielen, beiseite lassen, denn es gibt kein Einzelkriterium, das als solches der Vielgestaltigkeit der sozialen Güter gerecht würde. Hingegen gibt es drei Kriterien, die mir die Erfordernisse des offenen Prinzips in etwa zu erfüllen scheinen und die des öfteren als das A und O der distributiven Gerechtigkeit verfochten worden sind. Auf sie werde ich deshalb etwas näher und je einzeln eingehen. Gemeint sind der freie Austausch, das Verdienst und das Bedürfnis. Alle drei Kriterien haben ihre reale Geltungskraft, aber keines von ihnen hat diese Kraft quer über alle Distributionsbereiche hinweg. Sie sind Teil der zu erzählenden Geschichte, aber sie sind nicht die ganze Geschichte.

Der freie Austausch

Der freie Austausch kennt offensichtlich keine Grenzen, d.h., er garantiert kein spezielles Verteilungsergebnis. An keinem Punkt eines Austauschprozesses, der füglich als »frei« bezeichnet werden kann, wird es möglich sein, die spezielle Verteilung von Sozialgütern vorauszusagen, die sich zu einem späteren Zeitpunkt ergeben wird.[15] (Die generelle Struktur der Verteilung indes läßt sich möglicherweise trotzdem prognostizieren). In der Theorie zumindest erzeugt der freie Austausch einen Markt, auf dem alle Güter über das neutrale Medium des Geldes wechselseitig konvertierbar sind. Es gibt keine dominanten Güter und keine Monopole. Die sukzessive sich ergebenden Verteilungen werden die sozialen Bedeutungen der Güter, die zur Verteilung gelangen, direkt und unmittelbar widerspiegeln. Denn jedes Geschäft, jeder Handel, jeder Verkauf und jeder Kauf hat die freiwillige Zustimmung von Männern und Frauen zur Voraussetzung, die diese Bedeutungen kennen, ja sie de facto selbst geschaffen haben. Jeder Austausch ist die Manifestation einer sozialen Bedeutung; sie, die soziale Bedeutung des getauschten Gutes, offenbart sich im Tausch. Und so wird per definitionem kein X ungeachtet seiner Bedeutung für andere Mitglieder der Gesellschaft in die Hände einer Person, die Y besitzt, einzig und allein deshalb gelangen, weil sie dieses Y besitzt. Der Markt ist radikal pluralistisch in seinen Operationen wie in seinen Resultaten, unendlich sensibel für die Bedeutungen, die die Einzelnen den verschiedenen Gütern beilegen. Welche möglichen Einschränkungen lassen sich dem freien Austausch im Namen des Pluralismus aber dann überhaupt auferlegen?

Nun, der Alltag des Marktes bzw. die konkrete Erfahrung des freien Austauschs sind von dem, was die Theorie vorsieht, äußerst verschieden. Das Geld, jenes in der Theorie angeblich neutrale Medium, ist in der Praxis ein dominantes Gut, das sehr schnell von denjenigen monopolisiert wird, die über eine besondere Begabung fürs Geschäftemachen und Handeln verfügen — das in der bürgerlichen Gesellschaft einträglichste Talent. Gegen diesen Gang der Dinge melden sich andere Personen und Personengruppen zu Wort, die eine Umverteilung des Geldes und die Errichtung des Systems der einfachen Gleichheit fordern; der Punkt, an dem die Suche nach einem Weg beginnt, eben dieses System fürderhin sicherzustellen. Aber selbst dann, wenn wir uns auf den ersten, noch ungetrübten Anfang von einfacher Gleichheit konzentrieren — freier Austausch auf der Basis von gleichen Anteilen —, müssen wir Grenzen setzen, die anzeigen, was wofür getauscht werden darf. Denn der freie Austausch überläßt die Verteilung gänzlich den Individuen, und die sozialen Bedeutungen unterliegen nun einmal nicht, oder wenigstens nicht immer, den interpretativen Entscheidungen von einzelnen Männern und Frauen.

Nehmen wir ein einfaches Beispiel, nehmen wir die politische Macht. Politische Macht läßt sich bestimmen als ein Sortiment von Gütern unterschiedlichen Werts, bestehend aus Wahlstimmen, Einfluß, Ämtern usw. Alle diese Güter können auf dem Markt gehandelt und von Individuen, die bereit sind, andere Güter dafür zu opfern, akkumuliert werden. Was dabei herauskommt, selbst wenn die Opfer real sind, ist, daran ist nicht zu rütteln, eine gewisse Form von Tyrannei — und sei's, angesichts der Bedingungen von einfacher Gleichheit, auch nur eine Kleintyrannei. Weil ich bereit bin, ohne meinen Hut auszukommen, werde ich zweimal abstimmen; und Sie, die Sie Ihre Stimme weniger hochschätzen als meinen Hut, Sie werden überhaupt nicht abstimmen. Ich fürchte, das Resultat ist ein tyrannisches, auch und selbst im

Hinblick auf uns beide, die wir immerhin eine freie Übereinkunft getroffen haben. Daran, daß es mit Blick auf alle anderen Bürger tyrannisch ist, kann kein Zweifel bestehen, denn sie müssen sich meinem disproportionalen Machtanteil beugen. Tatsächlich ist es nicht so, daß um Stimmen nicht geschachert und gefeilscht werden könnte; ja es gibt eine spezielle Demokratieinterpretation, die in demokratischer Politik nur diesen Schacher zu erkennen vermag. So weiß man sehr wohl von demokratischen Politikern, die Stimmen kauften oder zu kaufen suchten, indem sie Staatsausgaben versprachen, die speziellen Wählergruppen zugute kommen sollten. Aber dies geschieht in Öffentlichkeit, mit öffentlichen Geldern, und es unterliegt der allgemeinen Zustimmung. Privatgeschäfte sind aufgrund dessen, was Politik oder demokratische Politik ist, unzulässig – d.h. aufgrund dessen, was wir mit der Schaffung der politischen Gemeinschaft gewollt und intendiert haben.

Der freie Austausch ist gewiß kein allgemeines Kriterium; dennoch können wir die Grenzen seines Geltungsbereichs nur vermittels einer sorgfältigen Analyse spezieller sozialer Güter bestimmen. Und was wir nach Abschluß dieser Analyse vorzuweisen haben, sind bestenfalls philosophisch maßgebende Grenzstrukturen und nicht unbedingt die Struktur, die politisch maßgebend sein sollte. Denn das Geld überwindet alle Grenzen, indem es durch sie hindurchsickert – dies ist die primäre Form von illegaler Immigration; und der genaue Punkt, an dem man versuchen sollte, dieses Eindringen zu stoppen, ist sowohl eine Frage der Dringlichkeit als auch eine des Prinzips. Das Versäumnis, dieser Immigration an einem angemessenen Punkt Einhalt zu gebieten, hat Konsequenzen für das gesamte Verteilungsspektrum, doch soll deren genauere Betrachtung einem späteren Kapitel vorbehalten bleiben.

Das Verdienst

Wie der freie Austausch, so scheint auch das Verdienst uneingeschränkt pluralistisch zu sein. Man könnte sich mithin eine neutrale Spezialinstanz vorstellen, die, ihrerseits unendlich sensibel für alle Arten von individuellem Verdienst, Gratifikationen und Sanktionen, Lohn und Strafe vergäbe bzw. verhängte. Auf diese Weise würde der Distributionsprozeß zentralisiert, während die Ergebnisse weiterhin unvorhersagbar und vielfältig blieben. Ein dominantes Gut würde es nicht geben. Kein X würde ungeachtet seiner sozialen Bedeutung verteilt; denn ohne Kenntnis dieser Bedeutung wäre es theoretisch gesehen unmöglich, zu dem Schluß zu gelangen, es, dieses X, sei verdient. All die verschiedenen Gruppen von Männern und Frauen würden ihren gerechten Lohn erhalten. Wie dies allerdings in der Praxis aussähe, ist schwer vorstellbar. So kann es einen Sinn machen, von diesem oder jenem charmanten Mann zu sagen, er verdiene es, geliebt zu werden. Was aber ganz gewiß keinen Sinn macht, ist die Feststellung, er verdiene es, von einer bestimmten Frau geliebt zu werden. Wenn er sie liebt und sein (sehr wohl vorhandener) Charme auf sie nicht wirkt, dann ist das sein Pech oder auch sein Unglück. Ich glaube nicht, daß wir uns eine äußere Instanz wünschten, welche die Situation korrigieren würde. Die Liebe von Männern und Frauen kann nach unserem Verständnis nur von diesen selbst vergeben werden, und nur selten lassen die Menschen sich in diesen Dingen von Verdienstlichkeitserwägungen leiten.

Was den Einfluß anlangt, so gilt dasselbe. Stellen wir uns in diesem Fall eine Frau vor, die allgemein als gewinnend und mitreißend gilt. Vielleicht verdient sie es, ein einflußreiches Mitglied unserer Gemeinschaft zu sein. Sie hat jedoch keinen Anspruch darauf, daß ich mich von ihr beeinflussen lasse oder sie mir zum Vorbild nehme und ihr nachfolge. Auch wäre uns gewiß nicht daran gelegen, daß ihr meine Gefolgschaft durch irgendeine Instanz, die imstande wäre, solche Anweisungen zu erteilen, zudiktiert würde. Sie kann sich darum bemühen, mich zu gewinnen und zu begeistern, und sie kann zu diesem Zweck eine Menge Dinge tun, die ihr bei anderen Erfolg eintragen mögen. Aber wenn ich mich (perverserweise) einfach weigere, mich von ihr gewinnen und begeistern zu lassen, dann verweigere ich ihr nichts, was sie verdient hätte. Diese Erkenntnis läßt sich ausweiten auf den Politiker ebenso wie auf den einfachen Bürger. Bürger können ihre Stimme nicht für Hüte verhökern; sie können nicht individuell beschließen, die Grenze zu überschreiten, die die Sphäre der Politik vom Marktplatz trennt. Aber innerhalb der Sphäre der Politik treffen sie individuelle Entscheidungen; und auch hier lassen sie sich dabei nur selten von Verdienstlichkeitserwägungen leiten. Ob Ämter verdient werden können, ist schwer zu sagen — ein weiterer Punkt, den ich auf später vertagen muß; aber selbst wenn es so wäre, würde es unser Verständnis von demokratischer Politik verletzen, wenn es schlichterdings eine Zentralinstanz wäre, die diese Ämter an verdienstvolle Männer und Frauen verteilte.

Desgleichen spielt das Verdienst, ganz gleich, wo wir die Grenzen der Sphäre ziehen, in der der freie Austausch stattfindet, innerhalb dieser Grenzen keine Rolle. Nehmen wir an, ich erweise mich als ein geschickter und gewiegter Händler und es gelingt mir, eine stattliche Anzahl wunderschöner Gemälde in meinen Besitz zu bringen. Wenn wir davon ausgehen, so wie Maler dies meist tun, daß Bilder auf dem Markt ihren gerechten Preis erzielen, dann gibt es an meinem Besitz der Bilder nichts zu deuten. Mein Rechtstitel ist legitim. Kurios wäre hingegen die Feststellung, ich verdiente den Besitz der Bilder einfach meiner Geschäftstüchtigkeit wegen. Das Verdienst scheint eine besonders enge Beziehung zwischen bestimmten Gütern und bestimmten Personen zu erfordern, während Gerechtigkeit einen solchen Zusammenhang nur bisweilen voraussetzt. Wir könnten indes darauf insistieren, daß nur kunstverständige, kultivierte Menschen, die es verdienten, Bilder zu besitzen, diese auch tatsächlich bekommen sollten. Sich einen entsprechenden Verteilungsmechanismus vorzustellen, ist nicht schwer. Der Staat könnte alle Bilder erwerben, die zum Kauf angeboten werden (allerdings müßten die Künstler lizensiert, d.h. amtlich als Anbieter zugelassen werden, damit die Zahl der Bilder nicht ins Endlose anwüchse), danach würde er sie bewerten, um sie schließlich an kultivierte, kunstverständige Personen zu verteilen nach dem Prinzip: die jeweils besseren Bilder an die jeweils kultivierteren Interessenten. Der Staat tut bisweilen so etwas, und zwar bei Dingen, welche die Menschen dringend brauchen – z.B. eine medizinische Versorgung –, er tut es jedoch nicht dort, wo es um Verdienste geht. Zwar ergäben sich an diesem Punkt sicherlich auch praktische Schwierigkeiten, ich vermute jedoch, daß die hier zutage tretende Differenz einen tieferen Grund hat. Weder haftet dem Verdienst die Dringlichkeit des Bedürfnisses an, noch impliziert es die gleiche Qualität des Habens (im Sinne von Besitzen und Konsumieren). Und so ist es denn so, daß wir entweder bereit sind, die Scheidung in Bilderbesitzer hier und kunstverständige, kultivierte Menschen dort zu akzeptieren, oder daß wir nicht bereit sind, diejenigen Eingriffe in den Markt zu fordern bzw. mitzutragen, die nötig wären, um diese Scheidung aufzuheben. Natürlich gibt es immer die Möglichkeit der öffentlichen Versorgung jenseits des Marktes, so daß eine kluge Argumentation lauten könnte, kunstverständige, kultivierte Menschen verdienten zwar keine Bilder, wohl aber Museen. Vielleicht ist es so, vielleicht verdienen sie das Museum; worauf sie jedoch keinen Anspruch haben, ist, daß der Rest von uns sein privates Geld oder entsprechende öffentliche Mittel für den Kauf von Bildern und die Errichtung von Gebäuden beisteuert. Vielmehr werden die Kunstkenner uns ihrerseits davon überzeugen müssen, daß die Kunst das Geld wert ist, das sie kostet; sie werden unsere eigene künstlerische Kultivierung anregen und fördern müssen. Gelingt ihnen das nicht, dann kann ihre Liebe zur Kunst sich durchaus als »ohnmächtig, (als) ein Unglück« erweisen.

Aber selbst wenn wir die Verteilung von Liebe, Einfluß, Ämtern, Kunstwerken usw. irgendwelchen allmächtigen Richtern über Verdienstlichkeiten überlassen würden, nach welchen Kriterien sollten wir diese Schiedsherren auswählen? Womit könnte jemand eine solche Position verdienen? Nur Gott, der weiß, welche Geheimnisse in den Herzen der Menschen wohnen, wäre in der Lage, die notwendigen Verteilungen vorzunehmen. Wären es menschliche Wesen, die diese Aufgabe zu erfüllen hätten, dann befände sich der Verteilungsapparat sehr bald in den Händen einer Schar von Aristokraten (so würden sie sich selber nennen), die genau »wüßten«, was unter gut, besser, am besten und unter besonders verdienstvoll zu verstehen sei, und die für die mannigfaltigen Vorzüge und Verdienste des Rests ihrer Mitbürger blind wären. Das Verdienst würde aufhören, ein pluralistisches Kriterium zu sein, und wir sähen uns einem neuen Tyrannensystem (alter Machart) gegenüber. Gewiß, wir wählen Personen aus, die wir als Richter über Verdienstlichkeiten einsetzen, indem wir sie z.B. in einen Sachverständigenausschuß berufen oder in ein Preisrichterkollegium; es wird sich später verlohnen, genauer hinzusehen, welches die Privilegien von Juroren sind. An dieser Stelle ist es jedoch wichtig zu betonen, daß sie, diese Juroren, in einem engen Rahmen agieren. Das Verdienst ist ein hoher Anspruch, aber es erfordert schwierige Urteilsfindungen; und nur unter ganz speziellen Bedingungen zeitigt es seinerseits spezifische Verteilungen.

Das Bedürfnis

Als letztes nun das Kriterium des Bedürfnisses. »Jedem nach seinen Bedürfnissen«, diese Formulierung gilt generell als die distributive zweite Hälfte der berühmten Marxschen Maxime über die Verteilung des Reichtums der Gemeinschaft, die an den Bedürfnissen ihrer Mitglieder auszurichten sei.[16] Ein ebenso einleuchtendes wie unvollkommenes Konzept. Tatsächlich ist auch die erste Hälfte der Maxime ein Verteilungsplan, allerdings einer, der sich dem in der zweiten Hälfte genannten Grundsatz nicht fügt. »Jeder nach seinen Fähigkeiten«, diese Formulierung suggeriert, Posten seien zu vergeben (oder Männer und Frauen seien zur Arbeit heranzuziehen) auf der Basis von individuellen Qualifikationen. Aber die Einzelnen bedürfen der Posten, für die sie qualifiziert sind, nicht in einer allseits augenfälligen Weise. Vielleicht sind die erstrebten Arbeitsplätze ein knappes Gut und es gibt eine große Zahl von qualifizierten Bewerbern dafür. Welche Kandidaten sind es, die ihrer am dringendsten bedürfen? Vielleicht ist die Befriedigung ihrer materiellen Bedürfnisse bereits anderweitig gesichert, und sie brauchen überhaupt nicht zu arbeiten? Oder was ist, wenn es alle Bewerber in einem nichtmateriellen Sinne nach Arbeit verlangt, d.h. wenn sie ein Bedürfnis anmelden, das sie nicht voneinander unterscheidet, zumindest nicht in einer für das bloße Auge erkennbaren Form. Auf alle Fälle wäre es jedoch kurios, einen Bewerbungsausschuß aufzufordern, bei der Auswahl des gesuchten Klinikchefs nicht etwa die Bedürfnisse des Krankenhauspersonals und der Patienten ins Zentrum zu stellen, sondern die der Bewerber. Wobei zu sagen ist, daß die Bedürfnisse von Pflegepersonal und Patienten auch jenseits aller politischen Differenzen niemals eine einheitliche distributive Entscheidung zur Folge haben werden.

Dasselbe gilt für viele andere Güter, für deren Verteilung das Bedürfniskriterium sich als untauglich erweist. Die Marxsche Maxime bringt für die Verteilung von politischer Macht, Ehre und Ruhm, von Segelbooten, seltenen Büchern und schönen Gegenständen aller Art rein gar nichts. Dies alles sind Dinge, die streng genommen niemand braucht. Selbst wenn wir in einer großzügigen Auslegung das Wort *brauchen* so verstehen, wie Kinder es tun, nämlich als den stärksten Ausdruck für *wollen*, selbst dann verfügen wir noch immer nicht über ein taugliches Verteilungskriterium. Die von mir aufgelisteten Dinge können zudem schon allein deshalb nicht gleichmäßig unter denen verteilt werden, die sie sich gleichermaßen wünschen, weil manche dieser Güter generell oder auch zwangsläufig knappe Güter darstellen, während andere den Status von Besitzgütern erst und nur dann annehmen, wenn Menschen sich bereitfinden, sie anderen Menschen zu eigen zu geben.

Das Bedürfnis erzeugt eine spezielle Distributionssphäre, innerhalb deren es selbst das angemessene Distributionsprinzip ist. In einer armen Gesellschaft wird ein großer Teil des sozialen Vermögens in diese Sphäre hineinfließen. Und dennoch werden, bedenkt man die große Vielfalt von Gütern, die aus jeder Art von gemeinschaftlichem Leben erwachsen, und sei dessen materieller Standard noch so niedrig, immer auch andere Verteilungskriterien neben dem des Bedürfnisses wirksam werden, mit dem Resultat, daß die Grenzen zwischen ihnen zu verschwimmen drohen und ständig neu reklamiert werden müssen. Innerhalb seiner Sphäre erfüllt das Bedürfnis ganz ohne Zweifel die bezüglich X und Y geltende allgemeine Distributionsregel. Dringend gebrauchte und an bedürftige Menschen gemäß ihrer Bedürftigkeit verteilte Güter werden erkennbar nicht von anderen Gütern dominiert. Relevant ist nicht das Haben von Y, sondern das Fehlen von X. Was aber an dieser Stelle meines Erachtens deutlich sichtbar wird, ist, daß jedes Kriterium, sofern ihm überhaupt eine gewisse Geltungskraft zukommt, die allgemeine Regel nur innerhalb seiner eigenen Sphäre und nirgendwo sonst erfüllt. Der Effekt dieser Regel läßt sich wie folgt beschreiben: unterschiedliche Güter für unterschiedliche Personengruppen aus unterschiedlichen Gründen auf der Basis unterschiedlicher Verfahren. Dies alles, und sei's nur annähernd, korrekt zu erfassen und wiederzugeben, heißt, die gesamte soziale Welt gleichsam kartographisch aufzunehmen und abzubilden.

Hierarchien und Kastengesellschaften

Was da kartographiert und abgebildet wird, ist allerdings nicht die soziale Welt im allgemeinen, sondern eine spezielle und konkrete gesellschaftliche Welt. Denn die Analyse, die ich im Sinn habe, ist ihrem Charakter nach konkretistisch und phänomenologisch. Ihr Resultat kann deshalb auch keine Idealkarte, kein Generalplan sein, sondern höchstens eine Lageskizze, die von denjenigen Menschen handelt, für die sie gezeichnet ist und deren gemeinschaftliches Leben sie widerspiegelt. Ziel hierbei ist ein Abbild von besonderer Art; ein Abbild nämlich, welches auch jene tieferen Bedeutungen von sozialen Gütern erfaßt, die sich in der Alltagspraxis von Dominanz und Monopol nicht unbedingt widerspiegeln. Aber was, wenn solche tieferen Bedeutungen gar nicht existieren. Ich bin bislang konsequent davon ausgegangen, daß soziale Bedeutungen die Autonomie – oder zumindest die relative Autonomie – der Distributionssphären zur Voraussetzung haben; und so ist es über weite Strecken der Geschichte auch gewesen. Und dennoch ist eine Gesellschaft, in welcher Dominanz und Monopol keine Verletzungen, sondern Implementationen von sozialen Bedeutungen und Wertvorstellungen darstellen und in welcher soziale Güter hierarchisch konzipiert sind, keineswegs undenkbar. Im feudalen Europa z.B. war die Kleidung nicht (wie heute) ein Handelsartikel, sondern ein Standessymbol, ein Kennzeichen für den gesellschaftlichen Rang ihres Trägers. Der Rang bestimmte den Anzug. Die Bedeutung der Kleidung entsprach der feudalen Gesellschaftsordnung. Einen Staat oder Putz anzulegen, den anzulegen man kein Recht hatte, kam einer Lüge gleich; denn man behauptete fälschlich zu sein, was man nicht war. Wenn ein König oder ein Premierminister in die Kleidung eines Commoner, eines Mitglieds des britischen Unterhauses, schlüpfte, um herauszufinden, wie und was seine Untertanen dachten, dann war dies eine bewußte politische Irreführung. Auf der andern Seite zeigen die Schwierigkeiten der Durchsetzung der Kleiderordnung (die sogenannten Aufwandsgesetze), daß es immer auch eine alternative Vorstellung davon gab, was Kleidung bedeutete. Zumindest lassen sich ab einem bestimmten Punkt in der Geschichte die Grenzen einer fest umrissenen Sphäre ausmachen, innerhalb deren die Menschen sich in der Wahl ihrer Kleidung daran orientieren, was sie dafür ausgeben können oder ausgeben wollen und wie sie sich selbst gerne sehen möchten. Aufwandsgesetze und Kleiderordnung mögen danach zwar weiterhin Geltung haben, doch kann man nun — wie einfache Bürger, Männer und Frauen, dies faktisch tun — egalitäre Argumente gegen sie ins Feld führen.

Ist eine Gesellschaft vorstellbar, in der alle Güter hierarchisch konzipiert sind? Vielleicht war das Kastensystem im alten Indien von dieser Art (wiewohl dies eine sehr pauschale These ist, an deren Wahrheitsgehalt man klüglich zweifeln sollte, denn ausgerechnet die politische Macht scheint von den Gesetzen der Kaste niemals erfaßt worden zu sein, oder es gelang ihr stets aufs neue, sich ihnen zu entwinden). Wir stellen uns Kasten als streng segregierte Gruppen und das Kastensystem als eine »plurale Gesellschaft« vor, als eine Welt voller Grenzen.[17] Aber gerade dieses System basiert auf einer hochgradigen Integration gesellschaftlicher Bedeutungen und Wertvorstellungen. Ansehen, Reichtum, Wissen, Amt, Beruf, Ernährung, Kleidung, selbst das soziale Gut der Konversation, sie unterliegen allesamt sowohl der geistigen als auch der körperlichen Disziplin der Hierarchie, während die Hierarchie ihrerseits von einem einzigen Wert bestimmt ist, dem Wert der rituellen Reinheit. Eine gewisse kollektive Mobilität ist dennoch möglich, denn Kasten oder Unterkasten können die äußeren Kennzeichen von Reinheit entwickeln und damit (innerhalb enger Grenzen) ihre Position in der Sozialskala verbessern. Das System als Ganzes beruht auf einer religiösen Doktrin, einer Lehre, die Chancengleichheit verspricht, wenn auch nicht in diesem einen jetzigen Leben, so doch im Lauf der verschiedenen Leben, die der je einzelnen Seele zuteil werden. Der Status des Menschen im Hier und Jetzt »ist das Resultat seines Verhaltens während seiner letzten Inkarnation... Er kann, falls er den jetzigen Status als unbefriedigend empfindet, ihn durch den Erwerb von Verdiensten im gegenwärtigen Leben insofern verbessern, als diese Verdienste ihm im nächsten Leben einen höheren Status garantieren«.[18] Anzunehmen, die in der Kastengesellschaft beheimateten Menschen seien bereit, mit einer immerwährenden radikalen Ungleichheit vorliebzunehmen, wäre gewiß falsch. Und dennoch sind die hic et nunc vorfindlichen Verteilungsstrukturen ein wesentlicher Bestandteil jenes weitgehend unangefochtenen, singulären Systems, in dem Reinheit über andere Güter dominiert, während sie ihrerseits von Geburt und Geblüt dominiert wird. Mit anderen Worten, die verschiedenen Bedeutungen überschneiden, überlagern und verbinden sich.

Je vollkommener diese Kohäsion, um so schwieriger wird es, an komplexe Gleichheit auch nur zu denken. Alle Güter sind wie Kronen und Throne in einer Erbmonarchie. Es gibt weder Raum noch Kriterien für autonome Verteilungsverfahren. Doch sind in der Realität selbst Erbmonarchien nur selten so simpel konstruiert. So impliziert das soziale Verständnis von königlicher Macht gemeinhin irgendeine Vorstellung von erhabener Größe und Würde, von magischer Kraft oder auch von menschlicher Erleuchtung; und diese Kriterien für eine Amtsträgerschaft sind potentiell unabhängig von Geburt und Geblüt. Gleiches gilt für die meisten Sozialgüter: nur unvollkommen integriert in allgemeinere Großsysteme, entspricht das Verständnis, das die Menschen von ihnen haben, in vielen Fällen durchaus ihren jeweiligen Eigenbedeutungen. Ein Umstand, mit dem die Theorie der Güter, indem sie diese Bedeutungen (sofern sie existieren) im einzelnen erklärt, anders umgeht, als etwa die Theorie der komplexen Gleichheit dies tut, wenn sie sich diese Eigenbedeutungen unmittelbar und direkt zunutze macht, sie quasi für sich ausbeutet. So gilt es uns beispielsweise als despotisch, wenn ein Mann ohne Würde, ohne Talent und ohne Verstand auf dem Thron sitzt. Aber dies ist nur der offensichtlichste Fall von Despotismus. Es lassen sich noch sehr viele weitere Fälle aufzeigen.

Wie immer ein solcher Despotismus geartet sein mag, als eine spezifische Form der Grenzüberschreitung im Sinne der Verletzung von sozialen Bedeutungen wirkt er sich stets konkret aus, ist er immer konkret nachweisbar. D.h., daß wer komplexe Gleichheit will, gegen diese Grenzverletzungen angehen, die Grenzen zwischen den Gütern verteidigen muß. Komplexe Gleichheit funktioniert nur, wenn zwischen Gütern so unterschieden, so zwischen ihnen differenziert wird, wie man in hierarchischen Systemen zwischen Menschen unterscheidet. Von einem *System* der komplexen Gleichheit kann allerdings erst dann die Rede sein, wenn es viele solcher Grenzen zu verteidigen gibt; wieviele genau es sein müssen, läßt sich indes nicht sagen. Eine feste oder »richtige« Zahl gibt es nicht. Da macht die einfache Gleichheit es uns entschieden leichter: ein einziges dominantes Gut, dessen Verbreitung allgemein ist, konstituiert eine egalitäre Gesellschaft. Nicht so die Komplexität, sie gibt uns die folgende Frage auf: Wieviele Güter müssen autonom konzipiert sein, ehe die Beziehungen, die sie herstellen und deren Mittler sie sind, zu Beziehungen zwischen Gleichen werden können? Es gibt keine eindeutige und klare Antwort und damit auch kein ideales System. Aber sobald wir anfangen,

Bedeutungen voneinander zu unterscheiden und Distributionssphären voneinander abzugrenzen, starten wir ein egalitäres Unternehmen.

Der Argumentationsrahmen

Es ist die politische Gemeinschaft, die den richtigen Rahmen für dieses Unternehmen abgibt, wobei zu beachten ist, daß sie keine in sich geschlossene, unabhängige Distributionswelt darstellt. Eine solche in sich geschlossene, selbständige Distributionswelt ist einzig und allein die Erde in ihrer Gesamtheit, und die Science-Fiction-Literatur lädt ein zu Spekulationen über eine Zukunft, in der selbst das nicht mehr wahr sein könnte. Soziale Güter werden über politische Grenzen hinweg gemeinsam besessen, verteilt und ausgetauscht. Monopol und Dominanz entfalten ihre Wirkung jenseits dieser Grenzen fast genauso mühelos wie innerhalb derselben. Dinge werden bewegt, und Menschen bewegen sich hin und her über diese Linien. Und dennoch dürfte es die politische Gemeinschaft sein, mit der wir einer Welt der gemeinsamen Bedeutungen am nächsten kommen. Sprache, Geschichte und Kultur verbinden sich in ihr — so eng wie nirgendwo sonst —, um ein kollektives Bewußtsein zu erzeugen. Und wenn der Nationalcharakter als fester und dauerhafter geistiger Rahmen auch offensichtlich ein Mythos ist, so sind die gemeinsamen Sensibilitäten und Intuitionen der Mitglieder einer historischen Gemeinschaft doch zweifelsfrei eine Lebenstatsache. Bisweilen ist es so, daß politische und historische Gemeinschaften nicht kongruent sind; auch dürfte es heute eine wachsende Zahl von Staaten geben, in denen Sensibilitäten und Intuitionen nicht ohne weiteres allgemein geteilt werden, die Gemeinsamkeit mithin in kleineren Einheiten stattfindet. In diesem Falle sollten wir vielleicht nach einer Möglichkeit suchen, die Distributionsentscheidungen den Erfordernissen dieser kleineren Einheiten anzupassen. Doch muß diese Anpassung selbst wiederum auf politischem Wege erfolgen, was bedeutet, daß ihr Charakter davon abhängt, welches Verständnis die Bürger vom Wert kultureller Diversität, lokaler Autonomie usw. haben. Es ist dieses Verständnis, an das wir appellieren, auf das wir uns beziehen müssen mit unseren Argumenten, und zwar gilt dies für jeden von uns, nicht nur für die Philosophen; denn in Fragen der Moral ist jede Argumentation nichts anderes als ein Appell an allgemeingültige Bedeutungen, an ein gemeinschaftliches Verständnis von den Dingen.

Hinzu kommt, daß die Politik ihre höchsteigenen Gemeinschaftsbande produziert. Anders gesagt, in einer Welt voller unabhängiger Staaten stellt die politische Macht so etwas wie ein Lokalmonopol dar. Die darüber verfügen, gestalten, gleich welchen Zwängen sie dabei unterliegen, ihr eigenes Schicksal selbst, oder sie kämpfen zumindest nach Kräften darum, es selbst gestalten zu können. Und wenn ihr Geschick auch nur zum Teil in ihren eigenen Händen liegt, so gilt dies doch nicht für die in diesem Kampf von ihnen verfolgte Strategie, sie ist nicht nur partiell, sondern gänzlich ihre Sache. Sie sind es, die darüber entscheiden, ob die geltenden Distributionskriterien verschärft oder abgemildert, die Verteilungsverfahren zentralisiert oder dezentralisiert werden; sie bestimmen, ob in diese oder jene Distributionssphäre eingegriffen wird oder nicht. Vermutlich sind es irgendwelche Führungsgruppen, die die konkreten Entscheidungen treffen, doch sollte es den Bürgern generell möglich sein, diese Führer als die ihrigen zu begreifen. Sind sie, diese Führer, grausam oder dumm oder maßlos bestechlich, wie es häufig der Fall ist, dann werden die Bürger oder zumindest einige von ihnen versuchen, sie aus ihren Positionen zu verdrängen, indem sie für eine Neuverteilung der politischen Macht kämpfen. Der dabei stattfindende Kampf wird durch die institutionellen Strukturen der Gemeinschaft geprägt sein – d.h. durch die Ergebnisse früherer Kämpfe. Die Politik der Gegenwart ist die Frucht der Politik der Vergangenheit. Sie, die Vergangenheit, gibt den Rahmen vor, in dem über distributive Gerechtigkeit nachgedacht wird.

Es gibt aber noch einen weiteren und zugleich entscheidenden Grund, die Sichtweise von der politischen Gemeinschaft als Bezugsrahmen in Sachen Gerechtigkeit zu übernehmen, einen Grund, den ich im nächsten Kapitel noch genauer darlegen werde. Hier in aller Kürze: die Gemeinschaft ist ihrerseits selbst ein Gut – vermutlich das wichtigste –, das es zu verteilen gibt. Seine Verteilung ist allerdings an eine Bedingung geknüpft; diejenigen, an die es gelangen soll, müssen in die Gemeinschaft eingehen, ihr in einem emphatischen Sinne angehören. Anders gesagt, sie müssen physisch und politisch darin Aufnahme finden. Das aber bedeutet, daß Mitgliedschaft in einer Gemeinschaft nicht durch externe Instanzen vergeben werden kann; Wert und Preis der Zugehörigkeit ergeben sich eindeutig aus internen Entscheidungen. Gäbe es keine Gemeinschaften mit solchen Entscheidungskompetenzen, dann gäbe es in diesem Falle auch kein Gut, das es wert wäre, verteilt zu werden.

Die einzig plausible Alternative zur politischen Gemeinschaft ist die Menschheit als Ganze, die Gesellschaft der Völker, der Erdball als Gesamtheit. Aber nähmen wir den gesamten Erdball als unseren Rahmen, dann müßten wir etwas imaginieren, was bislang nicht existiert: eine Gemeinschaft, die alle Menschen allüberall einschließt. Wir müßten ein System von allgemeingültigen Bedeutungen für diese Menschen ersinnen und dabei, wenn möglich, die Stipulierung unserer eigenen Werte vermeiden. Und wir müßten die Mitglieder dieser hypothetischen Gemeinschaft (oder ihre hypothetischen Repräsentanten) auffordern, zu einer Übereinkunft darüber zu gelangen, welche Verteilungsarrangements und Umwandlungsmuster als gerecht anzusehen seien. Die idealistische Vertragstheorie im Sinne einer nichtverzerrten Kommunikation, die einen — wenn auch nicht meinen — Ansatz zur Realisierung von Gerechtigkeit in den einzelnen Gemeinschaften darstellt, dürfte wohl der einzige Ansatz sein, der auf den Erdball als Gesamtheit anwendbar wäre.[19] Aber wie immer die hypothetische Übereinkunft aussähe, zu ihrer Verwirklichung müßten zwei Bedingungen erfüllt sein: die politischen Monopole der bestehenden Staaten müßten gebrochen und die Macht auf globaler Ebene zentralisiert werden. Das Resultat der Übereinkunft (bzw. ihrer Verwirklichung) wäre, falls Macht als dominantes und weithin geteiltes Gut figurierte, keine komplexe, sondern einfache Gleichheit, oder aber, falls die Macht, wie es wahrscheinlich geschähe, von einer Gruppe von internationalen Bürokraten usurpiert würde, schiere Tyrannei. Im ersten Falle müßte die Weltbevölkerung mit den bereits von mir beschriebenen Widrigkeiten leben, dem beständigen Wiederaufleben lokaler Privilegien und dem immer neu zutage tretenden Hang zu einem globalen Dirigismus. Im zweiten Falle wären die Widrigkeiten, mit denen sie zu leben hätten, erheblich unangenehmer. Ich werde später mehr über diese Widrigkeiten zu sagen haben. Im Augenblick liefern sie mir genug Gründe, mich in meinen Erörterungen zunächst auf Städte, Länder und Staaten zu beschränken, die über lange Zeiträume hinweg ihr inneres Leben selbst gestaltet haben.

Was Mitgliedschaft und Zugehörigkeit selbst angeht, so kommt es zwischen und auch innerhalb von solchen Gemeinschaften zu Fragen und Problemen von großem Gewicht. Ich werde versuchen, diese Nervenpunkte herauszuarbeiten und zugleich die Anlässe ins Licht zu rücken, bei denen einfache Bürger sich ihrerseits auf diese Punkte konzentrieren. Bis zu einem gewissen Grad läßt die Theorie der komplexen Gleichheit sich übrigens über den Rahmen der je besonderen Einzelgemeinschaft hinaus ausweiten auf die Vielvölkergesellschaft — eine Ausweitung, deren besonderer Vorteil darin besteht, daß es sich bei der erweiterten Theorie um eine Konzeption handelt, die über lokale Bedeutungen und Entscheidungen nicht achtlos hinweggeht. Wenn sich aufgrund eben dieses Vorteils mit ihr auch kein auf dem gesamten

Erdball anwendbares einheitliches Verteilungssystem entwickeln läßt, so ermöglicht sie doch ein erstes Angehen der Probleme, die sich aus der in vielen Teilen der Welt herrschenden Massenarmut ergeben. Ich halte diesen ersten Anfang für nicht unwichtig, weiß jedoch, daß ich darüber nicht hinausgelangen werde. Ein Weiterkommen würde eine andere Theorie erfordern, eine Theorie, deren Zentralgegenstand nicht das gemeinschaftliche Leben von Bürgern wäre, sondern die etwas distanzierteren Beziehungen von Staaten: eine andere Theorie, entfaltet in einem anderen Buch zu einer anderen Zeit.

2. Kapitel
Mitgliedschaft und Zugehörigkeit

Mitglieder und Fremde

Das Konzept der distributiven Gerechtigkeit setzt eine festumgrenzte Welt voraus, innerhalb deren Güter zur Verteilung gelangen: eine Gruppe von Menschen, die gewillt und bestrebt sind, soziale Güter zu verteilen, auszutauschen und miteinander gemein zu haben, und dies vor allem und in erster Linie im eigenen Kreis. Diese festumgrenzte Welt ist, wie bereits von mir dargelegt, die politische Gemeinschaft, i.e. eine Gemeinschaft, deren Mitglieder Macht unter sich verteilen, welche sie, so ihr Bestreben, wenn irgend möglich mit niemandem sonst teilen möchten. Wenn wir an distributive Gerechtigkeit denken, dann denken wir an unabhängige Staaten oder Länder, die in der Lage sind, ihre je eigenen Verteilungs- und Austauschmuster, ob gerecht oder ungerecht, auszubilden und zu organisieren. D.h., wir gehen von einer festgefügten Gruppe mit einer festen Population aus, mit dem Effekt, daß wir die erste und wichtigste Verteilungsfrage, die Frage, wie diese Gruppe geartet, wie sie konstituiert ist, gar nicht stellen.

Dabei geht es mir nicht darum zu wissen, wie die Gruppe zustande kam, wie sie konstituiert *wurde*. Mein Interesse gilt hier nicht den historischen Ursprüngen der verschiedenen Gruppen, sondern den Entscheidungen, die sie in der Gegenwart in bezug auf ihre gegenwärtigen und zukünftigen Populationen treffen. Das erste und wichtigste Gut, das wir aneinander zu vergeben und zu verteilen haben, ist Mitgliedschaft in einer menschlichen Gemeinschaft. Was immer wir in diesem Punkt beschließen, es strukturiert alle anderen von uns zu treffenden Distributionsentscheidungen vor, denn es legt fest, mit wem wir diese Entscheidungen treffen, von wem wir Gehorsam erwarten und Steuern einfordern und wem wir Güter und Dienstleistungen zuteil werden lassen.

Menschen ohne jede Zugehörigkeit zu einer politischen Gemeinschaft sind staatenlos. Dieser Zustand schließt zwar nicht jede Art von Distributionsverhältnis aus: Märkte z.B. stehen gemeinhin allen offen, die dorthin kommen. Aber Nichtmitglieder sind verwundbar, sie genießen niemandes Schutz auf dem Marktplatz. Obwohl sie sich frei beteiligen können am Austausch von Waren, haben sie keinen Anteil an jenen Gütern, die die anderen miteinander gemein haben. Sie sind ausgeschlossen von der Versorgung mit den Gemeinschaftsgütern Sicherheit und Wohlfahrt. Selbst diejenigen Aspekte dieser beiden Güter, die, wie die öffentliche Gesundheitsfürsorge, kollektiv verteilt werden, stehen Nichtmitgliedern nicht eo ipso zu, denn sie haben keinen festverbürgten angestammten Platz in der Kollektivität und können jederzeit aus ihr verbannt werden. Staatenlosigkeit ist ein Zustand ständiger Bedrohung.

Aber Mitgliedschaft und Nichtmitgliedschaft sind nicht die einzigen — wiewohl für unsere momentanen Zwecke die wichtigsten — Rahmenbedingungen. Man kann Angehöriger eines armen oder reichen Staates sein, in einem dichtbesiedelten oder weitgehend unbewohnten Land leben — als Untertan eines autoritären Regimes oder als Bürger einer Demokratie. Da die Menschen äußerst mobile Wesen sind, versuchen sie in großer Zahl, ihren Wohnort und ihre Mitgliedschaft regulär zu wechseln, indem sie aus einer ungeliebten in eine von ihnen erstrebte Umgebung übersiedeln. Wohlhabende und freie Länder werden, genau wie Elite-Universitäten, von Bewerbern geradezu bestürmt. Welchen Umfang und Charakter sie, diese Länder, behalten oder annehmen, ist ihre eigene Entscheidung. Konkret heißt das, daß wir als Bürger eines solchen Landes folgende Fragen zu beantworten haben: Wem gewähren wir Aufnahme? Soll unser Land ohne irgendwelche Aufnahmebeschränkungen jedem offenstehen? Dürfen oder können wir unter den Bewerbern auswählen? Welches sind die richtigen Kriterien für die Vergabe der Mitgliedschaft?

Der von mir gewählte Plural der Personalpronomina bei der Formulierung der Fragen gibt die Antwort sozusagen bereits vor: wir, die wir bereits Mitglieder sind, nehmen die Auswahl vor, und zwar gemäß unserem Verständnis davon, was Mitgliedschaft in unserer Gemeinschaft bedeutet und welche Art von Gemeinschaft wir zu haben wünschen. Mitgliedschaft als soziales Gut wird begründet durch unser Verständnis von Zugehörigkeit, ihr Wert bemißt sich an unserer Arbeit und unserer Kommunikation; und so sind wir es (wer sonst sollte es sein?), denen die Verantwortung für ihre Vergabe und Verteilung zufällt. An und unter uns selbst verteilen wir sie nicht. Der Grund: wir besitzen sie bereits. Wir vergeben sie an Fremde. Das aber bedeutet, daß die Entscheidung für oder gegen Aufnahme auch von unseren Beziehungen zu jenen Fremden abhängt, und zwar nicht nur von unserem abstrakten Verständnis von diesen Beziehungen, sondern auch von den konkreten Kontakten, Verbindungen und Bündnissen, die wir bereits eingegangen sind, und von den Einflüssen und Wirkungen, die wir jenseits unserer Grenzen in der Vergangenheit ausgeübt haben. Ich will mich trotzdem erst einmal auf Fremde im genuinen Wortsinn konzentrieren, d.h. auf Männer und Frauen, denen wir sozusagen zum ersten Mal begegnen. Wir wissen nicht, wer sie sind und was sie denken, und erkennen in ihnen doch den Mann und die Frau. Sie sind wie wir, aber sie sind keiner oder keine von uns. Wenn wir über ihre Mitgliedschaft entscheiden, dann müssen wir über sie genauso nachdenken wie über uns.

Ich werde hier nicht versuchen, die Geschichte der abendländischen Vorstellungen vom Fremdling zu rekapitulieren. In einer Reihe alter Sprachen, unter ihnen die lateinische, wurden Fremde und Feinde mit ein und demselben Wort bezeichnet. Erst in einem langen Prozeß von Versuch und Irrtum sind wir langsam dahin gelangt, zwischen beiden zu differenzieren und anzuerkennen, daß unter gewissen Umständen Fremde (nicht aber Feinde) einen Anspruch haben können auf unsere Gastfreundschaft, unsere Hilfe und unser Wohlwollen. Diese Einsicht kann als das Prinzip der gegenseitigen Hilfe formalisiert werden. Es zeigt uns die Verpflichtungen an, die, wie John Rawls geschrieben hat, »nicht nur gegenüber bestimmten Menschen (bestehen) etwa denen, die in einem bestimmten gesellschaftlichen Verhältnis zusammenarbeiten, sondern gegenüber Menschen überhaupt«.[1] Gegenseitige Hilfe greift über politische (ebenso wie über kulturelle, religiöse und sprachliche) Grenzen hinaus. Die philosophischen Grundlagen und Begründungen des Prinzips sind schwer zu spezifizieren (die praktischen lehrt uns seine Geschichte). Ich bezweifle, daß Rawls Recht hat, wenn er sagt, daß wir, um dieses Prinzip aufstellen zu können, uns nur vorzustellen brauchen, wie eine Gesellschaft aussähe, in der die Erfüllung dieser Pflicht auf Ablehnung stieße.[2] Schließlich sind Ablehnung bzw. Zustimmung kein Streitpunkt innerhalb der je einzelnen Gesellschaft; zum Streitpunkt werden sie erst zwischen Völkern, die kein gemeinsames Leben miteinander teilen oder nicht wissen, daß sie es tun. Menschen, die miteinander in Gemeinschaft leben, gehen sehr viel massivere Verpflichtungen ein.

Es ist die Abwesenheit jedweden Kooperationszusammenhangs, welche das Prinzip der gegenseitigen Hilfe erheischt: zwei Fremde begegnen sich auf

See oder in der Wüste oder, wie in der Geschichte vom guten Samariter, am Straßenrand. Was genau sie einander schulden, ist keineswegs klar, doch gilt in solchen Fällen generell, daß aktive Hilfe geleistet werden muß, wenn sie (1) von einer der beiden Parteien benötigt oder gar dringend gebraucht wird, und wenn (2) die Risiken und Kosten, die diese Hilfe verursacht, für die helfende Partei relativ gering sind. Unter diesen Voraussetzungen muß ich innehalten und dem verletzten Fremdling Hilfe leisten, ganz gleich, wo ich ihm begegne und welcher Gruppe er oder ich angehören. Das ist unsere Moral – und die seine aller Voraussicht nach ebenfalls. Es ist dies darüber hinaus eine Verpflichtung, die in etwa der gleichen Form auch auf kollektiver Ebene auferlegt werden kann. Gruppen von Menschen sollen in Not geratenen Fremden, auf die sie in ihrer Mitte oder auf ihrem Weg treffen, helfen. Doch sind die Grenzen der Risiken und Kosten in diesen Fällen scharf gezogen. Ich brauche den verletzten Fremdling nicht in mein Haus mitzunehmen, es sei denn für einen kurzen Augenblick, und ich brauche ihn ganz bestimmt nicht zu pflegen oder mich gar für den Rest meines Lebens mit ihm zusammenzutun. Mein Leben kann von solchen zufälligen Begegnungen nicht geprägt und bestimmt werden. Der Gouverneur John Winthrop insistierte in seinem Plädoyer gegen die unbeschränkte Einwanderung in den neugegründeten puritanischen Staat Massachusetts darauf, daß das Recht auf Ablehnung auch für die kollektive gegenseitige Hilfe gelte: »Was das Prinzip der Gastfreundlichkeit anbetrifft, so verpflichtet diese Regel über die momentane Situation hinaus zu nichts, und zur Beherbergung auf Dauer schon gar nicht«.[3] Ob sich Winthrops Auffassung halten läßt, ist eine Frage, zu der ich erst ganz allmählich vordringen werde. Hier möchte ich die gegenseitige Hilfe erst einmal nur als ein (mögliches) externes Prinzip für die Vergabe von Mitgliedschaft präsentieren, als ein Prinzip, das nicht von der innerhalb einer speziellen Gesellschaft vorherrschenden Auffassung von Mitgliedschaft abhängt. Die Wirkkraft dieses externen Prinzips ist unwägbar, zum Teil sicher seiner eigenen Unbestimmtheit wegen, zum Teil aber auch, weil es bisweilen mit der internen Macht von sozialen Bedeutungen konfligiert. Und diese Bedeutungen können spezifiziert werden und werden spezifiziert in den Entscheidungsprozessen der politischen Gemeinschaft.

Wir könnten für eine Welt ohne spezielle Bedeutungen und ohne politische Gemeinschaften optieren, für eine Welt, in der niemand »Mitglied« wäre oder in der alle einem einzigen Weltstaat »angehörten«. Unter dem Gesichtspunkt der Mitgliedschaft sind dies die beiden möglichen Formen von einfacher Gleichheit. Wenn alle Menschen Fremdlinge füreinander wären und alle unsere Begegnungen Begegnungen auf See oder in der Wüste oder am Straßenrand gleichkämen, dann gäbe es keine Mitgliedschaft zu verteilen. Die Einwanderungspolitik wäre kein Thema und schon gar kein strittiges. Wo und wie und mit wem wir lebten, hinge in erster Linie von unseren individuellen Wünschen und in zweiter von unseren Partnerschaften und Geschäftsinteressen ab. Gerechtigkeit wäre nichts anderes als die Abwesenheit von Einschränkung und Zwang und die »Anwesenheit« von Vertrauen und Samaritertum im Sinne von tatkräftiger Hilfsbereitschaft – sie wäre eine Sache von ausschließlich externen Prinzipien. Wenn umgekehrt alle Menschen Mitglieder eines allumfassenden Weltstaates wären, dann wäre die Mitgliedschaft bereits verteilt, und zwar gleichmäßig, und es gäbe in dieser Frage nichts weiter zu tun. Das erste Arrangement suggeriert eine Art von globalem Libertarianismus, das zweite so etwas wie einen Weltsozialismus. Dies sind die beiden Bedingungen, unter denen eine Verteilung bzw. Vergabe von Mitgliedschaften schlichtweg nicht zur Debatte stünde, denn entweder gäbe es keinen solchen Status zu verteilen, oder er ergäbe sich (für jedermann) aus der Geburt. Doch keines der beiden Arrangements dürfte in absehbarer Zukunft realisierbar sein; zudem gibt es zahlreiche eindrucksvolle Einwendungen gegen beide, Überlegungen, auf die ich später zu sprechen kommen werde. Für die Gegenwart gilt jedenfalls folgendes: solange Mitglieder und Fremde, wie es derzeit der Fall ist, zwei voneinander getrennte Gruppen sind, müssen Zulassungsentscheidungen getroffen, Männer und Frauen aufgenommen oder abgewiesen werden. Die vagen Anforderungen des Prinzips der wechselseitigen Hilfeleistung stellen keine allgemein akzeptierte einschränkende Richtlinie dar, an der diese Entscheidungen sich zu orientieren hätten. Das ist der Grund, warum die Einwanderungs- und Aufnahmepolitik von Ländern nur selten kritisiert wird, und wenn, dann in Wendungen, die als einzig relevantes Kriterium das der Mildtätigkeit und nicht etwa das der Gerechtigkeit erkennen lassen. Es ist durchaus vorstellbar, daß eine tiefergehende Kritik eine Absage an die Unterscheidung Mitglied/Fremder zur Folge hätte. Ich meinerseits werde dennoch versuchen, diese Unterscheidung zunächst zu rechtfertigen und im Anschluß daran die internen und externen Prinzipien, die die Vergabe der Mitgliedschaft steuern, zu beschreiben.

Meine Argumentation wird eine sorgfältige Betrachtung sowohl der verschiedenen Einwanderungs- als auch der Einbürgerungspolitiken erforderlich machen. Zuvor lohnt es sich jedoch, zumindest kurz auf die Gemeinsamkeiten hinzuweisen, die zwischen Fremdlingen im politischen Raum (Einwanderern) und Abkömmlingen in der Zeit (Kindern) bestehen. Menschen gelangen dadurch in ein Land, daß ihre Eltern bei ihrer Geburt bereits dort ansässig sind, sie gelangen aber ebenso und gar nicht so selten in ein Land, indem sie dessen Grenzen überschreiten. Beide Prozesse lassen sich steuern und kontrollieren, wobei wir es im ersten Fall, es sei denn, wir praktizieren einen selektiven Kindesmord, mit ungeborenen und damit mit unbekannten Individuen zu tun haben. Hilfsgelder für kinderreiche Familien und Geburtenkontrollprogramme beeinflussen nur den Umfang der Bevölkerung, nicht aber die Eigenschaften ihrer Mitglieder. Wir könnten natürlich das Recht, Kinder zu gebären, nach der Gruppenzugehörigkeit von Eltern differenzieren, indem wir ethnische Quoten (im Stil der je nach Ursprungsland geltenden Quoten in der Einwanderungspolitik) oder Klassen- oder Intelligenzquoten festsetzten oder es zuließen, daß Gebärberechtigungsscheine am Markt gehandelt werden. Dies alles sind Mittel und Wege zu bestimmen, wer Kinder bekommt und wie der Charakter der zukünftigen Bevölkerung aussieht. Es sind jedoch, selbst im Hinblick auf die Ethnizität, indirekte und ineffiziente Mittel und Wege, es sei denn, der Staat wacht auch über Mischehen und Assimilation. Aber selbst wenn man von alledem absieht, würde eine solche Politik vorab ein eminent hohes und gewiß inakzeptables Ausmaß an Zwang erfordern: die Dominanz von politischer Macht über Verwandtschaft und Liebe. Der wichtigste und einzige Streitpunkt in der Bevölkerungspolitik ist somit der Umfang der Bevölkerung — ihr Wachstum, ihre Stabilität und ihr Rückgang. Wie vielen Personen verleihen wir die Mitgliedschaft? Die allgemeineren und philosophisch interessanteren Fragen — welche Personengruppen und welche Einzelpersonen lassen wir zu — treten erst in dem Moment klar in unser Blickfeld, in dem wir uns den Problemen zuwenden, die mit der Aufnahme oder der Zurückweisung von Fremden verbunden sind.

Analogien: Nachbarschaften, Vereine und Familien

Die Aufnahmepolitik eines Landes ist ein Mischprodukt aus Überlegungen, in denen teils die ökonomischen und politischen Verhältnisse im Gastland, teils dessen Spezialcharakter und »Spezialschicksal« und teils das Wesen von Ländern (sprich von politischen Gemeinschaften) im allgemeinen im Zentrum stehen. Der letzte Punkt ist der wichtigste, zumindest in der Theorie; denn unser Verständnis von Ländern im allgemeinen entscheidet darüber, ob wir dem je einzelnen Land das Recht zugestehen, das es normalerweise für sich reklamiert: die Mitgliedschaft in seiner Gemeinschaft nach (seinen) Spezialkriterien und aus Gründen, die es selbst namhaft macht, zu vergeben. Aber nur wenige von uns haben eine genaue Vorstellung und Kenntnis davon, was ein Land ist, oder was es bedeutet, Staatsangehöriger eines Landes zu sein. So lebhaft die Gefühle oftmals sind, die wir unserem Land entgegenbringen, so undeutlich ist unsere Wahrnehmung von diesem Gebilde. Tatsächlich ist es (anders als in seiner Örtlichkeit) als politische Gemeinschaft auch gar nicht sichtbar; was wir sehen, sind nur seine Symbole, seine Ämter und seine Repräsentanten. Ein Vergleich mit anderen, kleineren Gemeinschaften, die ihres geringeren Umfangs wegen besser zu überblicken und zu erfassen sind, dürfte uns meiner Meinung nach am ehesten zu einem besseren Verständnis jener größeren Sozialgefüge verhelfen. Schließlich sind wir allesamt Mitglieder von formellen und informellen Gruppen unterschiedlichster Art; wie sie, diese Gruppen, funktionieren, darüber wissen wir bestens Bescheid. Und so wissen wir auch, daß alle diese Gruppen ihre je spezielle Aufnahmepolitik praktizieren und praktizieren müssen. Selbst wenn wir niemals Staatsdiener gewesen und niemals von einem Land in ein anderes ausgewandert sind, so teilen wir doch allesamt die Erfahrung der Bewillkommnung oder Zurückweisung sowohl von fremden Menschen als auch der eigenen Person. Auf diese Erfahrungen möchte ich mich stützen und berufen. Eine Kette von groben Vergleichen soll mir helfen, die spezielle Bedeutung von politischer Zugehörigkeit und Mitgliedschaft herauszuarbeiten.

Auf der Suche nach möglichen Entsprechungen zur politischen Gemeinschaft fällt mein Blick zu allererst auf Nachbarschaften, Vereine und Familien. Eine Vergleichsliste, die gewiß nicht erschöpfend ist, die uns aber dennoch helfen wird, gewisse Schlüsselkriterien für Zulassung und Ausschluß nicht nur zu erkennen, sondern auch zu erklären. Schulen, Bürokratien und Betriebe, die zwar ihrerseits ebenfalls gewisse Merkmale des Vereins aufweisen, die aber außer Mitgliedschaft noch etwas anderes zu vergeben haben, nämlich sozialen und ökonomischen Status, sie werde ich aus just diesem Grund gesondert behandeln. Viele bürgerliche Vereinigungen sind, was ihre Mitgliedschaft anlangt, gleichsam parasitär, indem sie sich auf die Existenz und das Procedere anderer Zusammenschlüsse stützen: so sind Gewerkschaften von der Beschäftigungs- und Anstellungspolitik von Betrieben, Eltern-Lehrer-Organisationen von der Offenheit von Nachbarschaften oder der Selektivität von Privatschulen abhängig. Politische Parteien sind im allgemeinen Vereinen vergleichbar, und religiöse Vereinigungen sind oftmals im Stile von Familien konzipiert. Wie also könnten Länder aussehen?

Die Nachbarschaft ist eine außerordentlich komplexe menschliche Vereinigung, und dennoch haben wir eine gewisse Vorstellung von ihrer Beschaffenheit — eine Vorstellung, die einen zumindest partiellen (wenn auch zunehmend angefochtenen) Niederschlag in der modernen amerikanischen Gesetzgebung und Rechtssprechung findet. Die Nachbarschaft ist eine Vereinigung von Menschen, die im Unterschied zu vielen anderen Vereinigungen ohne organisationell begründete oder rechtlich durchsetzbare Aufnahmepolitik auskommt bzw. der Intention nach eine solche zumindest nicht praktiziert. Fremde mögen freundlich oder unfreundlich aufgenommen, sie können aber nicht »zugelassen« oder »ausgeschlossen« werden. Natürlich läuft eine freundliche oder unfreundliche Aufnahme im Endeffekt bisweilen auf eine Zulassung oder einen Ausschluß hinaus; dennoch ist die konstatierte Differenz theoretisch von großem Gewicht. Zumindest dem Prinzip nach ist es so, daß Einzelpersonen oder Familien sich einer Nachbarschaft aus Gründen hinzugesellen, die allein die ihren sind; sie sind es, die ihre Nachbarschaft auswählen, die ihrerseits aber nicht von dieser ausgewählt werden. Eher schon ist es der Markt, der, in Abwesenheit von gesetzlichen Kontrollen und Beschränkungen, ihren Zu- oder Wegzug nach oder von einem bestimmten Ort bestimmt. Ob sie irgendwo hin- oder von irgendwo fortziehen, ist nämlich zumeist nicht nur ihre individuelle Geschmacksentscheidung; ihr Entschluß ist auch von der Möglichkeit bestimmt, am neuen Ort einen Arbeitsplatz und eine Wohnung zu finden (oder, in einer Gesellschaft, die anders ist als etwa die amerikanische, einen Staatsbetrieb oder eine Siedlungsgenossenschaft, die sie aufnimmt). Idealiter arbeitet und funktioniert der Markt unabhängig von der Beschaffenheit und Zusammensetzung der Nachbarschaft. Der Staat untermauert und begünstigt diese Unabhängigkeit, indem er es vermeidet, ja sich weigert, restriktive Bestimmungen zu erlassen, und indem er alles tut, um berufliche Diskriminierungen zu vereiteln oder sie zumindest zu minimieren. Es gibt keine institutionellen Arrangements, die für »ethnische Reinheit« bürgten — wiewohl bezirkliche Aufteilungsverordnungen bisweilen eine Klassentrennung produzieren oder aufrechterhalten können.[4]* Gemessen an formalen Kriterien ist die Nachbarschaft eine Zufallsvereinigung, »keine spezifische Auswahl, sondern eher ein Ausschnitt aus dem Leben als Ganzem... Da

---

* Erlaß und Nutzung von bezirklichen Aufteilungsverordnungen zum Zweck der Ausgrenzung bestimmter Personengruppen aus Nachbarschaften (Dörfern oder Städten) — namentlich solcher, die nicht in konventionellen Familiensituationen leben — ist eine neue Facette unserer politischen Geschichte, die ich hier nicht kommentieren kann.[5]

der Raum an sich indifferent ist«, wie Bernard Bosanquet es formuliert hat, »unterliegen wir um so mehr dem unmittelbaren Einfluß aller möglichen Faktoren«.[6]

Es war ein gängiges Postulat in der klassischen politischen Ökonomie, daß das nationale Territorium ebenso »indifferent« zu sein habe wie der lokale Raum. Die Autoren, die im 19. Jahrhundert den freien Handel verfochten, waren dieselben, die auch für die unbeschränkte Immigration plädierten. Sie traten für absolute Vertragsfreiheit ohne jede politische Einschränkung ein. Die internationale Gesellschaft sollte nach ihrer Vorstellung eine Welt von Nachbarschaften sein, in denen die Einzelnen sich frei bewegten und ihr privates Fortkommen betrieben. Ihrer uns von Henry Sidgwick in den 90er Jahren des vergangenen Jahrhunderts übermittelten Auffassung zufolge hatten die Staatsbeamten nur eine einzige Aufgabe: »die Aufrechterhaltung der Ordnung innerhalb eines speziellen Territoriums... Die Bestimmung darüber, wer dieses Territorium bewohnen solle, bzw. die Beschränkung des Genußes seiner natürlichen Vorzüge und Gegebenheiten auf einen speziellen Teil der menschlichen Rasse, sie gehörten nicht dazu«.[7] Natürliche Vorzüge und Gegebenheiten (wie z.B. Märkte) stehen nach dieser Sichtweise — in den Grenzen des Eigentumsrechts — allen offen, die sie ansteuern; sind sie vernutzt oder verlieren sie durch Übervölkerung an Wert, dann werden, so die Vorstellung, die Menschen schon von alleine weiterziehen und sich in die Zuständigkeit einer neuen Bürokratie begeben.

Sidgwick erblickte in dieser Konzeption zwar ein mögliches »Zukunftsideal«, sah aber drei Punkte, die gegen eine Welt von Nachbarschaften bereits in der Gegenwart sprachen. Erstens verhindere eine solche Welt die Entstehung patriotischer Gefühle, was zur Folge habe, daß es den »Zufallsaggregaten«, die aus der freien Bewegung der Einzelnen resultierten, an »innerem Zusammenhalt« mangle. Nachbarn blieben Fremde füreinander. Zweitens könnten absolute Bewegungsfreiheit und Freizügigkeit mit den Anstrengungen konfligieren, die ein bestimmtes Land unternehme, »um den Lebensstandard seiner ärmeren Klassen zu heben«, weil sich solche Anstrengungen nicht überall in der Welt mit gleichem Nachdruck und gleichem Erfolg ins Werk setzen ließen. Und drittens könnten die Begründung einer moralischen und geistigen Kultur und die effektive Arbeit von politischen Institutionen durch die unablässige Erzeugung heterogener Bevölkerungen »konterkariert« werden.[8] Sidgwick präsentierte diese drei Einwendungen als eine Abfolge von utilitaristischen Überlegungen, die gegen den Nutzen der Arbeitskräftemobilität und der Vertragsfreiheit abzuwägen seien. Doch scheinen mir seine Bedenken de facto von ganz anderer Art gewesen zu sein. Die beiden letztgenannten Einwendungen beziehen ihre Stärke zwar eindeutig aus der ersten, dies aber nur dann, wenn die erste Einwendung *nicht* utilitaristisch begründet ist. Nur wenn das patriotische Gefühl eine moralische Basis hat, der kommunale Zusammenhalt Pflichten und gemeinsame Bedeutungen produziert und es beides gibt, Mitglieder und Fremde, nur und erst dann haben Staatsbeamte Grund, sich Sorgen um die Wohlfahrt ihres eigenen Volkes (in seiner *Gesamtheit*) und um den Erfolg ihrer eigenen Kultur und Politik machen. Denn es ist zumindest zweifelhaft, ob der durchschnittliche Lebensstandard der ärmeren Klassen unter den Bedingungen einer totalen Arbeitskräftemobilität tatsächlich absänke. Auch dafür, daß Kultur in kosmopolitischen Umgebungen nicht gedeihen und zufällige Aggregationen von Menschen nicht gelenkt werden könnten, gibt es keine sicheren Belege. Gerade was den letzten Punkt angeht, haben politische Theoretiker vor langer Zeit bereits herausgefunden, daß bestimmte Arten von Regimen – allen voran autoritäre Regime – auch bei fehlendem gemeinschaftlichem Zusammenhalt sehr wohl blühen und gedeihen können. Daß totale Mobilität Autoritarismus erzeuge, mag ein utilitaristisches Argument gegen Mobilität sein; es wäre jedoch nur dann stichhaltig, wenn einzelne Männer und Frauen, die in voller Freizügigkeit kommen und gehen können, den Wunsch nach einer anderen Staats- und Regierungsform äußerten. Und eben das können sie nicht.

Umfassende Arbeitskräftemobilität dürfte indes insofern eine Fata Morgana sein, als sie mit ziemlicher Sicherheit bereits auf der lokalen Ebene auf Widerstand stieße. Die Menschen ziehen zwar, wie gesagt, reichlich umher, aber sie tun es nicht deshalb, weil es ihr Herzenswunsch wäre. Die meisten von ihnen sind durchaus geneigt zu bleiben, wo sie sind, es sei denn, ihr dortiges Leben gestaltet sich außerordentlich schwierig. D.h., sie leben in einer Spannung zwischen einer generellen Ortsgebundenheit und den spezifischen Unannehmlichkeiten eines speziellen Ortes. Und während einige von ihnen ihren Heimatort verlassen und zu Fremdlingen in anderen Ländern werden, bleiben andere, wo sie sind, und weisen die Fremden, die bei ihnen anklopfen, zurück. D.h., wenn aus Staaten jemals große Nachbarschaften werden, dann ist es wahrscheinlich, daß sich Nachbarschaften zu kleinen Staaten entwickeln. Ihre Mitglieder werden sich organisieren, um ihre lokale Politik und Kultur Fremden und deren Einflüssen gegenüber zu bewahren. Wenn wir die Fälle ausklammern, deren Entwicklung per Gesetzeszwang erfolgte, dann ist festzustellen, daß sich historisch gesehen Nachbarschaften überall dort in abgeschlossene oder parochiale Gemeinschaften verwandelten, wo der Staat offen war, wie etwa in den kosmopolitischen Städten multinationaler Reiche, in denen die Staatsbürokratien keine spezielle Identität begünstigten, sondern es vielmehr den verschiedenen Gruppen überließen, ihre eigenen institutionellen Strukturen auszubilden (Beispiel: das alte Alexandria); oder wie in den Aufnahmezentren der großen Einwanderungsbewegungen (Beispiel: New York zu Beginn des 20. Jahrhunderts), wo das Land eine offene, aber zugleich auch eine fremde Welt war – oder umgekehrt eine Welt voller Fremder. Ähnlich liegt der Fall dort, wo ein Staat entweder erst gar nicht existiert, oder wo er nicht oder nur unzureichend funktioniert. Wo Steuergelder zu Wohlfahrtszwecken erhoben und am Ort ausgegeben werden, wie z.B. im 17. Jahrhundert in englischen Gemeinden, werden die Ortsansässigen bestrebt sein, Neuankömmlinge, die aller Wahrscheinlichkeit nach Wohlfahrtsempfänger sein werden, fernzuhalten. Erst die Nationalisierung der Wohlfahrt (oder die Nationalisierung von Kultur und Politik) ist es, die die Öffnung der Nachbarschaftsgemeinden für jeden ermöglicht, der in ihnen zu leben wünscht.

Nachbarschaften können nur dann offen sein, wenn die Länder, in denen sie angesiedelt sind, zumindest potentiell, geschlossen sind. Nur wenn der Staat eine Auswahl unter den Mitgliederaspiranten trifft und Loyalität, Sicherheit und Wohlfahrt der Individuen garantiert, die er auswählt, nur dann können lokale Gemeinschaften die Form von »indifferenten« Vereinigungen annehmen, die sich von nichts anderem leiten lassen als von ihren persönlichen Präferenzen und von Marktkapazitäten. Da die individuelle Entscheidungsfreiheit sehr stark von der lokalen Mobilität abhängt, scheint dieses Muster das bevorzugte Arrangement in Gesellschaften wie der amerikanischen zu sein. Politik und Kultur einer modernen Demokratie dürften sowohl die Weite als auch die Begrenztheit, die der Staat vorgibt, zur Bedingung haben. Das heißt nicht, daß ich den Wert von Lokalkulturen und ethnischen Gemeinschaften bestritte; ich möchte nur auf die Härten hinweisen, die beide träfen, wäre da kein allumfassender und schützender Staat. Die Mauern des Staates niederreißen heißt nicht, wie Sidgwick besorgt andeutet, eine Welt ohne Mauern zu schaffen, sondern vielmehr tausend kleine Festungen zu errichten.

Aber auch diese Festungen könnten eingerissen werden. Alles, was dazu nötig ist, ist ein Weltstaat, der sich als mächtig genug erweist, um die lokalen Gemeinschaften zu überwältigen. Das Resultat wäre die von Sidgwick beschriebene Welt der Politökonomen – eine Welt radikal entwurzelter Menschen. Nachbarschaften könnten ein, zwei Generationen lang eine kohärente Kultur sozusagen auf freiwilliger Basis erhalten; aber es kämen Menschen hinzu, und es zögen Menschen fort, so daß die Kohärenz sehr schnell dahinschwände. Die Besonderheit von Kulturen und Gruppen hängt an ihrer Abgeschlossenheit; fehlt diese, ist mit jener als einem stabilen Merkmal menschlichen Lebens nicht zu rechnen. Wenn, wie die meisten Menschen (manche von ihnen globale Pluralisten, andere nur lokale Loyalisten) zu glauben scheinen, diese Besonderheit tatsächlich ein Wert ist, dann muß es irgendwo eine Begrenzung geben, so daß ein geschlossener Raum entsteht. Auf einer bestimmten Stufe der politischen Organisation muß so etwas wie der souveräne Staat Gestalt gewinnen und muß dieser Staat sich die Machtbefugnisse ausbedingen, seine eigene spezielle Aufnahmepolitik zu betreiben und den Zuwandererstrom zu kontrollieren und bisweilen auch zu beschränken.

Aber dieses Kontrollrecht in Sachen Immigration schließt ein ebensolches in der Emigrationsfrage keinesfalls ein. Die politische Gemeinschaft kann ihren Bevölkerungsumfang in der einen Richtung beeinflussen, nicht aber in der anderen — eine Differenz, die in unseren Darlegungen über Mitgliedschaft und Zugehörigkeit immer wieder zutage treten wird. Einreise- und Zuwanderungsbeschränkungen haben den Zweck, Freiheit und Wohlfahrt sowie Politik und Kultur einer Gruppe von Menschen zu bewahren, die sich einander und einem gemeinsamen Leben verpflichtet fühlen. Nicht so die Ausreisebeschränkung, sie ersetzt Bindung durch Zwang. Was die zwangsweise zurückgehaltenen Mitglieder anlangt, so kann von einer Gemeinschaft, die es wert wäre, geschützt und bewahrt zu werden, hier nicht länger die Rede sein. Ein Staat kann vielleicht einzelne Bürger verbannen oder innerhalb seiner Grenzen lebende Ausländer ausweisen (wenn es irgendwo einen Ort gibt, der bereit ist, sie aufzunehmen), er kann aber, von Zeiten des nationalen Notstandes abgesehen, in denen jedermann verpflichtet ist, sich in den Dienst der Gemeinschaft zu stellen, um ihren Fortbestand zu sichern, niemanden daran hindern, für immer fortzugehen. Aus der Tatsache, daß Individuen ihr eigenes Land rechtmäßig verlassen können, folgt andererseits allerdings keineswegs das Recht auf Einwanderung in ein anderes Land. Immigration und Emigration sind moralisch asymmetrisch.[9] Die angemessene Analogie ist hier der Verein, denn es ist ein Wesenszug des Vereins in der nationalen Gemeinschaft — so wie ich eben gesagt habe, es sei ein Wesenszug von Staaten in der internationalen Gemeinschaft —, daß er den Zugang zu seiner Institution reglementieren, den Weggang aus ihr aber nicht verhindern kann.

Wie Vereine haben auch Länder Aufnahmekommissionen. In den Vereinigten Staaten ist es der Kongress, der die Funktion einer solchen Einrichtung wahrnimmt, auch wenn er nur selten eine Auswahl ad personam trifft. Seine

Arbeit besteht vielmehr in der Aufstellung von allgemeinen Qualifikationskriterien, von Aufnahme- und Ausschlußkategorien und in der Festsetzung von numerischen Maximalquoten. Auf ihrer Basis werden erwünschte Personen von einer Verwaltung, deren Entscheidungsspielraum nicht überall gleich groß ist, zumeist nach dem Prinzip: wer zuerst kommt, mahlt zuerst, aufgenommen. Ein Verfahren, das in hohem Maße vertretbar erscheint, wenn damit auch nicht gesagt sein soll, daß es irgendein spezielles Qualifikationssystem und spezielle Kategorien gäbe, die es generell zu verfechten gälte. Zu sagen, Staaten hätten ein Recht, in bestimmten Bereichen tätig zu werden, heißt nicht behaupten, daß alles, was sie in diesen Bereichen tun, auch schon richtig ist. Man kann über bestimmte Zulassungskriterien diskutieren, indem man beispielsweise auf die Lage und den Charakter des Gastlandes sowie auf das gemeinschaftliche Verständnis derer verweist, die bereits Mitglieder sind. Entsprechende Argumentationen müssen sowohl moralisch und politisch als auch sachlich geprüft und beurteilt werden. Die Behauptung amerikanischer Verfechter von Einwanderungsbeschränkungen (aufgestellt in den zwanziger Jahren dieses Jahrhunderts), sie versuchten ein homogenes, weißes und protestantisches Land zu schützen, kann füglich als ebenso ungerecht wie unrichtig bezeichnet werden. Als seien nicht-weiße und nicht-protestantische Bürger unsichtbare Wesen, die bei der Volkszählung nicht mitzählten![10]

Die Vorteile ökonomischer und geographischer Expansion im Blick haben die Amerikaner einst eine pluralistische Gesellschaft geschaffen, deren moralische Realitäten auch die Gesetzgeber in den zwanziger Jahren hätten leiten müssen. Wenn wir jedoch der Logik der Vereinsanalogie folgen, dann müssen wir (ausgehend vom tatsächlichen historischen Geschehen: der praktischen Ausrottung der Indianer, die, die Gefahren der Invasion richtig einschätzend, so viel Widerstand gegen die in ihre angestammten Gebiete eindringenden Fremden leisteten, wie ihnen möglich war) sagen, daß die frühere Entscheidung möglicherweise anders begründet und der Bund der amerikanischen Staaten inzwischen tatsächlich zu einer homogenen Gemeinschaft, einem angelsächsischen Nationalstaat, herangewachsen war. Entscheidungen dieser Art unterliegen Zwängen. Welche Zwänge es im einzelnen sind, die Beantwortung dieser Frage möchte ich noch ein wenig vertagen, um zunächst deutlich zu machen, daß die Vergabe der Mitgliedschaft in der amerikanischen wie in jeder nichtstatischen Gesellschaft eine Frage politischer Entscheidungen ist. Der Arbeitsmarkt mag sich, wie es in den Vereinigten Staaten der Fall war, jahrzehntelang frei entfalten, und dennoch folgt ein solches Geschehen weder einem Gesetz Gottes noch einem Naturgesetz, sondern ist es das Resultat von Entscheidungen, die im Kern politische Entscheidungen sind. Welche Art von Gemeinschaft wollen die Bürger schaffen? Mit welchen anderen Männern und Frauen wollen sie ihre sozialen Güter teilen und austauschen?

Dies sind genau die Fragen, die auch Vereinsmitglieder zu beantworten haben, wenn sie über Vereinsmitgliedschaften entscheiden, wenn es sich hier in aller Regel auch um eine minder große Gemeinschaft und eine schmälere Bandbreite von Sozialgütern handelt. In Vereinen wählen sich nur die Vereinsgründer selber (oder gegenseitig) aus; alle anderen Mitglieder werden von solchen ausgewählt, die bereits vor ihnen Mitglieder sind. Die Einzelnen mögen gute Gründe namhaft machen, derentwegen sie ausgewählt und aufgenommen werden sollten, aber kein Außenstehender hat einen Rechtsanspruch darauf, tatsächlich hineinzugelangen. Die Mitglieder entscheiden frei über ihre zukünftigen Gefährten, und die Entscheidungen, die sie treffen, sind autoritativ und letztinstanzlich. Nur wenn Vereine sich in kleinere Gruppen aufspalten und um das Vereinseigentum streiten, kann der Staat eingreifen und von außen eine Entscheidung darüber treffen, wer Mitglied ist und wer nicht. Wenn allerdings Staaten sich spalten, dann können keine Rechtsmittel eingelegt werden, ist keine Appellation möglich. Der Grund: eine höhere Instanz gibt es nicht. D.h., wir dürfen uns Staaten vorstellen als perfekte Vereine, deren Souveränität über ihre eigenen Auswahlprozesse unantastbar ist.*

Wenn diese Beschreibung in bezug auf Recht und Gesetz auch durchaus zutreffend ist, so wird sie dem moralischen Leben moderner politischer Gemeinschaften doch sehr viel weniger gerecht. Gewiß, viele Bürger fühlen sich verpflichtet, die Türen ihres Landes zu öffnen — vielleicht nicht für jeden, der den Wunsch hegt, hereinzukommen, aber doch für eine bestimmte Gruppe von Außenstehenden, nämlich von solchen, die als nationale oder ethnische »Verwandte« angesehen werden. In diesem Punkt gleichen Staaten eher Familien als Vereinen, denn es ist ein Charakteristikum von Familien, daß ihre Mitglieder sich moralisch mit Menschen verbunden fühlen, die sie sich nicht ausgesucht haben und die außerhalb des eigenen Haushalts leben. In Zeiten der Not ist dieser Haushalt zugleich ein Refugium. Bisweilen geschieht es,

---

* Winthrop hat diesen Punkt, auf jede Beschönigung verzichtend, so formuliert: »Wenn wir hier eine Vereinigung sind, die auf unsere freie Zustimmung gegründet ist, und wenn der Platz unserer Behausung uns gehört, dann hat niemand das Recht..., ohne unsere Zustimmung hier hereinzukommen«.[11] Auf die Frage des »Platzes« werde ich später zurückkommen.

daß wir unter der Ägide des Staates Mitbürger bei uns aufnehmen, mit denen wir nicht verwandt sind, so wie englische Familien auf dem Lande zur Zeit der deutschen Luftangriffe auf England Kinder aus London bei sich aufnahmen; doch richtet sich unsere unmittelbar spontane Wohltätigkeit eher auf unsere eigenen Freunde und Verwandten. Der Staat erkennt dieses »Verwandtschaftsprinzip« seinerseits denn auch voll an, wenn er der Einwanderung von Verwandten seiner Bürger Priorität einräumt. Dies gilt für die gegenwärtige Politik der Vereinigten Staaten und scheint einer politischen Gemeinschaft, die zu großen Teilen durch die Aufnahme von Einwanderern konstituiert ist, besonders angemessen. Es ist eine Art von Anerkennung der Tatsache, daß Arbeitskräftemobilität einen sozialen Preis hat. Da Arbeiter Männer und Frauen sind, die Familien haben, kann man sie nicht nur zum Zwecke der Arbeit hereinlassen, sondern muß man auch eine gewisse Verpflichtung für ihre alten Eltern oder ihre kränklichen Geschwister übernehmen.

In Gemeinschaften, die anders entstanden und strukturiert sind, in denen der Staat ein Volk repräsentiert, das größtenteils ortsansässig ist, entwickelt sich normalerweise eine andere Art der Bindung, und zwar entlang den Linien, die vom Nationalitätsprinzip markiert werden. In Zeiten der Sorge und der Not ist der Staat eine Zuflucht für Angehörige der Nation, ob sie nun ständig im Lande wohnhaft sind oder nicht. Vielleicht wurde die Grenze der politischen Gemeinschaft vor vielen Jahren so gezogen, daß die Dörfer und Städte der zuletzt Angesprochenen sozusagen auf der falschen Seite liegen; vielleicht sind sie die Kinder oder Enkelkinder von Emigranten. Sie haben zwar keinen Rechtsanspruch auf Mitgliedschaft und Zugehörigkeit, wenn sie aber in dem Land, in dem sie leben, verfolgt werden, dann richtet sich ihr Blick auf das Land ihrer Väter nicht nur hoffnungs-, sondern auch erwartungsvoll. Und ich möchte sagen, daß solche Erwartungen legitim sind. Die nach den Kriegen und Revolutionen zu Beginn des 20. Jahrhunderts aus der Türkei vertriebenen Griechen mußten ebenso wie die aus Griechenland verjagten Türken von den Staaten aufgenommen werden, die ihren Kollektivnamen trugen. Wozu sind solche Staaten sonst auch da? Sie führen schließlich nicht nur Aufsicht über ein Stück Land und eine Zufallsansammlung von darauf lebenden Bewohnern, sondern sind auch der politische Ausdruck eines gemeinsamen Lebens und (sehr häufig) einer nationalen »Familie«, die sich niemals vollzählig innerhalb ihrer gesetzlichen Grenzen aufhält. Nach dem Zweiten Weltkrieg wurden Millionen Deutsche, die aus Polen und der Tschechoslowakei vertrieben wurden, von den beiden Deutschland aufgenommen und versorgt. Selbst wenn diese beiden Staaten keinerlei Verantwortung für ihre Vertreibung getragen hätten, wären sie den Flüchtlingen gegenüber immer noch in besonderer Weise verpflichtet gewesen. Die meisten Staaten erkennen Verbindlichkeiten und Verpflichtungen dieser Art in der alltäglichen Praxis an; einige tun es darüber hinaus auch in Gesetz und Recht.

Das Territorium

Nach dem bisher Gesagten dürfen wir uns Länder vorstellen als riesige nationale Vereine oder Familien. Aber Länder sind auch Territorialstaaten. Und wenngleich auch Vereine und Familien Eigentum besitzen, so brauchen und haben sie (mit Ausnahme von Feudalsystemen) doch keine Oberaufsicht, keine Jurisdiktion über Territorien. Von Kindern abgesehen kontrollieren sie den physischen Standort ihrer Mitglieder nicht. Der Staat hingegen kontrolliert ihn, den physischen Standort – und sei es auch nur um der Vereine und Familien und der einzelnen Männer und Frauen willen, die diese konstituieren; und aus dieser Kontrolle erwachsen ihm ganz bestimmte Verpflichtungen. Wir kommen diesen Verpflichtungen am leichtesten dann auf die Spur, wenn wir noch einmal die Asymmetrie von Immigration und Emigration ins Auge fassen.

Das Nationalitätsprinzip unterliegt einer einzigen wichtigen Einschränkung, die zwar in der Praxis nicht durchweg beachtet wird, in der Theorie jedoch gemeinhin anerkannt ist. Wiewohl die Anerkennung nationaler Verschwägerung ein Grund ist, Einwanderung zuzulassen, ist ihre Nichtanerkennung kein Grund für einen Ausschluß. Dies ist ein gewichtiger Konfliktpunkt in der modernen Welt, denn vielen der in jüngster Zeit unabhängig gewordenen Staaten wächst über Nacht die Kontrolle über ein Territorium zu, in dem unter der Ägide des alten Imperialregimes aufgenommene fremdländische Gruppen leben. Bisweilen werden diese Volksgruppen gezwungen, als Opfer einer allgemeinen Feindseligkeit, der die neue Regierung nicht zu steuern vermag, das Land wieder zu verlassen. Häufiger ist es jedoch so, daß die Regierung selbst solche Feindseligkeiten schürt und aktiv die Vertreibung der »fremden Elemente« betreibt, indem sie ihrerseits irgendeine Variante der Vereins- oder Familienanalogie beschwört. Hier greift aber keine der beiden Analogien. Denn obwohl ein »Fremder« keinen Rechtsanspruch auf Mitgliedschaft in einem Verein oder in einer Familie hat, ist es meiner Meinung nach durchaus möglich, so etwas wie ein territoriales oder lokales Anrecht zu formulieren.

Hobbes hat diesen Gedanken mit seiner Auflistung derjenigen Rechte, die mit der Unterzeichnung des Gesellschaftsvertrags aufgegeben, und derjenigen, die beibehalten werden, in klassischer Weise formuliert. Zu den beibehaltenen Rechten gehören das Recht auf Selbstverteidigung und das Recht auf »Feuer, Wasser und frische Luft; *ferner das Recht auf einen Wohnplatz und auf alle zum Leben unentbehrlichen Dinge*«[12] (Hervorhebung von mir). Dieses Recht auf eine Bleibe betrifft keinen speziellen »Platz« oder Ort, ist aber einklagbar beim Staat, der dazu da ist, es zu schützen. Es ist dieses individuelle Recht auf einen Platz im Sinne der Bleibe, aus dem der Anspruch des Staates auf territoriale Gerichtsbarkeit und Oberaufsicht sich letztlich herleitet. D.h., das Recht hat sowohl eine kollektive als auch eine individuelle Seite, welchselbige miteinander in Konflikt geraten können. Dennoch wäre es falsch zu sagen, es sei immer oder notwendig das Kollektivrecht, welches das Individualrecht verdränge oder aufhebe, denn das erste entstand bzw. wurde geschaffen wegen und zugunsten des zweiten. Es ist ganz einfach so, daß der Staat seinen Einwohnern, unabhängig von deren kollektiver oder nationaler Identität, etwas schuldet, daß er in ihrer Pflicht steht. Und der erste »Platz«, auf den die Einwohner ein Anrecht haben, ist ganz gewiß der Ort, an dem sie und ihre Familien ihr Leben gelebt und erwirtschaftet haben. Die von ihnen dabei entwickelten Bindungen und Erwartungen sprechen gegen eine Zwangsverpflanzung in ein anderes Land. Wenn sie dieses spezielle Stück Land (bzw. ein Haus oder eine Wohnung) an diesem Ort dennoch tatsächlich nicht haben können, dann muß in derselben Region, sozusagen am selben allgemeinen »Platz«, etwas anderes für sie gefunden werden. Die Sphäre der Zugehörigkeit bzw. Mitgliedschaft ist zumindest zunächst eine einfache Gegebenheit: die Männer und Frauen, welche die Mitgliedschaft definieren und die Aufnahmepolitik der politischen Gemeinschaft gestalten, sind ganz einfach die Personen, die sich bereits an Ort und Stelle befinden. Neue Staaten und Regierungen müssen sich deshalb mit den alten Bewohnern des Landes, über das sie herrschen wollen, arrangieren, mit ihnen ihren Frieden machen. Tatsächlich nehmen Länder gerne die Gestalt von geschlossenen Territorien an, die von bestimmten Völkern (Vereinen oder Familien) dominiert werden, doch geschieht dies immer unter Einschluß von Fremden dieser oder jener Art, deren Vertreibung oder Ausweisung ungerecht wäre.

Dieses gebräuchliche Arrangement läßt eine folgenreiche Möglichkeit entstehen, die Möglichkeit, einer großen Zahl der Bewohner eines bestimmten Landes die volle Mitgliedschaft (die Staatsbürgerschaft) im Verweis auf ihre Nationalität zu verweigern. Ich werde diese Möglichkeit im Rahmen meiner

Darlegung der spezifischen Probleme der Naturalisierung ausführlich erörtern und deutlich zu machen versuchen, daß sie zu verwerfen ist. Doch könnte man solchen Problemen, zumindest auf der Ebene des Staates, pauschal dadurch aus dem Wege gehen, daß man sich für ein völlig anderes Arrangement entschiede. Nehmen wir die Nachbarschaftsanalogie noch einmal auf. Vielleicht sollten wir, so wie wir dies bei Kirchen und politischen Parteien tun, auch dem Nationalstaat das Kollektivrecht auf die territoriale Gerichtsbarkeit verweigern. Vielleicht sollten wir auf offenen Ländern bestehen und eine Abschließung nur für nichtterritoriale Gruppen zulassen. Offene Nachbarschaften in Kombination mit geschlossenen Vereinen und Familien kennzeichnen die Struktur der Nationalgesellschaft. Warum kann sie nicht, warum sollte sie nicht auf die Weltgesellschaft ausgeweitet werden?

Der österreichische Sozialist Otto Bauer hat eine derartige Ausweitung vorgeschlagen, und zwar im Hinblick auf die alten multinationalen Reiche Zentral- und Osteuropas. Bauer schwebten Staaten vor, die — organisiert im Stile autonomer Korporationen — das Recht hatten, ihre Mitglieder zu bildungspolitischen und kulturellen Zwecken zu besteuern, denen aber jede territoriale Oberherrschaft verwehrt war. Die einzelnen Menschen würden sich innerhalb der Reiche frei im politischen Raum bewegen und ihre nationale Zugehörigkeit in etwa der Weise mit sich nehmen, wie Individuen dies heute in liberalen und säkularen Staaten tun, wenn sie ihre religiösen und parteipolitischen Bindungen hierhin und dorthin mitnehmen. Wie Kirchen und Parteien würden diese Korporationen neue Mitgliederaspiranten gemäß den von ihren alten Mitgliedern für angemessen erachteten Kriterien aufnehmen oder zurückweisen.[13]

Die Hauptschwierigkeit in diesem Zusammenhang ist, daß alle nationalen Gemeinschaften, die Bauer erhalten wissen wollte, auf der Basis einer geographischen Koexistenz entstanden und über Jahrhunderte hinweg am Leben erhalten worden waren. Es ist keine Mißdeutung ihrer eigenen Geschichte, die die neuerdings von imperialer Herrschaft befreiten Völker dazu veranlaßt, einen festen territorialen Status anzustreben. Nationen suchen nach Ländern, weil sie in einem tieferen Sinne ihre Länder bereits haben: die Verbindung zwischen Volk und Land ist ein entscheidender Bestandteil nationaler Identität. Die Führer von Völkern wissen zudem, daß die Zentren politischen Lebens angesichts der Tatsache, daß zahllose schwerwiegende und zugleich höchst schwierige Probleme (Fragen der distributiven Gerechtigkeit wie Wohlfahrt, Bildung usw. eingeschlossen) sich im Rahmen von geographischen Einheiten am besten lösen lassen, einfach nirgendwo sonst errichtet werden können. »Autonome« Korporationen werden immer Anhängsel, aller Wahrscheinlichkeit nach parasitäre Anhängsel, von Territorialstaaten sein. Auf den Staat verzichten heißt, auf jede wirkungsvolle Selbstbestimmung zu verzichten. Das ist der Grund, weshalb Grenzen und die Bewegung von Einzelnen und Gruppen über Grenzen hinweg heftigst umstritten sind, sobald die imperiale Herrschaft abnimmt und die bislang kujonierten Völker den Prozeß der »Befreiung« einleiten; wobei, noch einmal sei's gesagt, die Umkehrung dieses Prozesses oder die Unterdrückung seiner Auswirkungen einen massiven Zwang von globalem Ausmaß erfordern würden. Es gibt keinen einfachen Weg, das Land in seiner derzeitigen Bedeutung als geo- und ethnographisch bestimmtes Staatsgebiet zu umgehen (ebensowenig wie die zahlenmäßige Zunahme von Ländern sich vermeiden läßt). Die Theorie der Gerechtigkeit muß deshalb den Territorialstaat in Anschlag bringen, indem sie die Rechte seiner Einwohner spezifiziert und das kollektive Recht auf Aufnahme und Zurückweisung anerkennt.

Die Argumentation kann jedoch hier nicht enden, und zwar deshalb nicht, weil die Kontrolle über das Territorium den Staat mit weiteren unabweisbaren Anforderungen in Form von Lebenserfordernissen konfrontiert. Das Territorium ist in einem doppelten Sinne ein soziales Gut. Es ist Lebensraum, Erde und Wasser, Mineralien und potentieller Reichtum, eine Zuflucht für die Elenden und die Hungrigen. Und es ist geschützter Lebensraum, ein Raum mit Grenzen und einer Polizei, eine Zuflucht für die Verfolgten und die Staatenlosen. Doch wiewohl die beiden Zufluchtstätten als solche ebenso verschieden voneinander sind wie die Schlüsse, zu denen man gelangen kann hinsichtlich der an sie möglicherweise zu richtenden Anforderungen, sollte die Frage, um die es hier geht, zunächst allgemein gefaßt werden. Kann eine politische Gemeinschaft Elende und Hungrige, Verfolgte und Staatenlose, mit einem Wort, in Not geratene Menschen, nur einfach deshalb abweisen, weil sie Fremde, Ausländer sind? Und umgekehrt, sind die Bürger eines bestehenden Staates verpflichtet, Fremde aufzunehmen? Nehmen wir an, diese Bürger unterliegen keinen formalen Zwängen; in diesem Fall gibt es nur eins, was sie zu einer Aufnahme verpflichtet: das Prinzip der wechselseitigen Hilfeleistung. Es betrifft hier allerdings nicht irgendwelche Einzelpersonen, sondern die Bürger als Gruppe, denn Immigration ist eine politische Angelegenheit, die eine politische Entscheidung erfordert. Die Einzelnen sind an der Entscheidungsfindung beteiligt, wenn der Staat demokratisch ist; aber sie entscheiden nicht für sich selbst, sondern für die Gemeinschaft im ganzen. Und diese Tatsache hat moralische Implikationen. An die Stelle der Unmittelbarkeit tritt Distanz, an die des persönlichen Zeit- und Kraftaufwandes treten unpersönliche bürokratische Kosten. Entgegen der Behauptung von John Winthrop ist wechselseitige Hilfe für politische Gemeinschaften insofern zwingender als für Einzelpersonen, als der Gemeinschaft ein weites Aktionsfeld für wohltätige Handlungen offensteht, welche die gegenwärtigen Mitglieder der Gemeinschaft, betrachtet man sie als Gesamtmasse oder — mit möglichen Ausnahmen — je einzeln, im Familienverband oder in ihrer Vereinszugehörigkeit, nur marginal berühren. (Möglich, daß diese Wohltätigkeit die Kinder, Enkel oder Urenkel der gegenwärtigen Mitglieder berühren oder gar beeinträchtigen wird — in einer Weise, die sich weder absehen noch gar messen läßt. Ich bin mir nicht sicher, in welchem Ausmaß Überlegungen dieser Art dazu benutzt werden dürfen, den Umfang der erforderlichen Aktivitäten zu beschränken). Da die Aufnahme in ein Land nicht die gleiche Art von Intimität nach sich zieht, wie dies im Falle des Vereins und der Familie unweigerlich geschieht, dürfte die Aufnahme von Fremden zu diesen Hilfsaktionen zählen. Könnte dann aber die Aufnahme nicht ein moralisches Gebot sein, zumindest wenn es sich um *solche* Fremdlinge handelt, die keinen anderen Platz haben, an den sie gehen können?

Diese oder ähnliche Argumentationen, welche die wechselseitige Hilfe für Gemeinschaften zu einer sehr viel strengeren Pflicht machen, als sie es für Individuen jemals sein könnte, dürften der gängigen Forderung zugrunde liegen, Zurückweisungsrechte seien von der territorialen Ausdehnung und der Bevölkerungsdichte des je einzelnen Landes abhängig zu machen. So schrieb Sidgwick, er könne »einem Staat, der über große Flächen ungenutzten Bodens verfüge, kein absolutes Recht zugestehen, fremde Elemente abzuweisen«.[14] Vielleicht könnten die Bürger des angesteuerten Gastlandes, so seine Auffassung, eine gewisse Auswahl treffen unter den bedürftigen Fremdlingen; solange ihr Staat aber über (sehr viel) Raum verfüge, könnten sie sich einer Aufnahme von Fremden nicht völlig widersetzen. Ein noch viel stärkeres Argument könnte von der Gegenseite selbst kommen, wenn sie uns dazu nötigte, in den bedürftigen Fremdlingen nicht die Adressaten wohltätiger Handlungen zu sehen, sondern verzweifelte Menschen, die fähig sind, selbst etwas für sich zu tun. Im *Leviathan* schreibt Hobbes, daß solche Menschen, wenn sie ihren Lebensunterhalt nicht im eigenen Land verdienen können, das Recht haben, auszuwandern »in unterbesiedelte Länder... Dort dürfen sie aber nicht die Menschen, die sie antreffen, ausrotten, sondern sie müssen sie zwingen, enger zusammenzuwohnen und nicht weite Teile des Landes zu durchstreifen, um zu sammeln, was sie finden«.[15] Hier sind die Samariter nicht selbst aktiv, sondern es wird auf sie eingewirkt; was ihnen abverlangt wird, ist (wie wir sogleich sehen werden) einzig und allein ihr Nicht-Widerstand.

Das »weiße Australien« und die unabweisbaren Erfordernisse

Die Hobbes'sche Argumentation ist ohne Zweifel eine Verteidigung der europäischen Kolonisierung und der mit ihr verbundenen »Nötigung« von Jägern und Sammlern. Ihr Geltungsbereich ist jedoch größer. Sidgwick etwa dürfte bei dem, was er im Jahr 1891 schrieb, die von den Kolonisten in aller Welt gegründeten Staaten vor Augen gehabt haben: die Vereinigten Staaten, in denen die Agitation für eine Zurückweisung von Einwanderern das ganze 19. Jahrhundert hindurch zumindest sporadisch ein wichtiger Bestandteil des politischen Lebens war; Australien, das damals gerade den Beginn seiner großen Einwanderungsdebatte erlebte, die in der unter dem Motto »ein weißes Australien« betriebenen Politik ihren Kulminationspunkt erreichte. Jahre später verteidigte ein australischer Einwanderungsminister diese Politik mit Wendungen, die uns inzwischen nur allzu vertraut sind: »Wir versuchen, eine homogene Nation zu schaffen. Läßt sich dagegen irgendetwas Vernünftiges einwenden? Ist es nicht das elementare Recht einer jeden Regierung, über die Zusammensetzung des Volkes, das sie zu regieren hat, zu bestimmen? Es ist das gleiche Vorrecht, das auch Familienoberhäupter ausüben, wenn sie bestimmen, wer in ihrem Haushalt leben soll und wer nicht«.[16] Aber die australische »Familie« verfügte über ein riesiges Territorium, von dem sie nur einen kleinen Teil bewohnte (und, wie ich, ohne dabei auf irgendwelche Quellen verweisen zu können, annehme, noch heute bewohnt). Das Anrecht der weißen Australier auf die riesigen, leeren Räume des Subkontinents gründete auf nichts anderem als auf dem erstmals von ihnen darauf erhobenen und gegen die eingeborene Bevölkerung durchgesetzten Anspruch. Es scheint kein Anrecht zu sein, das sich gegenüber bedürftigen Menschen, die Einlaß begehren, mühelos verteidigen ließe. Wenn Tausende von Menschen, getrieben von Mangel und Hunger in den dichtbevölkerten Ländern Südostasiens, sich den Zutritt zu einem Australien erkämpften, das ihnen anders verschlossen bliebe, dürfte unsere Neigung, die Eindringlinge der Agression zu bezichtigen, relativ gering sein. Hobbes' Schuldvorwurf scheint mehr Sinn zu machen: »... da man bei jedem Menschen nicht nur mit Recht, sondern auch mit Naturnotwendigkeit voraussetzt, daß er mit aller Kraft das zu seiner Selbsterhaltung Notwendige zu erlangen sucht, so ist derjenige, welcher sich wegen überflüssiger Dinge dem widersetzt, an dem Krieg schuld, der daraufhin folgen muß...«[17]

Allerdings ist Hobbes' Auffassung davon, was zu den »überflüssigen Dingen« zählt, außerordentlich weitreichend. Überflüssig ist danach alles, was nicht direkt zum Leben, zur Erhaltung der physischen Existenz erforderlich ist. Die Argumentation gewinnt meiner Ansicht nach an Überzeugungskraft, wenn man eine an den Lebensbedürfnissen bestimmter historischer Gemeinschaften orientierte und mithin engere Definition zugrunde legt. Dabei sind die »Lebensweisen« von Gemeinschaften ebenso in Rechnung zu stellen wie im Falle der Individuen deren »Lebenspläne«. Nehmen wir zunächst einmal an, daß die große Mehrheit der Australier unter den Gegebenheiten einer erfolgreichen Invasion, wie ich sie imaginiert habe, ihre bisherige Lebensweise mit nur marginalen Modifikationen beibehalten könnten. Daneben gäbe es auch solche Personen, die in dem Zuzug der Fremden insofern eine massive Beeinträchtigung des von ihnen projektierten Lebens sähen, als sie zur Verwirklichung ihrer Lebenspläne Hunderte, wenn nicht gar Tausende leerer Quadratmeilen »brauchten«. Aber solchen Bedürfnissen kann angesichts der Anrechte notleidender Fremdlinge keine Priorität eingeräumt werden. Raum in solchem Umfang ist ein Luxus, vergleichbar dem Luxus der Zeit, welche in konventionelleren Samariterargumentationen eine so wichtige Rolle spielt; der moralische Einspruch dagegen kann sozusagen nicht ausbleiben. Wenn wir also davon ausgehen, daß es tatsächlich überflüssiges Land gibt, dann würden die unabweisbaren Erfordernisse eine politische Gemeinschaft wie »das weiße Australien« dazu zwingen, eine Grundsatzentscheidung zu treffen. Ihre Mitglieder könnten, um ihre Homogenität zu bewahren, Land abtreten, oder sie könnten auf die Homogenität verzichten (und der Schaffung einer multirassischen Gesellschaft zustimmen), um das Land in seiner vollen Ausdehnung zu erhalten. Andere ihnen offenstehende Alternativen gäbe es nicht. Das weiße Australien könnte nur als Kleinaustralien überleben.

Ich habe diese Überlegungen in so konkretistische Bilder gefaßt, um deutlich zu machen, daß die kollektive Version des Prinzips der wechselseitigen Hilfeleistung eine begrenzte und zugleich komplizierte Neuverteilung von Zugehörigkeiten bzw. Mitgliedschaften und/oder Territorien erfordern dürfte. Mehr und Spezifischeres können wir dazu nicht sagen. Wir können die Kleinheit von Kleinaustralien nicht beschreiben, ohne zu wissen, was konkret gemeint ist, wenn von »überflüssigen Dingen« die Rede ist. Zu sagen, daß der Lebensraum gleichmäßig unter alle Bewohner des Erdballs aufzuteilen sei, hieße die individuelle Version des Anrechtes auf einen Platz in der Welt über die kollektive stellen. De facto käme eine solche Forderung der Verneinung eines jeden festen Rechtsanspruchs von nationalen Vereinen und Familien auf ein bestimmtes Stück Land gleich. Eine hohe Geburtsrate in einem Nachbarland würde diesen Rechtsanspruch sofort außer Kraft setzen und eine territoriale Neuverteilung erforderlich machen.

Die gleiche Schwierigkeit ergibt sich im Hinblick auf Reichtum und Ressourcen. Auch sie können »überflüssig« sein, indem sie weit über das hinausgehen, was die Einwohner eines bestimmten Staates brauchen, um ein annehmbares Leben zu führen (selbst wenn die Definition des »annehmbaren« Lebens von ihnen selbst stammt). Sind diese Einwohner moralisch verpflichtet, Zuwanderer aus ärmeren Ländern aufzunehmen, bis keine überflüssigen Ressourcen mehr da sind? Oder sind sie darüber hinaus auch jenseits der Grenzen von wechselseitiger Hilfeleistung solange dazu verpflichtet, bis die Politik der unbegrenzten Zulassung die Attraktivität des Aufnahmelandes für die Ärmsten der Welt dahinschwinden läßt, weil die Übersiedlung ihnen keinen Nutzen mehr bringt? Sidgwick scheint für die erste der beiden Möglichkeiten optiert zu haben; was er vorschlug, war eine primitive, parochiale Version des Rawlsschen Differenzprinzips: Eine Beschränkung der Zuwanderung ist vertretbar, sobald ihre Unterlassung »materiell kollidiert... mit den Bemühungen der Regierung, den Mitgliedern der Gemeinschaft im allgemeinen und den ärmeren Schichten im besonderen weiterhin einen angemessenen Lebensstandard zu garantieren«.[18] Die Gemeinschaft kann sich aber auch schon früher dafür entscheiden, den Einwandererstrom zu stoppen, wenn sie bereit ist, ihren überflüssigen Reichtum (zum Teil) zu exportieren. Ihre Mitglieder stünden damit vor der gleichen Alternative, wie die Australier sie hatten: den eigenen Reichtum mit notleidenden Fremden außerhalb oder innerhalb ihres Landes zu teilen. Doch wieviel ihres Reichtums müssen sie überhaupt teilen? Wiederum muß es eine Grenze geben, eine Grenze, die diesseits (und zwar deutlich diesseits) der einfachen Gleichheit zu ziehen ist, weil sonst das Gemeinschaftsvermögen langsam aber sicher abfließt bzw. aufgezehrt wird. Der Begriff »Gemeinschaftsvermögen« würde seinen Sinn verlieren, wenn alle Ressourcen und alle Produkte weltweit Gemeingüter wären. Genauer gesagt, es gäbe nur eine Gemeinschaft, einen Weltstaat, dessen Umverteilungsprozesse die historische Besonderheit der nationalen »Vereine« und »Familien« mit der Zeit immer mehr zum Verschwinden brächten.

Wenn wir vor der einfachen Gleichheit haltmachen, wird es weiterhin viele Gemeinschaften geben, Gemeinschaften mit einer unterschiedlichen Geschichte, unterschiedlichen Lebensweisen, Klimaten, politischen Strukturen und Ökonomien. Einige »Wohnplätze« in der Welt werden weiterhin angenehmer, erstrebenswerter sein als andere, sei's für Einzelpersonen mit unterschiedlichen Vorlieben und Sehnsüchten, sei's generell. Eine Reihe von Plätzen werden zumindest für einige ihrer Bewohner weiterhin unerfreulich oder unbehaglich sein. D.h., die Immigrationsfrage bleibt auch und selbst dann bestehen, wenn den Forderungen nach distributiver Gerechtigkeit in globalem Maßstab entsprochen wird, vorausgesetzt, die Weltgesellschaft ist — und soll sein — in ihrer Form pluralistisch, und die Erfüllung der Forderungen ist durch irgendeine Spielart der kollektiven wechselseitigen Hilfeleistung normativ geregelt und gesichert. Die einzelnen Gemeinschaften werden auch dann noch Zulassungsentscheidungen nicht nur treffen müssen, sondern auch immer noch das Recht haben, sie zu treffen. Wenn wir auch nicht in der Lage sind, die territoriale oder materielle Basis, auf der eine Gruppe von Menschen ein gemeinsames Leben aufbauen kann, in vollem Umfang zu garantieren, so können wir doch zumindest sagen, daß dieses gemeinsame Leben ihr Leben ist und die Entscheidung, wer ihre Gefährten in diesem Leben sein sollen, bei ihr liegen muß.

Flüchtlinge

Es gibt indes eine Gruppe von notleidenden Außenstehenden, deren Forderungen und Ansprüche nicht durch Landverzicht und Vermögensexport erfüllt werden können; in ihrem Falle gibt es nur eins: die Aufnahme der in Not befindlichen Menschen. Die Gruppe, von der hier die Rede ist, ist die Gruppe der Flüchtlinge, mithin jener Menschen, denen es an einem nicht exportierbaren Gut mangelt, an der Zugehörigkeit, der Mitgliedschaft per se. Die Freiheit, die bestimmte Länder zu einer potentiellen Heimat für Männer und Frauen macht, deren politische Einstellung oder Religion dort, wo sie leben, nicht toleriert wird, auch sie ist nicht exportierbar. Zumindest kennen wir bislang keine Möglichkeit, sie zu exportieren. Diese Güter lassen sich nur innerhalb des geschützten Raumes eines speziellen Staates gemeinschaftlich besitzen und genießen. Gleichzeitig ist es aber keineswegs so, daß die Aufnahme von Flüchtlingen das Ausmaß der Freiheit, deren die Mitglieder innerhalb dieses Raumes sich erfreuen, automatisch verringerte. Die Forderung, welche die Opfer politischer oder religiöser Verfolgung anzumelden haben, ist somit absolut zwingend: Wenn ihr mich nicht aufnehmt, so sagen sie, dann werde ich von denen, die in meinem eigenen Land herrschen, getötet, verfolgt oder brutal unterdrückt. Was haben wir dem entgegenzusetzen?

Manchen Flüchtlingen gegenüber können wir durchaus die gleichen Verpflichtungen haben wie unseren eigenen Mitbürgern gegenüber. Dies gilt ganz eindeutig für jedwede Gruppe von Personen, die durch unser Zutun, durch unsere Mithilfe zu Flüchtlingen geworden sind. Das Unrecht, das wir ihnen zugefügt haben, hat eine gewisse Affinität zwischen ihnen und uns zur Folge; so waren die vietnamesischen Flüchtlinge in einem moralischen Sinne de facto bereits amerikanisiert, ehe sie die Küsten Amerikas erreichten. Es kann aber auch sein, daß wir Menschen helfen müssen, die von jemand anderem verfolgt oder unterdrückt werden, weil sie sind wie wir. Ideologische Nähe kann genauso wie ethnische Verwandtschaft Bindungen auch über politische Grenzen hinweg erzeugen, insbesondere dann, wenn wir beispielsweise den Anspruch erheben, bestimmte Prinzipien in unserem gemeinschaftlichen Leben zu verkörpern, und wenn wir andernorts Männer und Frauen dazu anspornen, diese Prinzipien ihrerseits ebenfalls zu verfechten. In einem liberalen Staat kann es sein, daß Affinitäten letzterer Art, obwohl nur in Andeutungen vorhanden, dennoch moralisch bindend und zwingend sind. Die politischen Flüchtlinge, die im 19. Jahrhundert in England Aufnahme fanden, waren im allgemeinen keine englischen Liberalen, vielmehr handelte es sich um Häretiker und Oppositionelle unterschiedlichster Provenienz, die mit den Autokratien Zentral- und Osteuropas auf Kriegsfuß standen. Es waren hauptsächlich ihre Feinde, die die Engländer dazu veranlaßten, so etwas wie Verwandte in ihnen zu sehen. Oder denken wir an die vielen tausend Menschen, die nach der gescheiterten Revolution von 1956 aus Ungarn flohen. Die Struktur des Kalten Krieges, der Charakter der westlichen Propaganda und die den »Friedenskämpfern« im östlichen Europa bereits bekundete Sympathie machten es schwer, ihnen den Flüchtlingsstatus zu verweigern. Diese Flüchtlinge mußten sozusagen zwangsläufig von Ländern wie Britannien und den Vereinigten Staaten aufgenommen werden. Die Unterdrückung von politischen Weggefährten scheint, genau wie die Verfolgung von Glaubensbrüdern, eine Verpflichtung zur Hilfeleistung zu erzeugen, zumindest zur Gewährung von Zuflucht für all diejenigen, die besonders exponiert und gefährdet sind. Vielleicht ist jedes Opfer von Autoritarismus und Bigotterie der moralische Gefährte eines liberalen Bürgers — ein Gedanke, der hier wenigstens angetippt sei. Doch würde dies die Affinität überstrapazieren, und sogar ohne Not. Denn solange die Zahl der Opfer gering ist, reicht das Prinzip der gegenseitigen Hilfeleistung aus, um die gleichen praktischen Resultate zu zeitigen; und wenn ihre Zahl wächst und wir genötigt sind, unter den Opfern auszuwählen, dann wird — legitimerweise — die jeweils engere Beziehung zu unserer eigenen Lebensweise als Kriterium dominieren. Wenn andererseits überhaupt keine Beziehung zu den einzelnen Opfern besteht und eher Antipathie als Affinität herrscht, dann gibt es keinen Grund, sie bei der Auswahl anderer, gleichermaßen in Not Geratenen gegenüber zu bevorzugen.* Britannien und die Vereinigten Staaten hätten, wäre die Revolution im Jahre 1956 erfolgreich verlaufen, aus Ungarn fliehenden Stalinisten wohl kaum Asyl gewähren müssen. Ich wiederhole hier noch einmal, was ich an anderer Stelle bereits gesagt habe: Gemeinschaften müssen Grenzen haben; und wie immer sie diese Grenzen im Hinblick auf Territorium und Ressourcen definieren, in bezug auf die Bevölkerung werden sie von einem Gefühl der Verwandtheit und Gegenseitigkeit bestimmt. An dieses Gefühl müssen Flüchtlinge appellieren. Es ist ihnen dabei Erfolg zu wünschen; und dennoch gibt es Fälle, in denen sie mit Blick auf einen bestimmten Staat kein Anrecht auf diesen Erfolg haben.

Da ideologische (weit mehr als ethnische) Affinität eine Frage der wechselseitigen Anerkennung ist, ist hier der Spielraum für politische Entscheidungen und damit für die Zurückweisung bzw. Aufnahme relativ groß. Insofern könnte man sagen, daß meine Argumentation die Verzweiflung des Flüchtlings gar nicht erfasse und auch keinen Weg aufzeige, wie mit den Flüchtlingsmassen, die durch die in verschiedenen Ländern im 20. Jahrhundert betriebene Politik erzeugt wurden, umzugehen sei. Auf der einen Seite braucht jedermann einen Platz zum Leben, und zwar einen Platz, an dem er ein einigermaßen sicheres Leben führen kann. Auf der anderen Seite ist dies kein Recht, das bei einzelnen Gaststaaten eingeklagt werden könnte. (Praktisch durchsetzbares Recht kann es de facto erst dann werden, wenn eine internationale Autorität existiert, die ihm Geltung zu verschaffen vermag. Gäbe es eine solche Autorität, würde sie allerdings besser gegen diejenigen Staaten

---

* Zum Vergleich Bruce Ackermans Feststellung: »Es gibt nur einen *einzigen* Grund, die Einwanderung zu restringieren, das Bestreben, den im Gang befindlichen Prozeß des liberalen Diskurses zu schützen« (Hervorhebung durch Ackerman).[19] Personen, die sich öffentlich der Destruktion des »liberalen Diskurses« verschreiben, können rechtmäßig ausgeschlossen werden — oder, wie Ackerman vermutlich formulieren würde: sie können nur dann ausgeschlossen werden, wenn ihre Zahl oder die Stärke ihres Destruktionswillens eine wirkliche Gefahr darstellen. In jedem Falle gilt das so formulierte Prinzip nur für liberale Staaten. Doch haben gewiß auch andere Arten von politischen Gemeinschaften ein Recht darauf, die gemeinsamen Vorstellungen ihrer Mitglieder von den von ihnen anvisierten Zielen zu schützen.

aufgeboten, die mit einer brutalen Politik ihre eigenen Bürger ins Exil treiben). Die Schärfe des Dilemmas wird durch das Asylprinzip partiell gemildert. Jeder Flüchtling, der gerade geflohen ist und eine zumindest temporäre Zuflucht nicht sucht, sondern soeben gefunden hat, kann Asyl für sich beantragen — ein Recht, das heute z.B. im britischen Gesetz fest verankert ist. Wird ihm Asyl gewährt, so kann er so lange nicht deportiert werden, wie das einzige Land, in das er geschickt werden könnte, »eines ist, in das zu gehen er nicht willens ist, weil er die begründete Furcht hegt, dort aus rassischen, religiösen, nationalen oder politischen Gründen verfolgt zu werden«.[20] Obwohl er ein Fremdling ist, eben erst angekommen, gilt die Rechtsbestimmung gegen Ausweisung für ihn, als habe er schon immer da gelebt, wo er sich nun befindet. Der Grund: es gibt keinen anderen Platz, an dem er sein Leben leben könnte.

Aber dieses Prinzip ist zu Nutz und Frommen von Individuen konzipiert, von Einzelpersonen, so gering an der Zahl, daß sie keine nachhaltige Wirkung auf den Charakter der sie aufnehmenden politischen Gemeinschaft ausüben können. Was passiert, wenn ihre Zahl nicht gering bleibt? Nehmen wir den Fall der Millionen zählenden Russen, die im Zweiten Weltkrieg von den Nazis gefangen genommen oder in Knechtschaft gebracht und in der Endphase des Krieges von den alliierten Streitkräften überrannt wurden. Alle diese Menschen wurden, viele von ihnen zwangsweise, in die Sowjetunion zurückgeschickt, wo sie entweder sofort erschossen oder in Arbeitslager eingewiesen wurden, in denen sie später starben.[21] Diejenigen unter ihnen, die ihr Schicksal voraussahen, baten im Westen um Asyl, das ihnen jedoch aus Nützlichkeitserwägungen (bei denen Krieg und Diplomatie, und nicht etwa Nationalität und Assimilationsprobleme im Vordergrund standen) verweigert wurde. Sie hätten zweifellos nicht zurückgeschickt werden dürfen — spätestens von dem Moment an nicht, in dem bekannt wurde, daß sie getötet würden. D.h., daß die westlichen Alliierten sich hätten bereit finden müssen, sie aufzunehmen, und sei's nach Maßgabe von zwischen ihnen ausgehandelten angemessenen Quoten. Eine andere Wahl gab es nicht: im Extremfall ist der Asylanspruch praktisch unabweisbar. Ich gehe zwar davon aus, daß es tatsächlich Grenzen für unsere kollektive Pflicht gibt, vermag sie aber nicht zu spezifizieren und zu benennen.

Das letzte Beispiel zeigt, daß die Moral liberaler und humaner Staaten durch die Unmoral autoritärer und inhumaner Staaten vorgegeben werden kann. Wenn dem aber so ist, warum dann überhaupt irgendwelche Asylanten zurückweisen? Warum sich nur mit Menschen befassen, die sich bereits auf unserem Territorium befinden und hier an Ort und Stelle um eine Bleibeerlaubnis nachsuchen, und nicht auch mit Personen, die in ihren eigenen Ländern unterdrückt werden und aus diesem Grund bei uns um Aufnahme bitten? Warum die Glücklichen oder die Aggressiven, die es irgendwie geschafft haben, unsere Grenzen zu überschreiten, bevorzugen vor all den anderen? Noch einmal, ich habe keine Patentantwort auf diese Fragen. Es scheinen zwei Gründe zu sein, die uns zur Gewährung von Asyl veranlassen. Grund I: eine Asylverweigerung würde uns dazu zwingen, Gewalt gegen hilflose und verzweifelte Menschen anzuwenden; Grund II: die Zahl derer, um die es – von außergewöhnlichen Fällen abgesehen – geht, ist klein; die betreffenden Menschen können leicht assimiliert werden (d.h., wir würden »überflüssiger Dinge« wegen Gewalt anwenden). Wenn wir aber jedem in der Welt Zuflucht gewährten, der überzeugend darlegen könnte, daß er der Aufnahme bedürfe, dann würden wir möglicherweise erdrückt. Die Aufforderung »Schickt mir... eure bedrängten Massen, die danach dürsten, frei atmen zu können« ist hochherzig und vornehm; und häufig ist es moralisch einfach unumgänglich, auch große Zahlen von Flüchtlingen aufzunehmen; dennoch bleibt das Recht, dem Strom Einhalt zu gebieten, ein Konstituens von gemeinschaftlicher Selbstbestimmung. Das Prinzip der wechselseitigen Hilfeleistung kann die Aufnahmepolitik, die ihre Basis im jeweiligen Spezialverständnis der Gemeinschaft von sich selbst hat, nur modifizieren, nicht aber von Grund auf umgestalten.

Ausländertum und Einbürgerung

Die Mitglieder einer politischen Gemeinschaft haben ein kollektives Recht darauf zu bestimmen, wie ihre Wohnbevölkerung aussehen soll – ein Recht, das immer jener zweifachen Einschränkung unterliegt, die ich mit der Bedeutung von Mitgliedschaft für die gegenwärtigen Mitglieder und dem Prinzip der wechselseitigen Hilfeleistung benannt habe. Auf der Basis dieser beiden Einschränkungen dürften sich in je speziellen Gemeinschaften zu je speziellen Zeiten unter ihren Wohnbevölkerungen immer auch Personen befinden, die in unterschiedlicher Weise Fremde, Ausländer sind. Diese Menschen können ihrerseits Minderheiten oder Pariagruppen angehören oder erst vor kurzem ins Land gekommene Flüchtlinge oder Einwanderer sein. Nehmen wir an, ihr Aufenthalt am Ort ist rechtmäßig. Haben sie dann innerhalb der Gemeinschaft, in der sie nun leben, Anspruch auf Staatsbürgerschaft und Bürgerrechte? Hängt die Staatsbürgerschaft am Wohnsitz? Tatsächlich findet unter der Bezeichnung »Einbürgerung« ein zweiter Aufnahmeprozeß statt, ein Prozess, dessen Kriterien wir bislang noch nicht definiert haben. Worum es dabei geht, dies möchte ich nachdrücklich betonen, ist die Staatsbürgerschaft und nicht (außer im rechtlichen Sinne des Begriffs) die Nationalität. Die nationale Vereinigung oder Familie ist eine Gemeinschaft, die aus Gründen, die ich bereits skizziert habe, vom Staat zu unterscheiden ist. So ist es z.B. möglich, daß ein Algerier, der nach Frankreich einwandert, französischer Staatsangehöriger wird, ohne zugleich Franzose zu werden. Wenn er aber kein Franzose ist, sondern nur ein Einwohner Frankreichs, hat er dann ein Anrecht auf die französische Staatsbürgerschaft mitsamt allen staatsbürgerlichen Rechten?

Man könnte, wie ich es letztlich tun werde, darauf beharren, daß die Kriterien und Richtlinien für Einwanderung und Einbürgerung die gleichen sein sollten, bzw. daß jedem Einwanderer und jedem Einwohner der Status des Staatsbürgers zukomme — oder zumindest des potentiellen Staatsbürgers. Und genau das ist der Grund, weshalb die territoriale Zulassung eine so ernste Angelegenheit ist. Die Mitglieder der Gemeinschaft müssen bereit sein, die Männer und Frauen, die sie in ihr Land hereinlassen, als ihresgleichen in eine Welt gemeinsamer Verbindlichkeiten aufzunehmen, während die Einwanderer ihrerseits willens sein müssen, diese Verbindlichkeiten mitzutragen. Aber die Dinge können auch anders gehandhabt werden. Häufig kontrolliert der Staat die Einbürgerung streng und die Einwanderung nur locker. Einwanderer werden zu ortsansässigen Fremden und, sieht man von bisweilen verfügten Spezialregelungen ab, zu weiter nichts. Warum werden sie hereingelassen? Um die Bürger des Staates von harter und unangenehmer Arbeit zu befreien? In diesem Falle ist der Staat wie eine Familie, in der die Dienstboten insofern mitleben, als sie an ihrem Arbeitsplatz wohnen.

Dies ist keine besonders verlockende Vorstellung, denn eine Familie mit »Hausdienern« ist — wie ich meine, unweigerlich — eine Despotie im Kleinformat. Die Prinzipien, die im Haushalt gelten, sind die von Verwandtschaft und Liebe. Sie geben das von den Familienmitgliedern zu praktizierende Grundmuster von Wechselseitigkeit und Verpflichtung, von Autorität und Gehorsam vor. Die Dienstboten haben in diesem Muster keinen angemessenen angestammten Platz, müssen aber irgendwie assimiliert werden. So erscheinen in der vormodernen Literatur über das Familienleben Dienstboten gewöhnlich als Kinder von einer besonderen Art — als Kinder, weil sie Weisungen entgegennehmen müssen; von einer besonderen Art, weil sie nicht erwachsen werden dürfen. Elterliche Gewalt wird hier über die angestammte

Machtsphäre von elterlicher Autorität hinaus beansprucht über erwachsene Männer und Frauen, die keine vollen Mitglieder der Familie sind und es niemals sein werden. Von dem Moment an, da dieser Anspruch sich nicht mehr aufrechterhalten läßt, weil die Dienstboten ihren Kinderstatus gegen den von Lohnarbeitern eintauschen, beginnt der Großhaushalt langsam zu zerfallen. Das Muster des Wohnens am Arbeitsplatz kehrt sich allmählich um; die ehemaligen Dienstboten streben nach eigenen Haushalten.

Die athenischen Metöken

Eine gleiche oder ähnliche geschichtliche Entwicklung ist auf der Ebene der politischen Gemeinschaft nicht zu konstatieren. Am Arbeitsplatz wohnende Dienstboten sind aus der modernen Welt keineswegs verschwunden; als »Gastarbeiter« spielen sie in den meisten entwickelten Ökonomien sogar eine wichtige Rolle. Doch ehe wir den Status von Gastarbeitern näher beleuchten, möchte ich mich einem älteren Fall zuwenden und den Status von im alten Athen wohnhaften Fremdlingen (den Metöken) unter die Lupe nehmen. Die athenische Polis war im fast buchstäblichen Sinne eine Familie mit im Haus lebenden Dienstboten. Das Bürgerrecht war ein Erbe, das von den Eltern auf die Kinder überging (allerdings nur dann, wenn beide Eltern Bürger waren: von 450 v. Chr. an lebte Athen nach dem Gesetz der doppelten Endogamie). D.h., ein großer Teil der in der Stadt anfallenden Arbeit wurde von Bewohnern verrichtet, die nicht darauf hoffen konnten, jemals in den Genuß der Bürgerrechte zu gelangen. Ein Teil dieser Personen waren Sklaven; wenn ich mich mit ihnen in diesem Zusammenhang nicht beschäftige, so weil die Ungerechtigkeit der Sklaverei heute von niemandem, zumindest nicht offen, bestritten wird. Der Fall der Metöken ist komplizierter und interessanter.

»Wir öffnen unsere Stadt der ganzen Welt« ließ Perikles sich in seiner berühmt gewordenen Trauerrede vernehmen, »niemand, auch kein Fremdling, soll davon ausgeschlossen sein, bei uns sein Glück zu machen«. Und so kamen die Metöken gerne nach Athen, angezogen von den wirtschaftlichen Chancen, vielleicht auch von der »freien Luft« der Stadt. Die meisten von ihnen blieben ihr Leben lang Arbeiter oder »Handwerker«, doch brachten einige es auch zu erkennbarem Wohlstand; so waren im 4. Jahrhundert unter den reichsten Kaufleuten Athens sehr wohl Metöken anzutreffen. Die athenische Freiheit wurde ihnen dennoch nur in ihren negativen Ausprägungen zuteil. Wiewohl dazu verpflichtet, an der Verteidigung der Stadt mitzuwirken, hatten sie keine politischen Rechte; und ihre Nachkommenschaft ebenfalls nicht. Auch an dem wichtigsten aller Wohlfahrtsansprüche partizipierten sie nicht: »Fremde blieben von der Zuteilung von Korn ausgeschlossen«.[22] Wie stets drückte dieser Ausschluß den niedrigen Stand der Metöken in der athenischen Gesellschaft nicht nur aus, sondern befestigte ihn auch zugleich. In der auf uns überkommenen Literatur werden Metöken gemeinhin geringschätzig behandelt — wenngleich einige freundliche Bezugnahmen in den Stücken des Aristophanes ahnen lassen, daß es auch andere Sichtweisen gab.[23]

Aristoteles, wiewohl selbst Metöke, liefert, offensichtlich als Entgegnung auf Kritiker, die der Meinung waren, gemeinsames Wohnen und Arbeiten seien eine ausreichende Basis für politische Zugehörigkeit, die klassische Rechtfertigung des Ausschlusses. »Man ist aber nicht dadurch schon ein Bürger«, so schrieb er, »daß man irgendwo seinen Wohnsitz hat«. Auch Arbeit, und sei es notwendige Arbeit, erscheint ihm nicht als ein besseres Kriterium: »Wahr ist ja dies, daß nicht alle diejenigen für Bürger zu halten sind, ohne die eine Stadt nicht sein könnte«.[24] Das Bürgerrecht erforderte eine gewisse »Vortrefflichkeit«, die nicht von jedermann zu erlangen war. Ich bezweifle, daß Aristoteles wirklich glaubte, diese Vortrefflichkeit werde mit der Geburt übermittelt, sei angeboren. Die Annahme einer Existenz von Mitgliedern und Nichtmitgliedern im Sinne von Erbkasten dürfte für ihn eher eine Frage der Annehmlichkeit gewesen sein. Es mußte Menschen geben, welche die in einem Staat anfallenden unangenehmen Arbeiten verrichteten, und da war es am besten, diese Arbeiter unmißverständlich kenntlich zu machen und ihnen ihren Platz von Geburt an zuzuweisen. Die Arbeit selbst, die alltäglichen Erfordernisse des wirtschaftlichen Lebens waren es, die ihnen den Vorzug der Staatsbürgerschaft benahmen. Der Theorie nach bestand die Gemeinschaft der Bürger aus einer Aristokratie von Begüterten und damit vom Erwerb des notwendigen Lebensunterhalts Befreiten (in der Praxis schloß sie Handwerker ebenso ein, wie sich unter den Metöken begüterte Personen befanden); ihre Mitglieder waren Aristokraten, weil sie nicht zum Arbeiten genötigt waren, und nicht, weil sie qua Geburt und Geblüt oder aufgrund irgendwelcher besonderer Geistesgaben etwas Besonderes waren. Die Politik nahm den größten Teil ihrer Zeit in Anspruch, wiewohl Aristoteles nicht gesagt haben würde, daß sie über Sklaven und Fremde herrschten. Eher herrschten sie im Wechsel übereinander. Die anderen waren einfach nur ihre passiven Untertanen, die »materielle Voraussetzung« ihrer eigenen Vortrefflichkeit, Menschen, zu denen sie in keinerlei politischer Beziehung standen.

Nach Aristoteles' Auffassung lebten Sklaven und Fremde im Reich der Notwendigkeit; ihr Schicksal wurde durch die Bedingungen des wirtschaftlichen Lebens bestimmt. Nicht so die Bürger, sie lebten Aristoteles zufolge im Reich der Freiheit, der freien Entscheidung; sie konnten in ihrer Person mit ihren eigenen in der politischen Arena kollektiv gefaßten Beschlüssen über ihr Schicksal selbst bestimmen. Aber diese Unterscheidung ist eine falsche Unterscheidung. In Wirklichkeit war es so, daß die Bürger eine Vielzahl von Entscheidungen trafen, die auch für die Sklaven und Fremden in ihrer Mitte ebenso verbindlich wie folgenreich waren — Entscheidungen über Krieg und Frieden, öffentliche Ausgaben, Handelsverbesserungen, die Verteilung von Korn und viele andere Dinge mehr. Das wirtschaftliche Geschehen in Athen unterlag der politischen Kontrolle, wenn auch das Ausmaß dieser Kontrolle immer erstaunlich gering war. Mit anderen Worten, Sklaven und Fremdlinge wurden sehr wohl regiert und beherrscht; ihr Leben wurde sowohl politisch als auch ökonomisch von anderen mitgeprägt. Das aber bedeutete, daß auch sie in der Arena standen, wenn auch nur deshalb, weil sie Bewohner des vom athenischen Stadtstaat geschützten Raumes waren. Was sie indes klar von den athenischen Bürgern trennte, war, daß sie keinerlei Stimme in diesem Raum hatten, denn sie durften weder ein öffentliches Amt bekleiden noch der Volksversammlung beiwohnen, noch hatten sie Anteil an der richterlichen Gewalt. Daß sie über keine eigenen Amtsträger und keine eigenen politischen Organisationen verfügten und bei anstehenden Entscheidungen niemals um ihre Meinung gefragt wurden, rundet das Bild folgerichtig ab. Wenn wir in ihnen trotz alledem und trotz Aristoteles Männer und Frauen erblicken, die rationaler Überlegungen fähig waren, dann müssen wir konsequenterweise sagen, daß sie die ohne ihre Zustimmung regierten Untertanen einer Schar von Bürgertyrannen waren. Tatsächlich scheint dies zumindest die implizite Sichtweise einiger anderer griechischer Denker gewesen zu sein. So liest sich die Kritik von Isokrates an der Oligarchie in etwa wie folgt: Wenn einige Bürger die politische Macht monopolisieren, dann werden sie zu Tyrannen und verwandeln ihre Mitmenschen in »Metöken«.[25] Wenn das stimmt, dann müssen die wirklichen Metöken beständig in der Tyrannei gelebt haben.

Und dennoch würde weder Isokrates diesen letzten Punkt so formulieren haben, noch liegt uns irgendein Beweis dafür vor, daß die Metöken selbst so gedacht und gesprochen hätten. Die Sklaverei war eine vieldiskutierte Frage im alten Athen, aber »es gibt nicht die Spur einer Kontroverse über das Metökentum«.[26] Einige Sophisten mögen ihre Bedenken gehegt haben, aber die Ideologie, die Metöken und Bürger voneinander schied, scheint generell unter den Metöken wie unter den Bürgern gleichermaßen akzeptiert gewesen zu sein. Die Dominanz von Geburt und Geblüt über die politische Zugehörigkeit war Teil des allgemeinen und gemeinsamen Verständnisses jenes Zeitalters. Die athenischen Metöken waren ihrerseits Erbbürger der Städte bzw. Staaten, aus denen sie kamen; und obwohl dieser Status ihnen keinen praktischen Schutz bot, half er ihnen möglicherweise doch, ihren niedrigen Stand in dem Staat, in dem sie lebten und arbeiteten, zu kompensieren. Auch sie waren, sofern sie Griechen waren, von bürgerlichem Geblüt; und ihr Verhältnis zu den Athenern ließ sich (im Stile von Lysias, einem anderen, seinen Status im Unterschied zu Aristoteles sehr viel bereitwilliger akzeptierenden Metöken) am einleuchtendsten als ein Vertragsverhältnis beschreiben: Wohlverhalten im Tausch gegen faire Behandlung.[27]

Diese Sichtweise trifft indes auf die Kinder der ersten Metökengeneration nur schwerlich zu; es gibt kein Vertragsargument, das die Schaffung einer Kaste von eingesessenen Fremdlingen rechtfertigen könnte. Die einzige Rechtfertigung von *metoikia* liegt in der Auffassung, die die Athener von Staatsbürgerschaft und Bürgerrecht hatten und die es ihnen schlichtweg verwehrte, diese an andere zu verteilen bzw. zu verleihen. Was sie Fremden anbieten konnten, war allein eine anständige Behandlung, und genau das war umgekehrt auch alles, was den Fremden als Forderung an die Athener in den Sinn kam. Das Belegmaterial für diese Sichtweise ist umfänglich, dennoch gibt es auch Gegenbelege. So finden sich immer wieder einzelne Metöken, denen politische Rechte, und sei es möglicherweise auf der Basis von Korruption, gewährt wurden. Ihr Mitwirken an der Wiederherstellung der Demokratie nach der Herrschaft der Dreißig in Athen im Jahr 403 v. Chr. trug den Metöken, gegen eine starke Opposition, als Lohn schließlich das Bürgerrecht ein.[28] Für Aristoteles sprach gegen große Staaten, daß es in ihnen für Fremde und Metöken leicht war, »sich ins Bürgerrecht einzuschleichen« — ein Zeichen dafür, daß eine theoretische Barriere gegen die Ausweitung des Bürgerrechts nicht gegeben war.[29] Daß eine solche Schranke in modernen demokratischen Gesellschaften nicht existiert, steht außer Zweifel; und so ist es nun an der Zeit, daß wir den Blick auf unsere eigenen Metöken richten. Die Frage, die den Griechen offensichtlich keine Kopfschmerzen bereitete, präsentiert sich in unserer heutigen Zeit allerdings als ein praktisch wie theoretisch gleichermaßen schwieriges Problem. Können Staaten ihre Ökonomien tatsächlich mit Gastarbeitern im Stande von am Arbeitsplatz wohnenden Dienstboten betreiben, die aus der Gemeinschaft der Bürger ausgeschlossen bleiben?

Gastarbeiter

Ich werde hier nicht versuchen, das Leben moderner Gastarbeiter in voller Breite zu beschreiben. Die einschlägigen Gesetze und Praktiken unterscheiden sich nicht nur von einem europäischen Land zum andern, sondern sind auch ständigen Veränderungen unterworfen; die Situation ist hochkompliziert und äußerst instabil. Uns genügt eine (in der Hauptsache auf der Rechtssituation in den frühen siebziger Jahren basierende) schematische Skizze, die diejenigen Spezifitäten gastarbeiterlichen Lebens ins Licht rückt, die moralisch und politisch kontrovers sind.[30]

Nehmen wir ein Land wie die Schweiz oder wie Schweden oder Westdeutschland, also einen kapitalistisch-demokratischen Wohlfahrtsstaat mit starken Gewerkschaften und einer relativ wohlhabenden Bevölkerung. Die Wirtschaftsführer tun sich zunehmend schwer damit, eine ausreichende Zahl von Arbeitsaspiranten auch für die Tätigkeitsfelder zu gewinnen, die heute als anstrengend, gefährlich oder minderrangig erachtet werden. Aber auch diese Arbeiten sind gesellschaftlich notwendig; es muß jemand gefunden werden, der sie verrichtet. Innenpolitisch stehen dafür nur zwei Möglichkeiten offen, die beide nicht so recht schmecken wollen. Erste Möglichkeit: die dem Arbeitsmarkt von den Gewerkschaften und dem Wohlfahrtsstaat auferlegten Zwänge werden gelockert und — in Konsequenz dieser Lockerung — der verwundbarste und schwächste Teil der lokalen Arbeiterklasse dazu gebracht, Tätigkeiten anzunehmen, die bislang als unannehmbar galten. Aber dies würde eine schwierige und gefährliche politische Kampagne erforderlich machen. Zweite Möglichkeit: die Löhne und Arbeitsbedingungen für die ungeliebten Tätigkeiten werden so eklatant erhöht bzw. verbessert, daß sie selbst innerhalb der Zwänge des lokalen Marktes Arbeitswillige anziehen. Aber dies würde die Kosten in der Gesamtwirtschaft steigern und, was vermutlich noch wichtiger ist, die bestehende soziale Hierarchie ins Wanken bringen. Statt zu einer dieser beiden drastischen Maßnahmen zu greifen, verlagern die Wirtschaftsführer deshalb mit Unterstützung ihrer Regierungen diese Arbeitsplätze vom inländischen auf den internationalen Arbeitsmarkt, um sie dort Arbeitern anzubieten, die aus ärmeren Ländern kommen und diese Tätigkeiten als weniger abstoßend empfinden. Der Staat richtet in einer Reihe von wirtschaftlich minder entwickelten Ländern Anwerbestellen ein und erläßt Bestimmungen, die Zulassung und Aufnahme von Gastarbeitern regeln.

Von entscheidender Bedeutung in diesem Kontext ist, daß die Arbeiter, die ins Land gelassen werden, »Gäste« sein sollen und keine Einwanderer, die eine neue Heimat suchen und eine neue Staatsbürgerschaft anstreben. Denn wenn die Arbeiter als zukünftige Bürger kämen, dann würden sie Teil der einheimischen Arbeiterschaft werden, deren untere Ränge sie zwar zeitweilig einnähmen, wobei sie aber gleichzeitig von den Gewerkschaften und den Wohlfahrtsprogrammen in einer Weise profitierten, die das ursprüngliche Dilemma alsbald neu erstehen ließe. Darüber hinaus träten sie im Zuge ihres Aufstiegs in direkte Konkurrenz zu den einheimischen Arbeitern, an denen sie zum Teil vorbeizögen. Die Zulassungsmodalitäten verfolgen somit den Zweck, den Gastarbeitern den Zugang zur Schutzzone des Bürgerrechts zu versperren. Sie werden ins Land geholt für eine bestimmte Zeit auf der Basis eines mit einem bestimmten Arbeitgeber geschlossenen Vertrags; wenn sie ihren Arbeitsplatz verlieren, müssen sie wieder gehen; und sie müssen in jedem Falle gehen, wenn ihr Visum abgelaufen ist. Von ihnen abhängige Personen mitzubringen, wird ihnen entweder direkt verwehrt oder auf praktische Weise unmöglich gemacht. Untergebracht in Baracken, nach Geschlechtern getrennt, leben sie zumeist am Rande der Städte, in denen sie arbeiten. In der Regel handelt es sich um junge Männer und Frauen im Alter von zwanzig bis Ende dreißig. Die Ausbildung abgeschlossen, noch nicht gebrechlich oder invalid, strapazieren sie die lokalen Wohlfahrtsdienste nur wenig (die Arbeitslosenversicherung steht ihnen nicht zur Verfügung, da es ihnen nicht gestattet ist, auch ohne Arbeit in dem Land zu bleiben, in das sie um der Arbeit willen gekommen sind). Weder de facto noch potentiell Staatsbürger des Landes, in dem sie sich aufhalten, haben sie keine politischen Rechte. Die – ansonsten so heftig verfochtenen – bürgerlichen Freiheiten von Rede, Versammlung und Vereinigung werden ihnen gemeinhin verweigert, bisweilen explizit durch staatliche Amtsträger, bisweilen implizit durch die Androhung der Entlassung und der Ausweisung.

Mit der wachsenden Erkenntnis, daß die lokale Wirtschaft langfristig auf Fremdarbeiter angewiesen ist, werden die Aufnahmebedingungen allmählich etwas milder. Für gewisse Tätigkeiten gibt es Aufenthaltsgenehmigungen auch für längere Zeiträume, die Arbeiter, die sie verrichten, können ihre Familien mitbringen und erhalten Zugang zu einer Vielzahl der Vergünstigungen des Wohlfahrtsstaates. Trotzdem bleibt ihre Position schwierig und unsicher. Ihr Aufenthalt hängt an ihrer Beschäftigung; und die Behörden machen es sich zur Regel, daß jeder Gastarbeiter, der sich und seine Familie nicht ohne mehrfachen Rekurs auf staatliche Wohlfahrtsprogramme zu ernähren vermag, ausgewiesen werden kann. In Zeiten der Rezession sind viele Gastarbeiter gezwungen, das Land wieder zu verlassen. In Zeiten der Prosperität hingegen ist die Zahl derer, die sich dafür entscheiden zu kommen und die auch Wege finden zu bleiben, hoch; demnächst werden 10 bis 15 % der industriellen Arbeitskraft aus Fremdarbeitern bestehen. Erschrocken und besorgt über diesen Zustrom, setzen einzelne Städte Zuzugsquoten für Gastarbeiter fest (in der Intention, ihre Nachbarschaften bzw. Gemeinden vor einem offenen Staat zu schützen). An ihre Arbeitsstellen gebunden, sind die Gäste in ihrem Bewegungsspielraum, d.h. in der Wahl ihres Wohnortes, in jedem Falle stark eingeschränkt.

Ihr Leben ist hart, und ihre Löhne sind, gemessen an europäischen, wenn auch nicht an ihren eigenen Standards, niedrig. Am schwierigsten und leidvollsten ist jedoch ganz gewiß ihre Heimatlosigkeit: sie arbeiten lange und schwer in einem fremden Land, in dem sie nicht dazu ermutigt werden, sich niederzulassen, in dem sie Fremde bleiben. Diesen Arbeitern, die alleine kommen, um in den europäischen Großstädten zu arbeiten, muß ihr Leben wie ein selbstverordneter Gefängnisaufenthalt erscheinen, sind sie von den normalen sozialen, sexuellen und kulturellen Aktivitäten (wie auch von den politischen, sofern solche in ihrem Heimatland möglich waren) für einen bestimmten Zeitraum doch schlichtweg abgeschnitten. Während dieser Zeit leben sie auf engem Raum, sparen sie ihr Geld, um es nach Hause zu schicken. Geld ist die einzige Entschädigung, die die Gastländer ihren Gästen zuteil werden lassen; und so sind die Arbeiter, wiewohl sie einen großen Teil dieses Geldes nicht an Ort und Stelle ausgeben, sondern sozusagen exportieren, dennoch äußerst billig. Die Kosten ihrer Aufzucht und Ausbildung am Ort ihrer Arbeit sowie ihre Entlohnung nach einheimischen Arbeitsmarkterfordernissen wären sehr viel höher bzw. teurer als die Summen, die in ihre Heimatländer abfließen. Und so scheint die Beziehung zwischen Gast und Gastgeber dennoch ein Geschäft auf Gegenseitigkeit zu sein: denn die harten Arbeitstage und -jahre gehen vorüber, und das nach Hause geschickte Geld hat dort einen Wert und eine Bedeutung, die es in einer europäischen Stadt niemals haben könnte. Doch wie steht es mit dem Gastland als einer politischen Gemeinschaft? Verfechter des Gastarbeiterwesens sagen, das Gastland sei ökonomisch betrachtet eine Nachbarschaft, politisch gesehen jedoch nach wie vor ein Verein bzw. eine Familie. Als ein Ort, an dem man leben und wohnen könne, stehe es jedermann offen, der Arbeit finde; als Forum oder Versammlung, Nation oder Volk bleibe es allen verschlossen mit Ausnahme derer, die den von den gegenwärtigen Mitgliedern aufgestellten Anforderungen genügten. Das Gastarbeiterwesen, so ihr Fazit, sei eine perfekte Synthese aus Arbeitskräftemobilität und patriotischer Solidarität. Aber irgendwie scheint diese Darstellung an dem, was sich in der Realität tut, vorbeizugehen. Der Staat als Nachbarschaft, als »indifferente« Vereinigung, die allein von den Gesetzen des Marktes gesteuert wird, und der Staat als Verein oder Familie mit Autoritätsbeziehungen und Polizei, sie existieren nicht nur einfach nebeneinander her wie zwei verschiedene Augenblicke in historischer oder abstrakter Zeit. Wiewohl frei von den speziellen politischen Zwängen des Binnenarbeitsmarktes, ist der Markt für Gastarbeiter deshalb noch längst nicht frei von jeglichem politischem Zwang. Staatliche Macht spielt sowohl bei seiner Schaffung als auch bei der Durchsetzung seiner Regeln eine durchaus wichtige Rolle. Ohne die Verweigerung politischer Rechte und bürgerlicher Freiheiten und ohne die immergültige Ausweisungsdrohung würde das System nicht funktionieren. Gastarbeiter können deshalb nicht nur im Verweis auf ihre Mobilität beschrieben werden, als Männer und Frauen, die nach Belieben kommen und gehen können. Solange sie Gäste sind, sind sie auch Untertanen. Sie werden regiert, genau wie die athenischen Metöken, durch eine Schar von Bürgertyrannen.

Aber geschieht dies nicht mit ihrer Zustimmung? Gilt hier nicht das Vertragsargument; d.h., sind es nicht Männer und Frauen, die auf der Basis von Verträgen ins Land kommen und nur für so und so viele Monate oder Jahre bleiben? Gewiß, sie kommen mit einer vagen Vorstellung davon, was sie erwartet, und sie kommen häufig sogar wieder mit einer genauen Kenntnis von dem, was sein wird. Doch diese Art der Zustimmung, die sozusagen ein für allemal in einem bestimmten Moment gegeben wird, reicht zwar aus, um Marktgeschäfte zu legitimieren, sie reicht aber nicht aus, um eine demokratische Politik zu begründen. Politische Macht besteht nämlich eben und gerade in der Möglichkeit, nicht nur einmal, sondern fortlaufend neue Entscheidungen zu treffen, Regeln und Gesetze zu verändern und mit Dringlichkeiten und Bedürfnissen umzugehen; ihre demokratische Ausübung ist nicht möglich ohne die immer wieder neu eingeholte Zustimmung der von ihr betroffenen Staatsbürger. Und zu diesen Staatsbürgern zählt jeder Mann und jede Frau, die innerhalb des Hoheitsgebiets leben, für das die getroffenen Entscheidungen Geltung haben. Der langen Rede kurzer Sinn: der Grund, weshalb Gastarbeiter als »Gäste« bezeichnet werden, ist das Bestreben, deutlich zu machen, daß sie nicht (wirklich) dort hingehören, wo sie arbeiten. Obwohl sie wie vertraglich verpflichtete Dienstboten behandelt werden, sind sie dennoch nicht wirklich vertraglich gebunden. Sie können ihre Arbeitsstätte verlassen, sich ein Flug- oder Zugbillet kaufen und in ihre Heimat zurückkehren; sie sind Bürger einer anderen Gemeinschaft. Wenn sie aber freiwillig kommen, um zu arbeiten und nicht um sich niederzulassen, und wenn sie gehen können, wann immer sie wollen, warum sollte man ihnen während ihres Aufenthalts politische Rechte einräumen? Die fortlaufende Zustimmung, so könnte der Einwand lauten, ist allein Sache der Daueransässigen. Von den expliziten Abmachungen in ihren Verträgen abgesehen haben Gastarbeiter nicht mehr Rechte, als irgendwelche Touristen sie haben.

Gastarbeiter sind aber keine »Gäste« im üblichen Wortsinn, und ganz gewiß sind sie keine Touristen. Sie sind in erster Linie Arbeiter, die nicht des Vergnügens wegen anreisen, sondern die kommen (und im allgemeinen so lange bleiben, wie ihre Aufenthaltserlaubnis es ihnen gestattet), weil sie Arbeit suchen. Weder befinden sie sich im Urlaub, noch verbringen sie ihre Tage nach ihrem Gusto. Amtspersonen begegnen ihnen nicht höflich und zuvorkommend in der Funktion vón Museums-, Verkehrs- und Währungshütern. Sie erleben den Staat als eine allgegenwärtige und einschüchternde Macht, die ihr Leben bestimmt, jeden ihrer Schritte reglementiert und sie niemals um ihre Meinung fragt. Der Weggang, die Rückkehr in die eigene Heimat ist nur eine formale Option, die Ausweisung hingegen eine beständige reale Bedrohung. Als Gruppe bilden sie eine entrechtete Klasse, eine Klasse, die über keine Bürgerrechte verfügt. Hinzu kommt, daß sie eine in typischer Weise ausgebeutete oder unterdrückte Klasse sind, die, zumindest zum Teil, deshalb ausgebeutet oder unterdrückt wird, weil sie keine Bürgerrechte besitzt und keine Möglichkeit hat, sich zu ihrer Selbstverteidigung wirksam zu organisieren. Ihre materielle Situation kann erst dann eine Verbesserung erfahren, wenn ihr politischer Status sich ändert. Tatsächlich ist es der Zweck des ihnen verordneten Status, sie daran zu hindern, ihre Lage zu verbessern; denn wenn ihnen dies gelänge, wären sie bald wie die einheimischen Arbeiter, die schweren und niedrigen Arbeiten abgeneigt sind und gegen allzu geringe Löhne protestieren.

Und dennoch ist die Gemeinschaft der Bürger, aus der sie ausgeschlossen sind, keine endogame Gemeinschaft. Verglichen mit Athen ist jedes europäische Land, das seine je spezifischen Einbürgerungsverfahren praktiziert, in seinem Charakter zutiefst heterogen. D.h., daß Gastarbeiter aus einer Gemeinschaft von Männern und Frauen ausgeschlossen sind, die andere Personen ihrer Herkunft sehr wohl in ihren Kreis aufnimmt. Sie werden in eine inferiore Position hineingezwungen, die zugleich eine abnorme Position ist, denn sie sind Außgestoßene in einer Gemeinschaft, die keine Kastennormen kennt, Metöken in einer Gesellschaft, die ortsansässigen Fremdlingen keinen wohldefinierten, geschützten und würdigen Platz einräumt. Das ist der

Grund, weshalb die Herrschaft über Gastarbeiter so sehr an Tyrannei gemahnt. Es ist die Ausübung von Macht außerhalb ihrer Sphäre, die Ausübung von Macht über Männer und Frauen, die, betrachtet man sie unter allen im Gastland auch nur annähernd wichtigen Gesichtspunkten, zwar wie Staatsbürger aussehen, die aber dennoch von den staatsbürgerlichen Rechten ausgeschlossen sind.

Das Prinzip, um das es hier geht, ist nicht das der gegenseitigen Hilfeleistung, sondern das der politischen Gerechtigkeit. Die Gäste »brauchen« keine Bürgerrechte — zumindest nicht in dem Sinne, in dem man von ihnen sagen kann, daß sie Arbeit brauchen. Sie sind weder Invaliden, noch sind sie hilf- und mittellos; im Gegenteil, sie sind körperlich leistungsfähig und verdienen sich ihr Geld selbst. Auch im übertragenen Sinne stehen sie durchaus nicht am Straßenrand, sondern leben sie inmitten der anderen Bürger. Sie verrichten gesellschaftlich notwendige Arbeit und sind fest verwoben in das Rechtssystem des Landes, in dem sie sich aufhalten. In Wirtschaft und Recht voll einbezogen, sollten sie die Möglichkeit haben, sich als potentielle oder zukünftige Mitbeteiligte auch am politischen Geschehen zu begreifen. Und sie müssen in den Besitz jener fundamentalen bürgerlichen Freiheiten gesetzt werden, deren Ausübung eine so wichtige Vorbereitung auf die Praxis der Stimmabgabe und der Übernahme von Ämtern ist. Kurz, sie müssen auf den Weg zur Staatsbürgerschaft, zu den Bürgerrechten geführt werden. Ob sie tatsächlich Staatsbürger werden, in ihre Heimat zurückkehren oder als ortsansässige Fremdlinge im Lande bleiben wollen, ist ihre Entscheidung. Viele, wenn nicht gar die meisten, werden sich aufgrund von emotionalen Bindungen an ihre Nationalfamilie und ihr Geburtsland für eine Rückkehr in die Heimat entscheiden. Aber solange sie diese Wahl nicht haben, dürfen ihre anderen Entscheidungen nicht als vielfältige Zeichen ihres Einverständnisses mit der Wirtschaft und dem Recht der Länder interpretiert werden, in denen sie arbeiten. Und wenn sie diese Option wirklich hätten, dann sähen die lokale Wirtschaft und Rechtsprechung vermutlich doch etwas anders aus. Betrachtete man sie nämlich tatsächlich als potentielle Staatsbürger, ließe sich eine strengere Beachtung der bürgerlichen Freiheiten der Gäste und eine gewisse Steigerung ihrer Möglichkeiten, kollektiv zu verhandeln, kaum umgehen bzw. vermeiden.

Ich möchte hinzufügen, daß etwas Ähnliches sich auch auf anderem Wege erreichen ließe. Die Gastländer könnten mit den Heimatländern der Gastarbeiter formelle Verträge aushandeln, in denen in autoritativer Form eine Liste von »Gastrechten« festgelegt wäre — in etwa die gleichen Rechte, wie die Arbeiter sie als Gewerkschaftsmitglieder und politische Aktivisten für sich erkämpfen konnten. Die Verträge könnten eine Klausel beinhalten, die ihre regelmäßige Neuverhandlung mit dem Ziel vorsähe, die Liste der Rechte den sich wandelnden sozialen und wirtschaftlichen Bedingungen anzupassen. In diesem Falle würde (anders als bei den athenischen Metöken, die niemals in den Genuß solcher Praktiken kamen) die ursprüngliche Staatsbürgerschaft der Gäste diesen auch außerhalb ihres Heimatlandes etwas nützen. Zudem wären sie in einem gewissen Sinne an den lokalen Entscheidungsprozessen beteiligt. Jedenfalls sollte es ihnen auf die eine oder andere Weise möglich sein, den Schutz der Staatsbürgerschaft oder der potentiellen Staatsbürgerschaft zu erlangen.

Läßt man entsprechende internationale Vereinbarungen beiseite, so lautet das Prinzip der politischen Gerechtigkeit wie folgt: Die Selbstbestimmungsprozesse, vermittels deren ein demokratischer Staat sein Binnenleben gestaltet und organisiert, müssen alle Männer und Frauen, die auf seinem Territorium wohnhaft sind, mit ihrer Arbeit zum Fortkommen der lokalen Wirtschaft beitragen und der gleichen Lokalgesetzgebung unterstehen, gleichermaßen einbegreifen.* Das heißt, daß Zweitzulassungen (= Einbürgerungen), indem sie Erstzulassungen (= Einwanderungen) voraussetzen, zwar gewissen Zeit- und Qualifikationsbeschränkungen unterliegen können, keinesfalls aber jenem obersten Zwang zur Abgeschlossenheit. Wenn der Weg zur Zweitzulassung versperrt ist, zerfällt die politische Gemeinschaft in eine Welt von Mitgliedern und Fremdlingen, in der es keine politischen Abgrenzungen zwischen beiden Gruppen gibt und in der die Fremden den Mitgliedern untertan sind. Letztere mögen untereinander gleich sein, aber es ist nicht ihre Gleichheit, die den Charakter des Staates bestimmt, in dem sie leben, sondern ihre tyrannische Herrschaft. Politische Gerechtigkeit läßt dauerhaftes Ausländertum nicht zu – ganz gleich, ob es sich um bestimmte Einzelpersonen oder um eine Klasse von wechselnden Individuen handelt. Zumindest gilt dies für eine Demokratie. In einer Oligarchie ist die Situation eine andere, hier sind, wie Isokrates schrieb, de facto selbst die einheimischen Bürger ortsansässige

---

* Man hat mir gesagt, daß diese Argumentation auf privilegierte Gäste nicht so recht passe, also etwa auf technische Berater, Gastprofessoren usw. Ich sehe den Punkt, weiß aber nicht, wie ich die Kategorie der »Gastarbeiter« so definieren kann, daß sie diesen Personenkreis ausschließt. Indes, diese Personen sind in bezug auf unser Problem nicht besonders wichtig, denn es liegt in der Natur ihrer privilegierten Positionen, daß sie auf den Schutz ihrer Heimatstaaten rechnen können, wann immer sie ihn brauchen. Sie genießen so etwas wie eine Extraterritorialität.

Fremde, so daß sich die Frage der politischen Rechte hier nicht in der gleichen Weise stellt. Sobald jedoch eine kleine Zahl Ortsansässiger echte Staatsbürger sind, muß dieser Status allen zugestanden werden. Kein demokratischer Staat kann die Etablierung dauerhafter Statusunterschiede zwischen Bürgern und Fremdlingen zulassen (auch wenn es Übergangsstadien von einer zur andern politischen Identität geben kann). Die in ihm lebenden Personen sind der Autorität dieses Staates entweder unterworfen, oder sie sind es nicht; wenn sie ihr unterworfen sind, dann müssen sie bei dem, was ihre Obrigkeit tut, ein Mitspracherecht und letztlich sogar ein gleiches Mitspracherecht haben. Demokratische Bürger stehen damit vor folgender Alternative: Wollen sie neue Arbeiter ins Land holen, dann müssen sie auch bereit sein, ihre eigene Gesellschaft auszuweiten; wollen sie keine neuen Mitglieder aufnehmen, müssen sie innerhalb der Grenzen ihres Binnenarbeitsmarktes Mittel und Wege finden, die Verrichtung gesellschaftlich notwendiger Arbeit auf andere Weise, d.h. ohne die Mitwirkung von Fremden, sicherzustellen. Diese beiden Verfahrensweisen sind die einzigen Möglichkeiten, die ihnen offenstehen. Ihr Recht auf Mitentscheidung ergibt sich aus der Existenz einer demokratischen Gemeinschaft von Bürgern an einem speziellen Ort, auf einem speziellen Territorium; löst sich diese Gemeinschaft auf oder verwandelt sie sich in eine neue, lokale Despotie, vergeht dieses Recht mit ihr.

Mitgliedschaft und Gerechtigkeit

Die Vergabe der Mitgliedschaft unterliegt indes durchaus nicht immer dem Zwang zur Gerechtigkeit. In vielen Fällen ist die Entscheidung, Fremde aufzunehmen (oder sie abzuweisen), voll in die Kompetenz bzw. ins Belieben der einzelnen Staaten gestellt — so wie diese ja auch das Recht und die Freiheit haben, ihren Reichtum mit ausländischen Freunden zu teilen, die Leistungen ausländischer Künstler, Gelehrter und Wissenschaftler zu ehren, sich ihre Handelspartner auszuwählen und kollektive Sicherheitsbündnisse mit fremden Staaten einzugehen. Die Entscheidungsgewalt in Sachen Einwanderungspolitik ist aber insofern sehr viel elementarer als die soeben genannten anderen Kompetenzen, als ihre Ausübung mehr einschließt als den Umgang mit der Außenwelt, die Wahrnehmung von staatlicher Oberhoheit und die Verfolgung von nationalen Interessen. Zur Disposition und auf dem Spiel stehen hier Form und Gestalt der Gemeinschaft, die da außenpolitisch aktiv ist, staatliche Oberhoheit ausübt usw. Zulassung und Ausschluß sind der Kern, das Herzstück von gemeinschaftlicher Eigenständigkeit. Sie sind es, die der Selbstbestimmung ihren tieferen Sinn verleihen. Ohne sie gäbe es keine *spezifischen Gemeinschaften*, keine historisch stabilen Vereinigungen von Menschen, die einander in einer speziellen Weise verbunden und verpflichtet sind und die eine spezielle Vorstellung von ihrem gemeinsamen Leben haben.[31]

Und dennoch ist die Selbstbestimmung in bezug auf Mitgliedschaft keine absolute, uneingeschränkte Selbstbestimmung. In der Praxis zumeist von Völkern im Sinne von Großvereinen oder Großfamilien geübt, stellt sie ein Recht dar, welches im Prinzip bei Territorialstaaten liegt. Und so ist dieses Recht denn auch den internen Entscheidungen der jeweiligen Mitglieder einer Gemeinschaft (und zwar *aller* Mitglieder, auch solcher, deren Mitgliedschaft in nichts als ihrem Wohnrecht begründet ist) ebenso unterworfen wie dem externen Prinzip der wechselseitigen Hilfeleistung. D.h., die Einwanderung ist sowohl eine Frage der politischen Entscheidung als auch des moralischen Zwangs. Ganz anders die Einbürgerung, sie ist absolut unabweisbar. Jedem neuen Zuwanderer, jedem aufgenommenen Flüchtling, jedem, der am Ort wohnt und arbeitet, müssen die Vergünstigungen der Staatsbürgerschaft dargeboten werden. Wenn die Gemeinschaft so radikal unterteilt ist, daß eine einzige Staatsbürgerschaft für alle nicht möglich ist, dann muß, ehe Zulassungs- und Ausschlußrechte praktiziert werden können, ihr Territorium ebenfalls unterteilt werden. Denn diese Rechte können nur von der Gemeinschaft als Ganzer ausgeübt werden (auch wenn in der Praxis irgendeine nationale Mehrheit den Entscheidungsprozeß dominiert), und dies auch nur im Hinblick auf Fremdlinge und nicht auf die eigenen Mitglieder. Keine Gesellschaft kann halb metökisch, halb staatsbürgerlich sein und dabei den Anspruch erheben, ihre Aufnahmeverfahren seien Akte der Selbstbestimmung oder ihre Politik sei demokratisch.

Die Bestimmung über Fremde und Gäste durch eine exklusive Gruppe von Bürgern (oder im Falle von Sklaven durch ihre Herren, von Frauen durch Männer, von Schwarzen durch Weiße, von niedergeworfenen Völkern durch ihre Eroberer) ist keine gemeinschaftliche Freiheit, sondern Unterdrückung. Es steht jenen Bürgern natürlich frei, einen Klub zu gründen, die Mitgliedschaft darin so exklusiv zu halten, wie sie nur mögen, diesem Klub eine Satzung zu geben und wechselseitig übereinander zu bestimmen. Nicht frei steht es ihnen jedoch, sich die territoriale Rechtsgewalt anzumaßen und über die Menschen zu herrschen und zu bestimmen, mit denen sie das Territorium teilen. Wer dies tut, agiert außerhalb seiner Machtsphäre, jenseits seiner

Rechtskompetenzen. Er praktiziert eine Form von Tyrannei, von Despotismus. Tatsächlich dürfte die Herrschaft von Staatsbürgern über Nicht-Staatsbürger, von Mitgliedern einer Gemeinschaft über in ihr lebende Fremde die gebräuchlichste Form von Despotismus in der menschlichen Geschichte sein. Weiteres will ich zu den speziellen Problemen von Nicht-Staatsbürgern und Fremden hier nicht sagen, vielmehr werde ich im Fortgang meiner Darlegungen, wenn von der Verteilung von Sicherheit und Wohlfahrt oder von harter Arbeit oder der Macht selbst die Rede ist, davon ausgehen, daß alle als Adressaten in Frage kommenden Männer und Frauen einen einzigen und damit den gleichen politischen Status haben. Diese Annahme schließt andere Arten von Ungleichheiten am ferneren Horizont zwar keineswegs aus, aber sie schließt jene Anhäufung von Ungleichheiten aus, wie sie für unterteilte Gesellschaften charakteristisch ist. Die Verweigerung von Zugehörigkeit und Mitgliedschaft ist immer das erste Glied in einer langen Kette von Mißbräuchlichkeiten. Da aber keine Möglichkeit besteht, diese Kette irgendwo aufzubrechen, muß die Rechtmäßigkeit der Verweigerung in toto und apriori verneint werden. Die Theorie der distributiven Gerechtigkeit, die zwei Dinge gleichzeitig leisten muß — Rechtfertigung des (begrenzten) Rechts auf Abgeschlossenheit und Exklusivität, ohne welche Gemeinschaften gar nicht erst entstünden, und Einforderung der politischen Inklusivität in den Gemeinschaften, die bereits bestehen —, sie beginnt deshalb mit einer Beschreibung und Begründung des Rechts auf Mitgliedschaft. Denn nur als Mitglieder einer Gemeinschaft können Menschen darauf hoffen, an all den Sozialgütern — Sicherheit, Wohlstand, Ehre und Ansehen, Ämter und Macht — zu partizipieren, die das gemeinschaftliche Leben hervorzubringen imstande ist.

3. Kapitel
Sicherheit und Wohlfahrt

Mitgliedschaft und Bedürfnis

Mitgliedschaft und Zugehörigkeit sind wichtig, weil die Mitglieder einer politischen Gemeinschaft einander etwas schulden, was sie Außenstehenden nicht – oder doch zumindest nicht in gleichem Maße – schulden. Das Erste und Wichtigste, was sie einander schuldig sind, ist die gemeinschaftliche Sorge für Sicherheit und Wohlfahrt. Man könnte diesen Anspruch allerdings auch umkehren und sagen: die gemeinschaftliche Sorge ist wichtig, weil sie es ist, die uns den Wert von Mitgliedschaft und Zugehörigkeit zur Kenntnis bringt, ihn uns erst lehrt; wenn wir nicht füreinander sorgten, wenn wir keinen Unterschied zwischen Mitgliedern und Fremdlingen sähen, dann hätten wir keinen Grund, politische Gemeinschaften zu bilden und am Leben zu erhalten. ». . . wie sollten (Menschen) das Vaterland lieben«, so fragte Rousseau, »wenn es ihnen nicht mehr bedeutet als den Ausländern und wenn es ihnen nur zugesteht, was es niemandem verweigern kann?«[1] Rousseau war der Meinung, daß die Bürger eines Landes ihr Land lieben sollten, und daß ihr Land ihnen dafür besondere Gründe zu liefern habe. Mitgliedschaft impliziert (genau wie Verwandtschaft) eine sehr spezielle Beziehung. Es genügt nicht, wie Edmund Burke zu sagen: »Wenn wir unser Vaterland lieben sollen, muß unser Vaterland liebenswürdig sein«;[2] das Entscheidende ist vielmehr, daß es speziell für uns liebenswert ist – wiewohl wir ständig hoffen, es möge auch anderen liebenswert erscheinen (denn wir lieben auch seine widergespiegelte Liebenswürdigkeit).

Politische Gemeinschaft um der Versorgung willen, Versorgung um der Gemeinschaft willen: der Prozeß ist keine Einbahnstraße, sondern weist in beide Richtungen, und das ist vielleicht sein wichtigstes Merkmal. Philosophen und politische Theoretiker haben allzu schnell ein simples Rechenexempel aus ihm gemacht. Gewiß, wir sind Rationalisten des Alltags; wir tun uns zusammen, unterzeichnen den Gesellschaftsvertrag, einmal oder auch mehrmals, um unseren Bedürfnissen abzuhelfen. Und wir schätzen den Vertrag, sofern er diesen Bedürfnissen gerecht wird, sie erfüllt. Aber eines unserer Bedürfnisse ist nun einmal ausgerechnet die Gemeinschaft selbst: ihre Kultur, ihre Religion und ihre Politik. Erst und allein unter der Ägide dieser drei Sozialphänomene werden all die anderen Dinge, deren wir bedürfen, zu *sozial anerkannten Bedürfnissen,* nehmen sie eine historische, fest umrissene Form an. Der Gesellschaftsvertrag ist eine Vereinbarung, zunächst zur Erreichung von gemeinsamen Entscheidungen darüber, welche Güter für unser gemeinschaftliches Leben erforderlich und notwendig sind, und danach zur Beschaffung und Bereitstellung dieser Güter zu wechselseitigem Gebrauch und Nutzen. Die Vertragsunterzeichner schulden einander mehr als wechselseitige Hilfe, denn zu dieser sind sie faktisch oder potentiell gegenüber jedermann verpflichtet. Sie schulden einander die wechselseitige Versorgung mit all jenen Dingen, derentwegen sie sich von der Menschheit als Ganzer separiert und zu einer speziellen Gemeinschaft zusammengeschlossen haben. Der *amour social* zählt zu diesen Dingen; aber wiewohl er ein Verteilungsgut ist – nicht selten ein ungleich verteiltes –, stellt er sich nur im Kontext anderer Verteilungen (und der politischen Entscheidungen, die diese anderen Verteilungen erforderlich machen) her. Wechselseitige Versorgung erzeugt Gegenseitigkeit. Und so ist das gemeinschaftliche Leben Voraussetzung für die Versorgung und eines ihrer Produkte zugleich.

Die Menschen tun sich zusammen, weil sie je einzeln buchstäblich nicht existieren können. Wie sie ihr Zusammenleben gestalten, dafür gibt es allerdings die verschiedensten Möglichkeiten. Ihr Überleben und ihr Wohlergehen erfordern jedoch in jedem Fall eine gemeinsame Anstrengung, sei's gegen den Zorn der Götter, die Feindseligkeit anderer Menschen, die Gleichgültigkeit und Garstigkeit der Natur (Hungersnot, Hochwasser, Feuer und Krankheit) oder gegen die Kürze des menschlichen Lebens. Nicht nur Heerlager sind, wie David Hume es ausdrückte, die wahren Mütter von Staaten, sondern auch Tempel, Speicher, Bewässerungsanlagen und Begräbnisstätten zählen zu ihnen.[3] Die Liste läßt erkennen, daß es einen einheitlichen Ursprung des Staates nicht gibt. Staaten unterscheiden sich voneinander, weil sie in unterschiedlichen natürlichen Umwelten errichtet werden, und weil nicht nur die unmittelbaren Gefahren, auf die ihre Konstrukteure stoßen, differieren, sondern auch deren Vorstellungen von Sozialgütern. Sie anerkennen nicht nur, sondern erzeugen auch die jeweiligen Bedürfnisse ihrer Bürger und verleihen damit dem, was ich als die »Sphäre von Sicherheit und Wohlfahrt« bezeichnen möchte, Gestalt. Diese Sphäre selbst ist so alt wie die älteste menschliche Gemeinschaft. Tatsächlich könnte man sagen, daß die Urgemeinschaft eine Sphäre von Sicherheit und Wohlfahrt ist, ein System der gemeinschaftlichen Versorgung, das allerdings durch die massive Ungleichheit seiner Mitglieder in bezug auf Stärke und Schlauheit verformt und verzerrt wird. Jedenfalls hat das System keine natürliche Form. Unterschiedliche Erfahrungen und unterschiedliche Konzeptionen haben unterschiedliche Versorgungsmuster zur Folge. Wiewohl es eine Reihe von Gütern gibt, die absolut lebensnotwendig sind, gibt es kein Gut, dem wir auf Anhieb ansehen könnten, welcher Rang ihm im Ensemble aller Güter zukommt und wieviel davon wir einander schuldig sind. Der Charakter eines Bedürfnisses erklärt sich nicht aus dem Bedürfnis selbst.

Die Gemeinschaftsversorgung kann sowohl allgemeiner als auch spezieller Natur sein. Allgemeiner Natur ist sie dort, wo öffentliche Mittel nicht an Einzelpersonen verteilt, sondern für Zwecke ausgegeben werden, die allen oder den meisten Mitgliedern der Gemeinschaft zugute kommen. Speziell ist sie dann, wenn konkrete Güter an bestimmte Mitglieder gegeben werden.* Wasser z.B. gehört zu den »Grunderfordernissen zivilen Lebens«, und die Errichtung von Wasserspeichern ist eine Form der allgemeinen Versorgung.[4] Nicht so die Vergabe von Wasser an eine bestimmte Nachbarschaft (in der vielleicht die reicheren Bürger wohnen) zu Lasten einer anderen, sie ist eine Spezialversorgung. Die Sicherstellung der Nahrungsversorgung ist eine allgemeine, die Verteilung von Nahrungsmitteln an Witwen und Waisen eine spezielle Form der Versorgung. Die öffentliche Gesundheitspflege ist in den meisten Fällen eine allgemeine, die Pflege der Kranken zumeist eine spezielle Angelegenheit. Bisweilen klaffen die Kriterien für die allgemeine und die spe-

---

* Ich möchte hier nicht die technische Unterscheidung repetieren, die Ökonomen zwischen öffentlichen und privaten Gütern vornehmen. Die allgemeine Versorgung ist immer öffentlich, zumindest den nicht allzu strengen Definitionen des Begriffs zufolge (die nur insoweit spezifizieren, als sie in öffentlichen Gütern diejenigen Güter sehen, die nicht wahlweise bestimmten Mitgliedern der Gemeinschaft dargeboten und anderen vorenthalten werden können). Gleiches gilt aber auch für die meisten Formen der speziellen Versorgung, denn selbst an Einzelpersonen gelangende Güter können einen nichtexklusiven Nutzen für die Gemeinschaft als Ganze haben. An Waisen vergebene Stipendien z.B. sind privat für die Waisen und öffentlich für die Gemeinschaft der Bürger, in der die Waisenkinder eines Tages arbeiten und wählen werden. Da aber öffentliche Güter der letztgenannten Art, die ihre vorherige Vergabe an spezielle Personen oder Gruppen voraussetzen, in vielen Gesellschaften heftig umstritten waren und sind, habe ich meine Kategorien so konzipiert, daß sie es mir ermöglichen, diese Güter genau zu untersuchen.

zielle Versorgung weit auseinander. Die Errichtung von Tempeln und die Organisation von religiösen Zeremonien sind ein Beispiel für eine allgemeine Versorgung, die dazu bestimmt ist, die Bedürfnisse der Gemeinschaft in ihrer Gesamtheit zu befriedigen; aber möglicherweise ist die Kommunikation mit den Göttern nur besonders verdienstvollen Mitgliedern gestattet (oder sie wird privat in geheimen oder in nonkonformistischen Sekten gesucht). Das System der Gerechtigkeit ist ein allgemeines Gut, das den gemeinsamen Bedürfnissen Rechnung trägt; und trotzdem kann die tatsächliche Verteilung konkreter Gratifikationen und Sanktionen im einen Fall den speziellen Bedürfnissen einer herrschenden Klasse dienen und im anderen so organisiert sein, daß sie, wie wir gemeinhin meinen, daß es sein sollte, den Einzelnen gibt, was sie je einzeln verdienen. Simone Weil hat gesagt, daß im Hinblick auf Gerechtigkeit das Bedürfnis seine Wirkung sowohl auf der allgemeinen als auch auf der individuellen Ebene entfalte, denn Kriminelle bedürften der Bestrafung.[5] Aber das ist ein idiosynkratischer Gebrauch des Wortes *Bedürfnis*. Eher dürfte es doch wohl so sein, daß die Bestrafung von Kriminellen nur für den Rest der Gesellschaft ein Bedürfnis darstellt. Was jedoch stimmt, ist, daß Bedürfnisse im Falle anderer Güter ihre Wirkung tatsächlich sowohl auf der allgemeinen als auch auf der individuellen Ebene entfalten: die Gesundheitsversorgung ist ein erhellendes Beispiel dafür. Ich werde sie später noch eingehend erörtern.

Trotz der inhärenten Eindringlichkeit des Begriffs ist das »Bedürfnis« etwas schwer Faßbares, schwer Bestimmbares. Die Menschen haben nicht einfach Bedürfnisse, sie haben Vorstellungen von ihren Bedürfnissen; sie kennen Prioritäten und Intensitäten in diesen Bedürfnissen; und diese Prioritäten und Intensitäten hängen nicht nur von der natürlichen Beschaffenheit dieser Menschen, von ihrer menschlichen Natur ab, sondern auch von ihrer Geschichte und ihrer Kultur. Da die Mittel stets knapp sind, müssen schwere Entscheidungen getroffen werden. Ich vermute, daß dies nur politische Entscheidungen sein können. Zwar unterliegen diese Entscheidungen einem gewissen philosophischen Begründungszwang, aber die Idee des Bedürfnisses und die Verpflichtung auf eine gemeinschaftliche Versorgung erbringen von sich aus noch keine klare Bestimmung der Prioritäten und Intensitäten. Ganz sicher können und müssen wir nicht jedem Bedürfnis in gleichem Maße und mit höchster Intensität gerecht werden. So stellten die alten Athener ihren Bürgern öffentliche Bäder und Sportstätten zur Verfügung, entwickelten aber niemals etwas, das auch nur im entferntesten mit einer Arbeitslosenversicherung oder einer Sozialversicherung vergleichbar gewesen wäre. Sie trafen Entscheidungen darüber, wofür öffentliche Gelder zu verwenden seien, Entscheidungen, die vermutlich von ihrem Verständnis davon geprägt waren, was für das gemeinschaftliche Leben erforderlich sei. Der Nachweis, sie hätten dabei Fehler gemacht, dürfte schwer zu erbringen sein. Zwar kann ich mir Bedürfnisdefinitionen vorstellen, die einen solchen Schluß zuließen, aber dies wären keine Definitionen, denen die Athener selbst zugestimmt hätten – vielleicht wären sie ihnen nicht einmal verständlich gewesen.

Die Frage der Intensität läßt die große Bedeutung der politischen Entscheidung und die Irrelevanz jeder bloß philosophischen Übereinkunft noch deutlicher werden. Bedürfnisse sind nicht nur schwer definierbar, sie sind obendrein expansiv. Für den modernen Philosophen Charles Fried sind sie unersättlich, verschlingen sie die vorhandenen Ressourcen.[6] Dennoch wäre es falsch zu sagen, das Bedürfnis könne aus diesem Grunde kein Distributionsprinzip sein. Es ist vielmehr ein Prinzip, das der politischen Begrenzung unterliegt; und die jeweiligen Grenzen (innere Grenzen) können, indem sie von einer temporären Interessenkoalition oder einer Mehrheit von Stimmberechtigten festgelegt werden, durchaus willkürlich sein. Nehmen wir das Beispiel der physischen Sicherheit in einer amerikanischen Stadt. Wir könnten absolute Sicherheit gewähren und jede Quelle von Gewalt mit Ausnahme der häuslichen ausschalten, wenn wir im gesamten Stadtgebiet alle zehn Meter eine Straßenlaterne und alle dreißig Meter einen Polizisten postierten. Aber dies wäre außerordentlich kostspielig, und so nehmen wir mit etwas weniger Sicherheit vorlieb. Mit wieviel weniger, kann nur politisch entschieden werden.* Worum es in den entsprechenden Debatten gehen dürfte, ist nicht allzu schwer zu erraten. So dürfte es meiner Ansicht nach in erster Linie eine gewisse – mehr oder weniger weithin geteilte und nur an den Rändern kontroverse – Vorstellung davon geben, was man unter »genug« Sicherheit zu verstehen habe und welcher Grad an Unsicherheit schlichtweg unerträglich sei.

Die Entscheidung dürfte auch von anderen Faktoren beeinflußt werden: von anderen Bedürfnissen, von der wirtschaftlichen Situation, vom Engagement und den Interessen der Polizeigewerkschaft usw. Aber zu welcher Entscheidung es aus welchen Gründen letzten Endes auch kommt, für Sicherheit wird gesorgt, weil die Bürger ihrer bedürfen. Und weil sie dieser Sicherheit bis

---

* Und es sollte auch politisch entschieden werden; wozu haben wir schließlich unsere demokratisch-politischen Institutionen? Jeder philosophische Versuch, die Rechte oder Ansprüche von Einzelnen im Detail festzulegen, würde den Rahmen der demokratischen Entscheidungsfindung radikal einschränken. Ich habe diesen Punkt an anderer Stelle bereits erörtert.[7]

zu einem gewissen Grade allesamt bedürfen, bleibt das Bedürfniskriterium (wie wir sehen werden) auch dann ein wichtiger Maßstab, wenn es über Prioritäten und Intensitäten nicht zu bestimmen vermag.

Die Gemeinschaftsversorgung

Es hat niemals eine politische Gemeinschaft gegeben, die nicht die Bedürfnisse ihrer Mitglieder in dem von ihnen verstandenen Sinne entweder befriedigt oder zu befriedigen versucht oder zumindest zu befriedigen behauptet hätte. Und es hat niemals eine politische Gemeinschaft gegeben, die nicht ihre kollektive Willenskraft — ihre Steuerungs-, Regulierungs-, Pressions- und Zwangskompetenzen — in dieses Unternehmen investiert hätte. Die Modalitäten der Organisation, die Höhe der Besteuerung, der Zeitpunkt und die Dauer der Einberufung zum Militär, sie standen stets und immer wieder im Mittelpunkt politischer Kontroversen. Nicht so der Gebrauch von politischer Macht, er war, zumindest bis vor ganz kurzer Zeit, nicht strittig. Die Errichtung von Befestigungen, Dämmen und Bewässerungsanlagen, die Mobilisierung von Armeen, die Sicherung der Nahrungsversorgung und des Handels im allgemeinen, sie bedingen allesamt ein gewisses Maß an Zwang. Der Staat ist ein Werkzeug, dessen Herstellung neben anderen Dingen auch ein gewisses Quantum an Eisen erfordert. Umgekehrt kann solcher Zwang aber nur dann praktiziert werden, wenn es Instanzen, Bevollmächtigte, Mittler gibt, die ihn ausüben. Die Gemeinschaftsversorgung ist immer vermittelt durch einen Funktionärsapparat (bestehend aus Priestern, Soldaten und Bürokraten), der spezifische Verzerrungen und Verformungen in dem Prozeß verursacht, indem er Geld und Arbeit für seine eigenen Zwecke abzweigt oder die Versorgung der Gemeinschaft als eine Form der Kontrolle nutzt. Doch sind diese Verformungen nicht der Punkt, um den es mir hier unmittelbar zu tun ist. Ich möchte vielmehr deutlich machen, inwiefern jede politische Gemeinschaft im Prinzip ein »Wohlfahrtsstaat« ist. Jeder Funktionärsapparat ist zumindest putativ verpflichtet, für Sicherheit und Wohlergehen der von ihm verwalteten Personen zu sorgen; während umgekehrt die Mitglieder der Gemeinschaft verpflichtet sind, die anfallenden Lasten gemeinsam zu tragen (was sie auch tatsächlich tun). Die erste Verpflichtung betrifft die Pflichten des Amtes, die zweite die der Mitgliedschaft. Ohne ein gemeinsames Verständnis von diesen Pflichten und Verpflichtungen gäbe es weder eine politische Gemeinschaft noch so etwas wie Sicherheit und Wohlfahrt – und das Leben der Menschen wäre »einsam, arm, hart und kurz«.

Aber wieviel Sicherheit und Wohlfahrt ist erforderlich? Wie sollen sie aussehen, diese erstrebenswerten Güter, wie verteilt und wie finanziert werden? Dies sind schwierige Fragen, die in sehr unterschiedlicher Weise beantwortet werden können. Da die je einzelne Lösung im einen Falle praktikabel ist und im anderen nicht, dürfte es am sinnvollsten sein, wenn wir uns einigen konkreten Beispielen zuwenden. Ich habe zwei Gemeinschaften ausgewählt, aus verschiedenen historischen Epochen und mit jeweils sehr verschiedenen allgemeinen und speziellen distributiven Verpflichtungen. Die beiden repräsentieren zwar die beiden Hauptstränge unserer eigenen Kulturtradition, nämlich den hellenischen und den hebräischen; doch wollte ich damit nicht irgendwelche Extrempunkte auf der Skala der Möglichkeiten ausfindig machen. Ich habe mich vielmehr für zwei Gemeinschaften entschieden, die, wie meine eigene, die amerikanische, relativ demokratisch sind und generell das Privateigentum respektieren. Unter den zahlreichen Entwicklungsgeschichten, die über den Wohlfahrtsstaat bislang verfaßt worden sind, habe ich keine gefunden, die einer der beiden Gemeinschaften eine besondere Bedeutung in dieser Hinsicht beigemessen hätte, und doch verstanden die Bürger beider sehr viel von Gemeinschaftsversorgung.

Athen im 5. und im 4. Jahrhundert

»Die hellenistischen Stadtstaaten hatten ein ausgeprägtes Gespür für das, was als Gemeinwohl bezeichnet werden kann, d.h., sie waren in hohem Maße dazu bereit, Maßnahmen zu treffen, die der Bürgerschaft als Ganzer zustatten kamen; was hingegen die soziale Wohlfahrt... speziell das Wohl der Armen als solchen anlangte, so war dies im wesentlichen kein Thema für sie«.[8] Diese Einlassung des modernen Klassizisten Louis Cohn-Haft entstammt einer Studie über die »öffentlichen Ärzte« im alten Griechenland, eine sicher nicht allzu bedeutsame Institution, aber ein produktiver Ausgangspunkt für meine hier beabsichtigten Darlegungen. Im 5. Jahrhundert v. Chr. wurde in Athen (wie später während der hellenistischen Periode in vielen griechischen Stadtstaaten) eine kleine Zahl von Ärzten – nach dem auch für Heerführer geltenden Muster – in öffentliche Ämter gewählt, die ihnen feste Bezüge aus öffentlichen Mitteln eintrugen. Welches ihre Pflichten waren, läßt sich nicht genau sagen; das auf uns überkommene Belegmaterial ist dürftig. Anscheinend erhoben sie, genau wie andere Ärzte, Honorare für ihre Dienste, wiewohl sie »als Einkommensempfänger der Gesamtbürgerschaft unter erheblichem sozialem Druck gestanden haben dürften, einen Kranken, der seinerseits nicht in der Lage war, ein Honorar zu zahlen, nicht abzuweisen«. Der Zweck ihrer Wahl und ihrer festen Bezüge scheint darin bestanden zu haben, die Präsenz qualifizierter Ärzte in der Stadt sicherzustellen – z.B. in Seuchenzeiten. Die Versorgung war eine allgemeine, nicht eine spezielle; und die Stadt nahm an der weiteren Distribution der medizinischen Versorgung offensichtlich wenig Interesse. Sie pries den »öffentlichen Arzt«, der »sich allen, die um seinen Beistand nachsuchten, bereitwillig zuwandte«; aber dies zeigt, daß diese Zuwendung kein Erfordernis des Amtes war, bezahlt wurden die Ärzte für etwas anderes.[9]

Wenn dies das allgemeine Muster der Gemeinschaftsversorgung in Athen war, so läßt ein Blick auf seine konkrete Ausformung eine überraschend breite Skala von Versorgungsleistungen zutage treten. Sie begannen bei der Verteidigung: die Flotte, das Heer, die Befestigungen im Hafen von Piräus, sie alle waren das Werk der Bürger selbst unter Anleitung ihrer Magistrate und Heerführer. Vielleicht begannen diese Leistungen aber auch bei der Ernährung: die Volksversammlung war aufgefordert, in bestimmten Intervallen einen Punkt auf die Tagesordnung zu setzen, der immer in derselben Formulierung wiederkehrte – »Korn und die Verteidigung des Landes«. Direkte Kornzuweisungen waren selten; aber der Beamtenstab, der den Importhandel streng überwachte und den Binnenmarkt regulierte, war höchst eindrucksvoll. Er bestand aus zehn Marktmeistern, zehn Marktaufsehern, zehn Eichmeistern, den Metronomen, fünfunddreißig »Kornwächtern«, die für einen gerechten Preis sorgten, und – in Krisenzeiten – einer Gruppe von Kornkäufern, die Staatsabgaben in Gestalt von Gebühren erhoben, um die nötigen Mittel zum Kauf von Korn zur Verfügung zu haben, und die sowohl Preissenkungen als auch Rationierungen initiierten.[10] Alle diese Funktionäre wurden mittels Los aus der Bürgerschaft für ihr Amt ausgewält. Möglicherweise begann die allgemeine Versorgung aber auch bei der Religion: die größten öffentlichen Gebäude Athens waren mit öffentlichen Geldern erbaute Tempel; ihre Priester waren öffentliche Bedienstete, die Opfer darbrachten im Namen und zugunsten der Stadt. Oder sie begann, wie in Lockes Abhandlung über die Ursprünge des Staates, bei der Justiz: Athen wurde polizeilich überwacht von einer Schar von Staatssklaven in Gestalt von 1800 skytischen Bogenschützen; die Gerichte der Stadt wiesen eine ausgeklügelte Organisation auf und waren ständig in Aktion. Aber auch jenseits von alledem stellte die Stadt eine Vielzahl weiterer Güter bereit. Fünf Bevollmächtigte — die sogenannten Wegebaumeister — überwachten den Bau und die Instandhaltung der Straßen. Ein Ausschuß von zehn Personen sorgte für die Einhaltung eines Minimalkatalogs von öffentlichen Gesundheitsmaßregeln: »Sie haben dafür zu sorgen, daß die Abfuhrunternehmer den Unrat nicht innerhalb eines Umkreises von zehn Stadien* von der Stadtmauer abladen«.[11] Wie bereits bemerkt, stellte die Stadt Bäder und Sportstätten bereit, und zwar vermutlich mehr aus sozialen als aus hygienischen Gründen. Die Bestattung von Leichen, die auf der Straße aufgefunden wurden, war Sache der Gemeinde. Gleiches gilt für die Totenfeiern zu Ehren der Kriegstoten, aus deren Anlaß in einem Falle Perikles im Jahr 431 v. Chr. seine berühmt gewordene Trauerrede hielt. Und schließlich wurden auch die großen Theaterfestspiele vermittels einer den wohlhabenden Bürgern auferlegten Spezialsteuer vom Staat organisiert und finanziert. Kann man die zuletzt genannte Ausgabe den Aufwendungen für Sicherheit und Wohlfahrt zurechnen? Ein zentraler Bestandteil der religiösen und politischen Erziehung des athenischen Volkes war das Theater ganz gewiß. Anderes gilt indes in der Frage von Schulen oder Lehrern, und zwar egal auf welcher Ebene; für sie wurden keine öffentlichen Mittel verausgabt: für Schreiben und Lesen oder auch für die Philosophie gab es keine Subsidien.

Die neben alledem von der athenischen Volksversammlung verfügten Einzelzuweisungen waren — mit einer zentralen Ausnahme — äußerst geringfügig. »Es gibt ein Gesetz«, so schrieb Aristoteles, »wonach jedem, der nicht über drei Minen** Vermögen besitzt und dabei durch körperliche Gebrechen arbeitsunfähig geworden ist, nach vorausgegangener Untersuchung durch den Rat aus der Staatskasse eine Invalidenrente von zwei Obolen*** für den Tag gezahlt werden soll«.[12] Die Bewilligung dieser (winzigen) Renten konnte von jedem Bürger angefochten werden, mit der Konsequenz, daß der jeweilige Empfänger seinen Anspruch vor Gericht verteidigen mußte. Eine der nicht für die eigene Person, sondern für Fremde geschriebenen und uns erhalten gebliebenen Gerichtsreden des Lysias betraf einen Rentenempfänger, der ein Krüppel war. »Jedes Schicksal, ob angenehm oder schlimm«, so ließ Lysias den Pensionär vor Gericht sagen, »muß von der Gemeinschaft als Ganzer geteilt werden«.[13] Dies war gewiß keine zutreffende Beschreibung der atheni-

---

* Stadie = altes griechisches Wegmaß von ungefähr 150 m Länge (Anm. d. Ü.)
** Mine = altgriechische Münze, 100 Drachmen
*** Obolos = kleine altgriechische Münze (Anm. d. Ü.)

schen Praktiken. Aber die Bürger erkannten ihre Verpflichtungen Waisen und auch Witwen von gefallenen Soldaten gegenüber durchaus an. Jenseits davon blieb die spezielle Versorgung den Familien derer überlassen, die bedürftig waren. Die Stadt nahm Interesse an ihnen, jedoch nur von ferne: ein von Solon erlassenes Gesetz gab Vätern auf, ihre Söhne ein Gewerbe, einen Beruf erlernen zu lassen, und den Söhnen, ihre Eltern im Alter zu ernähren.

Die zentrale Ausnahme betraf natürlich die Verteilung und Vergabe von öffentlichen Mitteln an all jene Bürger, die ein Amt innehatten, dem Rat angehörten, an der Volksversammlung teilnahmen oder zu Gericht saßen. Hier dienten die spezielle Vergabe und Verteilung einem allgemeinen Zweck: der Erhaltung einer starken Demokratie. Die verausgabten Gelder waren dazu bestimmt, es Handwerkern oder Bauern zu ermöglichen, mit ihrer normalen Arbeit für einen Tag auszusetzen. Gemeinsinn war trotzdem verlangt, denn die Beträge, die sie erhielten, waren gering, geringer als die täglichen Einkünfte selbst eines ungelernten Arbeiters. Die jährliche Gesamtsumme dieser Ausgaben war dennoch beträchtlich, indem sie sich auf etwa die Hälfte der Binneneinnahmen der Stadt im 5. Jahrhundert und in vielen Fällen auf mehr als das im 4. Jahrhundert belief.[14] Da die Einkünfte der Stadt nicht aus Boden- oder Einkommenssteuern stammten (sondern aus Importsteuern, Gerichtsstrafen, Pachtgeldern, Einnahmen aus den Silberminen usw.), kann man nicht sagen, daß es sich bei diesen Zahlungen um Redistributionsleistungen gehandelt habe. Dennoch verteilten sich die öffentlichen Ausgaben so, daß die Ungleichheiten der athenischen Gesellschaft bis zu einem gewissen Grade ausgeglichen wurden. Dies galt besonders für die Zahlungen an ältere Bürger, die sowieso nicht mehr gearbeitet hätten. Für M.I. Finley ist es nicht zuletzt dieser Distributionseffekt, dem nach seiner Meinung die faktische Abwesenheit von innerem Zwist oder von Klassenkampf in der gesamten Geschichte des demokratischen Athens zuzuschreiben ist.[15] Möglicherweise war dies ein unbeabsichtigtes Resultat; wahrscheinlicher ist, daß es eine spezielle Auffassung von Staat und Bürgerrecht war, die hinter den Zahlungen stand. Um dem je einzelnen Bürger die Teilnahme am politischen Leben zu ermöglichen, waren die Bürger als Gesamtheit bereit, erhebliche Summen aufzuwenden. Ganz offensichtlich kamen diese Aufwendungen den ärmsten Bürgern am meisten zustatten, auch wenn der Staat von der Armut selbst keine direkte Notiz nahm.

Eine mittelalterliche jüdische Gemeinde

Der folgende Abschnitt handelt nicht von einer speziellen, konkreten Judengemeinde, vielmehr möchte ich versuchen, eine typische jüdische Gemeinde im christlichen Europa zur Zeit des Hochmittelalters zu beschreiben. Dabei geht es mir in erster Linie um die Erstellung einer Liste von entweder generell oder speziell zum Zwecke der Gemeinschaftsversorgung bereitgestellten Gütern; und diese Liste unterscheidet sich von Gemeinde zu Gemeinde nicht allzusehr. Jüdische Gemeinden unter islamischer Herrschaft, insbesondere die von Professor S.D. Goitein in seinen bemerkenswerten Büchern rekonstruierten, praktizierten, wenn auch unter unterschiedlichen Umständen, im wesentlichen die gleiche Art von Gemeinschaftsversorgung.[16] Im Gegensatz zu Athen waren diese Gemeinden allesamt autonome, jedoch nicht souveräne Gemeinschaften. In Europa besaßen sie volle Steuerhoheit, wiewohl ein großer Teil der von ihnen erhobenen Abgaben, sei's in Form von Steuerzahlungen oder als Bestechungsgelder, Subsidien, »Darlehen« usw. an den weltlichen König, Fürsten oder Grundherrn weitergereicht werden mußte. Man muß sich diese Zahlungen als eine Art von Schutzgeldzahlungen vorstellen. Die gezahlten Summen waren der Preis für den von den säkularen Obrigkeiten gewährten Schutz. In den von Goitein untersuchten ägyptischen Städten kamen die kommunalen Mittel zum größten Teil durch Wohltätigkeitsappelle zusammen, doch deutet die standardisierte Form der Schenkungen und Spenden darauf hin, daß der soziale Druck in seiner Wirkung der politischen Macht nicht nachstand. Es war kaum möglich, in einer jüdischen Gemeinde zu leben, ohne bereitwillig und eifrig zu spenden; wollte er nicht zum Christentum konvertieren, blieb einem Juden keine andere Wahl: einen anderen Ort, an der er hätte gehen, an dem er hätte leben können, gab es nicht.

Im Prinzip handelte es sich bei diesen Gemeinden um demokratische Gemeinschaften, die von einer Versammlung männlicher Gemeindemitglieder, die in der Synagoge zusammenkamen, geleitet und gelenkt wurden. Äußere Zwänge führten dazu, daß sich in den meisten Fällen eine Oligarchie oder, genauer, eine Plutokratie herausbildete und es zur Herrschaft der Oberhäupter der reichsten Familien kam, weil diese am ehesten in der Lage waren, mit habsüchtigen Königen umzugehen. Doch wurde die Herrschaft der Wohlhabenden von den einfacheren Mitgliedern der religiösen Gemeinschaft immer wieder angefochten und durch die Autorität der rabbinischen Gerichte kompensiert. Die Rabbiner spielten eine wichtige Rolle bei der Verteilung der Steuern, ein Umstand, welcher unablässige und häufig erbittert geführte Kontroversen auslöste. Die Reichen plädierten für eine Kopfsteuer, auch wenn sie in Augenblicken der Krise nicht umhin konnten, die zu ihrem eigenen Überleben wie auch zu dem der Gemeinde nötigen Beträge beizusteuern. Die Rabbiner scheinen generell eher eine proportionale (einige von ihnen sogar eine progressive) Besteuerung angestrebt zu haben.[17]

Wie in Gemeinschaften, deren Mitglieder der intermittierenden Verfolgung und der beständigen Belästigung ausgesetzt sind, nicht anders zu erwarten, wurde ein großer Teil der öffentlichen Gelder an Einzelpersonen verteilt, die in Not waren. Aber wiewohl sich sehr früh die Gepflogenheit durchsetzte, daß die Armen der eigenen Gemeinschaft Vorrang hatten vor »fremden« Juden, schlägt sich die breitere Solidarität eines verfolgten Volkes auch in der nicht minder starken Verpflichtung zum »Freikauf von Gefangenen« nieder — eine unabweisbare Verpflichtung, der jede Gemeinde, an die ein entsprechender Appell erging, nachzukommen hatte und die eine erhebliche Belastung für die Gemeindekassen darstellte. »Der Freikauf von Gefangenen«, so schrieb Maimonides, »hat Vorrang vor der Ernährung und Bekleidung der Armen«.[18] Diese Priorität leitete sich her aus der unmittelbaren physischen Gefahr, in der der Gefangene sich befand, aber sie hatte höchstwahrscheinlich auch damit zu tun, daß diese Bedrohung ebensosehr eine religiöse wie eine körperliche war. Erzwungene Bekehrung oder Versklavung durch einen nichtjüdischen Herrn stellten Bedrohungen dar, auf welche die organisierten jüdischen Gemeinden besonders empfindlich reagierten; denn diese Gemeinden waren vor allem religiöse Gemeinschaften, und ihre Vorstellungen von öffentlichem Leben und von den Bedürfnissen einzelner Männer und Frauen waren von einer Jahrhunderte währenden religiösen Diskussion geprägt.

Die wichtigsten Formen der Gemeinschaftsversorgung — Schutzgeldzahlungen ausgeschlossen — trugen ganz eindeutig religiösen Charakter, auch wenn Dienstleistungen dazugehörten, die uns heute als weltlich gelten. Die Synagoge und ihre Funktionsträger, die Gerichte und ihre Amtsleute, sie wurden aus öffentlichen Mitteln bezahlt. Die Gerichte sprachen talmudisches Recht, und ihre Gerichtsbarkeit reichte weit (wenn sie sich auch nicht auf Kapitalverbrechen erstreckte). Handelsgeschäfte unterlagen strengen Bestimmungen. Dies betraf insbesondere Geschäfte mit Nichtjuden, deren Implikationen für die Gemeinschaft als Ganze man unter Kontrolle halten wollte. Auch die universellen Luxusgesetze waren mit Blick auf Nichtjuden konzipiert, denn es sollten kein Neid und keine Abneigung erweckt werden. Die Gemeinschaft stellte, mehr aus religiösen als aus hygienischen Gründen, öffentliche Bäder bereit und überwachte die Arbeit der Schlächter. Koscheres Fleisch wurde (auch in den ägyptischen Gemeinden) besteuert, ein Umstand, der zweierlei garantierte: eine bestimmte Art der Versorgung und eine Einnahmequelle für die Gemeinschaft. Des weiteren gab es Bemühungen, die Straßen von Kehricht frei zu halten und eine Übervölkerung in jüdischen Nachbarschaften zu vermeiden. Gegen Ende des Mittelalters richteten viele Gemeinden Hospitäler ein und finanzierten Gemeindehebammen und -ärzte.

Spezialzuwendungen erfolgten in der Regel in Form von Almosenverteilungen: als regelmäßig ein- oder zweimal wöchentlich stattfindende Zuteilung von Nahrungsmitteln, als seltener oder weniger häufig getätigte Vergabe von Kleidungsstücken, als Sonderzuwendungen an Kranke, gestrandete Reisende, Witwen und Waisen usw. – all dies in einem beachtlichen Ausmaß, bedenkt man Umfang und Mittel der Gemeinden. Maimonides hatte gesagt, daß die höchste Form von Wohltätigkeit diejenige sei, die, sei's in Gestalt einer Schenkung, eines Darlehens oder einer Partnerschaft, darauf ausgerichtet sei, den Empfänger zum Selbstversorger zu machen. Vielfach zitiert, haben diese Worte, wie Goitein betont, die Struktur von Wohlfahrt und Fürsorge in der jüdischen Gemeinde dennoch nicht prägen können. Vielleicht gab es zu viele Arme, vielleicht war die Situation der Gemeinde selbst zu unsicher, um mehr zu ermöglichen als Wohltaten. Goitein hat errechnet, »daß unter den Juden des alten Kairo auf jeweils vier Kontributoren ein Wohlfahrtsempfänger kam.«[19] Die Kontributoren steuerten aber nicht nur Geld, sondern auch Zeit und Kraft bei; aus ihren Reihen kam ein Schwarm von subalternen Beamten, die unablässig damit beschäftigt waren, Geld erst einzusammeln und es danach wieder zu verteilen. D.h., die Almosenverteilung war eine große und anhaltende, als eine religiöse Verpflichtung akzeptierte Belastung, deren Ende bis zur Ankunft des Messias auf sich warten lassen würde. Das war göttliche Gerechtigkeit mit einem Hauch jüdischer Ironie: »Du mußt den Armen gemäß ihren Bedürfnissen helfen, aber du bist nicht verpflichtet, sie reich zu machen«.[20]

Jenseits der Almosenverteilung gab es weitere Formen der speziellen Versorgung, an erster und wichtigster Stelle zu Bildungs- und Erziehungszwecken. So wurde in Spanien im 15. Jahrhundert, etwa 60 Jahre vor der Vertreibung der Juden aus dem Lande, der bemerkenswerte Versuch unternommen, eine Art von allgemeiner Schulpflicht einzuführen. Die Synode von Valladolid verfügte im Jahre 1432 diverse Sondersteuern; davon betroffen waren der Verzehr von Fleisch und Wein, Hochzeitsfeiern, Beschneidungszeremonien und Leichenbegängnisse. Weiter ordnete sie an:

»daß jede Gemeinschaft, die fünfzehn (und mehr) Haushalte zählt, dazu verpflichtet ist, einen befähigten Grundschullehrer zu unterhalten, der ihre Kinder die Heilige Schrift lehrt... Die Eltern sind verpflichtet, ihre Kinder zu diesem Lehrer zu schicken und ihn entsprechend ihren Mitteln zu bezahlen. Wenn diese Einkünfte sich als unzureichend erweisen, muß die Gemeinde Ergänzungszahlungen leisten«.

Für Gemeinden mit vierzig und mehr Haushalten waren auch höhere Schulen vorgesehen. Der Oberrabbiner von Kastilien war befugt, Gelder von reichen Gemeinden abzuziehen und sie armen zuzuweisen, um die hier um ihre Existenz kämpfenden Schulen zu unterstützen.[21] Dieses Programm war sehr viel ehrgeiziger als alles, was in dieser Richtung jemals zuvor unternommen worden war. Aber das Maß an Aufmerksamkeit, das jüdische Gemeinden auf Erziehung und Bildung verwandten, war ohnehin allenthalben ungewöhnlich hoch. Nicht nur wurde das Schulgeld für arme Kinder von der Gemeinschaft bezahlt, religiöse Schulen und Akademien konnten zudem mit kleineren oder auch größeren öffentlichen Zuwendungen sowie mit zusätzlichen wohltätigen Gaben rechnen. Die Juden gingen zur Schule wie die Griechen ins Theater oder zur Volksversammlung — und wie keine der beiden Gruppen es jemals hätte tun können, wären diese Institutionen gänzlich der Privatinitiative überlassen geblieben.

Aufs Ganze gesehen lassen sich an den jüdischen und den griechischen Initiativen nicht nur Umfang und Vielfalt möglicher kommunaler Aktivitäten ablesen, sie zeigen auch, was zudem viel bedeutsamer ist, daß und in welcher Weise diese Aktivitäten durch kollektive Werte und politische Entscheidungen vorgeprägt sind. In jeder politischen Gemeinschaft, in der die Mitglieder die Art und die Form, in der sie regiert werden, mitbestimmen, wird sich eine solche Struktur herausbilden in Gestalt einer Reihe von generellen und speziellen Versorgungsleistungen, dazu bestimmt, eine gemeinsame Kultur zu erhalten und weiterzuentwickeln. Dies herauszustellen, wäre nicht nötig, gäbe es da nicht jene modernen Verfechter des minimalen oder indeterministischen Staates, die sagen, alle derartigen Angelegenheiten (mit Ausnahme der Verteidigung) seien in den freien Willen der Einzelnen zu stellen.[22] Aber Individuen, die, falls dies praktisch überhaupt möglich ist, sich selbst überlassen bleiben, werden sich zum Zwecke einer gemeinschaftlichen Versorgung zwangsläufig nach anderen Individuen umtun. Sie brauchen zu viel voneinander — nicht nur solcherlei materielle Güter, die durch ein System des freien Austauschs beschafft werden können, sondern auch solche materiellen Güter, die sozusagen eine moralische und kulturelle Gestalt haben. Zweifellos lassen sich Beispiele finden — zahlreiche sogar — für Staaten, die es versäumten, entweder die materiellen Güter oder die Moral zu liefern oder die sie so schlecht geliefert und so viel anderes getan haben, daß der einfache Mann und die einfache Frau nach nichts so sehr strebten wie nach einer Befreiung von ihren Pflichten. Davon befreit, geht es denselben Männern und Frauen aber keineswegs nur darum, in diesem Zustand zu verharren, vielmehr machen sie sich alsbald daran, ein Versorgungssystem zu entwickeln, das ihren eigenen Bedürfnissen (genauer: ihren eigenen Vorstellungen von ihren Bedürfnissen) entspricht. Die Argumente für einen Minimalstaat konnten bislang keinen signifikanten Teil der Menschheit überzeugen. Was in der Geschichte der Volkskämpfe und -erhebungen denn auch am häufigsten auftaucht, ist nicht die Forderung nach seiner Abschaffung, sondern nach Vollzug: der Staat soll den Zwecken, denen zu dienen er behauptet, auch wirklich dienen, und dies für alle seine Glieder und Mitglieder gleichermaßen. Die politische Gemeinschaft wächst dadurch, daß zunächst ausgeschlossene Gruppen, eine nach der andern – Plebejer, Sklaven, Frauen, Minderheiten aller Art –, in sie eindringen, um ihren (rechtmäßigen) Anteil an Sicherheit und Wohlfahrt zu fordern.

Der gerechte Anteil

Aber was ist ihr rechtmäßiger Anteil? Genau genommen sind es zwei Fragen, die es in diesem Zusammenhang zu stellen bzw. zu beantworten gilt. Die erste betrifft die Art und die Bandbreite der Güter, die ge- und verteilt werden sollen, und damit die Grenzen der Sphäre von Sicherheit und Wohlfahrt. Sie wird im nächsten Abschnitt Thema sein. Die zweite betrifft die Distributionsprinzipien, die innerhalb der Sphäre angemessen sind. Diese Prinzipien aus dem griechischen und jüdischen Beispiel herauszudestillieren, will ich hier versuchen.

Wir beginnen am besten bei der talmudischen Maxime, daß den Armen geholfen werden müsse gemäß ihren Bedürfnissen (man beachte den Imperativ). Diese Maxime ist, wie ich meine, vernünftig und zeugt von gesundem Menschenverstand; sie enthält aber zugleich auch einen wichtigen Negativhinweis: geholfen werden soll gemäß den Bedürfnissen und nicht gemäß irgendwelchen persönlichen Qualitäten, etwa in Gestalt von körperlicher Attraktivität oder auch von religiöser Strenggläubigkeit. So waren jüdische Gemeinden beständig, wenn auch niemals gänzlich erfolgreich, darum bemüht, der Bettelarmut einen Riegel vorzuschieben. Der Bettler erhält seinen Lohn dafür, daß er es versteht, eine Geschichte gut zu erzählen, d.h. belohnt wird sein Pathos und — im jüdischen Sagen- und Märchengut — auch sein Witz und seine Dreistigkeit; sein Lohn bemißt sich zugleich aber auch an der Güte, am Selbstwertgefühl und am Noblesse oblige seines Wohltäters und damit niemals schlichtweg an seinen Bedürfnissen. Wenn wir indes die Verbindung zwischen Bedürfnis und Fürsorge etwas straffen, dann können wir den Distributionsprozeß von allen diesen fremden Faktoren frei halten. Wenn wir Nahrungsmittel verteilen, wird unsere Aufmerksamkeit voll und ganz auf den Zweck der Vergabe gerichtet sein: auf das Stillen von Hunger. Hungrige Männer und Frauen müssen sich nicht in Szene setzen, keine Prüfung bestehen und keine Wahl gewinnen.

Dies ist die innere, die soziale und moralische Logik von Versorgung und Fürsorge. Wenn die Gemeinschaft sich dazu entschließt, bestimmte Bedarfsgüter bereitzustellen, dann muß sie dies für alle Mitglieder, die ihrer bedürfen, in gleicher Weise gemäß deren Bedürfnissen tun. Zwar wird die faktische Verteilung in der Verfügbarkeit der dazu notwendigen Ressourcen ihre Grenzen finden; aber alle anderen Kriterien jenseits des unmittelbaren Bedürfnisses können nur als Verzerrungen und nicht als Begrenzungen des Distributionsprozesses betrachtet und erfahren werden. Dabei sind die verfügbaren Ressourcen der Gemeinschaft nichts anderes als das in der Vergangenheit und in der Gegenwart von ihren Mitgliedern erwirtschaftete Produkt, das von ihnen akkumulierte Vermögen — nicht irgendein »Surplus« dieses Vermögens. Es wird zwar immer wieder behauptet, daß der Wohlfahrtsstaat »auf der Verfügbarkeit eines irgendwie gearteten ökonomischen Surplus basiert«.[23] Aber was soll das heißen? Wir können nicht vom gesellschaftlichen Gesamtprodukt die Kosten für den Unterhalt von Menschen und Maschinen, mithin den Preis für das soziale Überleben, abziehen und dann den Wohlfahrtsstaat aus dem finanzieren, was übrig bleibt, denn wir haben ihn bereits aus dem finanziert, was wir abgezogen haben. Zweifellos sind in den Kosten für das soziale Überleben die vom Staat für die militärische Sicherheit, die öffentliche Gesundheit und die Bildung getätigten Ausgaben enthalten. Gesellschaftlich anerkannten Bedürfnissen kommt ein Erstanspruch — im Sinne einer Erstforderung — auf das Sozialprodukt zu; solange sie nicht abgegolten sind, gibt es keinen wirklichen Surplus. Was den Surplus finanziert, ist die Produktion und der Austausch von Gütern außerhalb der Sphäre der Notwendigkeit. Männer und Frauen, die große Summen Geldes in ihren individuellen Besitz bringen, während allgemeine soziale Bedürfnisse offen bleiben, handeln wie

Tyrannen, indem sie die Verteilung von Sicherheit und Wohlfahrt dominieren und verzerren.

Ich sollte noch einmal betonen, daß Bedürfnisse nicht nur rein physische Phänomene sind. Selbst das Bedürfnis nach Nahrung nimmt unter unterschiedlichen kulturellen Bedingungen unterschiedliche Formen an. Nehmen wir die allgemeinen Nahrungsmittel- und Speisenverteilungen vor religiösen Feiertagen in den jüdischen Gemeinden; es war nicht nur ein physisches Bedürfnis, dem hier Rechnung getragen wurde, sondern auch ein rituelles. Wichtig war nicht nur, daß die Armen zu essen bekamen, sondern auch, daß sie das Richtige zu sich nahmen, denn das Falsche hätte sie aus der Gemeinschaft ausgeschlossen – Hilfe wurde ihnen andererseits aber nur und in erster Linie deshalb zuteil, weil sie Mitglieder der Gemeinschaft waren. Eine ähnliche Sachlage ergibt sich, wenn körperliche Versehrtheit und Beschädigung den Grund für die Zuweisung einer Pension darstellen. Jeder arbeitsunfähige, invalide Bürger hat in diesem Fall Anspruch auf eine solche Pension; dennoch bleibt festzustellen, was als Invalidität gelten soll. In Athen wurde diese Frage bezeichnenderweise auf dem Wege der Litigation, d.h. vor Gericht, geklärt. Andere Wege sind ohne weiteres vorstellbar, andere Gründe hingegen nicht, zumindest nicht auf der Basis des Kriteriums der Arbeitsunfähigkeit. Zwar fühlte sich Lysias' Rentner genötigt, dem Gericht mitzuteilen, daß er wirklich ein anständiger Mensch sei; und ich möchte hier keineswegs so tun, als sei die innere Logik der Versorgung immer sofort einsichtig. Aber der relevante Vorwurf gegen ihn bestand in dem Einwand, er sei gar nicht ernsthaft behindert, und seine relevante Entgegnung darauf lautete, daß er nach der bislang gebräuchlichen Definition sehr wohl in die Kategorie der invaliden Bürger falle.

Da die Definition von Erziehung und Bildung Fragen nach der Kultur impliziert, ist sie nicht nur weniger leicht zu gewinnen, sie dürfte auch unser Verständnis von den Möglichkeiten und Grenzen distributiver Gerechtigkeit in der Sphäre von Sicherheit und Wohlfahrt eher erschweren. Unwissenheit ist offensichtlich insofern eine weniger eindeutige Kategorie als Hunger oder Körperbeschädigung, als sie immer relativ ist bzw. gemessen wird an einem gesellschaftlich hochgeschätzten Wissenssystem. Die Erziehung und Ausbildung, welche Kinder brauchen, steht in Relation zu dem Leben, das später zu führen die Erwachsenen von ihnen erwarten oder erhoffen. Kinder werden aus bestimmten Gründen erzogen, und sie werden »speziell« und nicht »allgemein« erzogen (die »allgemeine Erziehung« ist ein modernes Konzept, dazu bestimmt, die spezifischen Erfordernisse unserer eigenen Gesellschaft zu erfüllen). In den mittelalterlichen jüdischen Gemeinden bestand der Zweck der Erziehung darin, erwachsene Männer zu befähigen, aktiv an Gottesdiensten und an Diskussionen über die religiöse Lehre teilzunehmen. Da den Frauen in der Religion eine passive Rolle zugedacht war, tat die Gemeinschaft für ihre Erziehung und Ausbildung nichts. In allen anderen Bereichen spezieller Versorgung – Nahrung, Kleidung, medizinische Betreuung – erfuhren die Frauen die gleiche Unterstützung wie die Männer, d.h. entsprechend ihren Bedürfnissen. Aber die Frauen brauchten keine Schulausbildung, denn sie waren de facto keine vollen Mitglieder der (religiösen) Gemeinschaft. Ihr primärer Platz war nicht die Synagoge, sondern das Haus, der Haushalt. Ihren unmittelbarsten Ausdruck fand die männliche Vorherrschaft im Gottesdienst in der Synagoge (so wie bei den Athenern in den Debatten der Volksversammlung), von wo aus sie sich allerdings sehr schnell in die höchst konkrete Münze einer aus öffentlichen Geldern finanzierten Schulausbildung verwandelte.

Diese männliche Vorherrschaft wurde gelegentlich angefochten von Denkern, die auf die Wichtigkeit der Einhaltung religiöser Regeln und Vorschriften im häuslichen Leben und bei der Kinderaufzucht hinwiesen oder (seltener) auf den Beitrag, den Frauen zum Religionswissen möglicherweise trotz allem leisteten.[24] Konzentrationspunkt dieser Diskussion war zwangsläufig die Religion; um sie erfolgreich führen zu können, hätte es einer moralischen oder intellektuellen Aufwertung der Rolle der Frauen im religiösen Leben bedurft. Sie hatte aber wohl einen anderen Grund, diese Diskussion: Weil es Spannungen gab innerhalb der jüdischen Tradition, suchte und fand man etwas, worüber man sich streiten konnte. Die Aufwertung, die tatsächlich angestrebt wurde, war bestenfalls eine marginale; und soweit ich weiß, wurde die Synagoge niemals wirklich als eine Männerherrschaft kritisiert. Zur Verwirklichung von Gleichheit in der Erziehung mußten sich erst andere Gemeinschaften herausbilden, Gemeinschaften, in denen Frauen leichter den Anspruch auf Mitgliedschaft erheben konnten – Mitgliedschaft im Sinne der heute zugunsten der Gleichheit vorgetragenen Forderungen, in deren Zentrum die auch von mir verfochtene Idee eines inklusiven Bürgerrechts steht.

Da die jüdischen Gemeinschaften es sich zum Ziel gesetzt hatten, wenigstens alle Männer in die Erziehung einzubeziehen, standen sie vor dem Problem, ein Erziehungssystem organisieren zu müssen, das Klassenschranken überwand. Wege zu diesem Ziel gab es verschiedene. Die Gemeinschaft konnte auf der Basis von Mildtätigkeit Armenschulen einrichten, ähnlich den Spezialschulen für Waisen im alten Kairo. Oder sie konnte das Schulgeld für

Kinder aus armen Familien übernehmen, die Schulen besuchten, welche von den wohlhabenderen Gemeindemitgliedern gegründet und weitgehend auch finanziert wurden; dies war die gebräuchlichste Praxis unter den Juden im Mittelalter. Die Gemeinschaft konnte aber auch auf der Basis des von ihr praktizierten Steuersystems eine Erziehung für jedermann anbieten und von allen weiteren Forderungen, auch bei solchen Kindern, deren Eltern mehr als die ihnen auferlegten Steuern hätten zahlen können, absehen. Meiner Meinung nach besteht ein gewisser Druck, vom ersten zum zweiten System und schließlich auch zu irgendeiner Spielart des dritten voranzuschreiten. Denn jede gesellschaftliche Definition der Armen als »Sozialfälle« hat nahezu zwangsläufig eine unterschiedliche Behandlung der Schüler innerhalb der Schulen selbst zur Folge, mit dem Resultat, daß die Situation von den Kindern (oder von deren Eltern) als so erniedrigend erfahren wird, daß dies ihre Teilnahme an Schulaktivitäten (oder ihre Unterstützung derselben) verhindert. Diese Auswirkungen mögen nicht alle Kulturen gleichermaßen betreffen, aber sie sind zumindest weithin konstatierbar. So war die Abneigung der Juden im Mittelalter gegen öffentliche Mildtätigkeit stets groß, während umgekehrt ihren Empfängern immer ein gewisses Stigma anhaftete. Tatsächlich kann es einer der Zwecke von gemeinschaftlicher Versorgung sein, die Armen zu stigmatisieren und sie zu lehren, wo, wenn überhaupt, der ihnen in der Gemeinschaft zukommende Platz ist. Doch wird dieser Zweck – sieht man von einigen rigid-hierarchischen Gesellschaften ab – niemals ihr förmliches oder öffentlich verkündetes und keinesfalls ihr einziges Ziel sein. Und wenn der offiziell proklamierte Zweck z.B. darin besteht, (männliche) Kinder darin zu unterweisen, die Heilige Schrift zu lesen und auszulegen, dann scheint eine gemeinsame, von der Gemeinschaft ermöglichte entsprechende Erziehung die beste Maßnahme dafür zu sein.

Goitein konstatiert in den von ihm untersuchten Gemeinschaften zwar durchaus eine Entwicklung in dieser Richtung, interpretiert das dahinterstehende Motiv jedoch als ein vornehmlich finanziell ausgerichtetes Interesse.[25] Vielleicht hatten die Rabbiner in Spanien ja tatsächlich den Wert der allgemeinen Schulbildung erkannt, und vielleicht rührte daher auch das Element von Zwang in dem von ihnen entwickelten Konzept? Doch wie dem auch sei, folgendes gilt immer: wenn der Zweck der Gemeinschaftsversorgung darin besteht, der gemeinschaftlichen Partizipation den Boden zu bereiten, dann ist es sinnvoll und tunlich, eine Form der Versorgung und Fürsorge zu wählen, die für alle Mitglieder unterschiedslos die gleiche ist. Man kann wohl sagen, daß in demokratischen Regimen alle Gemeinschaftsversorgung tatsächlich diesen Zweck hat. Der athenische Beschluß, jedem Bürger, der der Volksversammlung beiwohnte, denselben (kleinen) Geldbetrag auszuzahlen, dürfte in der gleichen Einsicht begründet gewesen sein. Um herauszufinden, wieviel Vermögen der Einzelne besaß, hätte es keiner allzu großen Anstrengung bedurft. Aber darum ging es nicht. Die Bürger wurden deshalb nicht gemäß ihren persönlichen Mitteln oder ihren individuellen Bedürfnissen entlohnt, weil sie nicht als Individuen, sondern als Bürger bezahlt wurden, und als Bürger waren sie einander gleich. Auf der anderen Seite schlossen die Athener diejenigen Bürger von öffentlichen Ämtern aus, denen Invaliditätsrenten gezahlt wurden.[26] In diesem Tatbestand spiegelt sich ohne Zweifel eine merkwürdige Sichtweise von Behinderung und Erwerbsunfähigkeit wider, er kann aber auch als Symbol für die erniedrigenden Folgen genommen werden, die sich bisweilen (wenn auch nicht immer) einstellen, wenn die Gemeinschaftsversorgung die Form der öffentlichen Mildtätigkeit annimmt.

Ausmaß und Umfang von Versorgung und Fürsorge

Distributive Gerechtigkeit, bezogen auf die Sphäre von Wohlfahrt und Sicherheit, impliziert zweierlei: erstens die Beachtung von Bedürfnissen und zweitens die Beachtung von Mitgliedschaft und Zugehörigkeit. Güter müssen bedürftigen Mitgliedern ihrer Bedürftigkeit wegen dargeboten werden, aber sie müssen ihnen so dargeboten werden, daß ihre Zugehörigkeit zur Gemeinschaft gewahrt bleibt. Einen Anspruch auf eine bestimmte Art von Gütern haben die Mitglieder indes nicht. Wohlfahrtsansprüche werden nur dann festgeschrieben, wenn eine Gemeinschaft ein bestimmtes Programm der wechselseitigen Versorgung verfolgt. Für die Anwendung eines bestimmten Programms unter bestimmten historischen Bedingungen lassen sich durchaus starke Argumente geltend machen; jedoch weniger im Hinblick auf Individualrechte als vielmehr auf den Charakter einer bestimmten politischen Gemeinschaft. Niemandes Rechte wurden verletzt, wenn die Athener keine öffentlichen Mittel für die Erziehung ihrer Kinder bereitstellten. Vielleicht glaubten sie, und vielleicht hatten sie damit sogar Recht, daß das öffentliche Leben der Stadt Erziehung genug bot.

Das Recht, das die Mitglieder einer Gemeinschaft legitimerweise reklamieren, ist von allgemeiner Art. Es schließt ganz ohne Zweifel irgendeine Version des Hobbesschen Rechts auf Leben ein, mithin ein Anrecht auf die gemeinschaftlichen Ressourcen zum Zwecke des nackten Überlebens. Keine Gemeinschaft kann es zulassen, daß ihre Mitglieder Hungers sterben, wenn genug Lebensmittel vorhanden sind, um sie zu ernähren; keine Regierung kann in einer solchen Situation passiv zusehen — nicht, wenn sie den Anspruch erhebt, eine Regierung zu sein, die im Namen oder im Auftrag der Gemeinschaft agiert. Die Gleichgültigkeit britischer Herrscher gegenüber der irischen Hungersnot von 1845/46 ist ein klarer Beleg dafür, daß Irland eine Kolonie war, ein erobertes und unterjochtes Land und nicht ein echter Bestandteil Großbritanniens.[27] Damit soll nicht etwa die Gleichgültigkeit gerechtfertigt werden — auch Kolonien und besiegten Völkern gegenüber gibt es Verpflichtungen —, wir möchten nur deutlich machen, daß die Iren mit einer eigenen Regierung, gleich welcher Provenienz, in jedem Fall besser gefahren wären. Möglicherweise kam Burke einer Definition des Grundrechts, welches hier zur Debatte steht, von allen am nächsten, als er schrieb: »Staaten sind Kunststücke menschlicher Weisheit, um menschlichen *Bedürfnissen* abzuhelfen. Der Mensch hat ein Recht zu verlangen, daß seinen Bedürfnissen durch menschliche Weisheit abgeholfen wird«.[28] Man muß allerdings hinzufügen, daß die angesprochene Weisheit die Weisheit nicht einer herrschenden Klasse ist, wie Burke gedacht zu haben scheint, sondern die Weisheit der Gemeinschaft als Ganzer. Nur ihre Kultur, ihr Charakter, ihr gemeinsames Verständnis von den Dingen können die »Bedürfnisse« definieren, denen »abgeholfen« werden soll. Aber Kultur, Charakter und gemeinsames Verständnis sind keine festen Gegebenheiten, und sie werden nicht von sich aus aktiv, funktionieren nicht von allein; die Bürger müssen vielmehr unablässig, sozusagen in jedem Augenblick, über Ausmaß und Umfang der wechselseitigen Versorgung disputieren.

Worüber sie hierbei disputieren, ist die Bedeutung des Gesellschaftsvertrags, jenes ersten und ständig erneuerten Konzepts zur Schaffung und Sicherstellung einer Sphäre der Sicherheit und des Wohlergehens. Wichtig ist, daß es sich bei diesem Vertrag nicht um einen hypothetischen oder ideellen Vertrag der von John Rawls beschriebenen Art handelt. Rawls zufolge würden vernunftbegabte Männer und Frauen, die sich ohne Spezialkenntnis von ihrer gesellschaftlichen Stellung und irgendwelchen kulturellen Bedeutungen in einer vorgesellschaftlichen Ursituation befänden, aller Wahrscheinlichkeit nach für eine Gleichverteilung all der Güter plädieren, die zu brauchen man ihnen ansinnt.[29] Aber diese Formel hilft nicht viel bei der Klärung der Frage, welche Entscheidungen die Menschen treffen oder treffen sollten, wenn sie erst einmal wissen, wer sie sind und wo sie stehen. In einer Welt, in der unterschiedliche, je besondere Kulturen existieren, in der die Vorstellungen davon, was gut und richtig ist, differieren und miteinander konkurrieren, in der die Ressourcen knapp und die Bedürfnisse schwer bestimmbar und expansiv sind, kann es keine allseits anwendbare einzige Universalformel geben, keinen universell gebilligten Weg, der von einem Konzept wie z.B. dem des »gerechten Anteils« zu einer umfassenden Liste der Güter führt, auf die dieses Konzept anwendbar wäre. Gerechter Anteil wovon?

Gerechtigkeit, Frieden, Schutz, Wohlfahrt und Freiheit, so sieht die Liste der von der amerikanischen Verfassung dargebotenen Güter aus. Man könnte sie als eine erschöpfende Liste ansehen, aber die Begriffe sind vage; sie geben bestenfalls einen Ausgangspunkt für die öffentliche Debatte ab. Der Standardruf in dieser Debatte gilt einer umfassenderen Idee: dem Burkeschen Grundrecht, welches nur unter bestimmten Bedingungen Gesetzeskraft annimmt und zu unterschiedlichen Zeiten und an unterschiedlichen Orten unterschiedliche Arten und Formen der Bedürfnisabhilfe erforderlich macht. Die Idee besteht schlicht darin, daß wir uns zusammengetan und eine Gemeinschaft gebildet haben, um die Schwierigkeiten und Gefahren, denen wir allein nicht gewachsen sind, gemeinsam zu meistern. Und so rechnen wir, wann immer wir uns solchen Schwierigkeiten und Gefahren gegenübersehen, auf den Beistand der Gemeinschaft. Da das Verhältnis von individuellen und kollektiven Fähigkeiten aber kein starres ist, sondern sich stetig wandelt, wandeln sich auch die Hilfeleistungen, nach denen verlangt wird.

Wer die Geschichte der öffentlichen Gesundheit im Abendland referieren will, dem weist dieser Ansatz den richtigen Weg. Eine Minimalversorgung in puncto Volksgesundheit ist, wie das griechische und jüdische Beispiel zeigen, sehr alt; die jeweils getroffenen Maßnahmen waren eine Funktion der Vorstellung der Gemeinschaft von den drohenden Gefahren und des Umfangs des medizinischen Wissens. Im Lauf der Zeit ließen einerseits die Lebensverhältnisse in toto neue Gefahren entstehen, während andererseits der wissenschaftliche Fortschritt sowohl ein neues Gefahrensensorium als auch ein neues Bewußtsein von den Möglichkeiten schuf, wie diesen Gefahren zu begegnen sei. Die Folge war, daß Bürgergruppen nach einem umfassenderen Programm der gemeinschaftlichen Versorgung verlangten, einem Programm, das die neue Wissenschaft in Dienst nahm und ihre Erkenntnisse dazu nutzte, die Risiken städtischen Lebens zu verringern. Das zu tun, so konnten sie mit Recht geltend machen, sei der Zweck der Gemeinschaft, dafür und dazu sei sie da. Gleiches läßt sich vorbringen im Falle der sozialen Sicherheit. Es war der Erfolg der allgemeinen Versorgung im Bereich der öffentlichen Gesundheit, der die Spanne eines normalen Menschenlebens erheblich ausgedehnt hat und mit ihr auch die Spanne jener Jahre, in denen Männer und Frauen nicht mehr in der Lage sind, sich selbst zu ernähren, in denen sie körperlich, nicht aber (zumindest in vielen Fällen nicht) sozial, politisch oder moralisch gebrechlich sind. Ich wiederhole noch einmal, die Erhaltung der Arbeitsunfähigen ist eine der ältesten und verbreitetsten Formen der Spezialversorgung. In unserer Zeit ist sie jedoch in einem Umfang erforderlich, der sehr viel größer ist als jemals zuvor. Familien werden von den Kosten, die das Alter verursacht, erdrückt und richten den Blick auf die politische Gemeinschaft, von der sie Hilfe erwarten. Was im einzelnen zu tun ist, muß in Diskussionen und Kontroversen geklärt werden. Worte wie *Gesundheit, Gefahr, Wissenschaft*, ja selbst *Alter* haben in unterschiedlichen Kulturen unterschiedliche Bedeutungen. Sie sozusagen von außen zu definieren, ist nicht möglich; was aber nicht heißt, daß die Betroffenen nicht wüßten, daß etwas — und zwar etwas durchaus Spezielles — getan werden muß.

Vielleicht sind diese Beispiele zu simpel, schließlich ist Krankheit eine allgemeine Bedrohung, das Alter eine allgemeine Perspektive. Gleiches gilt indes ganz sicher nicht für die Arbeitslosigkeit und die Armut, die zumeist jenseits des Horizonts von wohlhabenden Gesellschaftsmitgliedern liegen dürften. Die Armen können immer isoliert, in Ghettos gesperrt, getadelt und bestraft werden für ihr eigenes Unglück. An diesem Punkt, so könnte jemand einwenden, lasse sich die Fürsorge nicht länger dadurch rechtfertigen, daß man auf den »Sinn« des Gesellschaftsvertrags verweise. Doch schauen wir uns die simplen Fälle etwas genauer an; in Wirklichkeit sind die Schwierigkeiten der schwierigen Fälle in ihnen allesamt enthalten. Die öffentliche Gesundheit und die soziale Sicherheit verführen uns nur dazu, die politische Gemeinschaft mit T.H. Marshall als einen »wechselseitigen Wohltätigkeitsverein«[30] zu begreifen: alle Fürsorge ist reziprok; die Mitglieder sind im Wechsel Versorgende und Versorgte, so wie Aristoteles' Bürger im Wechsel Regierende und Regierte sind. Dies ist ein heiteres Bild, das sich zudem leicht und verständlich in Vertragskategorien übersetzen läßt. Es sind aber nicht nur hypothetische, vernunftbegabte Kommissionäre, die, in Unkenntnis ihrer spezifischen Situation, diesen beiden Formen der Versorgung zustimmen würden; die realen Beauftragten und mit ihnen die einfachen Bürger einer jeden modernen Demokratie haben ihnen faktisch und praktisch längst zugestimmt. Öffentliche Gesundheit und soziale Sicherheit liegen — zumindest dem Anschein nach — gleichermaßen im Interesse von hypothetischen wie von konkreten Menschen. Zwang ist gleichsam nur in der Praxis vonnöten, und zwar deshalb, weil eine Minderheit von konkreten Personen ihre wirklichen Interessen nicht oder nicht zur Gänze begreift. Nur die Leichtsinnigen und Achtlosen müssen mittels Zwang dazu gebracht werden, das Ihre beizutragen – dabei kann man just von ihnen sagen, daß sie den Gesellschaftsvertrag aus keinem anderen Grunde eingegangen sind, als um sich gegen ihren eigenen Leichtsinn und ihre eigene Achtlosigkeit zu schützen. In Wirklichkeit liegen die Ursachen für die Anwendung von Zwang jedoch sehr viel tiefer; die politische Gemeinschaft ist mehr als ein »wechselseitiger Wohltätigkeitsverein«; und der Umfang der gemeinschaftlichen Versorgung wird im je konkreten Fall – d.h. in dem, was sie ist und wie sie sein sollte – durch Bedürfniskonzepte bestimmt, die erheblich problematischer sind, als die Argumentation dies bislang hat erkennen lassen.

Nehmen wir also noch einmal den Fall der öffentlichen Gesundheit. Es ist in diesem Punkt kein gemeinschaftliches Versorgungskonzept denkbar, das nicht einzelne Mitglieder der Gemeinschaft in einer Reihe von Aktivitäten einschränkte, Aktivitäten, die diesen Einzelnen Vorteile bringen, für die größere Mehrheit aber bedrohlich sind. Selbst etwas so Simples wie die Bereitstellung von nichtkontaminierter Milch für die Bewohner von Großstädten setzt eine extensive staatliche Kontrolle voraus; und diese Kontrolle ist eine politische Errungenschaft. In den Vereinigten Staaten ist sie das Ergebnis von erbitterten Kämpfen, die eine Stadt nach der anderen über Jahre hinweg ausfechten mußten.[31] Wenn in der Milchindustrie die Bauern oder auch die Zwischenhändler für das freie Unternehmertum eintraten, dann handelten sie in bezug auf ihre eigenen Interessen ganz gewiß rational. Gleiches läßt sich auch von anderen Unternehmern sagen, die sich gegen sie in ihren Aktivitäten einschränkende Maßnahmen in Gestalt von Kontrollen, Reglementierungen und Zwangsbestimmungen zur Wehr setzen. Staatliche Aktivitäten dieser Art können für viele von uns von allergrößtem Nutzen sein, für alle sind sie es mit Sicherheit nicht. Wiewohl ich die öffentliche Gesundheitspflege als ein Beispiel für eine allgemeine Versorgung im Sinne der Gemeinschaft als Ganzer gewählt habe, kommt sie nicht allen Mitgliedern der Gemeinschaft in gleicher Weise zugute, sondern kann nur auf Kosten und zu Lasten einiger von ihnen praktiziert werden. Tatsächlich sind es die Verwundbarsten und Gefährdetsten in der Gemeinschaft, denen sie am meisten zustatten kommt: so sind die Baubestimmungen am wichtigsten für diejenigen, die in überfüllten Mietskasernen wohnen, während die Gesetze gegen Umweltverschmutzung von größter Bedeutung für jene sind, die in unmittelbarer Nachbarschaft von Fabrikschornsteinen oder Abwasserkanälen leben müssen. Auch die soziale

Sicherheit begünstigt die schwächsten Glieder der Gemeinschaft am meisten, selbst wenn, aus Gründen, die ich bereits angedeutet habe, die zur Auszahlung gelangenden Beträge für alle die gleichen sind. Denn die Wohlhabenden können – oder glauben zumindest in vielen Fällen, sie könnten – sich selber helfen, auch in Zeiten der Not, so daß sie es viel lieber sähen, wenn sie nicht zur Hilfe für andere herangezogen würden. Die Wahrheit ist, daß (insofern, als die Einkünfte der Gemeinschaft aus dem Besitz ihrer Mitglieder herstammen) jede ernsthafte Bemühung um eine gemeinschaftliche Versorgung redistributive Züge trägt.[32] Die Wohltaten, die die Gemeinschaftsversorgung bereithält, sind, streng genommen, keine wechselseitigen.

Deshalb noch einmal: Die von uns bereits zitierten hypothetischen vernunftbegabten Akteure, die von ihrem eigenen sozialen Standort keine Kenntnis haben, sie würden einer solchen Redistribution gewiß zustimmen. Aber sie würden ihr allzu bereitwillig zustimmen, und ihre Zustimmung brächte uns nicht weiter in der Frage, welche Art von Redistribution denn angezeigt ist: wieviel und zu welchen Zwecken? In der Praxis ist die Redistribution eine politische Angelegenheit, und der Zwang, den sie impliziert, wirft seine Schatten voraus in den Konflikten, die um ihren Charakter und ihren Umfang entbrennen. Jede einzelne Maßnahme wird von einer bestimmten Interessenkoalition durchgesetzt. Und dennoch sind es weder die Partikularinteressen noch ein als Summe dieser Einzelinteressen verstandenes Allgemeininteresse, sondern kollektive Werte in Gestalt eines gemeinsamen Verständnisses von Mitgliedschaft, Gesundheit, Ernährung und Wohnung, Arbeit und Muße, auf die in diesen Konflikten letztinstanzlich rekurriert wird. Die Konflikte selbst drehen sich, zumindest in dem, was man von ihnen sieht, zumeist um Faktenfragen; was sie bedeuten, wird höchstens unterstellt. So negierten die Unternehmer der Milchindustrie so lange wie irgend möglich den Zusammenhang zwischen kontaminierter Milch und Tuberkulose. Erst als nachweislich feststand, daß dieser Zusammenhang gegeben war, wurde es schwer für sie, sich weiterhin gegen eine Kontrolle der Milch auszusprechen. Die Maxime des »caveat emptor« allein zeitigte in diesem Falle offensichtlich nicht die nötige Wirkung. Ähnlich waren sich die Politiker in den Debatten über Alterspensionen in Großbritannien weitgehend einig über den traditionellen britischen Wert der Selbsthilfe, wohingegen ihre Auffassungen darüber, ob Selbsthilfe angesichts der inzwischen etablierten arbeiterklassenfreundlichen Gesellschaften überhaupt noch praktizierbar sei, sehr weit auseinandergingen. Diese neuen Gesellschaften waren echte, zum wechselseitigen Nutzen ihrer Mitglieder auf streng freiwilliger Basis organisierte

Wohltätigkeitsvereine, die jedoch von der wachsenden Zahl alter Menschen langsam aber sicher erdrückt zu werden schienen. Es wurde immer offensichtlicher, daß die Mitglieder der Gemeinschaft einfach nicht über die Mittel verfügten, um sich entweder selber oder wechselseitig vor Armut im Alter schützen zu können. Und es gab nur wenige britische Politiker, die bereit waren, offen auszusprechen, daß man sie ohne Schutz lassen solle.[33]

Wir können nun eine präzisere Beschreibung des Gesellschaftsvertrages vornehmen und ihn kennzeichnen als eine Übereinkunft, die Mittel der Mitglieder umzuverteilen gemäß einem gemeinsamen, im Detail der ständigen politischen Neubestimmung unterworfenen Verständnis von deren Bedürfnissen. Der Vertrag ist ein moralisches Band. Er verbindet die Starken mit den Schwachen, die Glücklichen mit den Unglücklichen, die Reichen mit den Armen, indem er eine Union, eine Gemeinsamkeit, herstellt, die, alle Interessenunterschiede überwindend, ihre Stärke aus Geschichte, Kultur, Religion, Sprache usw. bezieht. Auseinandersetzungen über die Gemeinschaftsversorgung sind letztlich nichts anderes als Versuche, diese Union so oder so zu interpretieren. Je geschlossener und umfassender sie ist, desto breiter ist die Anerkennung, die den Bedürfnissen zuteil wird, und desto größer ist die Zahl der Sozialgüter, die in die Sphäre von Sicherheit und Wohlfahrt eingehen.[34] Ich bezweifle nicht, daß viele politische Gemeinschaften ihre Ressourcen nach ganz anderen Prinzipien verteilt haben und verteilen, also nicht entsprechend den Bedürfnissen der Mitglieder im allgemeinen, sondern vielmehr gemäß den Machtpositionen derer, die von vornehmer Herkunft oder wohlhabend waren bzw. sind. Doch ist dies, wie Rousseau in seiner Abhandlung über die Ungleichheit deutlich macht, nichts anderes als Betrug am Gesellschaftsvertrag.[35] In jeder Gemeinschaft, in der Ressourcen den Armen entzogen und den Reichen gegeben werden, werden die Rechte der Armen verletzt, wird die Weisheit der Gemeinschaft nicht darauf verwandt, den Bedürfnissen aller, also auch der Armen, abzuhelfen. Die politische Debatte über den Charakter dieser Bedürfnisse muß in solchen Fällen massiv unterdrückt werden, da der Betrug sonst ganz schnell zutage tritt. Wenn hingegen alle Mitglieder am Geschäft der Interpretation des Gesellschaftsvertrags beteiligt sind, dann ist das Resultat in aller Regel ein mehr oder weniger extensives kommunales, d.h. gemeinschaftliches Versorgungssystem. Wenn es stimmt, daß dem Prinzip nach alle Staaten Wohlfahrtsstaaten sind, dann sind es in der Praxis die Demokratien, denen die Realisierung des Prinzips am besten gelingt. Selbst die Imitation von Demokratie erzeugt Wohlfahrtsstaatlichkeit, wie zu sehen in den »Volksdemokratien«, wo der Staat die Menschen vor jedem Unheil schützt mit Ausnahme dessen, welches er ihnen selber zufügt.

So disputieren demokratische Bürger also miteinander und optieren dabei für viele verschiedene Spielarten von Sicherheit und Wohlfahrt, Arten und Formen, die weit über meine »simplen« Beispiele von öffentlicher Gesundheitspflege und Alterspensionen hinausreichen. Die Kategorie des gesellschaftlich anerkannten Bedürfnisses ist eine offene Kategorie, eine Kategorie ohne Grenzen. Denn die Empfindung der Menschen, wessen sie bedürfen, was sie brauchen, umfaßt nicht nur das Leben an sich, sondern auch das gute Leben, und die richtige Balance zwischen beidem ist ihrerseits selbst Gegenstand der Debatte. Das athenische Theater und die jüdischen Akademien wurden beide mit Mitteln finanziert, die auch für Behausungen oder für medizinische Hilfen hätten ausgegeben werden können. Aber Theater und Erziehung galten den Griechen wie den Juden nicht einfach als Erweiterungen bzw. Intensivierungen des gemeinschaftlichen Lebens, sondern sie sahen in ihnen hochwichtige Konstituentien gemeinschaftlichen Wohlergehens. Ich möchte noch einmal betonen, daß es sehr schwer ist, dieser Sichtweise etwas entgegenzusetzen oder sie gar als falsch zu entlarven.

Wohlfahrtsstaatlichkeit in Amerika

Welche Art von Gemeinschaftsversorgung ist angemessen in einer Gesellschaft wie der amerikanischen? Es ist hier nicht meine Absicht, die Ergebnisse demokratischer Debatten vorwegzunehmen oder Umfang und Form der Versorgung im Detail zu stipulieren. Eine allgemeine Behauptung meine ich dennoch aufstellen zu können, die Behauptung nämlich, daß die Bürger einer modernen industriellen Demokratie einander sehr viel zu verdanken haben, bzw. daß sie einander sehr viel schuldig sind – eine These, die mir zugleich Gelegenheit gibt, die kritische Kraft jener Prinzipien auf die Probe zu stellen, die ich hier bislang verfochten habe. Prinzip I: Jede politische Gemeinschaft muß den Bedürfnissen ihrer Mitglieder in der ihnen von allen gemeinsam beigelegten Bedeutung nachkommen. Prinzip II: Die zur Verteilung gelangenden Güter müssen gemäß den Bedürfnissen verteilt werden. Prinzip III: Die Verteilung muß die allem zugrundeliegende Gleichheit der Mitgliedschaft anerkennen und bewahren. Diese Prinzipien sind sehr allgemeine Prinzipien, die für eine breite Skala von Gemeinschaften gelten sollen – de facto für alle Gemeinschaften, in denen die Mitglieder (vor Gott oder vor dem Gesetz) gleich sind oder in denen sie, wie immer die Wirklichkeit aussehen mag, zumindest dem Anspruch nach als Gleiche betrachtet werden. Die Prinzipien dürften sich indes nicht anwenden lassen auf Gemeinschaften, die hierarchisch organisiert sind wie etwa das traditionale Indien, wo die Früchte nach der Ernte nicht gemäß den Bedürfnissen, sondern im Einklang mit der Kastenordnung verteilt werden – oder wo, wie Louis Dumont es ausgedrückt hat, man davon ausgeht, daß die Bedürfnisse der Einzelnen je nach Kastenzugehörigkeit verschieden sind. Da jeder seinen Anteil sicher erhält, ist Dumonts indisches Dorf immer noch ein Wohlfahrtsstaat, »eine Art Kooperative, deren Hauptzweck darin besteht, den Lebensunterhalt eines jeden entsprechend seiner sozialen Funktion zu sichern«, es ist jedoch kein Wohlfahrtsstaat und keine Kooperative, deren Prinzipien uns als unmittelbar einleuchtend erscheinen.[36] (Darüber, wie Nahrungsmittel in Zeiten des Mangels zu verteilen sind, sagt Dumont nichts. Erst wenn der Subsistenzstandard für alle der gleiche ist, befinden wir uns wieder auf vertrautem Boden).

Daß die genannten drei Prinzipien für die Bürger der Vereinigten Staaten gelten, steht außer Frage; ihre Geltungskraft ist hier aufgrund des Wohlstandes der Gemeinschaft und des großen Verständnisses für Individualbedürfnisse sogar besonders hoch. Auf der anderen Seite zählt das von den Vereinigten Staaten derzeit praktizierte System der Gemeinschaftsversorgung durchaus zu den ärmlichen in der westlichen Welt. Daß es so ist, dafür gibt es eine ganze Reihe von Gründen: die Gemeinschaft der Bürger ist nur locker organisiert; diverse ethnische und religiöse Gruppen verfolgen ihre je eigenen Wohlfahrtsprogramme; die Ideologie der Selbstverantwortung und der unternehmerischen Chance ist allgemein akzeptiert; und die Bewegungen der Linken, speziell die Arbeiterbewegung, sind relativ schwach.[37] Die demokratischen Entscheidungsprozesse spiegeln diese Realitäten wider, und prinzipiell ist daran auch nichts auszusetzen. Und dennoch, das Versorgungssystem, wie es sich etabliert hat, vermag den im Bereich von Sicherheit und Wohlfahrt herrschenden Anforderungen nicht nachzukommen, und die gemeinsamen Vorstellungen der Bürger weisen in Richtung eines entwickelteren, reichhaltigeren Systems. Man könnte zwar sagen, daß die amerikanischen Bürger ihrerseits dafür sorgen sollten, daß eine straffer organisierte und intensivere politische Gemeinschaft in ihrem Land zustande kommt, aber dieses Argument ist, wiewohl es distributive Konsequenzen hätte, genau genommen kein Argument in Sachen distributiver Gerechtigkeit. Die Frage lautet vielmehr: Was schulden die Bürger einander im Rahmen der Gemeinschaft, in der sie realiter leben?

Nehmen wir das Beispiel Strafjustiz. Die Frage der konkreten Verteilung von Strafen ist ein Punkt, den ich erst in einem späteren Kapitel erörtern möchte. Hier geht es mir zunächst um die Strafautonomie, soll heißen um die Gewißheit, daß Menschen aus den richtigen Gründen bestraft werden (worin diese auch immer bestehen mögen), und sie, diese Strafautonomie, hängt nachhaltig von der Verteilung der Mittel innerhalb des Rechtssystems ab. Wenn angeschuldigten Männern und Frauen die ihnen gebührende Gerechtigkeit im Sinne ihres rechtmäßigen Anteils an der Rechtspflege widerfahren soll, dann müssen sie zunächst die ihnen rechtmäßig zukommende Rechtshilfe erhalten. Daher die Institution des Pflichtverteidigers und des öffentlichen Rechtsbeistandes: wie die Hungrigen gespeist, so müssen die Angeklagten verteidigt werden; und sie müssen verteidigt werden gemäß ihren Bedürfnissen. Und dennoch ist es so, daß ein unparteiischer Beobachter des amerikanischen Rechtssystems nicht umhin kann zu konstatieren, daß die zur Erfüllung dieser Norm erforderlichen Mittel keineswegs generell zur Verfügung stehen.[38] Tatsächlich erfahren die Reichen und die Armen vor amerikanischen Gerichten, entgegen deren öffentlicher Verpflichtung, sie als Gleiche anzusehen, eine durchaus unterschiedliche Behandlung. Wer mithin für eine großzügigere Bereitstellung von Mitteln im Bereich der Justiz eintritt, folgt im Grunde nur der Logik dieser Verpflichtung. Wenn Recht und Gerechtigkeit allen angedeihen sollen, dann muß man sie allen angeschuldigten Bürgern gleichermaßen, d.h. in gleicher Weise und ohne Rücksicht auf ihr Vermögen (oder ihre Rasse, Religion, politische Parteizugehörigkeit usw.) angedeihen lassen. Ich möchte die praktischen Schwierigkeiten bei alledem keineswegs unterschätzen; aber dies ist, wiederum sei's betont, nicht nur die innere Logik der Versorgung, sondern zugleich auch ein erhellendes Beispiel für komplexe Gleichheit. Denn die innere Logik von Lohn und Strafe ist insofern eine andere, als, wie ich später zeigen werde, deren Verteilung gemäß dem Verdienst und nicht den Bedürfnissen zu erfolgen hat. Strafe ist ein negatives Gut, das von jenen monopolisiert werden sollte, die böse gehandelt haben – und (nach einer einfallsreichen Verteidigung) einer bösen Tat für schuldig befunden wurden.

Die Rechtshilfe wirft keine theoretischen Probleme auf, weil die institutionellen Strukturen, vermittels deren sie geleistet werden kann, bereits vorhanden sind. Was zur Debatte steht, ist allein die Bereitschaft der Gemeinschaft, die Logik ihrer eigenen Institutionen auch zu erfüllen. Ich möchte mich nun einem Bereich zuwenden, in dem amerikanische Institutionen relativ unterentwickelt und das kommunale Engagement problematisch sind und damit Gegenstand nichtendender politischer Diskussionen: dem Bereich der medizinischen Versorgung. Das Plädoyer für eine extensivere Versorgung kann hier allerdings nicht kurz und knapp sein, sondern bedarf einer etwas umständlicheren und langsam voranschreitenden Argumentationsführung. Es genügt in diesem Fall nicht, auf ein »Recht auf Behandlung« zu pochen. Ich muß vielmehr ein Stück Wegs zurückgehen in die Geschichte der medizinischen Versorgung als einem sozialen Gut.

Die medizinische Versorgung — ein spezieller Fall

Bis in die jüngste Zeit hinein war die Ausübung der Heilkunst in der Hauptsache eine Angelegenheit freien Unternehmertums. Ärzte stellten ihre Diagnosen, erteilten ihren Rat, heilten ihre Patienten oder heilten sie nicht — das Ganze gegen ein Entgelt in Form eines Honorars. Vielleicht hing der private Charakter dieser ökonomischen mit dem persönlichen Charakter der professionellen Beziehung zusammen. Wahrscheinlicher dünkt mich allerdings, daß er mit der relativen Marginalität der Medizin selbst zu tun hatte. De facto konnten Ärzte nur sehr wenig für ihre Patienten tun; und die generelle Einstellung gegenüber der Krankheit (wie gegenüber der Armut) war ein stoischer Fatalismus. Daneben gab es volkstümliche Heilmittel, die nicht viel weniger wirksam, bisweilen sogar wirksamer waren als diejenigen, die etablierte Ärzte verordneten. Aus der Volksmedizin erwuchs bisweilen eine Art von Gemeinschaftsversorgung auf lokaler Ebene, ebensogut konnte es aber auch sein, daß neue Heilpraktiker aus ihr hervorgingen, die nun ihrerseits ebenfalls Honorare forderten. Die Gesundbeterei folgte einem ähnlichen Muster.

Wenn wir diese beiden Varianten beiseite lassen, dann können wir sagen, daß die Verteilung von medizinischer Fürsorge von altersher in den Händen der medizinischen Profession lag, einer Gilde von Ärzten, deren Wurzeln zumindest bis in die Zeit des Hippokrates im 5. Jahrhundert v. Chr. zurückreichen. Diese Gilde hatte die Funktion, unkonventionelle Praktiker fernzuhalten und die Zahl der Ärzte in der je einzelnen Gemeinde regulativ zu kontrollieren. Ein echter freier Markt lag niemals im Interesse ihrer Mitglieder. Was jedoch sehr wohl in ihrem Interesse lag, war der Verkauf ihrer Dienste an Einzelpatienten, mit dem Resultat, daß im großen und ganzen die Wohlhabenden (dem jeweiligen Verständnis von guter medizinischer Versorgung gemäß) gut betreut waren, während die Armen weitgehend ohne ärztliche Betreuung blieben. In einigen wenigen städtischen Gemeinschaften — in den mittelalterlichen jüdischen Gemeinden z.B. — standen medizinische Hilfsdienste einer breiteren Bevölkerung zur Verfügung. Den meisten Menschen jener Zeit waren entsprechende Hilfeleistungen jedoch praktisch unbekannt. Die Ärzte waren die Diener der Reichen, was sich ablesen läßt an ihrer häufigen Bindung an Adelshäuser und Königshöfe. Daß die ärztliche Profession deswegen immer ein kollektives schlechtes Gewissen hatte, ist unbestreitbar. Scheint die Distributionslogik medizinischer Praxis doch eher folgende zu sein: die medizinische Betreuung ist an der Krankheit und nicht am Vermögen des Patienten zu orientieren. Und so gab es denn auch immer Ärzte, die, wie jene vielgepriesenen im alten Griechenland, die Armen sozusagen nebenbei behandelten, während sie ihren Lebensunterhalt an zahlenden Patienten verdienten. Die meisten Ärzte, die in einem Notfall zur Stelle sind, fühlen sich auch heute noch verpflichtet, dem Opfer ohne Rücksicht auf seinen materiellen Status zu helfen. Es ist eine Sache des professionellen Samaritertums, daß der Ruf: »ist ein Arzt hier?« nicht ungehört verhallt, wenn tatsächlich einer da ist, der mit ja antworten könnte. Normalerweise wurde jedoch nur selten nach medizinischer Hilfe verlangt, der wichtigste Grund dafür: das Vertrauen in ihre konkrete Wirksamkeit war äußerst gering. Und so erzeugte das schlechte Gewissen der Profession denn auch keinen Widerhall etwa in der politischen Forderung, im medizinischen Bereich das freie Unternehmertum durch eine Gemeinschaftsversorgung zu ersetzen.

Zu Zeiten des Mittelalters sah es in Europa wie folgt aus: die Betreuung der Seelen, die Seelsorge, war eine öffentliche Angelegenheit, die der Körper hingegen Privatsache. Heute ist die Situation in den meisten europäischen Ländern umgekehrt; eine Verschiebung, die sich am besten erklären läßt als ein grundsätzlicher Wandel im allgemeinen Verständnis von Seele und Körper. In dem Maße, in dem wir das Vertrauen in die Heilung unserer Seelen verloren, ist unser Glaube, wenn es nicht bereits eine Obsession ist, an die Heilbarkeit unserer Körper gewachsen. Descartes' berühmte Feststellung, daß »die Erhaltung der Gesundheit... ohne Zweifel das erste Gut ist«, kann als Symbol für diesen Wandel genommen werden — oder auch als sein Vorbote, denn Descartes' *Abhandlung über die Methode* belegt in der Geschichte allgemeiner Geisteshaltungen auch zeitlich einen der ersten Plätze.[39] Als die Unsterblichkeitsvorstellung im Volksbewußtsein immer mehr in den Hintergrund trat, schob sich statt dessen der Wunsch nach einem langen Leben immer massiver in den Vordergrund. Unsterblichkeit war unter den Christen des Mittelalters ein sozial anerkanntes Bedürfnis; alle sollten gleichermaßen in ihren Genuß kommen können, jeder Christ sollte die gleiche Chance auf Rettung seiner Seele und auf ein ewiges Leben haben. Die zur Einlösung dieses Anspruchs unternommenen Anstrengungen kannten keine Grenzen: daher die zahllosen Kirchen – für jede Gemeinde eine eigene –, die regelmäßigen Gottesdienste, der Katechismus für die Jugend, die obligatorische Kommunion usw. Unter modernen Menschen ist Langlebigkeit ein sozial anerkanntes Bedürfnis; und so wird zunehmend jede Anstrengung unternommen, sie allen gleichermaßen zuteil werden zu lassen und die Voraussetzungen dafür zu schaffen, daß jeder Bürger die gleiche Chance auf ein langes und gesundes Leben hat: daher Ärzte und Hospitäler für jeden Distrikt, regelmäßige ärztliche Untersuchungen, eine Gesundheitserziehung für die Jugend, Zwangsimpfungen usw.

Parallel zu dieser Verschiebung in den Einstellungen und als natürliche Konsequenz daraus fand eine Gewichtsverlagerung auch im institutionellen Bereich statt: von der Kirche auf die Klinik und das Krankenhaus. Doch vollzog sich diese Verlagerung mählich und stufenweise in Form einer langsamen Herausbildung eines gemeinschaftlichen Interesses an medizinischer Versorgung und einem allmählichen Dahinschwinden des Interesses an religiöser Betreuung. Der erste große Schritt in Richtung medizinischer Versorgung erfolgte auf dem Gebiet der Prävention und nicht auf dem der Therapie, vermutlich deshalb, weil erstere keinen Eingriff in die Privilegien der Arztgilde implizierte. Die Anfänge medizinischer Versorgung im therapeutischen Bereich fielen in etwa zusammen mit den großen öffentlichen Gesundheitskampagnen im späten 19. Jahrhundert. Es ist die gleiche Sensitivität gegenüber Fragen des physischen Überlebens, die in beiden Fällen klar zutage tritt. Die Zulassung von Ärzten, die Einrichtung von staatlichen Ausbildungsstätten für Mediziner (medizinische Fakultäten) sowie von städtischen Kliniken, die Bezuschussung freifinanzierter Großkrankenhäuser mit Steuermitteln, alle diese Maßnahmen implizierten, möglicherweise, zunächst zwar nur marginale Reibungspunkte mit der ärztlichen Profession – einige der Konfliktpunkte verstärkten ihren Zunftcharakter sogar –; doch stellten sie schon damals ein massives öffentliches Engagement dar.[40] Tatsächlich konnte man der übernommenen Verpflichtung auf lange Sicht nur dadurch nachkommen, daß man die Ärzte oder doch zumindest eine erhebliche Zahl von ihnen zu »öffentlichen Ärzten«, d.h. zu Ärzten im öffentlichen Dienst machte (so wie eine kleinere Zahl von ihnen sich einstmals zu Leibärzten am Hofe hatte machen lassen), und daß man den Markt für medizinische Betreuung abschaffte oder einschränkte. Aber ehe ich diese Umwandlung verteidige, möchte ich zuvor die Unabdingbarkeit der Verpflichtung betonen, aus der sie erwächst.

In der Geschichte von Krankheit und Gesundheit hat sich etwas ereignet, und zwar insofern, als Krankheit an sich, selbst wenn sie nicht epidemisch, sondern endemisch ist, in der modernen Welt als eine Plage im Sinne einer Seuche begriffen wird. Und da man Seuchen bekämpfen kann, *muß* auch die Krankheit bekämpft werden. Die Menschen wollen nicht ertragen, was ertragen zu müssen sie nicht länger glauben. Aber der Kampf gegen Tuberkulose, Krebs oder Herzversagen erfordert eine gemeinsame Anstrengung. Medizinische Forschung ist teuer, und die Behandlung vieler spezieller Krankheiten liegt weit außerhalb der finanziellen Möglichkeiten des einfachen Bürgers. Hier ist die Gemeinschaft aufgefordert einzuspringen, und jede demokratische Gemeinschaft tut dies auch — mehr oder weniger nachdrücklich, mehr oder weniger wirkungsvoll, je nachdem, wie die Ergebnisse der zuvor geführten politischen Kämpfe aussehen. Und so nimmt sich die Rolle der Amerikanischen Regierung (oder besser der amerikanischen Regierungen, denn ein großer Teil der Aktivitäten finden auf einzelstaatlicher und bezirklicher Ebene statt) so aus: Subventionierung der medizinischen Forschung und der Ausbildung der Ärzte, Bereitstellung von Krankenhäusern mitsamt der erforderlichen Ausstattung, gesetzliche Regelung freiwilliger Versicherungssysteme, Übernahme der Behandlung von alten Menschen. Aus alledem spricht »die Findigkeit des menschlichen Verstandes, wenn es darum geht, menschliche Bedürfnisse zu befriedigen«. Und alles, was es braucht, um die Erfüllung eines Bedürfnisses moralisch zwingend zu machen, ist die Entwicklung eines so allgemeinen und tief empfundenen »Bedürfnisses«, daß überzeugend nachgewiesen werden kann, daß es sich um das Bedürfnis nicht nur dieser oder jener Einzelperson handelt, sondern um das der Gemeinschaft im allgemeinen — um ein, wenn auch kulturell geprägtes und mit Gewicht versehenes, »allgemeinmenschliches Bedürfnis«.*

---

* In seiner Gegenrede gegen Bernard Williams' Behauptung, das einzig angemessene Kriterium für die Distribution von medizinischer Betreuung sei das medizinische Erfordernis,[41] fragt Robert Nozick, warum daraus nicht folge, »daß das einzig angemessene Kriterium für die Distribution von Barbierdiensten das Erfordernis des Haareschneidens ist«?[42] Vielleicht folgt dies tatsächlich daraus, und zwar dann, wenn man den Blick nur auf das in allgemeinen Begriffen gefaßte »Binnenziel« der Aktivität richtet. Es folgt jedoch nicht daraus, wenn man die soziale Bedeutung der Aktivität ins Auge faßt, den Stellenwert des Gutes, das durch sie im Leben einer speziellen Gruppe von Menschen zur Verteilung gelangt. Es ist zwar vorstellbar, daß in einer bestimmten Gesellschaft der Haarschnitt eine so zentrale kulturelle Bedeutung gewinnt, daß eine Gemeinschaftsversorgung in Sachen Haareschneiden moralisch

Aber wenn die gemeinschaftliche Versorgung erst einmal begonnen hat, dann unterliegt sie fürderhin weiteren moralischen Zwängen: sie muß das, was »gebraucht« wird, allen Mitgliedern der Gemeinschaft gleichermaßen darbieten, und sie muß es in einer Weise tun, die ihre Zugehörigkeit zur Gemeinschaft respektiert. Nun ist selbst das amerikanische medizinische Versorgungskonzept, wiewohl von einem staatlichen Hilfsdienst meilenweit entfernt, darauf ausgerichtet, allen, die medizinischer Hilfe bedürfen, eine einigermaßen annehmbare und würdevolle medizinische Versorgung zuteil werden zu lassen. Sind erst einmal öffentliche Gelder im Spiel, dann können Staatsbeamte auch kaum noch etwas anderes tun und wollen. Gleichzeitig liegt bislang jedoch keine politische Entscheidung vor, die das System des freien Unternehmertums in der ärztlichen Betreuung direkt anzweifeln oder gar auf seine Abschaffung dringen würde. Solange aber dieses System existiert, wird den Vermögensverhältnissen in (diesem Teil) der Sphäre von Sicherheit und Wohlfahrt eine bestimmende Rolle zufallen; die Einzelnen werden medizinisch versorgt und betreut werden entsprechend ihrer Zahlungsfähigkeit und nicht ihrem Behandlungsbedarf und -bedürfnis. In der Praxis ist die Situation komplizierter, als diese Formel es suggeriert, denn die Gemeinschaftsversorgung dringt bereits in den freien Markt ein und beschneidet ihn; obendrein bekommen die Schwerkranken und die Alten bisweilen wirklich exakt die Behandlung, die sie bekommen sollten. Dennoch steht fest, daß Armut eine entscheidende Barriere für eine angemessene und konsistente medizinische Behandlung bleibt. Die aussagekräftigste Statistik in bezug auf die derzeitige amerikanische Medizin dürfte die Korrelation von Arztkonsultationen und Krankenhausaufenthalten einerseits und sozialer Klassenzugehörigkeit andererseits sein und nicht der Grad oder die Inzidenz von Erkrankungen. Mittel- und Oberklassen-Amerikanern steht zu ihrer Betreuung sehr viel eher ein Privatarzt zur Verfügung, den sie auch sehr viel häufiger konsultieren, als dies bei ihren ärmeren Mitbürgern der Fall ist, und, was dazukommt, sie sind seltener ernsthaft krank als diese.[44] Handelte es sich bei der medizinischen Versorgung um einen Luxus, dann wären diese Unterschiede ohne größere Bedeutung; sobald die medizinische Versorgung jedoch zu einem gesellschaftlich anerkannten Bedürfnis wird, und sobald die Gemeinschaft in ihre Bereitstellung investiert, ist ihre Bedeutung jedoch im-

---

angezeigt scheint; es ist jedoch mehr als interessant, daß eine derartige Gesellschaft niemals existiert hat. Unterstützung in meinen Überlegungen zu diesen Fragen fand ich in einem Artikel von Thomas Scanlon; ich übernehme hier seine »konventionalistische« Alternative.[43]

mens. Denn nun ist ihre Entbehrung eine doppelte Einbuße – für die persönliche Gesundheit ebenso wie für den persönlichen sozialen Status. Ärzte und Krankenhäuser sind so enorm wichtige Bestandteile des modernen Lebens geworden, daß ein Zwangsverzicht auf die Hilfe, die sie zu geben haben, nicht nur gefährlich, sondern auch erniedrigend ist.

Indes, jedes vollentwickelte medizinische Versorgungssystem setzt Einschränkungen und Zwänge auf seiten der Ärzteschaft voraus. Dies gilt auch dann, wenn man den Sachverhalt sehr viel allgemeiner so formuliert: die Bereitstellung von Sicherheit und Wohlfahrt macht Einschränkungen und Zwänge auf seiten jenes Personenkreises erforderlich, der bislang die zur Debatte stehenden Güter kontrolliert und sie auf dem Markt verkauft hat (vorausgesetzt, was durchaus nicht immer der Fall ist, der Markt ist vor der Gemeinschaftsversorgung da). Denn was wir tun, wenn wir dieses oder jenes Gut zu einem notwendigen Bedarfsgut erklären, ist, daß wir seinen freien Austausch blockieren oder zumindest beschränken. Wir blockieren damit zwar auch jedes andere, nicht am Bedarf orientierte Distributionsverfahren – die allgemeine Wahl, den meritokratischen Wettbewerb, die persönliche oder familiale Präferenz usw. –, aber der Markt ist, zumindest in den Vereinigten Staaten, so wie sie heute sind, der größte Rivale der Sphäre von Sicherheit und Wohlfahrt; und so ist es denn an erster Stelle der Markt, der vom Wohlfahrtsstaat aufgekauft wird. Die Verteilung notwendiger Bedarfsgüter darf einfach nicht der Laune irgendwelcher mächtiger Gruppen von Besitzern oder Fachexperten überlassen werden oder gemäß deren Interessen erfolgen.

In entsprechenden Fällen wird zumeist das Besitzrecht an den in Frage stehenden Gütern abgeschafft und werden die Fachexperten entweder rechtswirksam für den öffentlichen Dienst zwangsverpflichtet oder wenigstens für ihn »angeworben«. Sie leisten diesen Dienst um eines sozialen Erfordernisses und nicht, oder nur bedingt, um ihrer selbst willen: die Priester um des ewigen Lebens, die Soldaten um der nationalen Verteidigung und die Lehrer an öffentlichen Schulen um der Erziehung ihrer Schüler willen. Priester tun Unrecht, wenn sie die Seelenrettung zum Kauf anbieten; Soldaten tun Unrecht, wenn sie sich als Söldner verdingen, und Lehrer tun Unrecht, wenn sie die Kinder der Reichen bevorzugen. Bisweilen ist die Konskription nur eine partielle, so wenn Rechtsgelehrte aufgefordert sind, als Amtspersonen vor Gericht aufzutreten und damit der Sache der Gerechtigkeit zu dienen, während sie gleichzeitig als Anwälte ihren Klienten und sich selbst dienlich sind. Bisweilen stellt sie eine gelegentliche und temporäre Verpflichtung dar, so wenn freie Anwälte als »Pflichtverteidiger« von Beklagten auftreten müssen, die nicht in der Lage sind, einen Rechtsbeistand ihrer Wahl zu bezahlen. In diesen Fällen wird alles daran gesetzt, den persönlichen Charakter des Anwalt-Klient-Verhältnisses zu wahren. Ich bin gerne bereit, eine ähnliche Anstrengung in einem voll entfalteten nationalen Gesundheitsdienst zur Kenntnis zu nehmen, sehe aber absolut keinen Grund, die Marktfreiheit des Arztes zu respektieren. Notwendige Bedarfsgüter sind keine Waren. Oder genauer, sie können nur dann ge- und verkauft werden, wenn sie jenseits und oberhalb eines durch demokratische Entscheidungsprozesse fixierten und legitimierten Versorgungspegels zur Verfügung stehen (und dies auch nur dann, wenn ihr Kauf und Verkauf die Distribution unterhalb dieser Schwelle nicht stört und verzerrt).

Man könnte nun sagen, daß die bisherige Weigerung der USA, einen umfassenden staatlichen Gesundheitsdienst zu finanzieren, eine politische Entscheidung des amerikanischen Volkes über Ebene und Umfang der gemeinschaftlichen Fürsorge (und über die relative Bedeutung anderer Güter) darstelle: Minimalversorgung für jedermann auf der Basis von städtischen Kliniken; und darüber hinaus freies Unternehmertum. Ein solches Konzept erschiene mir persönlich zwar als höchst unzureichend, es implizierte aber nicht notwendig eine ungerechte Entscheidung. Indes, dies ist nicht die Entscheidung, die das amerikanische Volk getroffen hat. Die allgemeine Einsicht in die Bedeutung der medizinischen Versorgung hat Amerika zu weit darüber hinausgehenden Initiativen veranlaßt. De facto ist es heute so, daß Bund, Länder und Gemeinden ein medizinisches Versorgungsprogramm subventionieren, das verschiedene Ebenen der Betreuung für verschiedene Klassen von Bürgern vorsieht. Auch das könnte richtig sein, wenn die Klasseneinteilung an den Zwecken der Versorgung orientiert wäre – wenn z.B. Soldaten und in der Verteidigungsindustrie Beschäftigten in Kriegszeiten eine Spezialbehandlung zuteil würde. Die Dreiteilung in Arme, Mittelschichten und Reiche ist jedoch eine absolut unhaltbare Triage. Sofern öffentliche Mittel – wie es derzeit der Fall ist – zur Finanzierung der Forschung, zum Bau von Krankenhäusern und zur Bezahlung der Honorare von Ärzten, die in Privatpraxen arbeiten, ausgegeben werden, müssen die Dienste, die mit diesen Geldern bezahlt werden, allen Bürgern in gleicher Weise zu Gebote stehen.

Damit sind wir bei unserem Plädoyer für einen erweiterten amerikanischen Wohlfahrtsstaat angelangt. Es ist die logische Konsequenz aus den von mir benannten drei Prinzipien, die in ihrer Tendenz auf eine Herauslösung der beiden Sozialgüter Sicherheit und Wohlfahrt aus den allgemeinen Herrschaftsstrukturen hinauslaufen. Wiewohl eine Vielzahl institutioneller

Arrangements denkbar ist, scheinen die drei Prinzipien doch eine Naturalversorgung mit den gefragten Gütern nahezulegen, womit sie ein gewichtiges Argument liefern gegen die gerne und immer wieder vorgetragene Empfehlung, doch Geld zu verteilen anstelle von Erziehung, Rechtshilfe oder medizinischer Betreuung. Die negative Einkommensteuer z.B. ist ein Konzept zur Steigerung der Kaufkraft auf seiten der Armen – eine modifizierte Version der einfachen Gleichheit.[45] Doch so läßt sich die Herrschaft des Geldes im Reich der Notwendigkeit und der Bedürfnisse nicht brechen. In Ermanglung einer radikalen Gleichstellung könnten und würden Männer und Frauen mit größerer Finanzpotenz den Preis der benötigten Güter auch weiterhin in die Höhe treiben. D.h., die Gemeinschaft würde, wenn auch nunmehr indirekt, in die individuelle Wohlfahrt investieren, jedoch ohne zugleich die Versorgung den Erfordernissen anpassen zu können. Selbst bei Einkommensgleichheit würde eine über den Markt vermittelte Gesundheitsversorgung nicht auf den notwendigen Bedarf antworten, und für den Fortgang der medizinischen Forschung wäre der Markt ebenfalls kein sicherer Garant. Dies ist indes kein Einwand gegen die negative Einkommensteuer, denn es kann in einer Marktwirtschaft durchaus geschehen, daß Geld selbst zu den Dingen gehört, derer die Menschen bedürfen. Und dann sollte vielleicht auch dieses Geld in seiner Naturalform bereitgestellt bzw. verteilt werden.

Ich möchte noch einmal betonen, daß eine a priori-Übereinkunft darüber, welche Bedürfnisse sozial anerkannt werden sollen, nicht möglich ist; sie ist ebensowenig möglich, wie es keinen apriorischen Modus gibt, die richtigen oder angemessenen Versorgungsvolumina zu bestimmen. Unsere Auffassungen von medizinischer Versorgung und Betreuung haben eine Geschichte; sie variierten in der Vergangenheit, und sie werden auch in Zukunft variieren. Die Formen der Gemeinschaftsversorgung haben sich in der Vergangenheit stetig gewandelt, und sie werden sich auch in Zukunft weiter wandeln. Aber sie wandeln sich nicht automatisch mit und gemäß den Auffassungen, die die Menschen jeweils von der Gemeinschaftsversorgung haben. Die alte Ordnung hat ihre Anhängerschaft; nicht nur Institutionen sind lethargisch, sondern auch die Menschen. Zudem sind allgemeine Auffassungen selten so klar, wie sie es im Falle der medizinischen Versorgung sind. Und so ist der Wandel immer eine Angelegenheit der politischen Argumentation, der Organisation und des Kampfes. Alles, was der Philosoph tun kann, ist, daß er die Grundstruktur der Argumentation und die Zwänge, die aus ihr folgen, zu beschreiben versucht. Daher die drei Prinzipien, die sich in Abwandlung der berühmten Marxschen Maxime so zusammenfassen lassen: Jeder nach seinen Möglichkeiten (bzw.

seinen Mitteln), jedem nach seinen sozial anerkannten Bedürfnissen. Dies, so meine ich, ist der tiefere Sinn des Gesellschaftsvertrages. Bleibt uns nur noch die Ausarbeitung der Details – aber im Alltag sind die Details nun einmal alles.

Eine Bemerkung zum Zusammenhang von Wohltätigkeit und Abhängigkeit

Die Langzeitwirkung der gemeinschaftlichen Versorgung besteht darin, daß sich auf ihrem Hintergrund nicht nur der Umfang der Kauf- und Verkaufs-, sondern auch der Wohltätigkeits- und Spendenaktivitäten verringert. Dies gilt zumindest für jüdisch-christliche Gemeinden, in denen milde Gaben traditionell ein wichtiger Zusatz zu Steuern und zum Zehnten sowie eine wesentliche Quelle waren, aus der Arme unterstützt werden konnten. Im Westen scheint heute ein allgemeines Gesetz folgenden Inhalts zu gelten: je entwickelter der Wohlfahrtsstaat, umso geringer der Raum und die Motivation, die für Mildtätigkeit und Barmherzigkeit bleiben.[46] Was dabei herauskommt, ist weder ein unerwartetes noch ein unerwünschtes Ergebnis. Die Argumente, die gegen Mildtätigkeit ins Feld geführt werden, sind denen gegen das Bettlertum eng verwandt. Betteln gilt als eine in hohem Maße unziemliche Verhaltensübung, die den Armen von den Mildtätigen abgenötigt wird – ein besonders peinliches Beispiel für die Macht des Geldes außerhalb und jenseits seiner Direktsphäre. »Milde Gaben verletzen den, der sie empfängt« schreibt Marcel Mauss in seinem klassischen anthropologischen Essay über *Die Gabe*, »und all unsere moralischen Bemühungen zielen darauf ab, die unbewußte schimpfliche Gönnerhaftigkeit des reichen »Almosengebers« zu vermeiden«.[47] Mildtätigkeit kann auch ein Weg sein, sich Einfluß und Wertschätzung zu erkaufen, wenngleich hier Stiftungen im religiösen, erzieherischen oder kulturellen Bereich mehr Erfolg garantieren dürften als die gewöhnliche Armenfürsorge. Aber auch derlei Aktivitäten können anstößig sein; und der Einwand, daß nicht wohlhabende Männer und Frauen, sondern Priester und Gläubige, Lehrer und Schüler oder die Bürger im allgemeinen es seien, denen die wichtigen Entscheidungen in den Bereichen von Religion, Bildung und Kultur obliegen sollten, ist absolut einleuchtend. Dennoch möchte ich mich hier nur auf die direkte Verwendung von Geld und Besitz zur Unterstützung von Bedürftigen konzentrieren, d.h. auf Mildtätigkeit in ihrer klassischen jüdischen und christlichen Bedeutung.

Private Wohltätigkeit erzeugt persönliche Abhängigkeit und in ihrem Gefolge deren allseits bekannte Untugenden und Nachteile in Gestalt von Fügsamkeit, Passivität und Unterwürfigkeit auf der einen sowie Dünkel und Anmaßung auf der anderen Seite. Wenn die Gemeinschaftsversorgung der Mitgliedschaft Rechnung tragen, sie respektieren soll, dann muß sie diese Negativeffekte zu vermeiden suchen. Zwar ist dieses Ziel durch die bloße Ersetzung von privater Mildtätigkeit durch eine öffentliche Almosenverteilung nicht zu erreichen; diese kann aber insofern dennoch erforderlich sein, als die Gemeinschaft eher in der Lage ist, ein solides, konsistentes und unpersönliches Fürsorgeprogramm zu realisieren und so den Armen gemäß ihren Bedürfnissen tatsächlich zu helfen. Wohlfahrtsunterstützung allein erzeugt jedoch noch keine Unabhängigkeit. Die alten Muster bestehen fort – die Armen sind weiterhin fügsam, passiv und unterwürfig, während die öffentlichen Bediensteten den Dünkel und die Anmaßung ihrer privaten Vorläufer übernehmen. Daher die Bedeutung von Programmen, wie etwa Maimonides sie empfahl, Programme, die darauf abzielen, den Armen auf die eigenen Beine zu helfen, sie ihrerseits wirtschaftlich lebensfähig zu machen, sei's durch Wiedereingliederung ins Berufsleben, Umschulung, Subventionierung von Kleinunternehmen oder andere ähnliche Maßnahmen. Die Arbeit gehört nämlich selbst zu den Dingen, deren Männer und Frauen bedürfen, und die Gemeinschaft muß ihnen helfen, sie zu finden, wann immer sie selbst nicht in der Lage sind, sie für sich bzw. füreinander bereitzustellen.

Aber auch dies erfordert eine zentrale Planung und Verwaltung, welche Eingriffe und Interventionen von seiten der Planer und Administratoren geradezu vorprogrammiert. Daneben ist wichtig, daß jedes Konzept einer gemeinschaftlichen Versorgung ausreichend Raum läßt für die diversen Formen von lokaler Selbsthilfe und freiwilligem Zusammenschluß. Das Ziel dabei ist die Partizipation an Gemeinschaftsaktivitäten und damit die konkrete Verwirklichung von Mitgliedschaft. Dabei geht es nicht darum, daß sozusagen vorab die Armut überwunden wird und dann, wenn dies geschafft ist, die ehemaligen Armen ins politische und kulturelle Leben des Rests der Gemeinschaft integriert werden; vielmehr ist der Kampf gegen Armut (wie gegen jede Art von Bedürftigkeit) eine der Aktivitäten, an der sich möglichst viele Bürger, arme, weniger arme und wohlhabende gleichermaßen, beteiligen sollten. Das aber bedeutet, daß, auch und selbst in einer Gemeinschaft, die eine (komplexe) Gleichheit ihrer Mitglieder anstrebt, Platz ist für das, was Richard Titmuss das »Schenkverhältnis« oder »die Spendenbeziehung« genannt hat.[48]

Blut und Geld — zwei Beispiele

Titmuss hat untersucht, auf welche Weise eine Reihe von Ländern in den Besitz der Blutkonserven gelangen, die sie für klinische Zwecke brauchen, und dabei vornehmlich zwei Wege genauer unter die Lupe genommen — den Ankauf und die freiwillige Spende. Seine Schrift ist ein Plädoyer für die Spende, zum einen, weil sie effizienter ist (indem sie das bessere Blut bringt), und zum anderen, weil sie einem altruistischen Gemeinschaftsgeist nicht nur Ausdruck verleiht, sondern ihn zugleich verstärkt. Titmuss' Argumentation ist ebenso bedenkenswert wie luzide, und sie wäre es noch mehr, hätte er noch einen zweiten Vergleich angestellt — für den sich allerdings keine praktischen Beispiele hätten finden lassen. Eine andere Form der Beschaffung von Blutkonserven könnte in einer Art Blutabgabesteuer, d.h. in der an jeden Bürger ergehenden Forderung bestehen, soundso viel Blut pro Jahr zu spenden. Eine solche Verfügung würde die Versorgungslage gewiß insofern erheblich verbessern, als die Zahl der Spender beträchtlich anstiege und die medizinischen Fachlaute dadurch in der Lage wären, unter den Spendern auszuwählen und nur den gesündesten Bürgern Blut abzunehmen, ähnlich dem Verfahren, das uns nur die Wehrfähigen zum Militärdienst einziehen läßt. Titmuss dürfte, so zumindest meine Vermutung, dennoch an der Spendenbeziehung als der besseren Praxis festhalten wollen, und dies nicht nur deshalb, weil eine Blutabgabesteuer — zumindest in unserem Kulturkreis — einen allzu massiven Angriff auf die physische Integrität darstellen würde. Worauf es ihm vor allem ankommt, ist die Tugend, die Kraft, die in der privaten Spende liegt, und er würde zu Recht bezweifeln, daß diese Kraft sich durch eine staatliche Erhebung, und sei sie noch so demokratisch legitimiert, verdoppeln ließe.

Doch diese Überlegung dürfte nicht nur in bezug auf Blut, sondern auch auf Geld stichhaltig sein, zumindest dann, wenn es sich um keine allzu großen Beträge handelt und die Spendenfähigkeit breit gestreut ist. Die Blutspende stellt keine Machtausübung von seiten derjenigen Männer und Frauen dar, die zu spenden in der Lage sind, und sie erzeugt auch keine Devotheit und Abhängigkeit unter denen, die ihrer bedürfen. Spender handeln aus dem Wunsch heraus zu helfen, und da sie dies tatsächlich tun, entwickeln sie ganz ohne Zweifel ein Gefühl des Stolzes auf ihre Hilfeleistung. Was jedoch aus alledem mit Sicherheit nicht erwächst, ist jede Art von Eigendünkel und Selbstüberhebung; dafür ist diese Hilfeleistung zu leicht und zu allgemein erhältlich. Das aber heißt, daß Mildtätigkeit durch Gleichheit aufgehoben wird, in ihr verschwindet. Eine Feststellung, der die Frage folgen muß: Was würde passieren, wenn die Bürger in ihrer großen Mehrheit in gleicher oder mehr oder weniger gleicher Weise in der Lage wären, Geld zugunsten der Bedürftigsten unter ihren Mitbürgern (in eine »Gemeinschaftskasse«) zu spenden? Eine Besteuerung wäre ohne Zweifel weiterhin erforderlich, und zwar nicht nur zur Finanzierung von Diensten, die, wie die Verteidigung, die innere Sicherheit und das öffentliche Gesundheitswesen, in den Bereich der allgemeinen Versorgung fallen, sondern auch von vielen Formen der speziellen Versorgung. Aber auch hier behält die von Titmuss in bezug auf die Blutspende verfochtene Forderung ihre Relevanz: Förderung und Begünstigung privater Spendentätigkeit. Der Akt des Gebens ist in sich gut; er erzeugt ein Gefühl von Solidarität und gemeinschaftlicher Kompetenz. Durch die ineinander verschlungenen Aktivitäten der Organisierung von Spendenkampagnen und der nachfolgenden Entscheidungen darüber, wie und wofür das Geld auszugeben sei, wird der einfache Bürger in eine Arbeit involviert, die der Arbeit von Beamten nicht nur ähnelt, sondern sie auch ergänzt, und die so den allgemeinen Partizipationspegel ansteigen läßt.

Wenn die hier angestellten Überlegungen in bezug auf Geldspenden richtig sind, dann sind sie es auch – und in gesteigertem Maße – in bezug auf die Ressourcen von Zeit und Kraft bzw. Energie. Sie, diese Ressourcen, sind ganz gewiß die wertvollsten Geschenke, die Bürger einander machen können. Nun hat die Professionalisierung der »Sozialarbeit« jene Amateurbeamten, die in griechischen und jüdischen Gemeinden in Fragen der Gemeinschaftsversorgung bestimmend waren, verdrängt und damit eine Lücke aufgerissen, die dringend einen modernen Ersatz heischt. Kein Wunder also, daß eine neuere Studie über Sozialarbeit im Wohlfahrtsstaat zu dem Schluß kommt: »Eine Mobilisierung altruistischer Kapazitäten ist dringend erforderlich, wenn denen, die ihrer am meisten bedürfen, wirkliche Hilfe zuteil werden soll« – wobei mit »wirklicher Hilfe« nicht nur Fürsorge und Unterstützung gemeint sind, sondern ebenso die Integration in die Gemeinschaft.[49] Bürokratie ist angesichts der Größe moderner politischer Gemeinschaften wie auch des Umfangs der erforderlichen Dienstleistungen heute ganz gewiß eine Unabdingbarkeit. Doch kann der starre Dualismus von professionellen Fürsorgern hier und hilflosen Schützlingen dort der Demokratie dann nachhaltig gefährlich werden, wenn eine Vermittlung durch Freiwillige, durch Organisatoren, durch Vertreter der Armen und Alten, durch Freunde und Nachbarn auf lokaler Ebene fehlt. Man darf sich die Spendenbeziehung ruhig als eine Art von Politik vorstellen: wie die Stimmabgabe, die Petition und die Demonstration so ist auch die Spende eine Möglichkeit, der Gemeinschaft der Bürger einen konkreten Sinn zu geben. Und so wie die Wohlfahrt generell darauf ausgerichtet ist, die Herrschaft des Geldes in der Bedürfnissphäre zu überwinden, so zielt auch die aktive Partizipation von Bürgern an der Bewältigung von Wohlfahrts- (wie auch von Sicherheits-)problemen darauf ab sicherzustellen, daß die Dominanz des Geldes nicht einfach durch die Dominanz der politischen Macht ersetzt wird.

4. Kapitel
Geld und Waren

Der allgemeine Kuppler

Wer über Geld nachdenkt, stößt alsbald auf zwei zentrale Fragen. Frage eins: Was ist für Geld zu haben bzw. was kann man sich dafür kaufen? Frage zwei: Wie wird bzw. wie ist es verteilt? Daß die beiden Fragen tatsächlich in der genannten Reihenfolge behandelt werden müssen, liegt daran, daß wir uns mit der Verteilung des Geldes in sinnvoller Weise erst dann befassen können, wenn wir die Sphäre, innerhalb deren es wirksam ist, und die Reichweite seiner Wirksamkeit und Geltung kennengelernt haben. D.h., wir müssen als erstes herausfinden, wie wichtig Geld wirklich ist.

Wir beginnen am besten bei der naiven und zugleich allgemeinen Auffassung, derzufolge das Geld insofern in umfassendem Sinne wichtig, ja allmächtig ist, als in ihm die Wurzel alles Bösen und die Quelle alles Guten liegt. »Das Geld«, so spricht Ekklesiates, »antwortet auf alle Dinge«. Und nach Marx ist das Geld jener »allgemeine Kuppler«, der, alle natürlichen und alle moralischen Schranken durchbrechend, schändliche Verbindungen zwischen Menschen und Waren knüpft. Marx könnte diese Erkenntnis gewonnen haben, indem er seinen Blick über das Europa des 19. Jahrhunderts schweifen ließ; in Wirklichkeit las er sie jedoch aus einem Buch heraus, und zwar aus Shakespeares *Timon von Athen*, jenem Drama, in dem Timon, nach Gold grabend, über den von ihm begehrten Gegenstand nachsinnt:

> »Gold? kostbar, flimmernd, rothes Gold? Nein, Götter!
> Nicht eitel fleh' ich ...
> So viel hiervon macht schwarz weiß, häßlich schön;
> Schlecht gut, alt jung, feig tapfer, niedrig edel.
> ...
> Ha! dieß lockt ... den Priester vom Altar;

> Reißt Halbgenes'nen weg das Schlummerkissen:
> Ja, dieser rothe Sclave löst und bindet
> Geweihte Bande; segnet den Verfluchten;
> Er macht den Aussatz lieblich, ehrt den Dieb
> Und gibt ihm Rang, gebeugtes Knie und Einfluß
> Im Rath der Senatoren; dieser führt
> Der überjähr'gen Wittwe Freier zu;
> Sie, von Spital und Wunden giftig eiternd,
> Mit Ekel fortgeschickt, verjüngt balsamisch
> Zu Maienjugend dieß. Verdammt Metall,
> Gemeine Hure du der Menschen, die
> Die Völker thört.«[1]

Wenngleich sich Timon in einem Zustand nihilistischer Verzweiflung befindet, so sprechen seine Worte doch die vertraute Sprache der moralischen Kritik. Wir wollen nicht mitansehen, wie Priester korrumpiert, beherzte Männer ihres Muts beraubt, Religionen herabgewürdigt oder Diebe in Amt und Würden erhoben werden. Aber warum sollte die »überjähr'ge Wittwe« nicht wieder zu Maienjugend verjüngt werden? Es sind ästhetische und nicht moralische Skrupel, die Timon hier verspürt. Der Punkt, um den es geht, bleibt indes derselbe: die Verwandlung der Witwe geht auf ihr Geld zurück. Das gilt für jeden von uns, vorausgesetzt, wir sind reich genug. »Das, was ich *bin* und *vermag*«, so schrieb Marx, »ist also keineswegs durch meine Individualität bestimmt. Ich *bin* häßlich, aber ich kann mir die *schönste* Frau kaufen. Also bin ich nicht *häßlich* . . . Ich bin geistlos, aber das Geld ist der *wirkliche* Geist aller Dinge, wie sollte sein Besitzer geistlos sein?«[2]

Dies ist die »wirkliche Natur« des Geldes — möglicherweise vor allem und besonders in einer kapitalistischen Gesellschaft, aber im allgemeinen durchaus auch. Marx zitierte schließlich Shakespeare, und Shakespeare legte seine Worte einem athenischen Edelmann in den Mund. Wo immer Geld verwendet wird, verkuppelt und verbrüdert es unvereinbare Dinge miteinander, es dringt in die »selbständigen Wesenskräfte« sozialen Lebens ein, es verkehrt die Individualität und »zwingt das sich Widersprechende zum Kuß«. Aber genau dazu ist das Geld da; das ist der Grund, weswegen wir uns seiner bedienen. Neutraler ausgedrückt ist es das Universalmedium des Tauschs, das universelle Tauschmittel — und eine große Annehmlichkeit obendrein, denn der Tausch ist ein zentraler Bestandteil jenes Lebens, das wir mit anderen Männern und Frauen gemeinsam führen. Der einfache Egalitarismus von Shakespeares plebejischem Rebellen Jack Cade:

> ». . . so soll es kein Geld mehr geben!«[3]

hat im modernen radikalen und sozialistischen Denken seinen unüberhörbaren Nachhall gefunden, doch habe ich Schwierigkeiten, mir vorzustellen, welche Art von Gesellschaft damit gekennzeichnet werden soll. Zeitgenössische Radikale haben ganz sicher nicht die Wiedereinführung einer Tauschwirtschaft und die Entlohnung von Arbeitern in Naturalien im Sinn. Vielleicht wollen sie die Arbeiter mit Stundenzetteln bezahlen, die nur in staatlichen Läden eingewechselt werden können. Doch würden diese sehr bald auf breiterer Ebene, wenn nötig auch hinter dem Rücken der Polizei, getauscht werden. Und Timon würde zurückkehren und nach verborgenen Zetteln graben.

Die Einwendungen von Shakespeare und Marx betreffen die Universalität des Mediums, nicht das Medium selbst. Für Timon gehört sie, diese Universalität, zum Wesen des Geldes, und möglicherweise hat er mit seiner Einschätzung recht. Abstrakt gesprochen ist Geld nichts anderes als die Verkörperung von Wert. Die Behauptung, jede mit Wert behaftete Sache, jedes soziale Gut, sei geldlich darstellbar, kann mithin durchaus Plausibilität beanspruchen. Mag sein, daß auf dem Weg von der mit Wert behafteten Sache zu jenem Geldwert eine ganze Kette von Übersetzungen erforderlich ist; es gibt jedoch keinen Grund anzunehmen, diese Übersetzungen ließen sich nicht bewerkstelligen, im Gegenteil, sie finden täglich neu statt. Das Leben selbst hat ebenfalls einen Wert und damit letztlich auch einen Preis (der, theoretisch gesprochen, für unterschiedliche Leben verschieden hoch ist) – wie könnten wir sonst an Versicherung und Entschädigung auch nur denken? Daß wir die Universalität des Geldes gleichzeitig auch als erniedrigend und entwürdigend erfahren, zeigt exemplarisch die Oscar Wilde zugeschriebene Definition des Zynikers, der beschrieben wird als »ein Mensch, der von allem den Preis und von nichts den Wert kennt.« Diese Definition ist ganz gewiß zu kategorisch; es ist nicht zynisch zu denken, daß sich Preis und Wert bisweilen entsprechen. Doch oft genug ist das Geld nicht imstande, den Wert zu verkörpern; die Übersetzungen werden zwar vorgenommen, aber es geht – wie bei guter Poesie – etwas verloren in diesem Prozeß. D.h., wir können nur dann universell kaufen und verkaufen, wenn wir die realen Werte außer acht lassen; wenn wir sie hingegen ins Zentrum stellen, dann gibt es Dinge, die nicht umstandslos gekauft bzw. verkauft werden können – spezielle Dinge, denn die abstrakte Universalität des Geldes wird unterhöhlt und eingeschränkt durch die Schaffung von Werten, die sich nicht ohne weiteres in Geld ausdrücken und auspreisen lassen, oder von denen wir gar nicht wollen, daß sie mit einem Preis versehen werden. Obwohl diese Werte häufig umstritten sind, können wir dennoch untersuchen, worin sie bestehen. Die Frage danach ist eine empirische Frage. Welche monetären Tauschaktionen sind blockiert, verboten, werden übelgenommen oder formell mißbilligt?

Was man für Geld nicht kaufen kann

Von der Sünde des Ämterkaufs, der Simonie, habe ich bereits gesprochen; sie mag uns hier als paradigmatisches Beispiel für den blockierten Tausch dienen. Gottesämter können nicht käuflich erworben werden — zumindest so lange nicht, wie die Vorstellung, welche Kirche und Menschen sich von Gott machen, ihre Käuflichkeit ausschließt. Vielleicht läßt sich in einer andersartigen Kultur, deren Gottes-oder Götterbild von der christlich-mittelalterlichen Gottesvorstellung verschieden ist, diese Blockierung ja aufbrechen, etwa nach der Devise: wenn sich die Götter durch Opfergaben milde stimmen lassen, warum sollte man sie nicht auch mit funkelndem Gold bestechen können? In der christlichen Kirche jedoch ist diese Art von Bestechung absolut unzulässig. Nicht, daß sie nicht vorkäme; doch ist es zumindest so, daß jedermann weiß, daß sie nicht vorkommen sollte. Wird sie dennoch praktiziert, handelt es sich um ein klandestines Geschäft, bei dem Käufer und Verkäufer, statt zu ihrer Transaktion offen zu stehen, in die Lüge ausweichen. Nun ist Unredlichkeit immer schon ein brauchbarer Führer auf dem Weg zur Schaffung von moralischen Maßstäben gewesen; was in diesem Fall bedeutet, daß Menschen, die sich über die Grenze der Geldsphäre hinausstehlen, immerhin Zeugnis ablegen von der Existenz dieser Grenze, die mithin in etwa dort liegt, wo diese Menschen beginnen, etwas zu vertuschen und sich zu verstellen. Bisweilen bedarf es allerdings eines massiven Einsatzes, um die Grenzlinie als solche überhaupt kenntlich zu machen und den bis dahin mehr oder weniger offenen Handel einzudämmen. Mit anderen Worten, das Geld ist so lange unschuldig, bis seine Schuld erwiesen ist.

Die Zwangsaushebung im Jahre 1863

Die »Enrollment and Conscription Act« von 1863 sorgte für die erste militärische Zwangseinberufung in der amerikanischen Geschichte. Zwar war der Dienst in der Miliz bereits zu kolonialen Zeiten obligatorisch im Sinne einer Wehrpflicht gewesen, doch was es ein lokaler, nachbarschaftlicher Zwang, der da waltete, ein Zwang, bei dem im allgemeinen davon ausgegangen wurde, daß niemand verpflichtet war, fernab von seinem Heimatort zu kämpfen. Der Krieg gegen Mexiko z.B. wurde gänzlich mit Freiwilligen ausgefochten. Anders der Sezessionskrieg, der ein Kampf ganz anderen Ausmaßes war. Die Armeen, die hier in die Schlacht geführt wurden, waren riesig, die Feuerkraft war größer als jemals zuvor, und die Verluste waren hoch; der Bedarf an Kämpfern nahm mit der Dauer des Krieges immer weiter zu. Das Kriegsministerium — wie auch Präsident Lincoln — sah in einer nationalen Aushebung die einzige Chance, den Krieg zu gewinnen.[4] Daß die Wehrpflicht unpopulär sein würde, war angesichts der lokalen Traditionen in der amerikanischen Politik und der tiefen Aversion des liberalen Denkens gegen jede Zentralverwaltungswirtschaft (wie auch angesichts der ausgeprägten Antikriegshaltung der Bürger Amerikas) von vornherein klar. Und tatsächlich wurde ihre Durchsetzung erbittert und oftmals gewaltsam bekämpft. Dennoch schuf sie einen Präzedenzfall. Die Zwangsgewalt verlagerte sich endgültig von der lokalen auf die nationale Ebene, wo sie seitdem angesiedelt ist, und der Dienst in der Bundesarmee — statt wie bisher in der örtlichen Miliz — wurde als Bürgerpflicht fest institutionalisiert. Das Präjudiz, das eine Unter- oder Nebenverordnung in dem Gesetz von 1863 schuf, war indes ausschließlich negativ — die Rede ist von der Freistellung all derer, denen, unter der Voraussetzung, daß sie willens und in der Lage waren, 300 Dollar für einen Ersatzmann zu zahlen, in einer Lotterie das Losglück hold war, indem ihr Name gezogen wurde. Freistellungen konnten für 300 Dollar erkauft werden, eine Praxis, die nicht völlig neu war. Die örtlichen Milizen hatten Männer, die nicht zur Musterung erschienen, schon immer mit einer Geldbuße belegt, und es war sehr wohl ein Stein des Anstoßes, daß wohlhabende Bürger diese Buße häufig als eine Steuer ansahen, die ihnen den Militärdienst ersparte (während ärmere Bürger vom Schuldgefängnis bedroht waren).[5] Nun aber verschärften der Krieg und seine Blutigkeit den Unmut. »Glaubt (Lincoln) denn, ein armer Mann habe die Pflicht, sein Leben hinzugeben«, so fragte ein New Yorker Bürger, »während ein reicher 300 Dollar zahlen kann, um zu Hause zu bleiben?«[6] Welche Rolle derlei Empfindungen in den Antiwehrpflichtumtrieben spielten, die Manhattan im Juli 1863 nach der ersten Losziehung erschütterten, läßt sich nicht genau sagen. Eins ist jedoch sicher, die Auffassung, daß ein armer Mann nicht dazu genötigt werden durfte, sein Leben herzugeben, wurde landauf, landab von vielen Menschen geteilt; und obwohl dem Gesetz damals Geltung verschafft wurde, wurde nie wieder ein ähnliches initiiert und in Kraft gesetzt. Doch wie war die Situation in den Milizen, wo es um sehr viel weniger ging, konkret, um ein paar Stunden Drill und den einen oder anderen Fußmarsch? War der Handel um eine Freistellung in diesem Falle harmlos? Ein an Rousseau geschulter politischer Theoretiker würde die Frage gewiß verneinen, und er hätte einstmals auch einen wirksamen Apell an die republikanischen Überzeugungen der Bürger Amerikas richten können. Aber der Dienst in der Miliz hatte in den Jahren vor dem Sezessionskrieg eine radikale Abwertung erfahren, und die Rousseauschen Sanktionen für ein Fernbleiben von der Truppe – Ächtung oder Ausschluß aus der Gemeinschaft – wären den meisten Amerikanern als unangemessen hart erschienen. Vielleicht spiegelte sich in der jeweils verhängten Strafe ganz einfach die Bedeutung des zu leistenden Dienstes wider. Ganz anders lag der Fall, sobald das Leben selbst auf dem Spiel stand.

Worum es hier geht, ist nicht, daß 300 Dollar für die Freistellung ein zu geringer Preis gewesen wären oder daß gefährliche Aufgaben auf dem Arbeitsmarkt nicht für mehr oder weniger Geld hätten an den Mann gebracht werden können. Der Punkt ist vielmehr, daß der Staat eine gefährliche Aufgabe nicht einigen seiner Bürger aufbürden und andere gegen Entgelt von ihr freistellen durfte. Diese Überlegung, die eine Forderung war, sprach ein tiefes Empfinden davon an, was es bedeutete, ein Staatsbürger – oder, genauer, ein Bürger eines bestimmten Staates, nämlich der Vereinigten Staaten im Jahre 1863 – zu sein. Eine solche Forderung ließe sich, wie ich meine, insofern auch gegen die Mehrheit aller Bürger vertreten, als es passieren kann, daß diese die Logik ihrer eigenen Institutionen mißverstehen oder es versäumen, die Prinzipien, die sie nach eigenem Bekunden hochhalten, konsequent anzuwenden. Doch im Jahr 1863 waren es der massenhafte Widerstand und der Unmut zahlloser Bürger, die dafür sorgten, daß eine Grenzlinie gezogen wurde zwischen dem, was verkauft werden durfte, und dem, was nicht verkauft werden durfte. Das Kriegsministerium hatte fallbezogen gehandelt, und der Kongress hatte der Gesetzgebung nur wenig Beachtung geschenkt. Man habe, so hieß es später, nur einen »Anreiz« für die Anwerbung schaffen wollen.[7] In Wirklichkeit war es ein zweifacher Anreiz, auf den man abzielte, denn die Gefahr des eigenen Todes stellte für zahlreiche Männer einen Anreiz dar, 300 Dollar an andere Männer zu zahlen, für die diese 300 Dollar wiederum ein Anreiz waren, die Gefahr des eigenen Todes auf sich zu nehmen. Es war ein schlimmes Geschäft in einer Republik und ein schlechtes obendrein, denn es konnte die res publica, die *öffentliche Sache*, vernichten und den Militärdienst (selbst dann, wenn die Republik selber auf dem Spiele stand!) in ein Privatgeschäft verwandeln.

Daß das Gesetz niemals reaktiviert wurde, heißt nicht, daß ähnliche Effekte nicht erstrebt worden wären. Nur waren die Methoden später weniger direkt und die erzielten Resultate weniger effizient, wie die Rückstellungen von Studenten während ihrer Ausbildungszeit oder die Bonusse für Einberufene, die freiwillig weiterdienen, zeigen. Grundsätzlich gilt jedoch, daß wir das Prinzip der Gleichbehandlung heute anerkennen — ganz sicher nicht zuletzt dank der politischen Kämpfe von 1863 — und daß wir die von ihm markierte Grenze, jenseits deren die Unverkäuflichkeit von Dingen beginnt, zumindest ungefähr kennen. Damit ist es uns heute möglich, selbst umwegigen und klandestinen Überschreitungen entgegenzutreten, Überschreitungen in Gestalt von rechtlich listigen Wiederinkraftsetzungen alter Bestimmungen, deren offene Neuverordnung nicht gelingen kann. Der Verkauf von Freistellungen ist ein blockierter Tausch; die Zahl weiterer Verkaufsaktivitäten, die, zumindest dem Prinzip nach, gleichermaßen blockiert sind, ist erheblich.

Blockierte Tauschgeschäfte

Ich möchte den Versuch unternehmen, die blockierten Tauschgeschäfte in den Vereinigten Staaten von heute in ihrem vollen Umfang sichtbar zu machen. Daß ich mich dabei zum Teil auf das erste Kapitel von Arthur Okuns *Equality and Efficiency* stützen kann, d.h. auf jenes Kapitel, in dem Okun eine Trennlinie zieht zwischen der Geldsphäre und dem, was er die »Rechtsdomäne« nennt, sei dankbar vermerkt.[8] Rechtsansprüche sind bekanntlich der Kauf- und Verkaufsphäre entzogen, sie können weder ge- noch verkauft werden. In diesem Sinne hat Okun die *Bill of Rights* erhellend und überzeugend als einen Katalog von blockierten Tauschgeschäften interpretiert. Es ist aber nicht nur das Recht, welches außerhalb des Geldzusammenhangs steht. Zwar schaffen wir tatsächlich Recht, etablieren wir ein Gesetz, wann immer wir den Gebrauch von Geld verbieten, indem wir sagen, dieses oder jenes spezielle Gut müsse auf andere Weise, d.h. nicht via Geld, verteilt werden. Aber ehe wir irgend etwas Genaueres über die rechtmäßige Verteilung des betreffenden Gutes sagen können, müssen wir zuvor über seine Bedeutung nachsinnen. Ich will dieses Nachsinnen im Moment hintanstellen und hier nur eine Liste der Dinge präsentieren, die nicht für Geld zu haben sind. Die Liste rekurriert auf oder antizipiert gleichsam notgedrungen andere Kapitel, denn es ist ein Charakteristikum der Geldsphäre, daß sie, an alle anderen Sphären angrenzend, diese berührt. Und genau das ist der Grund, weshalb es so wichtig ist, ihre Grenzen zu bestimmen und festzulegen, denn blockierte Tauschgeschäfte setzen der Herrschaft des Geldes Grenzen. Also:

1. Menschen dürfen nicht ge- und verkauft werden. Der Verkauf von Sklaven, auch der der eigenen Person, ist unzulässig. Dies ist ein Beispiel für das, was Okun »das Verbot von aus der Verzweiflung geborenen Tauschgeschäften«[9] nennt. Es gibt viele derartige Verbote, doch sind die anderen insofern weniger grundsätzlich, als sie nur den Arbeitsmarkt reglementieren. Ich werde sie deshalb separat aufführen. Das Verbot des Verkaufs von Sklaven stellt fest, was marktfähig ist und was nicht: Personen oder die Freiheit von Personen sind nicht marktfähig, marktfähig ist nur ihre Arbeitskraft, sind nur die Dinge, die sie herstellen. (Tiere sind marktfähig, weil sie uns als Wesen ohne Persönlichkeit gelten, wiewohl Freiheit für manche von ihnen ohne Zweifel einen Wert darstellt.) Persönliche Freiheit ist indes keine Garantie gegen Zwangsaushebung oder Gefangensetzung; wovor sie feit, sind allein Verkauf und Kauf.

2. Politische Macht und politischer Einfluß dürfen nicht gekauft und nicht verkauft werden. Bürger dürfen ihre Stimme ebensowenig verkaufen wie Beamte ihre Entscheidungen. Bestechung ist ein gesetzwidriges Geschäft. Dies ist jedoch nicht immer so gewesen; in vielen Kulturen sind Geschenke von Abhängigen und Gefolgsleuten ein normaler Bestandteil des Entgelts von Amtsinhabern. Doch wird dieses Schenkverhältnis stets nur solange funktionieren – und damit in ein System von mehr oder weniger kohärenten Bedeutungen hineinpassen –, wie das »Amt« sich nicht zu einem voll autonomen Gut entwickelt hat und wie die Grenzlinie zwischen öffentlich und privat verschwommen und ungenau ist. Es funktioniert hingegen nicht in einer Republik, in der diese Grenzlinie scharf gezogen ist. So verfügte z.B. Athen über ein raffiniert ausgeklügeltes Regelsystem zur Ausschaltung von Bestechung und Bestechlichkeit; je mehr Ämter die Bürger miteinander teilten, um so differenzierter wurden die Regeln.[10]

3. Strafjustiz und Rechtsprechung sind unverkäuflich. Nicht nur dürfen Richter und Gerichte nicht bestochen werden, auch die Dienste des Rechtsverteidigers in Gestalt des Anwalts müssen von der Gemeinschaft garantiert werden – eine angesichts des in der Rechtsprechung gültigen Gegnerschaftsprinzips notwendige Form von Wohlfahrt.

4. Rede-, Presse-, Religions- und Versammlungsfreiheit: Keine dieser Freiheiten macht Geldzahlungen erforderlich; keine von ihnen kann auf einer Auktion ersteigert werden; sie kommen jedem Bürger zu, sind ihm als Selbst-

verständlichkeit garantiert. Zwar heißt es immer wieder, die Ausübung dieser Freiheiten koste Geld, doch trifft dies in einem strengen Sinn nicht zu. Reden und Beten verursachen keine großen Kosten; Gleiches gilt für das Zusammentreffen von Bürgern, und es gilt auch für viele Formen der öffentlichen Bekanntmachung. Gewiß, der rasche Zugang zu großen Zuhörerschaften ist kostspielig, aber das ist ein anderes Thema, denn hier geht es nicht um die Freiheit selbst, sondern um Einfluß und Macht.

5. Ehestands- und Zeugungsrechte können nicht käuflich erworben werden. Bürger und Bürgerinnen sind auf jeweils einen Ehegatten verwiesen, eine Lizenz für Polygamie gibt es auch nicht käuflich zu erwerben. Und wenn es jemals zu einer Begrenzung der Zahl von Kindern kommen sollte, die zu haben uns gestattet wäre, dann geschähe dies, so meine Überzeugung, sicher nicht in der im zweiten Kapitel von mir imaginierten Form in Gestalt von Gebärlizenzen, die auf dem Markt gehandelt würden.

6. Das Recht, die politische Gemeinschaft zu verlassen, kann nicht zum Verkauf gestellt werden. Da der moderne Staat, wie wir wissen, in jeden Bürger eine Investition tätigt, könnte er, ehe er einer Auswanderung stattgibt, legitimerweise fordern, daß ein Teil dieser Investition, sei's in Arbeit, sei's in Geld, zurückgezahlt wird. Die ehemalige Sowjetunion praktizierte eine solche Politik, wenn auch in erster Linie im Sinne eines Mechanismus zur Unterdrückung jeglicher Auswanderungsbestrebungen. In anderer Weise geltend gemacht, scheint diese Forderung aufs Ganze gesehen indes gerechtfertigt, auch wenn sie für erfolgreiche und nicht erfolgreiche Bürger unterschiedliche Konsequenzen hat. Umgekehrt können die Bürger dem entgegensetzen, daß sie nach der ihnen (etwa in der Kindheit) zuteil gewordenen Erziehung niemals verlangt hätten und somit dem Staat auch nichts schuldeten. Diese Feststellung unterschätzt zwar Nutzen und Vorteile des Bürgerrechts, fängt aber seinen Konsenscharakter in anschaulicher Weise ein. Und so ist es denn am besten, diejenigen, die gehen wollen, ziehen zu lassen, nachdem sie jene konkreten Pflichten (wie etwa der Militärdienst eine darstellt) abgeleistet haben, Pflichten, die in jedem Falle von jungen, noch nicht voll mit dem Staat identifizierten Männern und Frauen abgeleistet werden. Niemand kann sich von diesen Pflichten und Verpflichtungen freikaufen.

7. Das bedeutet erneut, daß Freistellungen vom Militärdienst, von der Geschworenenpflicht und von anderen Formen gemeinschaftlich auferlegter Arbeit vom Staat nicht verkauft und von Bürgern nicht gekauft werden dürfen — die Gründe, weshalb es so ist, habe ich bereits genannt.

8. Politische Ämter dürfen weder ver- noch gekauft werden; ihr Kauf käme einer Art von Simonie gleich, denn die politische Gemeinschaft gleicht insofern einer Kirche, als auch ihre Dienstleistungen für ihre Mitglieder von großer Bedeutung sind und Geld kein Ausweis dafür ist, daß jemand diese Dienste auch tatsächlich zu leisten vermag. Auch der akademische Rang steht insofern nicht zum Verkauf, als er von der Gemeinschaft aufgrund fester Bestimmungen vergeben wird; schließlich sind Ärzte und Juristen unsere heutigen Säkularpriester, d.h., wir müssen sicher sein können, daß sie für ihre Aufgaben bestens qualifiziert sind.

9. Elementare Wohlfahrtsleistungen, wie polizeilicher Schutz oder die Erziehung an Grund- und Oberschulen, sind nur an ihren Rändern käuflich. Ein Minimum ist jedem Bürger garantiert und muß vom einzelnen nicht bezahlt werden. Wenn Polizisten Ladenbesitzern Schutzgelder abnehmen, dann handeln sie wie Gangster und nicht wie Polizisten. Aber Ladenbesitzer können privat Sicherheitsbedienstete und Nachtwächter anheuern, um einen intensiveren Schutz zu haben, als die politische Gemeinschaft ihn zu finanzieren bereit ist. Ähnlich können Eltern private Hauslehrer für ihre Kinder engagieren oder diese auf Privatschulen schicken. Der Dienstleistungsmarkt unterliegt einer Beschränkung nur dort, wo er den Charakter der Gemeinschaftsversorgung verfälscht oder deren Wert mindert. (Anzumerken ist hier, daß einige Güter partiell von der Gemeinschaft bereitgestellt und dadurch partiell der Kontrolle durch den Markt entzogen sind. Der Mechanismus ist hier nicht der blockierte, sondern der subventionierte Tausch — wie im Falle der College- und Universitätsausbildung, vieler kultureller Aktivitäten, des Reiseverkehrs im allgemeinen usw.)

10. Verzweifelte Tauschaktionen, Geschäfte im Sinne des »letzten Auswegs« sind verboten, wiewohl sich über die Bedeutung des Wortes Verzweiflung immer wieder neu streiten läßt. Der Acht-Stunden-Tag, die Mindestlohnverordnungen, die Gesundheits- und Sicherheitsbestimmungen, sie geben, indem sie Grundmaßstäbe setzen, eine Minimalbasis vor, die Arbeiter im Bestreben, eine Beschäftigung zu finden, auch in Konkurrenz zueinander nicht unterbieten dürfen. Arbeitsplätze können verauktioniert werden, aber nur innerhalb dieser Grenzen. Dies ist eine Beschränkung der Marktfreiheit zugunsten einer gemeinschaftlichen Konzeption von persönlicher Freiheit, eine Bekräftigung — auf niedrigerer Verlustebene — des Sklavereiverbots.

11. Preise und Ehrungen unterschiedlichster Art, öffentliche wie private, können nicht käuflich erworben werden. Die vom Kongreß verliehene Tapferkeitsmedaille kann ebensowenig gekauft werden wie der Pulitzer-Preis, der

Ifland-Ring oder selbst die von einer örtlichen Handelskammer an den »Unternehmer des Jahres« verliehene Siegtrophäe. Berühmtheit läßt sich gewiß erkaufen, wenn auch der Preis mitunter sehr hoch sein kann; für einen guten Namen gilt dies mit Sicherheit nicht. Ansehen, Wertschätzung und Status liegen irgendwo zwischen beiden. Geld spielt bei ihrer Verteilung zweifellos eine Rolle; aber selbst in der amerikanischen Gesellschaft ist es nur bisweilen ausschlaggebend.

12. Göttliche Gnade läßt sich nicht erkaufen — und dies keineswegs nur deshalb nicht, weil Gott kein Geld braucht. Wiewohl seine Diener und seine Bevollmächtigten sogar sehr häufig Geld brauchen, gilt der Ablaßhandel doch gemeinhin als massives Reform-, wenn nicht gar Reformationserfordernis.

13. Liebe und Freundschaft lassen sich nicht käuflich erwerben, zumindest nicht nach unserem allgemeinen Verständnis davon, was sie bedeuten. Sicher, man kann alle möglichen Dinge kaufen — Kleidung, Autos, feine Speisen usw. —, die einen zu einem chancenreichen Kandidaten für Liebe und Freundschaft machen oder einen auf der Suche nach Liebespartnern und Freunden selbstbewußter auftreten lassen. Inserenten bedienen sich häufig ohne Zurückhaltung dieser Möglichkeiten, und sie sind real genug.

>»Die Macht des Geldes, Liebe zu entfachen, ist größer als die aller Schicksalssterne zusammen«.[11]

Aber der direkte Kaufakt ist blockiert, und dies nicht durch Recht und Gesetz, sondern aus tieferliegenden Gründen; unsere gemeinsame Moral und unsere Empfindsamkeit sind es, die ihm im Wege stehen. Zwar finden sich genug Männer und Frauen, die aus Geldgründen, d.h. um des Geldes willen, heiraten, aber dies gilt uns nicht als eine »Eheschließung reiner Herzen«. Sex und Erotik sind käuflich, aber ihr Kauf begründet noch keine »tiefere Beziehung«. Menschen, die der Auffassung sind, daß Geschlechtsverkehr moralisch an Liebe und Ehe gebunden sei, dürften für ein Verbot der Prostitution plädieren — so wie Menschen anderer Kulturen, die glaubten, der Geschlechtsverkehr sei ein heiliges Ritual, das Verhalten von Priesterinnen beklagt hätten, die versuchten, ein wenig Geld nebenbei zu verdienen. Erotik kann nur verkauft werden, wenn sie als Vergnügen und nicht ausschließlich als Ausdruck von ehelicher Liebe oder religiöser Verehrung begriffen wird.

14. Und schließlich gibt es eine lange Liste von kriminellen Verkaufsaktivitäten, die streng verboten sind und unter Strafe stehen. Die Killer-GmbH etwa darf ihre Dienste nicht zum Kauf anbieten; Erpressung ist rechtswidrig;

Heroin darf genausowenig verkauft werden wie Diebesgut oder Güter mit irreführender Kennzeichnung; dies gilt für verdorbene Milch ebenso wie für Informationen, deren Weitergabe die Sicherheitsinteressen des Staates verletzen würde. Der Streit um unsichere Autos, gefährliche Schußwaffen, entflammbare Hemden, Arzneimittel mit ungewissen Nebenwirkungen usw. ist heftig im Gange. All dies sind erhellende Illustrationen der Tatsache, daß die Geld- und Warensphäre einer beständigen Neudefinition unterliegt.

Ich halte die vorgelegte Liste für »umfassend«, selbst wenn es so sein sollte, daß ich eine wichtige Kategorie vergessen habe. In jedem Falle ist sie lang genug, um deutlich werden zu lassen, daß Geld, so es denn tatsächlich auf alle Fragen antwortet, dies in vielen Fällen sozusagen hinter dem Rücken der zur Debatte stehenden Güter tut und trotz und entgegen ihrer sozialen Bedeutung. Der Markt, auf dem Tauschgeschäfte dieser Art möglich sind, ist ein Schwarzer Markt, und die Männer und Frauen, die ihn frequentieren, tun dies in der Regel im verborgenen, ihr Tun, wenn danach gefragt, leugnend oder zumindest beschönigend.

Was man für Geld kaufen kann

Welches ist nun aber die eigentliche, die ordnungsgemäße Geldsphäre? Welche sozialen Güter gelangen zu Recht auf den Markt, sind wirklich marktfähig? Die nächstliegende Antwort, die zugleich die richtige ist, verweist uns auf ein Sortiment von Gütern, die vermutlich zu allen Zeiten marktfähig waren, ganz gleich, was ansonsten als verkäuflich oder unverkäuflich zu gelten hatte. Die Rede ist von all den Gegenständen, Gütern, Waren, Produkten und Dienstleistungen, die — jenseits der von der Gemeinschaft bereitgestellten Güter — von einzelnen Männern und einzelnen Frauen als nützlich oder angenehm empfunden werden, mithin von dem üblichen Inventar von Basaren, Magazinen und Handelszentren. Dazu gehören, und haben vermutlich immer gehört, Luxusgüter ebenso wie Stapelwaren, Güter, die schön sind, ebenso wie Güter, die funktional und haltbar sind. Waren sind, selbst wenn es sich um primitive und simple Dinge handelt, an erster Stelle nützlich und dienlich; sie sind eine Quelle von Zufriedenheit, Wärme und Sicherheit. Dinge sind unsere Anker im Weltenmeer.[12] Aber wenn wir auch allesamt Anker werfen wollen, so brauchen wir doch keineswegs alle den gleichen Anker. Unsere Neigungen und Vorlieben sind verschieden; wir haben unterschiedliche

Geschmäcke und Wünsche; wir umgeben uns, kleiden uns, möblieren unsere Wohnungen mit einer großen Vielfalt von Gegenständen, die wir in höchst unterschiedlicher Manier benutzen, genießen und zur Schau stellen. Objektbeziehungen sind in ihrem Charakter polymorph. Bisweilen wird gesagt, diese Polymorphie sei eine moderne Perversion; ich möchte eher meinen, daß es sich um eine Konstante des menschlichen Daseins handelt. Archäologische Ausgrabungen fördern in aller Regel eine Fülle von Gütern (oder von Stücken und Teilen, sozusagen die Scherben von Waren) zutage: ornamentierte Töpfe und Vasen, Körbe, Schmucksachen, Spiegel, reich verzierte, mit Perlen und Federn besetzte Kleidungsstücke, Wandteppiche, Schriftrollen – und Münzen, eine unendliche Zahl von Münzen; schließlich werden all die genannten Dinge von dem Moment an, da der Naturaltausch aufhört, gegen Geld eingetauscht. Kein Zweifel, jede Kultur hat ihr je eigenes, für sie charakteristisches, durch ihre Produktionsweise, ihre soziale Organisation und die Reichweite ihres Handels bestimmtes spezifisches Warensystem, was jedoch nichts an der Tatsache ändert, daß die Zahl der Güter innerhalb des je einzelnen Systems riesig und der allgemein übliche Weg, unter ihnen auszuwählen, das Marktgeschäft ist.

Wiewohl allgemein üblich, ist dieses Marktgeschäft aber durchaus nicht der einzige Weg, um in den Besitz von Gütern zu gelangen. Geschenkgaben sind ganz ohne Zweifel eine wichtige, später von mir noch zu erörternde Alternative dazu. Dennoch ist es aufs Ganze gesehen der Markt, der, wenn auch nicht in Gestalt der je einzelnen Waren, auf die dies nicht zutrifft, Normen und Maßstäbe vorgibt; und so spiegeln Marktbeziehungen immer ein bestimmtes moralisches Verständnis von denjenigen sozialen Gütern wider, die als vermarktbar gelten (nicht jedoch von solchen, bei denen dies nicht der Fall ist). Dieses Verständnis kann ein implizites sein, muß es aber nicht; in der amerikanischen Gesellschaft ist es seit der Befreiung des Marktes von seinen feudalen Zwängen immer ein explizites Verständnis gewesen, dessen stete Ausdifferenzierung als ein zentrales Merkmal unseres kulturellen Lebens anzusehen ist. Ein Rechtsanspruch auf nützliche oder annehmliche Dinge jenseits der von der Gemeinschaft bereitgestellten Güter existiert nicht. Die Waren selbst tragen, im Unterschied zu den aus dem Warenhaus kommenden Warenpackungen, keine Namensetikette. Der richtige Weg, um in den Besitz solcher erwünschten Dinge zu gelangen, besteht darin, daß man sie entweder selbst herstellt bzw. anbaut oder daß man sie sich sonstwie, sei's auf direktem Wege, sei's im Tausch gegen den finanziellen Gegenwert, den sie für andere haben, beschafft. Geld ist sowohl der Äquivalenzmaßstab als auch das

Tauschmittel; und damit sind die eigentlichen und (theoretisch gesprochen) einzigen Funktionen des Geldes auch bereits benannt. Der Markt ist der Ort, an dem das Geld seine Arbeit verrichtet, und er steht allen, die zu ihm kommen, offen.

Zum Teil beruht dieses Geld- und Warenverständnis ganz gewiß auf der Ansicht, einen effizienteren Distributionsprozeß, einen besseren Weg, einzelne Männer und Frauen mit den speziellen Dingen, die ihnen als nützlich oder angenehm gelten, zusammenzubringen, gebe es nicht. Bei genauerem Hinsehen erweist sich die Marktmoral (etwa in ihrer Lockeschen Form) jedoch als eine Verherrlichung des Wunsches, Waren herzustellen, zu besitzen und zu tauschen. Sie sind in der Tat allgemein erwünscht und erstrebt, und sie müssen hergestellt werden, ehe man sie haben und besitzen kann. Selbst Lokkes Eicheln — sein Beispiel für eine simple und primitive Ware — wachsen nicht auf allen Bäumen; die Metapher greift nicht: die Eicheln sind nicht allseits und mühelos verfügbar. Man gelangt in den Besitz von Dingen nur vermittels Anstrengung. Diese Anstrengung aber scheint es zu sein, die den Rechtsanspruch, zumindest den ursprünglichen, auf sie begründet. Befinden sie sich erst einmal in jemandes Besitz, dann können sie auch getauscht werden.[13] D.h., Warenwunsch, Warenherstellung, Warenbesitz und Warentausch hängen zusammen, sind sozusagen verschiedene Seinsweisen, verschiedene Modi der Ware. Und dennoch, man kann diese Modi zur Kenntnis nehmen, ohne sie zu preisen und zu verherrlichen. Ihre Verknüpfung ist angemessen innerhalb der Grenzen der Geld- und Warensphäre, andernorts jedoch nicht. Die Lockesche Lobpreisung führt in ihrer Tendenz dazu, daß diese Grenzen überschritten und verwischt werden und sich die Marktmacht in eine Art Tyrannei, einen Despotismus verwandelt, der die Verteilung in anderen Sphären verzerrt. Diese Interpretation darf als allgemein akzeptiert gelten, und ich werde im folgenden häufig auf sie rekurrieren. Aber Waren können ihrer angestammten Funktion auch auf andere Weise entwachsen und sie hinter sich lassen, eine Tatsache, deren Erkenntnis ein genaueres Hinsehen erfordert.

Kehren wir zu unserer Leitfrage zurück: Was bekommt man für sein Geld bzw. was kann man für Geld kaufen? Es ist der Soziologe Lee Rainwater, der in seiner Untersuchung über die soziale Bedeutung des Einkommens zu einer ebenso radikalen wie beunruhigenden Antwort auf diese Frage gelangt, wenn er sagt: »Geld erkauft die Zugehörigkeit zur Industriegesellschaft«. Rainwater will damit keineswegs insinuieren, Einwanderungs- und Einbürgerungsbeamte seien bestechlich. Seine Überlegungen reichen tiefer, sind ausgreifender. Die alltäglichen Aktivitäten — so seine Argumentation —, die es dem Einzelnen ermöglichen, sich selbst als Vollmitglied der Gemeinschaft, als gesellschaftliches Wesen zu begreifen und von anderen so begriffen zu werden, sie bestehen zunehmend in Komsumaktivitäten, anders gesagt, sie erfordern Geld:

»Das aber bedeutet, daß man für Geld nicht nur Nahrung, Kleidung, Wohnung, Gerätschaften, Autos ... und Ferien kauft und bekommt. Man erwirbt mehr, denn der Kauf dieser Güter als solcher ermöglicht es dem Käufer zugleich, eine Identität als »Durchschnittsamerikaner« auszubilden und diese Identität von Tag zu Tag neu zu bekräftigen ... Wenn es nirgendwo eine lokale kulturelle Enklave gibt, die die Menschen gegen diese unerbittliche Dynamik der Geldwirtschaft abschirmt, dann können sie gar nicht anders, als ihren Zugang zu dem, was man mit Geld kaufen kann, zum zentralen Kriterium ihrer Selbstdefinition zu machen.«[14]

Es ist nicht einfach so, daß die Einzelnen sich nur dadurch voneinander unterscheiden, daß sie innerhalb der Geld- und Warensphäre unterschiedliche Güter auswählen, ja nicht einmal ihre Erfolge und Mißerfolge in dieser Sphäre trennen sie voneinander. Selbstverständlich ist der Markt ein szenischer Hintergrund für die Austragung von Konkurrenzen, und so hat er denn auch gewisse (nicht alle) Arten von Wertschätzung und Geringschätzung zu vergeben. Doch dies festzustellen genügt Rainwater nicht, die Erkenntnis, um die es ihm geht, ist umfassender: Wenn wir kein Geld ausgeben können, um Güter jenseits des Subsistenzminimums zu erwerben und zur Schau zu stellen, wenn wir nichts von der mittels Geld käuflichen Freizeit und dem ebenfalls mittels Geld käuflichen Komfort vorzuweisen haben, dann erleiden wir einen Mangel, der sehr viel gravierender ist als schiere Armut; es ist nicht der Hungertod, der uns droht, sondern eine Art Statustod, wir erleben eine soziologische Enterbung. Wir werden zu Fremden im eigenen Land – und häufig sogar im eigenen Haus. Wir können unserer Rolle als Eltern, Freunde, Nachbarn, Kollegen, Kameraden oder Bürger nicht mehr gerecht werden. Dies ist nicht überall in der Welt so; aber im heutigen Amerika und in jeder Gesellschaft, in der der Markt triumphiert, sind es die Waren, welche die Zugehörigkeit vermitteln. Nur wenn wir eine gewisse Anzahl von sozial erforderlichen Objekten besitzen, können wir damit rechnen, als sozial anerkannte und erfolgreiche Menschen durchs Leben zu gehen.

Rainwater liefert eine soziologische Beschreibung des Warenfetischismus. Er schildert den Traum eines Werbefachmanns, der zugleich die zentrale Botschaft der modernen Werbung in toto beinhaltet: den einzelnen Waren haften Bedeutungen an, die weit über ihren erkennbaren Gebrauchswert hinausreichen, wir bedürfen ihrer aus Status- und Identitätsgründen. Gewiß, man kann immer sagen, der Werbefachmann übertreibe, ja er lüge sogar, was die Bedeutung dieser Auto- oder jener Whiskymarke angehe. Aber was, wenn hinter seinen je besonderen Lügen eine allgemeinere Wahrheit steckt? Waren sind Zugehörigkeitssymbole. Status und Identität werden über den Markt verteilt, verkauft gegen bar Kasse (aber auch zu haben für Spekulanten, die einen Kredit zu begründen vermögen). Auf der anderen Seite können in einer demokratischen Gesellschaft die wichtigsten Definitionen und Selbstdefinitionen gar nicht in dieser Weise zum Kauf gestellt werden. Denn Bürgerrecht und Staatsangehörigkeit haben per se das zur Folge, was wir als »Zugehörigkeit« bezeichnen möchten — und zwar nicht nur theoretisch im Sinne der Vorstellung, in (diesem Teil) der sozialen Welt zu Hause zu sein, sondern als praktische Realität. Dies ist eine Gegebenheit, auf die man verzichten, mit der man aber nicht Handel treiben kann; man kann sie nicht auf dem Marktplatz veräußern. Wirtschaftlicher Mißerfolg, und sei der mit ihm verbundene Ansehensverlust noch so groß, darf nicht zu einer Entwertung des Bürgerrechts führen, nicht im rechtlichen und nicht im sozialen Sinne. Und wenn es dennoch passiert, dann müssen wir dringend nach Gegenmitteln Ausschau halten.

Das nächstliegende Gegenmittel ist die Redistribution von Geld selbst (etwa durch eine negative Einkommenssteuer), und zwar unabhängig von der bestehenden Gemeinschaftsversorgung mit Gütern und Dienstleistungen. So wie wir um der Gesundheit und der Langlebigkeit willen für eine medizinische Versorgung in naturaler Form sorgen, so würden wir in diesem Fall um der Zugehörigkeit willen Geld, ebenfalls in naturaler Form, bereitstellen. Unter der Voraussetzung, daß Geld und Waren, wenn sie kein Geschenk, sondern selbst verdient sind, in unserer Kultur tatsächlich ein stärkeres Identitätsgefühl entstehen lassen, könnten wir zu diesem Zweck sicherstellen, daß jeder Bürger Arbeit und ein Minimaleinkommen hat. Was als Gegenmittel jedoch nicht in Frage kommt, ist die Direktverteilung von Waren; sie ist so lange nicht praktikabel, wie es den Einzelnen überlassen bleiben soll, die Dinge auszuwählen, die sie für nützlich oder angenehm erachten, und wie sie die Möglichkeit haben sollen, sich selbst zu definieren und ihre Identität jenseits ihrer Zugehörigkeit zur Gemeinschaft auszubilden und zu versinnbildlichen. Wir brauchen auch nicht zu versuchen, im einzelnen herauszufinden, wann, d.h. im Falle der Abwesenheit welcher Dinge, die Mitgliedschaft entwertet wird oder verlorengeht, um diese Dinge alsbald zum Gegenstand der gemeinschaftlichen Versorgung zu machen; der Markt wird sehr schnell neue Dinge auf die Tagesordnung setzen. Wenn es nicht dies ist, dann ist es eben jenes, und die Werbefachleute werden uns schon sagen, was genau es ist, das wir derzeit brauchen, wenn wir den Kopf hoch tragen wollen. Aber auch die Redistribution von Geld oder von Arbeitsplätzen und Einkünften hat insofern ihre Tücken, als sie den Markt neutralisiert. Von dem Moment an, da sie Praxis wird, haben die Waren nur noch ihren Gebrauchswert bzw. werden die symbolischen Werte so radikal individualisiert, daß sie in der Öffentlichkeit keine maßgebliche Rolle mehr spielen.

Diese Maßnahmen greifen allerdings nur dann voll, wenn die Redistribution jeden mit der gleichen Summe Geldes ausstattet, eine Bedingung, die sich aus Gründen, die ich bereits genannt habe, nicht dauerhaft erfüllen läßt. Der Markt produziert und reproduziert Ungleichheiten; die Menschen sammeln mehr oder weniger Habe, mehr oder weniger große und dahinzu unterschiedliche Besitztümer an. Es gibt keine Möglichkeit sicherzustellen, daß jedermann genau das haben will, was den Standardbesitz des »Durchschnittsamerikaners« ausmacht; jeder solche Versuch würde nur den Durchschnittspegel anheben. Das Ganze wäre nichts als eine traurige Abart des Strebens nach Glück: eine Gemeinschaftsversorgung, die auf immer und ewig den Konsumwünschen hinterherhinkte. Vielleicht gibt es ja einen Pegel, jenseits dessen der Warenfetischismus seine Kraft und Gewalt verliert. Und vielleicht gibt es, etwas bescheidener, sogar einen niedrigeren Pegel, auf dem die Einzelnen sich vor einem völligen Statusverlust sicher fühlen dürfen. Die letztgenannte Möglichkeit verdeutlicht den Wert von partiellen Umverteilungen innerhalb der Geldsphäre, auch wenn ihr Resultat von einfacher Gleichheit meilenweit entfernt ist. Sie zeigt aber auch, daß wir über die Geldsphäre hinausblicken und autonome Verteilungen in anderen Bereichen fördern und stärken müssen. Es gibt schließlich Aktivitäten, die dem Sinngehalt von Zugehörigkeit und Mitgliedschaft sehr viel mehr entsprechen, ihm sehr viel mehr Substanz verleihen als der Besitz und Gebrauch von Waren.

Unser Ziel ist es, »die unerbittliche Dynamik der Geldwirtschaft« einzudämmen, das Geld unschädlich zu machen — oder zumindest sicherzustellen, daß die in der Geldsphäre erlittenen Verletzungen nicht todbringend sind, nicht für das Leben und nicht für den sozialen Status. Dennoch bleibt der Markt eine Sphäre der Konkurrenz, in der das Risiko allgemein und die Bereitschaft, es auf sich zu nehmen, in vielen Fällen eine Tugend ist; er bleibt eine Sphäre des Wettbewerbs, in der man gewinnen und verlieren kann. Ein aufregender Ort, denn selbst dann, wenn für Geld nur das zu haben ist, was zum Verkauf stehen soll und darf, ist sein Besitz immer noch eine gute Sache. Schließlich antwortet es auf einige Dinge, auf die nichts sonst zu antworten vermag. Und wenn wir erst einmal jeden ungerechten Tausch blockiert haben und das Reingewicht des Geldes kennen, dann brauchen wir uns als Gemeinschaft über die Antworten, die der Markt gibt, auch keine weiteren Sorgen zu machen. Anders der je einzelne Mann und die je einzelne Frau, sie haben weiterhin Grund, sich zu sorgen; und so werden sie versuchen, ihre Risiken zu vermindern, sie mit anderen gemeinsam zu tragen bzw. sie auf viele zu verteilen oder auch sich gegen sie zu versichern. Wo komplexe Gleichheit herrscht, werden bestimmte Arten von Risiken einvernehmlich getragen, weil die Macht, anderen Personen Risiken aufzubürden oder autoritative Entscheidungen in Fabrikbetrieben und Handelsgesellschaften zu treffen, kein marktfähiges Gut ist. Dies ist nur ein weiteres — später noch im Detail von mir zu erörterndes — Beispiel für einen blockierten Tausch. Die richtigen Blockierungen vorausgesetzt, gibt es keine Mißverteilung von Konsumgütern. Vom Standpunkt der komplexen Gleichheit aus betrachtet, tut es nämlich nichts zur Sache, daß Sie eine Yacht besitzen und ich nicht, oder daß das Klangsystem meiner Hi-Fi-Anlage dem der Ihren erheblich überlegen ist, oder daß wir unsere Teppiche im Kaufhaus kaufen und Sie die Ihren im Orient. Die einen werden auf solche Dinge genauestens achten, die anderen nicht. Das ist eine Frage der Kultur und nicht der distributiven Gerechtigkeit. Solange Yachten und Hi-Fi-Anlagen und Teppiche nur einen Gebrauchswert plus einen individualistischen Symbolwert besitzen, macht ihre ungleiche Verteilung nichts aus.[15]

Der Marktplatz

Es gibt indes ein sehr viel gewichtigeres Argument zugunsten der Geldsphäre, ein Argument, das mit Vorliebe von den Verfechtern des Kapitalismus vorgetragen wird und wie folgt lautet: Den Resultaten des Marktes kommt insofern eine große Bedeutung zu, als der Markt, wenn er ein freier Markt ist, jedem Menschen genau das zuteil werden läßt, was er verdient. Der Markt ent- und belohnt uns entsprechend dem Beitrag, den wir zu unser aller Wohlergehen leisten.[16] Die Güter und Dienstleistungen, die wir anzubieten haben, werden von ihren potentiellen Konsumenten und Empfängern in unterschiedlicher Weise eingeschätzt und diese Einschätzungen vom Markt, der den Preis bestimmt, den wir schließlich erlösen, zu einer Gesamteinschätzung aggregiert. Dieser Preis ist unser Verdienst, unsere Belohnung, denn in ihm drückt sich der einzige Wert aus, den unsere Güter und Dienstleistungen haben können, der Wert, der ihnen in den Augen anderer Menschen tatsächlich zukommt. Aber das heißt den Sinn des Wortes Verdienst mißverstehen. Solange es keine Wertmaßstäbe gibt jenseits und unabhängig von dem, was die Menschen zu diesem oder jenem Zeitpunkt haben wollen (und zu kaufen gewillt sind), solange kann es überhaupt keine Verdienstlichkeit geben. Wir würden gar nicht wissen, was jemand verdient hat, wenn wir nicht sähen, was man ihm gibt. Und das kann so nicht richtig sein.

Stellen wir uns einen Romanschriftsteller vor, der einen Bestseller zu schreiben hofft. Er erforscht seinen potentiellen Leserkreis und legt sein Buch so an, daß es den aktuellen Modegeschmack trifft. Vielleicht muß er, um dieses Ziel zu erreichen, die Regeln seiner Kunst verletzen, und vielleicht ist er ein Romancier, den diese Regelverletzungen schmerzen. Er erniedrigt sich, um zu obsiegen. Hat er in diesem Fall die Früchte seines Siegs verdient? Hat er einen Sieg verdient, der Früchte trägt? Angenommen, sein Roman erscheint inmitten einer Wirtschaftskrise, d.h. zu einer Zeit, da niemand Geld für Bücher übrig hat und nur ganz wenige Exemplare verkauft werden, wie soll sein Lohn in dieser Situation anders ausfallen als karg? Bedeutet das aber auch schon, daß er weniger bekommt, als er verdient? (Seine Schriftstellerkollegen belächeln seine Enttäuschung; und vielleicht ist es das, was er verdient hat.) Indes, Jahre später, die Zeiten sind besser, wird das Buch neu aufgelegt, und es verkauft sich gut. Heißt das, daß die Verdienste des Autors inzwischen gewachsen sind und ihm einfach mehr zukommt? Zweifelsohne kann das Verdienst nicht vom Zustand der Wirtschaft abhängen; aber es ist viel zu viel Glück im Spiel, als daß die Rede vom Verdienst in diesem Zusammenhang einen Sinn machte. Wir täten besser daran, einfach zu sagen, daß der Autor Anspruch auf seine Tantiemen hat, seien sie nun umfänglich oder mager.[17] Er hat sich verhalten, wie jeder beliebige Unternehmer sich verhält, er hat auf den Markt gesetzt – eine riskante Sache, aber er wußte, worauf er sich einließ. Er hat Anspruch auf das, was er bekommt, genauer, was ihm bleibt, nachdem er die Kosten für die Gemeinschaftsversorgung erlegt hat (er lebt immerhin nicht nur auf dem Marktplatz, sondern auch in der Stadt). Aber er kann nicht behaupten, er habe weniger bekommen, als er verdiene, und es spielt keine Rolle, ob alle anderen denken, es sei mehr gewesen. Der Markt nimmt vom Verdienst keine Kenntnis: Initiative, Unternehmergeist, Innovation, harte Arbeit, skrupelloser Geschäftssinn, waghalsiges Spekulieren, die Prostitution von Talent, dies alles wird bisweilen vergolten und bisweilen nicht.

Und dennoch ist der Lohn, den der Markt abwirft, wenn er ihn abwirft, solcherlei Anstrengungen angemessen. Wer eine neuartige, bessere Mausfalle konstruiert, eine Gaststätte eröffnet und dort köstliche Kartoffelpuffer serviert oder ein bißchen Nebenunterricht erteilt, der möchte Geld verdienen. Und warum auch nicht? Niemand würde Tag für Tag Kartoffelpuffer backen wollen für fremde Leute einfach nur, um ihre Dankbarkeit zu erringen. Hier in der Welt des Kleinbürgertums erscheint es nur als recht und billig, daß ein Unternehmer, der imstande ist, gefragte Güter und Dienstleistungen anzubieten, den Lohn erntet, der ihm vorschwebte, als er sich an die Arbeit begab.

Daß der Gemeinschaft aus dieser »Billigkeit« ein Mittel der Beschränkung und Begrenzung erwächst, ist gewiß richtig. Die Moral des Basars gehört in den Basar, und der Basar bzw. der Markt ist nicht die ganze Stadt, sondern nur ein Teil von ihr. Es ist jedoch meines Erachtens ein großer Fehler, wenn Menschen, besorgt über den Despotismus des Marktes, seine völlige Abschaffung anstreben. Die Händler aus dem Tempel zu jagen, ist eine Sache, sie von den Straßen zu verbannen, eine ganz und gar andere. Letzteres würde einen radikalen Wandel unseres Verständnisses davon erforderlich machen, wozu materielle Dinge da sind und wie wir zu ihnen, und durch sie hindurch, zu anderen Menschen stehen. Ein solcher Wandel läßt sich aber nicht durch die Abschaffung des Marktes bewerkstelligen, denn der Warentausch wird auf diese Weise nur in den Untergrund getrieben, um sich fortan im verborgenen abzuspielen, oder er findet, wie in Teilen Osteuropas der Fall, in staatlich betriebenen Läden und Geschäftsunternehmen statt, wo er ein tristes, ineffizientes Dasein fristet.

Die Lebendigkeit des offenen Marktes spiegelt unseren Sinn wider für die große Vielfalt wünschenswerter Dinge; und solange wir die Sache so sehen, solange dieser Sinn uns eignet, haben wir keinen Grund, diese Lebendigkeit nicht zu genießen. Walt Whitmans Argumentation in *Democratic Vistas* scheint mir absolut zutreffend zu sein:

»Um nicht mißverstanden zu werden, möchte ich klar und deutlich sagen, daß zu Modell und Standard dieser demokratischen Ausblicke als mit Freuden begrüßter Bestandteil ein praktisches, rühriges, weltzugewandtes, auf Gelderwerb ausgerichtetes, ja sogar materialistisches Wesen und Verhalten gehört. Es ist unbestreitbar, daß wir unsere Firmen, Läden und Büros, unseren Textil-, Kohle- und Lebensmittelhandel, unsere Maschinerie, unsere Kassenkonten und Wertpapiere ebenso wie unsere Lohne und Gehälter, Märkte u.ä. ernstnehmen und ihnen unsere volle Aufmerksamkeit zuteil werden lassen, ja sie aktiv so hegen und pflegen sollten, als führten sie ein reales und auf Dauer angelegtes Eigenleben.«[18]

Es ist nicht Unwürdiges daran, einen Kauf oder Verkauf zu tätigen – dieses oder jenes Hemd besitzen zu wollen (um es zu tragen und in ihm gesehen zu werden), sich dieses oder jenes Buch zu wünschen (um es zu lesen und zu annotieren), und es ist auch nichts Unwürdiges daran, solche Dinge zu einem bestimmten Preis anzubieten, selbst wenn der Preis so ist, daß ich mir Hemd und Buch nicht gleichzeitig leisten kann. Dennoch möchte ich beides haben! Wieder ein mögliches Unglück, für das die Theorie der distributiven Gerechtigkeit sich nicht interessiert.

Der Händler stachelt unsere Begehrlichkeit an. Aber solange er keine Menschen oder Wahlstimmen und keinen politischen Einfluß feilbietet, solange er den Getreidemarkt in Zeiten der Dürre nicht dadurch künstlich verknappt, daß er alles Getreide aufkauft, solange seine Autos keine Todesfallen und seine Hemden nicht entflammbar sind, ist sein Tun harmlos. Gewiß, er wird versuchen, uns Dinge zu verkaufen, die wir nicht wirklich brauchen; er wird uns seine Waren von ihrer besten Seite präsentieren und ihre schlechte vor uns verbergen. Wir müssen uns gegen Schwindel und Betrug schützen (so wie er sich gegen Diebstahl schützen muß). Aber dem Prinzip nach ist der Tausch eine Beziehung zum wechselseitigen Nutzen seiner Partner; und weder das Geld, das der Händler verdient, noch die Anhäufung von Dingen durch diesen oder jenen Konsumenten stellen eine Bedrohung für die komplexe Gleichheit dar – nicht, wenn die Geld- und Warensphäre in den ihr zukommenden Grenzen verharrt bzw. gehalten wird.

Doch diese Überlegungen gelten vermutlich nur für die Kleinbourgeoisie, für die Welt des Basars und der Straße, für den Krämerladen an der Ecke, die Buchhandlung, die Boutique und das Restaurant (nicht aber für die Restaurantkette). Denn was ist zu halten von dem erfolgreichen Unternehmer, der sich in einen Mann von enormem Reichtum und großer Macht verwandelt? Ich sollte betonen, daß diese Art von Erfolg nicht das Ziel eines jeden Ladenbesitzers ist, nicht im traditionellen Basar, wo langfristiges Wachstum im Sinne eines linearen Aufstiegs »aus den Lumpen zum Reichtum« in der ökonomischen Kultur keine Rolle spielt, und nicht in unserer eigenen Gesellschaft, wo dieses Muster tatsächlich nachhaltig wirksam ist.[19] Auch in der Handelsaktivität selbst, in einem angenehmen Leben und in jahrelangen Geschäftskontakten mit vertrauten Personen liegen Gratifikationen. Der unternehmerische Triumph ist nur eins der Ziele geschäftlicher Aktivität, wenn auch ein nachdrücklich verfolgtes; aber während der Mißerfolg nicht problematisch ist (in Konkurs geratene Unternehmer sind weiterhin Bürger von keineswegs geringem Stand), bringt der Erfolg zwangsläufig Probleme mit sich. Diese

Probleme sind von zweierlei Art, denn sie betreffen erstens die Extraktion nicht nur von Geld, sondern auch von Ansehen und Einfluß aus dem Markt und zweitens die Entfaltung von Macht in und auf demselben. Ich werde sie nacheinander in der angesprochenen Reihenfolge erörtern, wobei ich zunächst die Geschichte eines Unternehmens und danach die in bezug auf einige Güter betriebene Warenpolitik etwas genauer unter die Lupe nehmen möchte.

Das größte Warenhaus der Welt

Betrachten wir also den Fall von Rowland Macy, den Gebrüdern Strauss und ihrem berühmten Ladengeschäft. Macy war als Yankee-Kaufmann ein prototypisches Mitglied der Kleinbourgeoisie. Er besaß und betrieb in ununterbrochener Abfolge eine Vielzahl von Textilunternehmen, mit denen er ein ums andere Mal bankrott ging — bis er im Jahr 1858 Ecke Sixth Avenue und Vierzehnte Straße in Manhattan einen Laden eröffnete.[20] Im Laufe seiner Pleiten hatte Macy mit neuen Werbetechniken und Kleinhandelsstrategien experimentiert: Barzahlung, Festpreise und Mindestpreisabsprachen mit Konkurrenten, die ihn nicht unterbieten durften. Andere Händler starteten, mehr oder minder erfolgreich, ähnliche Versuche; doch Macys neuer Laden erzielte, aus Gründen, die gar nicht leicht zu verstehen waren, einen außergewöhnlichen Erfolg. Und während sein Geschäft wuchs, diversifizierte Macy sein Warenangebot in einer Weise, die allmählich einen gänzlich neuen Unternehmenstyp entstehen ließ. Was uns als die Erfindung des Warenhauses erscheint, war ein Prozeß, der sich damals in etwa gleichzeitig in einer ganzen Reihe von Städten vollzog — in Paris, London, Philadelphia und New York; und es dürfte stimmen, daß die Erfindung (irgendwie) durch die zu jener Zeit herrschenden allgemeinen sozialen und wirtschaftlichen Verhältnisse herausgefordert und begünstigt wurde.[21]. Aber Rowland Macy nutzte die Chance und ritt auf der unter ihm dahinrollenden Welle mit erheblichem Geschick und großer Kühnheit, so daß er im Jahre 1877 als ein reicher Mann starb. Macys einziger Sohn war Alkoholiker; er erbte zwar seines Vaters Geld, nicht aber dessen Geschäft. Der Laden ging, nach einem kurzen Zwischenspiel, in die Hände von Nathan und Isidor Strauss über, die ein paar Jahre lang im Kellergeschoß des Hauses als Konzessionäre den Verkauf von Porzellanwaren betrieben hatten.

Bis zu diesem Punkt lassen sich keine Probleme ausmachen. Zwar ließ Macys Erfolg ganz ohne Zweifel manch anderen Kaufmann, der in seinem

Kielwasser zu schwimmen versuchte, geschwächt oder gar ruiniert zurück. Aber wir können — solange es einen Markt gibt — die andern nicht vor den Risiken des Marktes schützen; wogegen wir sie allenfalls absichern können, sind die Zusatzrisiken des Mangels, der Not und der persönlichen Schande. Der japanische Staat versucht derzeit darüber hinaus noch etwas mehr zu tun: »Indem er die Errichtung neuer Warenhäuser, Discountläden und Einkaufszentren restringiert, verringert er den Druck, mit dem diese auf dem Kleinhandel lasten.«[22] Eine solche Politik, die vermutlich eine kluge Politik ist, zielt darauf ab, die Stabilität von Nachbarschaften zu erhalten. Begreift man die Nachbarschaft als ein verteiltes Gut und die Stadt als ein Cluster von differenten Teilen, dann dürfte es sich sogar um eine moralisch gebotene Politik handeln. Jedenfalls bietet sie nur solchen Kaufleuten Schutz, die aus dem Wettbewerb der Großen bereits ausgeschieden sind. Für Macys direkte Konkurrenten gibt es indes keine Hilfe, es sei denn, sie können sich selbst helfen. Und solange ein Erfolg wie der von Rowland Macy auf die Geldsphäre beschränkt bleibt, kann der Rest von uns nur mit jener Bewunderung (oder jenem Neid) auf ihn blicken, die wir auch dem Autor eines Bestsellers gegenüber bisweilen verspüren.

Es scheint so etwas wie ein lockeres Verständnis davon zu geben, daß erfolgreiche Unternehmer als Monopolisten des Reichtums bezeichnet werden können: als Klasse kommen ihnen die Spezialprivilegien der Wohlhabenheit in einer einmaligen Weise zustatten; die für Geld käuflichen Güter stehen ihnen zur Verfügung wie niemandem sonst, sie brauchen nur mit dem Finger zu schnippen. Sicher, einfache Gleichheit würde ein solches Geschehen unmöglich machen; aber um einfache Gleichheit auf Dauer erhalten zu können, müßte man die Praxis von Kauf und Verkauf (wie auch jede andere Tauschbeziehung) in toto abschaffen. Und, wiederum sei's gefragt, warum sollten wir uns über die Akkumulation von Geld aufregen, solange es nur über die Waren und über nichts sonst bestimmt? Die Bedenken, die uns kommen, sind, solange die Grenzen der Geldsphäre gewahrt bleiben — wie bei Timon und der »überjähr'gen Witwe« —, ästhetische und keine moralischen Bedenken. Sie haben mehr mit Protzerei zu tun als mit Herrschaft.

Doch der Erfolg der Strauss-Familie hielt sich nicht an diese Grenzen. Isidor, Nathan und ihr jüngerer Bruder Oscar wuchsen rasch und ohne Mühe in eine sehr viel umfänglichere Welt hinein, als Rowland Macy sie jemals gekannt hatte. Isidor war Freund und Berater von Präsident Cleveland, er übernahm einen aktiven Part in verschiedenen Kampagnen zugunsten einer Tarifreform und kandidierte 1894 erfolgreich für den Kongress. Nathan war in

New York in der Stadtpolitik tätig; der Tammany Society – einer organisierten demokratischen Partei in New York (d. Ü.) – zugehörig, war er zunächst der Beauftragte der Stadt für die Erhaltung der öffentlichen Parkanlagen und danach Präsident der Gesundheitsbehörde. Oscar schließlich war Minister für Handel und Arbeit im Kabinett Roosevelt und hatte später eine Reihe von Botschafterposten inne. Alle drei Brüder sind insofern ein gutes Beispiel für das, was ich deutlich machen möchte, als sie keine Räuberbarone und keine Gewerkschaftsfresser waren (Macy's Zigarrenwickler streikten im Jahr 1895 erfolgreich für höhere Löhne, und die Druckerei des Warenhauses war in den Jahren nach 1890 gewerkschaftlich voll organisiert).[23] Nach allem, was über sie zu erfahren ist, waren die Strauss-Brüder hochwohlanständige und fähige Staatsdiener. Und dennoch ist kaum zu bezweifeln, daß sie ihren politischen Einfluß ihrem Vermögen und ihrem steten geschäftlichen Erfolg verdankten. Zu sagen, daß sie ihn, diesen Einfluß, nicht mit Geld erkauften, sondern ihn aufgrund des Respekts erlangten, den sie sich auf dem Markt zu verschaffen wußten – Respekt, der ebensosehr ihrer Intelligenz wie ihrem Geld galt –, ist sicher richtig. Zudem mußte Isidor Strauss, ehe er Kongressabgeordneter werden konnte, erst einmal zur Wahl antreten. Auch verlor er seinen Kampf um die Tarifreform. Dies alles stimmt, und doch haben andere Männer mit gleicher Intelligenz in der Politik ihres Landes keine vergleichbare Rolle gespielt. Das Problem, um das es hier geht, ist äußerst kompliziert, denn die Sprache des Geldes ist raffiniert und indirekt, und bisweilen handelt es sich bei den Personen, für die es spricht, ganz zweifellos um vortreffliche Männer und Frauen; Erfolg auf dem Markt ist durchaus nicht nur skrupellosen und eigennutzigen Unternehmern beschieden. Aufs Ganze gesehen bleibt die Sprache des Geldes in einem demokratischen Staat jedoch eine tückische Angelegenheit, die es erforderlich macht, daß wir einen Weg finden, die Akkumulation von Geld zu begrenzen (so wie wir auch sein Gewicht begrenzen müssen). Ein Unternehmen wie Macy's wächst und gedeiht, weil viele Männer und Frauen dieses Unternehmen für nützlich und dienlich erachten. Rein theoretisch ist vorstellbar, daß dieselben Männer und Frauen es für nicht minder nützlich und dienlich halten, von den Inhabern eines solchen Unternehmens auch regiert und verwaltet zu werden. Aber das müssen zwei gänzlich voneinander getrennte Entscheidungen sein.

Waschmaschinen, Fernsehgeräte, Schuhe und Automobile

Dem Prinzip nach versorgen Geschäfte wie Macy's die Menschen mit dem, was sie brauchen bzw. haben wollen; verwirklichen sie dieses Prinzip, ist ihnen der Erfolg sicher, verwirklichen sie es nicht, dann gehen sie bankrott. Entweder sie sind nützlich, oder sie sind es nicht. Lange bevor Unternehmer Staatsdiener werden, sind sie private Diener, die auf die Befehle des souveränen Abnehmers und Verbrauchers hören. So zumindest lautet die Sage, der Mythos vom Markt. Es ist jedoch federleicht, eine ganz andere Beschreibung von den Marktbeziehungen zu geben. Dem französischen Sozialtheoretiker André Gorz zufolge ist der Markt »ein Ort, an dem riesige Produktions- und Verkaufsoligopole ... auf eine zersplitterte Vielheit von Käufern treffen, die just ihrer Vereinzelung wegen absolut machtlos sind.« D.h., einen souveränen Konsumenten gibt es nicht und kann es auch niemals geben. »Er kann nur eines, nämlich unter einer Vielzahl von Produkten auswählen; es steht jedoch nicht in seiner Macht, die Produktion von Artikeln, die seinen Bedürfnissen mehr entsprächen als die ihm angebotenen, zu veranlassen.«[24] Die wichtigen Entscheidungen werden von Eignern und Managern von Kapitalgesellschaften oder von Großhändlern getroffen; sie bestimmen das Warenangebot, unter dem der Rest von uns seine Auswahl trifft, mit dem Resultat, daß der Rest von uns nicht unbedingt die Dinge bekommt, die er (wirklich) haben möchte. Gorz zieht daraus den Schluß, daß diese Entscheidungen kollektiviert werden müssen. Es genüge nicht, so sagt er, den Markt zu begrenzen, vielmehr müsse er durch eine demokratische Politik ersetzt werden.

Nehmen wir einige der von Gorz angeführten Beispiele auf. Gerätschaften, die für Einzelne bestimmt sind, so seine Argumentation, vertragen sich nicht mit solchen, die für den kollektiven Gebrauch erdacht sind. »Die in Privatbesitz befindliche Waschmaschine z. B. wirkt der Einrichtung von Gemeinschaftswaschküchen entgegen.« Es muß eine Entscheidung getroffen werden, welche Variante man begünstigen will. »Soll das Gewicht auf die Verbesserung der kollektiven Einrichtungen und Angebote oder auf die Versorgung mit individuellem Gerät gelegt werden ...? Soll in jeder Wohnung ein mittelmäßiger Fernsehapparat stehen, oder sollte man lieber in jedem Wohnhaus einen Fernsehraum einrichten mit Geräten von allerhöchster Qualität?«[25] Gorz glaubt, daß diese Fragen nur von den »vereinigten Produzenten«, die ja zugleich auch Konsumenten sind, beantwortet werden können – d. h. von der demokratischen Öffentlichkeit als Ganzer. So zu verfahren in Fragen wie den genannten, scheint mir indes verkehrt. Wenn eine kollektive Entscheidung hier tatsächlich vonnöten ist, dann sollte sie meines Erachtens auf der Ebene des je einzelnen Wohnhauses oder Wohnblocks getroffen werden. Lassen wir die Bewohner doch nach ihrem Geschmack entscheiden, welche Art von Gemeinschaftsräumen sie finanzieren wollen; die dabei entstehenden Wohnhäuser und Nachbarschaften werden uns sehr schnell darüber belehren, daß von einem Einheitsgeschmack keine Rede sein kann. In ihrer Marktfunktion unterscheiden sich solche kollektiven Entscheidungen von individuell getroffenen indes nur insofern, als die ersteren ein größeres Gewicht haben. Ist dieses Gewicht groß genug, dann werden die richtigen Maschinen produziert und zum Verkauf angeboten. Es kann zwar sein, daß alteingesessene Hersteller und Kleinhändler nicht bereit oder nicht in der Lage sind, das zu liefern, was verlangt wird, aber in diesem Fall treten neue Hersteller und Kleinhändler auf den Plan, die aus der Welt der Erfinder, der Handwerker, der Maschinenwerkstätten und der Fachgeschäfte kommen. Die Kleinbourgeoisie ist die Reservearmee der Unternehmerklasse. Ihre Mitglieder stehen parat und warten; aber sie warten nicht auf die Entscheidungen der »vereinigten Produzenten«, sondern auf den Ruf des Marktes. Die Existenz eines Monopols im strengen Sinne – als exklusive Kontrolle über die Produktionsmittel oder die Absatzmärkte des Kleinhandels – würde es ihnen unmöglich machen, auf diesen Ruf zu reagieren. Aber da ist ja noch der Staat, der die Entstehung solcher Marktmonopole und solcher Marktmacht rechtlich blockieren kann. Wenn er entsprechende Maßnahmen ergreift, dann tut er dies allerdings im Namen des freien Tausches und nicht der politischen Demokratie (und auch nicht im Namen der einfachen Gleichheit), denn wiederum gibt es keine Möglichkeit, jedem Unternehmer den gleichen Erfolg zu garantieren.

Hinzu kommt, daß es der Demokratie keineswegs zuträglich wäre, wenn die Frage, welchen Waschmaschinen und Fernsehgeräten der Vorzug zu geben sei, im Parlament erörtert werden müßte. Wo sollte eine solche Diskussion ihr Ende finden? Gorz ist voller solcher Fragen wie: »Was ist besser? Vier Paar kurzlebige Schuhe pro Person und Jahr oder ein Paar solide plus zwei Paar kurzlebige?«[26] Nun kann ich mir durchaus ein Rationierungssystem in Kriegszeiten vorstellen, innerhalb dessen solche Entscheidungen kollektiv getroffen werden müssen, oder auch eine Wasserknappheit, die die politische Gemeinschaft dazu veranlaßt, die Produktion von häuslichen Waschmaschinen zu begrenzen oder sogar zu verbieten. Wenn aber die Dinge ihren normalen Gang gehen, dann sind es private oder lokale Entscheidungen, die hier gefragt sind und auf die der Markt zu reagieren hat. Und der Markt scheint, wie von mir bereits angedeutet, tatsächlich sowohl solide als auch minderwertige Schuhe, sowohl größere als auch kleinere Waschmaschinen hervorzubringen.

Doch worum es hier geht, ist mehr. Gorz möchte deutlich machen, daß die wachsende Flut von Privatgütern dazu führt, daß das Leben der Armen immer härter wird. Wenn immer mehr Konsumenten ihre private Waschmaschine erwerben, dann werden die Großgeräte vom Markt verdrängt (oder ihre Preise so in die Höhe getrieben, daß ihre Indienstnahme sich als Luxus erweist). Von nun an braucht jeder seine eigene Waschmaschine. Gleiches gilt im Bereich der Unterhaltung — wenn die öffentlichen Formen ihre Funktion einbüßen, weil die Kinos in der Nachbarschaft schließen, dann braucht jeder seinen eigenen Fernseher. Und es gilt für den Verkehr — wenn das öffentliche Transportwesen verfällt, braucht jeder sein eigenes Auto usw. usw. Die Nachteile der Armut wachsen, und die Armen werden an die Ränder der Gesellschaft gedrängt.[27] Es ist das gleiche Problem wie das von Rainwater angesprochene, und es erfordert die gleiche Art von Redistribution. In einigen Fällen, wie bei Bus- und U-Bahnfahrpreisen, läßt sich möglicherweise mit Subventionen etwas machen. Sehr viel öfter jedoch wird nur durch zusätzliche Einkünfte den Intentionen von sozialer Zugehörigkeit und Integration entsprochen werden können. Es mag ein Fehler sein, die Mitgliedschaft in der Gesellschaft so eng an den privaten Konsum zu koppeln; wenn beide aber erst einmal aneinander gekoppelt sind, dann müssen die Mitglieder auch Konsumenten sein.

Man könnte anstelle der ökonomischen aber auch die politischen Aspekte von Mitgliedschaft in den Vordergrund rücken. Ich vermute, daß Gorz die Gemeinschaftswaschküche und den Fernsehraum in Wirklichkeit deshalb vorzieht, weil er in ihnen gemeinschaftliche Alternativen zur bürgerlichen Privatisierung erblickt — Orte, an denen Menschen sich begegnen und miteinander sprechen, an denen sie Verabredungen treffen und vielleicht sogar über Politik streiten. Dies sind öffentliche Güter in dem Sinne, daß jeder Bewohner, ob er diese Orte nutzt oder nicht, von der gesteigerten Soziabilität, der freundlicheren Atmosphäre des Hauses als Ganzem profitiert. Zugleich handelt es sich bei ihnen aber auch um jene Art von Gütern, die in dem individualistischen Geschiebe auf den Markt verlorengehen. Sie gehen nicht, oder zumindest nicht primär, deshalb verloren, weil die Eigner und Manager von Warenhäusern so mächtig sind, sondern viel eher der Präferenzen der Konsumenten wegen, die ihre Wahl höchst individuell, sozusagen einer nach dem andern treffen, wobei jeder nur sich (oder genauer: sein Heim und seine Familie) im Auge hat.[28] Würden Konsumenten sich anders entscheiden, wenn sie als Mitglieder einer Gruppe zu wählen hätten? Ich bin mir nicht sicher, aber der Markt würde ganz gewiß auf sie eingehen, sie versorgen, wenn sie sich entsprechend verhielten. Menschen, die wie Gorz den kollektiven Konsum über den privaten stellen, müßten ihre Sache verfechten, und sie würden dabei gewinnen oder verlieren oder in der einen Nachbarschaft oder dem einen Wohnblock obsiegen und andernorts unterliegen. Der starke Punkt in Gorz' Argumentation ist die Forderung nach einem Forum, auf dem die verschiedenen Bedürfnisse zur Sprache gebracht und in der Sache verfochten werden können. Der Markt selbst ist kein solches Forum; doch dies zu sagen, heißt nicht den Markt kritisieren, sondern nur darauf zu bestehen, daß er seinen Platz neben und außerhalb der Sphäre der Politik hat und nicht an ihre Stelle treten darf.

Besonders feurig wird Gorz dort, wo es ums Auto geht, das wohl bedeutsamste aller modernen Güter. Verwurzelt in dem, was heute als eine zentrale Tradition der Gesellschaftskritik zu gelten hat, ist er bereit, auf das Auto zu verzichten: »Das private Automobil stellt die gesamte städtische Struktur auf den Kopf... Es behindert die vernünftige Nutzung öffentlicher Verkehrsmittel und wirkt einer Vielzahl von freizeitlichen Gruppen- und Gemeinschaftsaktivitäten entgegen (indem es vor allem die Nachbarschaft als Lebenswelt zerstört)«.[29] Gorz hat höchstwahrscheinlich recht, aber das Auto ist auch das Symbol für individuelle Freiheit; und ich bezweifle, daß bis heute irgendeine demokratische Öffentlichkeit in diesem Jahrhundert gegen das Auto votiert hätte, selbst wenn die langfristigen Konsequenzen seiner Massenproduktion und seines Massengebrauchs im voraus bekannt gewesen wären. In dieser Sache ist tatsächlich eine allgemeine, die gesamte Gemeinschaft einschließende Entscheidung notwendig, denn das private Auto erfordert riesige Subventionen in Form von Straßen, die gebaut und instand gehalten werden müssen. Heute ist es vermutlich so, daß wir uns in diesen Subventionszwängen verfangen haben, ohne daß uns ein großer Spielraum für irgendwelche Manöver bliebe. Aber wir hängen nicht nur deshalb in diesen Zwängen fest, weil Henry Ford mit dem Verkauf von Automobilen mehr verdiente, als er mit dem Verkauf von Straßenbahnen hätte verdienen können. Eine solche Erklärung geht an der kulturellen wie auch an der politischen und wirtschaftlichen Geschichte größtenteils vorbei. Zudem muß nach wie vor auch über den relativen Umfang der Subventionen für Privatautos hier und den öffentlichen Verkehr dort gestritten werden. Was dabei herauskommt, ist eine zutiefst politische Entscheidung und nicht eine des Marktes. Das aber bedeutet, daß die Bürger, die sie treffen, einander gleich sein und in ihren unterschiedlichen Interessen —

als Produzenten und Konsumenten, als Mieter und Hausbesitzer, als Bewohner der Innenstadt und der Außenbezirke – im politischen Willensbildungsprozeß repräsentiert sein müssen.

Die Ermittlung und Festsetzung von Löhnen

Da Stimmen – im Gegensatz zu Geld, Gütern und Dienstleistungen – nicht getauscht oder in Zahlung gegeben werden können, findet die politische Gleichheit der Bürger auf dem Marktplatz keinen Niederschlag. Die Ressourcen, die die Menschen zu Markte tragen, sind, zumindest dem Prinzip nach, selbst marktbestimmt, d. h., sie werden durch den Markt bewertet. Männer und Frauen müssen Geld »machen«, und sie tun es, indem sie ihre Arbeitskraft und ihre erworbenen Fähigkeiten verkaufen. Der Preis, den sie dafür erzielen, hängt von der Verfügbarkeit von Arbeitskräften sowie der Nachfrage nach speziellen Gütern ab (mit Gütern, die keiner will, ist nichts zu verdienen). Wir könnten den Arbeitsmarkt in der gleichen Weise abschaffen wie den Warengütermarkt – indem wir im einen Fall Arbeitsplätze, im andern Schuhe auf der Basis eines politischen oder administrativen Entscheidungsprozesses zuteilten. Die Argumentation gegen eine solche Praxis ist in beiden Fällen die gleiche. Effizienzüberlegungen beiseite lassend, geht es um die Fragen: In welcher Beziehung stehen die Einzelnen zu diesen und jenen Tätigkeiten und zu diesen und jenen Waren; welchen Stellenwert haben beide im Leben der Einzelnen und in welcher Weise werden sie erstrebt, genutzt und genossen? Ich möchte hier beileibe keine notwendige Gleichheit zwischen Arbeit und Konsumgut suggerieren. Für die meisten von uns ist unsere Arbeit, wiewohl instrumentell für den Besitz von Dingen, wichtiger als jede Art von Besitztum. Aber das bedeutet nur, daß die Zuweisung von Arbeit noch viel stärker als ein Akt der Tyrannei empfunden würde als die Zuteilung von Dingen.

Die Sache läge anders, wenn die Zuweisung von Arbeit an Geburt und Rang geknüpft wäre – was dann allerdings auch für die Verteilung von Dingen gälte; denn in Gesellschaften, in denen die Arbeit erblich und hierarchisch gegliedert ist, ist es auch der Konsum. Männer und Frauen, die nur bestimmte Arten von Arbeit verrichten dürfen, dürfen zumeist auch nur bestimmte Arten von Gütern gebrauchen und zur Schau stellen. Ein wichtiges Kennzeichen individueller Identität in den Vereinigten Staaten von heute besteht indes darin, daß man, wiewohl man dieses tut, auch jenes tun, und wiewohl man dieses hat, auch jenes haben könnte. Anders formuliert, wir bauen, wenn es um unsere Optionen geht, Luftschlösser, die, wenn wir älter werden, die Neigung haben, in sich zusammenzufallen. Dies gilt insbesondere für die Armen, die im Lauf ihres Lebens erkennen müssen, daß ihnen nicht nur die Zeit, sondern auch die Mittel fehlen, um die Möglichkeiten des Marktes zu nutzen. Und zwar fehlen ihnen diese Mittel, so bekommen sie zu hören, just wegen des Marktes. Der Preis, den sie für ihre Freiheit zahlen, ist zugleich die Ursache ihres Scheiterns. Sie wurden nicht geboren, um arm zu sein, sie haben es nur versäumt, Geld zu machen.

Tatsächlich gilt: je perfekter der Markt, desto geringer die Einkommensunterschiede und desto seltener der Bankrott. Eine ungefähre Gleichheit in puncto Mobilität, Information und Ausbildungschancen vorausgesetzt, müßte es so sein, daß die attraktivsten Arbeitsplätze die meisten Bewerber anlocken, mit dem Resultat, daß die Löhne auf diesen Posten sinken. Weniger attraktive Tätigkeiten werden gemieden, d.h. die für sie gezahlten Löhne steigen. Für spezielle und kombinierte Fähigkeiten gibt es Sonderprämien. Ich möchte hier keineswegs die Erwerbskraft von begabten (und großgewachsenen) Korbballspielern oder von Filmstars in Abrede stellen; aber die Zahl derer, die sich darum bemühen werden, die relevanten Fähigkeiten zu erwerben oder die richtigen Kombinationen solcher Fähigkeiten zusammenzufügen, wird groß und ihre Erfolgsziffer in vielen Bereichen des wirtschaftlichen Lebens hoch sein. Das aber würde bedeuten, daß die groben Ungleichheiten, die wir in unserer heutigen Umwelt zu konstatieren haben, nicht aufrechterhalten werden könnten. Tatsächlich leiten sie sich denn auch sehr viel stärker von Statushierarchien, Organisationsstrukturen und Machtbeziehungen her als vom freien Markt.[30] (Und sie bestehen fort via Erbschaft; ein Umstand, auf den ich später zu sprechen kommen werde.) Versuchen wir nun, uns eine Situation vorzustellen, in der Hierarchie, Organisation und Macht, wenn auch nicht eliminiert, so doch durch Gleichheit soweit neutralisiert sind, daß die spezifischen Ungleichheiten des Marktes klar hervortreten. Welche Arten von Einkommensunterschieden bleiben bestehen? Das Restbündel von Faktoren, die diese Unterschiede erklären, ist nicht leicht zu entwirren; ihre Verwicklungen werden von den Ökonomen und Soziologen nach wie vor heftig diskutiert, und ich sehe keine Möglichkeit, den Streit zu entscheiden.[31] Ich kann nur eine grobe und spekulative Skizze entwerfen, basierend auf einem Minimum an empirischem Material, denn die Umstände, die ich beschreiben möchte, sind nur an einigen wenigen Orten und nur höchst unzulänglich verwirklicht. Stellen wir uns also eine demokratisch geführte Farm oder Fabrik in einer Marktgesellschaft vor, eine Kommune von Produzenten. Alle Mitglieder haben den gleichen Status; die Struktur ihres Unternehmens wird in jedem Detail von ihnen selbst bestimmt und kontrolliert; Macht wird kollektiv ausgeübt durch Kommissionen, Versammlungen, Diskussionen und Wahlen. Wie werden die Mitglieder einander entlohnen? Werden sie eine unterschiedliche Bezahlung praktizieren für Arbeiten, die mehr bzw. weniger Können erfordern, schwerer bzw. leichter oder dreckiger bzw. sauberer sind? Oder werden sie auf gleichem Lohn für alle bestehen?

Die Antworten auf diese Fragen dürften den Antworten auf die Gorzschen Fragen gleichen und somit von Fabrik zu Fabrik und von Farm zu Farm verschieden sein. Sie bestimmen die Betriebspolitik von Fabriken und Firmen so, wie der öffentliche und der private Konsum die Interessenpolitik von Wohnblöcken oder Mehrfamilienhäusern bestimmt. Demokratische Entscheidungen fallen so oder so aus, je nach der auf seiten der Arbeiter vorherrschenden Ideologie, dem Charakter ihres Unternehmens und dem Verlauf der von ihnen geführten Debatten. Von den Erfordernissen demokratischer Entscheidungsfindung und ihrem allgemeinen Ethos ausgehend, dürfen wir jedoch erwarten, daß die Unterschiede nicht allzu groß sind. Und dem entsprechen auch die bisherigen Erfahrungen in Fabriken, die sich im Besitz von Arbeitern befinden oder von ihnen geleitet werden. In Jugoslawien z. B. »ist der allgemeine Trend der durch Arbeiterräte konzipierten Lohnprogramme klar egalitär«.[32] Eine neuere Studie über amerikanische Versuche in diesem Bereich ist ähnlich emphatisch: »In allen hier genannten Fällen war es so, daß die im Besitz von Arbeitern befindlichen Betriebe, sofern sie nicht absolute Lohngleichheit praktizierten, die Löhne ihrer Mitarbeiter, verglichen mit kapitalistisch geführten Unternehmen wie auch und sogar mit staatlichen Bürokratien, zumindest stark egalisierten«.[33] Die neuen Verteilungsregeln scheinen überdies keine negativen Auswirkungen auf die Produktivität zu haben.

Wenn die neuen Regeln negative Auswirkungen hätten, dann würden sie vermutlich geändert — zumindest gäbe es gute Gründe, sie zu ändern. Denn die Arbeiter sind den Zwängen des Marktes keineswegs überhoben. Sie können nur das verteilen, was sie verdienen. Und sie müssen je nach Bedarf neue Mitglieder rekrutieren, häufig für spezielle Tätigkeiten, die spezielle Kenntnisse erfordern. Und so werden zwangsläufig neue Ungleichheiten entstehen, zum einen innerhalb des je speziellen Betriebs, wenn nämlich Rekrutierung oder Tätigkeit eine unterschiedliche Bezahlung erforderlich machen, und zum andern, wenn dem nicht so ist, zwischen und unter den verschiedenen

Betrieben. Einige Betriebe werden erfolgreicher sein als andere, so wie Macy's erfolgreicher war als andere Ladengeschäfte. Ihre Mitglieder werden zu entscheiden haben, ob sie in die Expansion und einen weiteren Erfolg ihres Unternehmens investieren oder die erwirtschafteten Gewinne verteilen wollen – und wenn sie sie verteilen, ob sie dies in Form von persönlichen Zuwendungen oder von gemeinschaftlichen Versorgungsleistungen tun wollen. Andere Betriebe werden sich mühsam dahinquälen und schließlich bankrott gehen; vielleicht, weil sie auf den Markt setzen und dabei verlieren, vielleicht aber auch, weil innere Zwistigkeiten und Mißwirtschaft einen geschäftlichen Erfolg verhindern. Und dann ist der Rest von uns aufgefordert zu entscheiden, ob wir – beispielsweise um des Fortbestandes und der Prosperität einer ganzen Stadt willen – diese Bankrotteure aus öffentlichen Geldern in der Weise subventionieren wollen, wie wir dies mit kapitalistischen Firmen heute auch tun.

Die Einkünfte der Menschen werden somit durch eine Kombination von politischen Faktoren und solchen des Marktes bestimmt. Ich werde in Kapitel 12 die von mir soeben gelieferte spezielle Zusammenstellung der politischen Faktoren im Detail zu verfechten haben. An dieser Stelle möchte ich nur die Behauptung aufstellen, daß diese Kombination unter den Bedingungen von Großindustrie und Großlandwirtschaft genau jene Wesenszüge der kleinbürgerlichen Wirtschaft reproduziert, die ihre Risiken und die Ungleichheiten, die aus diesen Risiken resultieren, vertretbar machen. Die demokratische Entscheidungsfindung ist, ebenso wie der kleinbürgerliche Kleingrundbesitz, eine Möglichkeit, den Markt dadurch ins Haus zu holen, daß seine Chancen und Gefahren an die konkrete Anstrengung, Initiative und das Glück von Individuen (bzw. von Gruppen von Individuen) geknüpft werden. Das ist es, wonach komplexe Gleichheit verlangt: Nicht der Markt muß abgeschafft, sondern niemand darf seines geringen Status oder seiner politischen Machtlosigkeit wegen von dessen Möglichkeiten abgeschnitten werden.

Ich bin auf den letzten Seiten einer Argumentation gefolgt, die von R.H. Tawney in den Jahren vor dem Ersten Weltkrieg erstmals entwickelt wurde. Sie lohnt ein ausführliches Zitat:

»Als die Menschen in ihrer Mehrzahl noch Kleingrundbesitzer oder Kleinhandwerker waren ... nahmen sie Risiken auf sich. Aber gleichzeitig strichen sie auch Gewinne und Mehrerträge ein. Heute nimmt der Arbeiter ebenfalls Risiken auf sich ..., aber er hat keine Aussicht auf Extragewinne, keine Möglichkeiten zu einer kleinen Spekulation, ihm fehlt die Macht, über sein eigenes Leben zu bestimmen, die das Auf-Sich-Nehmen von Risiken verlohnt.«

Tawney hegte keinen Zweifel daran, daß das Tragen von Risiken sich lohne. Nicht, daß die Masse der Menschen ständig am Rande der Gefahr leben solle: vor einem solchen Leben müsse die Gemeinschaft ihre Mitglieder schützen. Aber der Schutz habe seine Grenzen; und jenseits dieser Grenzen seien Individuen und Gruppen von Individuen auf sich selbst gestellt, frei, sich in Gefahr zu begeben oder ihr, falls sie dazu in der Lage seien, auszuweichen. Wären sie nicht frei, könnten weder Individuen noch Gruppen das sein, was unsere Kultur (theoretisch) von ihnen verlange und erwarte, nämlich aktive, energische, kreative, demokratische Wesenheiten, die ihrem eigenen öffentlichen und privaten Leben Gestalt gäben. Das Risiko sei »erfrischend und stärkend«, so fährt Tawney fort,

»*wenn man es freiwillig auf sich nimmt,* weil in diesem Fall der Betroffene die mutmaßlichen Gewinne und Verluste abwägt und seinen Verstand und seine Stellung dem Erfolg verpfändet. Wenn aber die Mehrheit der Menschen Lohndiener sind, dann entscheiden sie nicht, welche Risiken sie tragen werden. Dies wird durch ihre Herren für sie entschieden. Sie gewinnen nichts, wenn das Unternehmen floriert: Weder die Verantwortung für das Gelingen noch der Stolz auf die vollbrachte Leistung gehören ihnen; ihnen bleiben nur die Leiden des Mißerfolgs. Kein Wunder, daß sie, solange dies so ist, vor allen Dingen nach Sicherheit streben ... Unter solchen Umständen ist das Plädoyer, die Menschen müßten das Recht haben, Risiken auf sich zu nehmen ... eine Kritik nicht an den heutigen Bestrebungen, dem Lohnempfänger Sicherheit zu geben, sondern am gesamten Lohnsystem.«[34]

Das *gesamte* Lohnsystem ist möglicherweise eine Übertreibung. Denn obwohl die Arbeiter unter den von Tawney favorisierten Verteilungsregeln ihre Arbeitskraft und ihre erworbenen Fähigkeiten nicht im wortwörtlichen Sinne verkaufen würden, würden sie sich, ihr Können und ihre Fähigkeiten darbietend, doch immer noch dem Personaldirektor oder dem Personalausschuß der am Ort befindlichen Fabrik präsentieren müssen. Die Bedingungen, unter denen sie in die Kooperative aufgenommen würden, und das Einkommen, das sie erhielten, würden immer noch zum Teil durch Marktfaktoren bestimmt — selbst wenn es daneben einen demokratisch-politischen Prozeß gäbe, der auf diese Bedingungen ebenfalls Einfluß hätte. Tawney propagierte nicht die Abschaffung des Arbeitsmarktes, er versuchte nur, wie ich auch, die Grenzen zu definieren, innerhalb deren er richtig funktioniert.

Redistributionen

Man darf sich den Markt als einen Raum ohne Grenzen vorstellen, als eine nicht in Bezirke unterteilte Stadt — denn Geld ist insidiös, und Marktbeziehungen sind expansiv. Eine radikale Laissez-faire-Wirtschaft gliche, indem sie in jede andere Sphäre eindränge und jeden anderen Verteilungsprozeß dominierte, einem totalitären Regime. Jedes soziale Gut würde von ihr in eine Ware verwandelt. Was herrschte, wäre ein Imperialismus des Marktes, wobei ich davon ausgehe, daß Marktimperialismus weniger gefährlich ist als Staatsimperialismus, und zwar deshalb, weil er sich leichter kontrollieren und beschränken läßt. Die zahlreichen blockierten Tauschaktivitäten haben Schrankenwirkung, sind Kontrollen, die nicht allein von Staatsfunktionären praktiziert werden, sondern auch von einfachen Bürgern, die ihre Interessen verfechten und ihre Rechte geltend machen. Dennoch, die Blockaden halten keineswegs immer stand; und wenn die Verteilungsergebnisse des Marktes nicht in ihren angestammten Grenzen gehalten werden können, dann muß nach einer Möglichkeit der politischen Redistribution gesucht werden.

Ich will jetzt nicht über die Redistributionen sprechen, aus denen wir den Wohlfahrtsstaat finanzieren. Sie kommen aus einem Fonds, dem »Gemeinschaftsvermögen«, zu dem jeder gemäß seinen Mitteln das Seine beisteuert. Aus diesem Fonds finanzieren wir körperliche Sicherheit, Gemeinschaftsriten, bürgerliche Freiheiten, den allgemeinen Schulunterricht und die medizinische Versorgung, d.h. all das, was wir als die Segnungen der Mitgliedschaft begreifen. Der private Reichtum, das Privatvermögen, sie treten erst später auf den Plan. Historisch wie auch soziologisch geht das Zusammenlegen und Miteinander-Teilen dem Kaufen und Verkaufen voraus.[35] Später ist es theoretisch so, daß die Gemeinschaftsversorgung den Markt für ihre Zwecke mißbrauchen kann. Dies behaupten wenigstens die Anführer aller Steuerrevolten von den französischen Poujadisten der fünfziger Jahre bis hin zu den Verfechtern der 13. kalifornischen Kongressvorlage. Die finanziellen Lasten der Mitgliedschaft seien zu groß geworden, sie minderten die rechtmäßigen Freuden und Genüsse der Geld- und Warensphäre und begrenzten in unbilliger Weise deren Risiken und Anreize, so ihr Vorwurf. Kann sein, daß diese Kritiker — zumindest bisweilen — recht haben. Die Konflikte, die hier ausgetragen werden, sind jedenfalls höchst real und die jeweils erforderlichen Entscheidungen keineswegs leicht zu treffen; denn wenn Zwänge und Begrenzungen allzu streng sind, dann kann die Produktivität sinken, mit dem Resultat, daß der

Rahmen für die soziale Anerkennung von Bedürfnissen enger wird. Dennoch gibt es ein Steuerniveau, wenn es auch nicht unbedingt das jeweils geltende ist, bei dem nicht gesagt werden kann, die politische Gemeinschaft dringe in die Sphäre des Geldes ein und bemächtige sich ihrer, denn sie reklamiert nur, was ihr gehört.

Der Marktimperialismus erfordert eine andere Art von Redistribution, eine Redistribution, bei der es weniger darum geht, daß überhaupt Grenzen gezogen als daß sie neu gezogen, neu konzipiert werden. Was zur Debatte steht, ist die Herrschaft des Geldes außerhalb seiner Sphäre, die Möglichkeit wohlhabender Männer und Frauen, sich vermittels ihres Reichtums Privilegien und Vergünstigungen zu verschaffen, Staatsämter zu kaufen, Gerichte zu bestechen und politische Macht auszuüben. In der Regel ist es so, daß der Markt das von ihm besetzte Terrain fest im Griff hält und der Gedanke an Redistribution einer Art von moralischem Irredentismus gleichkommt, der unter Neuverteilung das In-Gang-Setzen eines Prozesses der Grenzrevision versteht. Die Prinzipien, die den Prozeß leiten, sind je nach Zeit und Ort verschieden. Das für mich in diesem Zusammenhang wichtigste Prinzip nimmt sich (ungefähr) so aus: Die Ausübung von Macht gehört in die Sphäre der Politik, während das, was auf dem Markt geschieht, zumindest annäherungsweise, ein Tausch zwischen Gleichen (ein freier Tausch) sein sollte. Letzteres heißt nicht, daß jede Ware zu einem »gerechten Preis« verkauft wird, oder daß jeder Arbeiter seinen »gerechten Lohn« erhält.* Eine Gerechtigkeit dieser Art ist dem Markt fremd. Andererseits muß aber jeder Tausch das Resultat eines Geschäfts im Sinne einer Übereinkunft und nicht eines Befehls oder eines Ultimatums sein. Wenn der Markt richtig funktionieren soll, dann müssen »Tauschgeschäfte, die aus der Verzweiflung geboren sind«, ausgeschlossen sein, weil Not und Zwang, wie Benjamin Franklin es ausdrückte, »noch niemals ein gutes Geschäft zustande brachten.«[38] In einem gewissen Sinne über-

---

* Vielleicht sollten wir den gerechten Preis als eine weitere Form des blockierten Tauschs ansehen: die Festsetzung eines Preises erfolgt in einem Prozeß, der mit dem reinen Handelsgeschehen nicht identisch ist, und der Tausch zu einem anderen als dem festgesetzten Preis ist ausgeschlossen. Die Liste der Waren, die einer solchen Preiskontrolle unterliegen, variiert von Kultur zu Kultur und von Epoche zu Epoche erheblich, mit Ausnahme der Nahrungsgüter, die generell das am meisten kontrollierte Gut darstellen.[37] In unserer Zeit überlebt der gerechte Preis in öffentlichen, oftmals in privater Hand befindlichen Einrichtungen und Versorgungsbetrieben, deren Preise nicht mit Blick auf den Markt und seine Ertragschancen festgesetzt werden oder werden sollen, sondern auf ein gemeinsames Verständnis von einem »gerechten« Erlös – und deren Dienstleistungen ebenfalls kontrolliert und an einem festen Maßstab gemessen werden.

nimmt der Wohlfahrtsstaat die Haftung für die Geldsphäre, wenn er garantiert, daß seine Bürger niemals dazu gezwungen sein werden, ohne Mittel, d.h. im Zustand der Mittellosigkeit, um die lebensnotwendigen Güter zu feilschen. Dem gleichen Zweck dient es, wenn er die gewerkschaftliche Organisierung erleichtert. Arbeiter, die für sich alleine stehen, können sich, getrieben durch die Armut, ihren Mangel an speziellen marktfähigen Fertigkeiten oder auch durch ihre Unfähigkeit, ihre Familien dazu zu bewegen, das Ultimatum irgendeines örtlichen Arbeitgebers anzunehmen, genötigt sehen, Notübereinkünfte zu treffen. Kollektive Verhandlungen sind ein besserer Nährboden für einen Tausch zwischen Gleichen. Zwar garantieren sie ebensowenig ein glänzendes Geschäft, wie die Gemeinschaftsversorgung dies tut, aber sie helfen die Integrität des Marktes zu wahren.

Worum es mir an dieser Stelle geht, ist jedoch weniger die Integrität des Marktes als die der anderen Distributionssphären. Ein Weg, diese Integrität zu erhalten, kann beispielsweise darin bestehen, daß man mächtigen Unternehmern die Möglichkeit benimmt, politischen Einfluß zu erringen oder sich Staatsbeamte gefügig zu machen. Wenn Geld Herrschaft mit sich bringt, und zwar nicht nur über Dinge, sondern auch über Menschen, dann hört es auf, eine private Ressource zu sein. Es ist nicht mehr nur Zahlungsmittel zum Kauf von Gütern und Dienstleistungen am Markt, es wiegt auch andere Dinge aus anderen Sphären auf, aus Sphären, in denen sich (unserem demokratischen Verständnis von Politik zufolge) die Praxis von Kauf und Verkauf sozusagen von selbst verbietet. Wenn wir diese Kaufgeschäfte nicht blockieren können, dann müssen wir das Geld sozialisieren, was nichts anderes bedeutet als eine Kenntnisnahme davon, daß es einen politischen Charakter angenommen hat. An welchem Punkt diese Vergesellschaftung des Geldes notwendig wird, ist eine offene Frage. Es ist kein Fixpunkt, sondern ein Punkt, der sich je nach Stärke und Kohärenz der politischen Sphäre verschiebt und verlagert.

Es wäre indes ein Fehler zu glauben, Geld zeitige nur dann politische Wirkungen, wenn es für Wahlkandidaten und Staatsdiener »spricht«, mithin also nur dann, wenn es, sei's diskret, sei's offen, in den Korridoren der Macht ins Spiel gebracht wird. Es zeitigt politische Wirkungen durchaus auch dort, wo es mehr zuhause ist, nämlich auf dem Markt selbst und in den für ihn produzierenden Firmen und Unternehmen. Auch hier wird nach einer Revision der Grenzen verlangt. Als beispielsweise Gewerkschaftsunterhändler erstmals die Einrichtung einer Beschwerdeinstanz forderten, begründeten sie ihr Verlangen damit, daß die Betriebsdisziplin zu praktizieren sei wie das Strafrecht im Staate, mithin auf einer juridischen oder halbjuridischen Basis und nicht, wie die Entscheidung über den Kauf und Verkauf von Waren, auf der Basis von unternehmerischen Erwägungen (oder der Laune eines bestimmten Unternehmers).[39] Worum es ging, war die Herrschaft über den Arbeitsplatz, und Herrschaft kann nicht Sache des Marktes sein – zumindest nicht in einer demokratischen Gesellschaft. Selbstverständlich war der Kampf um Beschwerdeverfahren nicht nur ein Streit um Grenzen; er war auch ein Klassenkampf. Die Arbeiter kämpften für eine Ausweitung der politischen Sphäre, weil sie sich in ihr besser behaupten zu können hofften, sie hatten ein Interesse daran, die Grenzlinien in einer bestimmten Weise gezogen zu sehen. Dennoch können wir meiner Einschätzung nach feststellen, daß ihre Ansprüche gerechtfertigt waren. Die Dinge, um die es ging, ließen sowohl den Kampf als auch die Argumentation als angezeigt erscheinen.

Sie, diese Argumentation, kann indes noch einen Schritt weitergetrieben werden; denn selbst innerhalb des gegnerischen Verhältnisses von Kapitaleignern hier und Arbeitern dort können die Besitzenden auch nach der Installierung von Gewerkschaften und Beschwerdeverfahren noch immer und weiterhin eine Macht ausüben, die ihnen von Rechts wegen nicht zukommt. Sie treffen tausenderlei Entscheidungen, die das Leben der bei ihnen Beschäftigten (wie auch das ihrer Mitbürger) nachhaltig prägen und einengen. Sollten die enormen Kapitalinvestitionen, wie Fabrikanlagen, Hochöfen, Maschinen und Fließbänder sie darstellen, nicht viel eher als ein politisches denn als ein ökonomisches Gut betrachtet werden? Damit soll nicht gesagt sein, dieses Gut lasse sich nicht in vielfältiger Weise auf Einzelne verteilen; es heißt nur, daß ihm nicht die üblichen Begleiterscheinungen von Besitzerschaft anhaften sollten. So unangemessen es wäre, im Bewässerungssystem der alten Ägypter, in den Straßen der Römer oder der Inkas, in den Kathedralen des mittelalterlichen Europas oder den Waffen einer modernen Armee Waren erblicken zu wollen, so falsch ist es, wenn Produktionsmittel großen Maßstabs als Waren gelten, denn sie erzeugen eine Art von Macht, die sie über die ökonomische Sphäre hinaushebt. Ich werde auf diese Fragen zurückkommen, sobald ich die Sphäre der Politik genauer untersuche. Hier möchte ich nur betonen, daß selbst die letztgenannte Redistribution zwar nicht unbedingt den kapitalistischen Markt, aber doch den Markt an sich unversehrt lassen würde.

Redistributionen können auf dreierlei Weise erfolgen: 1.) als Neuverteilung der Marktmacht, wie im Falle der Blockierung von aus der Verzweiflung geborenen Tauschaktionen und der Begünstigung von Gewerkschaftsinitiativen; 2.) als Neuverteilung des Geldes selbst via Steuersystem; und 3.) als Neuverteilung von Besitzrechten und dem, was aus der Besitzerschaft folgt, wie im Falle der Institutionalisierung von Beschwerdeverfahren oder der genossenschaftlichen Bestimmung über die Produktionsmittel. Alle drei Redistributionsvarianten ziehen die Grenzlinie zwischen Politik und Wirtschaft neu, und sie tun es so, daß die Sphäre der Politik gestärkt wird – und hier wiederum der Einfluß der Bürger und nicht unbedingt die Macht des Staates. (Im heutigen Osteuropa würde ein vergleichbarer »moralischer Irredentismus« die ökonomische Sphäre stärken und die Reichweite der Marktbeziehungen vergrößern.) Aber wie groß der Einfluß der Bürger auch sein mag, sie können nicht einfach die Entscheidungen treffen, nach denen ihnen der Sinn steht. Die Sphäre der Politik hat ihre eigenen Grenzen; sie grenzt an andere Sphären an und findet ihre Grenzen in deren Abgrenzungen. Das bedeutet, daß Redistribution niemals einfache Gleichheit erzeugen kann, nicht, solange Geld und Waren existieren und es einen rechtlich anerkannten sozialen Raum gibt, innerhalb dessen sie getauscht – oder in diesem Falle vergeben – werden können.

Geschenke und Hinterlassenschaften

In den Vereinigten Staaten ist das Geschenk heute warenbestimmt. Wenn ich einen bestimmten Gegenstand besitzen und ihn (innerhalb der Sphäre von Geld und Waren) gegen etwas anderes eintauschen kann, dann kann ich ihn gewiß auch geben, wem ich will. Wenn ich meine Identität aus meinen Besitztümern gewinnen kann, dann kann ich sie auch vermittels meiner Enteignungen und Entäußerungen erringen. Und – noch einfacher und überzeugender – was ich nicht besitzen kann, kann ich nicht verschenken. Indes, es lohnt sich, etwas genauer über das Geschenk nachzudenken, denn aus seiner Geschichte können wir eine Menge über uns selbst erfahren – und zugleich einige interessante Möglichkeiten herausfinden, wie man sich von anderen Menschen unterscheiden kann. Ich beginne mit einer der bekanntesten anthropologischen Abhandlungen.

Der Geschenkeaustausch im Westpazifik

Bronislaw Malinowskis Untersuchung der Tauschbeziehungen zwischen den Trobriandern und ihren Inselnachbarn ist eine umfangreiche Studie, die eine Fülle von Details enthält; ich kann ihre reiche Vielfalt hier noch nicht einmal andeutungsweise sichtbar machen.[40] Was ich statt dessen ermöglichen möchte, ist ein kurzer Blick auf den Kernpunkt der Malinowskischen Arbeit, den *Kula*, ein System des Geschenkeaustauschs, bei dem Halsketten aus roten Muscheln und Armreifen aus weißen Muscheln in entgegengesetzter Richtung über viele Meilen hinweg einen Kreis von Inseln und Geschenkpartnern durchwandern. Die Halsketten und Armreifen sind rituelle Geschenke, stereotyp in der Form, wenn auch unterschiedlich im Wert; die feinsten unter ihnen sind tatsächlich sehr wertvoll, es sind die wertvollsten Dinge, die die Inselbewohner besitzen — heiß begehrt und hoch geschätzt. Die beiden Objekte werden ausschließlich gegeneinander getauscht. Aber dies ist kein »Geschäft«, kein Handel in unserem Sinn: Halsketten und Armreifen »können niemals von Hand zu Hand getauscht werden, niemals wird die Äquivalenz der beiden Gegenstände diskutiert, es wird nicht um sie gefeilscht und sie wird nicht errechnet«.[41] Der Tausch erfolgt in Form einer Geschenkabfolge. Ich schenke meinem Kula-Partner eine Halskette, und einige Zeit danach, vielleicht erst ein Jahr später, schenkt er mir einen einzelnen oder auch einen ganzen Satz Armreifen. Doch endet die Geschenkabfolge hier keineswegs. Ich gebe die Armreifen weiter an einen anderen Partner und erhalte von ihm eine andere Halskette, die ich meinerseits weiterschenke. Diese Gegenstände sind nur zeitweilige Besitztümer; alle paar Jahre umrunden sie den Kreis, den Kula-Ring, die Halsketten im Uhrzeigersinn, die Armreifen in der Gegenrichtung. Die Kula-Beziehung erschöpft sich nicht in einer einmaligen Transaktion, denn die Regel lautet: »einmal im Kula, immer im Kula.«[42]

Jedes Geschenk ist eine Gegengabe für ein vorausgegangenes Geschenk. Die Äquivalenz bleibt dem Geber überlassen, wenngleich von ihm erwartet wird, »daß er den angemessenen und vollen Wert zurückgibt«. Tatsächlich wird »jede Bewegung der Kula-Gegenstände, jede Einzelheit der Transaktionen . . . durch eine Reihe traditioneller Regeln und Konventionen festgelegt«.[43] D.h., daß für Generosität und Ressentiment zwar ein gewisser Raum bleibt, das Grundmuster jedoch fest vorgegeben ist. Vielleicht kämen wir der Sache näher, wenn wir den Kula nicht als ein ökonomisches System interpretierten, sondern als ein soziales, ein Gemeinschaftssystem, wiewohl diese Unterscheidung für die Trobriander keinen Sinn machte. Der Kula-Ring hat seine Analogie in unserer Freundesrunde, jenem Personenkreis, in dem — in einem konventionellen Rahmen — Geschenke und Einladungen ausgetauscht werden. Dieser Austausch ist kein Geschäft; man kann sich von den Verpflichtungen, die er mit sich bringt, nicht freikaufen. Die Gegengaben müssen Naturform haben. Auch findet die Tauschbeziehung in der Gegenleistung keineswegs ihr Ende: Schenkpraxis und Einladungen setzen sich fort, gehen innerhalb der Freundesgruppe hin und her. Der Kula-Ring ist für das Leben der an ihm Beteiligten jedoch von sehr viel größerer Bedeutung, als der Freundeskreis dies für uns ist. Er ist, wie Marshall Sahlins gesagt hat, die Verwirklichung eines Sozialvertrags, und alle übrigen Beziehungen und Transaktionen finden in seinem Schatten oder, besser, im Schutz des Friedens statt, den er schafft und erhält.[44]

Zu diesen Beziehungen und Transaktionen zählt das, was Malinowski als »reinen und einfachen Handel« bezeichnet hat und was die Inselbewohner »gimvali« nennen. Dieser Handel besteht in der Weitergabe von Waren, nicht von rituellen Gegenständen; und es ist absolut legitim, dabei zu handeln, zu feilschen und den eigenen Vorteil zu suchen. Der gimvali ist frei; es können zwei x-beliebige Fremde sein, die ihr Geschäft miteinander machen, dessen Abschluß zugleich beider Beziehung zueinander beendet. Die Inselbewohner ziehen eine scharfe Grenzlinie zwischen dieser Art von Handel und dem Austausch von Geschenken. Schlechtes Betragen im Kula-Ring wird kritisiert mit dem Hinweis, der Schenkende »treibt sein Kula, als wäre es gimvali«.[45] Gleichzeitig steigern Erfolge auf der Ebene des einfachen Handels den Status im Kula, denn der Austausch von Halsketten und Armreifen wird begleitet von weiteren zusätzlichen Geschenkgaben und reichhaltigen Festmählern, die beträchtliche Mittel verschlingen. Ich nehme an, es trifft auch auf uns zu, daß Kauf- und Verkaufserfolge die Position dessen, der sie tätigt, in seinem Freundeskreis verändern. Aber wir geben unser Geld in der Regel lieber für uns selber aus als für andere. Im Unterschied hierzu ist bei den Inselbewohnern jede Form von Produktion und Akkumulation dem Kula untergeordnet und damit die Freiheit des »Nehmens« einer in hohem Maße ritualisierten und moralisch verbindlichen Form des »Gebens«.

Das Geschenk ist in diesem Fall nicht warenbestimmt. Die Inselbewohner haben zwar eine Vorstellung von Besitzerschaft, die, wiewohl sie dem Einzelnen weniger Freiheit zugesteht, als etwa unsere Besitzvorstellung dies tut, ihm immer noch Raum für die persönliche Entscheidung und den privaten (bzw. familialen) Gebrauch läßt; doch erstreckt sich diese Besitzvorstellung nicht auf Kula-Objekte. Sie gehören dem Ring als einer Gesamtheit und nicht dem Einzelnen. Man darf sie nicht zu lange für und bei sich behalten (weil man sich sonst den Ruf einhandelt, dem Kula gegenüber »langsam« und »schwer« zu sein). Man darf sie auch nicht an seine Kinder weitergeben, sondern muß sie an seine Kula-Partner weiterreichen. Und sie dürfen nicht in der falschen Richtung des Kreises zirkulieren oder gegen andere Dinge eingetauscht werden. Sie wandern in einer bestimmten Richtung immer weiter, nach einem bestimmten Schema und begleitet von bestimmten Riten und Zeremonien. Das Geschenk, so könnten die Inselbewohner sagen, ist viel zu wichtig, um der Laune des Gebers überlassen zu bleiben.

Geschenk und Schenkung im Code Napoléon

Bei den Trobriandern ist es so: Geschenke erzeugen Freundschaft, schaffen Vertrauen, knüpfen Allianzen und sichern den Frieden. Der Geber ist ein Mann von Einfluß und Ansehen; je mehr er zu verschenken hat und je größer seine Freigebigkeit ist, um so mehr Gewicht hat er in seiner Bezugsgruppe. Ein Schenkverständnis, das keineswegs allgemeingültig ist, denn in vielen Kulturen herrscht eine völlig andere Auffassung vor, eine Auffassung, der zufolge Schenken weniger in einer Statuserhöhung als in einer Vergeudung des Vermögens auf seiten dessen resultiert, der schenkt. Jedes Vermögen, handle es sich nun um Land, Geld oder andere Besitztümer, hat einen begrenzten Umfang, den jedes Geschenk erst einmal schrumpfen läßt. Außerdem, so diese Sichtweise, gehört ein solches Vermögen nicht umstandslos diesem oder jenem Individuum (und noch weniger seinem Freundeskreis); der je Einzelne ist sein rechtmäßiger Besitzer nur unter ganz bestimmten Bedingungen und zu ganz bestimmten Zwecken. Unter anderen Bedingungen und zu anderen Zwecken gehört es seiner Familie oder, genauer, seiner Abstammungslinie. Und hier treten die politischen Obrigkeiten auf den Plan, um die Interessen der nächstfolgenden Generation zu schützen.

Diese Auffassung von Vermögen und Reichtum hat ihre Wurzeln im Stammes- und Feudalrecht; ihre Geschichte, die ich hier nicht nachzeichnen will, ist lang. Während der Französischen Revolution wurde der Versuch unternommen, die aristokratischen Besitzungen und alle großen Vermögenskonzentrationen dadurch aufzubrechen und aufzulösen, daß man Erben gleichen Ranges gleiche Legate zusicherte. Diese Zusicherung fand, wenn auch in modifizierter Form, Eingang in den Code Napoléon und stellt ganz zweifellos eine massive Einschränkung der testamentarischen Machtvollkommenheit des einzelnen Besitzers dar. Und, was meines Erachtens noch bedeutsamer ist, der Code zielte darauf ab, die Macht des Besitzers auch zu seinen Lebzeiten dadurch zu restringieren, daß ihm sein Recht beschnitten wurde, sein Geld nach Belieben zu verschenken, sei es an ihm genehme Fremde, sei es an Anverwandte außerhalb der direkten Abstammungslinie. Die Gesetzgeber setzten eine Mindestrückstellung in Gestalt eines bestimmten Prozentsatzes des Gesamtvermögens (errechnet aus der Summe aller von dem Betroffenen jemals besessenen Besitztümer) fest, die nicht verschenkt werden durfte, sondern als Nachlaß im Sinne der Intestaterbfolge weitergegeben werden mußte. »Die Reserve variierte je nach Zahl und Art der ... überlebenden Erben — sie belief sich auf die Hälfte des Vermögens, wenn keine Kinder da waren, auf drei Viertel bei drei und weniger Kindern und auf vier Fünftel, wenn es vier waren, usw.« Wenn die angemessenen Beträge bei der Verteilung nicht zur Verfügung standen, wurden testamentarische Schenkungen annulliert, Geschenke inter vivos »verringert« oder »zurückerstattet«.[46]

Auch hier folgt das Geschenk nicht den Warengesetzen. Der einzelne Besitzer kann mit seinem Geld machen, was er will, solange er es für sich selbst ausgibt. Er kann Leckereien zu sich nehmen, die von Feinschmeckerköchen zubereitet sind, er kann Ferien machen an der Riviera und sein Vermögen beim Blackjack oder Roulette riskieren. Das Gesetz reguliert seine Freigebigkeit Fremden gegenüber, nicht aber seine Maßlosigkeit in bezug auf sich selbst. Der Widerspruch scheint merkwürdig, ist aber nicht unerklärlich. Um Nachgiebigkeit gegen die eigene Person in Gestalt von Genußsucht und Zügellosigkeit reglementieren und gleichsam polizeilich überwachen zu können, bedüfte es eines außerordentlich strengen Zwangsregimes, wohingegen die Überwachung von Geschenken oder von großvolumigen Schenkungen leichter zu bewerkstelligen scheint (auch wenn sie sich de facto als äußerst schwierig erwiesen hat). Es ist jedoch ein tieferer Unterschied, der hier wirksam wird. Geben und Nehmen im Sinne von Einnehmen und Ausgeben sind Vorgänge, die ihrem gewöhnlichen Wortsinn nach in der Sphäre des Geldes und der Waren beheimatet sind und von den hier geltenden freiheitlichen Prinzipien gesteuert werden. Anders die Verteilung des Familienvermögens, sie fällt in eine andere Sphäre — die Sphäre der Verwandtschaft —, welche ihrerseits von Prinzipien der Wechselseitigkeit und der Verpflichtung bestimmt ist. Die Grenzen sind hier ebenso schwer zu ziehen wie anderswo; in den Vereinigten Staaten von heute sind sie beispielsweise sehr viel enger gezogen als im Napoleonischen Gesetzbuch. Aber unsere eigenen Vorstellungen von Unterhalt, Ernährung und Kinderaufzucht deuten auf die Existenz einer familialen Gemeinschaftskasse hin, die der öffentlichen Gemeinschaftskasse vergleichbar und deren freie und beliebige Verauslagung nicht zulässig ist. Man könnte einwenden, daß die Unterhaltszahlung eine Verpflichtung sei, die man freiwillig eingehe, wenn man heirate und Kinder in die Welt setze. Doch es gibt kein Abkommen, keinen Vertrag darüber und kein Individualverständnis davon, in welcher Form dieser Verpflichtung im Einzelfall nachzukommen ist. Sie ist kollektiv und nicht individuell definiert, und ihre Definition spiegelt unser kollektives Verständnis von Familie wider.

Aufs Ganze gesehen genossen die Amerikaner indes von der Gründung ihrer Republik an eine beachtliche Freiheit im Umgang mit ihrem Geld. Die Familie hatte, vermutlich der Abwesenheit einer feudalen Vergangenheit wegen, längst keinen so zentralen Stellenwert wie in Europa, mit dem Effekt, daß Vermögen und Reichtum der familialen Kontrolle sehr viel leichter entgleiten konnten. In seinen im Jahre 1848 erstmals veröffentlichten *Grundsätzen der Politischen Ökonomie* pries John Stuart Mill dieses Charakteristikum amerikanischen Lebens, indem er Charles Lyells *Travels in North America* zitierte:

»Es ist nicht allein gewöhnlich, daß reiche Capitalisten durch letzten Willen einen Theil ihres Vermögens zur Ausstattung nationaler Anstalten hinterlassen, sondern einzelne bewilligen schon bei ihren Lebzeiten bedeutende Summen zu gleichen Zwecken. Es gibt hier kein Zwangsgesetz für die gleiche Vermögenstheilung unter die Kinder, wie in Frankreich, und andererseits auch kein Herkommen der Fideicommisse oder des Erstgeburtsrechts, wie in England, so daß die Wohlhabenden freie Hand haben, ihr Vermögen zwischen ihren Verwandten und dem Gemeindenutzen zu theilen.«[47]

Aber auch wenn Philanthropie vom Staat nicht nur nicht eingedämmt, sondern sogar von ihm gefördert wird, so unterliegen Schenkungen und Vermächtnisse anderer Art sowie innerhalb der Verwandtschaft ausgesetzte Legate dennoch dem Gesetz – nicht, was die Richtung angeht, in die sie wandern, wohl aber, was ihren Umfang anbetrifft. Im Moment hat diese Gesetzeskontrolle keine große Bedeutung; aber das Prinzip ist institutionalisiert, und es ist wichtig, seine moralische Basis zu erkennen und, soweit möglich, auch seine praktischen Auswirkungen zu sehen.

Mill lieferte eine utilitaristische Erklärung für die Begrenzung von Vermächtnissen und Hinterlassenschaften. Wenn wir ein großes Vermögen auf seinen wahren Wert schätzen, der Mill zufolge in den »Vorteilen und Annehmlichkeiten liegt, die dadurch erkauft werden können«, dann »muß es doch jedermann einleuchten, daß hinsichtlich des Wohlbefindens des Besitzers der Unterschied zwischen einem mäßigen Reichthum und fünfmal größerem Vermögen unbedeutend erscheint, verglichen mit dem Genuß und den anderen Wohlthaten, welche durch eine anderweitige Verfügung über jene anderen vier Fünftel hätten verschafft werden können.«[48] Ich bezweifle indes stark, daß diese Auffassung vom Grenznutzen des Geldes auch nur einen einzigen potentiellen Großvermögensbesitzer zu überzeugen vermag.

Schließlich gibt es jenseits einer mittleren Unabhängigkeit, eines mäßigen Wohlstandes noch zahllose andere Dinge, die für Geld zu haben sind. Da ist die Begründung der von Mill verfochtenen Position dort schon überzeugender, wo er die mit ihr beabsichtigten Effekte in dem Satz zusammenfaßt: »Solche ungeheuren Vermögen, derer niemand zu irgend welchem persönlichen Zwecke bedarf, sondern die nur zum Prunk oder zu einer ungebührlichen Macht dienen, würden viel weniger vorkommen.«[49] Dem Prunk dürfte indes kein allzu großes Gewicht zukommen; stellt er doch eher so etwas wie eine allgemeine Schwäche innerhalb der Sphäre des Geldes dar und ist — in Abwesenheit von streng gehandhabten Luxusgesetzen — schwer, wenn nicht überhaupt nicht zu kontrollieren. Anders die »ungebührliche Macht«, sie muß, soll die Integrität der politischen Sphäre gewahrt bleiben, scharf bekämpft werden. Theoretisch sollte es so sein, daß Großvermögen aufgelöst werden, bevor sie auf andere übertragen werden können. In der Praxis kann es jedoch Gründe geben, eine beträchtliche (wenn auch nicht unbegrenzte) Akkumulation innerhalb einer Lebensspanne zuzulassen. Die wichtigeren politischen Auswirkungen werden oft erst in der nächsten Generation spürbar, deren Mitglieder das Kommandieren von Kind auf eingeübt haben. In jedem Fall besteht der Hauptzweck der Begrenzung von Vermächtnissen und Hinterlassenschaften, wie auch jeder anderen Form von Redistribution, darin, die Grenzen der verschiedenen Sphären zu sichern. Ist dies geschehen, erweist sich Mills Grenznutzenargument insofern als plausibler, als gar nicht so viel bleibt, was ein Einzelner mit seinem Geld tun könnte. Und dennoch ist dies nicht der Grund für die Begrenzung von Vermögensübertragungen. Orientiert an der relativen Stärke der Grenzen zwischen den verschiedenen Sphären (und dem Erfolg anderer Formen ihrer Sicherung), werden die Begrenzungen schon viel früher festgesetzt. Wenn es uns gelänge, die Umwandlung von Geld etwa in politische Macht absolut auszuschließen, dann bräuchten wir seine Akkumulation oder seine Übertragung überhaupt nicht zu limitieren. So wie die Dinge jedoch liegen, gibt es gute Gründe, sowohl die Vermögensakkumulation als auch die -übertragung zu begrenzen, Gründe, die weniger mit dem Grenznutzen des Geldes zu tun haben als mit seiner extramuralen Wirksamkeit.

Das Recht zu geben und das Recht zu empfangen, sie folgen aus der gesellschaftlichen Bedeutung des Geldes und der Waren; doch gelten diese Rechte nur so lange, wie es diese beiden Dinge und nur sie sind, die gegeben und empfangen werden. »Das Eigenthum einer Sache kann,« wie Mill gesagt hat, »ohne die Macht, darüber beim Todesfall oder zu Lebzeiten nach eigenem

Gutdünken zu verfügen, nicht als vollständig angesehen werden.«[50] Was man besitzt, kann man auch verschenken. Die einseitige Gabe, das unilaterale Geschenk ist ein Phänomen, das es nur und allein in der Sphäre des Geldes und der Waren gibt, wie sie in unserer Gesellschaft Gestalt angenommen hat. Es findet sich weder im Kula noch in irgendeinem anderen System des Geschenkeaustauschs. Es unterliegt strengen Beschränkungen, wenn nicht gar Verboten, wo immer Besitzerschaft in der Familie oder der Abstammungslinie verankert ist. Es ist eine Besonderheit unserer Kultur, die den Weg freigibt zur Ausbildung von speziellen Formen von Generosität und Gemeinsinn (allerdings auch von Grillen und Gemeinheiten). Es ist jedoch weder generös noch gemeinsinnig, wenn jemand versucht, ein politisches Amt – oder eine Machtposition – an die eigenen Freunde und Verwandten weiterzugeben. Auch Berufsstatus und öffentliches Ansehen können nicht nach Belieben übertragen werden, denn derlei Dinge liegen nicht im Bereich des persönlichen Geschenks. Einfache Gleichheit würde eine lange Liste von weiteren Verboten, wenn nicht gar eine völlige Ächtung des Geschenks erfordern. Dennoch ist das Geschenk zweifellos eine der vornehmeren Ausdrucksformen von Besitzerschaft, wie wir sie kennen. Und solange die Männer und Frauen, die ihr Geld an Personen verschenken, die sie lieben, oder an eine gute Sache, der sie sich verpflichtet fühlen, dies in der dafür vorgesehenen Sphäre tun, haben wir allen Grund, sie in dem, was sie tun, zu respektieren, selbst wenn die Distributionsresultate dadurch unvorhersagbar und ungleich werden. Liebe und Engagement haben, genau wie ein Geschäftsunternehmen, ihre Risiken und (bisweilen) ihre Glückstreffer, Gegebenheiten, die eine Theorie der distributiven Gerechtigkeit weder zu leugnen noch zu verdrängen braucht.

5. Kapitel
Das Amt

Einfache Gleichheit in der Amtssphäre

Folgt man dem enzyklopädischen Wörterbuch, dann ist ein Amt »ein Posten, an den sich Vertrauen, Befugnisse oder Dienstaufgaben knüpfen im Rahmen und unter der Ägide einer verfassungsmäßigen Obrigkeit . . . eine offizielle Position oder Tätigkeit.« Ich schlage vor, die Definition etwas allgemeiner und damit so weit zu fassen, daß sie das in der modernen Welt stark ausgeweitete Aktionsfeld der »verfassungsmäßigen Obrigkeit« miteinschließt. Sie lautet dann: Ein Amt ist jedweder Posten, an dem die politische Gemeinschaft als Ganze Interesse nimmt, indem sie die Person, die den Posten innehaben soll, entweder direkt auswählt oder die Verfahren festlegt, nach denen sie ausgewählt werden soll. Der Kontrolle über Anstellung und Ernennung kommt insofern ein großes Gewicht zu, als die Verteilung von Ämtern nicht Sache von Einzelpersonen oder Kleingruppen sein darf. Ämter dürfen nicht von Privatpersonen in Besitz genommen, in der Familie weitergegeben oder auf dem Markt verkauft werden. Diese Definition ist natürlich eine stipulative Definition, denn soziale und ökonomische Positionen der in ihr beschriebenen Art sind in der Vergangenheit vielfach in genau dieser Weise verteilt und vergeben worden. In den Gesellschaften, die Weber als »patrimoniale Gesellschaften« bezeichnet hat, wurden selbst in der Staatsbürokratie angesiedelte Amtsposten von mächtigen Einzelpersonen als Besitztum angesehen und vom Vater an den Sohn weitergegeben. Eine Ernennung war nicht nötig; der Sohn übernahm das Amt seines Vaters so wie er dessen Grundbesitz übernahm; und wenn der Herrscher auch das Recht reklamieren konnte, den Amtstitel anzuerkennen, so konnte er ihn doch nicht verweigern. Heute ist der Markt die Hauptalternative zum Ämtersystem, und die Machthaber des Marktes oder ihre bevollmächtigten Vertreter – in Gestalt von Personaldirektoren, Betriebsleitern usw. – sind die wichtigsten Gegenspieler der verfassungsmäßigen Behörden; wobei allerdings zu konstatieren ist, daß die Verteilung von Positionen und Posten via Markt zunehmend der politischen Reglementierung unterliegt.

Die Idee des Amtes ist sehr alt. Im Abendland war es die christliche Kirche, innerhalb deren es am klarsten Gestalt annahm, um im Verlauf des langewährenden Streits um die Loslösung der Kirche von der privativen Welt des Feudalismus schließlich seine speziellen Vorzüge auszubilden. Den Kirchenführern ging es um zwei Dinge: Erstens sollten Kirchenämter weder in den Besitz derer übergehen, die sie als Pfründen momentan innehatten, noch in den Besitz ihrer Feudalherren, und sie sollten nicht an Freunde und Verwandte weitergegeben werden können. Zweitens durfte mit Kirchenämtern kein Handel getrieben, sie durften nicht verkauft werden. Nepotismus und Simonie waren gleichermaßen Sünden; Sünden, die vermutlich so lange begangen würden, wie Privatpersonen die Verteilung von religiösen Ämtern kontrollierten. Um dem Übel zu steuern, sollten die Ämter von den verfassungsmäßigen Obrigkeiten der Kirche verteilt werden, die, bestrebt, Gott zu dienen, in dessen Auftrag handelten. Gott, so könnte man sagen, war der erste Meritokrat, und Frömmigkeit und Religionskenntnis waren die Qualifikationen, die er von seinen Amtsträgern verlangte (nicht zu vergessen die verwalterischen Fähigkeiten, das Geschick im Umgang mit Geld und ein politisches Savoir-faire, die ebenfalls gefordert waren). Entscheidungskompetenzen wurden deshalb nicht abgeschafft, sondern innerhalb einer offiziellen Hierarchie neu angesiedelt und einer Vielzahl von Beschränkungen unterworfen.[1]

Von der Kirche wanderte die Idee des Amtes über zu den Verfechtern einer Zivilverwaltung; sie übernahmen das Konzept und säkularisierten es. Aber auch sie hatten einen langen Kampf zu bestehen: zunächst gegen die persönliche Entscheidungskompetenz, die Aristokraten und Edelleute für sich in Anspruch nahmen, und danach gegen die Entscheidungskompetenz der Partei, die von den Radikaldemokraten reklamiert wurde. Wie der Dienst an Gott, so wurde auch der Dienst an der politischen Gemeinschaft allmählich umgewandelt in die Arbeit qualifizierter Individuen, dem Zugriff mächtiger Familien oder erfolgreicher Faktionen und Parteien entzogen. Gewiß, man könnte ein demokratisches Plädoyer für Faktionen und Parteien halten und in der Folge auch für das, was den Namen »spoils system«* erhielt, denn hier scheint

---

* spoils system wird im Deutschen in freier Übersetzung mit dem terminus technicus »Futterkrippensystem« wiedergegeben; wörtlich verstanden ist es ein »Beutesystem« (Anm. d. Ü.)

die Entscheidungskompetenz in Sachen Anstellung immerhin im Auftrag einer Mehrheit der Bürger ausgeübt zu werden — ich werde diesen Argumentationsstrang später weiterverfolgen; aber der Kampf zugunsten des »spoils system« war im Moment der Namensfindung bereits verloren. Ämter sind zu wichtig, als daß man sie als »Beutestücke« eines Parteisiegs begreifen dürfte. Zudem sind solche Siege zu vergänglich, Mehrheiten zu unsicher, um der Zivilverwaltung eines modernen Staates Gestalt geben zu können. Stattdessen ist das Examen zum entscheidenden Distributionsmechanismus geworden — so daß es heute so ist, daß in einem Staat wie Massachusetts (läßt man den Gouverneur und sein Kabinett sowie eine Reihe von Beratungs- und Ordnungsausschüssen beiseite) der praktisch einzige öffentliche Posten, der ohne Prüfung vergeben wird, der Arbeitsplatz eines »Arbeiters« ist, und selbst hier werden die Einstellungsverfahren streng überwacht.[2] Es gibt keine Beutestücke mehr. Arbeitsplätze haben sich aus Gründen der Redlichkeit und der Leistungsfähigkeit (ein »guter Staat«) wie auch aus Gründen der Gerechtigkeit und der Chancengleichheit zunehmend in Ämter verwandelt.

Der Streit um den Amtsbegriff in Kirche und Staat steht für zwei Teile einer Geschichte, zu der neuerdings ein dritter hinzugekommen ist: das unablässige Vordringen der Amtsidee tief in die zivile Gesellschaft hinein. Die Zugehörigkeit zu den akademischen Berufen ist heute in den meisten Fällen insofern »offiziell« im Sinne von »amtlich« bestätigt, als der Staat die Zulassungsverfahren kontrolliert und an der Durchsetzung und Einhaltung der Standards für die Berufspraxis beteiligt ist. Tatsächlich ist jede Tätigkeit, die ein akademisches Zeugnis zur Voraussetzung hat, schon allein deshalb eine Art von Amt, weil der Staat es ist, der die Arbeit der akademischen Institutionen, wenn er diese nicht, wie es häufig der Fall ist, selbst betreibt, zumindest rechtlich beglaubigt. D.h., daß zumindest dem Prinzip nach Noten und Grade nicht käuflich sind. Vielleicht ist es der Druck des Marktes, der die Arbeitgeber dazu zwingt, (immer höherrangige) Zertifikate zu verlangen; aber im Prozeß der akademischen Auslese, Schulung und Prüfung kommen Maßstäbe und Normen zum Tragen, die nicht einfach die des Marktes sind, es sind Normen, für die der Staat in Gestalt seiner amtlich bestellten Vertreter ein reges Interesse bekundet.

Das von diesen Staatsvertretern bekundete Interesse hat in diesem Fall allerdings weder mit Gott noch mit der Gemeinschaft als Ganzer zu tun, sondern vielmehr mit den vielen einzelnen Klienten, Patienten und Konsumenten von Gütern und Dienstleistungen, die sich auf die Kompetenz von Amtsinhabern verlassen müssen. Wir haben keine Lust, hilflose und bedürftige

Menschen Amtsträgern auszusetzen, die ihrer Abkunft wegen oder dank der willkürlichen Protektion durch eine mächtige Einzelperson für ihren Posten ausgewählt wurden. Und wir haben auch keine Lust, sie Amtsträgern auszusetzen, die in Selbstauswahl auf ihre Posten gelangt sind, ohne ein mehr oder weniger sorgsames Ausbildungs- und Prüfungsverfahren durchlaufen zu haben. Da Amtsposten relativ rar sind, müssen diese Verfahren unparteiisch sein, indem sie allen Kandidaten die gleiche faire Chance einräumen; und sie müssen umgekehrt von den Kandidaten ihrerseits als fair anerkannt sein. Solche Unparteilichkeit wiederum setzt voraus, daß die Konzeption der Verfahren nicht in den Händen von privaten Entscheidungsträgern liegt. Und so ist die Machtbefugnis der Entscheidung mehr und mehr politisiert, d.h. zu einer öffentlichen Angelegenheit geworden, die der staatlichen Überwachung und Reglementierung unterliegt. Diese Entwicklung, die bei den akademischen Berufen begann, ist längst nicht mehr auf diese beschränkt, sondern schließt heute alle möglichen Auswahlverfahren ein. De facto haben Gesetze, die »faire Einstellungspraktiken« vorschreiben, und richterliche Entscheidungen, die »affirmative Handlungsprogramme« voraussetzen, den Effekt, daß alle davon betroffenen Arbeitsplätze sich in eine Art Ämter verwandeln.

Das Hauptinteresse der letztgenannten Aktivitäten gilt der Gerechtigkeit und nicht der Leistungsfähigkeit oder der reinen Kompetenz, wiewohl sie auch diesen zustatten kommen können. Ich glaube, es ist richtig zu sagen, daß der gegenwärtige Trend in der Politik wie auch in der politischen Philosophie in Richtung einer Rekonzeptualisierung sämtlicher Arbeitsplätze im Sinne von Ämtern verläuft, und dies eindeutig aus Gründen der Gerechtigkeit. Dies ist ganz gewiß die Implikation des letzten (und am wenigsten strittigen) Teils von Rawls zweitem Gerechtigkeitsprinzip: »Soziale und wirtschaftliche Ungleichheiten sind so zu regeln, daß sie ... mit Ämtern und Positionen verbunden sind, die allen gemäß der fairen Chancengleichheit offenstehen.«[3] Positionen, um die Menschen konkurrieren und die denen, die sie erringen, einen sozialen oder ökonomischen Vorteil über die anderen verschaffen, müssen in Übereinstimmung mit vorgegebenen Kriterien und in durchsichtigen Verfahren »gerecht« verteilt werden. Es wäre ungerecht, wenn eine Privatperson aus Gründen, die einzig und allein sie selbst betreffen, oder aus solchen, die der Öffentlichkeit nicht bekannt und deshalb auch nicht von ihr gebilligt sind, nach Gutdünken Ämter und Positionen vergäbe. Ämter müssen im offenen Wettbewerb errungen werden. Das Ziel ist eine perfekte Meritokratie, die (späte!) Erfüllung jener Forderung aus der Französischen Revolution, die da lautete: freie Bahn den Fähigen. Die Revolutionäre von 1789 dachten, daß man, um dieses Ziel verwirklichen zu können, nichts anderes zu tun brauche, als das Aristokratiemonopol zu zerschlagen und die Gesetzesbarrieren, die dem individuellen Fortkommen entgegenstünden, niederzureißen. Durkheim hing noch hundert Jahre später der gleichen Auffassung an, als er die harmonische Gesellschaft als eine Gesellschaft kennzeichnete, die einer »organischen« Arbeitsteilung bedürfe, in der »kein Hindernis welcher Natur auch immer (die Individuen) daran hindert, innerhalb der sozialen Ordnung den Platz einzunehmen, der ihren Fähigkeiten entspricht.«[4] In Wirklichkeit kommt dieses glückliche Resultat jedoch nur unter der willentlichen Mitwirkung des Staates zustande. Er muß Examina abnehmen, Ausbildungs- und Beurteilungskriterien institutionalisieren und die Bewerbungs- und Auswahlverfahren regeln. Nur der Staat kann den Partikularisierungseffekten der Individualentscheidung, der Macht des Marktes und des Klassenprivilegs entgegenwirken und jedem Bürger die gleiche Chance einräumen, den allgmeinen Anforderungen zu genügen.

Damit wird die alte Arbeitsteilung durch einen universalen Zivildienst ersetzt und eine Art von einfacher Gleichheit hergestellt. Die Summe aller vorhandenen Arbeitsmöglichkeiten wird dividiert durch die Zahl der an ihnen interessierten Bürger, mit dem Effekt, daß jeder die gleiche Chance hat, einen Posten zu erringen. Dies ist zumindest die Tendenz in der gegenwärtigen Entwicklung, wenngleich ganz offensichtlich noch viel geschehen muß, wenn sie ihren logischen Endpunkt erreichen soll: ein System, das jede Arbeitsstelle einschließt, deren Besitz, zumindest theoretisch gesehen, einen sozialen oder ökonomischen Vorteil darstellt und zu der jeder Bürger den genau gleichen Zugang hat. Das Konzept ist nicht uninteressant, wenn nicht sogar verlockend, aber es erfordert unser Einverständnis dazu, daß alle Posten wirklich zu Amtsposten werden und daß sie, wenn auch nicht nach denselben, so doch nach in der Art gleichen Kriterien vergeben werden. Daß es sich dabei zwangsläufig um meritokratische Kriterien handelt, liegt daran, daß es andere, die ebenfalls Karriere und Talent miteinander verknüpfen, nicht gibt. Staatsvertreter werden die geforderten Meriten definieren und über die einheitliche Anwendung der aufgestellten Kriterien wachen. Die einzelnen Bürger werden bestrebt sein, diese Meriten zunächst zu erwerben und danach ihren Erwerb in ein neues Monopol umzumünzen. Die sozialen Ungleichheiten, so schrieb Durkheim, seien in diesem Fall nichts anderes als der »genau(e)« Ausdruck der natürlichen Ungleichheiten.[5] Stimmt aber nicht, denn es ist ein ganz spezielles Sortiment von natürlichen und artifiziellen Ungleichheiten, das in ihnen Ausdruck findet, von Ungleichheiten, die damit zu tun haben, welche Schule jemand besucht und welche Examina er abgelegt hat, wie gut er sich in einem Einstellungsgespräch zu präsentieren, ob er ein diszipliniertes Leben zu führen und Anordnungen zu befolgen weiß. Was kann ein allgemeiner Staatsdienst, eine universale Zivilverwaltung anderes sein als eine riesige, in sich verschlungene Hierarchie, in der eine Mischung aus intellektuellen und bürokratischen Tugenden dominiert?

Es gibt jedoch noch ein anderes Konzept von einfacher Gleichheit, ein Konzept, das darauf abgestellt ist, just dieses Resultat zu vermeiden. Danach kommt es nicht nur weniger darauf an, jeden Posten in ein Amt zu verwandeln, als darauf, aus jedem Bürger einen Amtsinhaber zu machen. Es ist nach dieser Konzeption auch weniger wichtig, die Auswahl zu demokratisieren als die Verteilung (beispielsweise mittels Los oder durch Rotation) zu randomisieren, d.h. zu einer Zufallsverteilung zu machen. Dies war ganz ohne Zweifel das Verständnis der Griechen vom Staatsdienst. In nachklassischer Zeit paarte sich diese Sichtweise allerdings zumeist mit einem populistischen Radikalismus, dessen Quelle in einer tiefen Abneigung gegen Amtsinhaber schlechthin lag – d.h. gegen Priester, Rechtsgelehrte, Ärzte und Bürokraten gleichermaßen. Nun kann Abneigung zweifellos ein guter Nährboden für eine kluge und subtile politische Konzeption sein. Die spontane und unreflektierte Forderung jener politischen Radikalen jedoch, die allen Amtsträgern den Tod wünschten, sie war eindeutig zu schlicht.

»Fort mit ihm! Fort mit ihm! Er spricht Latein.«[6]

Es ist so. Der populistische Radikalismus ist tatsächlich antiklerikal, antiakademisch und antiintellektuell. Zum Teil nimmt er diese Formen an, weil es oftmals geschieht, daß Amtsträger Personen von niedriger Geburt sind, die – als von ihrer Klasse Abtrünnige – sich den Interessen der Hochgeborenen verschreiben. Aber die Feindseligkeit hat auch mit dem zu tun, was Shakespeares Hamlet »den Übermut der Ämter« nennt und womit jene speziellen Forderungen gemeint sind, die Amtsinhaber zumeist in der Form geltend machen, daß sie Anspruch erheben erst auf ihre Ämter und danach auf die Autorität und den Status, die mit ihnen einhergehen, das Ganze im Verweis auf gesellschaftlich gebilligte Anforderungsnormen, anhand deren sie geprüft wurden und denen sie entsprochen haben. Das Amt ist ihre Errungenschaft, es trennt sie von ihren Mitbürgern und stellt sie über sie.

Die reflektierteren Formen des Populismus spielten eine wichtige Rolle zunächst im protestantischen, später im demokratischen und sozialistischen Denken. Luthers Forderung, allen Gläubigen den Priesterstatus zuzuerkennen, fand ihre Entsprechung in praktisch allen Amtsbereichen. Daher der wiederholte revolutionäre Versuch, die Sprache des Gesetzes so zu vereinfachen, daß jeder Bürger sein eigener Anwalt sein könne; oder Rousseaus Plädoyer für ein staatliches Schulsystem, in dem einfache Bürger turnusmäßig als Lehrer fungierten; oder die Jacksonsche Forderung nach Rotation im Amt; oder auch Lenins Vision von einer Gesellschaft, in der jeder »Nichtalphabet« auch »eine Amtsperson« ist.[7] Der zentrale Punkt in allen diesen Beispielen steckt in der Überlegung, das Amt selbst und nicht nur die Macht, es zu vergeben, stelle ein nicht zu rechtfertigendes Monopol dar. Wenn Amtsträger auch nicht getötet werden müßten, so sei es doch zumindest angebracht und dringend nötig, ihre Ansprüche auf Eignung und Bevorrechtigung zurückzuweisen. Fort also mit dem Latein und all den anderen Formen jenes Geheimwissens, welches das Amtswesen mysteriös und kompliziert erscheinen läßt.

Nun ist soziale Gleichheit zwar tatsächlich der »genau(e)« Ausdruck von natürlicher Gleichheit, sprich der Fähigkeit eines jeden Bürgers, an sozialer und politischer Aktivität in all ihren Aspekten teilzunehmen. Wörtlich genommen ist diese Teilnahme bzw. Teilhabe aber nur in kleinen, homogenen und ökonomisch einfachen Gesellschaften möglich: Schulbeispiel dafür ist das alte Athen. Anders in den komplexeren Gesellschaften, denen eine typische Schwierigkeit im Wege steht, jene Schwierigkeit nämlich, die in der derzeitigen chinesischen Debatte über Rolle und Funktion von »Experten« hier und »Kommunisten« dort einen besonders anschaulichen Niederschlag findet.[8] Wenn man das Wissen abwertet, dann fällt man auf die Ideologie zurück; denn irgendein Leitprinzip, eine Norm, auf die man sich bei der Bestimmung und Bewertung von Arbeit beziehen kann, ist für die Handhabung einer modernen Ökonomie unabdingbar. Wenn es aber so ist, daß Talent und Ausbildung selbst innerhalb ihrer unmittelbar eigenen Sphäre nichts gelten, wenn ihnen selbst hier jedes Gewicht abgesprochen wird, dann dürfte ein ideologischer Eifer am Werk sein, der unrechtmäßig außerhalb des ihm zukommenden Wirkungskreises operiert. Wenn das Amt universalisiert wird, erfährt es eine Entwertung und wird zum Wegbereiter für die Despotie des politischen Beraters und des Volkskommissars.

Rotation im Amt kann sehr wohl einhergehen mit einem System der fachorientierten Personalauswahl. Die moderne Wehrdienstpflichtigenarmee ist ein überzeugendes Beispiel dafür, und es ist nicht schwer, sich ähnliche Arrangements auch in vielen anderen Bereichen des sozialen Lebens vorzustellen. Dabei verdeutlicht just dieses Beispiel zugleich aber auch, daß es kaum möglich ist, auf das Prinzip der Auswahl gänzlich zu verzichten. Die alten

Athener suchten sich ihre Feldherren auf dem Wahlwege aus, weil sie dachten, der Krieg sei eine Angelegenheit, in der Eignung erforderlich und ein Lotteriespiel unangemessen seien. Und wenn Napoleon sagte, jeder Gefreite trage einen Marschallstab in seinem Tornister, so meinte er damit nicht, daß jeder Gefreite auch ein Marschall sein könne. Ämter, die eine lange Ausbildung oder spezielle Führungsqualitäten erfordern, können nicht ohne weiteres universalisiert werden; und rare Ämter können nur unter einer begrenzten Zahl von Personen verteilt werden, wobei in vielen Fällen die Rotation von Einzelnen in solche Ämter hinein und aus ihnen heraus sowohl das Privatleben der Rotierenden als auch die Volkswirtschaft als Ganze empfindlich stören kann. Nicht jeder kann ein Krankenhaus leiten, selbst dann nicht, wenn die rigide Hierarchie des heutigen Krankenhauswesens aufgebrochen würde. Und was noch wichtiger ist, nicht jeder kann Arzt sein. Gleiches gilt für den Chefingenieur in der Fabrik; auch er kann, selbst in einem demokratisch geführten Betrieb, durchaus nicht durch jeden ersetzt werden. Und noch etwas: nicht jeder kann im erfolgreichsten oder angenehmsten Betrieb Beschäftigung finden.

Den beiden Formen von einfacher Gleichheit möchte ich – sozusagen im Sinne der besseren Lösung – ein komplexeres System von sozialen und wirtschaftlichen Arrangements entgegensetzen. Ein universaler Zivildienst würde die Dominanz von privater Macht schließlich nur durch die Dominanz von staatlicher Macht ersetzen – und in der Folge durch die des Talents oder der Ausbildung oder irgendeiner Qualität, die Staatsvertretern als notwendige Voraussetzung für die Berufung in dieses oder jenes Amt gälte. Der problematische Punkt liegt woanders, er betrifft die Universalisierung des Amtes, die es einzudämmen, den je einzelnen Arbeitsplatz und seine soziale Bedeutung, die es genauer zu beachten, und die (in verschiedenen Kulturen unterschiedlich aussehende) Trennlinie, die es zu ziehen gilt zwischen den Auswahlprozessen, die die politische Gemeinschaft ihrerseits kontrollieren sollte, und denjenigen, die besser Privatpersonen und Kollegialorganen überlassen blieben. Auch hier wird Rotation nur in manchen Ämtern möglich sein, in anderen hingegen nicht; ihre Ausweitung über die ihr gesetzten Grenzen hinaus wäre nichts als ein Täuschungsmanöver, eine Camouflage für neue Arten von Herrschaft. Das Problem liegt nicht darin, daß das Monopol der Qualifizierten aufgebrochen, sondern daß ihre Privilegien eingeschränkt werden müssen. Auf welche Qualitäten wir auch immer Wert legen mögen – ob es Lateinkenntnisse sind, oder ob es die Fähigkeit ist, ein Examen durchzustehen, eine Vorlesung zu halten oder eine Kosten-Nutzenrechnung aufzumachen –, wir müssen darauf achten, daß sie nicht zur Basis tyrannischer Macht- und Vorrechtsansprüche werden. Amtsinhaber sollten, mit der strengen Auflage, innerhalb ihrer Amtsgrenzen zu verharren, nachdrücklich auf die Zwecke ihres Amtes vereidigt werden. Erforderlich ist also nicht nur die Eindämmung von Macht, gefordert ist auch Bescheidenheit. Wenn diese beiden Komponenten richtig verstanden und praktiziert werden, dann dürfte die Amtsvergabe den egalitären Denkern gewiß weniger Bauchschmerzen bereiten, als es derzeit der Fall ist.

Die Meritokratie

Und trotzdem wird den Prozessen, in denen sich konkret entscheidet, wer im einzelnen zum Medizinstudium zugelassen, in diesem oder jenem Fabrikbetrieb beschäftigt, in eine neue Stellung berufen oder befördert werden soll, immer ein großes Gewicht zukommen, was zugleich bedeutet, daß sie, diese Prozesse, genauestens unter die Lupe genommen und ausführlichst diskutiert werden müssen. Meinerseits für ein gemischtes Auswahlsystem plädierend, möchte ich mich dennoch zunächst auf die Kriterien und Verfahren konzentrieren, die für einen universalen Zivildienst geltend gemacht werden können. Mit anderen Worten, ich beteilige mich an der Diskussion über Meritokratie, die in jeder politischen Gemeinschaft, in der sich das Amtskonzept, wie etwa in den Vereinigten Staaten, nicht nur in Kirche und Staat, sondern auch in der zivilen Gesellschaft durchgesetzt hat und weiter durchsetzt, den zentralen Streitpunkt abgibt. Nehmen wir also an, daß alle Arbeitsplätze Ämter sind, daß ihre Verteilung letztlich in den Händen der politischen Gemeinschaft als Ganzer liegt, und daß jedes Mitglied Anspruch auf »eine gleiche Chance« hat. Wie müßten die Verteilungsverfahren in diesem Fall aussehen? Ich sollte bereits an dieser Stelle betonen, daß es Posten und Tätigkeiten gibt, die nicht eigentlich in den Bereich der politischen Kontrolle fallen; es wird jedoch leichter sein, sie in ihrer Differenz zu erkennen, wenn wir uns zunächst die innere (soziale und moralische) Logik der Ämterverteilung vor Augen führen.

Das Prinzip, das der Idee der Meritokratie nach dem Verständnis der meisten ihrer Verfechter zugrunde liegt, ist schlicht und einfach dies: Ämter müssen deshalb an die jeweils qualifiziertesten Bewerber vergeben werden, weil die Qualifikation ein signifikanter Ausdruck von Verdienstlichkeit ist. Die einzelnen Menschen mögen ihre Talente und Fähigkeiten verdient haben oder nicht, was sie jedoch zweifelsfrei und uneingeschränkt verdienen, sind die Posten, für die ihre Fähigkeiten sie geeignet machen. Zweck und Ziel des Verzichts auf die private Entscheidungskompetenz ist somit einzig und allein die Ämterverteilung gemäß Verdienst (Talent, Verdienstlichkeit usw.).[9] In der Realität ist die Sachlage allerdings erheblich komplizierter, als diese apodiktischen Formulierungen suggerieren. Für viele Ämter sind nur minimale Qualifikationen erforderlich; eine sehr große Zahl von Aspiranten kann die zu leistende Arbeit so perfekt verrichten, daß eine zusätzliche Spezialausbildung keinen Zugewinn an Kompetenzen und mithin kein besseres Arbeitsergebnis zur Folge hätte. Hier scheint die Fairness es zu gebieten, daß die Posten unter die für sie qualifizierten Bewerber nach dem Prinzip des »wer zuerst kommt, mahlt zuerst« (oder durch Losverfahren) verteilt werden; die Entsprechung zwischen Amtsinhaber und Amt kann demzufolge nicht mit dem hier unangemessenen, weil zu emphatischen Begriff des Verdienstes gekennzeichnet werden. Gleiches gilt hingegen nicht für Posten, die im Hinblick auf Ausbildung und Können gleichsam keine Grenze aufweisen; in ihrem Falle dürfte es durchaus Sinn machen zu sagen, daß, wiewohl eine ganze Anzahl von Kandidaten für sie qualifiziert sind, nur die jeweils Qualifiziertesten diese Ämter auch verdienen. Zwar scheint das Verdienst nicht in der gleichen Weise relativ zu sein, wie die Qualifikation es ist, aber Drydens Verszeile:

»Allein der soll regieren, der es am meisten verdient,«[10]

macht doch deutlich, daß es verdiente Individuen geben kann, die das von ihnen erstrebte Amt dennoch nicht erringen können, weil sie es in letzter Konsequenz doch nicht verdienen, genauso wie es qualifizierte Individuen gibt, die dem jeweils Qualifiziertesten weichen müssen.

Aber diese Argumentation übersieht eine wichtige Differenz zwischen Verdienst und Qualifikation. Gewiß, beide Begriffe sind in ihrer inhaltlichen Bedeutung eher verschwommen, und wir benutzen sie oftmals so, daß sie sich überlagern. Dennoch glaube ich, eine produktive Trennlinie zwischen ihnen ziehen zu können, indem ich mich mit je speziellen Auswahlprozessen und je speziellen Sozialgütern befasse. Das *Verdienst* impliziert insofern eine sehr klare Form von Anrecht, als es der Auswahl voraufgeht und sie bestimmt, während die *Qualifikation* ein viel ungenaueres Konzept ist. Ein Preis z.B. kann verdient sein, weil er der Person, die die beste Leistung geboten hat, bereits gehört; die Person muß nur noch als solche identifiziert werden. Preiskomitees gleichen Geschworenengerichten, indem sie wie diese zurückschauen und zu einer objektiven Entscheidung zu gelangen versuchen. Ein Amt kann nicht in dieser Weise verdient werden, denn es gehört den Menschen, denen es dient oder dienen soll; in ihrem oder ihrer Vertreter Belieben steht es (innerhalb bestimmter Grenzen, die ich später spezifizieren werde), die Auswahl zu treffen, die ihnen als die richtige erscheint. Auswahl- und Berufungskommissionen sind nicht wie Geschworenenausschüsse, denn ihre Mitglieder blicken nicht nur zurück, sondern auch voraus: sie machen Voraussagen über die zukünftigen Leistungen des Kandidaten und äußern Präferenzen hinsichtlich der Art, in der das Amt wahrgenommen und ausgefüllt werden soll.

Die Anwartschaftskriterien bei der Amtsvergabe liegen genau dazwischen, sozusagen in der Mitte zwischen Verdienst und Qualifikation. Wenn ich also im nächsten Abschnitt sage, alle Bürger, oder genauer, alle Bürger mit minimalen Kenntnissen oder Fertigkeiten, hätten ein Recht darauf, bei der Vergabe von Ämtern als Anwärter berücksichtigt zu werden, dann muß ich hinzufügen, daß die Konkurrenz um ein bestimmtes Amt ein Wettbewerb ist, bei dem es keinen Spezialkandidaten gibt, der es als Einzelner verdient hätte (oder beanspruchen könnte), als Sieger daraus hervorzugehen. Welche Qualifikationen der je Einzelne auch immer aufzuweisen haben mag, es geschieht ihm kein Unrecht, wenn er nicht ausgewählt wird. Das heißt nicht, daß ihm keine Ungerechtigkeit widerfahren kann, sondern nur, daß seine Nichtwahl per se nicht ungerecht ist. Wenn jemand, völlig unabhängig von seinen vorhandenen oder nichtvorhandenen Qualifikationen, einzig und allein seiner aristokratischen Herkunft wegen oder weil er die Mitglieder der Berufungskommission bestochen hat, ausgewählt wird, dann können wir allerdings mit Fug und Recht sagen, daß er das Amt nicht verdient hat und alle anderen Mitbewerber unfair behandelt worden sind. Ist umgekehrt eine gute Wahl getroffen worden, dann sagen wir vermutlich, der Bewerber habe sein Amt verdient. In diesem Falle dürfte es jedoch so sein, daß eine ganze Anzahl weiterer Personen dieses Amt ebenfalls verdienen würden und daß es keiner *wirklich* verdient. Ämter sind nicht so auf Individuen zugeschnitten, wie Verdikte dies sind. Ist das Auswahlverfahren seriös, kann niemand Klage darüber führen, er sei ungerecht behandelt worden – auch wenn es so sein sollte, daß aus der Sicht des Amtes selbst und der von ihm abhängigen Menschen der falsche Kandidat ausgewählt wurde. Dies ist am klarsten zu sehen im Falle des Wahlamtes, gilt aber für alle Ämter mit Ausnahme reiner Ehrenämter, die genau wie Preise vergeben werden. (Daß Verdienstvorstellungen sich immer wieder in die Kandidatendiskussion einschleichen, dürfte daran liegen, daß alle Ämter partiell Ehrenämter sind.)

Der Gegensatz zwischen Preisen und Ämtern, zwischen Verdienst und Qualifikation sei verdeutlicht an zwei hypothetischen, aber nicht untypischen Beispielen. (1) X hat ein Buch geschrieben, das übereinstimmend als der beste Roman des Jahres 1980 angesehen wird; aber eine Gruppe von Männern und Frauen, die eine stärker experimentelle Schreibweise bevorzugen, als X sie praktiziert, überreden ihre Mitjuroren im Preisrichterkollegium, den Preis für den »Roman des Jahres« an Y zu vergeben, der eine mittelmäßige Novelle in der von ihnen bevorzugten Manier verfaßt hat. In bezug auf die jeweiligen Vorzüge der beiden Texte herrscht Übereinstimmung, das faktische Verhalten des Gremiums kommt jedoch einer Ermutigung zu experimentellem Schreiben gleich. Das mag eine gute Sache sein oder auch nicht, eins ist sicher: X wurde ungerecht behandelt. (2) X ist der bestqualifizierte Kandidat für den Posten eines Klinikchefs in dem Sinne, daß er, mehr als jeder andere Bewerber, jene direktorialen Fähigkeiten besitzt, die übereinstimmend als für das Amt erforderlich erachtet werden. Eine Gruppe von Männern und Frauen, die das Krankenhaus in eine spezielle Richtung steuern wollen, überreden jedoch ihre Kollegen in der Auswahlkommission, für Y zu stimmen, der ihrer Richtung zuneigt, ihr Engagement teilt. Sie mögen Recht oder Unrecht haben in dem, was sie mit der Klinik vorhaben, aber sie haben X nicht unfair behandelt.

Ohne die von mir stipulierte »Übereinstimmung« dürften sich die beiden Beispiele indes weniger different ausnehmen. Wenn wir die Konzepte von Verdienst und Qualifikation in ihrer ganzen Strittigkeit präsentierten, dann gewänne die Feststellung, daß Preis und Amt jenen Individuen zuteil werden sollten, die den letztlich gemeinsam erarbeiteten Kriterien am besten entsprechen, erheblich an Plausibilität. Dennoch dürfen die Mitglieder des Preisrichterkollegiums nicht ihr privates literarisches Programm in die Definition des Verdienstes hineinlesen, wohingegen die Mitglieder der Berufungskommission im Krankenhaus in ihrem Für und Wider in Sachen Qualifikation zu einer ähnlichen Selbstverleugnung nicht gezwungen sind. D.h., daß Klagen über die Vergabe eines Literaturpreises dann gerechtfertigt sind, wenn das Auswahlverfahren offen politisiert wurde — auch wenn es sich, wie in diesem Falle, um »Literaturpolitik« handelt. Es heißt aber auch, daß unter vergleichbaren Umständen Klagen über die Auswahl eines Amtsträgers keine Berechtigung haben (es sei denn, die Auswahl erfolgt aus sachlich irrelevanten, politischen Gründen, wie es der Fall ist, wenn Postamtsvorsteher ihrer Parteizugehörigkeit wegen ausgewählt werden und nicht aufgrund ihrer Vorstellung davon, wie ein Postamt geleitet werden sollte). Das Preisrichterkollegium muß, weil es zurückschaut, herauszufinden versuchen, was im Lichte einer gemeinsamen literarkritischen Tradition das beste und damit preiswürdigste Werk ist; anders die Auswahlkommission im Krankenhaus, sie ist Teil eines fortlaufenden Prozesses politischer oder beruflicher Definitionsfindungen.

Die Unterscheidung, die herauszuarbeiten ich versucht habe, scheint indes in all jenen Fällen nicht zu greifen, in denen Ämter auf der Basis von Examensnoten verteilt werden. Ganz gewiß steht der Titel »Doktor« all jenen Personen zu, die ihr Medizinstudium und die dazugehörigen Prüfungen absolviert und dabei eine bestimmte Note erreicht haben, wobei die Prüfungen jedoch nur darüber entscheiden, wer diese Personen sind und wieviele es von ihnen gibt. Mit anderen Worten, wenn jemand fleißig studiert, sich den vorgeschriebenen Stoff aneignet und sein Examen besteht, dann hat er es verdient, ein »Doktor« zu sein. Es wäre ungerecht, ihm den Titel zu verweigern. Nicht ungerecht wäre es hingegen, ihm eine Assistenzarztstelle oder einen Amtsbereich an einem speziellen Krankenhaus zu versagen. Die Auswahlkommission des Krankenhauses muß nicht den Bewerber mit der besten Note auswählen; schließlich blickt sie nicht nur zurück auf seine Examina, sondern auch nach vorn auf noch nicht erbrachte, weil in der Zukunft liegende Leistungen. Es ist auch nicht ungerecht, wenn Kranke mit ihren medizinischen Problemen nicht zu ihm gehen, sondern lieber einen anderen Arzt konsultieren. Sein Titel autorisiert ihn nur, sich einen Arbeitsplatz und eine Praxis zu suchen; einen Rechtsanspruch hat er weder auf den einen noch auf die andere. Das Examen, das ihm den Titel einträgt, ist wichtig, aber nicht allentscheidend; und nur weil es nicht allentscheidend ist, gestehen wir ihm das Gewicht zu, das es tatsächlich hat. Wenn Ämter mit all ihrer Autorität und ihren Vorrechten verdient werden könnten, dann wären wir der Gnade der Verdienstvollen ausgeliefert. Stattdessen lassen wir uns Raum für von uns selbst zu treffende Entscheidungen. Ob wir als Mitglieder eines Ärztekollegiums (welches seinerseits einer Staatsbehörde verantwortlich ist, die zumindest putativ die Gesamtgesellschaft repräsentiert) unsere zukünftigen Arbeitskollegen auswählen oder ob wir uns als Privatpersonen auf den Markt begeben, um uns dort den Spezialisten auszusuchen, zu dem wir gehen wollen, in beiden Fällen ist die Entscheidung so klar und so eindeutig unsere Sache, d. h. Sache der Auswählenden, wie dies für die Urteile, die die Mitglieder eines Preisrichterkollegiums sprechen, keinesfalls gelten kann.

Selbst der »Doktor«-Titel, der ja insofern einem Preis ähnelt, als er verdient werden kann, unterscheidet sich vom Preis darin, daß er nicht ein für allemal verdient ist. Ein Preis wird vergeben für eine Leistung, und weil die Leistung nicht ungeschehen gemacht werden kann, kann der Preis auch nicht wieder zurückgenommen werden. Eine spätere Gaunerei kann den Preisträger entehren; aber solange seine Leistung bestehen bleibt, behält auch die Ehrung ihre Gültigkeit, ganz gleich, was danach passiert. Anders der Berufstitel, er unterliegt der permanenten öffentlichen Überprüfung; und der Verweis auf die Examensnote, die die ursprüngliche Betitelung eingetragen hat, nützt gar nichts, wenn die späteren Leistungen den allgemeingültigen Maßstäben und Normen nicht gerecht werden. Selbstverständlich erfordert eine Disqualifizierung ein gerichtliches oder halbgerichtliches Verfahren, und ich möchte eigentlich sagen, daß nur solche Individuen rechtmäßig disqualifiziert werden können, die ihre Disqualifizierung »verdient« haben. Deshalb noch einmal: die Entfernung aus einem speziellen Amt, die sogenannte Absetzung, ist eine andere Sache. Die dabei angewandten Verfahren dürfen in ihrem Charakter durchaus politisch sein und sind es in der Regel auch; das Verdienst spielt in diesem Zusammenhang keine entscheidende Rolle. Für einige Ämter stehen sowohl rechtliche als auch politische Verfahren zur Verfügung: Präsidenten z. B. können entweder vor Gericht angeklagt oder einfach nicht zur Wiederwahl aufgestellt werden. Unter Anklage können sie theoretisch allerdings nur dann gestellt werden, wenn sie es sozusagen »verdient« haben; niederstimmen kann man sie hingegen ohne Rücksicht auf Verdienstlichkeiten. Der allgemeine Brauch ist der, daß beide, sowohl der Titel als auch das je besondere Amt, überwacht und kontrolliert werden – der erstere mit Blick auf die spezielle Frage der Verdienstlichkeit, das letztere im Hinblick auf alle Fragen, die für die an diesem Amt Interesse nehmenden Männer und Frauen von Bedeutung sind.

Wenn wir alle Ämter als Preise ansehen und sowohl Titel als auch spezielle Posten auf der Basis von Verdienstlichkeit verteilen (und neuverteilen) würden, dann wäre die daraus resultierende Sozialstruktur eine Meritokratie. Eine Verteilung dieser Art, unter diesem Motto, wird meines Erachtens jedoch häufig von Leuten verfochten, denen es keineswegs darum geht, daß Amt und Verdienst zusammenkommen, sondern die bestrebt sind, den Qualifizierten einen Ausschließlichkeitsanspruch auf Posten und Ämter zu sichern. Da ich dennoch annehmen darf, daß es eine ganze Reihe von Menschen gibt, die ernsthaft für die Errichtung einer strikten Meritokratie eintreten, möchte ich hier einen kurzen Moment innehalten, um die philosophischen und praktischen Meriten dieses Konzepts etwas genauer zu untersuchen. Um eine Meritokratie zu etablieren, gibt es nur einen Weg: die Orientierung an den in der Vergangenheit aktenkundig gewordenen Leistungen der Kandidaten. Daher die enge Verkopplung von Meritokratie und Examenswesen, liefern Tests und Prüfungen doch den gewünschten simplen und objektiven Leistungsnachweis. Ein universaler Zivildienst erfordert eine universale Zivildienstprüfung. Zwar hat es etwas Derartiges bisher noch niemals gegeben, doch existiert ein Examensmodell, das dem angesprochenen Verfahren so nahe kommt, daß es sich lohnt, es aus der Nähe zu betrachten.

Das chinesische Examenssystem

An die dreizehnhundert Jahre lang hat der chinesische Staat seine Beamten vermittels eines komplizierten Examenssystems rekrutiert, welches allerdings nur und ausschließlich den kaiserlichen Dienst betraf. In der zivilen Gesellschaft sah es anders aus, sie war eine Welt des Laissez-faire: Kaufleute, Ärzte, Ingenieure, Astronomen, Musiker, Botaniker, Spezialisten in okkulter Prognostik usw., sie mußten keine Examina ablegen. Und so lag der einzige Grund, sich auf das einzulassen, was ein Wissenschaftlerkollege treffend als »das Examensleben« bezeichnet hat, in der Erlangung eines Staatsamtes.[11] Nun waren aber öffentliche Ämter die bei weitem wichtigste Quelle für soziales Prestige im nachfeudalen China. Und obwohl die Macht des Geldes im Lauf jener dreizehnhundert Jahre, in denen das Examenssystem Praxis war, stetig wuchs und es während eines großen Teils der Zeit möglich war, Ämter zu kaufen, war ein hoher Rang dennoch in überwältigendem Maße an gute und exzellente Examensnoten geknüpft. D.h., China wurde von einer Klasse von Gelehrten regiert, und jedes Mitglied dieser Klasse hatte ein Zeugnis in seiner Tasche, das ihm seine Vortrefflichkeit attestierte. Aus der Sicht des Kaisers erfüllten diese Examina einen doppelten Zweck; zum einen brachen sie den Erbadel auf, zum andern schafften sie Talente für Staat und Staatsdienst herbei. »Alle Männer mit außergewöhnlichen Ambitionen sitzen in meiner Falle!«, brüstete sich Kaiser T'ai-tsung (627-649) nach der Abnahme eines Defilees von Frischgraduierten.[12] Aber die Falle konnte nur funktionieren, wenn es so etwas wie Chancengleichheit unter den Untertanen des Kaisers gab. Die Regierung war deshalb unablässig (und mit stets falschen Mitteln) darum bemüht, parallel zu den Examina ein lokales öffentliches Schulsystem mitsamt Stipendienwesen zu entwickeln, wobei sie alle nur möglichen Vorkehrungen traf, um Betrug und Günstlingswirtschaft auszuschließen. Das Schulsystem blieb dennoch immer Stückwerk, und die Vorkehrungen waren niemals voll wirksam. Aber Bauernkinder, die typischen Aufsteiger des alten China, kletterten »die Leiter des Erfolgs« tatsächlich hinauf, und die Notengebung bei den Examina war bemerkenswert fair, zumindest bis zu der Zeit, da im 19. Jahrhundert der Niedergang des Systems einsetzte. In einer Vielzahl berühmt gewordener Fälle wurden Prüfer, die versuchten, ihre Verwandten zu begünstigen, zum Tode verurteilt – eine Strafe für Nepotismus, für die es im Abendland niemals eine Parallele gab. Das Resultat war ein Grad an sozialer Mobilität, wie er im Okzident gleichfalls niemals – auch in der Moderne nicht – erreicht worden sein dürfte. Hochgestellte und mächtige Familien vermochten ein bis zwei Generationen talentlosen Nachwuchses nicht zu überstehen.[13]

Aber war das chinesische System wirklich ein meritokratisches System? Lagen die Ämter tatsächlich in den Händen derer, die sie »am meisten verdienten«? Ein System zu ersinnen, das bessere Voraussetzungen böte für die Schaffung einer Meritokratie, dürfte nicht leicht sein, und dennoch ist die Geschichte des chinesischen Prüfungswesens ein einziger Beleg für die Ineffektivität dieses Konzeptes. In der frühesten Periode (der Tang-Dynastie) wurden die Examina ergänzt und bisweilen überlagert durch ein älteres System, demzufolge örtliche Beamte verdienstvolle Männer für den Staatsdienst zu empfehlen hatten. Es gab an die sechzig im einzelnen spezifizierte »Meriten«, nach denen diese Beamten Ausschau halten sollten und die »sich im wesentlichen an einen moralischen Charakter, eine literarische Bildung, administrative Fähigkeiten und militärische Kenntnisse knüpften.«[14] Aber wie detailliert die Liste auch immer gewesen sein mag, die Empfehlungen waren unvermeidlich subjektiv; nur allzuoft waren es einfach Freunde und Verwandte, auf welche die Beamten die Aufmerksamkeit ihrer Vorgesetzten lenkten. Die intelligenten und ehrgeizigen jungen Männer, nach denen der Kaiser verlangte, sie waren es nicht, die ihm zugeführt wurden; und Arme wurde nur höchst selten empfohlen. Allmählich änderte sich die Situation zwar insofern, als sich das Examenssystem als wichtigster, genauer, als einziger Zugangsweg zur Bürokratie samt Aufstieg etablierte – und es war ganz ohne Zweifel objektiver und gerechter –, aber die sechzig »Meriten« mußten fallengelassen werden, mit dem Effekt, daß das durch die Examina erfaßbare Spektrum von Talenten und Fähigkeiten sich stark verengte.

Ich kann die spätere Entwicklung des Examenssystems hier nicht im Detail erörtern. Der ursprüngliche Zweck der Prüfung war der, die Kandidaten auf ihre Kenntnis der konfuzianischen Schriften zu prüfen und, was noch wichtiger war, auf ihre Fähigkeit, »konfuzianisch« zu denken. Die Prüfungsbedingungen waren und blieben immer die spezifischen Bedingungen einer Massenprüfung, wobei die Spannung durch den Preis, der zu gewinnen war, potenziert wurde. Eingeschlossen in eine kleine Zelle und mit einer kleinen Nahrungsration versehen, schrieben die Kandidaten kluge Aufsätze und Poeme sowohl über die klassischen Texte als auch über aktuelle Probleme der Philosophie und der Staatsführung.[15] Doch ein langer Prozeß der Routinisierung, der durch eine gewisse Kollaboration zwischen Kandidaten und Prüfern kräftig befördert wurde, führte dazu, daß die spekulativeren Fragen immer weiter an den Rand gedrängt wurden, bis sie schließlich ganz fortfielen. Was die Prüfer statt dessen immer mehr ins Zentrum rückten, waren Gedächtnisleistungen, Sprachwissenschaft und Schönschreibkunst, mit dem Effekt, daß die Kandidaten sich mehr für alte Examensfragen als für den Sinn der alten Bücher interessierten. Was geprüft wurde, war in zunehmendem Maße die Fähigkeit, eine Prüfung zu absolvieren. Daß diese Fähigkeit exakt getestet wurde, dürfte außer Zweifel stehen. Sehr viel schwieriger ist indes die Antwort auf die Frage nach der Bedeutung, die wir einem Examenserfolg beizumessen haben. »Talent«, so schrieb der satirische Romancier Wu Ching-tsu, »erwirbt man dadurch, daß man sich auf eine Prüfung vorbereitet. Würde Konfuzius unter uns leben, würde er sich voll der Examensvorbereitung widmen: Wie sonst ließe sich ein Amt erringen?«[16] Das ist etwa so, wie wenn wir sagen würden, daß Hobbes, lebte er heute, aller Wahrscheinlichkeit nach eine Lebenszeitprofessur an der Harvard-Universität erhalten würde. Stimmt, aber würde er auch den *Leviathan* schreiben?

Die Verdrängung und Ersetzung des intellektuellen Lebens durch ein »Examensleben« dürfte von dem Augenblick an unvermeidlich sein, da sich das Examen als wichtigster Zugang zum sozialen Aufstieg erweist. Ist diese Situation aber erst einmal da, dann läßt sich nicht mehr sicher sagen, daß sich in der vom Kaiser aufgestellten Falle auch tatsächlich die ersehnten Talente verfangen. Ein Kritiker des Prüfungswesens sah die Lage im 19. Jahrhundert denn auch wie folgt: »Es ist durchaus nicht so, daß das Examenssystem das außerordentliche Talent zutage förderte, Tatsache ist vielmehr, daß es dem außergewöhnlichen Talent bisweilen gelingt, sich über das Examenssystem zu erheben.«[17] Ähnliche Feststellungen ließen sich auch für die Zeit davor treffen, denn es gibt ein breites Spektrum von menschlichen Fähigkeiten — wie sie etwa in der Provinzverwaltung gefragt sind —, die durch das Studium der konfuzianischen Schriften weder erprobt noch überprüft werden. Es kann sogar ein tiefes intuitives Wissen über den Konfuzianismus geben, das durch Examensfragen überhaupt nicht ermittelt und abgefragt werden kann. Alle derartigen Prüfungen sind ihrem Charakter nach konventionell, und nur in Anerkennung der ihnen zugrunde liegenden Konvention kann man, sozusagen konventionsimmanent, sagen, daß erfolgreiche Kandidaten den von ihnen erreichten Grad oder Rang verdienten und die später von ihnen ausgeübte Herrschaft eine Meritokratie darstelle.

In der Praxis war es so, daß erfolgreiche Kandidaten keineswegs automatisch in ein Amt einzogen. Die Examina produzierten einen Pool von potentiellen Amtsträgern, unter denen die Einstellungsbehörde – ein ständiger Personalausschuß – eine Auswahl traf, indem sie sich möglicherweise direkt an einigen jener vorhin erwähnten sechzig »Meriten« orientierte oder indem sie darüber nachsann, welche »Meriten« zum je gegebenen Zeitpunkt am dringendsten erforderlich waren. Man kann also nicht sagen, daß alle, die ein Examen bestanden, es verdienten, ein Amt zu bekommen, sie hatten nur einen Anspruch darauf erworben, bei der Vergabe einer Vielzahl von Ämtern als Aspiranten berücksichtigt zu werden. Jedes andere System wäre, indem es für eine Beurteilung anderer, nicht prüfungsrelevanter Fähigkeiten wie auch der späteren Leistungen am Arbeitsplatz selbst keinen Raum gelassen hätte, hoffnungslos rigide gewesen. Aber alle derartigen Beurteilungen waren ihrem Wesen nach partikularistisch und politisch; was ihnen abging, war die Objektivität der Examensnote; und so dürfte es so gewesen sein, daß Individuen, die in einer bestimmten Weise sehr wohl Anerkennung verdienten, dennoch übergangen wurden – bisweilen mit Absicht, bisweilen aus Zufall. Desgleichen gab es verdienstvolle Individuen, die die vorgeschriebenen Examina einfach nicht schafften. Ich möchte damit nicht sagen, daß diese Personen ein Amt verdient hätten. Behauptete ich dies, würde ich nur mein eigenes Urteil an die Stelle des Urteils der verantwortlichen Beamten setzen. Und ich habe keinen besseren Einblick in die allgemeine oder universelle Bedeutung von Verdienst und Verdienstlichkeit, als jene ihn hatten.

In der Amtssphäre ist es die Arbeit der Auswahlkommission, der die entscheidende Bedeutung zukommt. Im Bestreben, Gerechtigkeit und so etwas wie Objektivität sicherzustellen, wird diese Arbeit in zunehmendem Maße gesetzlichen Zwängen unterworfen; die Losung lautet: gleiche Chancen für gleichermaßen seriöse Bewerber. Es sind jedoch nur wenige, die für eine radikale Abschaffung der Auswahlkommission plädieren und statt dessen erstens jeden Kandidaten der gleichen Prüfung (die sie niemals haben können, weil es das identische Prüfungsgespräch nicht gibt) unterziehen und zweitens die Geprüften auf der Basis von Notenkriterien automatisch in ein Amt einziehen lassen wollen. Die Kommission ist allein schon ihres repräsentativen Charakters wegen ein sinnvolles und nützliches Instrument. Worum es geht, ist schließlich kein abstraktes Amt, sondern ein bestimmter, höchst konkreter Arbeitsplatz, zu vergeben in einem bestimmten Augenblick in einer bestimmten Organisation oder Behörde, in welcher die von der Kommission Repräsentierten bereits arbeiten und wo die nach einer Lösung verlangenden Probleme diskutiert werden können. Die Kommission spiegelt Zeit und Ort wider, sie spricht für die anderen Organisations- oder Behördenmitglieder und ist ihrerseits selbst eine Arena für nicht endende Debatten. Die Entscheidung, die sie trifft, ist, auch wenn gewisse universelle Kriterien sie einschränken, vor allem eine spezielle Entscheidung. Kandidaten sind nicht nur nach allgemeinen Kriterien geeignet oder ungeeignet, es ist auch das von ihnen angestrebte konkrete Amt, auf das sie passen oder nicht passen. Der letztgenannte Punkt ist immer eine Frage der Beurteilung, und so bedarf es einer Gruppe von Sachverständigen, die diskutierend zu einem solchen Urteil gelangen. Zwar ist, wie wir sehen werden, nicht jedwedes Eignungskriterium als »Tauglichkeits«-maßstab praktikabel und zulässig; aber die Liste der relevanten Qualitäten ist stets lang — ähnlich der von den sechzig »Meriten«, und es gibt keinen Einzelkandidaten, der sie alle von der ersten bis zur letzten aufwiese. Die Besonderheit des Amtes entspricht der Besonderheit der Kandidaten. Sie sind individuelle Männer und Frauen mit höchst unterschiedlichen Stärken und Schwächen. Selbst wenn jemand konsequent das Prinzip verfolgte, diejenige Person aus der Masse herausfinden zu wollen, die den Posten wirklich verdiente (oder »am meisten verdiente«), hätte er doch keine Möglichkeit, diese Person zu identifizieren. Die Mitglieder der Auswahlkommission wären uneins über das theoretisch angemessene Gleichgewicht von Stärken und Schwächen, und sie wären uneins über das praktisch gegebene Gleichgewicht beim je einzelnen Kandidaten. Auch hier würden sie mit Beurteilungen beginnen und bei der Abstimmung enden. Die Verfechter der Meritokratie haben ein schlichtes, aber um so umfassenderes Ziel vor Augen: einen Platz für jedermann, und jedermann am richtigen Platz. Es gab eine Zeit, da hoffte man auf Gott als Mitstreiter in diesem Unterfangen; heute richten sich die entsprechenden Hoffnungen eher auf den Staat.

»Wir brauchen große Männer und Frauen. Große Ämter erfordern große Fähigkeiten. Und Gott gibt den einzelnen Menschen nicht nur Moralität, Gemüt, Verstand und Geschmack mit auf ihren Lebensweg, er geleitet sie auch an genau den Platz, den auszufüllen im Leben ihnen zubestimmt ist.«[18]

Doch dies ist eine mythische Vorstellung von sozialer Ordnung, die sich mit unserem komplexen Menschen- und Arbeitsplatzverständnis an keiner

Stelle deckt. Ihre Implikation, daß bei umfassender Information und Transparenz im Prinzip jede Auswahl einmütig getroffen werden könne, einmütig in dem Sinne, daß sie nicht nur von der Auswahlkommission und den erfolgreichen Kandidaten, sondern auch von denen gebilligt und getragen wird, die nicht zum Erfolg gelangen – genau wie im Falle von gerichtlichen Entscheidungen, wo selbst die verurteilten Kriminellen einsehen und anerkennen sollen, daß sie bekommen, was sie verdienen –, diese Implikation findet in der Praxis keine Entsprechung; die Auswahlprozesse sehen anders aus. Aber auch theoretisch ist sie nur vorstellbar, wenn wir eine Welt imaginieren, in der wir die zukünftigen Leistungen aller Kandidaten nicht nur prognostizieren, sondern tatsächlich vorhersehen können, wobei wir Tatsachenwissen mit irrealem Zukunftswissen gleichsetzen. Und selbst dann dürfte es immer noch so sein, daß die von Auswahlkommissionen ins Feld geführten Argumente sich von den vor Gericht geltend gemachten unterscheiden, auch wenn die spezifische Differenz sich nur mit Mühe bestimmen läßt.

Sinn und Bedeutung der Qualifikation

Bei genauem Hinsehen wird sehr schnell offenbar, daß so etwas wie eine Meritokratie im strengen Sinne in der Realität nicht existiert. Zwar wird die Auswahl, die im je einzelnen Fall getroffen wird, immer eine Wahl zwischen menschlichen Eigenschaften und Fähigkeiten und damit zwischen unterschiedlich qualifizierten Personen sein. Auch läßt sich dieses Auswahlverfahren gar nicht umgehen, weil einerseits niemand Einzelnes einen Anspruch oder ein Vorrecht auf das zu vergebende Amt hat und es andererseits keine Einzelqualität oder objektive Rangskala von Qualitäten gibt, anhand deren eine unpersönliche Auswahl vorgenommen werden könnte. Wenn dabei aus einem Arbeitsplatz ein »Amt« wird, so heißt das nur, daß die Entscheidungsgewalt politisiert, nicht jedoch, daß sie abgeschafft worden ist. Trotzdem ist es notwendig, auch der Autorität von repräsentativen Kommissionen in der Ausübung ihrer Kompetenzen gewisse Beschränkungen aufzuerlegen und so die Amtssphäre von der Sphäre der Politik abzugrenzen. Die Gebote, die Auswahlkommissionen in ihrer Aktivität beschränken, sind von zweierlei Art. Zum einen müssen die Entscheidungsbefugten jeden qualifizierten Kandidaten in gleicher Weise berücksichtigen, zum andern dürfen sie bei der Auswahl nur relevante Qualitäten in Betracht ziehen. Diese beiden Beschränkungen überschneiden sich insofern, als die Relevanzvorstellung in unser Verständnis von der gleichen Berücksichtigung eingeht. Ich werde die beiden Gebote dennoch getrennt voneinander behandeln.

Die Staatsbürgerschaft ist die erste und wichtigste Qualifikationsstufe, sie begründet die soziale und politische »Grundposition« eines Menschen und ist die Vorbedingung für die Erringung aller weiteren Positionen und Posten. Die Grenzen der politischen Gemeinschaft sind zugleich die Grenzen, innerhalb deren der Politisierungsprozeß sich vollzieht. Nicht-Staatsbürger haben keine Anwartschaftsrechte; die prozeduralen Vorkehrungen zur Sicherstellung einer gleichen Berücksichtigung erstrecken sich nicht auf sie. Ämter müssen nicht in ausländischen Zeitungen ausgeschrieben werden; Arbeitgeber brauchen sich zwecks Anwerbung von Arbeitskräften nicht über die Grenzen ihres Landes hinaus in fremde Gefilde vorzuwagen. Schlußtermine für Bewerbungen müssen nicht auf den internationalen Postbetrieb abgestimmt sein. Es mag töricht sein, Ausländer von der Bewerbung um bestimmte Ämter auszuschließen (Universitätsprofessuren sind ein gutes Beispiel dafür, denn hier könnten wir uns ebensogut an der Zugehörigkeit zur »Gelehrtenrepublik« orientieren), eine Verletzung ihrer Rechte ist dieser Ausschluß jedoch nicht. Das Recht auf gleiche Berücksichtigung erwächst, genau wie das Recht auf einen »gleichen und gerechten Anteil« an Wohlfahrt und Sicherheit, einzig und allein aus dem Kontext eines gemeinsamen politischen Lebens. Es gehört zu den Dingen, die die Mitglieder der Gemeinschaft einander schulden.

Unter Staatsbürgern gilt das Prinzip der gleichen Berücksichtigung in jeder Phase des Auswahlprozesses, also nicht erst in dem Moment, da verschiedene Kandidaten sich um ein bestimmtes Amt bewerben, sondern bereits bei der Frage, wer einen Ausbildungsplatz erhält. Das aber bedeutet, daß der von diesem Prinzip ausgehende Zwang nicht nur auf dieser oder jener speziellen Auswahlkommission lastet, sondern auf allen Kommissionen und auf all jenen Entscheidungen, die den Pool der qualifizierten Kandidaten allmählich immer mehr einengen. Nehmen wir ein fünfjähriges Kind, das fähig ist, sich langfristige Ziele zu setzen, einen Plan zu fassen, der es zu diesen Zielen führen soll, und zu entscheiden, daß es z. B. Arzt werden möchte. Dieses Kind sollte in etwa die gleiche Chance haben wie jedes andere – ähnlich zielstrebige, ähnlich intelligente und ähnlich für die Nöte anderer Menschen aufgeschlossene – Kind, wenn es darum geht, die für seine Ziele erforderliche Ausbildung zu erhalten und die erstrebte Position zu erringen. Ich will hier nicht versuchen, die Ausbildungsmaßnahmen und -einrichtungen zu spezifizieren, die eine solche Gleichheit erfordern würde; dieser Punkt ist Gegenstand eines anderen Kapitels. Nachdrücklich betonen möchte ich jedoch, daß die Gleichheit immer nur eine annähernde Gleichheit sein kann. Die Forderung, jeder Staatsbürger müsse den exakt gleichen Anteil an den vorhandenen Möglichkeiten haben, macht nicht viel Sinn, nicht nur wegen des nicht vorhersagbaren Einflusses einzelner Schulen und Lehrer auf einzelne Schüler und Studenten, sondern auch der unvermeidlichen Zuordnung verschiedener Personen zu verschiedenen Bewerberpools wegen. Einfache Gleichheit läßt sich nur dann garantieren, wenn alle Aspiranten zur gleichen Zeit am gleichen Ort einen einzigen Bewerberpool bilden. Aber Bewerberpools differieren im Zeitverlauf ebensosehr, wie die Vorstellungen vom erstrebten Amt sich wandeln. Und so kann es geschehen, daß ein Bewerber, der für einen bestimmten Posten im vorigen Jahr als gut qualifiziert gegolten hätte, in diesem Jahr in der Menge untergeht; oder daß seine Fähigkeiten nicht mehr diejenigen sind, die der Auswahlkommission im Moment als zentrale Qualifikation gelten. Gleiche Berücksichtigung bedeutet nicht, daß die Wettbewerbsbedingungen für alle Individuen konstant gehalten werden müssen; verlangt ist nur, daß, wie immer die Bedingungen konkret aussehen, die Eigenschaften und Fähigkeiten eines jeden Bewerbers volle Beachtung finden.

Worum es hier geht, sind nicht einfach Qualitäten im Sinne von Fähigkeiten und Eigenschaften, zur Debatte stehen Qualifikationen. Qualifikationen aber sind zugespitzte, gezielt erworbene Spezialqualitäten, wie sie für dieses oder jenes konkrete Amt relevant sind. Nun ist die Frage der Relevanz natürlich immer eine Streitfrage, und der Spielraum für tolerable Unstimmigkeit ist gar nicht so gering. Dennoch hat dieser Spielraum Grenzen, dennoch gibt es Dinge, die in die Diskussion einer Auswahlkommission auf gar keinen Fall hineingehören. Gäbe es diese Grenzen nicht, dann fiele das Konzept der gleichen Berücksichtigung sehr schnell in sich zusammen. Denn was wir meinen, wenn wir sagen, daß alle Kandidaten gleichermaßen zu berücksichtigen seien, ist, daß sie alle (in etwa) die gleiche Chance haben müssen, ihre Zeugnisse vorzulegen und sich so gut wie nur möglich zu präsentieren. Dazu gehört, daß sie zu zeigen versuchen, daß sie den offerierten Posten versehen können, und zwar erfolgreich. Um ihre Sache aber wirklich gut vertreten zu können, müssen sie die Möglichkeit haben, eine Vorstellung davon zu entwickeln, was es heißt, gute Arbeit in dem erstrebten Amt zu leisten, sie müssen wissen, welche Kenntnisse der Posten erfordert, welche Einstellung zur Arbeit und welche Wertvorstellungen angemessen sind usw. Wenn die Bewerber aus Gründen akzeptiert oder zurückgewiesen werden, die mit alledem nichts zu tun haben, dann kann man nicht sagen, daß ihre Qualifikationen die nötige Beachtung gefunden hätten. Wenn wir Qualifikationen und Qualitäten nicht voneinander unterscheiden könnten, dann wüßten wir nicht, ob der je Einzelne überhaupt eine Chance hatte, sich zu qualifizieren. Auch wäre es für Individuen, wie etwa mein fünfjähriges Phantasiekind, nicht möglich, sich Ziele zu setzen und auf sinnvolle Weise auf ihre Verwirklichung hinzuarbeiten.

Aber wir wissen — zumindest in etwa —, welche Qualitäten relevant sind, denn die relevanten Qualitäten sind der Amtspraxis sozusagen inhärent und lassen sich mithin aus ihr herausdestillieren. Auswahlkommissionen sind verpflichtet, diese Qualitäten ans Licht zu holen — d. h., sie müssen nach qualifizierten Kandidaten Ausschau halten, und zwar nicht nur aus Fairness den Bewerbern, sondern auch aus Verantwortung all jenen Menschen gegenüber, die auf die Dienstleistungen qualifizierter Amtsinhaber angewiesen sind. Ihre Abhängigkeit von diesen Dienstleistungen muß in Rechnung gestellt werden, wenn auch nicht notwendig ihre Präferenzen bezüglich der persönlichen Fähigkeiten oder Eigenschaften der Kandidaten. Das Recht auf gleiche Berücksichtigung funktioniert insofern wie jedes andere Recht, als es der Durchsetzung von allgemeinen Vorlieben und Neigungen Grenzen setzt. Innerhalb des Wirkungsbereichs der relevanten Qualitäten wie auch in der legitimen Debatte über die Relevanzfrage sollten allgemeine Präferenzen indes sehr wohl Gewicht haben; wir sollten davon ausgehen bzw. fordern, daß sie in der Auswahlkommission repräsentiert sind.

Der Relevanzbereich läßt sich am leichtesten dadurch bestimmen, daß man einen Blick auf das wirft, was jenseits von ihm liegt, als da sind: Fähigkeiten, die auf dem Posten keine Verwendung finden, persönliche Besonderheiten, die die Arbeitsleistung nicht beeinträchtigen, und politische Bindungen und Gruppenzugehörigkeiten oder -identifikationen jenseits der Staatsangehörigkeit selbst. Wir verlangen von Amtsanwärtern nicht, daß sie wie Swifts Liliputaner durch Reifen springen. Wir schließen Männer und Frauen, die rote Haare haben oder einen schlechten Geschmack in der Auswahl der von ihren bevorzugten Kinofilme beweisen oder eine Leidenschaft fürs Eislaufen an den Tag legen, als Amtsanwärter nicht aus. Rotarier, Adventisten, Trotzkisten, parteimäßig organisierte Vegetarier, Einwanderer aus Norwegen, Bessarabien oder von den Südseeinseln, ihnen allen ist der Zugang zu einem Amtsposten keineswegs verwehrt. Doch dies sind einfache Fälle. In Wirklichkeit sind alle drei Kategorien — Fähigkeiten, persönliche Besonderheiten und Identifikationen — sehr viel problematischer. So ist z.B. klar, daß die chinesischen Examina, insbesondere in ihrer späten Phase, Fähigkeiten testeten, die für die zur Debatte stehenden Ämter bestenfalls am Rande relevant waren. Gleiches läßt sich sicherlich von vielen der heute für den Staatsdienst erforderlichen Prüfungen sagen. Sie sind rein konventionelle Mittel, um die Zahl der Amtsanwärter klein zu halten; und wenn die Kandidaten eine gleiche Chance haben, sich auf die Prüfungen vorzubereiten, dann ist gegen diese Praxis gar nicht unbedingt etwas einzuwenden. Anders sieht die Situation dann aus, wenn das Prüfungssystem den Aufstieg in höhere Ränge auf der Basis von Erfahrung und Leistung ausschließt. In diesem Fall ist Widerstand angezeigt. Denn was wir wollen, ist die bestmögliche Leistung am Arbeitsplatz und nicht im Examen.

Größere Schwierigkeiten ergeben sich aus einer Reihe persönlicher Besonderheiten. Als Beispiel mag uns hier das Alter dienen. Für die meisten Ämter sagt das Alter des Bewerbers rein gar nichts aus über die Art, wie er seinen Posten versehen wird. Es sagt jedoch in groben Zügen etwas darüber aus, wie lange er ihn versehen wird. Ist das ein relevanter Punkt? Sicherlich sollten die Einzelnen die Möglichkeit haben, nicht nur ihren Arbeitsplatz, sondern auch ihren Beruf zu wechseln, sie sollten sich zurückziehen oder in der Mitte ihres Lebens neu beginnen können. Stetigkeit im Beruf ist nicht in jedem Fall eine rühmenswerte Qualität. Und dennoch dürften in Organisationen, die auf langfristige Zugehörigkeit abgestellt sind, und bei Posten, die eine extensive Einarbeitung in die Tätigkeit erfordern, ältere Bewerber im Nachteil sein. Vielleicht sollte ihre Reife als Ausgleich für den Nachteil ihres Alters genommen werden — selbst wenn jüngere Bewerber Klage darüber führen, daß sie nicht die gleiche Chance hatten, zu jener Reife zu gelangen. Die Überlegung, die prospektive Amtsdauer gegen die im Amt gewonnene Reife aufzurechnen, macht eindringlich sichtbar, wie weit wir von der am Verdienst orientierten Beurteilung entfernt und wie sehr wir in der Relevanzkontroverse befangen sind.

Die massivsten und schärfsten Auseinandersetzungen indes drehen sich um Bedeutung und Gewicht von Beziehungen, Zugehörigkeiten und Mitgliedschaften. Diese drei Phänomene geben die Folie ab, auf der die Idee des Amtes in dem von mir beschriebenen Sinne erstmals Gestalt anzunehmen begann. Die erste Qualität, die in bezug auf die Amtsvergabe für irrelevant erklärt wurde, war die verwandtschaftliche Beziehung zu der Person, die die Anstellung vornahm. Nicht, daß Nepotismus in der Amtssphäre unbekannt wäre, es gibt ihn sehr wohl, aber er gilt allgemein als eine Form von Korruption. Es ist ganz eindeutig ein (wenn auch vergleichsweise harmloser) Fall von Despotismus zu sagen, daß Herr Soundso, weil er mit mir verwandt ist, einen bevorrechtigten Anspruch auf dieses oder jenes Amt habe. Gleichzeitig zeigen die zahllosen Kampagnen gegen Nepotismus, wie problematisch das Relevanzkonzept und wie schwierig seine Handhabung ist.

Was ist falsch am Nepotismus?

Der Terminus bezog sich ursprünglich auf die Praxis gewisser Päpste und Bischöfe, die, im Bestreben, es den feudalen Amtsträgern gleichzutun und wie sie nicht nur Nachfolger, sondern veritable Erben zu haben, ihren Neffen (oder illegitimen Söhnen) Ämter übertrugen. Da aber eine der Intentionen des klerikalen Zölibats darin bestand, die Kirche vom Feudalsystem abzukoppeln und eine Nachfolge von qualifizierten Individuen sicherzustellen, galt diese Praxis von Anfang an als verwerflich, wurde sie für sündig erkannt.[19] Diese strikte Gleichsetzung von Nepotismus und Sünde führte (wiewohl sie in der feudalen Periode nur selten wirksam praktiziert werden konnte) in ihrer Konsequenz dazu, daß jede Anstellung oder Ernennung von Verwandten, ob durch Kirchenführer oder durch weltliche Herren, auch und selbst dann ausgeschlossen war, wenn jene alle relevanten Qualitäten aufwiesen. Das gleiche ereignete sich später im politischen Leben, wobei einerseits die Argumentation von Verwandten auf Freunde ausgeweitet wurde, während andererseits die »Sünden«-Komponente eine Abschwächung erfuhr. Bisweilen erhielt der Bann gegen Verwandte eine rechtliche Fassung, wie etwa in Norwegen, wo das Gesetz es verbietet, daß zwei Mitglieder derselben Familie im selben Kabinett sitzen. Auch im akademischen Leben war es häufig so, daß es universitären Fachbereichen verwehrt war, die Verwandten (wenn auch nicht die Freunde) von gegenwärtigen Fakultätsmitgliedern einzustellen. Die Grundidee dabei ist, daß bei solchen Entscheidungen objektive Standards vermutlich einfach nicht zum Tragen kommen. Dies trifft höchstwahrscheinlich sogar zu; und dennoch erscheint ein absolutes Ausschlußgebot als unfair. Was erforderlich ist, ist ein Anstellungsverfahren, das Familienzugehörigkeiten unberücksichtigt läßt, und nicht eines, das alle Familienmitglieder disqualifiziert.

Es gibt indes auch Fälle, in denen von Mitgliedschaft und Zugehörigkeit nicht abgesehen werden kann. Bei gewissen politischen Ämtern z. B. gehen wir positiv davon aus, daß die Amtsinhaber sich Männer und Frauen als Kollegen auswählen, denen sie vertrauen können, die ihre Freunde oder Bundesgenossen in einer Partei oder Bewegung sind. Warum dann aber keine Verwandten, wenn diese ihnen in ihren Auffassungen nahestehen? Vertrauen kann sehr wohl dort am sichersten aufgehoben sein, wo Blutsbande bestehen, und eine vertrauensvolle Haltung ist eine wichtige Qualifikation für die Amtsführung. Wir könnten somit sagen, daß das norwegische Gesetz strenger ist, als das Prinzip der gleichen Berücksichtigung es erfordert. Als Präsident Kennedy seinen Bruder zum Justizminister machte, war dies ohne Zweifel ein Fall von Nepotismus, aber keiner von der Art, die es voller Besorgnis zu ächten und zu verbieten gälte. Robert Kennedy war qualifiziert genug, und seine Nähe zu seinem Bruder konnte ihm bei der Arbeit, die er zu tun hatte, vermutlich helfen. Doch kann diese Zulässigkeit nicht sehr weit ausgedehnt werden. Die Schwierigkeiten, die sich alsbald ergeben, werden sichtbar, wenn wir uns die Forderung rassischer, ethnischer und religiöser Gruppen vor Augen führen, ausschließlich von Amtsinhabern aus ihren Reihen verwaltet bzw. betreut zu werden. Womit wir es hier zu tun bekämen, wäre eine Art von kollektivem Nepotismus, der in seiner Konsequenz eine radikale Verengung jener Rechtsbasis zur Folge hätte, auf der Amtsbewerber normalerweise agieren.

Auch hier wieder kann es sein, daß bestimmte Ämter – in speziellen Stadtbezirken z. B. – sinnvollerweise mit Männern und Frauen besetzt werden, die die rassische oder ethnische Identität der dort lebenden Bevölkerung teilen, ihre Sprache sprechen und mit ihren Sitten und Gewohnheiten möglichst eng vertraut sind. Vielleicht geht es dabei einfach um die alltägliche, routinemäßige Effektivität der Amtsträger, vielleicht ist es aber auch – wie im Falle der Polizei – eine Frage ihrer körperlichen Sicherheit. Wenn dem so ist, dann haben die Auswahlkommissionen allen Grund, nach den entsprechenden Personen Ausschau zu halten. Ansonsten dürfte uns jedoch nachhaltig daran gelegen sein, das Gewicht der Gruppenzugehörigkeit als Qualifikationsfaktor ebenso gering zu halten wie das der Blutsverwandtschaft, und dies hier wie dort aus den gleichen Gründen. Schließlich ist die Ausweitung von Vertrauen oder »Freundschaft« über die Familie und die von Bürgerrecht und Staatsbürgerschaft über Rasse, Ethnizität und Religion hinaus eine bedeutende politische Errungenschaft, zu deren wichtigsten Implikationen das Prinzip von der freien Bahn gehört, die der Tüchtige haben müsse – in concreto: das Recht aller Bürger, für ein Amt, einen Posten zu kandidieren und bei dieser Kandidatur fair behandelt zu werden.

Eigentlich könnten wir es bei der Konstatierung dieser Errungenschaft bewenden lassen. Doch wird die Frage, ob Gruppenzugehörigkeit als eine Qualifikation für ein Amt zu werten sei, verkompliziert durch die Tatsache, daß sie so häufig disqualifizierend wirkte. Einzig und allein ihrer Gruppenzugehörigkeit wegen und nicht etwa aus Gründen, die mit ihrer individuellen Befähigung zu tun gehabt hätten, wurden Frauen bei der Vergabe von Ämtern immer wieder benachteiligt, wurden ihnen Männer vorgezogen. Und so ist heute des öfteren die Forderung zu hören, wir sollten nun, um der Gerechtigkeit und der Wiedergutmachung willen, zu ihren Gunsten diskriminieren und darüber hinaus eine gewisse Zahl von Ämtern sogar exklusiv für sie reservieren. Diese Forderung ist zu einem so zentralen Punkt in der gegenwärtigen politischen Debatte geworden, daß ich meine, in einiger Ausführlichkeit auf sie eingehen zu sollen. Ein härterer Prüfstein für die Substanz des Begriffs der gleichen Berücksichtigung läßt sich übrigens gar nicht finden.

Die Ämterreservierung

Der wichtigste politische Streitpunkt in dieser Sache betrifft die Frage der Gerechtigkeit von Quoten oder reservierten Ämtern, für welche die Zugehörigkeit zu einer bestimmten Gruppe eine notwendige, wenn auch aller Wahrscheinlichkeit nach keine hinreichende Qualifikation darstellt.[20] Im Prinzip sind ja, wie bereits von mir dargelegt, alle Ämter insofern reservierte oder potentiell reservierte Ämter, als sie den Mitgliedern der politischen Gemeinschaft vorbehalten sind. Jede darüber hinausgehende Reservierung ist jedoch strittig und sollte es auch sein. Bei der Erörterung der einschlägigen Streitfragen möchte ich die spezielle Kontroverse über die Reservierung von Ämtern als eine Form der Wiedergutmachung für einen Moment hinanstellen, um zunächst generell zu fragen, ob die Ämterreservierung als solche sich als eine Dauerkomponente des Verteilungssystems überhaupt jemals rechtfertigen und vertreten läßt. Gilt es doch in vielen Fällen nicht zu Unrecht als ein sicheres Zeichen von Diskriminierung, wenn das Muster der Amtsvergabe innerhalb einer bestimmten Gruppe sich von dem in anderen Gruppen praktizierten Muster unterscheidet.[21] So etwa wenn bestimmte Ämter disproportional von Angehörigen einer einzelnen Rasse oder von Männern und Frauen gleichen ethnischen Ursprungs oder gleicher religiöser Zugehörigkeit besetzt sind. Wenn Gerechtigkeit ein singuläres Wiederholungsmuster erfordert oder sozusagen zwangsläufig konstituiert, dann sind Gesetzgeber und Richter aufgerufen, die richtigen Proportionen herzustellen und ihren Bestand zu sichern. Wie immer das Vergabemuster innerhalb der wohlhabendsten oder mächtigsten Gruppe aussieht, es muß in allen anderen Gruppen nachvollzogen werden. Je perfekter die Wiederholung, um so sicherer können wir sein, daß einzelne Kandidaten ihrer Gruppenzugehörigkeit wegen nicht benachteiligt werden. Daß so verstandene und praktizierte Gerechtigkeit ein erhebliches Maß an Zwang impliziert, dürfte dann kein allzu großes Problem darstellen, wenn der Zwang eine heilende und temporäre Funktion hat und das Wiederholungsmuster sich als das natürliche Resultat einer gleichen Berücksichtigung erweist. Sofern die Gruppen, die unsere pluralistische Gesellschaft konstituieren, jedoch wirklich different sind, sieht die Situation anders aus. Es sind nämlich nicht nur die Entscheidungen der Auswahlkommissionen, die das Muster der Amtsvergabe bestimmen, sondern darüber hinaus auch eine Vielzahl individueller Entscheidungen, wie z. B. der Entschluß, eine Ausbildung zu machen oder sie nicht zu machen, sich um einen Posten zu bewerben oder es nicht zu tun. Und auch diese individuellen Entscheidungen fallen nicht im luftleeren Raum, sondern werden ihrerseits beeinflußt durch die familiäre Situation dessen, der sie trifft, durch seine Sozialisation, durch die Nachbarschaftskultur, in der er lebt, usw. Eine pluralistische Gesellschaft mit unterschiedlichen Familien- und Nachbarschaftskonzepten wird zwangsläufig viele verschiedene Muster ausbilden. Gerechtigkeit als Wiederholung könnte nur eine artifizielle Ordnung sein.

Diese Feststellung ist jedoch noch kein Argument gegen Reiteration, sondern nur eine Beschreibung ihrer Phänomenologie. Es gibt viele Punkte in unserem sozialen Leben, an denen wir in natürliche — soll heißen zwanglose und spontane — Prozesse eingreifen. Und die Vergabe von Ämtern an Verwandte ist zweifellos ein natürlicher Prozeß. Das aber bedeutet, daß wir, wenn wir eingreifen, im je einzelnen Fall genau wissen müssen, was wir tun und was auf dem Spiel steht — und das ist in diesem Zusammenhang an erster Stelle die gleiche Berücksichtigung aller Bürger. Nun ist es im Falle der Ämterreservierung so, daß mit Ausnahme derjenigen Gruppe, zu deren Gunsten die Reservierungen vorgenommen werden, alle anderen Gruppen und ihre Mitglieder behandelt werden, als wären sie Fremde. Ihre Qualifikationen finden keine Beachtung, sie haben keine anwartschaftlichen Rechte. Trotzdem kann dieser Zustand in einem binationalen Staat, in dem sich die Angehörigen zweier Völker tatsächlich wie Fremde gegenüberstehen, akzeptabel sein. Was zwischen ihnen nämlich vordringlich erforderlich ist, ist wechselseitige Anpassung, nicht Gerechtigkeit in einem konkreten Sinne; und Anpassung läßt sich am besten erreichen in einem föderalen System, in dem beide Gruppen auf der Basis eines rechtlich garantierten Vertretungsanspruchs repräsentiert sind.[22] Aber selbst in einer etwas lockereren pluralistischen Gesellschaft kann es geschehen, daß (zum Zwecke der wechselseitigen Anpassung) rassisch oder ethnisch »ausgewogene« Kandidatenlisten aufgestellt oder Kabinette und Gerichte konstituiert werden müssen, die Repräsentanten aus allen wichtigen Gruppen einschließen. Ich bin auch in diesem Falle nicht geneigt, ein solches Verfahren als eine Verletzung des Prinzips der gleichen Berücksichtigung anzusehen – ein »Repräsentant« oder eine »Repräsentantin« zu sein, ist schließlich so etwas wie ein Qualifikationsnachweis in der Politik. Und solange die entsprechenden Vereinbarungen informell sind, können sie immer zugunsten von herausragenden Kandidaten umgestoßen oder außer Kraft gesetzt werden. Anders die Theorie der Gerechtigkeit als Wiederholung, sie würde verlangen, daß jede einzelne Spezies von Amtsträgern im Universum des Zivildienstes in ihrer rassischen und ethnischen Zusammensetzung der amerikanischen Bevölkerung als Gesamtheit entspräche. Eine Forderung, deren Erfüllung ihrerseits die Chancengleichheit bei der Bewerbung in großem Maßstab konterkarieren würde; denn die angestrebte Gleichheit bliebe logischerweise immer dann auf der Strecke, wenn der Bewerberanteil einer bestimmten Gruppe von der ihr zugestandenen Repräsentanz abwiche. Tatsächlich bliebe die Gleichheit aber auch dann noch auf der Strecke, wenn dieser Anteil genau »stimmte«, denn die Bewerber aus den einzelnen Gruppen würden – in der für jedweden Bewerber-Pool gleich irrigen Annahme, daß Qualifikationen sich gleichmäßig über die »Gattungsgruppen« hinweg verteilten – immer nur mit ihrer eigenen »Gattungsgruppe« verglichen.

Aber vielleicht möchte jemand die Vereinigten Staaten lieber als eine Föderation von Gruppen verstanden wissen denn als eine Gemeinschaft von Bürgern. Und vielleicht möchte er, daß jede Gruppe ihre eigene Amtsträgerschar ins Feld schickt, bestehend aus Personen, die ausschließlich aus den eigenen Reihen kommen. Nur dann nämlich, so könnte die Argumentation lauten, sei die Gruppe als Gesamtheit allen anderen Gruppen gleichgestellt. Worum es in dieser Konzeption geht, ist indes nicht die paritätische Berücksichtigung von Individuen, sondern die Gleichrangigkeit von Rassen und Religionen: die Integrität der Gemeinschaft und die Selbstachtung der Mitglieder als Mitglieder. Es ist dieselbe Gleichheit, die generell zu Recht und mit Grund von den nationalen Befreiungsbewegungen gefordert wird. Denn es ist ein Merkmal imperialistischer Herrschaft, daß Schlüsselpositionen in Staat und Wirtschaft von Außenstehenden besetzt sind. Und so beginnt, kaum ist die Unabhängigkeit errungen, ein Kampf um die Rückgewinnung dieser Ämter. Wiewohl dieser Kampf in vielen Fällen brutale und ungerechte Formen annimmt, liegt in dem Umstand selbst, in der Tatsache, daß ein Volk, das endlich seine Freiheit erlangt hat, seine Bürokratien und Ämter mit eigenen Leuten besetzen will, dennoch kein Unrecht. Mit anderen Worten, kollektiver Nepotismus und Ämterreservierung können unter diesen Umständen durchaus legitim sein. Aber wie dieses Beispiel zeigt, ist eine Reservierung nur dort möglich, wo zuvor Grenzen aufgerichtet wurden zwischen angestammten Mitgliedern einer Gemeinschaft und Fremden. Und solche Grenzen sind in der heutigen amerikanischen Gesellschaft nirgendwo zu finden. Die einzelnen Menschen schreiten ungehindert über die unscharf und informell gezogenen Trennlinien zwischen ethnischen oder religiösen Zugehörigkeiten und Nichtzugehörigkeiten hinweg; eine Überwachung der Linien findet nicht statt, ja die Bewegungen werden noch nicht einmal registriert. Wer sagt, das alles könne sich ändern bzw. verändert werden, hat gewiß recht; er muß jedoch hinzufügen, daß dafür ein radikaler Wandel der bisherigen Strukturen erforderlich wäre. Nur wenn jeder amerikanische Bürger eine klar umrissene rassische, ethnische oder religiöse Zugehörigkeit (oder, da die Gruppen, denen wir angehören, sich in ihren Mitgliedschaften überschneiden, auch mehrere Zugehörigkeiten) hätte, und nur wenn diese Zugehörigkeiten gesetzlich verankert wären und regelmäßig überprüft und kontrolliert würden, nur dann wäre es möglich, jeder Gruppe ihr eigenes Ämterkontingent zu reservieren.*

Das Prinzip der gleichen Berücksichtigung würde so gesehen immer nur innerhalb der miteinander verbündeten Gruppen gelten. Gleichheit ist immer relativ; sie zwingt uns, die Behandlung einer speziellen Person mit der bestimmter anderer Personen, nicht aber mit der Behandlung aller anderen Menschen zu vergleichen. Wir können das Verteilungssystem jederzeit einfach dadurch modifizieren oder verändern, daß wir seine Grenzen neu ziehen. Es gibt kein singuläres gerechtes Grenzsystem (wiewohl es ungerechte Grenzen gibt – d. h. solche, die Menschen, indem sie sie ghettoisieren, gegen ihren Willen einschließen). Ein föderatives System wäre mithin dann nicht

---

* Diese Tatsache wird in peinlich-schmerzvoller Weise sichtbar im Falle der indischen Unberührbaren, für die die Staatsführung sich ein raffiniertes System der Ämterreservierung ausgedacht hat. Im Prinzip hat Indien das Kastenwesen abgeschafft, doch kann den Unberührbaren nur geholfen werden, wenn sie als solche erkennbar sind, ebenso wie ihr Ämteranteil nur errechnet werden kann, wenn sie gezählt werden können. D. h., die Kategorie »unberührbar« mußte 1961 erneut in den Zensus eingeführt und es mußten Verfahren entwickelt werden, die es denjenigen, die nach reservierten Ämtern streben, ermöglichten, ihren gesellschaftlichen Status rechtswirksam nachzuweisen. Das Ergebnis ist, wie der der Ämterreservierung insgesamt durchaus positiv gegenüberstehende Harold Isaacs bemerkt hat, eine Befestigung der Kastenschranken: »Die Politik der Rechtshilfe und des Rechtsschutzes für Kastengruppen . . . hat die Kastenimmobilität verstärkt.«[23]

ungerecht, wenn es in einem demokratischen Prozeß etabliert würde. Um herauszufinden, ob es weiterhin gerecht bliebe, müßten wir erst einzelne Gruppenmitglieder miteinander und dann Gruppen mit anderen Gruppen vergleichen; die Urteile, zu denen wir dabei gelangten, würden davon abhängen, wie diese Vergleiche ausfielen. Dennoch glaube ich nicht, daß sich dieses System heute mit Gewinn auf die Vereinigten Staaten anwenden ließe. Zum einen würde es unseren historischen Traditionen und Vorstellungen nicht gerecht, und zum andern wäre es, da es die Gesellschaft tief und unerbittlich spaltet, mit unseren derzeitigen Lebensmustern nicht vereinbar. Ich gehe deshalb davon aus, daß die Verfechter der Ämterreservierung nichts dergleichen im Sinn haben. Die Probleme, mit denen sie sich befassen, sind näherliegende Probleme, und die Lösungen, die sie propagieren, sind, ganz gleich, wie ihre Bekundungen bisweilen lauten, weder mit dem Anspruch der Allgemein- noch mit dem der Immergültigkeit versehen.

Die Schwarzen in Amerika

An diesem Punkt ist es wichtig, so konkret wie möglich zu werden. Die soeben angesprochenen »näherliegenden« Probleme sind die Probleme der schwarzhäutigen Amerikaner, und sie erwachsen aus dem Kontext einer leidvollen Geschichte. Zum Teil ist es die Geschichte einer steten wirtschaftlichen und bildungsmäßigen Diskriminierung, eine Geschichte, deren Resultat darin besteht, daß die Zahl schwarzer Männer und Frauen, die in der amerikanischen Gesellschaft Ämter innehatten (zumindest bis in die allerjüngste Zeit hinein), immer sehr viel geringer war, als sie angesichts des Qualifikationsniveaus schwarzer Aspiranten hätte sein dürfen. Was jedoch noch schwerer wiegt, ist, daß diese Geschichte eine Geschichte der Sklaverei, der Unterdrückung und der Erniedrigung ist, die zur Folge hat, daß schwarze Nachbarschaftskulturen und Gemeinschaftseinrichtungen Qualifizierungsbestrebungen von Schwarzen niemals in der Weise fördern konnten, wie sie dies unter Bedingungen von Freiheit und rassischer Gleichheit hätten tun können. (Wir sagen dies, ohne damit behaupten zu wollen, daß alle Kulturen und Gemeinschaften eine identische Förderung leisten würden; selbst unter idealen Bedingungen wäre dem nicht so.) Dem erstgenannten Problem schwarzer Amerikaner läßt sich abhelfen, wenn man darauf insistiert, daß die praktischen Details der gleichen Berücksichtigung ernst genommen und realisiert werden: faire Einstellungspraktiken, offene Ausschreibungs- und Auswahlverfahren, extensive Rekrutierung, ernsthafte Bemühungen, Fähigkeiten und Gaben auch dann zu erkennen, wenn sie sich nicht in konventioneller Manier manifestieren usw. Das zweite Problem liegt komplizierter und erfordert eine radikalere und ausgreifendere Behandlung. Seit einiger Zeit ist die Forderung zu hören, den Schwarzen müsse ein fester Ämteranteil garantiert werden, weil eine starke und lebendige Kultur auf ihrer Seite nur dadurch geschaffen und erhalten werden könne, daß eine signifikante Zahl von Amtsinhabern mit Klienten und Wählern interagiere.

Ich möchte betonen, daß die Überlegung, die ich im folgenden anstelle, nicht darin besteht, daß die schwarze Gemeinschaft von schwarzen Politikern, Postboten, Schullehrern, Ärzten usw. verwaltet und betreut werden müsse — die allein imstande seien, dies in angemessener Weise zu tun —, und daß dementsprechend alle anderen Gemeinschaften ebenfalls nur ihre eigenen Mitglieder zu Amtsträgern machen sollten. Die Stärke des vorgetragenen Gedankens hängt nicht an seiner Verallgemeinerbarkeit, oder besser, die richtige Verallgemeinerung lautet so: allen Gruppen, die in dieser Weise benachteiligt sind, muß in dieser Weise geholfen werden. Soll heißen, die geäußerte Idee ist historisch begründet und begrenzt, sie bezieht sich auf bestimmte konkrete Verhältnisse und zielt in ihrer Behelfsmäßigkeit nur auf ein Provisorium ab. Norm bleibt weiterhin die paritätische Berücksichtigung des je einzelnen Bürgers, sie, diese Norm muß wiederhergestellt und praktiziert werden, sobald die Schwarzen der Falle entronnen sind, zu der ihre Hautfarbe in einer Gesellschaft mit einer langen rassistischen Geschichte für sie geworden ist.

Der empfohlenen Arznei haftet allerdings ein Problem an, welches darin besteht, daß bei ihrer Anwendung Chancengleichheit auch jenen weißen Bewerbern verwehrt werden muß, die ihrerseits weder an den rassistischen Praktiken beteiligt sind noch direkt von ihnen profitieren. Das heißt, daß hier ein wichtiges und moralisch legitimes soziales Ziel nur unter Verletzung der Bewerbungsrechte vieler Einzelner verfolgt werden kann.[24] Aber vielleicht ist diese Sichtweise zu eng. Ronald Dworkin hat die Auffassung vertreten, daß das zur Debatte stehende Recht keinen speziellen Rechtsanspruch auf gleiche Anwartschaft im Falle der konkreten Ämtervergabe beinhalte, sondern nur ein sehr viel allgemeineres Recht auf gleiche Berücksichtigung bei der Ausarbeitung und Gewinnung von politischen Konzeptionen bezüglich der Vergabe von Ämtern. Solange jeder Bürger bei der Kosten-Nutzen-Rechnung der Ämterreservierung gleichviel zählt, werden Dworkin zufolge niemandes Rechte verletzt.[25] Es lohnt sich, diese Behauptung mit dem Grundprinzip der

Meritokraten zu konfrontieren. Wenn diese uns einen allzu engen Zusammenhang zwischen Tätigkeiten und der zu ihrer Verrichtung erforderlichen Fähigkeiten und Talente suggerieren, dann insinuiert Dworkin zweifellos eine zu lockere Verbindung zwischen ihnen. Es scheint für ihn keine signifikanten Grenzwerte hinsichtlich der Qualitäten zu geben, die als Qualifikationen in Frage kommen. Nun sieht das Leitprinzip in unserer Kultur aber insofern anders aus, als wir davon ausgehen, daß der Tüchtige freie Bahn hat bzw. das Talent seinen Weg macht; wer mithin für ein Amt ausgewählt wird, möchte hören, daß er ausgewählt wurde, weil er wirklich und in einem höheren Maße als andere Bewerber diejenigen Fähigkeiten besitzt, welche die Auswahlkommission auf diesem Posten für erforderlich erachtet. Die anderen Bewerber möchten hören, daß ihre Fähigkeiten gleichermaßen ernsthaft beachtet worden sind. Und der Rest von uns möchte sichergehen können, daß beide Aussagen zutreffend und ehrlich sind. Das ist der Grund, weshalb reservierte Ämter in den Vereinigten Staaten heute Ursache nicht nur schwerer Kontroversen, sondern auch von Enttäuschung sind. Selbstschätzung und Selbstachtung, wechselseitiges Vertrauen und Glaubwürdigkeit stehen ebenso auf dem Spiel wie der soziale und der ökonomische Status.

Aber auch Rechte stehen auf dem Spiel — nicht natürliche oder menschliche Rechte, sondern Rechte, die sich aus der sozialen Bedeutung von Ämtern und Berufskarrieren herleiten und die in langewährenden politischen Kämpfen erstritten und behauptet worden sind. So wie wir ein System des Sicherheitsgewahrsams und der Vorbeugehaft nicht praktizieren können, ohne die Rechte unschuldiger Menschen zu verletzen, selbst wenn wir eine faire Kosten-Nutzen-Rechnung für das System als Ganzes aufmachten, so können wir auch ein Quotensystem nicht anwenden, ohne die Rechte der Bewerber zu verletzen. Dworkins Argumentation erfolgt aus einer Perspektive, die mir im Hinblick auf die Staatsfinanzen als absolut angemessen erscheint. Solange der öffentliche Haushalt demokratisch beschlossen wird, wirft eine Entscheidung, in dieses oder jenes Notstandsgebiet massiv zu investieren oder die Landwirtschaft gegenüber der Industrie zu begünstigen, auch und selbst dann keine moralischen Probleme auf, wenn, was mit Sicherheit der Fall sein wird, Einzelne dadurch bevorteilt oder benachteiligt werden. Aber Ämter stehen für Berufskarrieren, und Gefängnisaufenthalte beeinträchtigen die gesamte Lebensführung, und derlei Gratifikationen und Sanktionen können nicht in der gleichen Weise verteilt werden, in der man Geld verteilen kann; sie treffen und betreffen die Individualität und die persönliche Integrität im Kern. Wenn die Gemeinschaft es tatsächlich unternimmt, sie zu verteilen, dann muß sie sich dabei strengstens an ihre soziale Bedeutung halten. Und das heißt: gleiche Berücksichtigung und Chancengleichheit für alle gleichermaßen ernsthaften Bewerber und (wie ich in Kapitel 11 zeigen werde) Strafen ausschließlich für Kriminelle.

Doch wenn es Rechte sind, die in diesen Fällen auf dem Spiel stehen, dann können diese Rechte auch umgangen oder außer Kraft gesetzt werden. Zwar stellen sie ganz gewiß sehr starke Barrieren gegen bestimmte Arten von Einmischung oder Ungerechtigkeit dar, eine absolute Sperre können sie aber niemals sein. Und so durchbrechen wir diese Barrieren dann, wenn wir müssen, also etwa in Krisenzeiten oder in Zeiten großer Gefahr, wenn wir glauben, keine andere Möglichkeit zu haben. Jede Argumentation zugunsten der Ämterreservierung muß deshalb eine Beschreibung der augenblicklichen Krise und eine detaillierte Darlegung der Unzulänglichkeit alternativer Maßnahmen einschließen. Daß eine solche Argumentation heute in den Vereinigten Staaten geführt werden kann, ist theoretisch vorstellbar, daß sie praktisch bereits im Gange ist, glaube ich nicht. In welch tristen Farben man das Bild des schwarzen Gemeinschaftslebens auch malt, die Erprobung von Programmen und politischen Konzeptionen, von denen eine Aufhellung dieses Bildes zu erwarten wäre, scheint bislang ausgeschlossen. Tatsächlich scheint die Ämterreservierung sehr viel eher den Status eines ersten als den eines letzten Mittels zu haben – wiewohl dieser Ausweg erst nach langen Jahren der absoluten Inaktivität propagiert wird. Der Grund, warum sie, die Ämterreservierung, nun an erster Stelle steht, liegt darin, daß sie, wiewohl sie individuelle Rechte verletzt, für die etablierten Hierarchien oder für die Klassenstruktur als Ganze keine Bedrohung darstellt. Denn der Zweck der Ämterresvierung ist, wie ich bereits gesagt habe, eine Wiederholung und damit eine Verstärkung der Hierarchie und nicht ihre Infragestellung oder ihre Transformation. Im Gegensatz dazu würden die alternativen Maßnahmen, obgleich sie niemandes Rechte verletzen würden, eine nachhaltige Umverteilung von Reichtum und Ressourcen erfordern (etwa im Sinne eines staatlichen Engagements für Vollbeschäftigung). Und dennoch wäre dies eine Umverteilung, die in etwa den Sozialvorstellungen entspräche, die den Wohlfahrtsstaat kennzeichnen. Und wenn die Opposition dagegen auch heftig und stark sein dürfte, so ist doch zu vermuten, daß die Umverteilung des Reichtums eher zu dauerhaften Ergebnissen führen würde, als die Reservierung von Ämtern dies zu tun vermag. Generell dürfte der Kampf gegen eine rassistische Vergangenheit leichter zu gewinnen sein, wenn er, statt sie in Frage zu stellen, auf den von einer großen Mehrheit der Amerikaner, ob schwarz oder weiß, gleichermaßen geteilten

Vorstellungen von einem sozialen Zusammenleben in einer sozialen Umwelt aufbaute.

Die Ämterreservierung weist indes noch ein anderes Spezifikum auf, das erklären hilft, warum sie eine Vorrangstellung einnimmt (unter Alternativen, von denen allerdings keine in einer substantiellen Weise von einer der heutigen politischen Eliten unterstützt wird). Im Prinzip ist es so, daß die Verweigerung von Posten aufgrund einer Ämterreservierung zugunsten der Schwarzen direkt und umstandslos die am Rande der Gesellschaft stehenden, d. h. die randständigen (weißen) Bewerber trifft, und zwar unabhängig davon, welches Verständnis von Qualifikation und damit auch von Marginalität die jeweiligen Auswahlkommissionen haben und praktizieren. Wer diese Konsequenz sozusagen vermittelt zu spüren bekommt, sind die Religionen, die ethnischen Gruppen und die sozialen Klassen, ganz im Unterschied zum praktischen Alltagsgeschehen, wo sie nicht allgemein spürbar und damit für mächtige Einzelpersonen und Familien auch nicht sonderlich bedrohlich ist. Die unmittelbar Betroffenen, die die Folgen der Ämterreservierung am eigenen Leib verspüren, sind die Mitglieder der in der sozialen Rangskala nach den Schwarzen am meisten benachteiligten Gruppen, also jene weißen Männer und Frauen, deren Nachbarschaftskultur und Gemeinschaftseinrichtungen nicht viel mehr Unterstützung und Förderung gewähren können, als schwarze Bewerber sie von ihrer Kultur und von ihren Institutionen erhalten. Die Ämterreservierung wird die biblische Prophezeiung, welche die Letzten zu den Ersten werden läßt, ganz sicher nicht erfüllen; was sie allenfalls garantiert, ist die Tatsache, daß die Vorletzten alsbald die Letzten sein werden. Ich glaube nicht, daß es eine Möglichkeit gibt, dieses Resultat zu vermeiden, es sei denn, man erhöht die Zahl der Gruppen, für die Ämter reserviert werden, und macht aus dem Hilfsprogramm ein systematischeres Dauerkonzept. Die Opfer der ungleichen Berücksichtigung werden immer aus der schwächsten oder der zweitschwächsten Gruppe kommen. Solange die Idee der Qualifikation regiert, können die Kosten nicht weiter umverteilt werden.*

---

* Es ist interessant, daß das Konzept der bevorzugten Einstellung von Kriegsveteranen in den Staatsdienst trotz einer gewissen politischen Opposition dagegen und einer Vielzahl rechtlicher Infragestellungen allgemein akzeptiert zu sein scheint. Die Breite der Zustimmung könnte indes etwas zu tun haben mit der breiten Streuung des Nutzens; denn Kriegsveteranen gibt es in allen Klassen und in allen rassischen Gruppen. Vielleicht ist man sich aber auch allgemein darin einig, daß Kriegsteilnehmern tatsächlich wichtige Ausbildungs- oder Berufsjahre verlorengingen, während andere Angehörige ihrer Altersgruppe beruflich vorankamen, so daß ein Bevorrechtigungskonzept die Gleichheit zwischen ehemals gleichen und durch die Einberufung Einzelner zur Armee ungleich gewordenen Gruppen wiederherstellen

Professionalismus und der Übermut der Ämter

Was die Ämterverteilung so bedeutsam macht, ist, daß mit dem Amt (oder mit einer Reihe von Ämtern) zugleich so viele weitere Dinge verteilt und vergeben werden, nämlich Ehre und Status, Macht und Privileg, Geld und Wohlergehen. D. h., das Amt ist ein dominantes Gut, das in seinem Gefolge andere Güter mit sich bringt – ein Umstand, dessen Ausnutzung in direkter Konsequenz das erzeugt, war wir als »den Übermut der Ämter« bezeichnen und erleben. Und so ist es denn so, daß Amt und Amtsführung die ihnen gemäßen Proportionen nur dann annehmen, wenn es uns gelingt, einen Weg zu finden, diesen Übermut einzudämmen. Dazu müssen wir in erster Linie den internen Charakter der Amtssphäre analysieren, die Aktivitäten, Beziehungen und Gratifikationen, die mit der Übernahme und Führung eines Amtes rechtmäßig verbunden sind. Frage also: Was kommt nach der Qualifizierung und der Auswahl?

Ein Amt ist zweierlei: es ist sowohl eine soziale Funktion als auch ein persönlicher Beruf. Es erfordert die zweckorientierte Anwendung von Fähigkeiten und Kenntnissen. Der Amtsinhaber verdient mit seiner Tätigkeit zwar auch seinen Lebensunterhalt, d. h. er wird für seine Arbeit entlohnt, aber die erste und wichtigste Gratifikation ist doch die Tätigkeit selbst, die konkrete Arbeit, auf die er sich vorbereitet hat, die er vermutlich gerne tut, und die andere Männer und Frauen ebenfalls gerne tun würden. Die Arbeit mag anstrengend, schwierig und ermüdend sein, sie ist dennoch eine Quelle großer Befriedigung. Auch Gespräche über die Arbeit sind befriedigend, denn es ist angenehm, mit Kollegen über arbeitstechnische Dinge zu sprechen, eine gemeinsame Fach- und Berufssprache zu entwickeln und Laien gegenüber Berufsgeheimnisse zu haben und zu wahren, wobei »Fachsimpeleien« für Leute, die in Büros und Ämtern sitzen, ein größeres Vergnügen bedeuten als für diejenigen, die als Facharbeiter in einer Fabrik tätig sind. Das wichtigste Geheim-

---

soll. In der Praxis ist es allerdings so, daß die den Kriegsveteranen angedeihende Hilfe in vielen Fällen zu Lasten der schwächsten Mitglieder der nächsten Bewerbergeneration geleistet wird, denen ihrerseits keine Vorteile in bezug auf Ausbildung oder Berufserfahrung eingeräumt werden. Aber auch das wird immer wieder als ein legitimer Ausdruck von nationaler Dankbarkeit gerechtfertigt. Und dennoch sind Ämter ganz gewiß die falsche Währung, um solcherlei Schulden zu begleichen. Ausbildungsbeihilfen scheinen angemessener, da sie tatsächlich von der Nation bezahlt werden – d. h. von der Gesamtmasse der Steuerzahler – und nicht von einer willkürlich ausgewählten Untergruppe. Wenn dies zutrifft, dann dürfte Reparation anstelle von Reservation ein besserer Weg sein, um schwarze Amerikaner für die Auswirkungen einer schlechten Behandlung in der Vergangenheit zu entschädigen.[26]

nis ist natürlich das Wissen darum, daß die Arbeit ohne weiteres neu und anders verteilt werden könnte. Denn die Zahl der Männer und Frauen, die diese Posten ebensogut versehen könnten und die sich ebensosehr an ihnen erfreuen würden wie die derzeitigen Amtsinhaber, ist groß.

Ich möchte hier weder den Wert des Expertenwissens bestreiten noch die Existenz von Experten leugnen. Der Mechaniker, der meinen Wagen repariert, weiß Dinge, von denen ich keine Ahnung habe und die mir zudem als äußerst mysteriös erscheinen. Gleiches gilt für den Arzt, der sich um meinen Körper kümmert, und für den Anwalt, der mich durch das Labyrinth von Rechtsparagraphen führt. Aber im Prinzip kann ich erlernen, was sie wissen; andere Menschen haben es auch erlernt, und wieder andere haben sich partiell kundig gemacht. Ja selbst in meinem jetzigen Zustand weiß auch ich genug, um den Rat, den mir die von mir befragten Experten erteilen, in Frage zu stellen; zudem kann ich meine Kompetenz dadurch steigern, daß ich mit Freunden rede und etwas Einschlägiges lese. Die Verteilung von sozial nützlichem Wissen ist zwar kein nahtloses Gewebe, riesige Löcher weist es aber auch nicht auf. Oder anders gesagt, die vorhandenen Löcher werden, sofern man sie nicht künstlich erhält, von den unterschiedlichsten Menschen vermittels unterschiedlicher Fähigkeiten und Kenntnisse sowie unterschiedlicher Vorstellungen von Expertentum ausgefüllt bzw. gestopft.

Der Professionalismus als Fachwissen ist eine Form der künstlichen Erhaltung dieser Löcher. Er ist zugleich aber noch sehr viel mehr, denn er ist auch ein Moralkodex, ein soziales Band und eine Schablone für wechselseitige Reglementierung und Selbstdisziplin. Der Hauptzweck der professionellen Organisierung ist indes ganz zweifellos der, einen bestimmten Wissenskodex zum Exklusivbesitz einer bestimmten Gruppe von Männern (und neuerdings auch von Frauen) zu machen.[27] Es ist unschwer zu erkennen, daß es sich um eine von den Amtsinhabern zu ihrem eigenen Nutzen entwickelte Konzeption handelt. Ihre Motive sind zum Teil materielle; und so sind sie denn auch bestrebt, ihre Zunft so klein zu halten, daß sie hohe Honorare und Gehälter fordern können. Dies ist die zweite Gratifikation, die das Amt abwirft. Und dennoch, wenn Gruppen von Amtsträgern ihren Berufsstatus, ihre Professionalität herauskehren, dann geht es um mehr als um Geld. Der Status selbst steht im Zentrum und mit ihm die dritte Gratifikation. »Fach-Männer« und »Fach-Frauen« haben ein Interesse daran, den Charakter ihrer eigenen Tätigkeiten zu spezifizieren und Aufgaben abzuschütteln, die sie in Relation zu ihrer Ausbildung und ihren Examina für zu gering erachten. Sie erstreben einen Platz in einer Hierarchie und definieren ihre Arbeit im Hinblick auf die Höhen, die sie zu erklimmen hoffen. Neue Professionen werden geschaffen, um die Hierarchie auszuweiten, wobei jede neue Berufsgruppe bestrebt ist, eine Tätigkeit oder ein Tätigkeitsfeld aus dem Ganzen herauszusondern und für sich zu ergattern, die bzw. das es ihr ermöglicht, offizielle Fähigkeitsnachweise zu institutionalisieren und die Leistungskompetenz, zumindest bis zu einem gewissen Grad, für sich zu monopolisieren. Doch weisen diese neuen Professionen, wie T. H. Marshall gezeigt hat, eine Besonderheit auf, die darin besteht, daß es sehr wohl eine Bildungsleiter gibt, die zu ihnen hinaufführt, daß es aber keine Leiter gibt, die aus ihnen heraus zu anderen Höhen geleitet. Die benachbarten Höhen lassen sich nur »auf einem völlig anderen Weg erreichen, der auf einer anderen Ebene des Erziehungs- und Bildungssystems seinen Anfang nimmt.«[28] Ärzte und Krankenschwestern sind ein augenfälliges Beispiel für in enger Zusammenarbeit miteinander verbundene Fachkräfte, deren Zertifikate nicht übertragbar sind. Das aber bedeutet, daß der Professionalismus auch eine Handhabe für Grenzziehungen liefert.

Er bietet jedoch noch eine andere Handhabe, nämlich die zur Herstellung von Machtbeziehungen. Fachexperten üben Macht aus, und zwar sowohl innerhalb der Arbeitshierarchie, d. h. von oben nach unten, als auch in ihren Beziehungen zu ihren Klienten, wobei sie ihren Untergebenen Anweisungen erteilen, während ihre Befehle im Falle ihrer Klienten nur hypothetische Imperative sind. Wenn du willst, daß es dir gut geht, dann tu, was ich dir sage. Je größer allerdings die Distanz, die herzustellen ihnen gelingt, und je bedeutungsvoller die Geheimnisse, über die sie gebieten, desto weniger hypothetisch sind ihre Imperative. Voller Verachtung für unser Unwissen teilen sie uns kurzerhand mit, was wir zu tun haben. Natürlich gibt es Männer und Frauen, die der Versuchung widerstehen, den Schritt vom autoritären Wissen zum autoritären Verhalten zu tun, aber die Versuchung und die Möglichkeit, ihn zu tun, sind immer gegeben: dies ist die vierte Gratifikation, die das Amt abwirft.

Die Expansion des Amtes und der Aufschwung des Professionalismus, sie gehen Hand in Hand; denn sobald wir uns daran machen, die Berufung bzw. Einstellung von qualifizierten Fachkräften sicherstellen zu wollen, initiieren wir eine Inflation von Spezialwissen und Expertentum. Dies ist ein guter Grund, die Expansion einzuschränken und der Universalität des zivilen Dienstes entgegenzuwirken, es ist aber auch ein Grund, der Dominanz des offiziellen (und des professionellen) Status und seiner weitreichenden Konvertierbarkeit Grenzen zu setzen. Wir wollen ganz gewiß qualifizierte Bürokraten, Ärzte, Ingenieure, Lehrer usw., aber wir wollen nicht, daß diese

Herrschaften über uns herrschen. Wir können sie angemessen entschädigen oder honorieren, ohne dabei zugleich geduldig ihren Übermut und ihre Anmaßung zu ertragen.

Doch was ist angemessen, welches ist der ihnen gebührende Lohn? Jede der vier genannten Gratifikationen, die das Amt abwirft, hat ihre akzeptablen und ihre inakzeptablen Erscheinungsformen. Bis zu einem gewissen Grad sind diese Formen das Produkt ideologischer Argumentationen und gemeinschaftlicher Sichtweisen und damit politisch bestimmt; und so kann man nur nachdrücklich darauf insistieren, daß etablierte Amtsinhaber als Mitglieder dieses oder jenes Berufstandes keine Exklusivrechte in jenem Bestimmungsprozeß haben dürfen. Andererseits sollte es möglich sein, einige aus dem gesellschaftlichen Verständnis des Amtes selbst herausdestillierte allgemeine Leitlinien vorzugeben. Die erste Gratifikation ist das Vergnügen, das aus der Tätigkeit resultiert, und es kann kein Zweifel daran bestehen, daß qualifizierte Amtsinhaber ein Anrecht auf jedwedes Vergnügen haben, das sie aus ihrer Arbeit zu ziehen vermögen. Wozu sie hingegen nicht berechtigt sind, ist eine Umgestaltung ihrer Tätigkeit mit dem Ziel, ihr Vergnügen (oder ihr Einkommen, ihren Status oder ihre Macht) auf Kosten anderer Personen zu steigern. Da sie gemeinschaftlichen Zwecken dienen sollen, ist ihre Arbeit der Kontrolle durch die Bürger der Gemeinschaft unterworfen. Wir üben diese Kontrolle aus, wann immer wir die Qualifikationen für ein bestimmtes Amt oder die Normen für Kompetenz oder Moral festlegen. Es gibt also keinen apriorischen Grund, einer strengen Segregation von Spezialkenntnissen und -techniken das Wort zu reden oder beizupflichten. Denn es ist durchaus möglich, daß der Gemeinschaft ein größerer Nutzen erwächst, wenn sie ihre Amtsträger dazu ermuntert, ja von ihnen verlangt, die bestehenden Spezialisierungsgrenzen immer wieder in der einen und anderen Richtung zu überschreiten. Nehmen wir z. B. den jüngst gemachten Vorschlag, die ihre Dienste gegen Honorare anbietenden Ärzte durch »funktionale Gesundheitsteams« zu ersetzen:

»Die Mitglieder des Teams müßten gewillt sein, ihre Kenntnisse den Konsumentenbedürfnissen anzupassen, statt die Konsumenten aus Fachgründen an einen anderen Gesundheitsarbeiter zu verweisen. Der Arzt müßte bereit und willens sein, erforderlichenfalls Pflegefunktionen zu übernehmen, während umgekehrt die Krankenschwester bei Bedarf behandeln müßte.«[29]

Das mag eine gute Idee sein oder auch nicht, in jedem Fall spricht der Vorschlag einen wichtigen Punkt an. Routinemäßige Verrichtungen und Leistungen verfehlen oftmals den Zweck des Amtes; es kann sogar sein, daß sie sich offen kontraproduktiv gegen seinen Sinn und Zweck verschwören. Der Amtsinhaber muß sozusagen an seine wirkliche Aufgabe heran- und zurückgeführt werden. Und dann muß er die gebührende finanzielle Gratifikation bekommen. Wie groß dieses angemessene Entgelt sein sollte, läßt sich allerdings nur schwer bestimmen. Der Arbeitsmarkt funktioniert an dieser Stelle aus zwei Gründen nicht besonders gut; der erste und gewichtigste ist die Dominanz des Amtes, der zweite, der auch nicht vergessen werden darf, ist der Sozialcharakter der von Amtsträgern verrichteten Arbeit sowie das Erfordernis von Prüfungen und Lizenzen. Vor allem die Inhaber hoher Ämter waren bislang in der Lage, den Bewerberpool, aus dem ihre gleichrangigen Kollegen und Nachfolger ausgewählt wurden, in seinem Umfang klein zu halten und so ihr Kollektiveinkommen in die Höhe zu treiben. Zweifellos hat der Pool in bezug auf bestimmte Ämter veritable Grenzen auch und selbst dann, wenn man einen realistischen Qualifikationsmaßstab entwickelt und anlegt. Aber es ist ganz eindeutig nicht der Markt allein oder der freie Markt, der bei der Festsetzung des Entgeltes für Ämter und ihre Inhaber am Werk ist.[30] Bisweilen ist es so, daß die Amtsträger uns einfach schröpfen. In diesem Fall haben wir das Recht, uns umfassend dagegen zu wehren und der professionellen Macht ein politisches Gegengewicht entgegenzusetzen. Wo es um wichtige Aufgaben geht, wird, wie Tawney gesagt hat, »ein vornehmer Mann nicht seinen Preis hochtreiben. Ein General feilscht nicht mit seiner Regierung um den genauen pekuniären Gegenwert seines Beitrags zum Sieg. Ein Wachposten, der ein schlafendes Bataillon alarmiert, geht nicht am nächsten Tag herum und sammelt den Kapitalwert der Leben ein, die er gerettet hat.«[31] Leider ist diese Sichtweise eine zu optimistische. Die zivilen Gegenspieler des Generals und des Wachpostens sind oft genug weder dazu bereit, eine Schlacht noch auch nur Alarm zu schlagen, ehe sie nicht erfolgreich ihren »Preis« ausgehandelt haben. Dennoch haben wir keinen Grund, auf ihre Forderungen einzugehen; es spricht auch nichts dafür, daß eine entschlossene Ablehnung vakante Ämter oder unqualifizierte Amtsträger zur Folge hätte. Militärische Ämter liefern in dieser Hinsicht ein interessantes Beispiel, denn sie scheinen qualifizierte Bewerber immer dann anzuziehen, wenn ihr soziales Ansehen hoch ist, und zwar unabhängig vom gebotenen Entgelt, das generell geringer ist als das Einkommen, das die gleichen Personen auf dem freien Markt fordern könnten. Aber sie ziehen — nicht zu ihrem Nachteil — eine andere Art von Forderung vor.

Bisweilen ist zu hören, daß Ämter, insbesondere akademische Ämter, gut bezahlt werden müßten, damit die Inhaber ihrem »Geistesleben Genüge tun«

könnten.³² Nun ist aber das Geistesleben, so wie die Dinge liegen, relativ unteuer; jedenfalls werden die Einkünfte aus dem Amt nur selten für seine Erfordernisse ausgegeben. Wenn wir die komplexen Prozesse der Auswahl von Amtsträgern erst einmal verstanden und die dem Amt beigegebenen bedeutsamen Gratifikationen erkannt haben, dann sehe ich nicht, was gegen eine Geringhaltung der Einkommensdifferenzen zwischen Ämtern und anderen Arten der Beschäftigung einzuwenden wäre. Und tatsächlich ist dies die stete Tendenz demokratischer Entscheidungsprozesse. Das klassische Beispiel dafür ist der Beschluß der Pariser Commune aus dem Jahr 1871, »›der öffentliche Dienst (muß) für Arbeiterlohn besorgt werden.«³³ Wenn auch weniger radikal, zeichnet sich diese Tendenz doch in allen demokratischen Staaten ab, am deutlichsten jeweils in bezug auf die Ämter der Staatsbürokratie. Im Jahr 1911 z. B. waren die Einkünfte höherer Staatsbeamter in Großbritannien 17,8 mal so hoch wie das Pro-Kopf-Einkommen der arbeitenden Bevölkerung; 1956 beliefen sie sich nur noch auf das 8,9-fache. Die Vergleichsziffern für die Vereinigten Staaten (für die Jahre 1900 und 1958) lauten 7,8 gegenüber 4,1; für Norwegen (1910 und 1957) lagen sie bei 5,3 bzw. 2,1.³⁴ Der Trend betrifft alle Ämter und alle Professionen mit Ausnahme des Ärztestandes in den Vereinigten Staaten, wo man der Devise von George Bernard Shaw zu folgen scheint: »Wenn Sie einen Arzt brauchen, dann nehmen Sie am besten einen wohlhabenden.«³⁵ Aber auch hier dürfte die Einrichtung eines öffentlichen Gesundheitsdienstes die Unterschiede verringern.

»Die Ehre«, schreibt Adam Schmith, »macht bei allen ehrenhaften Berufen ein gut Teil der Entlohnung aus. Was den Geldgewinn anbelangt, so werden sie, wie ich bald zu zeigen versuchen werde, im allgemeinen zu gering entlohnt.«³⁶ Während ich die Richtigkeit der zweiten Feststellung bezweifle, halte ich die erste für absolut zutreffend, und zwar gilt sie für jeden Amtsinhaber, ganz gleich auf welcher Stufe welcher Statushierarchie er sich befindet. Aber Ehre ist ein Lohn, der nach der Leistung und nicht nach der Position bemessen werden sollte; nur wenn die Leistung der Maßstab ist, können wir begründet sagen, daß jemand die Ehre, die ihm zuteil wird, wirklich verdient hat. Wenn sie aber verdient ist, dann ist sie der höchste Lohn und die größte Gratifikation, die das Amt einträgt. Gute Arbeit zu leisten und dafür bekannt zu sein, daß man gute Arbeit leistet, ist ganz gewiß das, was Männer und Frauen sich von ihrer Tätigkeit am meisten wünschen. In krassem Gegensatz dazu steht, als eine der gängigsten Formen von Übermut im Amt, das Insistieren auf Ehre und Ansehen unabhängig von der erbrachten Leistung. »Wenn die Behörden die wahre Justiz hätten und die Ärzte die rechte Heilkunst besäßen — sie brauchten keine viereckigen Mützen (die Symbole ihres Amtes),« schrieb Pascal, der Rechtsprechung und Heilkunst als etwas ansah, das nicht im Vermögen eines gottlosen Menschen lag.[37] Was wir dennoch, sozusagen als Minimum, verlangen können, ist, daß Rechtsgelehrte und Ärzte unseren Idealen von Recht und Gerechtigkeit sowie von ärztlicher Heilkunst so nahe kommen, wie es ihnen nur möglich ist; und noch etwas: wir können uns weigern, ihren Hüten Tribut zu zollen.

Ein erheblich schwierigeres Unterfangen ist es, die Macht von Amtsträgern wirksam zu begrenzen (ich werde mich an dieser Stelle mit den entsprechenden Problemen nur kurz befassen und ausführlich auf sie zurückkommen, wenn ich die Sphäre der Politik erörtere). Wenngleich das Amt als eine wichtige Voraussetzung für die Ausübung von Autorität zu gelten hat, so ist die Vorstellung von einer Herrschaft der Experten und Bürokraten, selbst wenn es sich um qualifizierte Spezialisten handelt, doch keineswegs verlockend. Sie werden ihre Ämter, wo immer sie können, dazu benutzen, ihre Macht über dasjenige Maß hinaus auszuweiten, das ihre Qualifikationen rechtfertigen oder ihre Funktionen erfordern. Hier liegt der Grund, weshalb Männer und Frauen, die der Autorität von Amtsträgern unterworfen sind, bei der Funktionsbestimmung von Ämtern unbedingt ein Mitspracherecht haben müssen. Da sich diese Bestimmung jedoch zumindest zum Teil auf eine informelle Weise von selbst vollzieht, indem sie sich in den tagtäglichen Begegnungen zwischen Amtsinhabern und Klienten sozusagen von alleine herauskristallisiert, sollte eines der Hauptziele der öffentlichen Erziehung darin bestehen, die Menschen auf diese Begegnungen vorzubereiten, d. h. sie zu amtskundigen Bürgern zu machen und den Ämtern etwas von ihrer Mysteriosität zu nehmen. Aber auch auf andere Weise können die Unterschiede in der Verteilung von Wissen und Macht ausgeglichen werden. Dazu müssen allerdings die Segregation in Spezialfächer und Spezialisten verhindert, Kooperationsmuster entwickelt und die Selbsteinschätzung der Experten durch allerlei Formen der gemeinschaftlichen Überwachung (etwa in Gestalt von Kontrollausschüssen) reguliert werden. Dieser letzte Punkt ist besonders wichtig und zwar vor allem auf der lokalen Ebene, wo die allgemeine Partizipation am realistischsten ist. Die Forderung nach den »Wohlfahrtsbürokraten« kann hier ganz allgemein auf alle Amtsträger ausgedehnt werden, denn diese können ihre Arbeit nur dann in sinnvoller Weise tun, wenn sie sie nicht allein tun. Es ist sogar so, daß sie trotz der offiziellen Bestätigung ihrer Kompetenz durch verfassungsmäßige Organe, welche aller Wahrscheinlichkeit nach Klienten und Konsumenten in ihrer Gesamtheit repräsentieren, gar nicht das Recht haben, ihre Arbeit allein zu tun. Denn das Interesse der Klienten und Konsumenten ist sehr viel unmittelbarer, was zugleich bedeutet, daß ihre kollektive Einschätzung der von den Amtsträgern geleisteten Arbeit für den Fortgang dieser Arbeit von entscheidender Bedeutung ist. Die Lösung besteht somit darin, daß nicht die »Experten« den »Bürokraten«, sondern die Amtsträger den Bürgern unterstellt werden. Nur dann ist für jeden klar erkennbar, daß das Amt eine Form von Dienstleistung ist und nicht eine andere Plattform für Despotismus.

Die Eindämmung des Amtes

Die Expansion des Amtes hat zwei Gründe. Im einen Fall ist es die politische Kontrolle von Aktivitäten und Tätigkeiten, die für das Wohlergehen der Gemeinschaft lebenswichtig sind, im anderen die Forderung nach »echter Chancengleichheit«, welche das einzelne Amt wie das gesamte Amtswesen immer weiter expandieren lassen. Beide Gründe sind gute Gründe; aber keiner von beiden, weder einzeln noch gemeinsam, erfordern sie einen universalen öffentlichen Dienst. Was wirklich erforderlich ist, ist die Eliminierung oder Beschneidung von privaten (sei's von Individuen oder von Gruppen ausgeübten) Entscheidungskompetenzen in bezug auf spezielle Arten von Ämtern und Posten. Die private Entscheidung muß in diesen Fällen durch eine demokratische Politik ersetzt werden, deren Mandat entweder direkt durch Bürokraten oder Sachverständige wahrgenommen wird oder indirekt durch Bürgerkomitees, die sich in dem, was sie tun, an allgemein anerkannten Regeln orientieren. Der entscheidende Bezugspunkt ist in jedem Fall die politische Gemeinschaft als Ganze, und so liegt die effektive Macht denn auch beim Staat. Tatsächlich ist jedes System, das sich einem universalen Zivildienst auch nur annähert, zwangsläufig ein zentralistisches Unternehmen; denn es ist die unausweichliche Tendenz aller Bemühungen um politische Kontrolle und Chancengleichheit, daß sie die zentralistische Macht verstärken und ausweiten. Wie in anderen Bereichen des sozialen Lebens ruft auch hier der Versuch, den Despotismus zu besiegen, das Gespenst neuer Despotismen auf den Plan.

Aber nicht alle Tätigkeiten müssen in Ämter verwandelt werden. Meine Feststellung, Ämter gehörten den Menschen, denen sie dienten – Wahlämter und staatliche Verwaltungsämter dem Volk als Ganzem, die »Ämter« von Freiberuflern und Managern jenen Klienten und Konsumenten, die in politischen Belangen einzig und allein durch den Staatsapparat vertreten werden können —, sie besagt nicht, daß es nicht auch Tätigkeiten gibt, die von sich aus nicht in diese Kategorien fallen und bei denen der Aufwand, zwänge man sie hinein, sehr viel größer wäre als der mögliche Ertrag. Weiter gibt es Tätigkeiten, die kleineren Personengruppen vorbehalten zu sein scheinen. Tätigkeiten, bei denen die relevante Politik die Politik der Gruppe und nicht die des Staates ist. Einige konkrete Beispiele werden uns meines Erachtens sehr schnell erkennen lassen, daß es vieles gibt, was gegen die Idee des Amtes und für dezentralisierte Anwerbungs- und Auswahlverfahren spricht.

Die Welt des Kleinbürgertums

Auf den Wert unternehmerischer Aktivität habe ich bereits hingewiesen. Kleine Geschäfte, kleine Industriebetriebe und der Handel mit Dienstleistungen, sie konstituieren gemeinsam eine Welt der Arbeit und des Tauschs, die gesellschaftlich äußerst wertvoll ist — als gelegentliche Quelle von ökonomischer Innovation ebenso wie als Klammer nachbarschaftlichen Lebens. In den Vereinigten Staaten liegen die meisten Arbeitsplätze, die das Kleinbürgertum zu vergeben hat, außerhalb der Sphäre, in der affirmatives Handeln und faire Anstellungspraktiken gefordert sind; eine wirksame Regulierung und Reglementierung sind hier schlechterdings nicht möglich. Möglich ist es hingegen, den gesamten Sektor gänzlich auszulöschen (oder ihn zumindest in den Untergrund zu treiben), wie es in den sogenannten sozialistischen Staaten — im Namen der Gleichheit — geschehen ist. Daß die Arbeitsplätze in kleinen Geschäftsbetrieben, in Läden und im Dienstleistungsgewerbe nicht »gerecht« verteilt werden, liegt auf der Hand, und jeder weiß es. Es gibt hier auch kein unpersönliches Verfahren, durch das und in dem eifrig-strebsame Bewerber sich für die vorhandenen Posten qualifizieren könnten. Die kleinbürgerliche Wirtschaft ist eine personalistische Welt, in der unablässig Gunstbeweise ausgetauscht und verfügbare Posten an Freunde und Verwandte vergeben werden. Der Nepotismus ist hier nicht nur gebilligt, er scheint häufig moralisch geradezu erforderlich. Innerhalb der Grenzen dieser Moral sind freies Ermessen und Gutdünken oberstes Gesetz. Die nach Gutdünken entscheiden, sind Eigentümer, Familien, festverschworene Gemeinschaften, lokale politische Machthaber usw.

Und dennoch meine ich, daß ein Eingreifen der verfassungsmäßigen Organe hier nicht nur nicht wünschenswert, sondern sogar illegitim wäre. Zum Teil ist dies sicher eine Frage des Maßstabs. In toto, d. h. in ihrer Gesamtmasse, ist unternehmerische Aktivität zweifelsohne äußerst wichtig; für sich genommen kommt den je einzelnen Unternehmen jedoch keine allzu große Bedeutung zu, so daß die Gemeinschaft keinen Grund hat, sie unter ihre Kontrolle bringen zu wollen. (Zumindest reicht eine Minimalkontrolle, etwa in Gestalt der Festsetzung von Mindestlöhnen, aus.) Aufs Ganze gesehen muß man aber auch die sozialen Entscheidungsformen des kleinbürgerlichen Lebens in Betracht ziehen, und da zeigt sich, daß die vorhandenen Arbeitsplätze in ein ganz spezielles soziales Netz eingelassen sind, das aus engen Wohnvierteln, täglicher Routine, lokalen Zusammenhängen, persönlichen Diensten und familialer Kooperation geknüpft ist. Es ist kein Zufall, daß eine Kette von immer neuen Einwanderergruppen es geschafft hat, Zugang zu just dieser ökonomischen Welt zu finden, in ihr Fuß zu fassen und sogar zu gedeihen. Denn die in ihr leben, können einander helfen in Bahnen und auf Wegen, die ihnen von dem Augenblick an benommen sind, da sie in die unpersönliche Welt der Amtsführung eintreten.

Arbeiterkontrolle

Stellen wir uns vor, ein wesentlicher Teil der amerikanischen Wirtschaft bestehe aus demokratisch geführten Handelsgesellschaften und Fabrikbetrieben. Wiewohl ich die Arbeiterkontrolle als Sozialforderung erst später, nämlich im 12. Kapitel, verfechten werde, möchte ich doch (wieder einmal) meiner eigenen Argumentation vorgreifen und fragen, welche Einstellungsverfahren z. B. in einer Fabrikkommune angemessen sein könnten. Sollten der demokratisch gewählte Personalleiter oder die Auswahlkommission dazu bestimmt werden, das Gebot der »echten Chancengleichheit« zu erfüllen? Von »Einstellungsverfahren« zu sprechen, ist in diesem Fall sicherlich nicht angemessen. Ist eine solche Werkskommune erst einmal gegründet, dann gibt es einen einzigen vorrangigen Punkt: die Zulassung bzw. Aufnahme neuer Mitglieder. Dabei scheint die Qualifikation im strengen Sinne – die Fähigkeit, den zu besetzenden Posten zu versehen oder es zu lernen, ihn zu versehen – nur die allererste Voraussetzung für die Aufnahme zu sein. Den derzeitigen Mitgliedern steht es, so sie dies wollen, frei, weitere Voraussetzungen namhaft zu machen, Voraussetzungen, die ihrerseits davon abhängen werden, welche Vorstellung sie von ihrem gemeinschaftlichen Leben haben, welchen Sinn sie damit verbinden. Aber steht es ihnen auch frei, ihre Verwandten, ihre Freunde, Mitglieder dieser oder jener ethnischen Gruppe, Männer und Frauen mit besonderen politischen Bindungen bei der Aufnahme zu bevorzugen?

In einer Gesellschaft mit einer langen rassistischen Geschichte dürfte es sinnvoll sein, rassische Kriterien gar nicht erst zuzulassen und so eine Minimalbasis für faire Anstellungspraktiken vorzugeben. Jenseits dieser speziellen Einschränkung liegt das Zulassungsverfahren jedoch zu Recht voll und ganz in den Händen der Mitglieder. Nun ist es vermutlich so, daß ihre Werkskommune in einer größeren föderativen Struktur angesiedelt ist und sie deshalb innerhalb eines allgemeinen Regelsystems aus Sicherheitsbestimmungen, Qualitätsstandards usw. agieren und operieren. Wenn die Werksangehörigen ihre Kollegen aber nicht frei auswählen können, dann läßt sich nur schwer sagen, in welchem Sinne sie ihren Arbeitsplatz denn nun wirklich »kontrollieren«. Und wenn sie tatsächlich die Kontrolle darüber haben, dann darf man annehmen, daß es verschiedenartige Arbeitsplätze gibt, die nach unterschiedlichen Prinzipien – die der ethnischen, religiösen und politischen Homogenität eingeschlossen – organisiert sind. Und so kann es leicht geschehen, daß zu einer bestimmten Zeit an einem bestimmten Ort die erfolgreichste Fabrik hauptsächlich von Italienern oder von Mormonen betrieben wird. Solange der Erfolg außerhalb seiner angestammten Sphäre nicht konvertierbar ist, kann ich an dieser Praxis nichts Unrechtes entdecken.

Politische Patronage

Es gibt viele öffentliche Ämter, vor allem auf lokaler Ebene, die keinerlei Spezialkenntnisse erfordern und in denen eine relativ starke Fluktuation herrscht. Diese Ämter sind Ämter per definitionem, denn sie können nur von verfassungsmäßigen Organen vergeben werden. Ihre Verlosung unter denjenigen Männern und Frauen, die über die erforderlichen Minimalqualifikationen verfügen, wäre ein durchaus naheliegendes Distributionsverfahren. Ein Modus, nach dem wir beispielsweise die Plätze in Geschworenenausschüssen vergeben und der gewiß nicht minder angemessen ist, wenn es darum geht, lokale Ratsversammlungen, Kommissionen, Aufsichtsgremien, gewisse Posten in der Kreisverwaltung usw. zu besetzen. Doch auf dem Hintergrund des in den Vereinigten Staaten allseits anerkannten und hochgeschätzten Wahlprinzips scheint einem Patronagesystem, bei dem gewählte Amtsträger, die nach ihrer Wahl als siegreiche politische Führer gelten dürfen, Ämter an ihre Gefährten und Gefolgsleute vergeben, nichts Unrechtmäßiges anzuhaften. Das bedeutet zwar, daß öffentliche Ämter tatsächlich in »Beutestücke« und Futterkrippen umgewandelt werden; aber solange es sich bei diesen Ämtern nicht um Posten handelt, für die andere sich in monate- oder jahrelanger Ausbildung qualifiziert haben, und solange kompetente Amtsinhaber nicht willkürlich ihrer Ämter entsetzt werden, wird durch diese Umwandlung niemand ungerecht behandelt. Und die Feststellung, für bestimmte Arten von Regierungsämtern sei es gerade die politische Aktivität selbst, die eine wichtige Qualifikation darstelle, mutet gar nicht so falsch an.

Tatsächlich ist eine erfolgreiche politische Betätigung die entscheidende Qualifikation für hohe und höchste Ämter. Die sogenannten »Volksvertreter«-Posten werden nicht nach meritokratischen Gesichtspunkten vergeben; oder zumindest sind die Meriten, um die es gehen könnte, nicht von der Art, daß sie sich mit Hilfe eines Examenssystems evaluieren ließen. Im Falle dieser Ämter ist der Verteilungsprozeß von Anfang bis Ende durchpolitisiert; und obwohl der ideale Wähler sich vielleicht wirklich wie das Mitglied einer Auswahlkommission verhalten sollte, unterliegt das jeweilige Wahlvolk in seiner Gesamtheit dennoch nicht den Einschränkungen und Zwängen, denen ein Personalausschuß unterworfen ist. Wir könnten ein Kontinuum der zunehmenden Wahl- und Entscheidungsfreiheit aufzeichnen, das von Sachverständigenausschüssen über Auswahlkommissionen zu Wählerschaften führt. Auf diesem Hintergrund ist es nur plausibel, wenn es den gewählten Amtsträgern verstattet ist, einige ihrer Helfer ins Amt nachzuziehen und dabei die gleiche Entscheidungsfreiheit walten zu lassen, die bei ihrer eigenen Wahl gewaltet hat.

Da das Patronagesystem die Funktion hat, Loyalitäten, Verpflichtungen und Partizipation zu erzeugen, kann es sich durchaus als ein notwendiger Bestandteil einer echten lokalen oder dezentralisierten Demokratie erweisen. Ein universaler Zivildienst ist mit einer städtischen Demokratie vermutlich ebensowenig vereinbar wie mit einer Betriebsdemokratie. Zudem funktioniert eine Lokalregierung, genau wie ein Kleinunternehmen, am allerbesten dann, wenn sie Raum läßt für Freundschaften und den Austausch von Gunstbezeigungen. Das Ganze ist, ich habe es bereits gesagt, sowohl eine Frage des Maßstabs als auch eine Frage der Art der Posten, die in entsprechender Weise vergeben werden. Ich will die Bedeutung einer unpersönlichen, politisch neutralen Bürokratie keineswegs leugnen, aber diese Bedeutung ist je nach Art der ausgeübten Tätigkeit größer oder geringer. Es gibt Aktivitätsbereiche, in denen parteiliche Verfügungsfreiheit, wenn schon nicht voll angemessen, so doch zumindest nicht gänzlich unangemessen zu sein scheint. Man könnte sich sogar generell darauf einigen, daß bestimmte Posten unter den politischen Aktivisten, je nach deren Erfolg oder Mißerfolg am Wahltag, »rotieren«.

Die genannten drei Beispiele zeigen, daß die Schaffung und Institutionalisierung eines universalen Zivildienstes eine Kriegserklärung nicht nur an den Pluralismus und die Komplexität irgendeiner x-beliebigen menschlichen Gesellschaft implizieren würde, sondern höchst speziell, an den demokratischen Pluralismus und die demokratische Komplexität. Aber wäre der so erklärte Krieg nicht ein gerechter Krieg, ein Kampf zugunsten von »echter Chancengleichheit«? Ich habe darzulegen versucht, daß Chancengleichheit eine Norm für die Verteilung einiger, nicht aber aller Posten ist. Sie erweist sich dort als besonders sinnvoll, wo es um zentralistische, professionalisierte und bürokratische Systeme geht; umgekehrt dürfte ihre Praxis die Entstehung solcher Systeme ihrerseits auch begünstigen. In ihnen sind gemeinschaftliche Kontrolle und individuelle Qualifikation dringend erforderlich, das Ganze orientiert an einem allgemeinen Leitprinzip, dem der »Fairness«. Hier müssen wir uns mit der Herrschaft der Mehrheiten und, als Folge davon, der Staatsbeamten ebenso arrangieren wie mit der Machtbefugnis qualifizierter Männer und Frauen. Es gibt aber ganz ohne Zweifel erstrebenswerte Posten auch außerhalb dieser Systeme, Posten, die zu Recht (oder zumindest nicht zu Unrecht) von Privatpersonen oder -gruppen kontrolliert werden und die nicht »gerecht« verteilt werden müssen. Die Existenz solcher Positionen eröffnet den Weg zu einer Art von Erfolg, für den die Menschen sich nicht qualifizieren müssen — de facto nicht qualifizieren können —, was zugleich bedeutet, daß der Macht ihrer Inhaber Grenzen gesetzt sind. Es gibt Bereiche im sozialen und wirtschaftlichen Leben, in denen die Erlasse dieser Amtsträger wirkungslos sind. Wenn sich die genauen Grenzen dieser Zonen auch nur schwer bestimmen lassen, so steht ihre Existenz doch außer Frage. Wir grenzen sie ab vom Zivildienst, weil die Muster menschlicher Beziehungen in ihnen besser sind, als sie es wären, würden sie nicht davon abgegrenzt — besser im Sinne eines bestimmten konkreten Verständnisses davon, was gute menschliche Beziehungen sind.

Damit sind wir bei jenem Phänomen angelangt, das wir als komplexe Gleichheit in der Amtssphäre bezeichnen können. Ihre, dieser komplexen Gleichheit, Voraussetzungen sind die freie Bahn für den Tüchtigen auf der einen und die Begrenzung seiner Privilegien auf der anderen Seite. Wenn einzelne Männer und Frauen ihr Leben aber selbst planen, ihre Karriere selbst gestalten sollen, dann gibt es keine Möglichkeit, die Konkurrenz um Ämter und Posten samt allen dazugehörigen Triumphen und Niederlagen zu vermeiden. Eines kann man dennoch tun, man kann die Heftigkeit der Konkurrenz verringern, indem man die Einsätze verringert. Was auf dem Spiel steht, ist ein Amt und mehr nicht. Für einen chinesischen Kandidaten war es eine persönliche Tragödie, wenn er die Prüfungen für den Staatsdienst nicht schaffte. Für ihn stand alles auf dem Spiel, denn ganz China machte vor einem erfolgreichen Prüfling Kotau. Anders in unserem Kulturkreis. Sich hier so zu verhalten und zu empfinden, hieße den Wert des Amtes und die Meriten des Amtsinhabers zu verkennen bzw. mißzuverstehen. Wer für komplexe Gleichheit eintritt und in ihrem Sinne agiert, wird eine realistischere Einschätzung vom Stellenwert solcher Meriten und ihrer Wirkung in der Amtssphäre entwickeln. Und er wird die Autonomie anderer Sphären anerkennen, Sphären, in denen völlig zu Recht andere Formen von Konkurrenz und Kooperation, von Aufstieg, Ansehen und Dienstbarkeit herrschen.

6. Kapitel
Harte Arbeit

Gleichheit und Härte

Was hier zur Debatte steht, ist nicht die anspruchsvolle oder anstrengende Arbeit. In dieser Bedeutung des Wortes können wir in nahezu jedem Amt und auf fast jedem Posten »hart« arbeiten. Ich kann hart arbeiten an diesem Buch und tue es bisweilen auch. Eine Aufgabe oder Angelegenheit, die uns die harte Arbeit, die ihre Erledigung erfordert, als lohnend erscheinen läßt, ist zweifellos eine gute Sache. Trotz unserer natürlichen Trägheit sind wir bestrebt, sie zu bewältigen. Aber *hart* hat — wie im Falle des »harten Winters« und des »harten Herzens« — auch noch eine andere Bedeutung, nämlich die von grob, unangenehm, widerwärtig und schwer erträglich. In diesem Sinne taucht sie z. B. in Moses Bericht vom Auszug der Juden aus Ägypten auf: »Und sie (die Ägypter) machten ihnen (den Juden) ihr Leben sauer mit schwerer (im Englischen »harter«) Arbeit« (Buch II, 1:14). Hier kennzeichnet das Wort hart eine Arbeit, die einer Gefängnisstrafe gleichkommt, eine Arbeit, die die Menschen nicht erstreben und die sie sich nicht aussuchen würden, wenn sie auch nur die geringste Alternative hätten. Diese Art von Arbeit ist ein negatives Gut, in dessen Gefolge sich normalerweise weitere negative Güter einstellen, als da sind Armut, Unsicherheit, Krankheit, körperliche Gefährdung, Schmach und Erniedrigung. Und dennoch handelt es sich um gesellschaftlich notwendige Arbeit, um Arbeit, die nicht ungetan bleiben kann; und das bedeutet, daß jemand gefunden werden muß, der sie tut.

Die konventionelle Lösung dieses Problems hat die Form einer einfachen Gleichung: dem negativen Gut entspricht der negative Status derer, denen sie zugemutet wird. Es sind die gesellschaftlich Erniedrigten und Gedemütigten, denen man die harte Arbeit zuschiebt, während die Bürger von ihr freigestellt sind; Sklaven, Metöken, »Gastarbeiter« tragen — allesamt im Status von Outsidern — ihre Bürde. Sind es Insider, die diese Arbeit verrichten, dann werden sie zu »Binnen-Outsidern« gemacht, so wie es mit den Unberührbaren in Indien oder mit den Schwarzen in Amerika nach ihrer Befreiung aus der Sklaverei geschah. In vielen Gesellschaften waren es lange Zeit die Frauen, die die wichtigste Gruppe von »Binnen-Outsidern« stellten, indem sie die Arbeit verrichteten, die von den Männern verachtet wurde, und indem sie die Männer nicht nur für finanziell lukrativere Tätigkeiten, sondern auch für staatsbürgerliche und politische Aktivitäten freistellten. Tatsächlich macht die Hausarbeit, die traditionell von Frauen geleistet worden ist — also Kochen, Putzen, Kranken- und Altenpflege —, einen wesentlichen Teil jener harten Arbeit in der heutigen Wirtschaft aus, für die Fremde (und unter ihnen wiederum vornehmlich Frauen) angeworben werden.

Der Leitgedanke in all diesen Fällen ist ein grausames, garstiges Prinzip: negative Adressaten für ein negatives Gut. Die harte Arbeit, so die Idee, müsse von Männern und Frauen verrichtet werden, die von ihren Fähigkeiten her (angeblich) dafür disponiert seien. Ihrer Rasse oder ihres Geschlechts, des ihnen zugeschriebenen Intelligenzgrades oder ihres sozialen Status wegen verdienten sie es oder verdienten sie es nicht, diese Arbeit zu tun, bzw. seien sie in irgendeiner Weise dafür qualifiziert. Es sei nicht die Arbeit von Bürgern, von freien Menschen, von Weißhäutigen usw. Aber mit welcher Art von Verdienst und mit welcher Art von Qualifikation haben wir es hier zu tun? Es dürfte die allergrößten Schwierigkeiten bereiten, namhaft zu machen, was die mit der harten Arbeit »Betrauten« in dieser oder jener Gesellschaft taten, um die Gefahren und die Erniedrigung, die ihre Tätigkeit normalerweise mit sich brachte, zu verdienen; oder zu sagen, warum sie und nur sie dafür qualifiziert waren. Welche Geheimnisse in bezug auf ihre Moral und ihren Charakter haben wir entdecken können? Wenn Sträflinge Schwerarbeit leisten, dann können wir zumindest behaupten, sie hätten ihre Strafe verdient. Aber selbst sie sind keine Staatssklaven; ihre Erniedrigung ist (in den meisten Fällen) zeitlich begrenzt, und es ist keineswegs eine ausgemachte Sache, daß ihnen die schlimmsten und härtesten Tätigkeiten zuzuweisen sind. Wenn aber nicht ihnen, dann doch ganz sicher auch niemandem sonst. Wenn es tatsächlich geschieht, daß Sträflinge zu solcherlei harter Arbeit gezwungen werden, dann sollten Normalbürger doch wohl von ihr verschont bleiben, schon um allseits sichtbar zu machen, daß sie keine Sträflinge sind und niemals von einem bürgerlichen Gericht eines Vergehens oder Verbrechens für schuldig befunden wurden. Wenn aber selbst Sträflinge nicht in dieser Weise zu harter Arbeit gezwungen werden sollten (Gefängnishaft ist Strafe genug), dann gilt um so mehr, daß sie auch niemandem sonst in der Gemeinschaft aufgenötigt werden darf.

Auch Außenseitern und Fremden darf und kann sie nicht aufgebürdet werden. Ich habe bereits darauf hingewiesen, daß die Menschen, die diese Art von Arbeit leisten, so sehr ins Alltagsgeschehen der politischen Gemeinschaft verwoben sind, daß ihnen die Mitgliedschaft kaum verweigert werden kann. Harte Arbeit ist ein Naturalisierungsprozeß, der demjenigen, der seine Härte erduldet, gewissermaßen automatisch die Mitgliedschaft einträgt. Gleichzeitig haftet einer Gemeinschaft, deren Mitglieder sich harter Arbeit widersetzen und entziehen (und deren neue Mitglieder in diesen Widerstand gegen harte Arbeit hineinwachsen), etwas außerordentlich Verlockendes an: Diese Menschen haben eine Vorstellung von sich und ihrer beruflichen Existenz, welche Hinnahme und Unterdrückung ausschließt; sie widersetzen sich der Erniedrigung und sind stark genug, ihren Widerstand dagegen dauerhaft zu üben. Weder dieses Selbstverständnis noch die angesprochene persönliche Stärke sind in der Menschheitsgeschichte besonders häufig anzutreffen. Streng genommen sind sie eine spezielle Errungenschaft der modernen Demokratie, als deren Resultat sie zweifellos eng mit dem ökonomischen Wachstum, aber auch mit der Realisierung oder der partiellen Realisierung der komplexen Gleichheit in der Sphäre der Wohlfahrt zusammenhängen. Bisweilen wird gesagt, es spreche gegen den Wohlfahrtsstaat, daß seine Mitglieder nicht bereit seien, gewisse Arten von Arbeit zu übernehmen. Ich sehe das anders, nämlich als ein Zeichen des Erfolgs. Wenn wir ein System der Gemeinschaftsversorgung konzipieren, dann ist eines unserer Ziele dabei, die Menschen von den unmittelbaren Zwängen physischer Not zu befreien. Solange sie davon nicht frei sind, stehen sie tatsächlich für jede Art von harter Arbeit zur Verfügung, erniedrigt sozusagen im voraus. Hungrig, machtlos und ungesichert, bilden sie »die Reservearmee des Proletariats«. Kristallisieren sich irgendwelche Alternativen für sie heraus, tun sie sich zusammen, um gemeinsam nein zu sagen. Trotzdem muß die Arbeit getan werden. Wer also soll oder muß sie tun?

Es ist ein alter Traum, daß niemand sie tun muß. Wir werden das Problem lösen, so die Vorstellung, indem wir die Arbeit abschaffen, bzw. indem wir überall dort, wo Menschen eine Arbeit als unangenehm empfinden, Maschinen an ihrer Stelle arbeiten lassen. So schreibt Oscar Wilde in seinem feinsinnigen Aufsatz über »Die Seele des Menschen im Sozialismus«:

»Jede rein mechanische, jede eintönige und dumpfe Arbeit, jede Arbeit, die mit widerlichen Dingen zu tun hat und den Menschen in abstoßende Situationen zwingt, muß von der Maschine getan werden. Die Maschine muß für uns in den Kohlegruben arbeiten und gewisse hygienische Dienste tun und Schiffsheizer sein und die Straßen reinigen und an Regentagen Botendienste tun und muß alles tun, was unangenehm ist.«[1]

Aber das war immer eine unrealistische Lösung, denn ein Großteil der harten Arbeit betraf und betrifft menschliche Dienstleistungen, deren Automatisierung niemals in Aussicht stand. Und selbst dort, wo sie in Aussicht genommen wurde und noch auf dem Programm steht, gehen Entwicklung und Installierung der dafür nötigen Maschinen sehr viel langsamer vonstatten, als wir dies erwartet haben. Überdies ersetzen Maschinen Menschen ebensooft in gerne geleisteten Tätigkeiten, wie sie Arbeiten übernehmen, die von denen, die sie zu verrichten haben, als »eintönig und dumpf« empfunden werden. Die Technologie hat für das, was sie bewirkt, keine moralischen Unterscheidungskriterien.

Das neben der Automatisierung gebräuchlichste egalitäre Argument in bezug auf harte Arbeit besteht in der Forderung nach ihrer Umverteilung auf alle Bürger; sie müsse, so die Überlegung, (politischen Ämtern vergleichbar) in der Bürgerschaft rotieren. Jedermann habe solche Arbeit zu leisten — ausgenommen Sträflinge, die davon ausgeschlossen werden müßten, damit sichergestellt sei, daß diese Arbeit auch wirklich kein Stigma trage. Was damit bezweckt wird, ist einfache Gleichheit, und zwar von jener Art, wie sie im Umgang mit der gefährlichen Arbeit des Soldaten im Krieg längst praktiziert wird. So wie wir junge Männer zum Kriegsdienst einberufen, sollten wir, so lautet die Argumentation, Männer und Frauen generell zu all den notwendigen Tätigkeiten heranziehen, die aller Wahrscheinlichkeit nach keine Freiwilligen anlockten. Eine Armee von Bürgern müsse den Platz einnehmen, den bisher die Reservearmee des Proletariats ausfülle. Dies ist ein interessanter und bedenkenswerter Vorschlag, und ich werde ihm die gebührende Aufmerksamkeit zollen. Er läßt sich allerdings nicht für das gesamte Spektrum harter, ja nicht einmal für das aller gefährlichen Arbeit verfechten. Und so werde ich komplexere Verteilungen ins Auge fassen müssen. Negative Güter können nämlich nicht nur unter Einzelpersonen, sie müssen auch auf verschiedene Distributionssphären verteilt werden. Einige der Negativgüter können wir in der gleichen Weise unter uns aufteilen, wie wir dies mit den Kosten für den Wohlfahrtsstaat tun, andere sollten wir, falls die Bedingungen des Marktes einigermaßen egalitär sind, zum Verkauf stellen, während wieder andere politisches Nachdenken und demokratische Entscheidungen erforderlich machen. Eins haben indes alle diese Distributionsformen miteinander gemein: die Verteilung entspricht nicht der Natur des (negativen) Gutes, indem sie sozusagen seinem Fadenlauf folgt, sondern sie läuft ihm zuwider. Vom Bestrafungsfall abgesehen ist es allein schon insofern unmöglich, die Verteilung des Negativgutes an seiner sozialen Bedeutung zu orientieren, als es keine Rasse, kein Geschlecht, keine Kaste und auch kein anderes vorstellbares Konglomerat von Individuen gibt, das rechtmäßig dazu bestimmt werden könnte, die harten Arbeiten in der Gesellschaft zu übernehmen. Niemand qualifiziert sich für diese Tätigkeiten — es gibt keine Pascalsche Gruppe —, und so müssen wir alle, in unterschiedlicher Weise und bei unterschiedlichen Gelegenheiten, zu ihrer Übernahme zur Verfügung stehen.

Gefährliche Arbeit

Der soldatische Dienst ist eine spezielle Variante der harten Arbeit, auch wenn er in vielen Gesellschaften gar nicht als solche wahrgenommen wird. Er gilt in diesen Fällen als die normale Betätigung junger Männer, die mit ihm ihrer sozialen Funktion nachkommen, in die sie weniger durch Einberufung hineingezwungen als gleichsam rituell eingeführt werden und in der sie die Gratifikationen von Kameradschaft, aufregendem Abenteuer und Ruhm kennenlernen. Von Konskribierten zu sprechen, wäre hier ebenso unangemessen wie von Freiwilligen; beide Kategorien sind hier gleichermaßen fehl am Platze. Bisweilen ziehen ganze Alterskohorten geschlossen in den Kampf, um das zu tun, was von ihnen erwartet wird, und was die einzelnen Kohortenmitglieder (oder zumindest die meisten von ihnen) auch tun wollen. Bisweilen ist die Aktivität des Kämpfens ein spezielles Privileg der Elite, welches, als Vergleichsmaßstab genommen, jede andere Betätigung zur harten und mehr oder weniger erniedrigenden Arbeit werden läßt. Junge Männer sind tatkräftig, kämpferisch und bestrebt zu glänzen; der Kampf ist für sie – oder kann für sie sein – eine Art von Spiel, und nur die Reichen können es sich leisten, immerwährend zu spielen. John Ruskin war es, der eine herrlich romantische Darstellung vom »konsensuellen Kampf« geliefert hat, den junge Edelleute in etwa dem gleichen Geist ausfochten, in dem sie auch Fußball hätten spielen können – nur daß im einen Fall die Risiken größer, die Erregung heftiger und der Wettstreit »schöner« sind als im andern.[2]

Doch mäßigen wir unseren Romantizismus, indem wir ihn auf banalerem Terrain erproben: Junge Männer sind in der nämlichen Weise Soldaten, in der der sozialistische Autor Fourier in seinem Gesellschaftskonzept Kinder als Müllwerker fungieren sieht. In beiden Fällen werden Leidenschaften sozial nutzbar gemacht, indem sie an eine soziale Funktion angeschirrt werden. Da Kinder gerne im Dreck spielen, sind sie, so Fouriers Überlegung, mehr als irgend jemand sonst bereit, den Müll einzusammeln und zu beseitigen. Er wollte seine utopische Gemeinschaft so organisieren, daß ihre Fertigkeiten und Neigungen zum Tragen kommen würden.[3] Ich fürchte allerdings, daß er bei der praktischen Umsetzung seiner Ideen mit mehr Schwierigkeiten zu kämpfen gehabt hätte, als er je vermuten konnte. Denn die Feststellung, sie *spielten* mit dem Dreck, läßt sich kaum als eine zutreffende Beschreibung dessen bezeichnen, was Müllwerker tun. Gleiches gilt für die Interpretation des Kriegs als einer natürlichen Betätigung von jungen Männern oder als Sport von Aristokraten; auch sie wird nur einer kleinen Zahl von Kriegen oder nur ganz bestimmten Kampfaktivitäten im Krieg gerecht und geht an der modernen Kriegführung völlig vorbei. In den allermeisten Fällen ist es so, daß Soldaten nur selten Gelegenheit haben, sich spielerisch zu betätigen, daß aber auch ihre Offiziere von solcher Spielfreude keineswegs entzückt wären. Was Soldaten tun, ist im strengsten Sinne harte Arbeit. Ja, wir können den Grabenkrieg im Ersten oder den Dschungelkrieg im Zweiten Weltkrieg durchaus als den Urtyp von harter Arbeit ansehen.

Aber selbst wenn sein wahrer Charakter so ist wie geschildert, dann ist der soldatische Dienst dennoch keine in einem umfassenden Sinne erniedrigende Tätigkeit. Zwar werden die einfachen Soldaten, i. e. die Mannschaftsgrade, häufig aus den untersten Klassen oder aus Outsider- oder Ausländergruppen rekrutiert, denen die Normalbürger in vielen Fällen nur mit Verachtung und Geringschätzung begegnen, doch unterliegt der konkret wahrgenommene Wert ihrer Arbeit plötzlichen Schwankungen, ja er kann sogar inflationieren, so daß immer die Möglichkeit besteht, daß sie eines Tages als die Retter des Landes erscheinen, das zu verteidigen sie ausgezogen sind. Der soldatische Dienst ist gesellschaftlich notwendig, zumindest bisweilen; und wenn er es ist, dann ist seine Notwendigkeit sichtbar und dramatisch. In solchen Zeiten ist der Wehrdienst nicht nur ein harter, sondern auch ein gefährlicher Dienst; er ist gefährlich in einer Weise, die unsere Gedanken in eine bestimmte Richtung lenkt. Die Gefahr geht nämlich nicht von der Natur, sondern vom Menschen aus; der Soldat lebt in einer Welt, in der andere Menschen — seine und unsere Feinde — versuchen, ihn zu töten. Und er muß versuchen, sie zu töten. Er geht das Risiko ein, zu töten bzw. getötet zu werden. Aus diesen Gründen, so meine ich, ist dies die erste Form von harter Arbeit, die alle Bürger gleichermaßen auf sich nehmen müssen. Die Zwangseinberufung dient zwar auch noch anderen Zwecken, so vor allem der Bereitstellung jener riesigen Zahl von Truppen, die für die moderne Kriegführung erforderlich sind; aber ihr moralischer Zweck besteht doch darin, die Risiken des Krieges innerhalb einer bestimmten Generation von jungen Männern zu universalisieren und zu randomisieren.

Sind die Risiken von anderer Art, dann scheint die Verfolgung dieses moralischen Zwecks weniger dringlich, weniger zwingend zu sein. Nehmen wir den Fall des Kohlebergbaus. »Unfälle sind bei Bergleuten ... so häufig,« schreibt George Orwell in *The Road to Wigan Pier*, »daß solche Zwischenfälle vorausgesetzt werden, fast wie in einem kleineren Krieg.«[4] Und doch ist es schwer, sich eine Verteilung dieser Art von Arbeit auf alle vorzustellen. Die Arbeit im Kohlebergwerk mag keine hochqualifizierte Arbeit sein, aber sie ist mit Sicherheit eine schwierige Arbeit, die am besten von den Männern verrichtet wird, die sie bereits seit geraumer Zeit tun. Sie erfordert mehr als eine »Grundausbildung«. »Im Bedarfsfall,« so Orwell, »könnte ich einen mäßigen Straßenkehrer abgeben oder ... einen zehntklassigen Bauernknecht. Aber auch mit aller vorstellbaren Anstrengung und Übung könnte ich niemals Bergmann werden; die Arbeit würde mich in ein paar Wochen umbringen«.[5] Es ist aber auch nicht sinnvoll, in die Solidaritätsgemeinschaft der Bergarbeiter einzubrechen. Die Arbeit in den Kohlegruben schmiedet ein starkes Band, sie erzeugt eine enge Gemeinschaft, die Durchreisende nicht eben bewillkommnet. Diese Gemeinschaft ist die große Stärke der Kumpel. Ein tiefer Sinn für den Heimatort und die Familie und ein über Generationen sich erstreckender Klassenkampf sind es, die ihnen ihr Stehvermögen und ihre Beharrlichkeit garantieren. Grubenarbeiter dürften der am wenigsten mobile Teil moderner Industriebevölkerungen sein. Eine Konskribiertenarmee von Bergarbeitern wäre, falls es überhaupt gelänge, sie aufzustellen, keine verlockende Alternative zu dem sozialen Leben, das die Bergarbeiter für sich selbst ausersehen haben.

Es gibt indes noch einen tieferen Grund, weshalb die Einberufung von Normalbürgern zum Kohlebergbau niemals von einer politischen Bewegung gefordert oder auch nur zum Gegenstand der öffentlichen Diskussion gemacht worden ist. Die Gefahren, mit denen Grubenarbeiter leben, sind ihnen nicht von einem allgemeinen Feind aufgenötigt, und sie schließen auch nicht den speziellen Terror des Tötens und Getötet-Werdens ein. Da es zumindest zum Teil nachlässig-gleichgültige und profitgierige Grubenbesitzer sind, die die Bergleute in Gefahr bringen, handelt es sich bei den Risiken im Bergbau denn auch mehr um ein politisches Problem. Abhilfe in diesem Punkt ließe sich schaffen, wenn man die Minen verstaatlichte oder ihre Betreibung reglementierte; einer Zwangsverpflichtung von Grubenarbeitern bedürfte es dabei ganz gewiß nicht. Aber auch die natürlichen Risiken müßten eingedämmt werden. Die Männer, die in den Silberminen des alten Athen arbeiteten, waren Staatssklaven, die dauerhaft im Dienste des Stadtstaates standen. Heute sind Bergarbeiter freie Bürger; dennoch könnten wir sie, ganz gleich, wem die Gruben gehören, als Bürger betrachten, die im Dienste des Volkes arbeiten. Und dann könnten wir sie behandeln, als wären sie Konskribierte, deren Risiken wir zwar nicht teilen, für die wir aber dadurch Sorge tragen, daß wir uns an den Kosten beteiligen, die Verminderung und Beseitigung dieser Risiken in Gestalt von Grubensicherheitsforschung, Gesundheitsfürsorge im akuten Bedarfsfall, frühem Ruhestand, angemessenen Renten usw. verursachen. Die gleichen Überlegungen gelten natürlich auch für andere gefährliche Aktivitäten, sofern sie gesellschaftlich notwendig sind – d. h., sie gelten nicht fürs Bergsteigen, wohl aber für den Bau von Brücken, Hochhäusern, Bohranlagen in der Tiefsee usw. In allen diesen Fällen können die Unfallstatistiken den Verlustlisten eines Krieges ähneln; und dennoch ist die alltägliche Praxis eine andere und ist folglich auch unser Verständnis von der im Alltag zu leistenden und geleisteten Arbeit ein anderes.

Schwerarbeit

Die Zwangseinberufung in Friedenszeiten wirft indes noch andere Probleme auf. Wenngleich ein gewisses Kriegsrisiko – das für die verschiedenen Einberufenenjahrgänge je nach der politischen Situation, in der sie großjährig werden, unterschiedlich hoch ist – auch immer bestehen bleibt, so ist das, was alle gemeinsam betrifft, doch vornehmlich die Last des ganz gewöhnlichen Wehrdienstes in Gestalt der dafür aufgewendeten Zeit, einer mühevollen Ausbildung und einer harschen Disziplin. Man könnte natürlich Leute dafür bezahlen, daß sie diesen Dienst übernehmen, man könnte Freiwillige anwerben, ihnen Aufstiegsmöglichkeiten eröffnen und dafür sorgen, daß die diensttuenden Soldaten die Armee eher als eine eigene Aufstiegsleiter denn als ein Hindernis und eine Unterbrechung auf dem Weg zu einer Karriere außerhalb der Armee betrachten. Dies ist eine Alternative, auf die ich später noch genauer eingehen werde. Hier möchte ich erst einmal ein wichtiges politisches Argument gegen sie ins Feld führen, die Überlegung nämlich, daß Bürger-Soldaten, verglichen mit Berufssoldaten oder Söldnern, sich weniger leicht zu Instrumenten der inneren Unterdrückung machen lassen. Der Einwand gilt allerdings nur für den genuinen Militär- (und Polizei-)dienst; wobei das Interessanteste an der Zwangseinberufung in Friedenszeiten darin liegt, daß sie zur Ausweitung des soldatischen Dienstes auf viele andere Bereiche harter Arbeit einlädt. Wenn die Armee nun schon einmal da und obendrein mannstark ist, warum sollten es dann nicht Wehrdienstleistende sein, die Straßen bauen, Zuckerrohr schneiden und Kartoffeln ernten?

Unter den politischen Theoretikern ist es Rousseau, der dieser Überlegung im Verweis auf ein in seinem theoretischen Werk zentrales moralisches Argument am nachdrücklichsten zustimmt. Männer (und, wie hinzuzufügen ist, auch Frauen) müssen, sofern sie jemals Bürger einer selbstbestimmten Gesellschaft sein sollen und wollen, an der gesellschaftlich notwendigen Arbeit ebenso teilnehmen und teilhaben, wie sie an der Politik und am Krieg teilnehmen und teilhaben. So wie politische Partizipation und Militärdienst notwendige Erfordernisse sind, so ist es auch die Fronarbeit oder der Frondienst, weil andernfalls die Gesellschaft in Herren und Knechte auseinanderfällt und beide Gruppen gleichermaßen in der Hierarchie- und Abhängigkeitsfalle festsitzen. Wie wir wissen, ist der Staat seinem Untergang dann nahe, so schrieb Rousseau, wenn seine Bürger »ihm lieber mit ihrem Geld als mit ihrer Person dienen.«

»Zum Kampf schicken sie Miettruppen und bleiben zu Hause, zur Beratung ernennen sie Abgeordnete und bleiben zu Hause... In einem wahrhaft freien Land tun die Bürger alles mit ihren Armen und nicht mit dem Geld... Ich stimme der gewöhnlichen Ansicht durchaus nicht bei; ich bin überzeugt, daß Frondienste mit der Freiheit weniger im Widerspruch stehen als Abgaben.«[6]

Die »gewöhnliche Ansicht«, von der Rousseau spricht, besagt, daß Männer und Frauen nur dann frei sind, wenn sie sich ihre Arbeit selbst aussuchen können. Steuern sind der Preis, den sie für diese Freiheit zahlen, und die Umwandlung von Arbeitsleistungen in Steuern gilt allenthalben als ein Sieg, den das einfache Volk für sich errungen hat. Rousseaus Auffassung ist zwar in der Tat höchst radikal, aber sie wird unterhöhlt durch eine für den Theoretiker ansonsten untypische Unbestimmtheit. Er sagt niemals, wieviel an Gemeinschaftsarbeit unter die Bürger verteilt und von ihnen verrichtet werden, welche Tätigkeiten das Spektrum der Frondienste umfassen, und ob es so breit sein soll, daß es jedwede Art von harter Arbeit einschließt? In diesem Falle müßten die Bürger nämlich im Stile einer Industriearmee organisiert werden, wie sie etwa Trotzki vorschwebte. Für Individualentscheidungen bliebe wenig Raum; und die Kommandostruktur dieser Armee würde die alten Hierarchie- und Abhängigkeitsmuster in neuen Gewändern reproduzieren. Rousseau, dies scheint uns fast sicher, war in dem, was er anstrebte, erheblich bescheidener; woran er dachte, waren Tätigkeiten, für die — als Beispiel diente ihm der Straßenbau — die Fronarbeit historisch gebräuchlich war. D. h., die Verpflichtung zur Gemeinschaftsarbeit war eine nur partielle Verbindlichkeit, die den Kleinbauern und Handwerkern, die Rousseaus Idealstaat bevölkern, mehr als genügend Zeit ließ, ihre eigenen Geschäfte zu betreiben. Wir dürfen diese Verpflichtung als eine symbolische Verpflichtung begreifen (auch wenn es bei der gemeinsam zu leistenden Arbeit durchaus um reale Arbeit geht).

Wenn das Gesagte richtig ist, dann kommt der Wahl der Symbole eine enorme Bedeutung zu, und wir müssen uns Klarheit darüber verschaffen, welcher Zweck mit ihr verfolgt wird. Der Straßenbau gab für Rousseau deshalb ein gutes Beispiel ab, weil er die typische Form von Zwangsarbeit unter dem alten Regime darstellte: Männer von vornehmer Geburt waren prinzipiell, die Bourgeoisie in der Praxis davon ausgenommen; die Arbeit oblag den ärmsten und schwächsten Untertanen des Königs und wurde deshalb als die niedrigste und erniedrigendste Art von Arbeit erfahren. Würden die Bürger diese Arbeit in ihrer Gesamtheit übernehmen, würden die Armen nicht nur von den körperlichen Anstrengungen, sondern auch von ihrem Stigma befreit — von der Verachtung, die die Aristokraten und, diesen nacheifernd, die Bourgeoisie ihnen bis dahin entgegenbrachten. Das heißt nicht, daß die Arbeit im Straßenbau für die meisten Menschen, die sie unter dermaßen veränderten Bedingungen, sei's im Status von Zwangsverpflichteten, sei's in dem von Freiwilligen, verrichteten, aufhören würde, ein negatives Gut zu sein. Kräftezehrend, schwer und grob, stellt sie den zweiten Urtyp von Härte, von harter Arbeit dar. Aber selbst eine Vollzeitverpflichtung zum Straßenbau würde der Geringschätzung der damit befaßten Arbeiter durch ihre Mitmenschen ein Ende setzen. Danach könnten stufenweise auch die anderen Konsequenzen dieser Arbeit ausgeschaltet bzw. abgebaut werden, denn die Bürger könnten sich willentlich dazu entschließen, für die von ihnen benötigten Straßen zu zahlen, und die Arbeiter könnten sich willentlich dazu entschließen, für ihre Arbeit mehr Geld zu verlangen. All das könnte geschehen — de facto gibt es jedoch Belege dafür, daß eine sehr viel radikalere Transformation in der Einstellung zur körperlichen Arbeit bereits stattgefunden hat, und zwar in einer Gemeinschaft, die der Rousseauschen stark ähnelt.

Der israelische Kibbuz

Die Schaffung einer jüdischen Arbeiterklasse gehörte von Anfang an zum Konzept des Zionismus; und die eine oder andere Variante einer die Macht der Arbeiter verherrlichenden marxistischen Ideologie war immer eine wichtige Komponente dieser Bewegung. Daneben gab es jedoch, ebenfalls von Anfang an, noch eine andere, philosophisch und politisch originellere Strömung, die nicht die Macht der Arbeiter, sondern die Würde der Arbeit auf den Schild hob und die nicht eine Klasse, sondern eine Gemeinschaft schaffen wollte. Der Kibbuz, zu deutsch: das landwirtschaftliche Kollektiv von Siedlern in Israel, ist das Produkt dieser zweiten Strömung und stellt ein Experiment der Umwertung der Werte dar. Man ehrt und würdigt die Arbeit, indem man sich an ihr beteiligt. Das Glaubensbekenntnis der ersten Siedler war eine »Religion der Arbeit«, an der man teilhatte, indem man auf den Feldern arbeitete. Es war die härteste Arbeit, die die höchsten geistigen und sozialen Lorbeeren eintrug.[7]

Die ersten Kollektive wurden kurz nach 1900 gegründet. Als Melford Spiro in den fünfziger Jahren seine klassische Untersuchung, *Kibbutz: Venture in Utopia,* veröffentlichte, war die Umwertung der Werte so gut gelungen, daß die Mitglieder nicht mehr dazu aufgefordert werden mußten, sich an der körperlichen Arbeit des Kollektivs zu beteiligen. Wer arbeiten konnte, wollte auch arbeiten; Schwielen an den Händen waren Ehrenmale. Nur Posten mit ungünstigen Arbeitszeiten (etwa die von Melkern und Nachtwächtern) mußten im Rotationsverfahren unter den Mitgliedern verteilt werden. Lehrer für den höheren Schuldienst hingegen mußten zwangsverpflichtet werden, weil die Tätigkeit des Unterrichtens weit weniger angesehen war als die Arbeit auf den Feldern – eine erstaunliche Tatsache, bedenkt man die Kultur der europäischen Juden.[8] (Weniger verwunderlich: auch die Küchenarbeit bereitete Probleme, auf die ich sogleich zu sprechen komme.)

Entscheidend für den Erfolg des Kibbuz war meiner Meinung nach der Umstand, daß jede kollektive Siedlung zugleich auch eine politische Gemeinschaft war. Es war nicht nur die Arbeit, an der man teilhatte, es waren auch die Entscheidungen über die Arbeit. D. h., die Arbeiter waren frei im Sinne der von Rousseau so bezeichneten »moralischen Freiheit«, die Lasten, mit denen sie lebten, waren selbstauferlegte Lasten. Wer sie nicht tragen wollte, konnte gehen; wer sich weigerte, sie zu tragen, konnte ausgeschlossen werden. Aber die Mitglieder wußten immer, daß langfristig die Gestaltung ihres Arbeitstags und die Zuweisung von Aufgaben Angelegenheiten waren, die gemeinschaftlich entschieden wurden; und bei diesen Entscheidungen hatten sie ein gewichtiges Wort mitzureden. Das ist der Grund, weshalb Aufteilung der Arbeit und Beteiligung an ihr hier total sein konnten. Im Falle einer staatlichen Fronarbeit in einer größeren und damit komplexeren und differenzierteren Wirtschaftsgemeinschaft, in der die einzelnen Arbeiter nur indirekt an der Entscheidungsfindung beteiligt sein würden, wäre eine partielle Partizipation vermutlich angemessener. Es gibt jedoch noch einen anderen Gegensatz, der durch die Kibbuzerfahrung verdeutlicht wird, den Gegensatz zwischen der engen Verflechtung von Arbeit und Politik, wie sie in einer Siedlungs- oder Wohngemeinschaft möglich ist, und ihrer mehr partiellen Verknüpfung, wie sie in Systemen mit variablen Arbeitsstrukturen sich anbietet. Arbeiterkontrollen oder Arbeiterselbstverwaltung stellen, wie wir sehen werden, eine Alternative zur Fronarbeit dar. Die politische Umgestaltung der Arbeit kann bisweilen ein Ersatz für ihre Aufteilung auf alle sein — wiewohl es ein zentrales Merkmal des Kibbuz und ein Schlüssel zu seinem moralischen Charakter ist, daß hier beide Momente zusammenkommen.

Der Kibbuz gründet in dem radikalen Bestreben, ein negatives Gut in ein positives umzuwandeln. Ich habe dieses Unterfangen als gelungen und erfolgreich bezeichnet und damit im großen und ganzen vermutlich richtig geurteilt. Es gibt jedoch einen Bereich, in dem ihm kein Erfolg beschieden war. »Bestimmte Arbeitsplätze gelten als so widerwärtig,« schrieb Spiro, »daß sie mittels eines permanenten Rotationssystems besetzt werden müssen ... der wichtigste Fall betrifft die Arbeit in der (Gemeinschafts-)Küche und im Speisesaal, er betrifft das Kochen, Abwaschen und Servieren.«[9] In dem Kibbuz, den Spiro untersuchte, wurden die Frauen für jeweils ein Jahr, die Männer für zwei bis drei Monate zur Küchenarbeit abkommandiert. Nun muß eine Differenzierung in der Arbeit nach Geschlechtern dann nicht unbedingt problematisch sein, wenn die Arbeit (entweder von Individuen oder von einer Versammlung, in der Männer und Frauen gleichermaßen stimmberechtigt sind) frei gewählt wird und die verschiedenen Tätigkeiten gleichermaßen geachtet sind. Die an zweiter Stelle genannte Bedingung war in diesem Falle aber nicht erfüllt. Man könnte zwar sagen, daß im Hinblick auf die Ernährung die Küche nicht minder wichtig ist als das Feld; aber Kibbuz-Mitglieder hatten generell wenig übrig für den bürgerlichen »Reiz« des Essens, ihre Einstellung dazu war eher verächtlich; sie empfanden ein Rousseausches Unbehagen an allem, was nach Luxus roch. Und so erfahren wir von Spiro, daß »wenig Anstrengungen unternommen (wurden), die Zubereitung der verfügbaren Nahrungsmittel zu verbessern.«[10] (Lebensmittel unterlagen in den frühen fünfziger Jahren in Israel der Rationierung.) Vielleicht wäre die Küchenarbeit mit mehr Respekt betrachtet worden, wenn ihre Resultate vielfältiger und höherwertig gewesen wären – und so konnte man darauf hoffen, daß sie an Status gewinnen würde, wenn die harten Kanten der Kibbuz-Ideologie erst einmal abgeschliffen sein würden. Aber vielleicht ist der Abwasch nach dem Essen einfach nur eine unangenehme Tätigkeit, ganz gleich, wie gut das Mahl selbst auch gemundet hat. Und vielleicht fallen auch andere Formen des Putzens und Saubermachens in die Kategorie unangenehmer Tätigkeiten. Es könnte sein, daß die Kibbuz-Ideologie hier auf ein negatives Gut traf, das sich einfach nicht in ein positives umwandeln ließ. Adams Fluch wäre schließlich kein Fluch, gäbe es nicht unaufhebbare Härten in der harten Arbeit, die wir tun müssen. Und selbst im Kibbuz lastet der Fluch auf einigen offensichtlich schwerer als auf anderen.

Dreckarbeit

Theoretisch betrachtet gibt es keine Arbeit, die per se erniedrigend ist; Erniedrigung ist ganz eindeutig ein kulturelles Phänomen. In der Praxis dürfte es jedoch so sein, daß eine bestimmte Spezies von Tätigkeiten, die mit Schmutz, Abfall und Müll zu tun haben, in so ziemlich jeder menschlichen Gesellschaft das Objekt von Verachtung und Vermeidung waren und sind. (Fouriers Kinder haben die Sitten und Bräuche ihrer Altvorderen nur noch nicht erlernt.) Die konkrete Liste dieser Tätigkeiten wird zwar je nach Zeit und Ort etwas variieren, aber die Kategorie dessen, was als dreckig gilt, ist mehr oder weniger allgemein gültig. So schließt sie in Indien zwar das Schlachten von Kühen und das Färben von Kuhhäuten ein – Tätigkeiten, die in westlichen Kulturen einen anderen Stellenwert haben –, ansonsten zeigen uns die charakteristischen Betätigungen der indischen Unberührbaren aber sehr eindringlich, was wir als den dritten Urtyp von harter Arbeit ansehen können. Sie sind die Straßenkehrer, sie schaffen weg, was an Abfall und Kehrricht herumliegt. Kein Zweifel, die Unberührbaren werden und sind auf eine besondere Weise erniedrigt; aber es ist schwer vorstellbar, daß die Arbeit, die sie tun, jemals attraktiv oder allgemein geachtet sein wird. Bernard Shaws Feststellung: »wenn alle Müllmänner Herzöge wären, hätte niemand etwas gegen den Müll,«[11] sie trifft gewiß ins Schwarze; und dennoch ist es nicht ganz einfach, sich auszumalen, wie eine solch glückliche Situation herzustellen sei. Denn wenn alle Müllmänner Herzöge wären, dann würden sie eine anders zu benennende Gruppe ausfindig machen, der sie ihre bisherige Dreckarbeit zuschöben. Das ist der Grund, weshalb der Frage, wer in einer Gesellschaft von Gleichen die Dreckarbeit verrichten werde, ein spezielles Gewicht zukommt, und weshalb die nötige Antwort lautet, daß sie – zumindest in einem partiellen und symbolischen Sinne – von uns allen getan werden muß. Von dem Moment an, da sie sich auf alle verteilt, wird es, wenn auch nicht mit den Müllmännern, so doch mit den Herzögen ein Ende haben. Das war der Punkt, um den es Ghandi ging, als er von seinen Gefolgsleuten – wie auch von sich selbst – verlangte, die Latrinen des eigenen Aschram zu säubern.[12] Hier eröffnete sich ein symbolischer Weg, die Hindugesellschaft von der Unberührbarkeit zu reinigen, der zugleich einen höchst praktischen Sinn hatte: jeder sollte den von ihm produzierten Dreck selbst beseitigen. Sonst, so die Überlegung, würden diejenigen Männer und Frauen, die nicht nur ihren eigenen Unrat, sondern auch den der anderen wegschafften, niemals gleichrangige Mitglieder der politischen Gemeinschaft sein.

Was mithin erforderlich ist, ist eine Art von häuslichem Frondienst, nicht nur in den Privathaushalten – wiewohl er hier besonders wichtig ist –, sondern auch in Dorfgemeinschaften, Fabrikbetrieben, Ämtern und Schulen. An all diesen Orten könnten wir kaum etwas Besseres tun, als Walt Whitmans (in einem dichterisch schwachen, aber argumentativ starken Gedicht niedergelegten) Aufruf zu beherzigen:

»Jeder Mann sollte – wie jede Frau auch –
intensiv bestrebt sein,

. . .

kleine – möglichst trickreiche – Hilfsmittel zu erfinden,
die das Waschen, Kochen und Putzen erleichtern,
auch darf es für beide keine Schmach sein, bei der Arbeit selbst Hand anzulegen.«[13]

Es gäbe vermutlich sehr viel weniger Unrat wegzuräumen, wenn jeder Verursacher im voraus wüßte, daß er die Schmutzbeseitigung niemand anderem überlassen kann. Dennoch gibt es Menschen – beispielsweise Krankenhauspatienten –, die nichts anderes tun können, als den von ihnen produzierten Unrat anderen Personen zu hinterlassen. Dies sind Fälle, in denen eine Unratbeseitigung am besten in großem Maßstab organisiert wird. Arbeiten von dieser Art könnten als Teil eines nationalen Dienstleistungsprogramms verrichtet werden. Tatsächlich scheinen Krieg und Abfallbeseitigung die idealen Betätigungsfelder für nationale Dienste zu sein: der erstere der mit ihm verbundenen Risiken wegen, die letztere wegen der ihr anhaftenden sozialen

Schmach. Vielleicht sollte die Arbeit von jungen Leuten verrichtet werden; nicht, weil sie eine besondere Freude an ihr hätten, sondern weil sie nicht ohne erzieherischen Wert ist. Vielleicht sollte jeder Bürger selbst entscheiden können, wann im Lauf seines Lebens er seinen Anteil ableisten möchte. Aber es ist sicher sinnvoll, die Reinigung innerstädtischer Straßen oder öffentlicher Parkanlagen (als Teilzeitarbeit) den Bürgern zu übertragen.

Die Sozialpolitiker wären allerdings schlecht beraten, wenn sie das Ziel verfolgten, alle Dreckarbeit, die in einer Gesellschaft verrichtet werden muß, in concreto auf alle Bürger gleichmäßig zu verteilen. Nicht nur wäre der Aufwand an staatlicher Kontrolle, die zu diesem Behuf über das Leben des je Einzelnen ausgeübt werden müßte, viel zu groß; eine solche Praxis würde auch mit anderen Tätigkeiten, die zum Teil ebenfalls notwendig, zum Teil aber auch »nur« nützlich sind, kollidieren. Zweck meines Plädoyers für eine eher partielle und symbolische Aufteilung ist die Auflösung des Junktims von Dreckarbeit und Geringschätzung. Und sie ist in einem wesentlichen Punkt als Resultat eines langen kulturellen Transformationsprozesses, der mit den ersten Angriffen der Moderne auf die Feudalhierarchie beginnt, bereits erfolgt; denn vor Gott, so lehren uns die puritanischen Prediger, sind alle menschlichen Berufe, alle nützlichen Tätigkeiten gleich.[14] Die Rangskala, in die wir heute die verschiedenen Tätigkeiten einordnen, gibt an, wie sehr oder wie wenig erstrebenswert eine Arbeit ist, nicht aber, welches Ansehen sie genießt. Die meisten von uns würden den Gedanken, daß eine sozial nützliche Tätigkeit erniedrigend sei oder sein müsse, gewiß weit von sich weisen. Und dennoch herrschen wir hart arbeitenden Mitbürgern noch immer Verhaltensmuster auf, praktizieren wir ihnen gegenüber Distanzierungsmaßnahmen, die sie in eine Art von Ghetto verweisen, indem wir sie zu Gesten der Unterwürfigkeit nötigen, ihnen gebieterische Anweisungen erteilen und uns weigern, von ihnen als Personen Kenntnis zu nehmen. Wenn ein Müllkutscher sich durch die Arbeit, die er tue, stigmatisiert fühle, so schreibt ein zeitgenössischer Soziologe, dann spiegele sich das Stigma in seinen Augen wider. Er geht »eine Kollusion mit uns ein in dem Bestreben, uns mit seinem niedrigen Selbst nicht zu beschmutzen.« Er schaut weg, und wir tun es auch. »Unsere Augen begegnen sich nicht. Er wird zur Unperson.«[15] Eine — vielleicht sogar die beste — Möglichkeit, dieses geheime Einverständnis aufzubrechen, besteht darin sicherzustellen, daß jeder Bürger praktische Kenntnis von der alltäglichen Arbeit seiner am härtesten arbeitenden Mitbürger hat. Ist diese Kenntnis gewährleistet, dann ist es möglich, andere Mechanismen, auch solche des Marktes, für die Organisation der harten Arbeit in der Gesellschaft ins Auge zu fassen.

Solange es eine Reservearmee gibt, eine Klasse von erniedrigten Männern und Frauen, die durch ihre Tätigkeit und durch ihr geringeres Selbstwertgefühl in die Enge getrieben werden, können die Marktmechanismen nicht greifen. Unter solchen Bedingungen ist die härteste zugleich auch die schlechtest bezahlte Arbeit, und dies trotz der Tatsache, daß niemand sie tun mag. Angenommen, die Gemeinschaftsversorgung wie auch das Selbstwertgefühl hätten einen gewissen Umfang erreicht, dann wäre es so, daß diese Arbeit nur dann verrichtet würde, wenn sie wirklich gut bezahlt wäre (bzw. wenn außerordentlich günstige Arbeitsbedingungen herrschten). Die Bürger würden in diesem Fall herausfinden, daß die Tarife, die sie ihren Mitbürgern für deren Arbeit als Straßenkehrer anbieten und zahlen müssen, hoch sind — höher als im Falle von angeseheneren oder angenehmeren Tätigkeiten. Dies ist eine direkte Konsequenz des Umstandes, daß sie *Mitbürger* anheuern. Bisweilen wird gesagt, daß unter Bedingungen echter Kollegialität niemand einwilligen werde, als Straßenkehrer zu fungieren. In diesem Fall müsse die Arbeit auf alle verteilt werden. Aber die Behauptung ist vermutlich falsch. »Wir haben uns so daran gewöhnt,« schrieb Shaw, »Dreckarbeit von schmutzigen und ärmlich bezahlten Leuten ausgeübt zu sehen, daß wir zu der Ansicht gekommen sind, es sei entwürdigend, solche Arbeit zu tun und daß sie — gäbe es keine schmutzige und entwürdigte Gesellschaftsklasse — überhaupt nicht getan würde.«[16] Offeriere man indes genug Geld oder Freizeit, dann, so insistiert Shaw zu Recht, würden genug Menschen sich freiwillig melden, um ihre Dienste anzubieten.

Seine persönliche Präferenz galt Gratifikationen, die in Gestalt von Freizeit oder »Freiheit« vergeben werden, die, so seine Argumentation, stets den stärksten Anreiz und die beste Kompensation für Tätigkeiten bildeten, welche von sich aus wenig Befriedigung abwürfen:

»In einer Gemäldegalerie können Sie eine gutgekleidete Dame an einem Tisch sitzen sehen, die nichts weiter zu tun hat, als jedem, der danach fragt, den Preis einzelner Bilder zu nennen und nötigenfalls eine Bestellung entgegenzunehmen. Sie hat viele nette Plaudereien mit Journalisten und Künstlern; und wenn sie sich langweilt, kann sie eine Novelle lesen ... Aber die Galerie muß jeden Tag gescheuert und aufgewischt, und ihre Fenster müssen geputzt werden. Es liegt auf der Hand, daß die Arbeit der Dame weitaus leichter ist als die der Scheuerfrau. Um hier auszugleichen, müssen Sie sie entweder nach Tagen und Wochen den Platz am Tisch mit dem Scheuerbesen vertauschen lassen, oder, da eine vorzügliche Scheuer- und Reinemachefrau eine sehr schlechte Verkäuferin und eine entzückende Verkäuferin eine sehr schlechte

Scheuerfrau abgeben vermag, so müssen Sie die Scheuerfrau früher als die Dame am Tisch heimgehen und über den Rest ihres Tages verfügen lassen.«[17]

Der Kontrast zwischen der »vorzüglichen« Putzfrau und der »entzückenden« Empfangsdame verknüpft die Vorurteile über Klasse und Geschlecht in einer sehr anschaulichen Weise miteinander. Lassen wir indes diese Vorurteile beiseite, dann ist der periodische Wechsel in der Tätigkeit schon etwas leichter vorstellbar. Die Dame wird, so wie die Dinge liegen, sich dazu durchringen müssen, sich als Reinemachefrau zumindest im eigenen Haus an den Tätigkeiten des Scheuerns, Staubfegens und Saubermachens zu beteiligen (es sei denn, sie hat, wie Shaw vermutlich von ihr annahm, auch dort eine Putzfrau). Frage: Was tut die Putzfrau mit und in ihrer freien Zeit? Vielleicht malt sie Bilder oder liest Bücher über Kunst, was allerdings dazu führen könnte, daß, wiewohl der Tätigkeitswechsel leicht zu bewerkstelligen ist, sich die Putzfrau nun ihrerseits weigert, in ihre alte Rolle zu schlüpfen. Eine der Verlockungen in Shaws Vorschlag liegt ganz gewiß darin, daß er harte Arbeit zu einer Chance für die Menschen macht, die in erster Linie auf ihre Zeit, d. h. auf die Zeit, die ihnen selbst gehört, bedacht sind. Sie werden putzen oder scheuern oder Müll einsammeln um ihrer Freizeit willen und, sofern möglich, jede verbindlichere, kompetitivere oder mehr Zeit in Anspruch nehmende Beschäftigung meiden. Unter den richtigen Voraussetzungen stellt der Markt so eine Art von Zuflucht just vor den Zwängen des Marktes dar, gewährt er sozusagen vor ihnen Asyl. Der Preis für dieses Asyl sind so und so viele Stunden harter Arbeit pro Tag — ein Preis, den zu zahlen sich für einige Menschen zumindest lohnt.

Die Hauptalternative zu Shaws Konzept ist die Umgestaltung der Arbeit in dem Sinne, daß sich zwar nicht ihre physischen Voraussetzungen (die zu verändern ich für nicht möglich halte), wohl aber ihr moralischer Charakter wandeln. Die Geschichte der Müllabfuhr in der Stadt San Francisco liefert einen guten Anschauungsunterricht für diese Art der Transformation. Wenn ich kurz bei ihr verweile, so aus zwei Gründen: einmal um ihrer selbst willen, zum andern aber auch, weil sie sich in produktiver Weise mit meinen früheren Ausführungen über das Amtswesen und den noch ausstehenden über Ehre und Macht verbindet.

Die Müllmänner von San Francisco

Während der vergangenen sechzig Jahre wurde ungefähr die Hälfte des Mülls der Stadt San Francisco von der *Sunset-Scavenger Company* eingesammelt und entsorgt, einer Kooperative, die den bei ihr tätigen Arbeitern, den Männern, die die Müllwagen fahren und die Abfalltonnen schleppen, selbst gehört. Im Jahr 1978 veröffentlichte der Soziologe Stewart Perry eine Untersuchung über die Sunset Company, die nicht nur ein Meisterstück städtischer Ethnographie, sondern auch eine erhellende Betrachtung über »Dreckarbeit und Besitzerstolz« ist — sie bildet die einzige Quelle, auf die ich mich im folgenden stütze. Die Kooperative wird demokratisch geführt. Ihre Vorstandsmitglieder kommen aus den eigenen Reihen, gelangen per Wahl auf ihre Posten und sind nicht besser bezahlt als die übrigen Arbeiter. In den Jahren nach 1930 durch den Fiskus zur Übernahme städtischer Statuten gezwungen, in denen sie als »Aktionäre« figurierten, erklärten die Mitglieder, daß sie nichtsdestotrotz auch fürderhin am Organisationsprogramm ihrer Begründer festhalten und das bleiben würden, was sie waren: »eine Kooperative, ... in der jedes Mitglied ein Arbeiter war, der sich als solcher in concreto an der gemeinsamen Arbeit beteiligte, und in der jeder Einzelne den auf ihn entfallenden Arbeitsanteil verrichtete und alle wechselseitig voneinander erwarten, daß sie bei ihrer Arbeit alles taten, um die gemeinsamen Einkünfte zu steigern.«[18] Und in der Tat, die Einkünfte der Kooperative wuchsen (und zwar stärker als die von Handarbeitern im allgemeinen); die Genossenschaft weitete sich aus, und ihre gewählten Leiter entwickelten ein beachtliches unternehmerisches Geschick. Perry glaubt, daß die Kooperative den Bürgern von San Francisco einen überdurchschnittlichen Service und — was in diesem Zusammenhang noch wichtiger ist — ihren eigenen Mitgliedern überdurchschnittliche Arbeitsbedingungen bietet. Das bedeutet nicht, daß die Arbeit hier körperlich leichter wäre; vielmehr ist es so, daß die Kooperative sie angenehmer — ja zu einer Quelle des Stolzes hat werden lassen.*

---

* Perrys Buch ist eine direkte Widerlegung des Oscar Wildeschen Pessimismus. »Einen kotigen Straßenübergang bei scharfem Ostwind acht Stunden am Tag zu fegen,« schrieb Wilde, »ist eine widerwärtige Beschäftigung. Ihn mit geistiger, moralischer oder körperlicher Würde zu fegen scheint mir unmöglich. Ihn freudig zu fegen, wäre schauderhaft.«[19] Perrys Studie zeigt, daß Wilde die Möglichkeiten, Würde zu zeigen, wenn nicht gar Freude zu empfinden, schlicht unterschätzt. Es macht einen Unterschied, wie ein Arbeiter zu seiner Arbeit, zu seinen Kollegen und zu seinen Mitbürgern steht. Aber auch ein anderer, von Wilde in die Debatte geworfener Punkt sei hier nicht vergessen, der Unterschied nämlich, den es macht,

In einem bestimmten Sinne ist die Arbeit übrigens tatsächlich leichter: die Unfallrate unter den Sunset-Arbeitern ist signifikant niedriger als im industriellen Durchschnitt. Dabei ist die Müllbeseitigung eine gefährliche Betätigung. Es gibt in den Vereinigten Staaten derzeit keinen Beruf, der ein höheres Verletzungsrisiko aufwiese (wenngleich die Grubenarbeiter im Kohlebergbau schwereren Versehrungen ausgesetzt sind). Diese Statistik zu erklären, ist gar nicht so leicht. Das Einsammeln von Müll ist gewiß eine anstrengende Arbeit, aber auch wiederum nicht anstrengender als viele andere Tätigkeiten, deren Sicherheitsstatistiken sich besser ausnehmen. Perry vermutet einen Zusammenhang zwischen Sicherheit und Selbstwertgefühl. »Es könnte sein, daß ein Zusammenhang besteht zwischen den unsichtbaren Verletzungen, die das Statussystem den Betroffenen zufügt, und den sichtbaren Verletzungen, die von den staatlichen Gesundheits- und Sicherheitsexperten dokumentiert werden können.«[20] Der primäre »Unfall« bei der Müllbeseitigung ist die Internalisierung von Geringschätzung, die anderen Unfälle sind Folgeunfälle. Menschen, die sich selbst nicht besonders hoch einschätzen, passen auch nicht besonders gut auf sich auf. Wenn diese Interpretation richtig ist, dann könnten die besseren statistischen Werte der Sunset-Kooperation mit der gemeinsamen Entscheidungsfindung und dem Gefühl der Besitzerschaft zusammenhängen.

Die Vergabe der Mitgliedschaft in der Sunset-Scavenger Company erfolgt per Abstimmung durch die gegenwärtigen Mitglieder auf der einen und durch den Kauf von Anteilen auf der anderen Seite (sich das dafür notwendige Geld zu leihen, war im allgemeinen nicht schwer, und die Anteile sind stetig im Wert gestiegen). Die Begründer der Genossenschaft waren Italo-Amerikaner, und die heutigen Mitglieder sind dies zu einem großen Teil immer noch; über die Hälfte von ihnen sind miteinander verwandt; eine erkleckliche Anzahl von Söhnen sind ihren Vätern in das Unternehmen gefolgt. Ihren Erfolg dürfte die Kooperative nicht zuletzt der Ungezwungenheit der Mitglieder im Umgang miteinander zu verdanken haben. Jedenfalls haben sie, ganz gleich, was man über die Arbeit selbst sagen mag, aus der Mitgliedschaft eine gute Sache gemacht. Daß sie das Gut, das sie geschaffen haben, im Sinne der »echten Chancengleichheit« verteilten, kann man allerdings nicht sagen. Anders in New York, wo die Müllbeseitigung dank einer

---

was einer arbeitet; denn, so Wilde: es gibt keine Möglichkeit, aus der Tätigkeit des Fegens oder des Beseitigens von Abfall eine attraktive oder intellektuell anregende Beschäftigung zu machen.

mächtigen Gewerkschaft ebenfalls eine stark nachgefragte und begehrte Arbeit ist, und wo die entsprechenden Posten in öffentliche Ämter umgewandelt wurden. Hier müssen sich die Bewerber für die Arbeit qualifizieren, indem sie eine staatliche Prüfung machen.[21] Es wäre interessant, etwas über das Selbstwertgefühl der Männer zu erfahren, die die Prüfung abgelegt haben und als öffentliche Bedienstete angestellt werden. Vermutlich verdienen sie mehr als die Mitglieder der Sunset-Kooperative, genießen aber nicht die gleiche Sicherheit; ihr Arbeitsplatz gehört ihnen nicht. Sie teilen sich weder in die Risiken noch in die Möglichkeiten ihrer Tätigkeit, denn die Leitung des Unternehmens, das ihnen nicht gehört, liegt nicht bei ihnen. Die New Yorker Müllwerker bezeichnen sich als »Sanitärbedienstete«; die Männer in San Francisco nennen sich »Müllmänner« — Frage: wer hat den größeren Stolz? Wenn die Vorteile, wie ich glaube, auf seiten der Mitglieder von Sunset liegen, dann hängt dies eng mit dem Charakter von Sunset selbst zusammen: einer Truppe von Kameraden, die sich ihre Gefährten selbst aussuchen. Es gibt bei ihnen keinen anderen Weg, sich für die Arbeit zu qualifizieren, als den, bei den gegenwärtigen Mitgliedern der Genossenschaft um Aufnahme nachzusuchen und bei ihnen Anklang zu finden. Ganz ohne Zweifel halten die Mitglieder nach Männern Ausschau, die die notwendige Arbeit leisten können und sie gut leisten werden; aber was sie ganz gewiß auch suchen, sind gute Kameraden.

Bei alledem möchte ich den Wert der gewerkschaftlichen Organisierung keineswegs unterschätzen, denn sie kann eine andere Form der Selbstverwaltung und Selbstbestimmung sein und eine andere Möglichkeit, den Markt zum Funktionieren zu bringen. Es kann kein Zweifel daran bestehen, daß die Gewerkschaften erfolgreich um höhere Löhne und bessere Arbeitsbedingungen für ihre Mitglieder gekämpft haben. In einigen Fällen ist es ihnen sogar gelungen, das Junktim von Einkommensunterschieden und Statushierarchie aufzubrechen (gerade die New Yorker Müllwerker sind ein richtungweisendes Beispiel dafür). Vielleicht sollte die allgemeine Regel deshalb lauten, daß Arbeit dort, wo sie nicht gewerkschaftlich organisiert oder kooperativ betrieben werden kann, von den Bürgern gemeinsam übernommen werden muß, und zwar nicht nur symbolisch und partiell, sondern generell. Wenn gewerkschaftlich organisierte oder kooperative Arbeit für jeden zu haben ist (wenn es keine Reservearmee gibt), dann kann es nämlich tatsächlich dazu kommen, daß andere Arbeiten nur dann getan werden, wenn die Menschen sie in Eigeninitiative jeweils selbst anpacken. Dies betrifft ganz sicherlich das häusliche Kochen und Putzen, einen Bereich, in dem immer mehr Posten von neuen Zuwanderen anstelle von alteingesessenen Bürgern ausgefüllt werden. »Unter den Jungen sind es nur sehr wenige schwarze Frauen, die (heute noch) als Hausangestellte arbeiten,« so eine alte schwarzhäutige Frau, die selber ihr Leben lang Dienstmagd war und die, wie sie Studs Terkel wissen läßt, froh ist über die eingetretene Veränderung. »Das ist der Grund, weshalb ich wollte, daß meine Kinder auf die Schule gehen. Eine meiner Herrinnen sagte zu mir, ›eines Tages werdet ihr alle so sein‹, und ich sagte, ›ich bin froh darüber‹. Wir werden nicht mehr wie bisher auf den Knien herumrutschen.«[22] Die angesprochene Arbeit gehört zu jenen Tätigkeiten, die in hohem Maße durch ihren erniedrigenden Charakter bestimmt sind. Verändert man diesen Charakter, dann kann es leicht geschehen, daß sie zu Tätigkeiten werden, die unausführbar im Sinne von unannehmbar sind, und zwar nicht nur aus der Perspektive des Arbeitnehmers, sondern auch aus der des Arbeitgebers. »Wenn Dienstboten wie menschliche Wesen behandelt werden«, so schrieb Shaw, »dann lohnt es sich nicht, welche zu halten.«[23]

Dies gilt weder für die Müllwerker noch für die Arbeiter in den Kohlegruben, wenngleich die Forderung nach menschlicher Behandlung ganz gewiß jede Art von dreckiger und gefährlicher Arbeit in ihrem Preis verteuert. Und es ist eine interessante Frage, ob es für Soldaten gilt. Man kann, wie bereits gesagt, Soldaten über den Arbeitsmarkt rekrutieren; in Abwesenheit einer Reservearmee müßten dabei die Anreize, Soldat zu werden, denen anderer Formen von harter Arbeit gleichkommen oder größer sein als diese. Angesichts der für eine militärische Effizienz erforderlichen Disziplin ist eine gewerkschaftliche Organisierung allerdings schwierig und Selbstverwaltung unmöglich. Und dies dürfte denn auch das beste Argument für einen Pflichtwehrdienst selbst in Friedenszeiten sein. Die Einberufung ist eine Möglichkeit, viele in die erstrebte Disziplin einzubinden und, was vielleicht noch wichtiger ist, deren Härte einer politischen Kontrolle zu unterwerfen. Ganz sicher gibt es Männer und Frauen, die an militärischer Härte Gefallen finden, ich bezweifle jedoch, daß es genug sind, um ein ganzes Land zu verteidigen. Und während die Armee denen, die auf Offizierswürden hoffen, als eine attraktive Karriereleiter erscheint, ist sie für diejenigen, denen nur die unteren Grade winken, keineswegs verlockend – bzw. sollte es in einer Gemeinschaft von Bürgern auch gar nicht sein. Der soldatische Dienst hat zwar ein höheres Ansehen als die Müllbeseitigung; aber verglichen mit einem gewöhnlichen Soldaten in der Armee muten mich die Müllmänner von San Francisco und die Sanitärbediensteten von New York wie freie Menschen an.

Das Reizvollste an der Geschäftspraxis der Sunset Company (wie auch des israelischen Kibbuz) ist die Verknüpfung von harter Arbeit mit anderen Aktivitäten — in diesem Falle mit den Versammlungen der »Aktionäre«, den Debatten über die Betriebspolitik und der Wahl von Leitern und neuen Mitgliedern. Hinzu kommt, daß sich das Unternehmen ausgeweitet hat, indem es heute auch Landaufschüttungs- und Bergungsarbeiten ausführt. Daß diese Expansion einigen Mitarbeitern neue und vielfältigere Tätigkeiten (leitende Positionen eingeschlossen) beschert hat, ändert indes nichts an der Tatsache, daß alle, egal was sie heute tun, jahrelang Müllwagen gefahren und Abfalltonnen geschleppt haben. In der Wirtschaft insgesamt hat die Arbeitsteilung zum allergrößten Teil einen völlig anderen Verlauf genommen, denn in den meisten Fällen sind die härtesten Arbeiten kontinuierlich aus dem Gesamtgeschehen ausgesondert und nicht etwa in dieses integriert worden. Dies gilt insbesondere im Bereich der menschlichen Dienstleistungen, in der Pflege, die wir Kranken und Alten angedeihen lassen. Ein Großteil dieser Arbeit wird zwar noch wie vor zuhause, d. h. im eigenen Heim, geleistet, wo sie verknüpft ist mit einer Vielzahl anderer Aufgaben und wo ihre Schwierigkeiten durch die Beziehungen, die sie herstellt und in Gang hält, gemindert und gemildert werden. Dennoch handelt es sich zunehmend um eine institutionelle Arbeit, d.h. um Arbeit, die von und in Institutionen verrichtet wird. Und innerhalb der großen Pflegeeinrichtungen — Krankenhäuser, Anstalten für geistig Behinderte und Altenheime — werden die härtesten Arbeiten, die Schmutzarbeit, die intimsten Hilfs- und Beaufsichtungsdienste den rangniedrigsten Beschäftigten zugewiesen. Ärzte und Krankenschwestern bürden sie, im Bestreben ihren Status in der sozialen Hierarchie zu behaupten, dem Hilfspersonal, den Krankenpflegern und -wärtern auf, die Tag für Tag für Fremde tun, was wir allenfalls in Notfällen für diejenigen, die wir lieben, zu tun uns vorstellen können.

Vielleicht ernten die Hilfskräfte, die Krankenpfleger und -wärter die Dankbarkeit ihrer Patienten oder der Familien ihrer Patienten. Dies ist ein Lohn, den ich nicht unterschätzen möchte; aber Dankbarkeit ist eine Gratifikation, die zumeist und in sichtbarer, d. h. materieller Form Ärzten und Krankenschwestern zuteil wird, sie gilt sehr viel eher den Heilenden als den Pflegenden. Der Groll gegen Pfleger und Wärter ist nur zu bekannt. W. H. Auden dachte ganz eindeutig an die Patienten und nicht an das Krankenhauspersonal, als er schrieb:

> ». . . es sind allein die Krankenhäuser, die uns an die Gleichheit der Menschen gemahnen.«[24]

Krankenpfleger und -wärter müssen viele Stunden lang mit Situationen umgehen, die ihre institutionellen Vorgesetzten nur sporadisch für kurze Augenblicke miterleben und die die allgemeine Öffentlichkeit überhaupt niemals sieht und auch gar nicht sehen will. Häufig betreuen sie Männer und Frauen, die vom Rest der Welt aufgegeben sind (und wenn die Welt etwas aufgibt, dann wendet sie sich ab). Unterbezahlt, überarbeitet und auf der untersten Stufe der Statuspyramide angesiedelt, sind sie dennoch die letzten Trostspender der Menschheit – wiewohl ich fürchte, daß sie, falls sie keine innere Berufung für ihre Arbeit verspüren, nur so wenig Labsal spenden, wie sie ihrerseits empfangen. Und bisweilen machen sie sich auch jener kleinen Grausamkeiten schuldig, die ihnen ihre Arbeit ein wenig erleichtern und die ihre Vorgesetzten, darin sind sie sich einig, wären sie an ihrer Stelle, mindestens genau so bereitwillig begehen würden.

»Es ist eine ganze Kette von Problemen, die sich an dieser Stelle auftun«, schrieb Everett Hughes, »und die nicht dadurch gelöst werden können, daß man auf einen wundersamen Wandel in der sozialen Auswahl derer hofft, die diesen Beruf ergreifen.«[25] Tatsächlich ist es so, daß ein allgemeiner Pflegedienst, bei dem junge Männer und Frauen aus unterschiedlichen sozialen Schichten pflichtmäßig jeweils für eine bestimmte Zeit als Pfleger und Wärter arbeiteten, das Leben in den Hospitälern, Pflegeanstalten und Altenheimen ganz gewiß zum Besseren verändern würde. Vielleicht läßt sich so etwas auf lokaler Ebene besser organisieren als auf nationaler, weil es hier möglich ist, Pflege und Nachbarschaftlichkeit institutionell miteinander zu verknüpfen; vielleicht ließe sich – mit ein wenig Erfindungsgabe und Phantasie – sogar die rigide Anonymität und Unpersönlichkeit von institutionellen Einrichtungen etwas aufweichen. Aber solche Bemühungen können bestenfalls Zusatz- und Ergänzungsmaßnahmen sein. Der Löwenanteil der Arbeit wird von Personen verrichtet werden müssen, die diese Tätigkeit als Beruf gewählt haben, eine Wahl, zu der zu motivieren in einer Gesellschaft von gleichen Bürgern nicht gerade leicht ist. Bereits heute müssen wir für einen großen Teil der harten und dreckigen Arbeit in unseren Pflegeinstitutionen Ausländer anwerben. Wenn wir diese Art von Rekrutierung (mitsamt den Bedrückungen, die zumeist mit ihr einhergehen) vermeiden wollen, dann gilt das Gleiche wie vorhin: die Arbeit selbst muß umgestaltet, das Verständnis von ihr revidiert werden. »Ich meine,« schreibt Hughes, »daß ... dreckige Arbeit leichter ertragen werden kann, wenn sie Teil einer angenehmen Rolle ist, einer Rolle, die dem, der sie ausfüllt, mannigfaltige Gratifikationen einträgt. Eine Krankenschwester dürfte eher geneigt sein, eine Reihe von Dingen bereitwillig zu tun, als jemand, der sich gar nicht erst Schwester nennen darf, sondern als angelernt oder ungelernt tituliert wird.«[26] Genau das ist der springende Punkt. Eine nationale Pflegepflicht könnte tatsächlich insofern etwas bringen, als, zumindest zeitweilig, die Rolle des Nachbarn oder Bürgers die in dieser Hinsicht gesellschaftlich notwendige Arbeit einschlösse. Auf Dauer läßt sich diese Arbeit jedoch nur dann voll ins soziale Geschehen integrieren und damit auch leisten, wenn Bedeutung und Ansehen der institutionellen oder professionellen Position derer, die sie verrichten, steigen.

Zu dieser Steigerung wird es ohne tiefgreifende Veränderungen in den Institutionen und Professionen vermutlich nicht kommen; d. h., sie hängt ab vom Resultat eines langen und mühevollen politischen Kampfes, vom Gleichgewicht der sozialen Kräfte, von der Organisation von Interessen usw. Wir könnten das Ganze aber auch von einer mehr philosophischen Warte aus angehen. Erforderlich ist dazu zunächst das, was die Chinesen die »Richtigstellung von Namen und Bezeichnungen« nennen. Einerseits sind Namen und Bezeichnungen zwar ganz ohne Zweifel historische und kulturelle Gegebenheiten, andererseits unterliegen sie aber auch dem Spiel sozialer und politischer Kräfte. Das Geschehen, in dem Amtsträger und Fachspezialisten an Titel und Prestige einer bestimmten Position festhalten, auf sie pochen, während sie die mit ihr verbundenen weniger angenehmen Pflichten von sich schieben, ist ein Exempel für ein solches Kräftespiel — vielleicht sogar der exemplarische Fall schlechthin. Aber auch wenn man kein radikaler Nominalist ist, stellt die Frage der Benamsung ein akutes Problem dar. Denn: »Wer soll als Krankenschwester (bzw. Krankenpfleger) bezeichnet werden, wenn die Aufgaben der Schwestern (und Pfleger) umgestaltet und neu verteilt werden? Die ausgebildete Lehr- und Fachschwester, die- oder derjenige, die auf der Bettkante sitzen und Trost spenden? Oder sollen es diejenigen sein, die die niedrigeren Pflegedienste leisten?«[27] Sicherlich sollten wir die Bezeichnung und alles, was zu ihr gehört, den Personen zuordnen, die wirklich mit der »Pflege« befaßt sind — die (wie das Wörterbuch sagt) die Kranken»pflegen«, indem sie sie »warten«. Ich möchte hier ganz gewiß keine Behauptungen über das Wesen der Krankenpflege aufstellen; ebensowenig bin ich an einer rein linguistischen Argumentation interessiert. Mein Bezugspunkt sind vielmehr auch hier wieder die allgemeinen Vorstellungen in Gestalt des gemeinschaftlichen Verständnisses von den Dingen, und sie sind immer umstritten. Dennoch scheint es mir richtig zu sagen, daß es eine Reihe von angesehenen Tätigkeiten gibt, die »niedrige Dienste« einbegreifen und die, zumindest zum Teil, gerade deshalb angesehen sind, weil sie solche Dienstleistungen einschließen. Die Härte der Arbeit ist verknüpft mit der Ehre, die sie einträgt und wir sollten auf keinen Fall eilfertig beider Trennung zustimmen, auch nicht im Namen der Effizienz oder des technischen Fortschritts. Es gibt keine einfache oder elegante und auch keine voll befriedigende Lösung für das Problem der harten Arbeit. Positive Güter haben möglicherweise einen ihnen zubestimmten Adressaten; für negative gilt dies nicht. »Um uns damit nicht weiter auseinandersetzen zu müssen,« schrieb Shaw, »können wir jedoch argumentieren, daß es fast unmöglich ist, sich eine Beschäftigung zu denken, für die man nicht irgend jemanden finden könnte, der ganz verrückt darauf wäre. Es heißt ja, Gott habe keinen einzigen Beruf geschaffen, aber doch für jeden Beruf einen Mann oder eine Frau. Und bis zu einem gewissen Punkt ist das ganz richtig.«[28] Aber diese Ausrede bringt uns nicht viel weiter. Die Wahrheit ist, daß harte Arbeit für die meisten Menschen, die sie verrichten, eine unattraktive Arbeit ist. Ihre Kinder- und Jugendträume sahen anders aus. Und je älter sie werden, um so schwerer fällt sie ihnen, ihre harte Arbeit. Ein fünfzigjähriger Müllwerker hat diesen Punkt Stud Terkel gegenüber bildhaft so formuliert: »Mit dem Alter werden die Straßen immer länger und die Mülltonnen immer größer.«[29]

Wir können die harte Arbeit durch eine Art von nationalem Pflichtdienst auf alle verteilen (und sie damit partiell umgestalten). Wir können sie mit Geld oder Freizeit vergelten. Wir können sie auch lohnender machen, ihr mehr Gratifikationen anheften, indem wir sie mit anders gearteten Tätigkeiten — sei's politischer, verwalterischer oder fachlicher Natur — verkoppeln. Wir können konskribieren, rotieren, kooperieren und kompensieren; wir können die Arbeit reorganisieren und ihre Bezeichnung rektifizieren. All das können wir tun, jedoch ohne daß es uns dabei gelänge, die harte Arbeit einerseits und die Klasse derer, die sie verrichten, andererseits abzuschaffen. Die Abschaffung der ersteren ist, wie ich bereits ausgeführt habe, unmöglich; die der letzteren würde die Härte durch den hinzukommenden Zwang verdoppeln. Die von mir vorgeschlagenen Maßregeln sind im besten Falle partielle und unvollkommene Hilfsmaßnahmen. Sie verfolgen ein Ziel, das einem negativen Gut angemessen ist: eine Verteilung von harter Arbeit, welche die Distributionssphären, mit denen sie sich überschneidet, nicht verunstaltet und verfälscht, indem sie Armut in die Sphäre des Geldes, Erniedrigung in die Sphäre der Würde, Schwäche und Resignation in die Sphäre von Macht hineinträgt. Eine negative Dominanz zu verhindern, das ist der Zweck von kollektiven Verhandlungen, kooperativen Leitungs- und Verwaltungsmethoden, Standeskonflikten und der Richtigstellung von Bezeichnungen — mithin der

Politik der harten Arbeit. Die Ergebnisse dieser Politik sind ungewiß; ganz sicher differieren sie je nach Zeit und Ort, denn sie hängen ab von den etablierten Hierarchien und den herrschenden Sozialvorstellungen. Aber sie hängen auch ab von der Solidarität, der Kompetenz und der Tatkraft derer, die die Arbeit verrichten.

7. Kapitel
Freizeit

Die Bedeutung von Muße als freier Zeit

Im Unterschied zu Geld, Amt, Bildung und politischer Macht ist Freizeit kein gefährliches Gut. Weder läßt sie sich mühelos in andere Güter umwandeln, noch ist sie ein Mittel, mit dem andere Güterverteilungen dominiert werden könnten. Aristokraten, Oligarchen und ihre kapitalistischen Epigonen verfügen ganz ohne Zweifel über ein großes Quantum an Freizeit, die sie jedoch, wie Thorstein Veblen am Ende des 19. Jahrhunderts bemerkt hat, im wesentlichen auf die Entfaltung und Zurschaustellung von Reichtum und Macht verwenden und nicht auf deren Erwerb. Und so werde ich mich denn nur kurz mit diesem Personenkreis und seinen Freuden befassen, machen die konventionellen Formen oberschichtlicher Muße doch nur einen kleinen Teil meines Themas aus.

Veblens Darstellung des »ehrenvollen Müßiggangs« zeigt, daß dieser Müßiggang tatsächlich in anstrengende und hektische Arbeit ausarten kann (wobei es sich jedoch niemals um harte Arbeit handelt). Denn es genügt nicht, einfach müßig zu gehen und zu faulenzen, man muß vielmehr handfeste Belege für eine »nicht produktive Verwendung der Zeit« vorweisen können.[1] Entscheidend wichtig dabei ist, daß man erstens nichts Nützliches tut und zweitens die Welt davon in Kenntnis setzt, ihr deutlich macht, daß man nichts Nützliches tut. Die Betriebsamkeit einer Vielzahl von Bediensteten und Helfern ist für dieses Unterfangen von großem Nutzen. Ein Problem ist jedoch, daß die zulässige Betätigung von Aristokraten und Oligarchen keine materiellen Resultate zeitigt. Und so nehmen die handfesten Belege die Form von geistreichen Gesprächen, exquisiten Manieren, von Reisen in fremde Länder, kostspieligen Vergnügungen und von »quasi-gelehrten und quasi-künstlerischen Werken« an. Es ist meines Erachtens ein Fehler anzunehmen, eine hohe Kultur habe solcherlei Müßiggang zur Voraussetzung, sei auf ihn angewiesen – auch wenn untätige Männer und Frauen des öfteren sich entweder selbst in Kunst und Literatur versuchen oder andere Künstler und Schriftsteller fördern und begönnern. »Aller geistiger Fortschritt erwächst aus der Muße,« schrieb Samuel Johnson;[2] aber es war nicht diese Art von Müßiggang, die er dabei im Sinn hatte (und auch sein eigenes Leben ist kein Beleg für seine Behauptung). Gleichwohl, oberschichtlichen Müßiggang wird es unter Bedingungen von komplexer Gleichheit nicht geben. Nicht nur wird die dafür erforderliche Konzentration von sozialen Gütern nicht zustande kommen, auch die bediensteten Hilfskräfte werden nur schwer zu finden sein und wenn, dann ist die von ihnen entfaltete Betriebsamkeit gewiß nicht die richtige; aufs Ganze gesehen wird Nutzlosigkeit einen wesentlich geringeren Wert haben. Dennoch ist es, zumindest bisweilen, eine gute Sache, untätig zu sein und zu bummeln; und so spielt die Freiheit, müßig zu gehen – in Gestalt von Urlaub, Feiertagen, Wochenenden, Feierabenden – eine zentrale Rolle in der Diskussion über distributive Gerechtigkeit.

Für die meisten Menschen ist Muße, als deren Wesenskern ihnen die Untätigkeit gilt, einfach nur das Gegenteil von Arbeit. Die etymologische Wurzel des griechischen Wortes *schole* wie auch des hebräischen *shabbat* ist das Verbum »aufhören«, »ein Ende setzen.«[3] Vermutlich ist es die Arbeit, der ein Ende gesetzt wird, mit dem Effekt, daß Ruhe, Frieden und Erholung einkehren (Vergnügungen, Spiele und Festlichkeiten eingeschlossen). Es gibt jedoch noch ein anderes Mußeverständnis, das wir hier wenigstens kurz ebenfalls erörtern sollten. Sein Kern: Freizeit ist nicht nur »vakante« = freie Zeit, sie ist auch Zeit zur eigenen Verfügung. Das entzückende Wort vom »dolce far niente«, vom »süßen Nichtstun«, bedeutet ja nicht in jedem Fall, daß man nichts tut, sondern vielmehr, daß man nichts tun muß, daß keine Pflicht wartet. Wir könnten also sagen, daß das Gegenteil von Muße nicht einfach Arbeit ist, sondern notwendige Arbeit, Arbeit, die unter dem Zwang der Natur oder des Marktes oder, noch bedeutsamer, unter dem des Vorarbeiters oder Chefs verrichtet wird. D.h., es gibt eine gemächliche Art des Arbeitens, eine Arbeit, die in Muße (i.e. in selbstgewähltem Tempo) vonstatten geht, und es gibt Formen der Arbeit, die mit einem Leben in Muße vereinbar sind. »Muße bedeutet nicht Untätigkeit«, schrieb T.H. Marshall in einem Aufsatz über Professionalismus, »sondern die Freiheit, die eigenen Betätigungen entsprechend den eigenen Vorlieben und den eigenen Maßstäben für gut und schlecht selbst zu wählen.«[4] Geistesarbeiter waren es, die diese Freiheit bereits in früher Zeit nachdrücklich für sich reklamierten. Sie, diese Freiheit, machte Edelleute aus ihnen, denn sie gestattete ihnen, die Arbeit, mit der sie sich ihr Leben verdienten, in Muße zu verrichten. Es ist nicht schwer, sich ein System vorzustellen, in dem diese Freiheit nicht den Status des Edelmanns, sondern den des Bürgers kennzeichnet. Nehmen wir z.B. den griechischen Kunsthandwerker, dessen wichtigstes Ziel im Leben darin bestand, »sich seine volle persönliche Freiheit ebenso zu bewahren wie seine Handlungsfreiheit, d.h. zu arbeiten, wenn ihm der Sinn danach stand und seine Pflichten als Bürger es ihm erlaubten, seine Arbeit mit all den anderen Betätigungen, die (seine Tage) ausfüllten, in Einklang zu bringen, sich an den Staatsgeschäften zu beteiligen, seinen Platz bei Gericht einzunehmen und bei den Spielen und Festlichkeiten, die stattfanden, mitzumachen.«[5] Das hier gezeichnete Bild ist ganz sicher ein idealisiertes Bild, aber es ist wichtig zu sehen, daß das Ideal das eines arbeitenden Menschen ist, dessen gesamte Zeit freie Zeit ist, der keinen »bezahlten Urlaub« braucht, um für einige Augenblicke in den Genuß von Muße zu gelangen.

Aristoteles vertrat die Ansicht, daß einzig der Philosoph als jemand bezeichnet werden könne, der ein Leben in Muße führe, denn Philosophie sei die einzige menschliche Tätigkeit, die ohne den Zwang eines weiteren Zweckes, d.h. zweckfrei, betrieben werden.[6] Jede andere Betätigung, die Politik eingeschlossen, erschien ihm als zweckgebunden und letztlich unfrei, ganz im Unterschied zur Philosophie, die er als Selbstzweck ansah. Der Handwerker galt ihm als ein Sklave nicht nur des Marktes, auf dem er seine Produkte feilbot, sondern auch der Produkte selbst. Ich vermute, daß die Bücher, die wir heute Aristoteles zuschreiben, im Gegensatz dazu überhaupt keine Produkte, sondern bloße Nebenprodukte philosophischer Betrachtungen waren. Sie wurden nicht mit der Intention geschrieben, Geld zu verdienen, einen Lehrstuhl zu erringen oder gar ewigen Ruhm zu erlangen. Im Idealfall wirft die Philosophie keinen Ertrag ab, erwachsen aus ihr keine Einkünfte; zumindest wird sie nicht im Hinblick auf solche betrieben. Was man hier sehen kann, ist der Ursprung (oder vielleicht bereits der Widerschein) der aristokratischen Geringschätzung von produktiver Arbeit. Es ist jedoch eine ebenso unnötige wie interessierte Einschränkung der Bedeutung von Muße, wenn man Nichtproduktivität zu ihrem zentralen Merkmal erklärt. Daß die Konzepte des Philosophen die Idee der Muße nicht beflecken, wohl aber der Tisch, die Vase oder die Plastik des Kunsthanderwerkers, ist ein Gedanke, der vermutlich einzig den Philosophen besonders gut gefällt. Unter moralischen Gesichtspunkten dürfte es wichtiger sein, daß menschliches Handeln von innen gesteuert wird, als daß es kein äußeres Ziel verfolgt bzw. kein materielles Ergebnis zeitigt. Wenn aber die Selbstbestimmung im Zentrum steht, dann ist es eine breite Vielfalt von zweckhaften Betätigungen, die in einem Leben der Muße Raum finden. Geistige Arbeit gehört ganz sicherlich zu diesen Betätigungen, nicht weil sie nutzlos wäre – in diesem Punkt kann man nie sicher sein –, sondern weil Intellektuelle gemeinhin in der Lage sind, die Arbeit, die sie tun, nach ihren eigenen Vorstellungen zu gestalten. Aber auch andere Tätigkeiten können durch diejenigen, die sie verrichten, selbst gestaltet (geplant und organisiert) werden, sei's individuell, sei's kollektiv; und dann spricht einiges dafür, von dieser Arbeit als von »freier Betätigung« und von der mit ihr zugebrachten Zeit als von »freier Zeit« zu sprechen.

So schrieb Marx in seiner Kritik an Adam Smiths Definition von Ruhe als dem adäquaten menschlichen Zustand, identisch mit Freiheit und Glück, der Mensch habe auch das Bedürfnis nach »Aufhebung der Ruhe«. »Allerdings«, so fährt er fort, »erscheint das Maß der Arbeit selbst äußerlich gegeben, durch den zu erreichenden Zweck und die Hindernisse, die zu seiner Erreichung durch die Arbeit zu überwinden (sind). Daß aber diese Überwindung von Hindernissen an sich Betätigung der Freiheit ..., ahnt A. Smith ebensowenig.« Marx meinte, daß diese Überwindung immer dann eine »Betätigung der Freiheit« sein könne, wenn »die äußren Zwecke den Schein bloß äußrer Naturnotwendigkeit abgestreift erhalten und als Zwecke, die das Individuum selbst erst setzt, gesetzt werden.«[7] Worum es hier, zumindest partiell, geht, ist ganz gewiß die Kontrolle über die Arbeit, die Machtverteilung in der Arbeitswelt und in der Wirtschaft als Ganzer – ein Punkt, auf den ich in einem späteren Kapitel zurückkommen werde. Aber Marx hatte mehr im Sinn, er wollte zugleich hinweisen auf die Möglichkeit eines tiefgreifenden Wandels im Umgang der Menschen mit der Natur, einer Befreiung aus dem Reich der Notwendigkeit und einer Aufhebung des alterprobten Gegensatzes zwischen Arbeit und Spiel. In diesem Falle bräuchte man nicht mehr, wie ich es getan habe, von Arbeit zu sprechen, die in einem gemächlichen Tempo oder als integrierter Bestandteil eines Lebens in Muße verrichtet würde, denn Arbeit würde dann einfach Muße und Muße Arbeit sein: freie, produktive Betätigung, das »artgerechte Leben« der Menschheit.

Für Marx besteht einer der größten Mängel der bürgerlichen Zivilisation darin, daß die meisten Menschen diese Art von Betätigung, falls überhaupt jemals, nur in von Arbeit freien, seltenen und vereinzelten Augenblicken als Liebhaberei kennenlernen und erfahren, nicht aber als ihr erstes Lebensbedürfnis, als die Arbeit, die ihr Leben ausfüllt. In einer kommunistischen Gesellschaft dagegen werde die Arbeit, die der einzelne tue, immer seine besondere Liebhaberei sein, sein Beruf immer auch sein Steckenpferd. Aber diese Vision, so schön sie ist, kann nicht das Thema einer Theorie der Gerechtigkeit sein. Würde sie jemals verwirklicht, erledigte sich das Problem der Gerechtigkeit von selbst. Unser Interesse gilt der Verteilung von freier Zeit in einer Epoche, in der jener tiefgreifende Wandel, jene Befreiung und jene Aufhebung, die Marx anvisierte, noch längst nicht stattgefunden haben — d.h., uns interessiert die konkrete Gegenwart, in der der Wechsel von Arbeit und Ruhe für das menschliche Wohlergehen nach wie vor von entscheidender Bedeutung ist, und in der so mancher überhaupt niemals ein artgerechtes Leben führen würde, wenn er, ohne daß es dabei Pausen gäbe, immer nur seiner üblichen Beschäftigung nachginge. Wie immer die Arbeit organisiert ist, wie gemächlich oder hektisch sie vonstatten geht — und das sind hochwichtige Fragen —, die Menschen brauchen noch immer Muße in dem engeren und konventionellen Sinne der Einstellung von Arbeit, der »Arbeitsruhe«.

Zwei Formen der Ruhe

In einer etwas düsteren Stunde schrieb Marx, die Arbeit werde immer ein Reich der Notwendigkeit bleiben. Die freie Entfaltung menschlicher Kräfte, »die menschliche Kraftentwicklung«, sie beginne erst jenseits dieses Reiches, wenn auch mit ihm als Basis, denn: »Die Verkürzung des Arbeitstags« — hinzuzufügen wäre: und der Arbeitswoche, des Arbeitsjahres und des Arbeitslebens — »ist die Grundbedingung.«[8] Alle einschlägigen Forderungen bildeten zentrale Streitpunkte in den Verteilungs- und damit den Klassenkämpfen des vergangenen Jahrhunderts. Marx' Kapitel über den Arbeitstag im ersten Band des *Kaptitals* ist eine fulminante Beschreibung dieser Kämpfe. Soweit es jedoch um Gerechtigkeit geht, ist sie von einem alles durchdringenden (und bezeichnenden) Dualismus geprägt. Auf der einen Seite hebt Marx hervor, daß es einen argumentativen Weg von der Gerechtigkeit zur angemessenen Länge oder Dauer des Arbeitstages nicht gebe:

»Der Kapitalist behauptet sein Recht als Käufer, wenn er den Arbeitstag so lang als möglich ... zu machen versucht..., und der Arbeiter behauptet sein Recht als Verkäufer, wenn er den Arbeitstag auf eine bestimmte Normalgröße beschränken will. Es findet hier also eine Antinomie statt, Recht wider Recht, beide gleichmäßig durch das Gesetz des Warenaustausches besiegelt. Zwischen gleichen Rechten entscheidet die Gewalt.«[9]

Auf der anderen Seite insistiert er aber auch darauf — und dies mit sehr viel mehr Verve —, daß Gewalt sehr wohl falsch entscheiden könne:

»Aber in seinem maßlos blinden Trieb, seinem Werwolfs-Heißhunger nach Mehrarbeit, überrennt das Kapital nicht nur die moralischen, sondern auch die rein physischen Maximalschranken des Arbeitstags. Es usurpiert die Zeit für Wachstum, Entwicklung und gesunde Erhaltung des Körpers.«[10]

Physische Grenzen gibt es gewiß, wiewohl sie erschreckend dehnbar sind, liegen sie doch, wie Marx erbittert feststellt, letztlich bei den »wenigen Ruhestunden, ohne welche die Arbeitskraft ihren erneuerten Dienst absolut versagt.«[11] Sind sorgfältige oder phantasievolle Arbeit oder auch Produktionshöchstleistungen verlangt, dann sind die Grenzen enger; einige Stunden Ruhepause reichen dann nicht mehr aus. Tatsächlich nimmt die Produktivität mit der Länge der Ruhepausen zu, zumindest bis zu einem bestimmten Punkt; rationale Kapitalisten müßten deshalb, gerade ihres werwolfartigen Heißhungers wegen, diesen Punkt genau herausfinden. Aber dies ist eine Frage der Klugheit oder der Effizienz und nicht der Gerechtigkeit. Moralische Grenzen sind sehr viel schwerer zu spezifizieren, denn sie variieren von Kultur zu Kultur gemäß dem jeweiligen Gemeinschaftsverständnis davon, was als annehmbares und zugleich schickliches Leben zu gelten habe. Alle Gemeinschaftsvorstellungen, von denen wir aus der Geschichte Kenntnis haben, schließen Ruhe und Arbeit gleichermaßen ein, und Marx hatte keine Schwierigkeiten, die Scheinheiligkeit der englischen Apologeten des Zwölf-Stunden-Tages und der Sieben-Tage-Woche bloßzulegen — »und dies im Lande der Sabbatheiligen«! Tatsächlich scheint das England der vierziger und fünfziger Jahre des 19. Jahrhunderts, betrachtet auf dem Hintergrund einer langen Geschichte von Arbeit und Ruhe, eine schreckliche Aberration, ein höllischer Irrweg gewesen zu sein. Denn obwohl Rhythmus und Periodizität der von Bauern, Handwerkern und Industriearbeitern verrichteten Tätigkeiten radikal verschieden waren, und obwohl die Länge ihrer Arbeitstage große Unterschiede aufwies, scheint aufs Ganze gesehen das Arbeitsjahr eine Normgestalt gehabt zu haben — zumindest eine Gestalt, die auch unter sehr verschiedenen kulturellen Verhältnissen immer wieder gleich aussah. Rechnungen, angestellt etwa für das alte Rom, das mittelalterliche Europa oder auch das ländliche China vor der Revolution, ergeben ein Verhältnis zwischen Arbeitstagen und Ruhetagen von annähernd 2:1.[12] Und das ist in etwa der Stand, auf dem wir uns auch heute befinden (wenn wir eine 5-Tage-Woche, einen 2-wöchigen Urlaub und 4 bis 7 gesetzliche Feiertage ansetzen).

Die Zwecke der Ruhe, der von Arbeit freien Zeit, sie variieren sehr viel stärker und auch sehr viel grundsätzlicher. Die Beschreibung, die Marx von ihnen gibt, ist typisch für die Liberalen und die Romantiker des 19. Jahrhunderts: »Zeit zu menschlicher Bildung, zu geistiger Entwicklung, zur Erfüllung sozialer Funktionen, zu geselligem Verkehr, zum freien Spiel der physischen und geistigen Lebenskräfte.«[13] Die Politik, die in der Freizeit des griechischen Handwerkers einen so breiten Raum einnahm, sie findet nicht einmal Erwähnung; Gleiches gilt für religiöse Betätigungen. Auch das, was jedes Kind Karl Marx hätte erklären können, der Wert des Nichtstuns, des bloßen »Zeitvertreibs«, findet bei ihm kein Echo – es sei denn, das »freie Spiel« schließt auch zufällige Gedankenspiele, Tagträume und Phantasien ein. Wir könnten an dieser Stelle auch Aristoteles' Definition von Muße aufgreifen und sagen, daß es Zweckfreiheit im Sinne der Nicht-Setzung und Nicht-Verfolgung bestimmter im voraus fixierter Ziele ist, die einen (wenn auch nur einen) der charakteristischen Zwecke von Muße bildet.

Doch wie immer diese Zwecke definiert sein mögen, eine Heraushebung bestimmter Personengruppen als mehr oder weniger »freizeitberechtigt« läßt sich aus ihrer Beschreibung nicht herauslesen. Eine Möglichkeit, sich für Muße und Müßiggang zu qualifizieren, ist nicht gegeben. Es ist zwar möglich, sich für bestimmte Tätigkeiten zu qualifizieren, die in Muße verrichtet werden können, wie wir es etwa bei den Geistesarbeiten gesehen haben. Man kann auch ein Stipendium erlangen, das einem Zeit gibt, zu forschen oder ein Buch zu schreiben. Die Gesellschaft hat ein wohlbegründetes Interesse daran, daß Studenten der Philosophie von qualifizierten Lehrern unterrichtet werden, aber es ist ihr gleichgültig, welche konkreten Personen es sind, die philosophische oder unphilosophische Gedanken denken. Das freie Spiel der körperlichen und geistigen Lebenskräfte ist ... frei. Die Fähigkeit zu faulenzen wird nicht beurteilt, nicht zensiert. Damit scheint Muße in ihrem jeweiligen Zeit- und Ortsverständnis allen Bewohnern des jeweiligen Ortes und der jeweiligen Zeit gleichermaßen zu gehören. Auswahl- oder Ausschlußprinzipien gibt es keine. Die uralte Verknüpfung von Macht und Reichtum mit Untätigkeit und Müßiggang ist nichts anderes als ein anderer Ausdruck von Tyrannei: weil ich mächtig bin und Gehorsam fordern kann, pflege ich der Ruhe (und du mußt arbeiten). Richtiger wäre zu sagen, daß der Lohn der Macht ihre Ausübung und die Rechtfertigung der Macht ihre gewissenhafte oder erfolgreiche Ausübung ist – und sie, diese Ausübung, ist eine Arbeit, deren Zweck zum Teil darin besteht, anderen Ruhe zu verschaffen. So läßt Shakespeare Heinrich V. die gebräuchliche Selbstverteidigung von Königen wiederholen:

»Der Sklav, ein Glied vom Frieden seines (des Königs d.Ü.) Lands,
Genießt ihn, doch sein rohes Hirn weiß wenig,
Wie wach der König ist zum Schirm des Friedens,
Daß Tag am besten doch dem Bauer frommen.«[14]

Niemand aber weiß, wer unter den Bauern wirklich »am besten« dran ist.

Die bisherige Argumentation, die Arbeitstage wie die von Marx beschriebenen ganz zweifellos ausschließt, fordert indes nicht, daß jedermann das genau gleiche Quantum an freier Zeit haben müsse. Tatsächlich ist angesichts der vielfältigen Arbeiten, die die Menschen verrichten, eine erhebliche Variationsbreite nicht nur möglich, sondern sogar wünschenswert. Und wenn Shaw in seinem »Wegweiser für die intelligente Frau« voller Emphase schreibt, daß Gerechtigkeit »die gleiche Aufteilung der freien Zeit oder Freiheit für alle«[15] erfordere, dann handelt es sich hier um einfache Gleichheit in der Freizeitsphäre; d.h., wir würden die Länge des Arbeitstags ermitteln, indem wir die Arbeitsstunden addierten und sie durch die Anzahl der Menschen dividierten. Doch unmittelbar anschliessend an Shaws Gleichheitspostulat folgt eine wundervoll komplexe Diskussion der verschiedenen Arten von Arbeit und der verschiedenen Arten von Arbeitern. Ich habe seine Überlegung, daß die in der Gesellschaft fürs Fegen und Saubermachen zuständigen Personen mit zusätzlicher Freizeit belohnt werden sollten, bereits zitiert. Er zögert aber auch nicht, sich zu seinem eigenen, persönlichen Anspruch in dieser Frage zu bekennen: ». . . aber was mich betrifft, so bin ich gewöhnlich gezwungen, mich bis an die Grenze der totalen Erschöpfung zu überarbeiten und dann viele Wochen lang zur Erholung wegzugehen (obwohl ich . . . weiß, daß sich die Arbeit eines Schriftstellers in der Regel ganz gut in begrenzte Tagesportionen einteilen läßt).«[16] Das klingt recht vernünftig, doch müssen wir nun genauer zusehen, ob und inwieweit solche Muster in ihrer praktischen Anwendung das Postulat der Gerechtigkeit erfüllen.

Eine kurze Geschichte des Urlaubs

Im Jahr 1960 befanden sich im Durchschnitt täglich eineinhalb Millionen Amerikaner, das sind 2,4 % der arbeitenden Bevölkerung, im Urlaub.[17] Dies ist eine außerordentlich hohe Ziffer und zweifellos die höchste, die bis zu diesem Zeitpunkt jemals erreicht wurde. Die Geschichte des Phänomens Urlaub ist bislang tatsächlich eine kurze Geschichte — mit Blick auf den Normalbürger sogar eine sehr kurze. Noch in den zwanziger Jahren dieses Jahrhunderts, so berichtet Sebastian de Grazia, war es nur eine kleine Zahl von Lohnabhängigen, die sich eines bezahlten Urlaubs rühmen konnten.[18] Die entsprechende Übereinkunft ist heute sehr viel üblicher, ja sie findet sich als zentraler Bestandteil in jedem gewerkschaftlich ausgehandelten Vertrag wieder; aber auch die Praxis des »Verreisens« — wenn auch nicht gleich für mehrere, so doch zumindest für eine oder zwei Wochen — kennt inzwischen keine Klassenschranken mehr. Der Urlaub ist zur Norm geworden, so daß wir uns gleichsam dazu aufgefordert fühlen dürfen, das Wochenende als Kurzurlaub und die Jahre nach der Verrentung oder Pensionierung als sehr langen Urlaub zu betrachten. Und trotzdem ist diese Idee völlig neu. Die Verwendung des Wortes Urlaub zur Kennzeichnung privater Ruhetage reicht nicht weiter zurück als bis zum Jahr 1870, und das Verbum »urlauben« ist sogar erst seit 1890 in Gebrauch.

Angefangen hat das Ganze als eine bürgerliche Imitation der Gepflogenheit des Adels, sich gelegentlich von Hof und Stadt aufs Land zurückzuziehen, auf die dortigen eigenen Besitzungen. Da nur wenige bürgerliche Personen einen Landsitz ihr eigen nennen konnten, zogen sie sich, sozusagen ersatzweise, in Erholungsorte am Meer oder in den Bergen zurück. Zu Beginn wurde die Intention der Entspannung und des Vergnügens noch durch Verweise auf den gesundheitlichen Nutzen und die Kurwirkung von frischer Luft und mineralhaltigem bzw. salzigem Wasser kaschiert: daher die Orte Bath und Brighton, in die man sich im 18. Jahrhundert begab, um zu speisen, zu plaudern und zu promenieren und, bisweilen, auch »vom Wasser Gebrauch zu machen«. Aber die Flucht aus der Stadt erlangte sehr schnell um ihrer selbst willen große Beliebtheit, und die unternehmerische Reaktion darauf ließ die Zahl der Ferienorte stetig wachsen und die angebotenen Vergnügungen billiger werden. Die Erfindung der Eisenbahn ermöglichte es schließlich auch den Arbeitern des 19. Jahrhunderts, der Stadt in ähnlicher Weise zu entkommen; aber sie hatten keine Zeit für alles, was über einen »Ausflug« hinausging — an die See und zurück, alles in einem einzigen Tag. Die große Freizeit- und Mußeexpansion setzte erst nach dem Ersten Weltkrieg ein: mehr Zeit, mehr Orte, an die man fahren konnte, mehr Geld, billige Unterkünfte und die ersten Projekte einer Gemeinschaftsversorgung in Gestalt von öffentlichen Badestränden, öffentlichen Parks usw..

Ein signifikantes Merkmal und eine wichtige Besonderheit des Urlaubs ist sein individualistischer (oder familialer) Charakter, der ganz offensichtlich durch die Erfindung des Autos noch einmal erheblich verstärkt wurde. Jeder plant seine eigenen Ferien, fährt, wohin er fahren möchte, tut, was er tun möchte. De facto ist das Urlaubsverhalten natürlich in hohem Maße standardisiert und vorgeprägt (vor allem durch die Klassenzugehörigkeit), und die Flucht, die der Urlaub darstellt, führt in der Regel von einem Normen- und Routinesystem ins nächste.[19] Aber die Erfahrung ist ganz ohne Zweifel die von Freiheit und Befreiung, denn es findet eine Unterbrechung der Arbeit statt; man reist an einen unbekannten und andersartigen Ort und hat die Aussicht, sich dort zu vergnügen und Abenteuer zu erleben. Es erweist sich zwar inzwischen als ein Problem, daß die Menschen massenhaft Urlaub machen – und da der Umfang der Massen wächst, handelt es sich zunehmend um ein Verteilungsproblem, bei dem das knappe Gut eher der Raum als die Zeit ist. Wir würden jedoch den Wert des Urlaubs mißinterpretieren und verkennen, wenn wir nicht klar herausstellten, daß er individuell geplant und individuell gestaltet wird. Keine zwei Urlaube sind einander gleich.

Eines haben sie jedoch alle miteinander gemein, sie richten sich nach dem individuellen (oder familialen) Geldbeutel der Urlauber. Urlaube sind Waren: die Menschen müssen sie kaufen – entweder durch entgangenen Verdienst oder gegen bar Kasse. D.h., es ist die Kaufkraft der Urlaubswilligen, die ihren Wünschen Einhalt gebietet und ihre Wahlmöglichkeiten begrenzt. Dabei möchte ich diesen Punkt nicht überbetonen, denn es ist nicht zu übersehen, daß die Menschen bereit sind, einiges für ihren Urlaub zu unternehmen, ja für ihn zu kämpfen. Um ihre Urlaubswünsche durchzusetzen, organisieren sie Gewerkschaften, führen sie Verhandlungen mit ihren Arbeitgebern, treten sie in Streik für mehr »Freizeit«, für einen kürzeren Arbeitstag, für eine frühe Verrentung usw. Eine Geschichte des Urlaubs, die von diesen Kämpfen keine Notiz nähme, bliebe immer eine unvollständige Geschichte; und dennoch sind sie nicht das zentrale Merkmal der gegenwärtigen Verteilungsmuster. Wir könnten Freizeit tatsächlich als in direkter Relation zur Arbeit stehend begreifen und entsprechend so definieren, daß der Einzelne im Sinne der Shawschen Empfehlung wählen könnte zwischen harter, schmutziger Arbeit und langen Ferien einerseits oder angenehmer, gemächlicher Arbeit und kurzen Ferien andererseits. Für die meisten Arbeiter ist die Zeitfrage im Moment jedoch vermutlich weniger wichtig, wenn es darum geht, Gestalt und Umfang des Urlaubs zu bestimmen, als die Frage, wieviel Geld sie dafür ausgeben können.

Wenn Löhne und Gehälter ungefähr gleich wären, dann spräche eigentlich nichts gegen eine Käuflichkeit des Urlaubs. Geld ist insofern ein höchst adäquates Vehikel zur Realisierung von Individualwünschen und -vorhaben, als es die richtigen Alternativen zur Wahl stellt, nämlich die zwischen Arbeit und dem für sie gezahlten Lohn auf der einen und den Ausgaben für diese oder jene Art von Freizeitaktivität (oder -inaktivität) auf der anderen Seite. Wir können fest davon ausgehen, daß Menschen mit vergleichbaren Finanzressourcen sehr unterschiedliche Entscheidungen träfen, die im Gesamtresultat eine komplexe und in hohem Maße partikularisierte Verteilung ergäben. Manche würden vielleicht einen nur kurzen oder überhaupt keinen Urlaub machen und es vorziehen, mehr Geld zu verdienen und sich ihrerseits zuhause mit schönen Dingen zu umgeben, statt in schöne Umgebungen zu entfliehen. Anderen stünde der Sinn möglicherweise nach vielen Kurzurlauben, während eine dritte Gruppe am liebsten zwischen einer langen Arbeitsphase und einer langen Ruhephase hin- und herpendelte. Es sind keineswegs nur individuelle Formen der Entscheidungsfindung, die in diesem Geschehen Platz finden, auch für kollektive Entscheidungen (in Gewerkschaften und Kooperativen z.B.) ist Raum. Aber die maßgeblichen Entschlüsse müssen auf der individuellen Ebene fallen, denn auf ihr findet der Urlaub statt, der damit den Stempel seiner liberalen und bürgerlichen Anfänge bis heute nicht verleugnen kann.

Unter Bedingungen der komplexen Gleichheit werden Löhne und Gehälter ganz gewiß nicht gleich sein; aber sie werden doch ein gut Stück weniger ungleich sein, als sie es derzeit sind. In der Welt des Kleinbürgertums werden die Menschen weiterhin ihr Geld – und auch ihre Zeit – riskieren, um herauszufinden, daß sie davon bisweilen mehr, bisweilen weniger haben als andere Mitbürger. Werkskommunen werden mehr oder weniger prosperieren und deshalb mehr oder weniger Geld und Zeit haben, die sie an ihre Mitglieder verteilen können. Und selbst für jemanden wie Shaw werden die exakte Zahl seiner »vielen Wochen« der Ruhe und die Bedingungen, unter denen er sie verbringt, vermutlich ebensosehr vom Erfolg seiner Stücke abhängen wie von den Erfordernissen seines Dichterdaseins. Auf der anderen Seite ist von dem Moment an, da der Urlaub zu einem zentralen Merkmal des sozialen Lebens und der Kultur wird – wie es in den Vereinigten Staaten heute schon der Fall ist –, ein gewisses Maß an gemeinschaftlicher Versorgung erforderlich. Der Grund dafür ist ein doppelter: zum einen gilt es sicherzustellen, daß die Verteilung nicht von Grund auf durch Reichtum und Macht bestimmt wird, zum andern sollte ein gewisses Auswahlspektrum garantiert und die Verwirklichung des Individualvorhabens bis zu einem gewissen Grade gesichert sein. Daher der Naturschutz, unter den bestimmte Wildtierarten und Wüstengebiete gestellt wurden, ohne die gewisse (vielerorts hochgeschätzte) Urlaubsvarianten nicht länger existieren könnten. Und daher auch die Verausgabung von Steuermitteln für Parks, Badestrände, Campingplätze usw., die sicherstellen soll, daß es Orte gibt, an die all jene Menschen sich begeben können, die »verreisen« wollen. Wenn auch die Entscheidungen, die sie treffen — wohin sie fahren, wie sie dort wohnen, welche Ausrüstung sie mitnehmen —, nicht für jeden Einzelnen oder für jede Familie den gleichen Einschränkungen unterliegen, so muß doch umgekehrt eine gewisse Breite der Auswahl für jeden gegeben sein.

Aber all diese Überlegungen setzen die Zentralität des Urlaubs, seine zentrale Bedeutung im Leben einer Gesellschaft voraus; und um so wichtiger ist es, an dieser Stelle zu betonen, daß der Urlaub das Artefakt einer bestimmten Zeit und eines bestimmten Raumes ist. Er ist keineswegs die einzige Form von Muße. Während des größten Teils der Menschheitsgeschichte war er sogar buchstäblich, d.h. selbst dem Wort nach, unbekannt, und die Hauptalternative zu ihm hat auch und selbst in den Vereinigten Staaten bis auf den heutigen Tag Bestand. Wovon die Rede ist? Die Rede ist von den allgemeinen und offiziellen Feiertagen. Wenn die alten Römer, die mittelalterlichen Christen oder die chinesischen Bauern nicht arbeiteten, sondern »freimachten«, dann taten sie dies nicht, um allein oder mit ihren Familien irgendwohin zu fahren, sondern um an gemeinschaftlichen Feierlichkeiten teilzunehmen. Ein Drittel der Tage des Jahres, bisweilen sogar mehr, waren staatlichen Gedenkfeiern, religiösen Festen, Kirchenheiligen usw. gewidmet. Sie bildeten die Ferientage (»holidays«) jener Menschen, Tage, die ihrem direkten Ursprung nach heilige Tage (»holy days«) waren und sich zu unserem Urlaub verhalten wie das öffentliche Gesundheitswesen zur Individualbehandlung oder der Massentransport zum Privatauto. Sie waren für jeden da, und zwar in der gleichen Form und zur gleichen Zeit, und man genoß sie und erfreute sich ihrer gemeinsam. Wir haben immer noch solche Feiertage, wenngleich ihre Zahl ständig abnimmt. Bei der Erörterung ihrer Funktionen und Vorzüge erscheint es mir als sinnvoll, wenn wir uns auf eine der wichtigsten der auf uns überkommenen Feiertage konzentrieren.

Die Bedeutung des Sabbat

Der deuteronomischen Darstellung zufolge institutionalisierten die Juden den Sabbat im Gedenken an ihre Flucht aus Ägypten. Da Sklaven ohne Unterlaß oder auf das willkürliche Geheiß ihrer Herren arbeiten mußten, erschien den Juden die Institution eines allgemeinen und offiziellen Ruhetages als das erste und wichtigste Kennzeichen eines freien Volkes. Und so betrifft das im 5. Buch Mose zitierte Gottesgebot tatsächlich primär die Sklaven, denn es heißt dort: »... auf daß dein Knecht und deine Magd ruhe gleich wie du.« (V., 5:14) Die ägyptische Tyrannei sollte sich nicht wiederholen, auch wenn die Sklaverei selbst nicht abgeschafft wurde. Der Sabbat ist ein kollektives Gut. Er ist, wie Martin Buber es ausgedrückt hat, »das Gemeinschaftseigentum aller« – d.h. all derer, die am gemeinschaftlichen Leben teilhaben. »Auch der Sklave, der in die Hausgemeinschaft, ja sogar der *ger*, der Fremdling (der Metöke), der in die Volksgemeinschaft aufgenommen ist, sie müssen an der heiligen Ruhe teilhaben dürfen.«[20] Auch die Haustiere sind darin eingeschlossen – »Da sollst du keine Arbeit tun ... noch dein Ochse noch dein Esel noch all dein Vieh« – das Ganze in der Annahme, daß auch Tiere Ruhe gebrauchen können (ohne daß sie allerdings Urlaub nehmen könnten).

Max Weber war der Ansicht, daß Fremdlingen oder Metöken das Recht auf Ruhe deshalb verordnet wurde, damit sie sich keinen Konkurrenzvorteil verschaffen konnten.[21] Es gibt keinen Grund für diese Sichtweise – in den historischen Quellen finden sich keine entsprechenden Belege – jenseits der ansonsten durchaus nicht mit Weber zu assoziierenden Überzeugung, daß ökonomische Motive prinzipiell alles dominierten. Richtig ist hingegen, daß es selbst in einer vorkapitalistischen Wirtschaft schwierig gewesen wäre, jedermann das Recht auf Ruhe zu garantieren, ohne sie zugleich allen gleichermaßen zur Pflicht zu machen. Allgemeine, offizielle Ruhetage setzen Zwang voraus. Das absolute Verbot für jede Art von Arbeit, wie es für den jüdischen Sabbat gilt, ist gewiß einmalig, aber ohne ein allgemeines Gefühl der Verbindlichkeit und ohne gewisse Zwangsmechanismen gäbe es überhaupt keine allgemeinen Ruhetage. Das ist der Grund, weshalb Feiertage heute, da Verbindlichkeit und Zwang in dieser Hinsicht immer mehr abnehmen, aufgehört haben, öffentliche Ereignisse zu sein, weshalb sie in vielen Fällen den Wochenenden zugeordnet sind, und weshalb sie immer mehr zu unspezifischen Bestandteilen von individuellen Urlauben werden. Eine Situation, die ein massives Argument abgibt für strenge »Sonntagsheiligungsgesetze«, die sich in der nämlichen Weise rechtfertigen lassen wie die Erhebung von Steuern. Beide erheben sie Anspruch auf produktive Zeit im Sinne von Erwerbszeit um der gemeinschaftlichen Versorgung willen.

Die Sabbatruhe ist insofern egalitärer als der Urlaub, als man sie nicht kaufen kann. Sie gehört zu den Dingen, die für Geld nicht zu haben sind. Jeder ist verpflichtet, sie einzuhalten, jeder hat das Recht, sie zu genießen.* Diese Gleichheit hat interessante Nebeneffekte. Da das Begehen von Festen eine bestimmte Art von Ernährung und Kleidung erforderlich machte, sahen sich die jüdischen Gemeinden verpflichtet, die notwendigen Dinge für alle ihre Mitglieder bereitzustellen. So richtet Nehemia an die mit ihm aus Babylonien nach Jerusalem zurückgekehrten Juden folgende Worte: »Dieser Tag ist heilig dem Herrn, eurem Gott ... Gehet und esset das Fette und trinket das Süße und sendet denen auch Teile, die nichts für sich bereitet haben.« (8:9-10). Ihnen keine »Teile« zu senden, hieße die Armen in Bedrängnis zu bringen, sie zu tyrannisieren, denn es würde sie von einer gemeinsamen Feierlichkeit ausschließen; es wäre eine Art von Verbannung, die sie durch nichts verdient haben. Als jedoch die Sabbatruhe erst einmal zur gemeinsamen Gepflogenheit geworden war, kam sehr schnell der Gedanke auf, daß die arbeitsamen Vorbereitungen auf den Sabbat ebenfalls gemeinsam getroffen werden müßten. Wie konnten Menschen ausruhen, wenn sie nicht zuvor gearbeitet hatten? »Auch ein Mann von hohem Stand,« schrieb Maimonides mit Blick auf Rabbiner und Weise, »der normalerweise nicht auf den Markt einkaufen geht oder sich mit anderen Hausarbeiten abgibt, auch er sollte eine dieser Aufgaben bei der Vorbereitung des Sabbat übernehmen ... Ist es doch so: je mehr jemand im Sinne solcher Vorbereitungen tut, um so löblicher ist sein Verhalten.«[23] Das Resultat: der Universalismus des siebenten Tages weitete sich aus, um alsbald zumindest auch den sechsten zu umfassen.

Man könnte nun sagen, daß dies nur ein weiteres Beispiel für die Parallelität von Gleichheit und Freiheitsverlust sei. Gewiß, der Sabbat ist ohne ein allgemeines Ruhegebot nicht möglich – oder anders gesagt, was ohne das Gebot, sozusagen auf freiwilliger Basis, von ihm übrig bliebe, entspräche nicht der vollen Intention des Sabbat. Auf der anderen Seite ist die historische Erfahrung mit dem Sabbat keine Erfahrung von Unfreiheit. Die in der jüdischen Literatur, der weltlichen wie der religiösen, dem Sabbat beigemessene Bedeutung ist in überwältigendem Maße die einer riesigen Vorfreude auf den Tag und seiner freudigen Bewillkommnung – und zwar gerade als Tag der Ruhe, der Harmonie und der Muße. Er war dazu bestimmt, wie Leo Baeck es ausgedrückt hat, der Seele »einen weiten und hohen Raum zu geben«, und dies scheint er denn auch getan zu haben.[24] Kein Zweifel, dieses Verständnis von Weite wird denjenigen, die außerhalb der Gemeinschaft der Gläubigen ste-

---

* Der jüdischen Volkskunde zufolge haben selbst die schlimmsten Insassen der Hölle Anspruch auf Ruhe am Sabbat. So sind sowohl der Bestrafung als auch der Arbeit durch spezifische Vorstellungen von »notwendiger« Ruhe Grenzen gesetzt. Man könnte sagen, daß die Zufügung von Schmerz und Pein am Sabbat eine »grausame und unübliche« Strafe darstellen würde.[22]

hen, bis zu einem gewissen Grad aber dennoch ihren Normen unterworfen sind, nicht viel sagen. Aber es ist nicht ihre Erfahrung, die hier zählt. Feiertage sind für die Mitglieder einer Gemeinschaft da, und Mitglieder dürfen sich — wie die Fakten zeigen — innerhalb der geltenden Gesetzesgrenzen frei fühlen. Sie dürfen sich zumindest dann frei fühlen, wenn das Gesetz ein feierliches Abkommen, ein Sozialvertrag ist, auch wenn dieses Abkommen niemals auf den je Einzelnen zugeschnitten ist.

Würden die Menschen private Urlaube allgemeinen Ruhe- bzw. Feiertagen vorziehen? Es ist gar nicht so leicht, sich eine Situation vorzustellen, in der die Wahl sich in so klaren und einfachen Alternativen stellt. In einer Gemeinschaft, in der Ruhetage möglich sind, wird es solche auch bereits geben. Sie werden Teil des gemeinsamen Lebens sein, das die Gemeinschaft ausmacht, sie konstituiert, und sie werden dem Leben des je einzelnen Mitglieds Gestalt und Sinn verleihen. Die Geschichte des Wortes *Vakanz*, das uns ja auch in der Bedeutung von Urlaub geläufig ist, zeigt, wie weit wir uns von einem gemeinschaftlichen Leben inzwischen entfernt haben. Im alten Rom wurden die Tage, an denen keine religiösen Feierlichkeiten und keine öffentlichen Spiele stattfanden, als *dies vacantes* bezeichnet, als »leere Tage«. Im Gegensatz dazu waren die Feiertage erfüllte Tage — erfüllt von Verpflichtungen, aber auch von Feierlichkeiten, voll von Dingen, die es zu tun gab, von Festessen und Tanz, Ritualen und Spielen. Dies war der Augenblick, da die Zeit reif war für die Entstehung jener sozialen Güter der gemeinsamen würdevollen und gemeinsamen lärmenden Festlichkeiten. Wer möchte solche Tage missen? Aber wir haben den Sinn für die Fülle und die Erfülltheit verloren; die Tage, nach denen wir verlangen, sind die leeren Tage, Tage, die wir selbst nach Belieben, sei's allein, sei's gemeinsam mit unseren Familien, anfüllen können. Bisweilen überkommt uns ein Gefühl der Furcht vor einer etwaigen Leere, die Furcht vor dem Ausscheiden aus dem Arbeitsprozeß, die uns den Ruhestand als eine unendliche Folge von leeren Tagen erscheinen läßt.* Aber

---

* Oder die Furcht vor der Arbeitslosigkeit: Schließlich ist es so, daß die Arbeitslosen, zumindest in unserer Kultur, die Zeit, über die sie verfügen, kaum als erfüllte oder freie Zeit erfahren. Sie mögen nach ihrer Entlassung einen kurzen Urlaub machen, aber danach wird ihnen ihre Muße zur Last; Arbeitslosigkeit bedeutet tote Zeit.[25] Ferien sind in unserer Vorstellung etwas, das wir uns durch nützliche Arbeit verdient haben — eine »verdiente« Ruhepause. Arbeitslosigkeit bringt deshalb nicht nur unser materielles Wohlergehen in Gefahr, sondern auch unser Selbstwertgefühl als achtbare Mitglieder einer Gesellschaft, innerhalb deren ein spezielles Muster von Arbeit und Ruhepausen institutionalisiert ist. Ein starkes Gefühl von Staatsbürgerschaft, von Zugehörigkeit zu einem besonderen Staat, könnte der Arbeitslosigkeit sicher einiges von ihrer Bedrohlichkeit nehmen: die Bürger, die ohne Arbeit wären,

die Fülle und Erfüllung, nach der viele im Ruhestand lebende Menschen sich sehnen und die sie nur in einer einzigen Ausprägung kennen, ist die Erfüllung durch Arbeit, nicht durch Ruhe. Vakanzen, Urlaube, Ferien, sie setzen, so fürchte ich, den Gegensatz der Arbeit voraus; sie, die Arbeit, hat einen entscheidenden Anteil an der Befriedigung, die jene abwerfen. Gilt dies auch für Feiertage? Prinz Heinrich in Shakespeares *Heinrich IV.* äußert sich dazu wie folgt?

> »Wenn alle Tag' im Jahr gefeiert würden,
> So würde Spiel so lästig seyn wie Arbeit:
> Doch seltne Feiertage sind erwünscht....«[26]

Die Auffassung des Prinzen ist sicherlich die allgemein übliche, und sie scheint sich auch mit unseren eigenen Erfahrungen zu decken. Anders die Einschätzung der alten Rabbiner; folgt man ihnen, dann ist der Sabbat ein Vorgeschmack auf die Ewigkeit. Das messianische Königreich, das die Propheten ankündigen, wird dank der Erfülltheit seiner Tage ein Sabbat (nicht jedoch ein Urlaub) ohne Ende sein.[27]

Zu erwähnen ist an dieser Stelle die interessante Tatsache, daß keine der großen Revolutionen jemals darauf verzichtet hat, an den traditionellen Feiertagen, den Sabbaten, den Tagen der Kirchenheiligen und anderen Festtagen zu rütteln. Die Motive dieser Attacken lagen zum Teil in dem speziellen Trachten nach einer allgemeinen Produktivitätssteigerung, zum Teil aber auch in dem generellen Bestreben, traditionelle Lebensweisen und priesterliche Hierarchien radikal auszumerzen. Die chinesischen Kommunisten sind es, die in dieser Hinsicht das aktuellste Beispiel liefern: »Die bisherige Zahl von religiösen Feiertagen ist viel zu hoch«, verlautbarte einer ihrer Protagonisten im Jahr 1958. »Abergläubischer Bräuche und Festivitäten wegen wird die Produktion für mehr als 100 Tage im Jahr ausgesetzt, in einigen Regionen sind es bis zu 138 Tage ... Die reaktionäre Klasse (hat) diese schlimmen Bräuche und Rituale dazu genutzt, das Volk zu versklaven.«[28] Vielleicht ist diese Einschätzung gar nicht so falsch, aber die Versklavung war nicht augenfällig, und die Abschaffung der Feiertage stieß auf erbitterten Widerstand. Die Gründe für diesen Widerstand möglicherweise von Ferne erahnend, haben die Kommunisten versucht, neue Feiertage an die Stelle der alten zu setzen — den 1. Mai, den Tag der Roten Armee usw. — und so neue Zeremonien und Feierlichkei-

---

könnten in dieser Situation in einer politischen Bewegung »arbeiten«, die sich das Ziel gesetzt hätte, die Wirtschaft oder den Wohlfahrtsstaat zu reformieren. Ich werde im 11. und 12. Kapitel ausführlicher auf diese Probleme zu sprechen kommen.

ten zu entwickeln. Die Alternative bestand für sie, genau wie für die französischen Revolutionäre vor ihnen, nicht in öffentlicher Muße auf der einen und privater Muße auf der anderen Seite, sondern in zwei voneinander verschiedenen Arten von öffentlicher Muße. Und dennoch dürfte dieses Konzept falsch sein. Man kann Feiertage nicht aus dem ideologischen Hut zaubern. In vielen Dörfern, so berichten zwei Kenner des neuen China, »bedeuten die drei wichtigsten (revolutionären) Feiertage kaum etwas anderes, als daß es arbeitsfreie Tage sind.«[29] Bei all seiner Liebe zum Kollektivismus könnte China damit unausweichlich auf eine Verteilung von freier Zeit zudriften, wie sie erstmals von der europäischen Bourgeoisie praktiziert wurde. Dabei ist es doch so, daß gemeinsam mit neu sich entwickelnden Gemeinschaften, egal wo sie sich herausbilden, immer auch neue Arten und Formen öffentlichen Feierns entstehen. Bürokratischer Vorausabteilungen bedarf es dazu nicht. Die Mitglieder der Gemeinschaft finden ihre eigenen Wege und Mittel, um ihr Gemeinschaftsgefühl auszudrücken und der Politik und Kultur, die sie miteinander teilen, Gestalt zu geben.

Feiertage und Urlaube sind zwei verschiedene Möglichkeiten der Distribution von freier Zeit. Beide Varianten haben ihre jeweils eigene innere Logik — oder genauer, Urlaube haben eine ungeteilte Gesamtlogik, während der je einzelne Feier- oder Ruhetag eine spezielle Sublogik aufweist, die wir aus seiner Geschichte und aus seinen Ritualen herauslesen können. Vorstellbar ist eine Mischung aus Feiertagen und Urlauben, wie wir sie in etwa aus dem letzten Jahrhundert kennen. Wiewohl in gewisser Weise instabil, läßt diese Mischung, solange es sie gibt, doch einige politische Alternativen zu. Es wäre allerdings äußerst töricht, so zu tun, als seien diesen Alternativen durch die Theorie der Gerechtigkeit Grenzen gesetzt oder Beschränkungen auferlegt. Das Internationale Abkommen der Vereinten Nationen über wirtschaftliche, soziale und kulturelle Rechte nennt in seiner (sehr langen) Liste geltender Rechte auch das Recht auf »regelmäßige bezahlte Ruhetage« — d.h. auf Urlaub.[30] Aber dies ist keine Menschenrechtsdefinition, sondern nur ein Plädoyer für ein spezielles soziales Arrangement, das weder per se unbedingt das beste ist noch sich für alle Gesellschaften und Kulturen gleichermaßen als das Beste erweisen muß. Das Recht, das hier geschützt wird, ist von ganz anderer Art. Es legt fest, daß kein Mann und keine Frau ausgeschlossen werden dürfen von den in ihrer Zeit und in ihrer Umwelt dominierenden Formen von Ruhe und Erholung, daß sie vielmehr ein Anrecht auf Urlaub (wenn auch nicht auf den identischen Urlaub) haben, wenn dieser ein zentrales Moment im Leben der Gemeinschaft darstellt, genauso wie sie ein Recht darauf haben, an den

Festlichkeiten teilzunehmen, die dem Gemeinschaftsleben, wo immer ein solches stattfindet, Gestalt und Gehalt verleihen. Freizeit hat keine singuläre gerechte oder moralisch notwendige Struktur. Moralisch notwendig ist allein, daß ihre Struktur, wie immer sie aussieht, nicht verformt wird durch das, was Marx die »Übergriffe« des Kapitals genannt hat, oder durch das Ausbleiben einer gemeinschaftlichen Versorgung, wenn diese nötig ist, oder durch den Ausschluß von Sklaven, Fremden und Parias. Frei von diesen Verformungen wird Freizeit von den Mitgliedern einer freien Gesellschaft in den unterschiedlichen Weisen und Variationen erfahren und genossen werden, die zu erfinden sie kollektiv oder individuell in der Lage sind.

8. Kapitel
Erziehung und Bildung

Die Bedeutung von Schulen

Jede menschliche Gesellschaft erzieht und unterrichtet ihre Kinder, die zugleich ihre neuen und zukünftigen Mitglieder sind. Im Phänomen der Erziehung drückt sich aus, was möglicherweise unser tiefster Wunsch ist: fortzuleben, fortzubestehen, über die Zeit zu triumphieren. D.h., die Erziehung ist ein soziales Überlebensprogramm und so gesehen immer »relativ«, i.e. abhängig von der und bezogen auf die Gesellschaft, der sie zubestimmt ist. Aristoteles zufolge besteht der Zweck der Erziehung darin, in jeder Generation denjenigen »eigentümlichen Charakter« zu reproduzieren, der das bestehende System in Gestalt seiner »Verfassung« stützt und erhält, mithin einen speziellen Charakter für eine spezielle Verfassung.[1] Doch genau an dieser Stelle tauchen die ersten Schwierigkeiten und Probleme auf; denn die Mitglieder einer Gesellschaft dürften sich kaum jemals in toto darüber einig sein, worin die (von Aristoteles sehr weit gefaßte) Verfassung konkret besteht, wohin sie sich entwickelt oder wie sie eigentlich aussehen sollte. Auch über den ihr besonders zuträglichen »eigentümlichen Charakter« oder die Frage, wie er am besten zu erzeugen bzw. zu reproduzieren sei, dürfte keine allgemeine Einigkeit bestehen. In Wirklichkeit wird der Erhalt der Verfassung mehr als nur einen Charaktertypus erforderlich machen, mit dem Effekt, daß die Schulen ihre Schüler nicht nur unterrichten, sondern auch eine Auslese unter ihnen treffen müssen; und das ist zwangsläufig ein schwieriges und strittiges Geschäft.

Die Erziehung ist somit nicht nur und ausschließlich gesellschaftsbezogen – oder, genauer, ihre Gesellschaftsbezogenheit sagt uns nicht alles, was wir über ihre normativen Funktionen oder ihre konkreten Auswirkungen wissen müssen. Wenn es zuträfe, daß Schulen immer nur dazu da wären, die Gesellschaft in ihrem gegebenen Zustand – mitsamt den etablierten Hierarchien, den herrschenden Ideologien und der bislang verfügbaren Arbeitskraft – zu reproduzieren, und zu mehr nicht, dann wäre eine Diskussion über eine gerechte Verteilung von Erziehungsgütern schlicht sinnlos. Die Verteilung in diesem Bereich würde der in anderen Bereichen entsprechen; es gäbe keine eigenständige Erziehungssphäre mit einer eigenen inneren Logik. Eine solche Situation kann es indes tatsächlich geben, und zwar dann, wenn keine Schulen existieren – wenn Eltern ihre Kinder selbst unterrichten oder sie auf ihr zukünftiges Arbeitsleben dadurch vorbereiten, daß sie sie zu sich in die Lehre nehmen. Die soziale Reproduktion erfolgt in diesem Falle direkt und ohne Vermittlungsinstanz; der Ausleseprozeß geht innerhalb der Familie vonstatten, für ein Eingreifen der Gemeinschaft besteht keine Notwendigkeit, und einen Wissensstoff oder eine geistige Disziplin, die sich von den Familienchroniken und familiären Berufsgeheimnissen unterschieden und anhand deren sich die Verfassung interpretieren, beurteilen und diskutieren ließe, gibt es nicht. Ganz anders sieht die Situation aus, wenn Schulen, Lehrer und Erziehungskonzepte vorhanden sind; sie erzeugen und füllen einen intermediären Raum. Sie schaffen ein Milieu, das zwar nicht das einzige, aber doch das bei weitem wichtigste ist für die Entstehung von kritischem Bewußtsein und die Produktion und Reproduktion von sozialer Kritik. Dies ist eine Lebenstatsache in allen komplexen Gesellschaften; selbst marxistische Professoren erkennen die relative Autonomie der Schulen an (über die konservative Staatsmänner sich gerne erhebliche Sorgen machen).[2] Aber Sozialkritik ist das Resultat, ist die Frucht von Autonomie und nicht ihr erklärendes Prinzip. Das Bedeutsamste am Schulwesen ist, daß Schulen, Lehrer und Erziehungskonzepte eine neue Kategorie von Sozialgütern begründen, die, ihrerseits unabhängig von anderen Gütern entstanden, nun im Gegenzug ein unabhängiges Verteilungssystem mit speziellen Verteilungsmechanismen für sich erfordern.

Lehrämter, Studienplätze, schulische Autorität, Grade und Abschlüsse, unterschiedliche Arten und Stufen von Wissen – all das muß verteilt werden, jedoch nicht in Kopie der Distributionsmuster aus Wirtschaft und Politik, denn die zur Debatte stehenden Güter sind von anderer Art. Natürlich begünstigt die Erziehung immer eine spezielle und konkrete Form von Erwachsenenleben, und die Herstellung eines Zusammenhangs zwischen Schule und Gesellschaft bzw. zwischen einem erzieherischen Gerechtigkeitskonzept und einem sozialen Gerechtigkeitskonzept ist absolut legitim. Und dennoch dürfen wir, wenn wir diesen Zusammenhang herstellen, den speziellen Charakter der Schule nicht außer acht lassen, weder das Lehrer-Schüler-Verhältnis im besonderen noch die geistige Disziplin im allgemeinen. Die relative Autonomie der Schule ist nämlich ebensosehr eine Funktion dessen, was der Erziehungsprozeß selbst ist, wie der sozialen Güter, die er impliziert und produziert, sobald er aufhört, direkt und unmittelbar zu sein.

Wenn ich sage, diese relative Autonomie sei eine Funktion dessen, was der Erziehungsprozeß *ist*, dann möchte ich dieses »ist« insofern dick unterstreichen, als Gerechtigkeit nicht nur, sozusagen resultativ, mit den Lehrinhalten zu tun hat, sondern auch mit der Erfahrung von Erziehung selbst, d.h. mit dem Seins-Zustand des Zöglings. Die Schule füllt einen Zwischenraum zwischen Familie und Gesellschaft, und sie füllt eine Zwischenzeit zwischen Kindheit und Erwachsensein. Beide, der Raum und die Zeit, sind zwar ganz ohne Zweifel der Ausbildung und der Vorbereitung, der Einübung, den Einführungsriten und den Abschlußzeremonien vorbehalten; aber beide, sowohl der Zwischen*raum* als auch die Zwischen*zeit*, konstituieren zugleich ein Hier und Jetzt, das seine eigene Bedeutung hat. Die Erziehung weist den Einzelnen nicht nur ihre Zukunft zu, sondern auch ihre Gegenwart. Und wo immer ausreichend Raum und Zeit für derlei Zuweisungen vorhanden sind, nimmt der Erziehungsprozeß eine charakteristische, normative Struktur an. Ich möchte hier keineswegs auf eine Beschreibung seines »Wesens« hinaus, sondern nur die am weitesten verbreitete und damit sozusagen allgemeinste Vorstellung davon skizzieren, wie dieser Erziehungsprozeß aussehen sollte. Diese Konzeption, die zugleich die einzige ist, mit der ich mich hier näher befasse, ist in vielen verschiedenen Gesellschaften gleichermaßen anzutreffen: Die Erwachsenenwelt wird repräsentiert und ihr Wissen, ihre Traditionen und ihre Rituale werden interpretiert von einem Korps von Lehrern, die ihren Schülern in einer mehr oder weniger abgekapselten, in sich geschlossenen Gemeinschaft gegenübertreten – John Dewey sprach von einer »sozialen Sonderwelt«.[3] Aber nicht nur die Schüler genießen in dieser Sonderwelt gewisse Vergünstigungen, indem ihnen für die Erfüllung der Forderungen, die Gesellschaft und Wirtschaft an die Erwachsenen richten, ein partieller Aufschub gewährt wird, auch die Lehrer gehen nicht leer aus, denn auch sie sind von dem unmittelbaren Druck der Außenwelt abgeschirmt. Sie lehren die Wahrheiten, von denen sie Kenntnis haben, und sie tun es, indem sie ihr Wissen allen Schülern, die vor ihnen sitzen, gleichermaßen und ohne Rücksicht auf deren soziale Herkunft uneingeschränkt und in gleicher Weise zur Kenntnis bringen.

Dies ist, so fürchte ich, nicht die übliche und schon gar nicht die allenthalben und immer geübte Praxis. Die Liste despotischer Einflußnahmen auf die erzieherische Gemeinschaft ist nicht nur lang und leicht zu erstellen, sie dokumentiert auch in aller Deutlichkeit die Zweifelhaftigkeit der akademischen

Freiheit, die Abhängigkeit der Lehrer von Gönnern und Beamten, die Privilegien, die der Nachwuchs der Oberklasse gewohnheitsmäßig genießt, sowie all die Erwartungen, Vorurteile, Respekts- und Herrschaftsmuster, die Schüler und Lehrer gleichermaßen ins Schulzimmer hineintragen. Wenn ich dennoch die Realität der Norm postuliere, so weil die interessantesten und schwierigsten Verteilungsfragen sich erst jenseits dieses Postulats stellen und stellen lassen. Welche Kinder sind es, die in jene abgekapselten Gemeinschaften aufgenommen werden? Welche gehen überhaupt zur Schule? Und in welche Art von Schule gehen sie? (Wie hermetisch ist das Schulsystem?) Was sollen sie dort lernen? Wie lange dauert ihre Schulzeit? Wer sind ihre Mitschüler?

Über die Vergabe von Lehrpositionen brauche ich nicht viel zu sagen. Die Lehrtätigkeit wird gemeinhin mit einem öffentlichen Amt, dem »Lehramt«, assoziiert, mit der Implikation, daß es mit qualifizierten Personen besetzt werden muß, und daß alle Bürger eine gleiche Chance haben müssen, sich dafür zu qualifizieren. Darüber hinaus ist das Lehrhamt insofern ein spezielles Amt, als es spezielle Qualifikationen erfordert, die im einzelnen von Gemeindevertretern, Regierungsbehörden und Personalausschüssen diskursiv festgelegt werden müssen. Ich sollte an dieser Stelle allerdings betonen, daß mein allgemeines Postulat — Schulen stellten eine soziale Sonderwelt mit eigenen normativen Strukturen dar — sich nicht in eins bringen läßt mit dem Usus, die Erziehung entweder den älteren Männern und Frauen in der Gemeinschaft zu überlassen oder den Lehrkörper mittels Rotation aus Normalbürgern zu konstituieren.[4] Denn die letztgenannten Praktiken unterhöhlen den Vermittlungscharakter des Erziehungsprozesses und begünstigen die direkte »Weitergabe« von Gemeinschaftserinnerungen, -traditionen und -kenntnissen. Genau genommen ist es so, daß die Existenz von Schulen gebunden ist an die Existenz von geistigen Disziplinen und in der Folge an ein Korps von Männern und Frauen, die sich in diesen Disziplinen qualifiziert haben.

Das »Haus der jungen Männer« bei den Azteken

Werfen wir einen kurzen Blick auf ein exotisches, aber nicht untypisches Erziehungssystem — das der aztekischen Indianer. Im alten Mexiko gab es zwei Arten von Schulen. Die eine trug den schlichten Namen »Haus der jungen Männer« und war der Ort, an dem die Masse der männlichen Jugendlichen erzogen wurde. Unterrichtet wurden die Knaben im »Tragen von Waffen, in

Kunst und Handwerk, in Geschichte und Tradition und in den Bräuchen und Regeln der Religion.« Die Leitung dieser Schulen scheint in den Händen von einfachen Bürgern gelegen zu haben, die, ausgewählt aus der Schar der erfahreneren Krieger, »an speziellen Plätzen in speziellen Häusern den Unterricht fortführten, den in einfacheren Zeiten die alten Männer des Stammes erteilt hatten.«[5] Eine ganz andere Art von Erziehung wurde dem Nachwuchs der Elite (und einigen ausgewählten Kindern aus plebeischen Familien) zuteil; sie war strenger, härter und auch intellektueller. In Klöstern und Tempeln angegliederten Spezialschulen wurde »alles Wissen der Zeit und des Landes gelehrt: Lesen und Schreiben in piktographischer Schrift, Zukunftsschau, Zeitrechnung, Poesie und Rhetorik.« Hier kamen die Lehrer aus der Priesterklasse, »ausgewählt nicht mit Blick auf ihre Herkunft, sondern einzig und allein auf ihre Moral, ihre Gewohnheiten, ihren Wissensstand und die Reinheit ihres Lebens.«[6] Die Kriterien, nach denen die Schüler ausgewählt wurden, kennen wir nicht; im Prinzip zumindest dürften jedoch die gleichen Qualitäten gefordert gewesen sein, denn es waren diese Schulen, aus denen die Priester ihrerseits selber hervorgingen. Wiewohl eine solche elitäre Erziehung Opfer und Selbstdisziplin verlangte, dürften die entsprechenden Schulplätze dennoch heiß begehrt gewesen sein, vor allem bei ehrgeizigen »Plebejern.« Auf alle Fälle gehe ich fest davon aus, daß solcherlei Schulen existierten und daß es ohne sie wohl kaum zu Distributionsproblemen gekommen wäre.

Man könnte nun sagen, das »Haus der jungen Männer« sei neben allem anderen auch eine intermediäre Institution gewesen, eine Zwischeninstitution, die es für aztekische Mädchen, wenn sie nicht gerade zu Priesterinnen ausgebildet wurden, einfach nicht gegeben habe, denn die Mädchen blieben meistenteils im elterlichen Haus und erlernten die weiblichen Kunstfertigkeiten von den alten Frauen in der Familie. Doch so weit trägt die Differenz nicht, vielmehr sind beide Erziehungsvarianten nichts anderes als verschiedene Ausprägungen der gleichen Sache, nämlich der sozialen Reproduktion in ihrer direkten Form. D.h., die Mädchen blieben auch weiterhin zuhause, während die jungen Männer sich zusammentaten, um endlose Kriege mit Nachbarstädten und -stämmen zu führen. Die Auswahl einiger alter Frauen, die die Mädchen in einem »Haus der jungen Frauen« in den traditionellen Lebensformen unterwiesen hätten, hätte noch lange keinen autonomen Erziehungsprozeß konstituiert. Für einen solchen bedarf es geschulter und auf »ihren Wissensstand« geprüfter Lehrer. Nehmen wir an, solche Lehrer stehen zur Verfügung. Wen sollen sie unterrichten?

Die Elementarerziehung: Autonomie und Gleichheit

Die Gesamtmasse der Kinder läßt sich, wenn es um Erziehung geht, in mehrerlei Weise unterteilen. Das einfachste und gebräuchlichste Muster, das die meisten Erziehungsprogramme bis weit in die Moderne hinein mit geringfügigen Abwandlungen praktiziert haben, sieht so aus: mittelbare Erziehung für eine kleine Minderheit, unmittelbare Erziehung für die große Mehrheit. Es ist dasselbe Muster, nach dem Männer und Frauen sich in ihren konventionellen Rollen — als Herrrschende und Beherrschte, Priester und Laien, Ober- und Unterschicht — die gesamte Geschichte hindurch voneinander unterschieden und, wie ich vermute, auch reproduziert haben. Ich sage dies, wiewohl ich erneut betonen muß, daß die mittelbare Erziehung neben ihren Standardprodukten immer auch Zweifler und Abenteurer produziert. Trotzdem, aufs Ganze gesehen waren Schulen in den allermeisten Fällen sei's durch Geburt und Geblüt, sei's durch Vermögen, Geschlecht oder Sozialstatus dominierte Eliteinstitutionen, die ihrerseits, sozusagen im Gegenzug, über den Zugang zu religiösen und politischen Ämtern geboten. Aber dieser Tatbestand hat wenig zu tun mit ihrem inneren Charakter; und so ist es denn auch schwer, die im Sinne des Musters erforderlichen Unterscheidungen aus dem Innern der Erziehungsgemeinschaft heraus zu begründen und durchzusetzen. Angenommen, es existiert eine Theorie der Staatsführung. Wem soll sie beigebracht werden, wer soll in ihr unterrichtet werden? Die Herrschenden beanspruchen diese Staatslehre für sich und ihre Kinder. Aber solange Kinder nicht von der Natur in Herrschende und Beherrschte unterteilt werden, dürften die Lehrer es aus ihrer Sicht für sinnvoll erachten, die zur Debatte stehende Lehre jedem zur Kenntnis zu bringen, der sich für sie interessiert und imstande sind, das ihm vermittelte Wissen zu erfassen. »Wenn ... die einen die anderen in dem Maße überragten«, schrieb Aristoteles, » wie nach unserer Vorstellung die Götter und die Heroen ... die Menschen übertreffen«, dann hätten die Lehrer wohl Grund, ihre Aufmerksamkeit allein diesen »einen« zuzuwenden. »Da das aber nicht leicht zu ermitteln ist, und es sich auch nicht so wie bei den Indern verhält, wo nach der Versicherung des Skylax die Könige wirklich ihre Untertanen in dem angegebenen Maße überragen sollen, so ist es ... notwendig, daß alle gleichmäßig an dem Wechsel im Herrschen und Beherrschtwerden Anteil haben.«[7] Mit Ausnahme des von Skylax beschriebenen Indien ist es demnach unzulässig, bestimmte Kinder aus der geschlossenen Gemeinschaft, in der die erwähnte Staatstheorie gelehrt wird, auszuschließen. Gleiches gilt für andere Lehren; und man braucht kein Philosoph zu sein, um dies zu begreifen.

Hillel auf dem Dach

Eine alte jüdische Volkssage zeigt Hillel, den großen talmudischen Weisen, als einen mittellosen jungen Mann, dessen größter Wunsch es ist, an einer der Akademien von Jerusalem zu studieren. Zwar verdient er mit Holzhacken eine kleine Summe Geldes, doch reicht sie kaum aus, um ihn am Leben zu erhalten, geschweige denn, um ihn instand zu setzen, die geforderten Vorlesungsgebühren zu erlegen. In einer kalten Winternacht, als Hillel einmal mehr völlig ohne Geld ist, kommt er auf die Idee, auf das Dach eines der Schulgebäude zu klettern, um von dort im Mondschein den drinnen vorgetragenen Worten zu lauschen. Erschöpft fällt er an Ort und Stelle in Schlaf und ist bald von Schnee bedeckt. Am nächsten Morgen sehen die versammelten Gelehrten die schlafende Gestalt, die ihnen das Licht benimmt. Als sie begreifen, was er da oben will, nehmen sie ihn, ihm alle Gebühren erlassend, sofort in die Akademie auf. Daß er schlecht gekleidet ist, keinen Silberling in der Tasche hat, erst kürzlich aus Babylon zugewandert ist und aus einer völlig unbekannten Familie stammt, tut nichts zur Sache. Er ist erkennbar Student.[8]

Um so zwingend zu sein, wie diese kleine Geschichte es ist, muß sie sich auf einige allgemeine Postulate und Vorstellungen davon stützen können, wie Unterrichtsplätze zu verteilen seien. Und wenn diese Postulate auch kein umfassendes Konzept darstellen, denn ein ganzes Schul- und Erziehungssystem läßt sich aus dieser Art Volksweisheit ganz sicher nicht herleiten, so herrscht hier doch ein Gemeinschaftsverständnis von Lehrern und Schülern vor, das für soziale Unterscheidungen keinen Raum läßt. Wenn die Lehrer einen vielversprechenden Studenten erblicken, dann nehmen sie ihn in die Schulgemeinschaft auf. So zumindest verhalten sich legendäre und damit ideale Lehrer; nach Vermögen und Stand fragen sie nicht. Es ließen sich gewiß nicht nur weitere Legenden, sondern auch konkrete Biographien finden, die der Geschichte von Hillel in anderen Kulturen entsprechen. So begannen z.B. viele chinesische Beamte ihre Laufbahn als arme Bauernjungen, die von einem Dorfschullehrer in die Schule geholt wurden.[9] Heißt das, daß dies die Art ist, wie Lehrer sich verhalten sollten? Im Falle Chinas kenne ich die Antwort nicht; aber wir sind meiner Meinung nach auch heute noch bereit, die Moral der Hillel-Geschichte zu akzeptieren. »Erzieherischen Erfordernissen nachzukommen, ohne auf die vulgären Nebensächlichkeiten von Klassenzugehörigkeit und Einkommenshöhe zu achten«, schrieb R.H. Tawney, »macht einen Teil des Ansehens aus, das der Lehrer genießt.« Wenn Schulen exklusiv sind, dann, weil eine soziale Elite sie für sich in Besitz genommen hat, und nicht, weil sie Schulen sind.

Indes, es ist einzig und allein der demokratische Staat (oder eine entsprechend verfaßte Kirche oder Synagoge), der auf *inklusiven* Schulen besteht, auf Schulen, die niemanden ausschließen und in denen die zukünftigen Staatsbürger auf ihr gemeinsames politisches (oder religiöses) Leben vorbereitet werden. Nun hängt die Verteilung der Erziehungsgüter aber nicht nur davon ab, wen eine Schule aufnimmt, sondern auch und in erster Linie davon, welche Ziele sie verfolgt und welchen Zwecken sie dient; d.h., sie hängt ab von den Vorstellungen, die die Gesellschaft als Ganze von Krieg, Arbeit oder Ehre hat – oder umfassender, von dem in ihr geltenden Bürgerrecht, in das normalerweise alle diese Dinge eingeschlossen sind. Ich will damit keineswegs behaupten, daß zur Demokratie notwendig demokratische Schulen gehörten; Athen kam sehr gut ohne solche Schulen zurecht. Aber wenn es ein bestimmtes Grundwissen gibt, das die Bürger haben müssen oder haben zu müssen glauben, um ihren Part im Staat übernehmen zu können, dann müssen sie auch zur Schule gehen, und zwar allesamt. So schrieb denn auch Aristoteles in Opposition zu den Praktiken seiner eigenen Stadt: ». . . so muß zweifellos die Erziehung ein und dieselbe für alle und die Sorge für sie eine gemeinsame sein.«[11] Was er hier fordert, ist nichts anderes als einfache Gleichheit in der Sphäre der Erziehung, ein Konzept, das, wiewohl ihm die Komponente der Einfachheit sozusagen zwangsläufig sehr schnell abhanden kommt – weil kein Erziehungssystem jemals für alle »ein und dasselbe« sein kann –, die Politik der demokratischen Schule dennoch nachhaltig bestimmt. Die einfache Gleichheit von Schülern entspricht der einfachen Gleichheit von Bürgern: eine Person/eine Stimme im Staatsgefüge – ein Kind/ein Platz im Erziehungssystem. D.h., wir dürfen uns erzieherische Gleichheit vorstellen als eine Form von Gemeinschaftsversorgung, von öffentlicher Wohlfahrt, die allen Kindern in ihrer Eigenschaft als zukünftigen Bürgern den gleichen Wissensbedarf unterstellt und das Ideal der Mitgliedschaft dann am besten erfüllt sieht, wenn alle die gleichen Dinge lernen und gelehrt werden. Ihre Erziehung darf nicht vom Sozialstatus oder von der Finanzkraft ihrer Eltern abhängen. (Ob sie von den moralischen und politischen Überzeugungen ihrer Eltern bestimmt sein sollte, bleibt insofern eine Frage, als demokratische Bürger darüber, was ihre Kinder wissen sollten, durchaus unterschiedlicher Meinung sein können; ich werde auf diesen Punkt später zurückkommen.)

Da die einfache Gleichheit bedarfsorientiert ist und alle zukünftigen Bürger einer Erziehung bedürfen, muß ihnen diese auch gleichermaßen zuteil werden. Und doch ist dieser Bedarf, vor allem aus der Sicht der Schule, keineswegs das einzige Kriterium für die Vermittlung und Verteilung von Wissen. Interesse und Fähigkeit sind, wie die Hillel-Geschichte zeigt, mindestens ebenso wichtig. Tatsächlich scheint die Lehrer-Schüler-Beziehung vor allem auf den letztgenannten Pfeilern zu ruhen. Lehrer suchen sich Schüler, und Schüler suchen sich Lehrer, die ihre jeweiligen Interessen teilen. Wenn sie sich gefunden haben, können sie so lange miteinander arbeiten, bis die Schüler gelernt haben, was sie lernen wollten, oder bis sie an die Grenzen ihrer Lernfähigkeit stoßen. D.h., die Erfüllung des Demokratieerfordernisses ist für die Schulen keineswegs ein politisches Muß. Verfechter der Demokratie behaupten zwar zu Recht, daß alle Kinder sowohl ein Interesse daran hätten zu wissen, wie und nach welchen Prinzipien ihr Staat funktioniert, als auch die Fähigkeit, die einzelnen Regierungssysteme zu verstehen — damit sozusagen die Grundvoraussetzungen ihrer Staatsbürgerschaft erfüllend. Aber es ist gleichermaßen richtig, daß zum einen nicht alle Kinder das gleich intensive Interesse entwickeln, und daß zum andern nicht alle die gleiche Fähigkeit des Verstehens mitbringen. Sobald sie innerhalb der Schule sind, werden sie deshalb zwangsläufig anfangen, sich voneinander zu unterscheiden.

Wie eine Schule auf diese Unterschiede reagiert, hängt sehr stark von ihren Lernzielen und ihrem Lehrplan ab. Wenn die Lehrer sich den Grunddisziplinen demokratischer Politik verpflichtet fühlen, werden sie versuchen, ihren Schülern ein gemeinsames Wissen zu vermitteln, das sie in etwa auf den gleichen Kenntnisstand bringt. Ziel ist nicht die Unterdrückung von Unterschieden, sondern deren Zurückdrängung, so daß die Kinder erst einmal lernen, Bürger zu sein — Arbeiter, Manager, Kaufleute und Akademiker können sie später werden. Jeder lernt das, was er als Bürger wissen muß. Der Schulbesuch hört auf, das Monopol einer Minderheit zu sein; er gebietet nicht mehr automatisch über Ränge und Ämter.[12] Denn es gibt keinen privilegierten Zugang zu Staatsbürgerschaft und Bürgerrecht; bessere schulische Leistungen bedeuten für den Schüler weder ein Mehr an Bürgerrechten, noch ermöglichen sie ihm ihren schnelleren Erwerb. Die Schulausbildung ist keine Erfolgsgarantie, und auch ihr Tauschwert ist nicht besonders hoch, aber sie ist das allgemeine Zahlungsmittel, die Währung des politischen und sozialen Lebens. Und dies scheint mir dann doch eine überzeugende Begründung der Notwendigkeit einer zumindest elementaren Erziehung und Ausbildung für alle zu sein. Kinder die Kunst des Lesens und Schreibens zu lehren, ist ein egalitäres Geschäft auch dann, wenn dies beispielsweise für die Unterweisung in Literaturkritik nicht gilt. Das Ziel des Unterricht im Lesen erteilenden Lehrers besteht nicht darin, gleiche Lernchancen unter den Schülern herzustellen, sondern gleiche Resultate bei ihnen zu erzielen. Wie der demokratische Theoretiker geht er davon aus, daß alle seine Schüler interessiert und in der Lage sind, lesen zu lernen. Er versucht nicht, allen Schülern die gleichen Lernmöglichkeiten zu bieten, sondern er ist darum bemüht, sie allesamt lesekundig zu machen, *sie das Lesen so zu lehren*, daß sie es fürderhin praktizieren können. Ob sie alle die gleiche Chance haben sollten, Literaturkritiker zu werden oder Universitätslehrstühle einzunehmen, Artikel und Aufsätze zu schreiben oder anderer Leute Bücher zu widerlegen, mag eine strittige Frage sein; unstritig ist, daß ihnen die Fähigkeit zu lesen vermittelt werden *muß*. Sie *müssen* lesen können, auch wenn ihnen das keine Privilegien einträgt. Und so ist es denn im Schulalltag so, daß der demokratische Anspruch der Gesamtgesellschaft sich in den demokratischen Praktiken der Schule zwar nicht immer direkt widerspiegelt, daß er durch sie aber sehr wohl erfüllt und sogar verstärkt wird.

Der japanische Weg

Unter heutigen Verhältnissen wächst die Chance der Einlösung des demokratischen Anspruchs mit der Autonomie der Schule innerhalb der Großgemeinschaft. Denn der Druck, die zwischen den Schülern bestehenden natürlichen Unterschiede zu vergrößern und die zukünftigen Führer des Landes möglichst frühzeitig herauszufinden und kenntlich zu machen, er kommt fast gänzlich von außen. In einer erhellenden Studie über die Umsetzung des erzieherischen Gleichheitskonzepts in Japan nach dem Zweiten Weltkrieg hat William Cummings nachgewiesen, daß Schulen eine echte Gemeinschafts- und Allgemeinerziehung nur dann zu leisten vermögen, wenn sie vor Eingriffen von außen, sei's durch irgendwelche Körperschaften, sei's durch den Staat, sicher sind. Sind sie indes davor geschützt, dann ist es umgekehrt so, daß die Schulen auch und selbst in kapitalistischen Gesellschaften eine egalisierende Wirkung haben.[13] Gehen wir, wie ich es bereits getan habe, von der Existenz einer Vielzahl von mehr oder weniger in sich geschlossenen Erziehungsgemeinschaften aus, dann stellt sich innerhalb der je einzelnen Schülergruppe, die einem Lehrer gegenübersitzt, sehr wohl eine gewisse Gleichheit her. Nehmen wir hinzu, daß jedes Kind zur Schule geht, daß nach einem allgemeinen Lehrplan unterrichtet wird und daß die Abschottung der Bildungsinstitution nach außen stark ist, dann dürfte die Sphäre der Erziehung ein höchst egalitärer Raum sein.

Allerdings nur für die Schüler, denn Schüler und Lehrer sind zweierlei; zwischen den beiden Gruppen herrscht keine Gleichheit, im Gegenteil, die Autorität des Lehrers ist für die Gleichheit der Schüler eine notwendige Voraussetzung. Die Lehrer sind die Hüter des Schulgeheges, sie wachen über die Abgeschlossenheit nach außen. Im Falle Japans, so zeigt Cummings, bestand die entscheidende Voraussetzung der Erziehungsgleichheit in einer starken Lehrergewerkschaft.[14] Daß es sich bei ihr um eine sozialistische Gewerkschaft handelt, ist, dies sei betont, eine Besonderheit dieses Falles. Ansonsten haben Sozialisten oder Leute, die sich Sozialisten nennen, auch ganz andere Arten von Schulen hervorgebracht. Was speziell in Japan die ganze Zeit über für Gleichheit gesorgt hat, ist, daß die Lehrergewerkschaft sich von ihrer Widerstandsideologie gegen den (inegalitären) Druck von Staatsvertretern leiten ließ, die ihrerseits von der Managerelite bedrängt wurden. Die Schulen sind mithin weniger durch eine sozialistische Theorie geprägt als durch die natürlichen Folgen jenes permanent geübten Widerstandes — in concreto: durch die tagtäglich praktizierte Autonomie von unabhängigen Lehrern, die einen fest umgrenzten Wissensstoff an Schüler vermitteln, die ihrerseits Wissen erwerben müssen. Was folgt aus einer solchen Situation? Ich werde einige der Cummingschen Schlüsse zitieren und kommentieren.

1. »Die Schulen sind organisch aufgebaut mit einem Minimum an Binnendifferenzierung... Auf der Elementarstufe gibt es keine Spezial- und Fachlehrer, auf Leistungsnachweise wird verzichtet.«[15] Dies ist die direkte praktische Umsetzung der aristotelischen Maxime für demokratische Schulen: »gemeinsame Aufgaben erheischen eine gemeinsame Vorbereitung.«[16] Binnendifferenzierung in den Grundstufen ist ein Kennzeichen für eine schwache, sich der Rassen- oder Klassenherrschaft ausliefernde Schule (oder für Lehrer, die sich ihrer Eignung für diesen Beruf nicht sicher sind).

2. Die Lehrer »versuchen, ihre Schüler (auf ein allen gemeinsames Niveau) zu heben, indem sie eine positive Situation herstellen, in der jeder Schüler belohnt wird . . ., indem sie das Unterrichtstempo der Lerngeschwindigkeit der Schüler anpassen und indem sie davon ausgehen, daß die Schüler sich auch wechselseitig etwas beibringen.«[17] Zu sagen, daß aufgeweckte Kinder durch solche Praktiken in ihrer Entwicklung gebremst würden, wäre mit Sicherheit falsch, Unterweisung durch Mitschüler ist auch eine Form der Erkenntnisvermittlung; und sie ist zugleich eine Lernerfahrung für den »Lehrer-Schüler« ebenso wie für den »Schüler-Schüler«, eine Erfahrung, die von großem Nutzen ist für einen demokratischen Staat. *Lerne und lehre* als Unterrichtsprinzip ist ein Kennzeichen für eine starke Schule, für eine Schule, die sich in der Lage

sieht, ihre Schüler an ihren zentralen Aufgaben zu beteiligen. Der Effekt ist eine »Minimierung der Zahl von außergewöhnlich schwachen Schülern.«

3. »Der... Lehrplan ist anspruchsvoll, sein Orientierungsrahmen das Lernpensum des überdurchschnittlichen Schülers«[18] — ein weiteres Kennzeichen starker Schulen und ehrgeiziger Lehrer. Nun wird zwar immer wieder gesagt, die Entscheidung, jeden Heranwachsenden zu unterrichten und auszubilden, ziehe zwangsläufig ein Absinken des Niveaus nach sich. Aber dies trifft nur auf schwache Schulen zu, auf Schulen, die nicht imstande sind, den Pressionen einer hierarchischen Gesellschaft standzuhalten. Ich zähle zu diesen Pressionen übrigens keineswegs nur die Forderung der Wirtschaftsführer nach minimal ausgebildeten und genügsamen Arbeitern, sondern auch die Apathie und die Gleichgültigkeit vieler Eltern aus den unteren Schichten sowie die Arroganz ihrer Gegenspieler in den oberen Rängen. Auch diese Gruppen sind sozial reproduktiv, und die demokratische Erziehung führt nur dann zum Ziel, wenn sie die Kinder dieser Eltern in ihr eigenes demokratisches Gehege hineinzuziehen vermag. Und so könnte es ein wichtiger Wesenszug des japanischen Konzeptes sein, daß »japanische Schüler sehr viel mehr Zeit in der Schule verbringen, als ihre Ebenbilder in den meisten anderen fortgeschrittenen Gesellschaften dies tun.«

4. »Die relative Gleichheit ihrer kognitiven Leistung bremst die Neigung der Kinder, sich wechselseitig einzustufen... Statt dessen sind sie bereit, sich als Kameraden zu begreifen, die sich gemeinsam daran machen, den Lehrplan zu erfüllen.«[19] Diese Disposition kann verstärkt werden durch die Tatsache, daß sich alle Schüler — und alle Lehrer ebenfalls — an der Reinigung und Instandhaltung der Schule beteiligen. Und so gibt es in japanischen Schulen denn auch praktisch kein Wartungspersonal. Die erzieherische Gemeinschaft ist in sich geschlossen und eigenständig, sie besteht ausschließlich aus Lehrern und Schülern. »Die Instandhaltung der Schule ist jedermanns Sache.«[20] Das gemeinsame Lernen und das gemeinsame Arbeiten zielen gleichermaßen auf eine Bürgerwelt hin und nicht auf eine Arbeitsteilung. Die von der Arbeitsteilung, zumindest in ihren konventionellen Ausprägungen, unablässig und endlos produzierten Vergleiche haben hier keinen Nährboden.

Ich weiß, ich habe einige schwierige Besonderheiten der Cummingschen Analyse außer acht gelassen, aber ich habe es getan, weil sie in unserem Kontext nicht unmittelbar relevant sind. Mir ging es hier in erster Linie um die Effekte und Resultate eines normativen Schulunterrichts unter demokratischen Bedingungen, sie wollte ich aufzeigen. Und sie lassen sich denn auch sehr leicht zusammenfassen: Jeder wird das Grundwissen, das für eine aktive Staatsbürgerschaft erforderlich ist, gelehrt, und die große Mehrheit der Schüler lernt es und nimmt es in sich auf. Die Erfahrung des Lernens ist in sich selbst demokratisch, indem sie die ihr eigenen Gratifikationen von Gegenseitigkeit und Kameradschaft ebenso abwirft wie die der individuellen Leistung. Es ist natürlich möglich, Kinder in Schulen allein zum Zwecke der Nichterziehung zu versammeln oder in der Absicht, ihnen keinesfalls mehr beizubringen als pures Lesen und Schreiben. In diesem Fall bleibt die Erziehung durch die Abstinenz der Schule tatsächlich unvermittelt und wird in der Familie bzw. auf der Straße vollzogen; oder Fernsehen, Film und Musikindustrie schlüpfen in die Vermittlerrolle, und die Schulen sind nichts anderes als Aufbewahrungsanstalten, in denen die Kinder verwahrt werden, bis sie alt genug sind, um arbeiten zu gehen. Schulen dieser Art können durchaus Mauern haben, die den Kindern den Weg nach draußen versperren; aber sie haben keine Mauern, die die Gesellschaft und die Wirtschaft daran hindern, in umgekehrter Richtung in die Schulen einzudringen. Sie sind hohle Gebäude und keine Zentren autonomen Lernens. Wenn eine solche Situation eintritt, dann wird eine Alternative erforderlich, nicht um die Bürger, wohl aber um die Manager und die Akademiker der nächsten Generation auszubilden, mit dem Resultat, daß der alte Unterschied zwischen direkter und vermittelter Erziehung in einer neuen Form reproduziert und die Grundstruktur der Klassengesellschaft aufrechterhalten wird. Doch die Verteilung von Erziehungsgütern in autonomen Schulen wird immer wieder neu für Gleichheit sorgen.

Spezialschulen

Ausgangspunkt der demokratischen Erziehung und Wissensvermittlung ist die einfache Gleichheit: gemeinsame Arbeit für ein gemeinsames Ziel. Die Erziehung wird gleichermaßen an jedes Kind verteilt — oder genauer, jedem Kind wird geholfen, den gleichen Wissensstoff zu erlernen. Das heißt nicht, daß ein Kind wie das andere, also alle exakt gleich behandelt würden. Lob wird beispielsweise in japanischen Schulen in Hülle und Fülle, jedoch nicht an alle Kinder gleichmäßig verteilt. Einige der Kinder sind auf den Part des Schüler-Lehrers gleichsam abonniert, anderen fällt immer die Schülerrolle zu. Schüchterne und apathische Kinder dürften ein Übermaß an Aufmerksamkeit von seiten des Lehrers erfahren. Was alle zusammenhält, ist die starke Schule und der gemeinsam zu erfüllende Minimallehrplan.

Die einfache Gleichheit verliert jedoch ihren Sinn, sobald der Wissensgrundstock gelegt und das gemeinsame Ziel erreicht ist. Danach muß die Erziehung auf die Interessen und Fähigkeiten der weiterhin Lernenden zugeschnitten sein und müssen die Schulen als solche stärker auf die speziellen Erfordernisse der Alltags- und Arbeitswelt eingehen. Bernard Shaw hat vorgeschlagen, von diesem Punkt an auf Schulen ganz zu verzichten – und zwar just deshalb, weil sie nicht mehr in der Lage seien, allen ihren Schülern gemeinsame Ziele vorzugeben. Für ihn ist Schule gleichbedeutend mit einfacher Gleichheit:

»Wenn das Kind sein soziales Glaubensbekenntnis und den dazugehörigen Katechismus gelernt hat, wenn es außerdem lesen, schreiben, rechnen und seine Hände praktisch gebrauchen kann, kurz: wenn es alle notwendigen Voraussetzungen erfüllt, um in einer heutigen Stadt zurechtzukommen und einer einfachen nützlichen Arbeit nachzugehen, dann sollte man ihm überlassen herauszufinden, was für seine weitere Bildung von Nutzen ist. Wenn es ein Newton ist oder ein Shakespeare, wird es die Differentialrechnung oder das Theater studieren, ohne damit bis zum Überdruß vollgestopft zu werden; alles, was es braucht, ist: freien Zugang zu Büchern, Lehrern und zum Theater. Wenn aber sein Kopf keine Lust zur Weiterbildung hat, dann soll man das Kind in Ruhe lassen, weil es selbst am besten weiß, was ihm gut tut.«[21]

Dies ist Shaws Version von der »Entschulung«. Im Unterschied zu dem von Ivan Illich in den siebziger Jahren verfochtenen Konzept baut das Shawsche auf einem mehrjährigen Elementarunterricht auf und ist damit alles andere als realitätsfern.[22] Im Gegenteil, Shaws Forderung, daß junge Männer und Frauen das Recht haben sollten, selbst zu bestimmen, wann sie ins Erwachsenenleben einzutreten und ob sie es mit oder ohne amtliches Zertifikat zu tun wünschen, scheint voll gerechtfertigt. Wir überschätzen heute die Bedeutung zwar nicht der Ausbildung an sich, wohl aber der ins Unendliche ausgedehnten Schul- und Lehrzeit. Die Folge ist, daß wir die Wirtschaft ihres einzig legitimen Proletariats berauben, des Proletariats der Jungen, und daß wir diesen Menschen den Aufstieg in die oberen Ränge schwerer machen, als es nötig wäre.

Dabei steht allerdings keineswegs fest, wie lange es dauert, bis einer seinen »sozialen Katechismus« gelernt hat, oder welches Wissen er ansammeln muß, um sich in einer modernen Stadt sicher bewegen zu können. Es muß etwas anderes und es muß mehr sein als reine Straßenkenntnis und bloßes Straßenwissen, sonst wäre die Schule wirklich von Anfang an unnötig. Auch wäre es unter demokratischen Gesichtspunkten äußerst unbefriedigend, wenn einige Kinder sehr früh und sehr schnell auf die Straße enteilten, während die Eltern von anderen Jugendlichen diesen eine Weiterbildung erkauften, die ihnen den Zugang zu den privilegierten Positionen in der Stadt verschaffte. Dies ist denn auch der Grund, weshalb bislang jede Verschiebung des Schulabschlusses auf ein höheres Alter einen Sieg für die Gleichheit bedeutet. Und dennoch kommt irgendwann ein Punkt, an dem dies so nicht länger stimmt, denn es kann nicht sein, daß ein einziger Lebenslauf auf alle Kinder paßt, allen gleichermaßen angemessen ist. Was den von den Schulen vorgezeichneten Werdegang betrifft, so scheint mir die gegenteilige Behauptung sogar einleuchtender: Es wird niemals eine politische Gemeinschaft von gleichen Bürgern zustande kommen, wenn der Schulunterricht der einzige Weg zur Erwachsenenverantwortlichkeit ist. Für manche Kinder wird die Schule jenseits eines bestimmten Alters zu einer Art von Gefängnishaft (sie haben aber nichts getan, um eine Gefängnisstrafe zu verdienen!), die ertragen wird, weil Rechtserfordernisse es so vorsehen oder weil irgendwelche Diplome winken. Ganz gewiß sollten diese Kinder zunächst von der Schule freikommen, danach müßte ihnen geholfen werden, sich für eine Arbeit auszubilden, die sie zu ihrem Beruf machen möchten. Gleiches Bürgerrecht erfordert eine gemeinsame Beschulung, wobei deren Dauer eine Frage ist, die politisch diskutiert werden muß, eine uniforme Erziehungskarriere setzt sie jedoch mit Sicherheit nicht voraus.

Was aber soll geschehen mit jenen jungen Männern und Frauen, die — etwa um einer allgemeinen und liberalen Weiterbildung willen — weiterhin auf die Schule gehen möchten? Wir könnten ihnen ganz einfach dadurch gerecht werden, daß wir jenseits der Schulpflicht die unbeschränkte Zulassung praktizierten, indem wir auf Einstufungen verzichteten, bei Aufnahmeprüfungen niemanden durchfallen ließen und einzelne Personen, falls nötig, erst am Ende des gesamten Prozesses aussiebten. Die Studenten würden das studieren, was sie interessiert, und sie würden ihre Studien so lange fortsetzen, bis ihr Interesse an diesem oder jenem Gegenstand (oder am Studium selbst) erschöpft wäre, danach würden sie etwas anderes tun. Aber Interessen sind zumindest potentiell grenzenlos, und in einem gewissen Sinne sollte man tatsächlich studieren und lernen, solange man lebt. Doch die Wahrscheinlichkeit, daß die politische Gemeinschaft das nötige Geld für ein derartiges Studium aufbringen könnte, ist gering, und es gibt keinen Grund anzunehmen, daß die Menschen, die aufhören zu studieren, moralisch verpflichtet seien, diejenigen zu finanzieren, die weiterlernen wollen. Mittelalterliche

Mönche und talmudische Weise lebten zwar tatsächlich von der Arbeit einfacher Männer und Frauen, und das mag auch eine gute Sache gewesen sein. Aber eine solche Finanzierung ist kein moralisches Erfordernis, nicht in einer Gesellschaft, wie der unsrigen, und zwar selbst dann nicht, wenn die Chance, Mönch zu werden oder Weiser oder etwas entsprechend Modernes, für jeden von uns gleichermaßen gegeben wäre.

Wenn aber die Gemeinschaft die Weiterbildung *einiger* ihrer Bürger übernimmt, so wie dies in Amerika heute im Falle der College-Studenten geschieht, dann muß sie eine solche Weiterbildung *allen* angedeihen lassen, die ein entsprechendes Interesse an ihr bekunden — sie kann sie nicht nur auf Colleges beschränken, sondern muß sie, wie Tawney gesagt hat, »auch inmitten der Routine des Arbeitslebens« gewähren. Tawney, der viele Jahre seines Lebens in den Dienst des Arbeiterbildungsvereins (»Workers Educational Association«) gestellt hat, hat absolut recht, wenn er darauf insistiert, daß eine solche Weiter- und Höherbildung nicht nur auf der Basis »einer kontinuierlichen Schulkarriere zwischen fünf und achtzehn Jahren« erhältlich sein sollte.[23] Denkbar ist eine Vielfalt von Schulen und Kursen für Lernende unterschiedlichen Alters und mit unterschiedlicher Vorbildung, die, sei's auf nationaler, sei's auf lokaler Ebene, an Gewerkschaften, Berufsorganisationen, Betriebe, Museen, Altenheime usw. angegliedert sind. Unter solchen Rahmenbedingungen geht schulisches Lernen natürlich über in andere, weniger formelle Lehr- und Lernformen. Die »geschlossene Gemeinschaft« verliert ihre physische Realität und wird zur Metapher für eine durchaus bedenkliche Distanz. Anders dort, wo wir tatsächlich Schulplätze verteilen (die »harte Schule des Lebens« hatte stets offene Immatrikulationslisten), in solchen Fällen sollten wir meiner Meinung nach auf das Konzept des Geheges, der Abgeschlossenheit nicht verzichten und soviel Distanz zu bewahren versuchen wie irgend möglich. Die einzige einer Demokratie angemessene Ausweitung der Elementarerziehung besteht in der Gewährung von echten Lernchancen und echter geistiger Freiheit nicht nur für einige wenige, in traditioneller Manier versammelte Studenten, sondern für alle Bürger des Staates.

In welchem Umfang diese erzieherische Gemeinschaftsversorgung erfolgen müßte, kann ich im einzelnen nicht sagen. Auch hier ist wieder Raum für eine demokratische Diskussion. Es ist aber auch nicht so, wie einige Bildungsradikale behaupten, daß Demokratie als solche ohne ein staatliches Weiterbildungsprogramm überhaupt nicht möglich sei.[24] Die Demokratie ist nur dann in Gefahr, wenn ein solches Programm undemokratisch organisiert ist, nicht aber, wenn es gar nicht existiert. Was für Mönche und Weise gilt, gilt auch für den Normalbürger: Es ist eine gute Sache, wenn er die Möglichkeit hat, endlos zu lernen und zu studieren, nicht zu beruflichen Zwecken, sondern um dessentwillen, was Tawney »eine vernünftige und menschliche Lebensführung« genannt hat. Der im Hinblick auf die Theorie der Gerechtigkeit einzig kritische Punkt liegt darin, daß diese Art von Studium nicht das exklusive Privileg einiger weniger Menschen sein darf, die von Staatsvertretern vermittels eines Examenssystems aus der Masse herausgepickt werden. Für ein Studium in »menschlicher Lebensführung« bedarf es keiner besonderen Qualifikation.

Anders liegt der Fall dort, wo es um Spezial- oder Fachausbildungen geht. Hier kann das Interesse nicht das einzige Distributionskriterium sein. Und auch Interesse plus Fähigkeit reichen hier nicht aus, dazu ist die Zahl interessierter und zugleich fähiger Personen zu groß. Vielleicht könnten wir in der besten aller möglichen Welten alle diese Menschen so lange ausbilden, wie sie ausbildbar sind. Dies sei, so könnte die Argumentation lauten, der einzige der Idee der Bildung angemessene Maßstab — als seien fähige Männer und Frauen leere Gefäße, die bis zum Rande gefüllt werden müßten. Aber dies ist eine Vorstellung von Erziehung, die vom je konkreten Wissensstoff ebenso abstrahiert wie von der je besonderen Berufspraxis. Eine Spezialausbildung geht nicht einfach solange weiter, bis der Lernende alles, was er auf seinem Gebiet potentiell erlernen kann, auch tatsächlich gelernt hat; sie endet vielmehr dann, wenn er sich einiges davon einverleibt hat, wenn er mit dem Wissensstand seines Fachgebiets vertraut ist. Wir werden sinnvollerweise im voraus versuchen, in etwa sicherzustellen, daß er das erforderliche Wissensquantum erlernen und sogar gut erlernen kann. Und wenn wir nur eine begrenzte Geldsumme aufwenden können, oder wenn es nur eine beschränkte Anzahl von Arbeitsplätzen gibt, die diese spezielle Ausbildung erfordern, dann werden wir sinnvollerweise sicherzustellen versuchen, daß er es sogar besonders gut erlernen kann.

Die Erziehung der Bürger ist Sache der Gemeinschaft, eine Art von öffentlicher Wohlfahrt. Und so nehme ich an, daß wir in einem Studienplatz zum Erwerb von Spezialwissen so etwas wie einen »Amtsposten« erblicken, für den die Studierenden sich qualifizieren müssen. Aber selbst wenn sie dies tun, indem sie ihr Interesse an ihm bekunden und einschlägige Fähigkeiten vorweisen, erwächst ihnen daraus kein Rechtsanspruch auf eine Spezialausbildung, denn welche Spezialisierungen erforderlich sind, entscheidet die Gemeinschaft, der auch die Entscheidung darüber zufällt, wieviele Ausbildungsplätze in Spezialschulen es geben soll. Studenten haben den gleichen Anspruch auf einen Studienplatz, wie ihn Bürger im allgemeinen auf öffentliche Posten haben. Sie müssen bei der Vergabe der verfügbaren Plätze in gleicher Weise berücksichtigt werden, wobei bei Studenten noch ein zusätzliches Recht hinzukommt: sofern sie in den von ihnen besuchten öffentlichen Schulen auf die Führung eines Amtes vorbereitet werden, müssen sie, soweit irgend möglich, in gleicher Weise darauf vorbereitet werden.

»Eine vollständige und hochherzige Erziehung,« so schrieb John Milton, »nenne ich ... diejenige, welche einen Menschen befähigt, alle Pflichten des privaten wie des öffentlichen Lebens, des Friedens wie des Krieges, gerecht, geschickt und großsinnig auszuführen.«[25] In einem demokratischen Staat treten die Bürger sowohl in die Privilegien als auch in die Verpflichtungen ein, die einstmals mit einer vornehmen Herkunft verbunden waren; ihre Erziehung bereitet sie aber nur darauf vor, Wähler und Soldat bzw. (vielleicht) Präsident und General zu sein. Präsidenten über die Gefahren der Nukleartechnologie zu beraten, Generälen die Risiken dieses oder jenes Kriegsplanes vor Augen zu führen, Arzneien zu verordnen, Bauwerke zu entwerfen, die nächstfolgende Generation zu unterrichten usw., darauf bereitet ihre Erziehung sie nicht vor. Alle diese Spezialaufgaben und -dienste erfordern eine Zusatzausbildung. Die politische Gemeinschaft wird sichergehen wollen, daß ihre Führer — und ihre einfachen Mitglieder ebenfalls — die bestmögliche Beratung bzw. Betreuung erhalten. Und das Korps der Lehrer hat ein dementsprechendes Interesse an möglichst fähigen Schülern. Daher das Erfordernis eines Auswahlverfahrens, das darauf abgestellt ist, aus der Gesamtgruppe zukünftiger Staatsbürger eine Untergruppe von zukünftigen »Experten« herauszufinden. Die Standardform dieses Verfahrens ist schnell gefunden, man braucht nur die im fünften Kapitel bereits von mir beschriebene allgemeine Prüfung für den Zivildienst ins Schulwesen zu übernehmen. Die Spannungen, die dies in einem demokratischen Erziehungssystem erzeugt, sind allerdings riesig.

Je erfolgreicher die Elementarerziehung und je kenntnisreicher die Gesamtheit der zukünftigen Bürger, um so heftiger ist der Wettstreit um die vorderen Plätze im Ausbildungssystem und um so tiefer die Frustration auf seiten der Kinder, die es nicht schaffen, sich zu qualifizieren.[26] Die etablierten Eliten werden in diesem Fall auf eine immer frühere Auslese dringen, so daß der Schulunterricht für die nicht Ausgelesenen zu einer Übung in Passivität und Resignation wird. Die Lehrer starker Schulen werden sich diesem Drängen widersetzen, ebenso die Kinder — oder, genauer, die Eltern der Kinder werden sich dagegen wehren, sofern sie politisch wachsam und aktiv sind. Tatsächlich würde das Prinzip der gleichen Berücksichtigung eine solche Gegenwehr schon allein deshalb erfordern, weil das Lerntempo von Kindern verschieden ist und sie auf unterschiedlichen Altersstufen geistig wachwerden. Jedes Auswahlverfahren, das dem Ein-für-alle-Mal-Prinzip folgt, behandelt eine Reihe von Kandidaten mit Sicherheit ungerecht; und es ist unfair auch gegenüber all jenen jungen Leuten, die aufgehört haben zu lernen und in den Arbeitsprozeß gegangen sind. D.h., es müßten Verfahren konzipiert werden, die eine Neuberücksichtigung, eine erneute Prüfung, und, was noch wichtiger ist, sowohl einen Seiteneinstieg als auch ein Aufsteigen in die Fach- und Spezialschulen ermöglichen.

Wenn wir indes tatsächlich von einer beschränkten Anzahl von Ausbildungsplätzen ausgehen, dann werden diese Verfahren die Zahl der letztlich frustrierten Kandidaten nur vervielfachen. Dem auszuweichen, ist unmöglich, zum moralischen Verhängnis wird es allerdings erst dann, wenn der Wettstreit weniger um Schulplätze und Ausbildungschancen geht als um den Status, die Macht und den Wohlstand, die normalerweise mit der Berufsposition einhergehen. Und dennoch, die Schulen brauchen sich nicht mit dieser Vorteilsdreifaltigkeit verkoppeln zu lassen. An keiner Stelle macht der Erziehungsprozeß die Verknüpfung von höherer Bildung und hierarchischem Rang erforderlich. Auch gibt es keinerlei Grund anzunehmen, daß die fähigsten Studenten auf ihre Ausbildung verzichteten, würde dieses Junktim aufgebrochen und würden den zukünftigen Amtsinhabern »Arbeiterlöhne« gezahlt. Gewiß, einige Studenten werden bessere Ingenieure, bessere Chirurgen, bessere Kernphysiker usw. sein als ihre Kommilitonen. Und so gesehen bleibt es die Aufgabe der Spezialschulen, diese Studenten herauszufinden und ihnen deutlich zu machen, was in ihnen steckt, um sie alsbald auf den entsprechenden Weg zu führen. D.h., eine Spezialausbildung ist sozusagen zwangsläufig ein Monopol der begabten oder zumindest derjenigen Studenten, die die Fähigkeit besitzen, ihre Talente zu beliebigen Zeitpunkten und damit auch im richtigen Moment zu entfalten. Auch dies ist ein legitimes Monopol. Die Schulen können gar nicht umhin, zwischen ihren Schülern zu differenzieren, indem sie manche fördern und andere wegschicken; doch sollte der Orientierungspunkt für die Unterschiede, die sie entdecken und denen sie Geltung verschaffen, der später ausgeübte Beruf und nicht sein sozialer Status sein. Die Unterschiede sollten etwas mit der Leistung zu tun haben und nicht mit ihren ökonomischen und politischen Gratifikationen; und sie sollten binnenzentriert sein, d.h., die Bühne, auf der Lob verteilt und Stolz empfunden wird, müßte die Schule und später der Beruf sein, nicht aber die Welt im großen, wo der Stellenwert dieser Differenzen unklar ist. Unklar deshalb, weil Leistung, bei ein wenig Glück, auch heute noch nicht in erster Linie Reichtum und Macht, sondern Autorität und Ansehen mit sich bringen kann. Ich beschreibe hier keine Schulen für Heilige, sondern nur Ausbildungsstätten, die gegen den rein materiellen Erfolg etwas besser abgeschottet, etwas resistenter sind, als es derzeit der Fall ist.

Die Schulzeit des George Orwell

Ein Negativbild scheint mir an dieser Stelle besonders erhellend zu sein. Ich greife zu diesem Zweck auf Orwells Schilderung der englischen Vorbereitungsschule zurück, die er von 1910 an besuchte, denn es gibt in der umfangreichen Literatur über Schulen und Schulunterricht kein vollkommeneres Negativbeispiel. Gegen die Richtigkeit der Darstellung sind zwar hier und dort Zweifel angemeldet worden, doch können wir meines Erachtens in den Punkten, um die es uns hier zu tun ist, davon ausgehen, daß sie die Wahrheit haargenau trifft.[27] Orwells »Crossgates« sollte Schüler für die Aufnahme an Schulen wie Harrow und Eton vorbereiten, Schulen, an denen Englands Beamten- und Akademikernobilitäten ausgebildet wurden. Eine Vorbereitungsschule ist per definitionem keine autonome Ausbildungsstätte, aber die Abhängigkeit von Crossgates wurde verdoppelt durch die Tatsache, daß es nicht nur ein erzieherisches, sondern auch ein kommerzielles Unternehmen war – und in dieser Hinsicht ein relativ unsicheres obendrein. Und so stellten die Besitzer und Lehrer von Crossgates ihre Arbeit einerseits auf die Anforderungen von Harrow und Eton ab und andererseits auf die Vorurteile und Ambitionen der Eltern ihrer Schüler. Die erste dieser beiden externen Kräfte bestimmte den Lehrplan. »Unsere Aufgabe war es, solche Dinge zu lernen,« schrieb Orwell, »die beim Prüfer den Eindruck erwecken sollten, daß wir mehr wußten, als es der Fall war, und so weit wie möglich zu vermeiden, unser Gehirn mit irgend etwas anderem zu belasten. Fächer, die keinen Examenswert besaßen ... wurden fast völlig vernachlässigt.« Die zweite externe Kraft bestimmte die Art, in der die Schule geleitet wurde, und den Charakter der sozialen Beziehungen in ihr. »Alle sehr reichen Jungen wurden mehr oder weniger offen begünstigt ... ich (zweifle) daran, ob Sim (der Rektor) jemals einen Jungen züchtigte, dessen Vater ein Jahreseinkommen von über 2000 Pfund bezog.«[28] D.h., das Klassensystem wurde reproduziert – auf naive Weise durch die Schüler und mit kühler Berechnung durch die Lehrer.

Diese externen Kräfte — die Eliteschulen auf der einen und die zahlenden Eltern auf der anderen Seite — verfolgen nicht immer dasselbe Ziel. Crossgates mußte ein gewisses Quantum an ernsthafter akademischer Bildung vermitteln, und sein Erfolg bei dieser Aktivität mußte augenfällig sein, wenn es weitere Schüler anlocken wollte. Man brauchte also nicht nur reiche Knaben, sondern auch intelligente. Und da die Eltern, die besonders finanzkräftig waren, nicht unbedingt die Kinder produzierten, die die besten Examina ablegten, investierten die Besitzer von Crossgates Geld in eine kleine Zahl von Schülern, die kein oder nur ein geringes Schulgeld bezahlen mußten, dafür aber akademisches Ansehen eintragen sollten. Orwell war ein solcher Schüler. »Wenn ich ›versagt‹ hätte, wie es bei vielversprechenden Jungen manchmal vorkommt, wäre er (Sims) mich wahrscheinlich schnell losgeworden. Stattdessen brachte ich ihm zwei Stipendien ein, als es soweit war, und zweifellos, hat er das in seinen Werbedrucksachen benutzt.«[29] Und so gab es in dem zutiefst antiintellektuellen System der Vorbereitungsschule einige wenige potentielle Intellektuelle, die sich unbehaglich fühlten, abwechselnd dankbar und renitent waren und gelegentlich rebellierten. Toleriert ihres Verstandes wegen, waren sie hundert kleinen Demütigungen ausgesetzt, die sie das lehren sollten, was die anderen Jungen für selbstverständlich hielten: daß niemand wirklich zählte, es sei denn, er war reich, und daß die größte Tugend nicht darin bestand, Geld zu verdienen, sondern es einfach zu besitzen. Orwell war eingeladen, sich zunächst für eine schulische Weiterbildung und danach für ein administratives oder akademisches Amt zu qualifizieren — aber das Ganze immer nur innerhalb eines Systems, in dem die höchsten Qualifikationen vererbt wurden. Obwohl es de facto so war, daß reiche Eltern ihren Kindern Vorteile erkauften, wurden diese Kinder gelehrt, diese Vorteile als Rechtstitel zu beanspruchen. Sehr viel mehr lernten sie allerdings nicht. Crossgates, wie Orwell es beschrieben hat, ist eine perfekte Illustration der Willkürherrschaft von Reichtum und Klasse über Gelehrsamkeit und Bildung.

Ich fürchte, daß jede Vorbereitungsschule, die als kommerzielles Unternehmen konzipiert ist, ein Instrument der Willkürherrschaft sein wird — und zwar genau dieser speziellen Art von Willkürherrschaft. Denn der Markt kann niemals eine in sich geschlossene Welt sein; er ist (und sollte sein) ein Ort, an dem das Geld regiert. Daher, noch einmal sei's betont, die enorme Bedeutung einer gemeinschaftlichen »Vorbereitung« aller Kinder in starken und unabhängigen Schulen. Aber wie kann man Eltern daran hindern, ihr Geld für eine kleine Extravorbereitung auszugeben? Selbst wenn alle Eltern das gleiche Einkommen hätten, wären einige von ihnen eher bereit als andere, das, was sie besitzen, für die Erziehung ihrer Kinder auszugeben. Und selbst wenn Schulen wie Crossgates abgeschafft würden, wenn sie gesetzlich verboten wären, könnten Eltern immer noch Privatlehrer für ihre Kinder engagieren. Oder wenn sie ihrerseits über genug Wissen verfügten, könnten sie ihre Kinder selbst unterrichten: Akademiker und Beamte könnten so ihre Überlebens- und Fortkommensinstinkte und damit die traditionellen Lebensformen ihrer Klasse an die nächstfolgende Generation weitergeben.

Will man die Kinder nicht von ihren Eltern trennen, dann lassen sich derlei Dinge nicht verhindern. Sie können allerdings im sozialen Leben im allgemeinen eine gewichtigere oder eine weniger gewichtige Rolle spielen. Die elterliche Unterstützung von Schulen wie Crossgates z.B. wird mit der Steilheit der sozialen Pyramide und der Zahl der Zugangsmöglichkeiten zu einer Spezialausbildung und zu öffentlichen Ämtern variieren. Orwell bekam gesagt, daß er entweder gute Examina ablegen oder als »kleiner Laufbursche mit 40 Pfund im Jahr« enden werde.[30] Sein Fall mußte, ohne die Chance einer Urteilsrücknahme, im Alter von zwölf Jahren entschieden werden. Wenn diese Metapher richtig gewählt ist, dann erscheint Crossgates fast wie eine vernünftige Institution — repressiv vielleicht, aber nicht irrational. Aber nehmen wir an, die Metapher ist nicht richtig gewählt. Nehmen wir an, das Hohnlächeln mit dem der schlimme Satz von dem »kleinen Laufburschen mit den 40 Pfund im Jahr« ausgesprochen und der Schauder, mit dem er vernommen wurde, sie waren beide unangemessen. Nehmen wir an, Ämter wären anders organisiert, als sie es im Jahr 1920 waren, so daß »Burschen« einen gewissen Aufstieg in ihnen machen könnten. Nehmen wir an, Privatschulen à la Harrow und Eton seien ein — aber nicht der einzige — Zugangsweg zu interessanten und angesehenen Positionen. In diesem Fall könnte es geschehen, daß Crossgates anfinge, den Eltern ebenso unattraktiv zu erscheinen wie vielen seiner Schüler. Die »Vorbereitung« wäre weniger wichtig, das Examen weniger furchterregend, und Raum und Zeit, die zum Lernen zur Verfügung stünden, wären sehr viel umfangreicher. Selbst Spezialschulen bedürfen eines gewisssen Maßes an Freiheit von sozialem Zwang, wenn sie ihre Aufgabe erfüllen sollen; d.h., sie bedürfen einer Gesellschaft, die so organisiert ist, daß sie diese Freiheit auch tatsächlich garantiert. Schulen können zwar niemals gänzlich frei sein; aber wenn ihnen wenigstens jenes erforderliche Minimum an Freiheit zuteil werden soll, dann muß es in anderen Distributionssphären Beschränkungen geben, Beschränkungen, wie ich sie beschrieben habe für die Geld- oder für die Amtssphäre, wo deutlich wurde, daß man für Geld nicht alles kaufen kann und daß der Einflußbereich und das Gewicht eines Amtes Grenzen haben.

Assoziation und Segregation

Die Elementarerziehung ist eine Zwangsveranstaltung. Zumindest auf den unteren Ebenen sind Schulen Institutionen, in die man die Kinder auch gegen ihren Willen schicken muß:

>»Der weinerliche Bube, der mit Bündel
>Und glattem Morgenantlitz, wie die Schnecke
>Ungern zur Schule kriecht,«

er ist eine Allerweltsfigur, die in den verschiedensten Kulturen auftaucht.[31] Zu Shakespeares Zeiten war der Wille, der den unwilligen Knaben in die Schule trieb, ein elterlicher Wille; der Staat erzwang den Schulbesuch nicht. Die Erziehung der Kinder hing vom Vermögen, vom Ehrgeiz und vom Bildungsstand ihrer Eltern ab, eine Abhängigkeit, die uns heute aus zwei Gründen als ungerecht und unrechtmäßig erscheint. Grund Nummer eins: die Gemeinschaft hat als Ganze ein Interesse an der Erziehung der Jugend; Grund Nummer zwei: die Kinder haben ihrerseits ebenfalls ein Interesse an ihr, auch wenn sie möglicherweise noch nichts davon wissen. Beide Interessen weisen in die Zukunft, beider Orientierungspunkt ist das, was die Kinder später einmal sein, was sie arbeiten werden, und nicht – oder nicht nur – das, was ihre Eltern im Augenblick sind, welchen Rang sie in der Gesellschaft einnehmen oder wie reich sie sind. Es ist eine gemeinschaftliche Versorgung, die diesen Interessen am besten gerecht wird, denn auch sie ist zukunftsorientiert, in dem sie darauf abzielt, die Befähigung der Einzelnen zu steigern und die Assoziation der (zukünftigen) Bürger zu intensivieren. Aber diese Gemeinschaftsversorgung hat insofern einen speziellen Charakter, als ihre Empfänger nicht irgendwo immatrikuliert, sondern vielmehr zu ihrer Entgegennahme zwangsverpflichtet sind. Schaffen wir die Zwangsverpflichtung in Gestalt der Schulpflicht ab, dann sind die Kinder zurückgeworfen – nicht, wie die Verfechter der »Entschulung« gerne suggerieren, auf ihre eigenen Mittel, sondern auf die Mittel ihrer Eltern.

Weil sie aber zum Schulbesuch zwangsverpflichtet sind, sind Schulkinder eher Soldaten und Häftlingen vergleichbar als gewöhnlichen Bürgern, die selbst entscheiden können, was sie tun und mit wem sie sich zusammenschließen wollen. Dennoch sollte man weder von der Ähnlichkeit noch von der Differenz allzuviel hermachen.³² Häftlinge erfahren bisweilen eine »Besserung«, und die Ausbildung, die Soldaten erhalten, ist mitunter auch fürs zivile Leben von Nutzen; allerdings würden wir uns selbst belügen, wenn wir so täten, als gehe es in Gefängnissen und Armeen in erster Linie um Erziehung. Diese Institutionen sind darauf abgestellt, den Zwecken zu dienen, die die Gemeinschaft mit ihnen verfolgt, und nicht den Zwecken der in sie hineingezwungenen Individuen. Soldaten dienen ihrem Land, Häftlinge sitzen ihre Strafe ab. Ganz anders die Schulkinder, sie nützen in einem emphatischen Sinne sich selbst. Die Verteilung von Gefängnisplätzen und bisweilen auch von Posten in der Armee ist eine Verteilung von sozialen Unannehmlichkeiten, Mühen und Risiken. Nicht so die von Schulplätzen; es ist keine bloße pädagogische List, wenn die Erwachsenen Schulplätze als soziale Güter bezeichnen. Sie sprechen dabei aus (ihrer eigenen) Erfahrung und sie antizipieren die Ansichten, die die Jungen eines Tages ihrerseits haben werden. Daneben erinnern sich die Erwachsenen natürlich auch daran, daß Kinder nach Schulschluß Möglichkeiten der freien Entfaltung haben, um die die Erwachsenen sie nur beneiden können und die sie ihrerseits nie wieder haben werden.

Dies alles ändert jedoch nichts an der Tatsache, daß der Schulbesuch obligatorisch ist. Und weil er obligatorisch ist, sind es nicht nur Schulplätze, die auf Kinder, sondern umgekehrt auch Kinder, die auf die verfügbaren Schulplätze verteilt werden. Die von der Öffentlichkeit unterhaltenen und partiell von ihr kontrollierten Schulen haben keine apriorische Existenz; sie müssen erst eingerichtet und ihre Schüler ihnen dann auf der Basis von politischen Entscheidungen zugewiesen werden. Was gebraucht wird, ist ein Assoziationsprinzip, eine Antwort auf die Frage wer geht mit wem zur Schule?, die in zweifacher Hinsicht eine Verteilungsfrage ist. Erstens ist sie deshalb eine Distributionsfrage, weil der Inhalt des Lehrplans mit dem Charakter seiner Adressaten variiert. Wenn Kinder in ihrer Eigenschaft als zukünftige Bürger versammelt werden, dann wird man sie die Geschichte und die Gesetze ihres Landes lehren. Wenn sie als Glaubensgenossen in dieser oder jener Religion vereint sind, dann werden sie das entsprechende Ritual und die entsprechende Theologie studieren. Bringt man sie als zukünftige Arbeiter zusammen, dann ist es eine Berufsausbildung, die man ihnen angedeihen läßt; sind es zukünftige Geistesarbeiter, ist ihre Erziehung eine »akademische«. Handelt es sich bei den Auszubildenden um intelligente, wache Schüler und Studenten, dann wird das Unterrichtsniveau ein anderes sein, als wenn sie beschränkt und träge sind. Die Beispiele ließen sich im Einklang mit den herrschenden individuellen und sozialen Unterschieden endlos fortsetzen. Selbst wenn wir, wie ich es getan habe, davon ausgehen, daß Kinder als zukünftige Bürger versammelt werden und in dieser Eigenschaft eine gemeinsame Erziehung erhalten, ist es doch immer noch so, daß sie nicht alle miteinander in einer großen Gemeinschaft lernen können; sie müssen auf Schulen und auf Klassen verteilt werden. Und in welcher Weise dies geschieht, ist insofern – zweitens – ebenfalls eine Verteilungsfrage, als die Kinder wechselseitig wichtige Ressourcen füreinander darstellen, denn sie sind sowohl Kameraden als auch Rivalen, die einander herausfordern bzw. einander helfen und dabei die für ihr späteres Erwachsenenleben möglicherweise entscheidenden Freundschaftsbande knüpfen. Der Inhalt des Lehrplans ist vermutlich weniger wichtig als die menschliche Umgebung, in der er vermittelt wird. Kein Wunder, daß Assoziation und Segregation die am heißesten diskutierten Streitpunkte in der Erziehungssphäre sind. Eltern nehmen sehr viel mehr Interesse an den Schulkameraden ihrer Kinder als an deren Schulbüchern. Und sie haben Recht damit – und zwar durchaus nicht nur in dem zynischen Sinne des »wen du kennst, ist wichtiger, als was du weißt.« Da wir unser Wissen zu ganz erheblichen Teilen von unserer Peer-Gruppe beziehen, ist das »wen« von dem »was« gar nicht zu trennen.

Zufälligkeit ist das scheinbar klarste und simpelste Assoziationsprinzip. Wenn wir Kinder ohne Rücksicht auf den Beruf und das Vermögen, ohne Rücksicht auf die politischen oder die religiösen Bindungen ihrer Eltern zusammenbrächten, und dies obendrein in Internaten, in denen ihnen der tägliche Kontakt mit den Eltern versprerrt wäre, dann dürfte es uns tatsächlich möglich sein, völlig autonome Erziehungsgemeinschaften herzustellen. Die Lehrer würden in ihren Schülern einzig und allein Schüler sehen, junge Menschen ohne Vergangenheit und mit einer offenen Zukunft – eben jener Zukunft, die ihre Ausbildung ihnen eröffnet. Diese Art von Assoziation ist gelegentlich von linken Gruppen im Namen der (einfachen) Gleichheit verfochten worden, und sie dürfte dieser Intention auch gerecht werden. Die Chance, sich für eine Spezialausbildung qualifizieren zu können, würde unter solchen Bedingungen tatsächlich sehr viel gleichmäßiger verteilt sein als auf der Basis jedes anderen Arrangements. Aber die Zufallsassoziation bedeutete einen Triumph nicht nur für die Schule, sondern auch für den Staat. Das Kind, das ausschließlich Schüler ist und sonst nichts, es existiert nicht, es müßte erst geschaffen werden; und dies ließe sich, wie ich fürchte, nur in einer despotischen Gesellschaft bewerkstelligen. Jedenfalls ist es richtiger,

Erziehung zu definieren als die Ausbildung von je besonderen Personen mit eigenen Identitäten, eigenen Wünschen und einem je eigenen Leben. Diese Besonderheit wird verkörpert durch die Familie und verteidigt durch die Eltern. Autonome Schulen sind Vermittlungsinstitutionen; ihr Verhältnis zu den Eltern (aber nicht nur zu ihnen) ist ein Spannungsverhältnis. Schafft man die obligatorische Erziehung ab, entfällt diese Spannung; die Kinder werden zu bloßen Erziehungsobjekten ihrer Familien und der sozialen Hierarchie, in der ihre Familien verankert sind. Schafft man die Familie ab, entfällt diese Spannung ebenfalls; die Kinder werden zu bloßen Objekten des Staates.

Das entscheidende Verteilungsproblem in der Sphäre der Erziehung besteht somit darin, die Kinder zu Mitgliedern einer lernenden Allgemeinheit zu machen, ohne das zu zerstören, was an ihnen nicht allgemein ist, nämlich ihre soziale und genetische Besonderheit. Ich werde zu zeigen versuchen, daß es unter bestimmten sozialen Bedingungen eine Vorzugslösung für dieses Problem gibt, die, in Gestalt einer Art von komplexer Gleichheit, sowohl dem normativen Modell der Schule als auch den Erfordernissen einer demokratischen Politik weitestgehend gerecht wird. Dennoch gibt es keine einheitliche, keine singuläre Lösung. Der Charakter einer Vermittlungsinstitution kann nur im Verweis auf die sozialen Kräfte bestimmt werden, zwischen denen sie vermittelt. Es muß immer ein Saldo gezogen werden, der zu verschiedenen Zeiten und an verschiedenen Orten zwangsläufig unterschiedlich ausfällt.

Die Beispiele, anhand deren ich einige der versuchten Lösungen erörtern möchte, liefern mir die Vereinigten Staaten von heute, eine Gesellschaft, die erheblich heterogener ist als das von Orwell erlebte England oder auch als das Japan der Nachkriegszeit. Nirgendwo sonst geraten die Erfordernisse der Elementarerziehung und der Chancengleichheit so sichtbar in Konflikt mit den Gegebenheiten eines ethischen, religiösen und rassischen Pluralismus wie in den USA, nirgendwo sonst stellen sich die Probleme von Assoziation und Segregation in einer solchen Schärfe; was allerdings nicht heißt, daß sie nicht auch eine allgemeine Form hätten. Marxistische Autoren haben bisweilen behauptet, daß die Heraufkunft des Kommunismus allen in Rasse und Religion verwurzelten Unterschieden ein Ende bereiten werde. Vielleicht stimmt das. Aber selbst kommunistische Eltern werden nicht eine einzige, allen gemeinsame Erziehungsphilosophie miteinander teilen (was immer sie sonst miteinander teilen mögen). Sie werden darüber streiten, welche Arten von Schulen für die Gemeinschaft im allgemeinen und für ihre eigenen Kinder im besonderen am besten seien; d.h., die Frage, ob Kinder, deren Eltern unterschiedlichen Erziehungskonzepten anhängen, die gleichen Schulen besuchen sollten, bleibt bestehen. De facto ist es eine hochaktuelle Frage, auch wenn sie von weniger intellektuellen Differenzen überlagert, wenn nicht gar überschattet wird.

Wenn wir die Schule von innen betrachten, welche Assoziationsprinzipien erscheinen uns dann am angemessensten? Welche Gründe veranlassen uns, speziell diese und nicht eine andere Gruppe von Kindern zu versammeln? Sieht man von einer buchstäblichen Lernunfähigkeit ab, dann gibt es keine Ausschlußgründe, die mit der Schule als solcher zu tun hätten. Die Aufnahmegründe korrelieren mit dem jeweiligen Lehrgegenstand. Im Falle von Spezialschulen sind es qualifizierte Schüler mit Spezialinteressen und -fähigkeiten, die sich in ihnen zusammenfinden. Beim Elementarunterricht liegt der Grund, weshalb die Schüler zusammen sind, in der Notwendigkeit der Vermittlung eines bestimmten Grundwissens (wir setzen Interesse und Fähigkeit voraus). Entscheidend ist hier die für jedes Kind gegebene Notwendigkeit, in die bestehende demokratische Gemeinschaft hineinzuwachsen und seinen Platz als fähiger Bürger in ihr einzunehmen. Die Schulen sollten deshalb ein Assoziationsmuster anstreben, das die Assoziationspraktiken von erwachsenen Männern und Frauen in einer Demokratie antizipiert. Dies ist zweifellos dasjenige Prinzip, das dem wichtigsten Zweck von Schulen am besten gerecht wird, aber es ist zugleich ein sehr allgemeines Prinzip. So schließt es z.B. jede Zufälligkeit aus; denn wir können sicher sein, daß Erwachsene sich nicht zufällig zusammentun, d.h. ohne Rücksicht auf ihre Interessen, Betätigungen, Blutsbande usw. Jenseits all dieser Dinge gibt es jedoch eine ganze Reihe von Assoziationsmustern und institutionellen Formen, die mit der Erziehung demokratischer Bürger zumindest vereinbar zu sein scheinen.

Privatschulen und Ausbildungsgutscheine

Weder die allgemeine Schulpflicht noch ein allgemeiner Lehrplan erfordern, daß alle Kinder in gleichartige Schulen gehen, oder daß das Verhältnis, in dem die Schulen zur politischen Gemeinschaft stehen, immer das gleiche ist. Es ist ein Wesensmerkmal des amerikanischen Liberalismus, daß Bildungsunternehmer, gleichgesinnte Eltern und religiöse Organisationen allesamt das Recht haben, Privatschulen zu finanzieren. Als Assoziationsprinzip dürften in all diesen Fällen elterliches Interesse und elterliche Weltsicht zu gelten haben — wobei zu beachten ist, daß in das elterliche Interesse auch Statusinteressen und in die elterliche Weltsicht auch eine Klassenideologie einfließen. Der vorgetragene Anspruch lautet, daß es Eltern möglich sein muß, das, was sie für ihre Kinder haben wollen, und zwar genau das, was sie haben wollen, auch zu bekommen. Das schließt die Vermittlerrolle der Schule nicht notwendig aus, denn der Staat wird auch Privatschulen nicht nur amtlich genehmigen oder nicht genehmigen, sondern ihnen auch allgemeine Lehrplanauflagen machen. Und auch Eltern wollen für ihre Kinder nicht immer nur das, was sie ihnen von sich aus zu bieten oder zu geben haben. Vielleicht sind sie sozial oder intellektuell oder auch religiös ehrgeizig. Vielleicht möchten sie, daß ihre Kinder es weiter bringen, daß sie gebildeter oder auch gottesfürchtiger werden, als sie selbst es sind. Und die an Privatschulen tätigen Lehrer lassen in vielen Fällen durchaus jenes starke Gefühl einer gemeinschaftlichen Identität und geistigen Verantwortung erkennen, das Orwells Lehrer offensichtlich total vermissen ließen. Doch wie immer dem sei, ist es nicht genau dieselbe Art, in der auch Erwachsene auf der Basis ihrer Klassenzugehörigkeit oder ihrer klassenbedingten Sehnsüchte oder ihrer religiösen Bindungen (oder ihrer Vorstellungen davon, wie ihre Kinder zu erziehen seien) sich zusammenschließen?

Aber Privatschulen sind teuer; und so kommt es, daß nicht alle Eltern gleichermaßen in der Lage sind, ihren Kindern den gewünschten Zusammenschluß zu ermöglichen. Diese Ungleichheit erscheint dann als besonders unbillig, wenn die erstrebte Assoziation als vorteilhaft gilt. Warum sollten Kinder solcher Vorteile einzig und allein ihrer zufälligen Abstammung wegen verlustig gehen? Mit öffentlicher Unterstützung könnten sie, diese Vorteile, sehr viel allgemeiner verteilt werden. Dies ist der Impuls des »voucher plan«, eines Vorschlags, Steuergelder, die für Erziehungszwecke zur Verfügung stehen, den Eltern in Form von Gutscheinen, die auf dem freien Markt eingelöst werden können, auszuhändigen.[33] Im Bestreben, diese Gutscheine auf sich zu ziehen, käme es zu vielfältigen Neugründungen von Schulen, deren Lehrangebote die gesamte Skala elterlicher Interessen und Weltsichten befriedigen könnten. Einige Schulen würden weiterhin den Klasseninteressen Rechnung tragen, indem sie über die Gutscheine hinaus und jenseits von ihnen Schulgeld verlangten und damit wohlhabenden Eltern garantierten, daß ihre Kinder sich nur oder hauptsächlich mit sozial gleichrangigen Altersgenossen zu assoziieren brauchten. Ich lasse diesen Punkt jedoch beiseite (es gibt ein einfaches Rechtsmittel dagegen). Viel wichtiger ist, daß der Gutschein-Plan sicherstellen würde, daß Kinder mit Kindern zur Schule gingen, deren Eltern zumindest einander sehr ähnlich wären.

Der Gutschein-Plan ist zwar ein pluralistisches Konzept, doch ist es ein recht seltsamer Pluralismus, der da ins Auge gefaßt wird. Zwar dürften traditionelle Organisationen, wie etwa die katholische Kirche, von dem Plan durchaus profitieren, aber die Einheit, auf die er speziell zugeschnitten ist, ist die organisierte gleichgesinnte Elternschaft. Ihr kräftig Vorschub leistend, zielt das Konzept auf eine Gesellschaft ab, in der es statt einer starken geographischen Basis oder einer habituellen Zusammengehörigkeit eine große und wechselnde Vielfalt von ideologischen Gruppierungen gibt oder, genauer, von Konsumentengruppen, die über den Markt zusammengebracht werden. Die Bürger eines solchen Sozialgefüges wären äußerst mobil, wurzellos und könnten ohne großen Aufwand von einer zur anderen Assoziation überwechseln. Die Entscheidung, wem sie sich anschlössen, läge ganz und gar bei ihnen, ein Umstand, der ihnen die endlosen Debatten und die Suche nach Kompromissen ersparte, die ein demokratischer Entscheidungsprozeß, der die an ihm Beteiligten mehr oder weniger dauerhaft aneinander bindet, erforderlich macht. Bürger, die Gutscheine in ihren Händen hielten, könnten, mit Albert Hirschman gesprochen, den »Abgang« einfach immer wieder über die »Argumentation« stellen.[34]

Ich bezweifle, daß die Gemeinsamkeit der Ideen und Gefühle unter solchen Bürgern für eine dauerhafte Verwirklichung des Gutschein-Plans ausreichen würde, eines Plans, der übrigens trotz allem immer noch eine Form der Gemeinschaftsversorgung darstellt. Selbst ein minimaler Wohlfahrtsstaat braucht, um existieren zu können, tiefere und stabilere Beziehungen. Doch wie immer dem sei, die konkrete Erfahrung, die Kinder in von ihren Eltern frei ausgewählten Schulen machen würden, dürfte kaum eine der Wurzellosigkeit und der leichten Mobilität sein. Für die meisten Kinder würde die elterliche Entscheidung nämlich erheblich weniger Vielfalt, weniger Spannungen, weniger Chancen der persönlichen Weiterentwicklung implizieren, als sie sie in Schulen vorfänden, denen sie auf dem Wege der politischen Entscheidung zugewiesen würden: ihre Schulen würden sehr stark ihrem Zuhause ähneln. Mag sein, daß ein solches Arrangement ihre späteren persönlichen Vorlieben und auch ihre Wahlmöglichkeiten präformierte, das volle Spektrum ihrer zukünftigen Kontakte, Arbeitsbeziehungen und politischen Bündnisse in einer demokratischen Gesellschaft würde es mit Sicherheit nicht antizipieren. Elterliche Entscheidungen könnten ethnische und rassische Grenzlinien in einer Weise durchschneiden, in der politische Zuweisungen dies bisweilen leider nicht tun können. Aber selbst das ist unsicher, da Ethnizität und Rasse ganz gewiß — so wie es heute der Fall ist — zwei Prinzipien wären, um die herum auch private Schulen organisiert würden. Und selbst wenn diese Prinzipien in einer pluralistischen Gesellschaft so lange akzeptabel wären, wie sie nicht die einzigen Prinzipien darstellten, so gilt doch, daß sie für einzelne Kinder sehr wohl die einzigen Prinzipien sein würden.

Der Gutschein-Plan setzt ein Engagement von Eltern zugunsten ihrer je eigenen Kinder voraus, kein Engagement in der Gemeinschaft im großen, sondern ein Engagement im kleinen, d.h. im unmittelbar eigenen Revier. Die größte Gefahr, die ich von diesem Konzept ausgehen sehe, liegt jedoch nicht in dieser engen, individuellen Interessenbezogenheit, sondern darin, daß es viele Kinder einem Gemisch aus unternehmerischer Skrupellosigkeit und elterlicher Indifferenz aussetzen würde. Selbst engagierte Eltern sind schließlich häufig auch noch anderweitig beschäftigt. Und dann können die Kinder nur von Staatsvertretern, von Regierungsinspektoren, die einem allgemeinen Kodex Geltung verschaffen, beschützt werden. Aber auch dann, wenn Eltern ihrerseits wirklich aktiv und engagiert sind, bleibt für die Staatsvertreter noch eine Menge zu tun. Denn die Gemeinschaft wie auch die Kinder selbst haben ein Interesse an Erziehung, welches weder von Eltern noch von Unternehmern angemessen vertreten wird. Und dieses Interesse muß öffentlich erörtert und verfochten werden. Dies zu tun, ist die Aufgabe und die Arbeit von demokratischen Versammlungen, Parteien, Bewegungen, Verbänden usw. Umgekehrt ist es das für genau diese Arbeit erforderliche Assoziationsmuster, das die Grunderziehung in Gestalt des Elementarunterrichts antizipieren und vermitteln muß. Private Schulen tun dies nicht. Die Gemeinschaftsversorgung mit Erziehungsgütern muß deshalb in einer allgemeinen, öffentlicheren Form erfolgen – andernfalls sie zur Ausbildung der Bürger schlicht nichts beiträgt. Meines Erachtens ist ein frontaler Angriff auf die elterliche Entscheidungsfreiheit indes so lange nicht erforderlich, wie ihr Haupteffekt in der Erzeugung einer gewissen ideologischen Diversität an den Rändern eines vorwiegend öffentlichen Systems besteht. Im Prinzip sollten Erziehungsgüter nicht käuflich sein, aber ihr Verkauf ist dann tolerabel, wenn er (wie dies z.B. in Britannien nach wie vor der Fall ist) keine allzu großen sozialen Vorteile mit sich bringt. Hier gilt das Gleiche wie in anderen Bereichen der gemeinschaftlichen Versorgung auch: je stärker das öffentliche System, desto weniger Gedanken braucht man sich zu machen über den Einsatz von Geld außerhalb desselben. Auch jene Privatschulen, die einen Spezialunterricht anbieten, geben solange keinen Anlaß zur Sorge, wie genügend Stipendien für die Allgemeinheit zur Verfügung stehen und wie es alternative Wege und Zugangsmöglichkeiten zu öffentlichen und privaten Ämtern gibt. Ein Gutschein-Plan zum Zwecke der Spezialausbildung wie auch der Weiterbildung am Arbeitsplatz wäre außerordentlich sinnvoll. Was er begünstigen würde, wäre jedoch nicht die Assoziation von Kindern gemäß den elterlichen, sondern gemäß deren eigenen Neigungen und Vorlieben.

Die Talentsuche oder das Aufspüren von Talenten

Die dem Talent offenstehende Karriere ist ein Prinzip, das dem amerikanischen Liberalismus lieb und teuer ist; und so kann man immer wieder die Forderung hören, die Schulen müßten so organisiert sein, daß sie den Erfordernissen solcher Karrieren Rechnung trügen. Kinder, die fähig seien, auf ihrer Bahn rasch voranzukommen, müßten die Möglichkeit haben, dies auch zu tun, während die an die langsameren Schüler ergehenden Arbeitsanforderungen deren Lerntempo anzupassen seien. Beide Gruppen, so die Argumentation, würden dabei nicht nur glücklicher, die einzelnen Kinder fänden innerhalb der Gruppe, der sie jeweils angehörten, auch ihre authentischen und zukünftigen Freunde – und sogar ihre wahrscheinlichen Lebenspartner. Auch in ihrem späteren Leben seien sie mit Menschen von ungefähr gleicher Intelligenz zusammen. Eltern, die ihre Kinder für besonders intelligent halten, neigen dazu, diese Art von Segregation zu begünstigen, teils in dem Bestreben, ihnen die »richtigen« Kontakte zu verschaffen, teils in dem Wunsch, sie möchten sich in der Schule nicht langweilen, und teils in der Meinung, die Intelligenz von Kindern wachse, wenn man sie kräftige und verstärke. Im Verweis auf den letztgenannten Grund erschallt jedoch häufig eine genau gegenläufige Forderung: die intelligenten Kinder seien so über die Schulen zu verteilen, daß sie die anderen stimulierten und deren Intelligenz steigerten. Dies hört sich an, als wolle man die intelligenten Schüler als eine Ressource für die weniger intelligenten nutzen, als sähe man in ihnen eher ein Mittel als einen Zweck, vergleichbar unserem Umgang mit jenen körperlich leistungsfähigen jungen Männern, die wir zur Verteidigung ihrer Mitbürger zum Militär einberufen. Im Falle von Schülern, deren Ausbildung den Eigeninteressen der Lernenden ebenso dienen soll wie denen der Gemeinschaft, scheint eine solche Praxis jedoch verkehrt zu sein. Ob die gezielte Verteilung von intelligenten Schülern allerdings tatsächlich ihre Indienstnahme bedeutet, hängt davon ab, was man als die natürliche Ausgangsbasis ihrer »Konskription« ansieht. Wenn diese Ausgangsbasis ihr Lebensalltag in Gestalt der elterlichen Wohnung und des dazugehörigen Spielplatzes ist, dann ist die Kritik an der Segregation der intelligenten Schüler schon verständlich, denn diese wird als eine vorsätzlich initiierte Verarmung des Schullebens der Zurückbleibenden erfahren.

Auf dem Höhepunkt des Kalten Krieges, der mit dem Start der ersten russischen Weltraumrakete erreicht war, wurde das Aufspüren von Talenten zum Erfordernis der nationalen Verteidigung erklärt; intendiert war die massenhafte Frührekrutierung von Wissenschaftlern und Technikern, von gutausgebildeten Fachkräften, die wir brauchten oder zu brauchen glaubten. Wenn aber die Gemeinschaft, die man verteidigen möchte, eine Demokratie ist, dann kann der Einberufung der Bürger zum Militär keine andere Form der Rekrutierung vorgeschaltet werden. Zwar brauchen die Bürger heutzutage einen gewissen Unterricht in moderner Wissenschaft, weil sie ohne ihn »all die öffentlichen und privaten Friedens- und Kriegsämter« kaum noch versehen können. Und vermutlich wird dieser Unterricht einige von ihnen beflügeln, die eine oder andere wissenschaftliche Spezialisierung von sich aus zu betreiben; sind viele solche Wissenschaftler vonnöten, kann man darüber hinaus auch noch zusätzliche Anreize bieten. Es besteht aber keine Notwendigkeit, die zukünftigen Spezialisten bereits bei Schulantritt herauszupicken, sie sozusagen namentlich als solche kenntlich zu machen, bevor auch die anderen ihre Chance der Erleuchtung gehabt haben. So zu verfahren heißt eine Niederlage einzugestehen, ehe die »Rekrutierung« von Bürgern auch nur halbwegs begonnen hat – und starke Schulen werden sich, wie das japanische Beispiel zeigt, vor allem auf der Grundschulebene solchen Praktiken denn auch nachdrücklich widersetzen.

Es stimmt auch nicht, daß die Talentsuche die Assoziationsmuster von erwachsenen Bürgern vorwegnimmt, selbst wenn sie an ihrer Herausbildung beteiligt ist. Die Erwachsenenwelt wird nicht durch Intelligenz segregiert. Die verschiedenen Arbeitsbeziehungen die Statushierarchie hinauf und hinunter erfordern vielmehr eine Vermengung der verschiedenen Intelligenzen; und was noch wichtiger ist, auch die demokratische Politik erfordert ihre Vermischung. Man kann eine demokratische Gesellschaft nicht organisieren, ohne Menschen von unterschiedlichsten Intelligenzgraden und Talenten bzw. nicht vorhandenen Talenten zusammenzubringen, und dies nicht nur in Staaten und Städten, sondern auch in Parteien und Bewegungen (ganz zu schweigen von Bürokratien und Armeen). Das Faktum, daß die Menschen dazu neigen, ihre Ehepartner auf dem eigenen intellektuellen Niveau zu suchen, ist von marginalem Interesse, denn die staatliche Erziehung in einer demokratischen Gesellschaft ist nur beiläufig auch eine Ausbildung für die Ehe oder für das Privatleben im allgemeinen. Gäbe es kein öffentliches Leben, oder büßte die demokratische Politik ihren Wert völlig ein, dann ließen sich Talentsuche und Talentförderung zugunsten einer Individualkarriere sehr viel leichter verteidigen.

Eine begrenzte Form der Segregation ist indes zulässig, auch und selbst unter zukünftigen Bürgern. Es gibt pädagogische Gründe, Kinder, die sich etwa mit der Mathematik oder mit einer Fremdsprache besonders schwer tun, von den andern zu separieren. Aber es gibt weder pädagogische noch soziale Gründe, solche Unterteilungen pauschal vorzunehmen und ein Zweiklassensystem innerhalb der Schulen zu schaffen oder radikal verschiedene Arten von Schulen für verschiedene Arten von Schülern zu konzipieren. Wenn dies geschieht, und zwar vor allem, wenn es in einem frühen Stadium des Erziehungsprozesses geschieht, dann sind es nicht die Assoziationsformen von Bürgern, die antizipiert werden, sondern das Klassensystem in seiner gegenwärtigen Form. Die Basis, auf der die Kinder in diesem Fall zusammengebracht werden, ist im wesentlichen ihre vorschulische Sozialisation und ihre häusliche Umgebung. Dies jedoch bedeutet eine Absage an die Abgeschlossenheit der Schule als autonomes Gehege. In den Vereinigten Staaten dürfte diese Absage heute eine Hierarchie nicht nur von sozialen Klassen, sondern auch von rassischen Gruppen produzieren. D.h., die Ungleichheit verdoppelt sich; und die Verdopplung bringt, wie wir aus Erfahrung wissen, die Demokratie in große Gefahr.

Die Integration und der Schulbus

Wir werden die Rassentrennung indes nicht dadurch beenden, daß wir die elterliche Wohnung und den dazugehörigen Spielplatz zum Assoziationskriterium für die Kinder machen; denn Kinder unterschiedlicher Rassen wohnen in den Vereinigten Staaten bislang nur selten beinander und spielen auch nur selten miteinander. Und von einer gemeinsamen Erziehung kann auch keine Rede sein. Dabei sind es nicht, oder zumindest nicht an erster Stelle, Unterschiede in den für die Ausbildung der Kinder aufgewandten Geldbeträgen oder in der Qualität des Unterrichts oder im Inhalt der Lehrpläne, aus denen sich diese Situation ergibt; ihre Wurzeln liegen tiefer, nämlich im sozialen Charakter und in den Erwartungen der Kinder selbst. In Schulen, die in einem Ghetto oder Elendsviertel beheimatet sind, werden die Kinder vorbereitet – und bereiten sie sich gegenseitig vor – auf ein Leben im Ghetto und im Slum. Die Abgeschlossenheit der Schule nach außen ist niemals hermetisch genug, um sie voreinander und vor ihrer unmittelbaren Umgebung zu schützen. Sie sind abgestempelt durch ihren sozialen Standort, und sie lernen, sich wechselseitig gemäß diesem Kriterium abzustempeln. Die einzige

Möglichkeit, aus alledem herauszukommen, liegt, wie immer wieder zu hören ist, in einer Veränderung dieses Standortes, in einer Herauslösung der Schulen aus den Nachbarschaften. Es gibt zwei Wege, um dies zu bewerkstelligen. Entweder man nimmt Ghetto- und Slumkinder aus ihren Nachbarschaftsschulen heraus und läßt sie woanders zur Schule gehen, oder man schickt andere Kinder in diese Nachbarschaften hinein. In beiden Fällen ist es das Assoziationsmuster, das verändert wird.

Ziel bei alledem ist die Integration der zukünftigen Bürger; aber es ist nicht leicht, genau zu sagen, welche neuen Muster zur Erreichung dieses Ziel erforderlich sind. Logisch gedacht, müßte ein öffentliches Erziehungssystem geschaffen werden, in dem die soziale Zusammensetzung in jeder Schule genau dieselbe wäre — keine zufällige, sondern eine bewußte Proporz-Assoziation. Verschiedenerlei Kinder würden in allen Schulen innerhalb eines Wohnbezirks in exakt demselben Verhältnis zusammengemischt, wobei das Verhältnis von Bezirk zu Bezirk entsprechend dem Gesamtcharakter der dort lebenden Bevölkerung variierte. Aber wie legen wir die »richtigen« Bezirke fest? Und nach welchen Kriterien mischen wir die Kinder zusammen? Allein nach dem Kriterium der Rasse, oder sollen auch die Religion, die ethnische Gruppe oder die soziale Klasse berücksichtigt werden? Eine perfekte Proportionalität würde Bezirke erfordern, die nicht nur die größtmögliche Vielfalt von Gruppen einschlössen, sondern deren Bewohner auch nach den differenziertesten Auswahlverfahren zusammengemischt würden. Aber die Bundesrichter, die solche Fragen in den siebziger Jahren zu entscheiden hatten, konzentrierten sich voll und ganz auf die etablierten politischen Einheiten (Großstädte und Städte) und auf die Rassenintegration. »In Boston«, so erklärte Richter William Garrity in seinem Urteil, das einen extensiven Schulbusverkehr innerhalb der Stadt zur Auflage machte, »ist die Schülerpopulation in den öffentlichen Schulen in etwa zu zwei Dritteln weiß und zu einem Drittel schwarz; im Idealfall wäre es so, daß jede Schule genau diesen Proporz aufwiese«.[35] Kein Zweifel, es gibt gute Gründe, an diesem Punkt einzuhalten; dennoch sei darauf hingewiesen, daß das Prinzip der proportionalen Assoziation sehr viel differenzierte Arrangements erfordern würde.

Auf der anderen Seite gibt es keine wie immer geartete proportionale Assoziation, die die realen Entscheidungen demokratischer Bürger antizipieren könnte. Schauen wir uns beispielsweise die Argumentation zahlloser schwarzer Aktivisten aus der Bürgerrechtsbewegung an. Auch in einer von jedwedem Rassismus freien politischen Gemeinschaft, so ihr steter Hinweis, würden die meisten schwarzen Amerikaner sich für ein Zusammenleben mit Schwarzen entscheiden, würden sie ihre eigenen Nachbarschaften selbst gestalten und die lokalen Institutionen selbst kontrollieren wollen. Die einzige Möglichkeit, dieses Muster zu antizipieren, besteht nach ihrer Ansicht in einer sofortigen Etablierung und Institutionalisierung ihrer lokalen Selbstkontrolle. Wenn die Schulen von schwarzen Lehrern geleitet und von schwarzen Eltern finanziert würden, dann, so ihre Sichtweise, werde das Ghetto aufhören, ein Ort der Entmutigung und der Niederlage zu sein.[36] Die Voraussetzung von Gleichheit besteht nach dieser Auffassung darin, daß die Assoziation von schwarzen Kindern mit anderen schwarzen Kindern die gleiche wechselseitige Verstärkung mit sich bringt, wie die Assoziation von weißen Kindern mit anderen weißen Kindern sie zur Folge hat. Für Proportionalität zu optieren, heiße einzugestehen, daß eine solche Verstärkung auf seiten der Schwarzen unmöglich sei — und dies (wieder einmal), ehe man einen ernsthaften Versuch unternommen habe, diesen Mechanismus überhaupt in Gang zu setzen.

Dies ist ein starkes Argument, aber es stößt im heutigen Amerika auf eine riesige Schwierigkeit: die Segregation von schwarzen Amerikanern nach Wohngebieten unterscheidet sich nachhaltig von der Segratgation anderer Gruppen, denn sie ist sehr viel rigoroser und sehr viel weniger freiwillig. Sie antizipiert nicht so sehr den Pluralismus wie den Separatismus. Auf die Idee, in ihr ein Muster zu sehen, das unter demokratischen Bürgern praktiziert werden sollte, käme kaum jemand. Unter den geschilderten Bedingungen dürfte es mithin so sein, daß eine lokale Selbstkontrolle die Ziele der erzieherischen Integration massiv durchkreuzen würde. Angenommen, die lokalen Aktivisten errängen einen politischen Sieg, dann würde der Schulunterricht zu einem Mittel der Durchsetzung einer sehr starken Version von Gruppenidentität, vergleichbar der, die an öffentlichen Schulen in einem neugeschaffenen Nationalstaat zu finden ist.[37] Die Kinder würden mehr auf ein ideologisches als auf ein reales Bürgerrecht hin erzogen. Es gibt zwar keinen Grund für die Gemeinschaft als Ganze, eine solche Erziehung zu finanzieren, aber wie weit dürfen wir uns von diesem Muster entfernen, wenn wir die Assoziation respektieren wollen, die die Schwarzen auch in einer durch und durch demokratischen Gemeinschaft eingehen würden? Und, nicht minder wichtig, wie weit dürfen wir uns von ihm entfernen, wenn wir die Assoziationen respektieren wollen, die andere Menschen bereits eingegangen sind? Ich weiß nicht, wo genau die Grenzlinie zu ziehen ist, aber ich glaube nicht, daß der strikte Proporz sie richtig und damit zum Wohle aller zu ziehen vermag.

Ausgehend von einer pluralistischen Gesellschaft, stellt sich mir die Situation wie folgt dar: Solange erwachsene Menschen sich frei assoziieren, werden sich innerhalb des größeren politischen Gemeinwesens, in dem sie allesamt leben, unterschiedliche und ungleiche Gemeinschaften und Kulturkreise herausbilden. Dies wird ganz gewiß so sein in einem Einwandererland, aber auch ansonsten ist mit einer solchen Entwicklung zu rechnen. Und wenn dem so ist, dann muß die Erziehung der Kinder sozusagen notwendig gruppenabhängig sein — zumindest in dem Sinne, daß die Besonderheit der Gruppe in ihrer konkreten Verkörperung durch die Familie als einer der Pole zu gelten hat, zwischen denen die Schulen vermitteln. Da der andere Pol das Gemeinwesen im allgemeinen ist, das durch den Staat verkörpert wird und von der Kooperation und der wechselseitigen Einbeziehung aller Gruppen lebt, müssen die Schulen nicht nur den Pluralismus respektieren, sondern zudem die Kinder in einer Weise zusammenbringen, die ihnen die Möglichkeit zur dauerhaften Kooperation bietet. Dies ist um so wichtiger, je mehr das pluralistische Muster aufgezwungen und verzerrt ist. Es ist nicht erforderlich, daß alle Schulen in ihrer sozialen Zusammensetzung identisch sind; notwendig ist nur, daß verschiedenerlei Kinder innerhalb dieser Schulen aufeinander treffen.

Diese Notwendigkeit macht bisweilen das erforderlich, was (von denen, die dagegen sind) als »Schulbuszwang« bezeichnet wird, — als könne die öffentliche Erziehung aus irgendeinem Grund ohne das öffentliche Transportwesen auskommen. Der Begriff ist in jedem Falle unfair, da alle Schulbestimmungen ihrem Charakter nach Zwangsbestimmungen sind. Dies gilt vor allem für den Schulunterricht selbst: Lesen und Rechnen sind zwangsverordnet. Mag sein, daß Busprogramme, die dazu bestimmt sind, die Erfordernisse strikter Proportionalität zu erfüllen, eine offenkundigere Art von Zwang darstellen, eine direktere Störung der alltäglichen Lebensmuster, als dies wünschenswert ist. Die amerikanische Erfahrung zeigt zudem, daß Schulen, die man zu integrieren versucht, indem man Kinder aus völlig getrennten Umwelten zusammenbringt, wenig Aussicht haben, zu wirklich integrierten Schulen heranzuwachsen. Selbst starke Schulen scheitern, wenn sie mit sozialen Konflikten umgehen müssen, die außerhalb ihrer Mauern erzeugt sind (und beständig durch äußere Einflüsse verstärkt werden). Auf der anderen Seite ist aber auch klar zu sehen, daß Staatsvertreter den rassischen Separatismus selbst dort noch erzwingen, wo die konkreten Wohnverhältnisse nach anderen Assoziationsmustern geradezu schreien oder sie doch zumindest zuließen. Diese Art von Zwang erfordert Abhilfe, und diese Abhilfe kann momentan den Schulbus erforderlich machen. Es wäre töricht, ihn abzulehnen. Zu erhoffen wäre zusätzlich allerdings auch ein direkter Angriff auf die despotischen Verteilungen in den Bereichen von Wohnung und Arbeit, denen durch ein schulisches Arrangement mit Sicherheit kein Einhalt zu gebieten sein dürfte.

Nachbarschaftsschulen

Im Prinzip ist es, wie bereits von mir dargelegt, so, daß Nachbarschaften keine Zulassungspolitik betreiben. Ob sie ursprünglich von Individuen oder Familien geschaffen und geprägt wurden, die eine Gruppe bildeten, oder ob Verwaltungsentscheidungen, ihre Lage an einer Verkehrsstraße, Bodenspekulationen, die industrielle Entwicklung, Untergrundbahn und Omnibuslinien etc. es waren, die ihnen ihre Gestalt gaben, sie bilden sich, sieht man von Fällen der Gewaltanwendung ab, allmählich heraus, um letztlich eine durchaus heterogene Bevölkerung aufzuweisen — »nicht eine Auswahl, sondern vielmehr ein Spezimen aus dem Leben als Ganzem« oder zumindest aus dem nationalen Leben als Ganzem. Eine Nachbarschaftsschule bleibt somit nicht — oder zumindest nicht für lange Zeit — jener Gruppe von Personen vorbehalten, die einander willentlich als Nachbarn ausgesucht haben. Wenn es aber verschiedene Gruppen sind, die eine Schule als die ihre zu betrachten gewillt sind, dann kann die Existenz dieser Schule die Gemeinschaftsgefühle steigern. Das war von Anfang an einer der Zwecke von öffentlichen Schulen. Jede Schule sollte ein kleiner Schmelztiegel sein und nachbarliches Verhalten der erste Schritt auf dem Weg zur Staatsbürgerschaft. Man ging davon aus, daß geographisch definierte Schulbezirke sozial gemischt und die Klassenzugehörigkeit und der ethnische Hintergrund der Kinder, die sich im Klassenzimmer versammelten, höchst verschieden sein würden. Infolge von Schutzbündnissen, Aufteilungsverordnungen und willkürlich eingeteilten Schulbezirken wurde dieser Anspruch jedoch in keiner der großen Städte konsequent eingelöst; und ich bin mir keineswegs sicher, ob er heute realistischer ist als früher. Was hingegen die Rassenvermischung anbetrifft, so ist die Beweislage eindeutig: Nachbarschaftsschulen trennen schwarze und weiße Kinder voneinander. Ein Faktum, das heute den Grund liefert für eine scharfe Kritik am nachbarschaftlichen Verbundsystem.

Daß die Nachbarschaft dennoch das bevorzugte Assoziationsprinzip geblieben ist, erklärt sich daraus, daß die Politik immer eine territoriale Basis hat und braucht, und daß die Nachbarschaft (bzw. der Burgflecken, das Stadtzentrum, der Stadtbezirk oder der Stadtrand, i.e. all die verschiedenen, sich berührenden Nachbarschaftssysteme) die älteste und noch immer unmittelbarste und nächstliegende Basis für eine demokratische Politik darstellt. Die Menschen sind zumeist dann besonders informiert und interessiert, aktiv und effektiv, wenn sie sich auf dem Terrain, auf dem sie sich bewegen, heimisch fühlen, sozusagen unter Freunden und wohlvertrauten Feinden. Die demokratische Schule sollte deshalb ein Spezialgehege innerhalb einer Nachbarschaft sein, ein besonderer Ort innerhalb einer vertrauten Umwelt, an dem die Kinder als Schüler so zusammenkommen, wie sie dies später als Staatsbürger ebenfalls tun. In diesem Rahmen kann die Schule ihre Vermittlerfunktion am besten wahrnehmen, eine Funktion, die ihr daraus erwächst, daß auf der einen Seite die Kinder in Schulen gehen, welche ihre Eltern in aller Regel kennen und mitfinanzieren, daß es auf der anderen Seite eine von diesen Eltern verschiedene Gruppe anderer Eltern und Nicht-Eltern gibt, die innerhalb der ihnen vom Staat gesetzten Grenzen politische Entscheidungen im Hinblick auf diese Schulen treffen, und daß drittens diese Entscheidungen von Lehrern praktiziert werden, welche (zumeist) außerhalb der Nachbarschaft ausgebildet und fachlich wie politisch für ihren Unterricht persönlich verantwortlich sind. Ein Arrangement, das den Konflikt gleichsam vorprogrammiert – und tatsächlich ist die Schulpolitik in den Vereinigten Staaten der am lebhaftesten diskutierte und am heftigsten umstrittene Politikbereich überhaupt. Nur wenige Eltern sind mit den Resultaten der jeweils eingeschlagenen Strategien gänzlich zufrieden, und die Kinder finden mit großer Sicherheit in der Schule eine Welt vor, die sich von der ihnen von zuhause bekannten erheblich unterscheidet. Die Schule ist sowohl ein »Haus der jungen Männer und Frauen« als auch ein Ort mit einer eigenen und besonderen geistigen Disziplin.

Eltern versuchen häufig, diese Disziplin zu untergraben, und der Lehrkörper ist nicht immer stark genug, sie aufrechtzuerhalten. So ist das derzeitige Schulangebot in hohem Maße von den lokalen politischen Auseinandersetzungen geprägt, die um die räumliche Ausdehnung des Schulbezirks und seine Verwaltung, um die Vergabe von Mitteln, die Suche nach neuen Lehrern, den genauen Inhalt der Lehrpläne usw. entbrennen. Nachbarschaftsschulen sind von Nachbarschaft zu Nachbarschaft verschieden. Und so macht die einfache Gleichung: ein Kind/ ein Schulplatz denn auch nur einen Teil der Geschichte von der Gerechtigkeit in der Erziehung aus. Der Fairness halber sei jedoch hinzugefügt, daß der Gerechtigkeit dann Genüge getan wird, wenn Nachbarschaften offen sind (wenn rassische oder ethnische Identität nicht über Mitgliedschaft und Wohnung dominieren), und wenn jede Nachbarschaft ihre eigene starke Schule besitzt. In diesem Fall sind die Kinder innerhalb eines komplizierten Systems distributiver Arrangements einander gleichgestellt. Sie erhalten eine gemeinsame Erziehung, auch wenn es im Lehrplan (und in der Art, in der Lehrer diesen oder jenen Bereich innerhalb des Lehrplans stärker gewichten oder ausparen) von Schule zu Schule gewisse Unterschiede gibt. Auch der Zusammenhalt des Lehrkörpers und der Kooperations- oder Kritikeifer der Eltern variieren; doch sind dies alles Differenzen, die als unvermeidliche Merkmale von komplexer Gleichheit einer demokratischen Schule sozusagen wesensimmanent sind.

Gleiches gilt für die von den Schülern praktizierten Assoziationsmuster. Nicht nur wird die Heterogenität von einem Schulbezirk zum andern unterschiedlich groß sein, auch die Kontakte zwischen den verschiedenen Gruppen werden im einen Fall intensiver, im anderen weniger intensiv sein. Die einer pluralistischen Gesellschaft endemischen Grenzkonflikte werden an jeder Schule auftreten, wenn auch nicht immer mit der gleichen Schärfe. Es setzt schon einen außergewöhnlichen ideologischen Eifer oder eine große Einbildungskraft voruas, darauf zu beharren, daß diese Konflikte überall und immer in ihrer schärfsten Form aufträten. Es ließe sich zwar einrichten, daß es tatsächlich so käme, aber nur unter einer umfassenden Anwendung von staatlicher Macht. Nun hat der Staat mit der Erziehung in der Tat eine Menge zu tun; schließlich ist er es, der den Schulbesuch zur Pflicht macht, der den Allgemeincharakter des Lehrplans bestimmt und der das Zeugniswesen unter seiner Kontrolle hat. Aber wenn die Schulen überhaupt so etwas wie eine innere Stärke entwickeln und haben sollen, dann müssen der staatlichen Aktivität Grenzen gesetzt sein, Grenzen, die bestimmt sind zum einen durch die Integrität akademischer Themen und Gegenstände, den Professionalismus der Lehrer und das Prinzip der gleichen Berücksichtigung und zum andern durch ein Assoziationsmuster, das in seiner Antizipation von demokratischer Politik dennoch nicht von höheren Stellen oder herrschenden Ideologien dominiert wird. So wie ein Erfolg im Kalten Krieg niemals ein Grund war, über die Steigerung der Qualität und der Attraktivität von Spezialschulen hinaus weitere schulische Initiativen zu entwickeln, so war das Ziel einer integrierten Gesellschaft niemals ein Grund, über die zur Beendigung einer willentlich herbeigeführten Segregation erforderlichen Mittel hinaus weitere einschlägige Strategien zu konzipieren. Jede grundsätzliche Unterordnung des Schulunterrichts unter politische Ziele unterminiert die Stärke der Schule, den Erfolg ihrer Mittlertätigkeit und damit den Wert des Unterrichts als eines sozialen Gutes. Was letztlich herauskommt, wenn Schüler und Lehrer der Tyrannei der Politik unterworfen sind, ist nicht mehr, sondern weniger Gleichheit.

9. Kapitel
Verwandtschaft und Liebe

Die Verteilung von Liebe und Zuneigung

Verwandtschaftsbande und geschlechtliche Beziehungen gelten gemeinhin als Konstituentien einer Sphäre, die jenseits von distributiver Gerechtigkeit angesiedelt ist. Sie werden nach anderen Kriterien beurteilt; oder man lehrt uns, in diesen Dingen überhaupt nicht zu urteilen. Die Menschen lieben, so gut sie können, und ihre Gefühle lassen sich nicht umverteilen. Vielleicht stimmt ja, was Samuel Johnson einst gesagt hat, daß nämlich »Ehen im allgemeinen nicht minder glücklich, ja oftmals sogar glücklicher wären, wenn sie allesamt vom Lordkanzler verfügt würden.«[1] Aber niemand hat bislang ernsthaft vorgeschlagen, die Macht des Lordkanzlers in dieser Richtung auszuweiten, auch nicht um eines größeren (und wenn schon dies, warum nicht auch eines gleichen?) Glückes willen. Und dennoch wäre es falsch, sich Verwandtschaft und Liebe als eine Sphäre vorzustellen, die von allen anderen Sphären völlig verschieden ist, als einen heiligen Bezirk, vergleichbar dem Vatikan im republikanischen Italien und ausgespart von aller philosophischen Kritik. Tatsächlich ist diese Sphäre mit anderen Distributionssphären sogar sehr eng verquickt, indem sie einerseits Einmischungen von außen relativ schutzlos ausgesetzt ist, andererseits aber auch selbst auf alles Einfluß nimmt. Ihre Grenzen müssen unablässig verteidigt werden, wenn auch nicht gegen den Lordkanzler, so doch gegen andere Formen despotischer Zudringlichkeiten, wie beispielsweise die Einquartierung von Truppen in Privathäuser, die Nachfrage nach Kinderarbeit durch Fabriken und Kohlebergwerke oder die »Besuche« von Sozialarbeitern, von nach Schulschwänzern fahndenden Schulaufsichtsbeamten, von Polizisten und anderen Bevollmächtigten des modernen Staates sie darstellen. Umgekehrt müssen die anderen Sphären sich gegen die von ihr getätigten Einmischungen in Gestalt jenes Nepotismus und jener

Günstlingswirtschaft zur Wehr setzen, die in unserer Gesellschaft — auch wenn dies keineswegs auf alle Gesellschaften zutrifft — als verbotene Liebesbezeigungen gelten.

Es sind wichtige Verteilungen, die im Rahmen der Familie und der Verwandtschaft vorgenommen werden. Mitgiften, Schenkungen, Erbschaften, Unterhaltszahlungen, wechselseitige Hilfeleistungen verschiedenster Art, sie alle sind in ihrer Praxis förmlichen Bräuchen und Regeln unterworfen, welche ihrerseits Ausdruck gewichtiger, aber niemals ewig geltender Sozialabmachungen sind. Aber auch die Liebe selbst und mit ihr die Ehe, die elterliche Fürsorge und der kindliche Respekt unterliegen solchen Regeln bzw. spiegeln sie wider. »Du sollst deinen Vater und deine Mutter ehren,« dieses Gebot ist genauso eine Verteilungsregel wie jene konfuzianische Maxime, die das Verhalten gegenüber älteren Brüdern normativ vorgibt.[2] Gleiches gilt für eine Vielzahl der von den Anthropologen zutage geförderten Vorschriften, denen zufolge beispielsweise Kinder der Obhut ihrer Onkel mütterlicherseits oder Ehefrauen der ihrer Schwiegermütter unterstellt sind. Diese Verteilungen hängen auch vom herrschenden Kulturverständnis ab, das sich seinerseits im Lauf der Zeit immer wieder wandelt. Wenn Menschen in freier Entscheidung lieben und heiraten, wie wir es angeblich tun, dann geschieht dies in unserem Falle auf dem Hintergrund des Verständnisses unserer Gesellschaft von Liebe und Ehe. Dennoch sind wir trotz einer langen Kette von Befreiungskämpfen nicht gänzlich frei in unseren Entscheidungen. So ist der Inzest nach wie vor verboten. »Die sexuelle Freizügigkeit der modernen westlichen Welt hat diese Beschränkung nicht fortgeschwemmt.«[3] Auch die Polygamie ist verboten. Homosexuelle Ehen werden gesetzlich nicht anerkannt und sind politisch umstritten. Rassenvermischung zieht, wenn auch keine gesetzliche Strafe mehr, so doch soziale Sanktionen nach sich. In all diesen (sehr unterschiedlichen) Fällen würde »die Befreiung« eine Redistribution implizieren, ein neues Arrangement von Verbindlichkeiten, Verpflichtungen, Verantwortlichkeiten und Bündnissen.

Während des größten Teils der menschlichen Geschichte sind Liebe und Ehe sehr viel strenger reglementiert gewesen, als dies beispielsweise in den Vereinigten Staaten heute der Fall ist. Verwandtschaftsregeln sind für den Anthropologen ein gefundenes Fressen bzw. ein wundervoll vielfältiges und exquisit gewürztes Festessen. Die distributive Grundfrage wer ... wem? wird auf hunderterlei Weise gestellt und beantwortet: Wer darf mit wem schlafen? Wer mit wem die Ehe eingehen? Wer lebt mit wem? Wer speist mit wem? Wer feiert mit wem? Wer muß wem Respekt zollen? Wer steht bei wem in der

Pflicht? Die Antworten auf diese Fragen ergeben ein kunstvolles Regelsystem; und es ist ein Charakteristikum des frühesten Verständnisses von politischer Macht, daß Häuptlinge oder Fürsten, die diese Regeln verletzen, als Tyrannen gelten.[4] Der tiefste Sinn der Tyrannei dürfte darin bestehen, daß in ihr das Machtprinzip über das Verwandtschaftsprinzip dominiert. Die Ehe entspricht nur selten der Definition John Seldens, der von ihr sagte, sie sei »nichts als ein zivilrechtlicher Vertrag.«[5] In den allermeisten Fällen ist sie Teil eines größeren, den Gesetzgeber normalerweise nur am Rande oder post factum interessierenden Regelwerks, welches sowohl das moralische als auch das räumliche Arrangement des »privaten« Lebens in Gestalt von Behausungen, Mahlzeiten, Besuchen, Pflichten, Gefühlsäußerungen und dem Transfer von Gütern bestimmt.

Zu vielen Zeiten und an vielen Orten reichen die verwandtschaftlichen Determinationen sogar noch weiter, indem sie auch die Politik prägen und den Rechtsstatus und die Lebenschancen von Individuen bestimmen. Und so gibt es eine Geschichtsauffassung, derzufolge alle Sphären, in denen die Menschen zueinander in Beziehung treten, um Verteilungen vorzunehmen, all die »Handelsgesellschaften« von Männern und Frauen in gleicher Weise Erweiterungen und Ausweitungen der Familie darstellen, wie alle Staatsämter und Staatsinstitutionen Erweiterungen und Ausweitungen des Königshauses sind. Doch der Gegensatz von Verwandtschaft und Politik ist sehr alt, vielleicht sogar primordial. »In jeder Gesellschaft«, so schreibt der zeitgenössische Anthropologe Meyer Fortes, »... gibt es zwei Grundkategorien von sozialen Beziehungen ... die familiale Sphäre und die politisch-rechtliche Sphäre, die Verwandtschaft und die Politik.«[6] Die Feststellung, Verwandtschaftsregeln erstreckten sich zwar nicht auf die gesamte soziale Welt, wohl aber steckten sie ein erstes Grenzsystem in ihr ab, macht somit einen Sinn.

Die Familie ist eine Sphäre der Spezialbeziehungen: Dieses Kind ist der Augapfel des Vaters, jenes der Mutter ganzes Glück. Dieser Bruder und diese Schwester lieben einander mehr, als ihnen verstattet ist. Jener Onkel ist völlig vernarrt in seine Lieblingsnichte. Die Familiensphäre ist eine Welt der heißen Liebe und der Eifersucht, eine Welt, deren Mitglieder häufig versuchen, die Zuneigung, die der jeweils andere zu vergeben hat, für sich zu monopolisieren, während gleichzeitig alle von ihnen einen Mindestanspruch auf eben diese Zuneigung erheben — zumindest verglichen mit Außenstehenden, die ihrerseits in vielen Fällen überhaupt keinen Anspruch darauf anmelden können. Die Grenzlinie zwischen Mitgliedern und Außenstehenden ist häufig sehr scharf gezogen. Während drinnen »die Regel des präskriptiven Altruismus« das Leben bestimmt, gilt sie draußen nicht.⁷ Dieser Umstand läßt die Familie zu einer nie versiegenden Quelle von Ungleichheit in der Gesellschaft werden, und dies nicht nur aus dem üblicherweise angeführten Grund, daß nämlich die Familie (in unterschiedlichen Gesellschaften in unterschiedlicher Weise) als eine ökonomische Einheit figuriere, innerhalb deren Reichtum angesammelt und weitergegeben werde, sondern auch, weil sie als eine emotionale Einheit fungiert, innerhalb deren Liebe angesammelt und weitergegeben wird, genauer gesagt: in der Liebe erst im engsten Kreis praktiziert und danach nach außen weitergegeben wird, und dies zumindest am Anfang aus rein internen Gründen. Das Günstlingswesen beginnt in der Familie – so, wenn Josef vor seinen Brüdern bevorzugt wird –, um von hier aus auf Politik und Religion, auf Schulen, Märkte und Arbeitsplätze überzugreifen.

Platons Wächter

Das radikalste egalitäre Konzept, der einfachste Weg zur einfachen Gleichheit bestünde demnach in der Abschaffung der Familie. Ich habe diesen Vorschlag mit Blick auf die Erziehung, wo die Schule eine unmittelbare Alternative bietet, bereits erörtert. Aber die Schule – und das gilt selbst für die Vollzeitschule – schafft nicht die Familie ab, sondern nur die spezielle Eltern-Kind-Beziehung, indem sie die Heranwachsenden von einem bestimmten Alter an in ihre Obhut nimmt; d.h., der ins Auge gefaßte Abolitionismus müßte radikaler sein.* Stellen wir uns zu diesem Zweck eine Gesellschaft vor, vergleichbar der von Platons Wächtern, in der innerhalb der je einzelnen Generation alle Mitglieder Geschwister sind, Brüder und Schwestern, die nichts von ihren eigenen Blutsbanden wissen und die in einer Art von städtischem Inzest eine neue Generation von Kindern zeugen, denen sie immer nur allgemeine, niemals jedoch spezielle Eltern sind. Die Verwandtschaft ist universell, damit praktisch inexistent und ähnelt als solche der politischen Freund-

---

* Ein gewisses Abolitionismusstreben scheint zum egalitären Denken dazuzugehören, auch und selbst bei Autoren, denen bei dem Gedanken sichtlich unwohl ist. So schreibt etwa John Rawls: »Außerdem läßt sich der Grundsatz der fairen Chancen nur unvollkommen durchführen, zumindest solange es die Familie in irgendeiner Form gibt.«⁸ Rawls wiederholt den Gedanken mehrfach, jedoch ohne ihn weiterzutreiben.⁹ Vermutlich möchte er die Verteilung von elterlicher Liebe und Fürsorge nicht vom zweiten Gerechtigkeitsgrundsatz gesteuert und bestimmt sehen. Aber welcher Grundsatz sollte sie dann leiten?

schaft. Wir können davon ausgehen, daß Zorn und Eifersucht ihren Weg auch in die Herzen von universellen Geschwistern finden. Aber ohne klares Bewußtsein von »mein« und »nicht mein«, ohne exklusive Bindungen an Personen oder Dinge, so argumentiert Platon, wird ein Anfall von Zorn weniger leicht in »größere Händel« ausarten. Das Individuum, wie wir es kennen (und wie Platon es kannte), das »in sein eigenes Haus schleppt, was (es) nur ohne die andern erwerben kann, und sich Frau und Kinder, Freuden und Leiden nur für sich allein schafft«, dieses Individuum wird es nicht mehr geben. Statt dessen werden Männer und Frauen Freude und Schmerz als gemeinsame Gemütserregungen erfahren; die Eifersüchteleien des Familienlebens werden durch einen ebenso emotionellen wie materiellen Egalitarismus verdrängt werden: durch die Herrschaft des »Mitleidens« und »Mitfreuens«.[10] Es ist der Triumph der Gelassenheit über die zornige Heftigkeit.

Es ist aber auch der Triumph der politischen Gemeinschaft über die Verwandtschaft; denn »die Verteilung affektiver Bindungen ist«, wie Lawrence Stone in seiner Untersuchung über die Entwicklung der modernen Familie schreibt, »... eine Art Nullsummenspiel ... Die in hohem Maße personalistische und nach innen gewandte Familie kam zustande zum Preis eines zumindest partiellen Rückzugs aus dem reichen und integrierten Gemeinschaftsleben der Vergangenheit«[11] Zum gleichen Rückzug scheint es auch in früheren Zeiten schon gekommen zu sein.

Vielleicht stehen das Gemeinschaftsleben der Vergangenheit für ein goldenes Zeitalter und der Abolitionismus für ein ewiges Utopia. In jedem Fall ist der Zweck des Abolitionismus nicht die Herstellung eines Gleichgewichts zwischen Verwandtschaft und Gemeinschaft, sondern die radikale Umkehrung des »Spielergebnisses«. Platon erlegt sein egalitäres Regime allerdings nur den Wächtern auf. Ihm geht es nicht um die Erzeugung eines wahrhaft universellen *amour social* oder um die Egalisierung der Erfahrung von Liebe (wiewohl er der Gelassenheit einen realen Wert beimißt); er möchte vielmehr die Auswirkungen der Liebe auf die Politik des Staates ausschalten — er möchte die Wächter befreien von der Versuchung, ihre familiären Interessen über die der Gemeinschaft zu stellen.[12] Orwell beschreibt in seinem Roman *1984* ein ähnliches Ziel: die Liga gegen Sexualität versucht verwandtschaftliche Beziehungen zwischen Parteimitgliedern zu verhindern, um diese voll und ganz an die Partei (und an den großen Bruder) zu fesseln. Die Proles hingegen sind frei in der Wahl ihrer Partner, sie können heiraten, wen sie wollen, und sie dürfen ihre eigenen Kinder lieben. Ein demokratisches Regime, so nehme ich an, würde eine solche Unterteilung nicht verkraften, das Phänomen der Verwandtschaft müßte dann schon gänzlich abgeschafft werden. Es ist indes kein Zufall, daß Philosophen und Romanschriftsteller, die diese Abschaffung imaginiert haben, sie so häufig einer Elite ansannen und andichteten, deren Mitglieder durch spezielle Vorrechte für den Verzicht auf spezielle Neigungen und Gefühle entschädigt werden konnten.

Denn es handelt sich um einen Verzicht, und zwar um einen, den zu leisten die meisten Männer und Frauen sich weigern dürften. Was wir theoretisch für die höchste Form von gemeinschaftlichem Leben halten mögen – die universelle Brüder- und Schwesterschaft –, dürfte sich auf der Basis und mit Hilfe eines allgemeinen Volksentscheids kaum herstellen lassen. Gleiches gilt für die Moralphilosophie. Eine Vielzahl von Autoren haben immer wieder darzulegen versucht, daß die höchste Form ethischen Lebens eine Lebensform sei, in der die »Regel des präskriptiven Altruismus« universelle Geltung habe und in der es keine speziellen Verpflichtungen Verwandten (oder Freunden) gegenüber gebe.[13] Vor die Wahl gestellt, entweder mein eigenes Kind oder ein fremdes aus einer ihm drohenden schweren Gefahr zu erretten, müßte ich sozusagen eine Zufallsentscheidung treffen. Die Situation wäre zweifellos sehr viel einfacher und leichter, wenn ich erst gar nicht in der Lage wäre, meine eigenen Kinder zu erkennen oder wenn ich überhaupt keine eigenen Kinder hätte. Aber die höchste Form ethischen Lebens ist sowieso nur einigen wenigen willensstarken Philosophen vorbehalten – oder Mönchen, Eremiten und platonischen Wächtern. Der Rest von uns muß sich mit weniger zufrieden geben; wobei es so sein dürfte, daß wir das uns verbleibende Geringere als das Bessere erachten. D.h., wir ziehen die für uns optimale Grenze zwischen Familie und Gemeinschaft und richten uns auf unsere ungleichen Liebesintensitäten ein, mit dem Effekt, daß es in manchen Familien warmherziger und inniger zugeht als in anderen; daß manche Kinder mehr Liebe erfahren als andere; daß manche Männer und Frauen die Sphäre der Bildung, des Geldes und der Politik mit all dem Selbstvertrauen betreten, das elterliche Zuneigung auf der einen und Respekt vor den Eltern auf der anderen Seite erzeugen können, während andere nur zögernd und voller Selbstzweifel ihren Weg gehen. (Wir können dennoch versuchen, die Günstlingswirtschaft in den Schulen zu unterbinden und »Familienallianzen« im Staatsdienst zu verhindern.)

Wenn wir auf die Vorstellung von einer universellen Verwandtschaft verzichten, scheint es theoretisch gesehen einer speziellen Organisation von Familienbanden weder zu bedürfen, noch scheint eine solche Organisation gar erstrebenswert. Es gibt kein singuläres Spezialsystem von gefühlsmäßigen Bindungen, das gerechter wäre als irgendein anderes. Diesen Punkt, so meine ich, erkennen gewöhnlich auch diejenigen Autoren an, die in anderen Sphären sehr wohl eine hochspezifische und einheitliche Gerechtigkeit anstreben. Aber die Argumentation ist hier wie dort die gleiche. So können wir z.B. nicht wissen, ob die politische Gemeinschaft das dramatische Theater allen ihren Mitgliedern gleichermaßen zugänglich machen sollte, ehe wir keine Klarheit darüber haben, was das Drama in dieser oder jener Kultur bedeutet. Ob der Verkauf von Gewehren ein verbotenes Tauschgeschäft sein sollte, läßt sich solange nicht entscheiden, wie wir keine Kenntnis davon haben, zu welchen Zwecken Gewehre in diesem oder jenem Viertel benutzt werden. Und wir wissen nicht, wieviel Zuneigung oder Respekt Ehemännern zu zollen ist, solange wir die von Lucy Mair an den Anfang ihrer anthropologischen Untersuchung über die Ehe gestellte Frage: »Wozu sind Ehemänner gut?«[14] nicht beantworten können.

In jedem lokalen Gefüge gibt es ganz ohne Zweifel objektive Prinzipien, die bisweilen umstritten sind, oftmals verletzt werden, aber dennoch allgemeine Geltung besitzen. Josephs Brüder ärgerten sich über die Günstlingswirtschaft ihres Vaters, weil sie ihrer Meinung nach über die Grenzen väterlichen Eigensinns hinausging. Und dennoch überlassen wir, wenn auch häufig mit ungünstigen Folgen, die Durchsetzung der relevanten Prinzipien in solchen Fällen den Mitgliedern der Familie. Wir wollen nicht, daß Staatsbeamte einschreiten, um sicherzustellen, daß jeder (oder niemand) einen mehrfarbigen Mantel bekommt. Erst wenn die familiale Verteilung die Verheißungen der Zugehörigkeit zur Gemeinschaft und der Partizipation an der allgemeinen Wohlfahrt konterkariert, wird der Staat aufgefordert zu intervenieren, also etwa dann, wenn Kinder vernachlässigt oder Frauen mißhandelt werden. Zwar ist auch die Verteilung des Familienbesitzes gesetzlich geregelt; aber diese Regelungen stellen, wie ich in meinen Darlegungen zum Thema Geschenke und Hinterlassenschaften bereits deutlich gemacht habe, die externe Anwendung von ursprünglich internen Prinzipien auf ein spezielles Verständnis von Familienbanden dar.

Familie und Wirtschaft

Im frühmodernen politischen Denken wird die Familie häufig als ein »kleiner Staat« beschrieben, in dem die Kinder die Tugenden des Gehorsams erlernen und auf ihren späteren Status des Staatsbürgers (oder häufiger des Untertanen) in der politischen Gemeinschaft als Ganzer vorbereitet werden.[15] Eine solche Beschreibung hört sich zunächst wie eine Integrationsformel an, sie hatte aber durchaus auch noch einen anderen Zweck. Wenn die Familie ein kleiner Staat war, dann war der Vater ein kleiner König, und das Reich, über das er herrschte, war ein Reich, in das der regierende Monarch nicht eindringen konnte. Die kleinen Staaten legten dem größeren Staat, von dem sie ihrerseits selbst ein Teil waren, Zügel an und hielten ihn in Schranken. Ähnlich dürfen wir uns die Familie als eine ökonomische Einheit vorstellen, die zwar partiell in die Sphäre des Geldes und der Waren integriert ist, diese aber ihrerseits auch eingrenzt. Es gab einmal eine Zeit, da war diese Integration zweifellos vollkommen und umfassend. Das griechische Wort, von dem unser Begriff der Ökonomie sich herleitet, bedeutet schließlich nichts anderes als »Haushaltsführung«, d.h., es bezeichnet eine eigenständige Spezialsphäre, die sich von der Sphäre der Politik klar unterscheidet. Aber wann immer die Ökonomie einen familienunabhängigen Charakter annimmt, indem sie den Umgang mit Fremden, statt den mit Verwandten begünstigt, wann immer der Markt an die Stelle des unabhängigen Haushalts tritt, setzt unser Verständnis von Verwandtschaft dem Tausch dadurch neue Grenzen, daß es auf einen Raum dringt, in dem die Marktnormen keine Geltung haben. Dieser Hergang läßt sich besonders gut beobachten in einer Periode des raschen ökonomischen Wandels, wie etwa die frühe Industrielle Revolution sie darstellt.

Manchester im Jahre 1844

Engels' Schilderung der Zustände in den Fabriken von Manchester im Jahre 1844 läßt uns einen tiefen Blick tun in das Familienleben der Arbeiterklasse zu jener Zeit. Was wir zu hören bekommen, ist nicht nur eine Geschichte des materiellen Elends, sondern auch der moralischen Katastrophen: Männer, Frauen und Kinder, die von Tagesanbruch an bis in die sinkende Nacht hinein arbeiten; Kleinkinder, die zuhause zurückbleiben, eingeschlossen in winzige ungeheizte Stuben; ein totales Fehlen jedweder Sozialisation; ein Zerfall der Strukturen von Liebe und Gegenseitigkeit; ein Dahinschwinden verwandtschaftlicher Gefühle unter Bedingungen, die diesen Empfindungen keinen Raum und kein Betätigungsfeld lassen.[16] Die heutigen Historiker sagen zwar, Engels habe die Stärke und die Elastizität der Familie ebenso unterschätzt wie die Hilfe, die sie noch unter den schlimmsten Bedingungen ihren Mitgliedern haben angedeihen lassen.[17] Aber was mich interessiert, ist weniger die Exaktheit der Engelsschen Darstellung — sie ist exakt genug — als das, was sie über die Absichten und Ziele der ersten sozialistischen Theoretiker und Praktiker aussagt. Denn diese sahen im Kapitalismus einen Anschlag auf die Familie, eine despotische Auflösung der häuslichen Bande, infolge der »alle Familienbande für die Proletarier zerrissen und die Kinder in einfache Handelsartikel und Arbeitsinstrumente verwandelt werden.«[18] Gegen diese Tyrannei machten sie Front.

Manchester, wie Engels es beschrieben hat, ist der exemplarische Fall einer bezirkslosen, einheitlichen Stadt, in der allüberall allein das Geld regiert. Konkret gesprochen: Kinder werden in die Fabriken verkauft, Frauen in die Prostitution getrieben; die Familie wird »aufgelöst«. Der heimische Herd hat keine Bedeutung mehr, für häusliche Veranstaltungen und Familienfeste fehlt die Zeit, Erholung und Intimität gibt es nicht: »Das Familienverhältnis ist«, wie Marx und Engels im *Kommunistischen Manifest* sagen, »auf ein reines Geldverhältnis zurückgeführt« — ein Zustand, den es, wie sie weiter ausführen, im Kommunismus, der die Aufhebung der bürgerlichen Familie mit sich bringe, nicht mehr geben werde. Da die bürgerliche Familie nach der Marx/Engelsschen Logik aber bereits die Aufhebung von Verwandtschaft und Liebe — die Versklavung der Kinder und die »Weibergemeinschaft« bedeutet —, kommt das, worauf sie wirklich abzielten, im Endeffekt einer Restauration sehr viel näher als einer Fortentwicklung. Genau gesagt hatten sie die Vorstellung, daß die Familie, wenn die Produktion endlich voll und ganz vergesellschaftet sei, erstmals als eine eigenständige, unabhängige Sphäre in Erscheinung treten werde, als eine Sphäre der persönlichen Beziehungen, basierend auf geschlechtlicher Liebe und frei von der Despotie des Geldes — und, wie sie ebenfalls dachten, frei auch von der damit eng verknüpften Despotie von Vätern und Ehemännern.[19]*

---

* Obwohl Engels in seinem dramatischen Bericht über das Leben der Arbeiterklasse in Manchester dem Leiden der Kinder eine ausführliche Beschreibung zuteil werden läßt, scheint seine rekonstruierte Familie — und die von Marx ebenfalls — auf Erwachsene beschränkt zu sein. Die Kinder werden von der Gemeinschaft versorgt, damit sich beide Eltern an der gesellschaftlichen Produktion beteiligen können. Das Konzept macht Sinn, wenn die Gemeinschaft klein ist und die Beziehungen so eng sind wie z.B. in einem israelischen Kibbuz. Unter den Voraussetzungen der Massengesellschaft dürfte seine Verwirklichung jedoch einen enormen Liebesverlust zur Folge haben — einen Verlust, der zudem in erster Linie die schwächsten Mitglieder trifft. Es ist die Familie, die unter den verschiedensten — die konventionelle bürgerliche Ordnung sehr wohl einschließenden, aber gleichwohl auch weit über sie hinausgreifenden — Sozialsystemen diesem Verlust entgegenwirkt. (Warum sollten sich die Eltern nicht auch an der sozialen *Reproduktion* beteiligen können?)[20]

Die Reaktion von Gewerkschaftern und Reformern auf die von Engels beschriebenen Umstände war im wesentlichen defensiv. Bestrebt, die Familie in ihrer hergebrachten Form zu »retten«, drangen sie auf entsprechende Schutzmaßnahmen, die denn auch in weiten Teilen der Fabrikgesetzgebung des 19. Jahrhunderts ihren Niederschlag fanden. Die Gesetze gegen Kinderarbeit, der kürzere Arbeitstag, die Restriktionen in bezug auf die Arbeit, die von Frauen verrichtet werden durfte, alle diese Initiativen waren dazu bestimmt, die Familie vor dem Markt zu schützen, ihr einen gewissen Freiraum und eine minimale Freizeit für ein häusliches Leben zu verschaffen und zu garantieren. Es ist eine sehr alte Vorstellung von Häuslichkeit, die diesen Bestrebungen zugrundeliegt. Der freie Raum und die freie Zeit waren hauptsächlich den Müttern und den Kindern zugedacht; das Heim wurde begriffen als ein auf diese beiden zugeschnittenes Zentrum, während die Väter die Funktion von etwas ferneren Beschützern hatten, die sich selbst nur schützten, um die zu schützen, die auf sie angewiesen waren. Und so kam es, »daß Frauen gemeinhin aus den Gewerkschaften ausgeschlossen blieben, und daß die männlichen Gewerkschafter einen Lohn forderten, der die gesamte Familie ernähren konnte«.[21] Die häusliche Sphäre war der Platz der Frau, die Kinder scharten sich um sie, die ihnen Schutz und Pflege bot. Die viktorianische Gefühligkeit ist ebensosehr ein proletarisches wie ein bürgerliches Produkt. Die gefühlvolle Familie ist — zumindest in der westlichen Hemisphäre — die erste Form, in der Verwandtschaft und Liebe sich konkretisieren, nachdem Haushalt und Wirtschaft auseinandergerissen sind.

Heirat und Ehe

Die Etablierung der häuslichen Sphäre beginnt indes lange vor der Industriellen Revolution, und ihre langfristigen Konsequenzen sind von den Assoziationen, die das Wort *Häuslichkeit* auslöst, nachhaltig verschieden. Sie erwachsen aus einem zweifachen Prozeß der Grenzziehung — nicht nur zwischen Verwandtschaft und wirtschaftlichem Leben, sondern auch zwischen Verwandtschaft und Politik — und werden in den Oberklassen am deutlichsten sichtbar. Die aristokratischen und großbürgerlichen Familien der frühen Moderne waren kleine Dynastien, ihre Eheschließungen komplizierte Tauschgeschäfte und Vertragsbündnisse, die sorgfältigst geplant und klüglichst ausgehandelt wurden. Diese Dinge haben sich fortgesetzt bis auf den heutigen Tag, wenn auch die Verhandlungen inzwischen kaum noch explizit gemacht werden. Ich nehme an, daß die Ehe diesen Aspekt so lange behalten wird, wie die von den einzelnen Familien in der sozialen und in der politischen Welt eingenommenen Ränge und Positionen verschieden sind und wie es Familienunternehmen und wohlorganisierte Verwandtschaftsnetzwerke gibt. Einfache Gleichheit würde Tauschgeschäfte und Vertragsbündnisse ausschließen, weil sie familiale Differenzen ausschlösse. »Würde jede Familie mit dem gleichen Kostenaufwand erzogen,« schrieb Shaw, »dann hätten wir alle die gleichen Gewohnheiten, Sitten, Ansprüche und die gleiche Bildungsstufe; und die Tochter eines armen Teufels könnte den Sohn des Herzogs ebenso leicht heiraten, wie jetzt der Sohn des Effektenmaklers die Tochter eines Bankdirektors heiratet.«[22] Alle Heiraten wären Liebesheiraten – und dies ist in der Tat die Tendenz bzw. die Intention des Verwandtschaftssystems, wie wir es derzeit verstehen und interpretieren.

Aber Shaw überschätzte die Macht des Geldes. Er hätte nicht nur fordern sollen, daß kein Kind in einer Familie aufwachsen dürfe, die über mehr Geld verfügte als andere Familien, er hätte ebenso dringend geltend machen müssen, daß kein Kind in einer Familie aufwachsen dürfe, deren politischer Einfluß grösser oder deren sozialer Status höher waren als der Einfluß oder der Status anderer Familien. Nichts von alledem erscheint mir realisierbar, es sei denn, man schafft die Familie selbst ab. Die etwa gleichen Effekte lassen sich indes erzielen, wenn man die Distributionssphären voneinander separiert. Wenn Familienzugehörigkeit und politischer Einfluß gänzlich voneinander getrennt sind, wenn Nepotismus ausgeschlossen, Erbrechte eingeschränkt, aristokratische Titel abgeschafft sind usw., dann ist sehr viel weniger Grund vorhanden, die Heirat als Tauschgeschäft oder Vertragsbündnis zu begreifen. Und dann können (und werden) Söhne und Töchter nach Lebensgefährten Ausschau halten, die sie körperlich oder geistig attraktiv finden. Solange die Familie ins politische und wirtschaftliche Leben integriert war, hatte die romantische Liebe ihren Platz jenseits von ihr. Was die Troubadoure besangen, war sozusagen eine Randverteilung. Die Unabhängigkeit der Familie bewirkte einen Ortswechsel der Liebe.

Oder zumindest der Liebesromanze; denn Liebe gab es ganz gewiß auch in der älteren Familie, wenn von ihr hier auch oftmals in einer rhetorisch deflationistischen Weise gesprochen wurde. Heute gilt die – mehr oder weniger inflatorisch überhöhte – romantische Liebe als die einzig annehmbare Basis für den Eheschluß und das Eheleben. Das aber bedeutet, daß die Eheschließungen den Eltern und ihren Vertretern (den Heiratsvermittlern z.B.) aus den Händen genommen und in die Hände der Kinder gelegt sind. Das Verteilungsprinzip von romantischer Liebe ist die freie Wahl, was allerdings nicht heißen soll, daß die freie Wahl das einzige Verteilungsprinzip in der Verwandtschaftssphäre sei. Dazu kann es auch niemals kommen; denn wenn ich mir auch meine Ehefrau aussuche, so suche ich mir doch die Anverwandten meiner Frau nicht aus; und die weiteren Verpflichtungen der Ehe sind immer kulturell und nicht individuell bestimmt. Dennoch lenkt die romantische Liebe unsere Aufmerksamkeit in erster Linie auf das Paar, das sich wechselseitig ausgesucht und erwählt hat, und damit auf folgende wichtige Tatsache: der Mann und die Frau sind nicht nur frei, sondern sie sind gleichermaßen frei in ihrer Wahl. Das Gefühl muß wechselseitig sein, für einen Tango braucht es zwei usw.

Von nun an gelten Eltern, die versuchen, ihre wirtschaftliche oder politische Macht dazu zu benutzen, die Wünsche ihrer Kinder zu durchkreuzen, als Despoten. Sind die Kinder aber erst einmal mündig, dann bleibt den Eltern keinerlei gesetzmäßiges Recht, sie zu bestrafen oder zu kujonieren. Und obwohl es immer noch geschehen kann, daß Söhne und Töchter, die eine »schlechte« Wahl treffen, wie es so bildhaft heißt: »keinen Pfennig erben werden«, ist diese Drohung doch kein Bestandteil des moralischen (und in einigen Ländern auch des rechtlichen) Waffenarsenals der Familie mehr. In diesen Dingen haben die Eltern wenig verbriefte Autorität. Wenn schon, müssen sie sich, falls sie können, die Gefühle ihrer Kinder zunutze machen. Dies wird bisweilen, wenn es funktioniert, als »Gefühlsdespotismus« bezeichnet. Ich glaube jedoch, daß dieser Ausdruck fehl am Platze ist — es sei denn, er wird, wie Somerset Maughams »menschliche Knechtschaft«, metaphorisch gebraucht. Denn das Spiel mit den Gefühlen, die Erfahrung von emotionaler Intensität, sie sind der Verwandtschaftssphäre immanent und werden ihr nicht von außen aufgenötigt. Freiheit in der Liebe bezeichnet eine Wahl, die unabhängig von Tausch- und Bündniszwängen, nicht aber von den Zwängen der Liebe selbst getroffen wird.

Der Bürgerball

Wenn die Kinder frei sind zu lieben und zu heiraten, wen sie wollen, dann muß es einen sozialen Raum, ein Arrangement von Übereinkünften und Praktiken geben, innerhalb dessen, sie ihre Wahl treffen können. Unter den politischen und sozialen Theoretikern war es Rousseau, der dies am klarsten gesehen und der mit der ihm eigenen außerordentlichen Voraussicht beschrieben hat, was später das gebräuchlichste Arrangement werden sollte: eine spezielle Form von öffentlichem Fest, »der Ball für junge Leute im heiratsfähigen Alter.« In seinem *Brief an d'Alembert über das Schauspiel* wünschte sich Rousseau, die Genfer Bürger würden sich kein solches »Gewissen machen« wegen des Tanzens. Denn welch »ehrbareres Mittel« gibt es für junge Männer und Frauen als diese »hübsche und gesunde Übung«, um »sich mit den Vorzügen und Fehlern, die man hat, den Menschen zu zeigen, die ein Interesse daran haben, uns gut zu kennen, bevor sie sich verpflichteten, uns zu lieben?«[23] Gewiß, Rousseau war der Meinung, daß Mütter und Väter (und Großmütter und Großväter!) diese Bälle als Zuschauer, wenn auch nicht als Beteiligte, miterleben sollten; dies werde, so seine Überlegung, »der Veranstaltung etwas Ergreifendes geben«. Dennoch hat das von ihm beschriebene Ereignis im romantischen Leben der jungen Leute in den letzten Jahrhunderten eine gewichtige Rolle gespielt. Zwar ist es häufig auf Klassenbasis organisiert – Club- und Debütantinnenbälle –, es gibt aber auch demokratischere Formen, wie z.B. den Studentenball, die Rousseaus vorsichtig geäußerte Intentionen bis heute weitergetragen haben und tragen, Intentionen, deren Erfüllung er sich wünschte, denn dann »wären die Neigungen der Kinder etwas freier, die erste Wahl hinge etwas mehr von ihrem Herzen ab, die Übereinstimmung von Alter, Temperament und Charakter würde etwas schwerer wiegen, und weniger Gewicht würde man auf die Übereinstimmung von Stand und Vermögen legen ...« Das Kennenlernen würde leichter, und die auf einer solchen Basis geschlossenen Ehen »würden, den Parteiungen zuvorkommen(d), die extreme Ungleichheit mäßigen.«[24]

Bezugspunkt der in der von mir zitierten Passage implizierten Vergleiche ist das System der von den Eltern arrangierten Heirat, des Austauschs von Kindern (und materiellen Gütern) und der Familienallianzen. Rousseaus von der Stadt veranstalteter Bürgerball ist dazu bestimmt, dem neuen System der freien Wahl zum Durchbruch zu verhelfen, es praktisch werden zu lassen. Die Anwesenheit der Eltern hat einen doppelten Grund; zum einen sind sie dabei, um ihre Einwilligung zu signalisieren, zum andern sind sie aber auch bestrebt, die neugewonnene Freiheit ihrer Kinder auf raffinierte oder auch weniger raffinierte Weise sogleich wieder zu begrenzen. Die Billigung des Geschehens durch die Stadt erfüllt einen anderen Zweck, sie bestätigt und bekräftigt die (partielle) Herauslösung der Familie aus dem politischen und wirtschaftlichen Leben und garantiert, oder schützt zumindest, die freie Wahl in der Liebe. In genau der gleichen Weise können Stadtregierungen sei's eine Messe, sei's einen Markt veranstalten, um dort den freien Tausch sicherzustellen. Der von den Eltern erlittene Machtverlust wird allerdings durch den Machtzuwachs auf seiten der Stadt nicht ausgeglichen. Rousseau schlug zwar vor, ein Preisgericht solle eine »Ballkönigin« küren; aber weder die Magistratsbeamten noch die Bürger entscheiden darüber, wer wen heiratet.

Der Sinn des »Stelldicheins«

Ich möchte einen Moment bei diesen Verteilungsmechanismen in Sachen Liebe und Ehe verweilen, weil sie im Alltagsgeschehen eine so wichtige Rolle spielen und in den Diskussionen über distributive Gerechtigkeit dennoch so gut wie gar nicht vorkommen. Wir assoziieren sie heute fast ausschließlich mit Freiheit, mit dem Recht der Einzelnen, im Rahmen gewisser moralischer und rechtlicher Ge- und Verbote (die im wesentlichen die Rechte anderer Individuen fixieren) das zu tun, was sie tun möchten. Aus dieser Perspektive betrachtet, erscheinen die früheren gesetzlichen Verbote der freien Kopulation, des außerehelichen Geschlechtsverkehrs einfach nur als Beeinträchtigung und Verletzung der individuellen Freiheit. Und weil sie das, wie ich annehmen darf, auch sind — zumindest für uns —, sind wir geneigt zu glauben, daß engstirnige Gesetzgeber, die sich durch anderer Leute Vergnügungen beleidigt fühlten, sie aus keinem anderen Grund als diesem erließen. Aber die Ziele, denen diese Gesetze — oder besser das System moralischer und rechtlicher Zwänge, als dessen schäbige Reste sie zu gelten haben — dienen sollten, waren weiter gesteckt. Die Bemühungen um den Schutz einschlägiger Sozialgüter waren ebenso vielfältig wie differenziert; als schützenswert galten z.B. die »Ehre« der Frau und ihrer Familie, der Wert der Ehe oder auch des Tauschgeschäftes und der Allianz, die sie, die Ehe, verkörperte.

Despotisch werden diese Bemühungen erst dann, wenn die körperliche Liebe allgemein und sozusagen offiziell als ein eigenständiges Gut, als ein Gut an sich, betrachtet wird (daß sie privatim schon immer als ein solches begriffen wurde, dürfte außer Frage stehen). Oder wenn sie — etwa im Sinne Rousseaus — als ein Gut angesehen wird, das die freie Wahl des Ehepartners als ein der Ehe zuträgliches Element mitbestimmen sollte. Verwiesen sei noch einmal auf die »hübsche und gesunde Übung«, bei der junge Männer und Frauen »sich mit den Vorzügen und Fehlern ... den Menschen zeigen, die ein Interesse daran haben, (sie) gut zu kennen, bevor sie sich verpflichten, (sie) zu lieben«. Wäre es der ehelichen Liebe nicht (wenigstens hie und da) zuträglich, dann würden wir uns über das private Stelldichein, bei dem die Kinder gänzlich frei sind und die elterliche Anwesenheit entfällt, vermutlich mehr aufregen, als wir dies heute tun.

Die moderne Version des Stelldicheins ist das »date«, die wahrscheinlich gebräuchlichste Form der Gunstwerbung in der heutigen westlichen Welt. Wie seriös es zu Beginn seiner Geschichte war, können wir beispielsweise der folgenden kurzen Schilderung der Brautwerbung im ländlichen Spanien entnehmen: »Hier wählen die jungen Männer sich ihre Mädchen bei der sonntäglichen Abendpromenade auf dem Corso aus, wo alle unverheirateten jungen Leute des Dorfes auf und ab spazieren. Der Freier geht zunächst mit der von ihm Verehrten den Corso entlang, dann geleitet er sie bis zu der Straße, in der sie wohnt, und schließlich offenbart er sich ihr, indem er sie fragt, ob er mit ihr in ihr Elternhaus eintreten dürfe.«[25] Hier ist der Corso eine Art von Marktplatz; die jungen Leute, vor allem die jungen Mädchen, sind die Waren; die gemeinsame Promenade ist ein Probetausch. Die generellen Verfahrens- und Verhaltensweisen in dieser Sache haben sich über die Zeit hinweg als außerordentlich stabil erwiesen, wenngleich der Tausch in der jüngeren Vergangenheit von mehr Gleichheit und Intimität gekennzeichnet ist, wobei sowohl die Gleichheit als auch die Intimität die Folgen der Freiheit in Liebesentscheidungen sind. Das Geschehen gipfelt nach wie vor sehr häufig im Besuch bei der Familie, in der Vorstellung bei den Eltern usw. Es kann jedoch auch anders kulminieren: nicht in einer Heirat, sondern in einer Affaire, einem Liebesverhältnis, und dann wird der Familienbesuch eher vermieden — d.h., die Verknüpfung von Liebe und Verwandtschaft findet in diesem Falle gar nicht erst statt.

Vielleicht sollten wir an dieser Stelle darauf hinweisen, daß es eine Sphäre der privaten Liebesverhältnisse gibt, innerhalb deren die beteiligten Männer und Frauen absolut frei sind und in der jede Art von Verwandtschaftsverpflichtung als eine Form von Tyrannei empfunden wird. Tatsächlich existieren in dieser Sphäre keine Verpflichtungen — zumindest so lange nicht, wie kein Richter eine Art von Ersatzverwandtschaft erzwingt, indem er Unterhaltszahlungen beispielsweise an frühere Geliebte anordnet. Die Sphäre der privaten Liebesverhältnisse gleicht bis ins Detail dem Warenmarkt, mit dem einzigen wichtigen Unterschied, daß die Waren sich selbst gehören. Die Vergabe des Selbst, des eigenen Subjekts, und der freiwillige Subjekttausch sind die hier typischerweise getätigten Transaktionen. Liebe, Zuneigung, Freundschaft, Generosität, Sorge und Respekt werden nicht nur zu Beginn des Verhältnisses, sondern auch in seinem weiteren Verlauf auf der Basis von Individualentscheidungen vergeben. Der die entsprechenden Entscheidungen ermöglichende Distributionsmechanismus ist weder der Bürgerball noch der Corso, sondern eher die Bar für Singles oder die Kleinanzeige in der Zeitung. Die aus diesen Individualentscheidungen sich ergebenden Verteilungen sind offensichtlich auch dann noch höchst ungleich, wenn die Chancen der Einzelnen, in den Besitz der zur Verteilung kommenden Güter zu gelangen, mehr oder weniger gleich groß sind; und, was noch wichtiger ist, sie sind äußerst instabil. Vor diesem Hintergrund wird erkennbar, daß die Familie eine Art von Wohlfahrtsstaat ist, der allen seinen Mitgliedern ein Mindestmaß an Liebe, Freundschaft, Generosität usw. garantiert und ihnen um dieser Garantie willen gewisse Steuern abverlangt. Familiale Liebe ist absolut bedingungslos, während die private Liebesaffaire ein (gutes oder schlechtes) Geschäft ist.

Kinder stellen aus einleuchtenden Gründen eine Bedrohung der absoluten Freiheit der Affaire dar, einer Freiheit, die in der Freundschaft denn auch tatsächlich besser aufgehoben ist als in der heterosexuellen Liebe. Wer für das freie Liebesverhältnis plädiert, muß einen Weg finden, Eltern von ihren Kindern oder Männer und Frauen generell von der Elternschaft zu befreien. Und so sind zahllose Konzepte entwickelt und Vorschläge in dieser Richtung gemacht worden, die zumeist auf eine Institutionalisierung des Problems hinauslaufen. Es ist eine schroffe, aber zutreffende Feststellung, daß die Integrität des Liebesverhältnisses die Zulässigkeit des Verlassens und Verlassenwerdens voraussetzt. Und wenn schon einige Kinder dem Staat zur Aufzucht überlassen werden, warum dann, im Namen der Gleichheit, nicht alle? Man könnte noch weitergehen und die Frauen vom Kindergebären und die Eltern von der Kinderaufzucht befreien, indem man z.B. die nächstfolgende Generation klonte oder Kinder aus unterentwickelten Ländern ankaufte.[26] Aber das ist keine Umverteilung von elterlicher Liebe, sondern ihre Abschaffung; und ich nehme an, daß dabei sehr schnell eine Spezies von Männern und Frauen entstünde, die noch nicht einmal zu jener Art von Bindung imstande wäre, wie sie für eine Liebesaffaire erforderlich ist. Die Stärke der Familie liegt auch hier wieder in der Liebesgarantie. Diese Garantie ist zwar nicht immer wirksam; ein Ersatz für sie konnte aber, zumindest was die Kinder anbetrifft, bislang offensichtlich nicht gefunden werden.

Die Sphäre der privaten Liebesverhältnisse kann niemals ein Hort der Stabilität sein. Der normale Warenmarkt funktioniert deshalb, weil die Händler, die dort ihre Waren feilbieten, anderweitig gebunden sind (meist an ihre Familien). Auf dem Markt der Privataffairen tragen die Männer und Frauen sich jedoch selbst zu Markte — und zwar als völlig losgelöste, frei fluktuierende

Subjekte. Dies ist eine Lebensform, auf die die meisten Menschen, falls sie die Wahl haben, sich nur für eine begrenzte Zeit einlassen. Vom Standpunkt der Gesellschaft als Ganzer aus betrachtet, steht die Privataffaire zur Ehe und zur Familie in einem marginalen und parasitären Verhältnis. Das persönliche Leben in toto als eine Privataffaire zu begreifen und zu konzipieren, ist, von einigen Randphänomenen abgesehen, nicht gerade sinnvoll. Und so ist es selbst dort auf die Familie zentriert, wo in diesem Zentrum Spannung und Gegnerschaft herrschen. Diese Feststellung darf keinesfalls als Apologie der politischen Eingriffe in private Liebesverhältnisse mißinterpretiert werden. »Weil's in unserem Willen liegt zu lieben oder nicht,« sind alle derartigen Eingriffe unzulässig und stellen die Ausübung von Macht außerhalb der ihr zukommenden Sphäre dar.[27] Woran mir an dieser Stelle liegt, ist die Erkenntnis, daß die, wenn auch oftmals lästigen und beschwerlichen verwandtschaftlichen Zwänge dennoch nicht ungerecht sind. Weil die Familie ist, was sie ist, kann Freiheit in der Liebe nur selten mehr sein als ein freiwilliges Akzeptieren (eines bestimmten Regelsystems) häuslicher Zwänge und Beschränkungen.

Die Frauenfrage

Wenn Freiheit in der Liebe die Stellung der Frau auch von Grund auf verändert, so beendet sie doch nicht, zumindest nicht automatisch, ihre Unterdrückung. Denn diese Unterdrückung findet nur zum Teil innerhalb der Familie statt. Als Kleinwirtschaft und Kleinstaat, die von einem Vater-König regiert werden, war die Familie lange Zeit ein Ort der Herrschaft über Frauen und Töchter (und wohl auch über Söhne). Nichts ist leichter, als eine Vielzahl von Geschichten über körperliche Rohheiten zusammenzutragen oder gewohnheitsmäßige Praktiken und religiöse Riten aufzuweisen, deren vordringliche Bestimmung darin gelegen zu haben scheint, den Geist junger Frauen zu brechen. Gleichzeitig war die Familie aber auch ein weiblich bestimmter Ort; denn da die Frau für die Existenz der Familie und für ihr Wohlergehen unverzichtbar war, mußte ihr in einem bestimmten Rahmen in den meisten Kulturen der Rang eines geschätzten Mitgliedes eingeräumt werden. Die Frauen besaßen innerhalb des Haushalts, wenn auch nur dort, tatsächlich häufig eine erhebliche Macht. Die wirkliche Unterdrückung der Frau hat somit weniger mit ihrer Stellung in der Sphäre der Familie zu tun als mit ihrem Ausschluß aus allen anderen Sphären. Die Frauen hatten kein Bürgerrecht und waren abgeschnitten von den Distributionsprozessen und den außerhalb der Sphäre der Verwandtschaft und der Liebe zur Verteilung gelangenden Sozialgütern.

Der Nepotismus ist die einleuchtendste und zugleich nächstliegende Form von familialer Herrschaft, aber durchaus nicht die gewichtigste. Es ist nämlich keineswegs so, daß die Familie das eine oder andere Mitglied nur begünstigte, manch ein Angehöriger bekommt auch die Ungnade der Familie zu spüren. Insgesamt sorgt sie dafür, daß sich die Verwandtschaftsstrukturen in der Gesellschaft als Ganzer reproduzieren. Sie ist es, die vielen Aktivitätsbereichen, in denen die Geschlechterfrage ohne jede Bedeutung ist, jenes Phänomen aufnötigt, das wir derzeit mit dem Begriff der »Geschlechtsrolle« kennzeichnen. Parallel zum Nepotismus — ein Ausdruck verwandtschaftlicher Präferenzen, für die es keinen ordnungsgemäßen Adressaten gibt — existierte lange Zeit so etwas wie sein Gegenteil: eine Art von politischer und wirtschaftlicher Misogynie — ein Ausdruck verwandtschaftlicher Zwänge und Beschränkungen, für die es ebenfalls keinen ordnungsgemäßen Adressaten gibt. Daher die Verneinung des Rechts von Frauen zu wählen, ein Amt zu führen, Eigentum zu besitzen, vor Gericht Klage zu erheben usw. In allen diesen Fällen haben die für die Rechtsverweigerung angeführten Gründe — wenn sich überhaupt jemand die Mühe macht, Gründe zu nennen — mit der Stellung der Frau in der Familie zu tun.[28] D.h., Verwandtschaftsstrukturen haben auch außerhalb ihrer Spezialsphäre ein großes Gewicht, mithin genau dort, wo die Befreiung von ihnen beginnt — beginnt mit einer Kette von Forderungen, dieses oder jenes soziale Gut um seiner selbst willen zu verteilen und nicht aus familialen Gründen.

Sehen wir uns einige Beispiele dafür an: Im 19. Jahrhundert gehörte zu den Schlüsselforderungen der chinesischen Taiping-Rebellen die Forderung, Männer und Frauen gleichermaßen zu den Prüfungen für den Staatsdienst zuzulassen.[29] Wie konnten Frauen aus einem System ausgeschlossen werden, das einzig darauf abzielte, aus einer Vielzahl von Personen besonders verdienstvolle oder qualifizierte Individuen herauszufinden? Ich bezweifle nicht, daß tiefgreifende kulturelle Transformationen stattfinden mußten, bevor es möglich wurde, diese Frage auch nur zu stellen. Schließlich waren die Examina über lange Zeit in der althergebrachten Weise praktiziert worden. Aber wenn sie, diese Examina, diese Frage auch nicht von sich aus auslösten, so erzeugten sie doch die moralische Basis, auf der sie nicht nur gestellt wurde, sondern auf der sie auch beantwortet werden mußte. Denn wenn Frauen diese Examina machen sollten, dann mußte es ihnen gestattet sein, sich auf sie vorzubereiten; sie mußten zu den Schulen zugelassen und vom Konkubinat, von der verordneten Heirat, vom Einbinden der Füße usw. befreit werden. Die Familie als solche mußte ihrerseits so reformiert werden, daß ihre Macht nicht länger in die Amtssphäre hineinreichte.

Ein Blick auf die Wahlrechtsbewegung der Frauen in der westlichen Welt zeigt ein ähnliches Bild. Ihre Anführerinnen verwiesen auf die Bedeutung des Bürgerrechts in einer demokratischen Gesellschaft. Und wenn sie auch eine Menge über die speziellen Werte zu sagen wußten, die Frauen bei der Wahrnehmung ihrer politischen Rolle einbringen würden, und wenn diese Werte in erster Linie auch die Werte der Familie waren, nämlich Mutterschaft, Kinderaufzucht und Mitgefühl,[30] so war es gleichwohl nicht dieser Argumentationsstrang, der ihre Forderungen letztlich unabweisbar machte. Tatsächlich dürften die Gegenargumente der Antistimmrechtler der Wahrheit sogar näher gekommen sein, wenn sie sagten, daß die massenhafte Partizipation von Frauen an der Politik neue Formen des Konflikts, neue Interessenkalkulationen in das Verwandtschaftssystem induzieren werde. Ich argwöhne, daß Mao Tse-Tung im Jahr 1927, als er mit Rücksicht auf bäuerliche (männliche und weibliche) Empfindlichkeiten versuchte, den kommunistischen Angriff auf die traditionelle Familie zurückzudämmen, einer seiner weiblichen Genossinnen in ihrem Bestreben, den Klassenkampf in die häusliche Sphäre hineinzutragen, Einhalt gebieten mußte. »Die Abschaffung des Sippensystems, der Abgötterei (i.e. der Ahnenverehrung) und der Ungleichheit zwischen Männern und Frauen«, so schrieb er, »wird sich als eine natürliche Folge des Sieges in den politischen und wirtschaftlichen Kämpfen von selbst ergeben.« Und er warnte vor »groben und willkürlichen« Eingriffen in den Familienalltag.[31] Vermutlich verhalten sich Frauen in der Politik nicht anders als Männer. D.h., sie setzen für ihre Zwecke all die Macht ein, die sie aufbieten können – nicht nur als Angehörige ihres Geschlechts (oder ihrer Familien), sondern auch als Mitglieder anderer Gruppen wie auch als Individuen. Und das ist denn auch der Grund, weshalb eine Demokratie keine Basis für ihren Ausschluß bietet.

Gleiches gilt schließlich auch für die aktuellen Forderungen nach »affirmativem Handeln« in der Sphäre der Wirtschaft. Wiewohl diese Forderungen bisweilen so aussehen, als zielten sie auf eine Vorzugsbehandlung für die Frauen ab, besteht ihr tieferer Sinn einfach nur in der Institutionalisierung der Stellung der Frau auf dem freien Markt. So wie man es nicht zulassen darf, daß die Kräfte des Marktes die Familienbande zerstören, so sollte ein spezielles System von Familienbanden das Spiel der Kräfte des Marktes nicht einschränken dürfen. Auch hier wieder entwickeln die Feministinnen insofern eigene Vorstellungen, als sie die Auffassung vertreten, daß Frauen die Bedingungen dieses Kräftspiels dadurch verändern würden (oder verändern sollten), daß sie beispielsweise den Konkurrenzdruck verminderten oder die Disziplin der Ganztagsarbeit und das Engagement, das eine Berufskarriere bislang erforderte, anders dimensionierten. Das Wichtigste im Augenblick ist jedoch, daß der Markt in der Funktion, die er derzeit erfüllt und die wir ihm zuschreiben, der Partizipation von Frauen keine interne Barriere entgegenstellt. In seinem Zentrum stehen die Qualität von Waren und das Können und die Leistungsfähigkeit von Personen und nicht der Verwandtschaftsstatus oder das Geschlecht — es sei denn, die Gechlechtlichkeit selbst wird verkauft. Ob der Handel mit Sex und Sexualität durch die gesteigerte Präsenz von Frauen auf dem Markt konterkariert wird oder nur vielfältigere Formen annimmt, ist eine offene Frage. In jedem Fall ist die Gesellschaft des Marktes wie die der Agora eine gemischte Gesellschaft.

Die Familie wird sich natürlich verändern, wenn sie nicht mehr der Ort des exklusiven Wirkens der Frau ist und die Verwandtschaftsstrukturen sich in anderen Distributionssphären nicht mehr wiederholen. Auf ihre eigenen Ressourcen zurückgeworfen, kann sie sich durchaus als eine fragilere Assoziation erweisen, als die Verwandtschaftsgruppen anderer und älterer Gesellschaften sie darstellen. Und dennoch ist die Sphäre der persönlichen Beziehungen, des häuslichen Lebens, der Reproduktion und der Kinderaufzucht selbst in unserer heutigen Gesellschaft nach wie vor das Zentrum von enorm wichtigen Verteilungen. Die Regel »des präskriptiven Altruismus« ist eine Norm, auf die die meisten Menschen nur ungern verzichten mögen; der gemeinsame Besitz des Familienvermögens (an dem die Frauen heute ihren rechtmäßigen Anteil haben) ist ein wichtiger Schutzbrief, selbst im Wohlfahrtsstaat. Wachsende Scheidungsraten zeigen möglicherweise, daß das Band der Liebe ohne die alten Verstärker in Gestalt von Macht und von Interessen keine soziale Stabilität garantiert. Aber wir befinden uns an einem so frühen Punkt in der Geschichte der unabhängigen Familie, und zwar sowohl was die Stellung des Mannes als auch die der Frau angeht, daß es töricht wäre, einfach nur gegenwärtige Tendenzen in die Zukunft zu projizieren. Außerdem ist, wie bereits von mir dargelegt, die freie Liebesentscheidung keineswegs die einzige Basis der modernen Familie. Auch die Geschwisterliebe ist eine wichtige Komponente; und wiewohl alle Kräfte des modernen Lebens sie so unterminieren, daß »Geschwistersolidarität . . . wenig Chancen zu haben scheint, die frühe Kindheit zu überdauern . . ., spricht doch vieles dafür, daß sie eine bestimmende affektive und moralische Kraft auch im späteren Leben der meisten

Menschen bleibt.«[32] Obendrein zentrieren die Aufzucht und die Erziehung der Kinder die Familie in einer ganz neuen Weise. So sind es heute eher die Eltern, die auf die Leistungen ihrer Kinder stolz sind, als daß die Kinder einen besonderen Stolz auf den Status ihrer Eltern (oder der Vorfahren ihrer Eltern) entwickelten. Auch dies ist ein Resultat der Trennung der Familie von Politik und Wirtschaft, des Niedergangs von nationalen und lokalen Dynastien, des Sieges einer komplexen Gleichheit. Heute schützen wir unsere Kinder so gut wir können, indem wir sie auf die Schule, auf Prüfungen, auf die Ehe und auf den Beruf vorbereiten. Aber wir können ihre Karriere weder bestimmen noch sie ihnen garantieren, indem wir etwa die Töchter auf Häuslichkeit und Mutterschaft und die Söhne auf den Kirchendienst, die Juristerei oder die Landwirtschaft programmieren. Sie gehen ihren eigenen Weg und tragen dabei die ungleichen Lasten elterlicher Erwartungen und die ungleiche Gunst elterlicher Liebe. Die letztgenannten Ungleichheiten lassen sich nicht ausschalten; es ist vielmehr so, daß die Familie existiert und weiterhin existieren wird, um just diesen Ungleichheiten Raum zu geben.

10. Kapitel
Göttliche Gnade

Gnade als ein besonderes Gut

Gnade, so mutmaßen die Menschen, ist das Geschenk eines gnädigen Gottes. Er verschenkt sie nach seinem Gutdünken, indem er sie Menschen zuteil werden läßt, die sie (etwa nach dem Ratschluß eines aus Engeln bestehenden Preisrichterkollegiums) aufgrund ihres Lebenswandels verdienen, oder die er aus Gründen, die allein ihm bekannt sind, in den Stand der Gnade versetzt. Ein handfestes Wissen über diese Gnadenerweise haben wir jedoch nicht. Wenn Männer und Frauen sich selbst im Stande der Gnade wähnen oder von anderen darin gesehen werden, dann sind sie die Empfänger eines sozialens Guts, dessen Verteilung durch eine kirchliche Organisation oder eine religiöse Doktrin vermittelt ist. Dieses Gut ist nicht in allen, ja vielleicht nicht einmal in den meisten Kulturen und Gesellschaften erhältlich; aber es hat in der Geschichte des Abendlandes eine so große Rolle gespielt, daß ich es hier erörtern muß. Gnade ist in der Vergangenheit häufig ein umstrittenes Gut gewesen, nicht weil es notwendig knapp gewesen wäre und die Tatsache, daß der eine es besaß, die Chancen des anderen, es ebenfalls zu erlangen, vermindert hätten, sondern aus zwei ganz anderen Gründen. Erstens sei seine Verfügbarkeit, so die damalige Vorstellung, abhängig von spezifischen öffentlichen Einrichtungen und Übereinkünften; und zweitens könne sein selektiver Besitz, in dem der eine im Unterschied zum anderen sich befinde, sehr wohl gewisse politische Privilegien mit sich bringen. Beide Vorstellungen finden heute keinen Widerhall mehr; in der Vergangenheit jedoch bedurfte es oftmals eines erheblichen Mutes, ihnen zunächst theoretisch und danach ihrer zwangsweisen Durchsetzung praktisch entgegenzutreten.

Was uns die Zurückweisung beider Vorstellungen heute so leicht macht, ist die inzwischen allgemein vertretene Auffassung, das Streben nach Gnade (und ganz gewiß ihre Verteilung durch einen allmächtigen Gott) könne sozusagen der Sache nach keinen sozialen Regeln unterworfen werden. Die extreme Version dieses Gnadenverständnisses ist die protestantische Kennzeichnung der Beziehung zwischen dem je einzelnen Gläubigen und seinem Gott – das Possessivpronomen ist wichtig – als einer reinen Privatangelegenheit. »Die Messe (ist) eine göttliche Verheißung ... niemandem ... denn dem allein, der mit seinem eigenen Glauben glaubet,« schrieb Luther. »Denn wer kann Gottes Verheißung, die da eines jeden Glauben insonderheit erfordert, für einen anderen empfangen ...?«[1] Aber selbst dann, wenn wir meinen, die Gnade sei an die Sozialpraxis des heiligen Abendmahls geknüpft, gilt immer noch die Vorstellung, die Teilnahme daran sei freigestellt, erfolge auf der Basis einer individuellen Entscheidung. Hier haben wir vermutlich den in unserem Kulturkreis eindeutigsten Fall einer autonomen Sphäre vor uns. Gnade kann weder erkauft noch ererbt, und sie kann nicht beansprucht werden. Man erlangt sie nicht dadurch, daß man ein Examen besteht oder ein Amt innehat. Auch wenn es einstmals so war, so fällt sie doch zumindest heute nicht mehr in den Bereich der Gemeinschaftsversorgung.

Diese Autonomie stellte sich nicht von alleine her. Natürlich gab es im Abendland immer Herrscher, die sagten, die Religion sei eine Sphäre für sich, um dann umgekehrt zu fordern, Priester sollten sich aus der Politik heraushalten. Aber selbst sie sahen es häufig als nützlich an, den Apparat, vermittels dessen die Kommunion und das Heilsversprechen verteilt wurden, wenn möglich zu kontrollieren. Während andere Herrscher, die (selbst Gnadenempfänger) möglicherweise frömmer oder auch fügsamer und bildbarer in den Händen von sich einmischenden Priestern waren, darauf insistierten, daß es ihre Pflicht sei, den politischen Bereich so zu organisieren, daß das Geschenk Gottes, die Gnade, allen ihren Untertanen, die seine Kinder waren, vielleicht sogar allen gleichermaßen, zuteil werde. Da diese Herrscher sterbliche Männer und Frauen waren, konnten sie mehr nicht tun; da sie aber das weltliche Schwert führten, konnten sie das, was sie taten, mit erheblichem Erfolg tun, und so reglementierten sie die Unterweisung in der religiösen Lehre und die Verabreichung der heiligen Sakramente, indem sie den Kirchenbesuch zu deren Voraussetzung machten. Ich will hier nicht bestreiten, daß sie ihrer Pflicht nachkamen, als sie diese Dinge taten (wiewohl ich die Grenze weit diesseits der Ketzerverbrennung gezogen sehen möchte). Ob es tatsächlich ihre Pflicht war, hängt jedoch von dem Verständnis ab, das sie gemeinsam mit ihren Untertanen dem Begriff der Gnade und dem Begriff der politischen

Macht beilegten — nicht, dies muß betont werden, von ihrem Privatverständnis.

Von Anfang an indes vertrugen politischer Zwang und christliche Doktrin sich nicht sonderlich gut miteinander. Gnade konnte erlangt werden durch freiwillige gute Taten, oder es war ganz einfach der Glaube, der jemanden in den Stand der Gnade versetzte; sie schien jedoch etwas zu sein, worauf weltliche Fürsten keinen allzu großen Einfluß hatten. Und so wurden Herrscher, die sich in die Gottesverehrung ihrer Untertanen einmischten, häufig als Despoten bezeichnet — zumindest von denen, die unter ihrer Einmischung zu leiden hatten. Die im 16. und 17. Jahrhundert für religiöse Toleranz eintretenden protestantischen Gruppierungen konnten sich auf zwar latente, aber dennoch tiefgründende Vorstellungen davon berufen, was Gottesverehrung, gute Werke, Glauben und Erlösung wirklich bedeuteten. Wenn Locke in seinem *Brief über Toleranz* darauf insistierte, daß »niemand . . ., selbst wenn er wollte, seinen Glauben dem Diktat anderer anpassen (kann),« dann war dies nur das Echo eines von Luther präsentierten Augustinus-Zitates, der gesagt hatte: »Zum Glauben kann und soll man niemand zwingen.«[2]

Die christliche Lehre war geprägt von jener von Matthäus (22.21) benannten ursprünglichen Verteilungsregel, die lautet: »So gebet dem Kaiser, was des Kaisers ist, und Gott, was Gottes ist!« Durch imperialen oder kreuzfahrerischen Enthusiasmus vielfach außer Kraft gesetzt, wurde diese Regel immer dann neu bekräftigt, wenn die Diener Gottes auf Erden oder der Kaiser es für nützlich erachteten. Und in der einen oder anderen Form hat sie bis heute überlebt, um nun den Zwecken der modernen Gegner von religiöser Verfolgung zu dienen. Zwei »Rechnungslegungen«, zwei Rechtsgewalten, zwei Distributionssphären: in der einen präsidiert die staatliche Obrigkeit, die »die Befriedigung, Wahrung und Beförderung«[3] der bürgerlichen Interessen ihrer Untertanen bezweckt; in der andern präsidiert Gott selbst als eine unsichtbare Macht, die es den Gläubigen und Andächtigen überläßt, ihre geistigen Interessen so gut wie möglich zu befördern und sich selbst oder einander wechselseitig der göttlichen Gnade zu versichern. Sie können sich zu diesem Zweck in jeder ihnen genehmen Form organisieren und sich, falls sie wollen, Bischöfen, Priestern, Kirchenältesten, Pfarrern usw. unterordnen. Die Autorität all dieser Amtsträger beschränkt sich jedoch auf die Kirche, so wie die Autorität der staatlichen Obrigkeit sich auf das Gemeinwesen beschränkt, »weil die Kirche selbst eine vom bürgerlichen Gemeinwesen vollständig getrennte und unterschiedene Sache ist. Die Grenzen auf beiden Seiten sind fest und unveränderlich. Wer diese beiden Gesellschaften . . . vermischt, der wirft Himmel und Erde . . . zusammen.«[4]

Die Mauer zwischen Kirche und Staat

Hundert Jahre nachdem Locke diesen Brief verfaßt hatte, fand der in ihm enthaltene Gedanke einen gesetzlichen Niederschlag im ersten Zusatzartikel zur amerikanischen Verfassung, wo es heißt: »Der Kongress soll kein Gesetz erlassen, daß die Gründung einer Religion rechtlich anerkennt oder ihre freie Ausübung verbietet.« Dieser schlichte Satz verhindert jedes Bestreben in Richtung einer Gemeinschaftsversorgung in der Sphäre der Gnade. Der Staat ist von der Sorge um das Seelenheil seiner Bürger ausgeschlossen. Die Bürger können nicht besteuert oder in irgendeiner Weise eingeschränkt werden — nicht für die Betreuung ihrer eigenen Seelen und nicht für die der Seelen anderer. Staatliche Amtsträger dürfen in der Sphäre der Gnade noch nicht einmal unternehmerische Aktivitäten reglementieren; sie müssen der stetigen Zunahme von Sekten, die das Heil billig oder, was vielleicht sogar aufregender ist, gegen ein enorm hohes finanzielles und geistiges Entgelt feilbieten, kommentarlos zusehen. Die Konsumenten können vor Betrug nicht geschützt werden, weil der erste Zusatzartikel den Staat daran hindert, den Betrug zu erkennen (wobei dieser in der Sphäre der Gnade, in der, wie es heißt, die merkwürdigsten Leute das Werk Gottes verrichten können, sowieso nur schwer zu erkennen ist).

All das heißt und ist religiöse Freiheit; es ist aber zugleich noch etwas, nämlich religiöse Gleichheit. Der erste Zusatzartikel ist eine Rechtsbestimmung im Sinne der komplexen Gleichheit. Zwar verteilt sie, diese Bestimmung, die Gnade nicht gleichmäßig auf alle Bürger, ja, sie verteilt sie überhaupt nicht; aber die Mauer, die sie zwischen Religion und Politik aufrichtet, hat tiefgreifende Auswirkungen auf ihre Verteilung. So geht auf religiöser Seite die Priesterschaft aller Gläubigen auf diese Rechtsnorm zurück, die die Verantwortung für das eigene Seelenheil dem je einzelnen Religionsmitglied überträgt. Die Einzelnen können jede Kirchenhierarchie anerkennen, die anzuerkennen sie bereit und lustig sind, aber die Anerkennung kommt von ihnen, sie wird von ihnen gewährt oder verweigert und ist weder gesetzlich auferlegt noch rechtlich bindend. Auf der politischen Seite sorgt die Mauer für die Gleichheit von Gläubigen und Ungläubigen, von Heiligen und Weltkindern, von Geretteten und Verdammten. Sie sind alle gleichermaßen Bürger; ihnen allen stehen die gleichen, in der Verfassung garantierten Rechte zu. Die Politik dominiert nicht über die Gnade, und die Gnade dominiert nicht über die Politik.

Ich möchte den Blick hier vor allem auf die zweite dieser beiden Negativaussagen lenken. Im Falle der ersten sind die Amerikaner außerordentlich sensibel. Die Bereitschaft, einen aus dem (religiösen) Gewissen sich speisenden Widerstand zu tolerieren, hat ihren Ursprung in dieser Sensitivität, die ihrerseits die politischen Obrigkeiten dazu bewiegt, in signifikanter Weise Nachsicht mit solchen Widerständigen zu üben. Menschen, die glauben, das Heil ihrer unsterblichen Seele hänge davon ab, daß sie sich in keiner Form an der Führung eines Krieges beteiligen, sind von der Einberufung ausgenommen. Obwohl der Staat ihnen ihre Unsterblichkeit nicht garantieren kann, nimmt er doch zumindest davon Abstand, ihnen diese Unsterblichkeit seinerseits zu nehmen. Er hegt und pflegt die Seelen nicht, aber er tötet sie auch nicht. Das letztgenannte Prinzip schließt jene Art von Herrschaft aus, die derzeit, zumindest in der westlichen Hemisphäre, denn auch von niemandem diskutiert wird und deren historische Bedeutung wir deshalb möglicherweise vergessen haben. Anders im 17. Jahrhundert, wo es für Locke noch außerordentlich wichtig war, die Behauptung, »daß Gnade ein Herrschaftsrecht verleiht«[5] argumentativ zurückzuweisen. Dieser Anspruch war erst kurz zuvor im Verlauf der puritanischen Revolution mit erheblichem Nachdruck erhoben worden. Tatsächlich war Cromwells erstes Parlament, das »Parlament der Heiligen«, ein Versuch, ihm politische Geltung zu verschaffen; und so eröffnete Cromwell die erste Sitzung damit, daß er genau das behauptete, was Locke zurückzuweisen bestrebt war: »Gott erklärt den heutigen Tag zum Tag des Machtantritts unseres Herrn Jesus Christus; eines der Ergebnisse des großen Blutvergießens und der vielen Prüfungen, die den Völkerschaften auferlegt wurden, soll nach seinem Willen darin bestehen, daß die von ihm Auserwählten in die höchsten Ämter berufen werden.«[6]

Das Puritanische Commonwealth

Cromwell sah die Ungleichheit, die in diesem »Ruf« steckte, und bekannte sich zu ihr. Nur die Heiligen waren eingeladen, sich an der Ausübung der Macht zu beteiligen. Sie einer demokratischen Wahl oder — was im 17. Jahrhundert in England wahrscheinlicher gewesen wäre — einer Wahl durch männliche Vermögensbesitzer zu unterwerfen, wäre sinnlos gewesen. Gottes »Auserwählte« hätten in keinem Fall eine Mehrheit der Stimmen auf sich vereinigen können. Cromwell hoffte auf den Tag, an dem Wahlen möglich sein und das Volk in seiner Gesamtheit, d.h. alle Menschen von Gott auserwählt sein würden. »Ich wünschte mir, daß alle der Berufung würdig wären.« Aber: »Wer weiß, wie schnell Gott die Menschen zu einer solchen Aufgabe befähigen kann?«[7] In der Zwischenzeit mußte man sich an den äußeren Anzeichen innerer Erleuchtung orientieren. Und so wurden die Mitglieder des Parlaments nicht von einer Wählerschaft, sondern von einem Berufungsausschuß ausgewählt, was bedeutete, daß England von den Monopolisten der Gnade regiert wurde.

Lockes Argumentation, die zugleich auch die der amerikanischen Verfassung ist, besagt, daß es den Heiligen frei stehe, ihr Monopol aufrechtzuerhalten und jedwede Gemeinschaft (ob Kirche oder Sekte) zu regieren, die sie selbst begründeten. Gnade, so die Überlegung, sei ganz ohne Zweifel ein großes Privileg, es bestehe aber keine Möglichkeit, sie denen zukommen zu lassen, die an ihre Existenz entweder nicht glaubten oder ein Verständnis von ihr hätten, das von dem der Heiligen radikal verschieden sei, oder die zwar dem gleichen Glauben anhingen wie diese, aber mit viel weniger Inbrunst; auch sei es nicht möglich, den Heiligen ein egalitäres Verständnis von der über ihnen leuchtenden Gnadensonne aufzuzwingen. Insgesamt sei ihr Monopol so lange harmlos, wie sie es nicht in politische Macht umzumünzen versuchten. Einen Anspruch darauf, einen Staat zu regieren, den sie nicht errichtet hätten und für dessen Funktionserfordernisse pures Gottvertrauen keine Qualifikation darstelle, hätten sie jedoch nicht. Und so sei der Zweck der konstitutionellen Mauer die Eindämmung und nicht die Redistribution der Gnade.

Nun ließe sich auch ein anderes Staatskonzept denken, demzufolge der Staat nicht als ein weltliches, sondern als ein religiöses Reich verfaßt wäre, als ein Reich, in dem die Interessen der Bürger auch als die Interessen Gottes gelten könnten. Die Mauer zwischen Kirche und Staat wäre dann eindeutig Menschenwerk, d.h., sie könnte niedergerissen oder bräuchte, wie im Islam, gar nicht erst aufgerichtet zu werden. In diesem Falle sähe die Herrschaft der Heiligen völlig anders aus: Wer denn, wenn nicht »seine Leute« sollten in einem Reich herrschen, dem Gott selbst seine Gesetze gab? Es könnte zudem sein, daß nur die Heiligen in der Lage sind, die im Alltag erforderlichen sozialen Strukturen und Übereinkünfte herzustellen, die der Bevölkerung zunächst das tugendhafte und danach das ewige Leben ermöglichen. Vielleicht müssen diese Strukturen und Übereinkünfte aus der Heiligen Schrift herausgelesen werden, vielleicht ist es die innere Erleuchtung, welche das Heilige Wort erhellt. Ein ausreichend breites Engagement an der zugrundeliegenden religiösen Lehre vorausgesetzt, dürfte ein solches Konzept sogar realisierbar sein. Wenn aber genug Menschen die Herrschaft der Heiligen wollen, dann sollte es den Heiligen nicht schwer fallen, auch Wahlen zu gewinnen.

Die Realisierbarkeit des Konzepts schwindet allerdings in dem Maße dahin, in dem das religiöse Engagement nachläßt. Die Puritaner Neuenglands legen in beispielhafter Weise Zeugnis davon ab. Ihr gesamtes Erziehungssystem war auf die religiöse Bekehrung abgestellt. Wichtigstes Ziel war, in der zweiten Generation den »Zustand der Gnade« zu reproduzieren, in dem die Religionsstifter sich befunden hatten. Zunächst hegte niemand auch nur den geringsten Zweifel daran, daß dies möglich sei. »Gott hat die Abfolge der Auserwählten über die Lenden der gottesfürchtigen Eltern festgelegt,« schrieb Increase Mather. Lehrer und Erzieher brauchten somit nicht viel mehr zu tun, als den schlummernden Geist zu wecken. Aber die Gabe seelisch-geistiger Lebendigkeit läßt sich gar nicht so leicht weitergeben. D.h., es sind weder die Lenden, und mit ihnen die Natur, noch die Schulen, und mit ihnen die Erziehung, die ihre Vererbung bzw. Weitergabe garantieren. In den Augen ihrer Eltern — und in ihren eigenen ebenfalls — schien es der zweiten Generation amerikanischer Puritaner, wie vielen anderen zweiten Generationen auch, an Gnade zu ermangeln. Daher das Kompromißabkommen (»Half-Way-Covenant«) von 1662, das es den Kindern der Heiligen, auch wenn sie selbst sich nicht im Stande der Gnade befanden, gestattete, zugunsten von deren Enkeln eine lockere Verbindung zur Kirche aufrechtzuerhalten. Doch diese Regelung verlagerte die bestehenden Schwierigkeiten nur in die Zukunft. »Man beachte«, so schreibt ein moderner Wissenschaftler, »die Ironie einer Situation, in der ein auserwähltes Volk nicht genug auserwählte Individuen finden kann, um seinen Fortbestand zu sichern.«[9] Der Säkularismus schlich sich in das Puritanische Commonwealth in Form eines religiösen Schlendrians ein. Denn die Zugehörigkeit zum Commonwealth war sehr wohl durch die Lenden von Gottesfürchtigen, aber eben auch von *gottlosen* Eltern vermittelt. Und so umfaßte das Commonwealth alsbald nicht nur Heilige und Weltkinder — wobei die erste Gruppe über die zweite herrschte —, sondern auch Weltkinder, die die Söhne und Töchter von Heiligen, und Heilige, die die Söhne und Töchter von Weltkindern waren. Die Herrschaft der Gnade vermochte dieses ebenso vorhersehbare wie völlig unerwartete Ereignis nicht zu überdauern.

Daneben schlich der Säkularismus sich in das Puritanische Commonwealth aber auch in Form der religiösen Abweichung ein; so, wenn die Heiligen uneins waren hinsichtlich der für ein ewiges Leben erforderlichen Organisation des Alltags, oder wenn sie sich wechselseitig die Heiligkeit absprachen. Es ist nämlich immer möglich, Abweichung zu unterdrücken, Dissidenten zu verbannen oder sie gar, wie in Europa zur Zeit der Inquisition geschehen, um ihres eigenen Heils (und das aller andern) willen zu martern und zu töten. Doch an diesem Punkt ergeben sich Probleme, die meiner Meinung nach allen Heilsreligionen anhaften und die ich im Hinblick auf das Christentum bereits benannt habe. So scheint sich die Idee der Gnade deren Zwangsverteilung grundsätzlich zu widersetzen. Lockes Feststellung, »Menschen können nicht zu ihrem Heil . . . gezwungen werden,«[10] mag die Behauptung eines Dissidenten oder sogar eines Ungläuben sein, aber sie basiert auf einem Heilsverständnis, das von vielen Gläubigen geteilt wird. Wenn dem so aber ist, dann setzen religiöse Uneinigkeit und Abweichung dem Gebrauch von Zwang und Gewalt Grenzen — Grenzen, die letztlich in einer radikalen Trennung, einer Mauer zwischen Kirche und Staat resultieren. Und dann werden Bemühungen, diese Mauer niederzureißen und solche Strukturen herzustellen oder Verhaltensweisen zu erzwingen, die angeblich die Erlösung und das Heil garantieren, zu Recht als despotische Bestrebungen bezeichnet.

11. Kapitel
Anerkennung

Der Kampf um Anerkennung
Eine Soziologie der Titel

In einer hierarchischen Gesellschaft wie der des feudalen Europa geht der Titel als Rangbezeichnung mit dem Namen des Ranginhabers eine feste Verbindung ein. Jemanden mit seinem Titel anzureden, heißt, ihn in eine soziale Rangordnung mit anderen zu stellen und ihm damit, je nach seiner Position in dieser Hierarchie, entweder Ehre zu erweisen oder ihn verächtlich zu machen. Je höher die Ränge sind, um so zahlreicher und vielfältiger sind im allgemeinen die Titel, denn sie sorgen dafür, daß auch feine und feinste Unterschiede sichtbar werden — ein klarer Beleg für die Heftigkeit und den hohen Bedeutungsgrad des Kampfes um Anerkennung in diesen Positionen. In den niedereren Rängen sind die Betitelungen gröber, weniger differenzierend; und ganz unten gibt es überhaupt keine Titel, hier werden Männer und Frauen mit ihren Vornamen angesprochen oder mit einer geringschätzigen Allgemeinbezeichnung (wie z.B. »Sklave«, »Diener«, »Zofe« usw.). Aufs Ganze gesehen gibt es für jeden Menschen eine ihm zukommende Anredeformel, die insofern eine Doppelfunktion erfüllt, als sie nicht nur das genaue Maß an Anerkennung festlegt, auf das er Anspruch hat, sondern ihm die ihm gebührende Anerkennung in just diesem Umfang auch zuteil werden läßt.[1] In vielen Fällen ist der Gebrauch des Titels von zur Regel gewordenen Gesten begleitet, wie etwa dem Kniefall, der Verbeugung oder dem Abnehmen der Kopfbedeckung. Gleichfalls die genannte Doppelfunktion erfüllend, stellen diese Gesten eine Erweiterung des Titels dar, indem sie ihn sozusagen ins Mimische verlängern. Es gibt aber auch die Möglichkeit, daß Menschen ihren Titel in ihre Kleidung übersetzen, ihn gewissermaßen auf dem Leib tragen — indem sie in Samt oder Cordsamt, in Kniehosen oder als Sansculotten auftreten –, wobei die Kleidung, einem Spiegel vergleichbar, die ihrem Träger zuteil werdende Anerkennung sowohl einfängt als sie auch zurückspiegelt und der Gang durch die Straßen entweder ein Heischen nach Respekt oder ein Eingeständnis der eigenen Inferiorität ist. Wenn wir sämtliche Titel einer Gemeinschaft kennen, dann kennen wir auch ihre soziale Rangordnung; wir wissen, vor wem wir uns zu verbeugen haben und wer sich vor uns verbeugen muß; wir sind für alle Begegnungen gerüstet. Es gehört zu den großen Annehmlichkeiten einer hierarchischen Gesellschaft, daß dieses Wissen leicht zu erwerben und zu verbreiten ist.

Titel sind Instant-Anerkennungen. Da es für jedermann einen Titel gibt, wird auch jeder in seinem Rang erkannt; d.h., es gibt keine unsichtbaren Menschen. Das ist es, was Tocqueville meinte, als er sagte, daß in aristokratischen Gesellschaften »keiner hoffen oder fürchten (kann), nicht gesehen zu werden; es gibt keinen noch so niedrig gestellten Menschen, der nicht seine Bühne besäße und der dank seiner Unbekanntheit dem Tadel oder dem Lob entrinnen könnte.«[2] Aber die Beschreibung, die Tocqueville damit auch von der Position gibt, in der Sklaven sich in allen Sklavenhalter-Aristokratien befinden, ist falsch* – zumindest insofern, als Sklaven und Dienstboten niemals und nirgendwo eine eigene »Bühne« von nennenswertem Umfang besaßen. Aber auch in bezug auf die Aristokraten selbst dürfte er sich irren; denn er erklärt, daß es für jeden Rang, selbst für den niedrigsten, um so mehr aber für den höchsten, Normen und Anforderungen gebe, die es zu erfüllen gelte, und daß Männer und Frauen, die diesen Anforderungen nicht nachkämen, die ihrem Titel anhaftende Ehre verlieren könnten. Aber genau das können aristokratische Männer und Frauen nicht. Für die Spitze der Hierarchie gilt vielmehr, was

---

* Der Kernpunkt der Sklaverei besteht, wie Orlando Patterson dargelegt hat, darin, daß dem Sklaven Würde und Ehre grundsätzlich abgesprochen werden, daß ihm ein sozialer Standort, eine »eigene Bühne« verweigert wird. Sklaven sind in den Augen ihrer Herren niedrige, infantile Geschöpfe ohne Eigenverantwortung und ohne Scham. Sie können ausgepeitscht oder geliebkost, nicht aber im eigentlichen Sinne des Wortes gelobt oder getadelt werden. Ihr Wert ist der Preis, den sie auf der Sklavenauktion erzielen, jeder andere Wert oder jede andere Wertschätzung bleibt ihnen versagt. Doch haben sie selbst an dieser Versagung keinen Anteil. »In den langen und düsteren Annalen der Sklaverei findet sich rein gar nichts,« schreibt Patterson, »was darauf hindeutete, daß irgendeine Gruppe von Sklaven jemals die von ihren Herren gehegte Vorstellung von ihrer Würdelosigkeit übernommen und internalisiert hätte.« Sklaven und Herren leben nicht in einer Welt der gemeinsamen Bedeutungen. Die beiden Gruppen befinden sich, wie Hegel erklärte, vielmehr schlicht im Krieg miteinander, und die Moral ihres Zweikampfes läßt sich am ehesten mit der Theorie von den gerechten und den ungerechten Kriegen erfassen, und nicht mit der Theorie der distributiven Gerechtigkeit.[3]

Lord Melbourne voller Bewunderung über den erlauchten Hosenbandorden angemerkt hat: »Mit Verdienst hat er nicht das geringste zu tun.« Lob und Tadel sind irrelevant; es gibt weder etwas zu prüfen noch etwas zu beweisen.

Natürlich können sich Aristokraten und Edelleute schlecht benehmen, was sie häufig auch tun; ein Umstand, den die ihnen gesellschaftlich Nachgeordneten nicht nur bemerken, sondern untereinander auch kommentieren. Aber eben nur untereinander; vor einer größeren Öffentlichkeit können sie nicht darüber reden, ihren Kommentaren bei öffentlichen Anlässen mimischen Ausdruck zu verleihen, bleibt ihnen versagt. Findet kein Aufstand und keine Revolution statt, so haben sie keine andere Wahl, als den guten wie den schlechten Aristokraten die Ehre, den Respekt und die Achtung zu bezeigen, die diesen traditionell zustehen. Der Satz »Sie sind kein Gentleman« kommt in aller Regel nicht aus dem Mund eines Dieners, der ihn seinem Gebieter, oder eines Sklaven, der ihn seinem Herrn an den Kopf würfe. In einer hierarchischen Gesellschaft kann man Gleiche und Nachgeordnete loben und tadeln, die Anerkennung der Überlegenheit und der Übermacht kennt keine Differenzierungen.

D.h., der Rang bestimmt den Grad der Anerkennung, die dem Einzelnen zuteil wird. Sind Adels-, Ehren- und Amtstitel erblich, dann dominiert die Abstammung über den Rang, sind sie hingegen käuflich oder fällt ihre Vergabe in die Machtvollkommenheit derer, die den Staat lenken, dann sind es im ersten Fall das Geld und im zweiten die politische Macht, die das Geschehen bestimmen. In keinem der genannten Fälle werden Lob und Tadel frei und regellos verteilt. (Und, was möglicherweise noch bedeutsamer ist: dasselbe gilt für Liebe und Haß oder Neigungen und Abneigungen, auch sie werden nicht frei geäußert und beliebig verteilt; doch stehen im Blickpunkt meines Interesses hier eher Respekt und Verachtung als Liebe und Haß und mit ihnen das Muster, nach dem wir Menschen anerkennen und nach dem sie in und von der Gesellschaft als Ganzer anerkannt werden.) Theoretisch gesehen kann die Dominanz von Rang und Abstammung, wenn auch nicht die von Reichtum und Macht, so stark werden, daß es unmöglich ist, an eine freie, uneingeschränkte Anerkennung auch nur von ferne zu denken. Nicht so in der jüdisch-christlichen Welt, in der der Gedanke an eine freie Anerkennung allein schon deshalb immer lebendig blieb, weil ihr Gott sie lehrt, Männer und Frauen nicht nach ihrem weltlichen Rang zu beurteilen, sondern stets einen gewissen sozialen Skeptizismus walten zu lassen:

»Als Adam grub und Eva spann,
Wo war da der Edelmann?«

Doch war dies eine subversive Frage. Und sehr viel häufiger sah es so aus, daß die religiöse Lehre die bestehende Hierarchie guthieß und die religiösen Institutionen sie eifrig kopierten, mit dem Effekt, daß die Grundprinzipien der hierarchischen Ordnung noch einmal nachdrücklich bestätigt und bekräftigt wurden. Das Fundament der Anerkennung ist nicht das unabhängige Urteil, sondern das soziale Vorurteil, das seinen Ausdruck findet in Bezeichnungen wie »Wohlgeboren«, »Sir«, »Lord« (und »Lord-Bischof«). Welche Realität hinter diesen Benennungen steckt, darüber soll erst gar nicht gesprochen werden.

Aber wenn der Kampf um Anerkennung auch niemals frei geführt werden kann, sondern stets den Zwängen sozialer Vorurteile unterliegt, so ist er dennoch nicht völlig durch sie bestimmt. Menschen, die an den Rändern eines Ranges angesiedelt sind und Verweis und Tadel fürchten, werden in doppelter Weise auf ihrem Titel bestehen; denn für sie hat der Titel auch einen eigenständigen Wert, den sie verteidigen, als hätten sie sich ihn persönlich verdient. Innerhalb der einzelnen Ränge bilden sich je spezifische Ehrvorstellungen heraus, die Außenstehenden in vielen Fällen als willkürlich, wenn nicht gar als grotesk erscheinen, die aber den Maßstab abgeben, an dem Männer und Frauen, die den gleichen Titel tragen, gemessen und voneinander unterschieden werden. Diese Unterscheidungen sind um so heftiger umstritten, je weniger Substanz sie zu haben scheinen. Hobbes sah in den Kontroversen, die der Adel zu seiner Zeit austrug, speziell im Duell, eine der Urformen des Krieges aller gegen alle. Männer setzten um ihrer Ehre willen ihr Leben aufs Spiel, obschon die Streitpunkte, um die es ging, objektiv gesehen von äußerst geringer Bedeutung waren — »Kleinigkeiten wie ein Wort, ein Lächeln, eine verschiedene Meinung oder jedes andere Zeichen von Geringschätzung.«[4]

Solche Kämpfe werden nur zwischen Gleichen ausgefochten, d.h. innerhalb der einzelnen Ränge, nicht aber zwischen diesen. Wenn die niedereren Ränge die höheren zum Kampf herausfordern, dann sprechen wir nicht von einem Duell, sondern von einer Revolution. Obgleich vielerlei Arten von Revolutionen vorstellbar sind, konzentriere ich mich hier ausschließlich auf die demokratischen Revolutionen der Neuzeit, die das System der sozialen Vorurteile als Ganzes angreifen und darin gipfeln, daß sie die bis dahin geltende Titelhierarchie beseitigen und durch einen einzigen Universaltitel ersetzen. Der Titel, der sich am Ende durchsetzt, ohne von Anfang an in dieser Eigenschaft ins Auge gefaßt worden zu sein, ist die Bezeichnung für den niedrigsten

Rang, den Personen von aristokratischer oder vornehmer Herkunft einnehmen können. In der englischen Sprache lautet diese allgemeine Bezeichnung »master«, elidiert »Mr.«; sie avanciert im 17. Jahrhundert »zur offiziell üblichen Vorsilbe des Namens eines jeden Mannes unterhalb des Ritterstandes und oberhalb eines nicht genau definierten niedrigen Sozialstatus... Wie bei anderen Höflichkeitsanreden verschob sich auch hier die Anwendungsgrenze immer weiter nach unten.«[5] In den Vereinigten Staaten gibt es im Unterschied zu Britannien nach oben hin keine Grenze für ihre Anwendung. Aber selbst in England fand dieser Universaltitel auch bei mächtigen Männern Anklang: »Sowohl Mr. Pitt als auch Mr. Pym«, schrieb Emerson, »hielten die Anrede *Mister* für voll angemessen im Umgang mit den Königen Europas, und zwar mit allen.«[6] Auf dem ersten amerikanischen Kongress wurde zwar mehrfach vorgeschlagen, den amerikanischen Präsidenten in einem Rückgriff auf aristokratische Zeiten doch mit einem höheren Titel auszustatten, aber der letztlich gefaßte Beschluß stellte fest, daß der Name seines Amtes genüge und er in der direkten Anrede »Mr. President« heißen solle.[7]

Die Entwicklung in Europa führte zum gleichen Ergebnis: Monsieur, Herr, Signor, Señor, sie alle entsprechen dem englischen »Master/Mr.«. In allen Fällen war es ein Ehrentitel, wenn auch nicht der höchste, der zum Universaltitel erhoben wurde. Die revolutionären Alternativen »Bruder«, »Bürger«, »Genosse«, auf die ich erst später zu sprechen kommen werde, stellen eine Ablehnung dieser Generalisierung dar, wenden sich gegen sie.

Es ist hochbedeutsam, daß es für Frauen keinen Titel gibt, der dem für die Männer ausersehenen »Mr.« vergleichbar wäre. Selbst nach der demokratischen Revolution wurden die Frauen weiterhin mit Bezeichnungen (wie »Miss« und »Mrs.«) angesprochen, die einzig ihren Platz in der Familie, nicht aber in der Gesellschaft im großen kennzeichneten. Frauen wurden »verortet« auf der Basis ihres Platzes und ihrer Stellung innerhalb ihrer Sippe; daß sie ihren eigenen Weg gehen würden, damit rechnete niemand. Die Erfindung der Formel »Ms.« ist ein hilfloser Versuch, den Schaden zu beheben, eine Abkürzung, für die es kein korrespondierendes Vollwort gibt. Zum Teil betreffen die Überlegungen, die ich sogleich anstellen werde, sowohl die Frauen als auch die Männer, aber nur zum Teil. Die Nichtexistenz eines weiblichen Universaltitels beweist den anhaltenden Ausschluß von Frauen, oder von vielen Frauen, aus dem sozialen Universum, aus der Sphäre der Anerkennung, wie sie heute beschaffen und verfaßt ist.

In einer Gesellschaft von »Misters« kann derjenige Karriere machen, der Talent hat, findet derjenige Anerkennung, der sie zu erringen vermag. Um

Hobbes zu paraphrasieren: Die Titelgleichheit erzeugt zunächst eine Gleichheit der Hoffnungen und danach einen allgemeinen Wettstreit. Der Kampf um Ehre und Ansehen, der unter den Aristokraten tobte und der in der frühmodernen Literatur einen so breiten Raum einnimmt, ist zu einem Kampf geworden, in den heute jeder verstrickt ist. Dabei ist es allerdings nicht die aristokratische Ehre, der die Betroffenen nachjagen. Mit der Ausweitung des Kampfes erfuhr auch das umkämpfte soziale Gut eine enorme Diversifizierung und hat sich die Zahl seiner Namen vervielfacht. *Ehre, Respekt, Wertschätzung, Lob, Ansehen, Status, Ruf, Würde, Rang, Hochachtung, Bewunderung, Bedeutung, Berühmtheit, Ehrerbietung, Ehrfurcht, Würdigung, Glorie, Ruhm und Prominenz:* diese Worte sind nicht alle auf einmal entstanden, sondern haben sich im Lauf der Zeit angesammelt, wobei sie ursprünglich in ganz verschiedenen sozialen Zusammenhängen und zu unterschiedlichen Zwecken gebraucht wurden. Ihr gemeinsames Element ist dennoch leicht auszumachen. Sie sind Bezeichnungen für heute weitgehend klassenunabhängige oder -unspezifische positive Formen der Anerkennung. Ihr Gegenteil sind entweder negative Formen der Anerkennung (*Schande*) oder Nichtanerkennungen (*Nichtbeachtung*). Tocqueville hielt die Nichtanerkennung unter dem alten System für unmöglich – und auch für unnötig. Man rüffelte einen Mann oder behandelte ihn verächtlich, indem man ihn seinen Rang (und die eigene Kenntnis davon) wissen ließ. Unter dem neuen System hat niemand einen festen Platz; man beweist jemandem seine Verachtung, indem man sich weigert, von seiner *Anwesenheit* Notiz zu nehmen bzw. davon, daß er überhaupt einen Platz hat. Man lehnt es ab, seine Persönlichkeit, seine Moral oder seine politische Existenz anzuerkennen. Wer die Augen nicht völlig verschließt, kann leicht sehen, daß diese Nichtbeachtung sehr viel schlimmer sein kann als eine »Plazierung« im niedrigstmöglichen Rang. Unberührbar zu sein ist (möglicherweise) nicht ganz so furchtbar, wie unsichtbar zu sein. In einigen Teilen Indiens war es noch bis vor ein paar Jahren so, daß »ein Unberührbarer einen Warnruf ausstoßen mußte, wenn er eine Straße betrat, damit alle heiligeren Personen seinem sie verunreinigenden Schatten aus dem Weg gehen konnten«.[8] Ich kann mir kaum vorstellen, wie es ist, einen solchen Warnruf auszustoßen, dennoch ist die Person, die ihn von sich gibt, eine handfeste, den anderen einen Schrecken einflößende Erscheinung, und möglicherweise vermag sie aus der ängstlichen Flucht der ihr Ausweichenden eine gewisse Befriedigung zu ziehen. Der Unsichtbare hat keine Chance, diese Art der Befriedigung zu erfahren. Andererseits tritt er, sobald er seinen Fremdlings- oder Pariastatus abstreift, in die Gesellschaft nicht ein Inhaber irgendeines niedrigen

Ranges ein, sondern als ein Gleicher unter Konkurrenten um Ehre und Ansehen. Und er kündigt seinen Eintritt an, indem er sagt: »Nennen Sie mich Mister«.

Er beansprucht den Universaltitel für sich und tritt in den universellen Kampf ein. Da er keinen festen Rang hat, und da niemand weiß, wohin er gehört, muß er seinen Wert selbst begründen, und das kann er nur tun, indem er die Anerkennung seiner Mitbürger erringt. Da aber jeder seiner Mitbürger das gleiche zu tun versucht, stößt der Wettstreit innerhalb des je einzelnen Landes weder auf soziale Grenzen, noch unterliegt er einer zeitlichen Beschränkung. Er geht einfach endlos weiter, und die Beteiligten lernen sehr schnell, daß die Ehre von gestern auf dem Markt von heute wenig zählt. Sie können sich nicht zurücklehnen oder auf ihren Lorbeeren ausruhen, sondern müssen ständig auf der Hut sein, sich nicht die Geringschätzung der anderen zuzuziehen.« Jedermann sieht darauf«, schreibt Hobbes, »daß ihn sein Nebenmann ebenso schätzt, wie er sich selbst einschätzt, und auf alle Zeichen von Verachtung oder Unterschätzung hin ist er von Natur aus bestrebt, soweit er es sich getraut ... seinen Verächtern ... größere Wertschätzung abzunötigen«.[9] Einzig und allein von Abnötigung zu sprechen, ist indes zu eindimensional. So wie die Formen der Anerkennung variieren, so variieren auch die Wege, auf denen sie errungen werden kann. Die Konkurrenten setzen auf den Markt, sie schmieden Ränke gegen ihre unmittelbaren Rivalen und feilschen um kleine Positionsgewinne: ich bewundere dich, wenn du mich auch bewunderst. Sie üben Macht aus, verausgaben Geld, stellen Güter zur Schau, machen Geschenke, verbreiten Klatsch und spielen Theater – alles um der Anerkennung willen. Und wenn sie all das getan haben, beginnen sie wieder von vorn, wobei sie stets in die Augen ihrer Mitbürger schauen, um aus ihnen – wie ein Börsenmakler aus der Morgenzeitung – ihre täglichen Gewinne und Verluste herauszulesen.

Aber wie komplex der Kampf um Anerkennung auch immer sein mag, Hobbes' »Abnötigung« erfaßt nur einen seiner zentralen Wesenszüge. Die erstrebte Anerkennung muß Menschen abgerungen werden, die, ihre eigenen Ansprüche im Kopf, sie ihrerseits nur zögernd spenden. Nun bin ich tatsächlich der Meinung, daß die meisten von uns ebensosehr bereit, ja sogar genötigt sind, Anerkennung zu spenden, wie sie zu empfangen; wir brauchen Helden, Männer und Frauen, die wir bedingungslos und rückhaltlos bewundern können.[10] Aber wir hüten uns, derlei Personen unter unseren Freunden und Nachbarn ausfindig zu machen. Entsprechende Entdeckungen sind insofern problematisch, als sie unseren eigenen Wert in Frage stellen und uns zum Anstellen unangenehmer Vergleiche zwingen. In einer demokratischen Gesellschaft läßt sich Anerkennung am leichtesten auf Distanz spenden. Auch plötzliche und zeitweilige Anerkennungsleistungen fallen nicht schwer — gedacht sei an die von den Massenmedien kreierten Tagesberühmtheiten. Unser Interesse am Aufstieg solcher Figuren wird verstärkt durch die Vorwegnahme ihres Falls. Wer und was sind sie denn schon, diese Männer und Frauen? Doch nichts anderes als Menschen wie du und ich, vielleicht mit ein klein wenig mehr Glück. Da sie keinen festen Platz im Sozialgefüge haben, ist es eine offene Frage, ob wir morgen überhaupt noch wissen, wer sie sind. Die Medien vermitteln den Anschein, als sei Anerkennung ein Gut, das massenhaft zur Verfügung stehe, als seien seine Allokationen zwar instabil, aber im Prinzip doch unbegrenzt. Die Praxis sieht anders aus, in der Realität ist die Anerkennung ein knappes Gut. Unsere täglichen Vergleiche haben den Effekt, daß der Gewinn des einen zum Verlust des andern wird, und zwar selbst dann, wenn absolut gesehen nichts verloren geht, sondern nur die relative Position sich verändert. Fazit: In der Sphäre der Anerkennung kommt der relativen Position eine große Bedeutung zu.

Da eine Gesellschaft der »Misters« eine Welt der Hoffnungen, des Mühens und der nicht endenden Besorgnis ist, wird es zwangsläufig Zeiten geben, in denen die Menschen sich nach der Behaglichkeit eines festen Standorts in der Gesellschaft sehnen. Das von Hobbes im 17. Jahrhundert erstmals skizzierte Bild eines Wettrennens ist längst zu einem zentralen Bestandteil unseres gesellschaftlichen Bewußtseins geworden. Es ist ein demokratischer, ein partizipativer Wettlauf, bei dem es keine Zuschauer gibt, weil jeder laufen muß. Und all unsere Meinungen über uns selbst und über die andern sind eine Funktion dessen, wie gut wir im Rennen liegen. In diesem Rennen aber ist:

»Streben Verlangen;
Träge sein Sinnlichkeit;
Andere hinter sich sehen Stolz;
Sie vor sich sehen Demut;
Den Boden mit Rückwärtsschauen verlieren, Eitelkeit;
Angehalten werden Haß;
Umkehren Reue;
Atem haben Hoffnung;
Müde sein Verzweiflung;
Streben, den nächsten zu überflügeln, Eifersucht;
Ersetzen oder Verdrängen Neid;
Der Entschluß, ein vorausgesehenes Hindernis zu überwinden, Mut;
Einem plötzlichen Hindernis begegnen, Zorn;

Es mit Leichtigkeit überwinden Hochherzigkeit;
Den Boden durch geringfügige Hindernisse verlieren, Kleinmut;
Plötzlich fallen ist Neigung zum Weinen;
Einen anderen plötzlich fallen sehen Neigung zum Lachen;
Jemanden überwunden sehen, von dem wir dies nicht wünschen, Mitleid;
Jemanden siegen sehen, von dem wir dies nicht wünschen, Entrüstung;
...
Stets besiegt werden Unglück;
Stets den nächsten vor uns besiegen ist Glück;
Und das Rennen aufgeben heißt Sterben.«[11]

Aber warum rennen wir? Es gebe kein anderes Ziel und keinen anderen Ruhm, als »an erster Stelle zu stehen,« schrieb Hobbes.[12] Aber diese Sichtweise ist allzusehr an den Gepflogenheiten der alten Aristokratie orientiert. Pascal bewies in diesem Punkt mehr Weitblick, als er in einer seiner *Pensées* feststellte: »So dünkelhaft sind wir, daß wir wünschen, die ganze Welt möge uns kennen, und selbst die, die leben werden, wenn wir nicht mehr sind; und so eitel sind wir, daß uns die Achtung von fünf oder sechs Menschen, die uns nahestehen, freut und zufriedenstellt.«[13] Wir rennen, um von irgendeiner Untergruppe der Gesamtgesellschaft, in der wir leben, anerkannt und bewundert zu werden. Wären lokale Siege nicht möglich, würden wir lange vor unserem Ende der Verzweiflung anheimfallen. Auf der anderen Seite hält die Zufriedenheit, die Pascal bechreibt, nicht lange vor. Unsere Anmaßung wird besänftigt, verdrängt und neu geboren. Es sind nur sehr wenige Menschen, die ernsthaft auf ewigen Ruhm hoffen, aber praktisch jeder wünscht sich ein wenig mehr Anerkennung, als sie ihm realiter zuteil wird. Unzufriedenheit ist kein Dauerzustand, aber sie tritt immer wieder auf. Und unsere Besorgnisse nähren sich ebensosehr aus unseren Leistungen und Erfolgen wie aus unseren Fehlschlägen und Mißerfolgen.

Wiewohl wir alle mit demselben Titel angesprochen werden, erfahren wir nicht alle das gleiche Quantum an Anerkennung. Der Hobbessche Wettlauf ist zwar in sich flexibler, weniger starr als die Hierarchie; doch befinden sich die Läufer in jedem Augenblick des Rennens in einer Reihenfolge, die beim Ersten beginnt und beim Letzten endet und die sie innerhalb der Gesellschaft im Ganzen wie auch innerhalb ihrer eigenen Untergruppe als Gewinner oder Verlierer ausweist. Einspruch zu erheben gegen Bodenverluste, selbst wenn sie ungerecht oder unverdient scheinen, ist äußerst schwierig. Geld und Waren können immer wieder umverteilt, vom Staat eingezogen und gemäß einem abstrakten Prinzip neu verteilt werden. Nicht so die Anerkennung, sie ist ein unendlich viel komplizierteres Gut. In einem tiefen Sinne hängt sie ganz und gar von individuellen Akten der Ehrbezeigung und Geringschätzung, der Achtung und Nichtachtung ab. Nun gibt es natürlich so etwas wie öffentliches Ansehen und öffentliche Schmach, zwei Sozialphänomene, auf die ich noch gesondert eingehen werde. Wir brauchen nur an den alten Rechtsgrundsatz zu denken, der den König zur »Quelle allen Ansehens« erklärt. Tatsächlich können wir den guten Namen des Königs oder die legitime Staatsgewalt als ein Reservoir der Anerkennung begreifen, aus dem den einzelnen Individuen Teilmengen zufließen. Aber diese Art der Ehrung bedeutet wenig, solange sie nicht von Mitbürgern und Mitbürgerinnen bekräftigt und wiederholt wird. Während man Geld, um in den Besitz seines Wertes zu gelangen, nur entgegenzunehmen braucht, muß Anerkennung, wenn sie überhaupt einen Wert haben soll, beständig neu geleistet werden. Der König hat also Recht, wenn er nur diejenigen Leute ehrt, die allgemein als ehrenwert gelten.

Einfache Gleichheit in Sachen Anerkennung ist nicht möglich; die Idee ist ein schlechter Scherz. In der Gesellschaft der Zukunft, so sagte einmal Andy Warhol, »wird jedermann fünfzehn Minuten lang weltberühmt sein.« In Wirklichkeit werden in der Zukunft, genau wie in der Vergangenheit, einige Menschen berühmter sein als andere, und einige werden überhaupt keine Berühmtheit erlangen. Wir können allen Menschen garantieren, daß sie sichtbar sind (für Staatsbehörden z.B.), wir können ihnen aber nicht garantieren, daß sie alle gleichermaßen sichtbar sind (für ihre Mitbürger). Wir können prinzipiell darauf insistieren, daß jeder seit Adam und Eva, ein »Edelmann« ist; aber wir können nicht jedem die gleich edlen – d.h. »ungezwungenen und doch zugleich vornehmen« – Manieren attestieren. Die relative Position wird weiterhin von den Ressourcen abhängen, die die einzelnen im fortdauernden Kampf um Anerkennung aufzubieten haben. So wie wir den Ruhm als solchen nicht umverteilen können, können wir auch die Ressourcen, mit deren Hilfe er erworben wird, nicht umverteilen; denn sie sind nichts anderes als persönliche Eigenschaften, Fähigkeiten und Talente, die zu einer bestimmten Zeit an einem bestimmten Ort geschätzt werden, und als deren Besitzern es bestimmten Männern und Frauen gelingt, die Bewunderung ihrer Mitbürger auf sich zu ziehen. Es gibt jedoch keine Möglichkeit, im voraus zu bestimmen, welche Eigenschaften, Fähigkeiten und Talente es sein werden, die eine solche Wertschätzung erfahren oder wer sie besitzen wird. Und selbst wenn wir sie irgendwie erahnen und ansammeln könnten, um sie sodann in gleichen Portionen auszuteilen, würden sie (infolge der Gleichheit) sofort aufhören, Bewunderung hervorzurufen.

Wenn es aber im Kampf um Anerkennung auch keine Gleichheit der Resultate geben kann, so kann es doch — wie von mir bisher auch suggeriert — Gleichheit der Chancen geben. Sie ist denn auch das Versprechen, das die Gesellschaft der »Misters« uns macht. Doch gibt es irgendwo eine moderne Gesellschaft, die dieses Versprechen bereits eingelöst hätte? Ein zeitgenössischer Soziologe warnt uns davor, den Status der Einzelnen nicht mit den »Attributen ihrer Reputation« zu verwechseln. Der Status, so argumentiert Frank Parkin, ist eine Funktion von Position, Profession und Amt und nicht von speziellen Würdigungen spezieller Leistungen.[14] Die Abschaffung von Titeln bedeutet nicht die Abschaffung von Klassen. Zwar sind die Vorstellungen von Ehre heute strittiger, als sie es in früheren Zeiten waren, doch unterliegt ihre Verteilung nach wie vor bestimmten Mustern, in deren Zentrum nun im Unterschied zu früher, wo Abkunft und Rang dominierten, die berufliche Tätigkeit steht. Daher auf der einen Seite der Übermut der Ämter und auf der andern die Erniedrigung derjenigen Männer und Frauen, die in der Gesellschaft die harte und schmutzige Arbeit verrichten. Unfähig, die Zwänge des Gesamtmusters zu durchbrechen, treten viele der Läufer im Hobbesschen Wettlauf auf der Stelle. Das Muster ist auch falsch beschrieben, wenn man es als das Produkt ihrer Selbsteinschätzung, als eine Art von sozialer Kurzschrift für die Anerkennung von Einzelnen ansieht. Es gibt tatsächlich eine solche Kurzschrift, aber sie leitet sich her aus der herrschenden Ideologie, die ihrerseits selbst eine Funktion von Amt und Macht ist — so daß die Amtsinhaber in der gleichen Weise Respekt fordern, in der sie hohe Gehälter verlangen, ohne daß sie ihren Wert ihren Kollegen oder Klienten gegenüber beweisen müßten.

De facto ist diese herrschende Ideologie nichts anderes als der Hobbessche Wettlauf, angelegt nunmehr als ein Kampf um Posten und Einkünfte und nicht mehr in erster Linie um Ehre und Ansehen. Oder genauer: die beiden Kämpfe sind miteinander verschmolzen zu einem einzigen Kampf, zu einem allgemeinen Wettstreit um soziale Güter, bei dem Verdienst, Ehrgeiz, Glück und was sonst noch immer den Sieg davontragen. Wir ehren die Menschen gemäß ihren Siegen, weil die zum Sieg im allgemeinen Großkampf erforderlichen Qualitäten in etwa die gleichen Qualitäten sind, die zu bewundern wir sowieso geneigt sein dürften. Und wenn es bewundernswerte Qualitäten gibt, die in dem allgemeinen Wettbewerb nicht zum Tragen kommen, dann steht es uns frei, sie nebenbei, sozusagen am Rande des Hauptgeschehens, auf lokaler Ebene im Rahmen dieser oder jener Untergruppe zu bewundern. So können wir der Freundlichkeit eines Nachbarn Respekt zollen, ohne daß dieser Respekt sich mit unseren genaueren Kalkulationen hinsichtlich seines gesellschaftlichen Status vermengte.

Der Status (i.e. die Position im Rennen) bestimmt über das Ausmaß der Anerkennung, die sein Inhaber erfährt. Das ist zwar etwas ganz anderes als die Dominanz des hierarchischen Ranges, aber es ist immer noch nicht die freie Bewertung und Würdigung der einzelnen Person durch eine andere Einzelperson. Die freie Würdigung würde die Disaggregation von Sozialgütern erfordern, die relative Autonomie von Ehre und Ansehen. Was genau Autonomie in diesem Falle bedeuten könnte, läßt sich infolge der engen und festen Verknüpfung des Ansehens mit anderen Gütern indes gar nicht so leicht sagen. Erkennbar ist, daß es, dieses Ansehen, sich einstellt z.B. mit der Berufung in ein Amt oder mit dem Erringen einer guten Note vor dem medizinischen Prüfungsausschuß oder mit der erfolgreichen Gründung eines neuen Geschäftsunternehmens. Solcherlei Leistungen werden vermutlich immer Respekt heischen. Aber es wird ihnen nicht immer genau das Maß an Respekt zuteil werden, das ihnen heute zuteil wird, wo sie allesamt als wichtige Schritte auf dem Weg zu Macht und Reichtum angesehen werden. Welchen Respekt würden sie unabhängig davon erringen? Wir können nicht wissen, wie die soziale Welt aussähe, wenn das Ansehen der Einzelnen allein von der freiwillig geleisteten oder aus individuellen Gründen zurückgehaltenen Anerkennung aller anderen Einzelpersonen abhinge.* Kein Zweifel, es würde große kulturelle Unterschiede geben. Aber selbst in unserer Gesellschaft sind andere Bewertungen als die derzeit vorherrschenden ohne weiteres vorstellbar. So könnten gesellschaftlich nützliche oder körperlich anstrengende Arbeit oder auch Effektivität im Amt (statt dessen bloßer Besitz) mehr Anerkennung erfahren.[16] Auf der Basis einer freien Bewertung würde sich meiner Meinung

---

* Im Augenblick (und auch in absehbarer Zukunft), so schreibt Thomas Nagel, »haben wir keine Möglichkeit, den beruflichen Status von der sozialen Wertschätzung und den ökonomischen Gratifikationen zu trennen, zumindest nicht ohne eine gigantische Ausweitung der sozialen Kontrolle.«[15] Aber es geht hier nicht um eine Trennung; oder präziser: Trennung und verstärkte Kontrolle sind erforderlich im Falle von einfacher, nicht aber von komplexer Gleichheit. Der erlangte Berufsstatus verleiht der Person, die ihn erlangt hat, zwar ganz gewiß einen Anspruch auf ein gewisses Maß an sozialer Wertschätzung und sogar auf eine finanzielle Gratifikation. Wir alle sind bereit, Fähigkeit und Talent anzuerkennen und (individuell oder kollektiv) für die uns geleisteten Dienste zu zahlen. Aber wir möchten die Möglichkeit haben, eine breite Vielfalt von Fähigkeiten und Talenten anerkennen zu können und nicht mehr dafür bezahlen zu müssen als den Marktpreis oder, im Falle von zwangsweise geleisteten Diensten, einen fairen Lohn. Es ist nur die unrechtmäßige Umwandlung des beruflichen Status in Ansehen und Reichtum, die wir vereiteln sollten – mitsamt den ihr zuträglichen Praktiken des beschränkten Zugangs, der intellektuellen Mystifikation usw.; und dazu bedarf es ganz gewiß keiner »gigantischen Ausweitung der sozialen Kontrolle«.

nach zudem alsbald ein Anerkennungssystem herausbilden, das, da es weniger zentralistisch wäre, der von Hobbes unterstellten allgemeinen Rangfolge ihr Gewicht nähme, wenn es sie nicht gar möglicherweise völlig verwischte. Rufen wir uns John Stuart Mills Klage darüber ins Gedächtnis, daß die Menschen ihre Zu- und Abneigungen »en masse« faßten. Es stimmt, sie lieben »en masse«; aber es lassen sich in der Gesamtmasse unterschiedliche Teilmassen mit zumindest anfänglich unterschiedlichen Geschmacksnormen ausmachen. Diese Unterschiede werden um des allgemeinen Wettstreits willen unterdrückt, gehen in ihm unter. Entfiele jedoch der allumfassende Konkurrenzkampf, zöge das Geld nicht das Amt nach sich – oder das Amt die Macht –, dann würde auch Anerkennung frei vergeben werden.

Das Ergebnis wäre komplexe Gleichheit in der Sphäre der Anerkennung, eine Situation, in der die Verteilung von Achtung und Mißachtung erheblich anders aussähe, als sie heute aussieht. Dennoch wäre das Ansehen der einzelnen Männer und Frauen unterschiedlich groß, und ich kann keineswegs sicher behaupten, daß der Konkurrenzkampf weniger heftig wäre als in der von Hobbes beschriebenen Welt. Selbst wenn es mehr Gewinner (und eine größere Vielfalt möglicher Siege) gäbe, so gäbe es doch immer noch unausweichlich auch so manchen Verlierer. Komplexe Gleichheit ist auch keine Garantie dafür, daß just diejenigen Anerkennung finden, die sie in einem objektiven Sinne verdient haben. Natürlich existieren objektive Maßstäbe, wenn auch nicht für alle, so doch zumindest für einige Formen der Anerkennung. Es gibt Romanschriftsteller, die kritische Beachtung verdienen, und solche, bei denen dies nicht der Fall ist. Und Kritiker, die von den Zwängen der gesellschaftlichen Hierarchie und des Marktes frei wären, hätten es vermutlich leichter, ihre Aufmerksamkeit den richtigen unter ihnen zuzuwenden. Generell dürften jedoch solche Personen Anerkennung finden, die von einer gewissen Anzahl ihrer – in ihren Entscheidungen freien – Mitbürger dessen für würdig erachtet werden. Geehrt, respektiert, geachtet und geschätzt würden von uns jene Männer und Frauen, die dies unserer Meinung nach verdienten – bisweilen würden wir es mit der Anerkennung aber auch halten wie mit der Liebe, d.h., wir würden sie verteilen, ohne auf objektive Verdienstlichkeiten zu achten. Und so gäbe es in unserer Mitte auch weiterhin die verdienstvollen Armen, die unverdientermaßen ohne Anerkennung bleiben. Um Marx zu paraphrasieren: Wem es nicht gelingt, sich dadurch, da er sich als wertvolles Mitglied der Gesellschaft erweist, auch das entsprechende Ansehen zu verschaffen, dessen Wert ist nichtig und für ihn ein Mißgeschick. Zwar wären solche Mißgeschicke nicht länger das Monopol einer bestimmten Klasse, Kaste oder Berufsgruppe, aber gegen ihr generelles Auftreten gibt es meines Erachtens keine praktikable Form der Sozialversicherung.

Aber vielleicht ist ein minimaler Respekt tatsächlich ein Gemeingut in der Gesellschaft der »Misters«. Und so sollten wir wohl unterscheiden zwischen dem, was ich als *»einfache Anerkennung«* bezeichnen möchte, und den komplexeren Formen der *Anerkennung im je speziellen Fall*. Einfache Anerkennng ist heute ein moralisches Erfordernis. Wir müssen anerkennen, daß jeder Mensch, dem wir begegnen, zumindest ein potentieller Empfänger von Ehre und Bewunderung ist, ein Konkurrent, ja sogar eine Bedrohung. Die Aufforderung »Nennen Sie mich Mister« macht einen Anspruch geltend nicht auf ein bestimmtes Ansehensquantum, wohl aber auf die Möglichkeit, Ansehen zu erwerben. Hier ist jemand, den wir nicht kennen und der ohne Herkunftsmerkmale und Rangabzeichen vor uns hintritt. Und dennoch können wir ihn nicht des Spielfelds verweisen. Er verdient zumindest unsere Bewertung, während wir der seinen unterliegen. Diese sozialen Tatsachen sind der Grund, weshalb die modernen Höflichkeitsformeln immer mit einer gewissen aufgeregten Vorsicht gebraucht werden. Die Begier der Amerikaner, den »Mister« fallen zu lassen und den Vornamen als Anrede zu benutzen, rührt von dem Wunsch her, diese Aufregung zu verringern und ein wenig zu entspannen. Sie erscheint uns dann als unehrlich, wenn wir wissen, daß keine der beiden Parteien die Absicht hat, wirklich zu entspannen. Diese negative Intention sorgt für einen minimalen Grundrespekt. »Sie anerkennen sich,« schrieb Hegel, »als gegenseitig sich anerkennend«.[17] Aber dies kann ein sehr spannungsgeladenes Verhältnis sein.

Öffentliches Ansehen und individuelle Verdienstlichkeit

Ich habe von der Sphäre der Anerkennung gesprochen, als handle es sich um ein Terrain freien Unternehmertums. Als seien Ehren nichts anderes als Waren, die unter Individuen auf dem Wege des Tauschs, der Abnötigung und der freiwilligen Vergabe zirkulierten und deren Angebot nur zögernd und unzureichend auf die Nachfrage reagieren. Als gebe es keinen Wohlfahrtsstaat, keine Umverteilung von Reichtum, kein garantiertes Respektminimum (jenseits der schieren Anerkennung des Umstandes, daß jeder Einzelne ein Konkurrent ist), und als sei das geschilderte möglicherweise auch schon das bestmögliche Arrangement. Und wenn die Verteilung der Anerkennung in unzähligen Fällen durch die Dominanz anderer Güter und durch die Monopolmacht von alten Familien, Kasten und Klassen verzerrt werde, so müßten wir diesen Verzerrungen nur entgegenwirken, sie nur verhindern, um uns alsbald in einer minder rigiden Variante des Hobbesschen Wettlaufs wiederzufinden. Was wir in der Sphäre der Anerkennung bestenfalls sein könnten, seien Unternehmer – deren Weg entweder nach oben in den Reichtum oder nach unten in die Mittellosigkeit führe.

All dies trifft zu, stellt aber nur einen Teil der Wahrheit dar. Denn neben den individuellen Formen der Verteilung von Ehre und Ansehen gibt es eine Vielfalt von kollektiven, als da sind Belohnungen, Preise, Medaillen, lobende Erwähnungen, Lorbeerkränze usw. Öffentliche Ehrungen bleiben, wie bereits von mir dargelegt, in der Regel so lange wirkungs- und folgenlos, wie sie nicht den Normen und Maßstäben von privaten Individuen entsprechen. Dabei ist festzustellen, daß die Menschen bei der Vergabe von Anerkennung an andere wesentlich strengere Maßstäbe anlegen, als wenn es sich um ihren eigenen Anspruch auf Anerkennung handelt. Das entscheidende Kriterium für die öffentliche Ehrung ist die Verdienstlichkeit, nicht die von einem Einzelnen oder von ein paar Gemeindemitgliedern subjektiv und zufällig so oder so definierte Verdienstlichkeit von persönlichen Freunden und Feinden, sondern eine objektiv meßbare Verdienstlichkeit: Öffentliche Ehrungen werden von Privatpersonen nur dann unterstützt und dauerhaft bekräftigt, wenn sie objektive Kriterien zu erfüllen scheinen. Und so werden sie denn auch von Kommissionen und Kollegien vorgenommen, deren Mitglieder nicht eine Meinung äußern, sondern ein Urteil sprechen, indem sie einen »Wahrspruch« verkünden über die Qualitäten der Empfänger. Zu sagen, in solchen Kommissionen und Kollegien könne frei und uneingeschränkt nachgedacht und entschieden werden, wäre falsch, denn es müssen Regeln eingehalten und Beweise geführt werden. Gefordert ist ein absolutes Urteil. Wenn die Kirche ihre Heiligen und der Staat seine Helden designieren, dann werden Fragen gestellt, die mit einem Ja oder einem Nein beantwortet werden müssen. Das Wunder ereignete sich, oder es ereignete sich nicht; die mutige Tat wurde getan, oder sie wurde nicht getan.

Der Zweck der öffentlichen Ehrung besteht nicht darin, die verdienstvollen Armen herauszufinden, sondern ganz einfach diejenigen, die es verdienen, geehrt zu werden, seien sie nun arm oder nicht. Aber die Suche nach diesen verdienten Personen wird ganz gewiß Männer und Frauen zutage fördern, deren heroische Taten, einzigartige Leistungen oder Dienste an der Allgemeinheit von ihren Mitbürgern aus irgendwelchen Gründen bis dato übersehen wurden. Es ist daher eine Art Ausgleichsverteilung, die hier stattfindet – nicht im Sinne der Herstellung eines allgemeinen Ansehensgleichgewichts, sondern im Sinne einer Berichtigung der Ungleichheit. Ihre Bevollmächtigten sind (im Idealfall) den von ihnen verfochtenen Kriterien und Maßstäben stärker verpflichtet, als irgendwelche Privatpersonen dies sind. Öffentliches Ansehen wird tatsächlich aus öffentlichen Gründen verteilt; aber die öffentlichen Gründe kommen im Unterschied zu den privaten nur dann zum Tragen, wenn es die Eigenschaften und Fähigkeiten der geehrten Personen sind, die wir ehren und geehrt sehen wollen, und nicht die Personen selbst. Wenn Staatsvertreter einzig und allein Männer und Frauen auswählten, deren Ehrung politisch vorteilhaft wäre, dann würden sie die Ehren, die sie zu vergeben haben, entwerten. Daher das Phänomen der Mischverteilung, bei der ein paar wirklich verdienstvolle Personen mit auf die Liste der auszuzeichnenden gesetzt werden in dem Bestreben, jene hinter ihnen zu verstecken, die aus politischen Gründen geehrt werden; meist allerdings funktioniert das Versteckspiel nicht.

Es sind nicht nur Staatsvertreter, die öffentliche Ehren verteilen, sondern auch privat organisierte Gesellschaften, Stiftungen und Komitees. Alle möglichen Leistungen werden geehrt und können geehrt werden; solche, die der Staatsmacht zuträglich sind, solche, die sozial nützlich sind, und solche, die einfach nur denkwürdig, herausragend, einzigartig oder aufregend sind. Solange bei der Auswahl ein objektiver Maßstab angelegt wird, solange sie keine Sache der individuellen Willkür oder Laune ist, können wir sie füglich als eine Form der öffentlichen Ehrung begreifen. Der Maßstab ist die Verdienstlichkeit, und was belobigt wird, ist die gezeigte Vortrefflichkeit in Gestalt dieser oder jener Leistung oder Vollbringung, dieser oder jener guten Tat, einer wohlverrichteten Aufgabe, eines besonders schönen Kunstwerks, die jeweils einem Einzelnen oder einer Gruppe von Einzelnen zugeschrieben werden.*

Die meisten Sozialgüter werden ohne Rücksicht auf Verdienstlichkeiten verteilt. Selbst dort, wo es um Ämter und Ausbildungsplätze geht, haben Ver-

---

* Aber wie steht es mit Auszeichnungen, die nicht auf einer Leistung gründen, sondern einen Zustand betreffen? Erringt die Gewinnerin einer Schönheitskonkurrenz Ansehen? Die Organisatoren moderner Schönheitswettbewerbe scheinen zumindest von ferne zu ahnen, daß die natürlichen Gaben ihrer Gewinnerin für eine Ehrung allein nicht ausreichen dürften – eine Vermutung, zu der uns die Vielfalt der in den Auswahlprozeß eingebauten »Talentkriterien« Anlaß gibt. Ehre ist (für uns) nach wie vor die Anerkennung einer Aktivität; und die Zurschaustellung der eigenen körperlichen Schönheit oder auch der Hinweis auf eine edle Abstammung können nicht als Aktivität im eigentlichen Sinne des Wortes gelten. Man muß seine Gaben schon in einer sozial geschätzten Weise gebrauchen. Es sind aber auch Gesellschaften denkbar, deren Ehrvorstellungen anders begründet sind.

dienstlichkeiten einen nur minimalen und indirekten Einfluß auf das Geschehen. Mitgliedschaft, Wohlfahrt, Reichtum, harte Arbeit, Muße, familiale Liebe und politische Macht kennen überhaupt keine Verdienstkriterien (und was die göttliche Gnade anlangt, so wissen wir nicht, welche Bedeutung dem Verdienst auf dieser Ebene zukommt). Verdienstlichkeit als Verteilungskriterium indes pauschal für untauglich zu erklären mit der Begründung, das Adjektiv *verdienstvoll* reiche nicht aus, um einen Menschen angemessen zu charakterisieren, ist falsch; es reicht sehr wohl aus. Nun haben Verfechter der Gleichheit sich des öfteren bemüßigt gefühlt, Existenz und Realität des Verdienstes grundsätzlich zu bestreiten.[18] Die Menschen, die wir als verdienstvoll bezeichneten, so ihre Argumentation, seien nichts als Glückspilze. Geboren mit bestimmten Fähigkeiten und aufgewachsen unter den Fittichen liebevoller oder strenger oder förderlicher Eltern, lebten sie rein zufällig in einer Zeit und an einem Ort, in der bzw. an dem ihre so sorgsam gehegten und gepflegten Spezialfähigkeiten auch Anklang fänden. Nichts von alledem könnten sie sich als Verdienst anrechnen; im tiefsten Grunde seien sie für ihre eigenen Leistungen gar nicht selbst verantwortlich. Selbst die Anstrengung, die sie gemacht, und die mühevolle Ausbildung, der sie sich unterzogen hätten, könnten nicht als persönliches Verdienst gewertet werden; denn die Fähigkeit, sich anzustrengen oder Mühen auf sich zu nehmen, sei, wie alle ihre anderen Fähigkeiten auch, nur das Zufallsgeschenk einer launenhaften Natur oder das glückliche Resultat ihrer Aufzucht. Aber dies ist insofern eine kuriose Beweisführung, als sie, im Bestreben, uns mit gleichen Menschen bekannt zu machen, die zu gleichen Ansprüchen berechtigt sind, uns mit Wesen konfrontiert, die kaum noch als *Menschen* angesehen werden können. Als was sollen wir diese Männer und Frauen begreifen, wenn wir die Überzeugung hegen, daß ihre Fähigkeiten und Leistungen zufälliges Beiwerk, modisches Zubehör sind wie Hüte und Mäntel, die sie rein zufällig tragen? Und wie sollen sie sich selbst sehen? Die reflexiven Formen der Anerkennung, die Selbstachtung und der Selbstrespekt, die unsere wichtigsten Besitztümer sind und auf die ich erst am Ende des Kapitels zu sprechen kommen werde, sie müssen Menschen, deren Eigenschaften und Fähigkeiten nichts weiter sind als Lotteriegewinne, als absolut bedeutungslos erscheinen.

Die hier wirksam werdende Triebkraft ist eng verwandt mit dem Impuls, der zeitgenössische Philosophen des öfteren dazu bringt, die konkrete Bedeutung von sozialen Gütern einfach zu ignorieren. Menschen, die ihrer Qualitäten, und Güter, die ihrer Bedeutung beraubt sind, bieten sich natürlich an für Verteilungen, die abstrakten Prinzipien folgen. Es scheint aber zweifelhaft, daß solche Verteilungen den lebendigen Menschen Gerechtigkeit widerfahren lassen, daß sie sie recht zu würdigen wissen — so wie sie, auf der Suche nach Gütern, die sie für erstrebenswert halten, nun einmal sind. Die Menschen, denen wir begegnen, sind keine moralisch und psychologisch unbeschriebenen Blätter, keine neutralen Träger zufälliger Eigenschaften und Fähigkeiten. X und Qualitäten von X sind nicht zwei Paar Stiefel, sondern sie bilden eine nicht auflösbare Einheit; wer mit X zu tun hat, hat auch mit seinen Qualitäten zu tun und vice versa. Das Problem der Gerechtigkeit besteht somit darin, vorhandene Güter unter einer Vielzahl von Xen in einer Weise zu verteilen, die den jeweils konkreten Gesamtpersonen gerecht wird. D.h. die Gerechtigkeit beginnt bei den Personen. Mehr noch, sie beginnt bei sozialen Personen, i.e. bei Menschen, die in eine soziale Umwelt eingebunden sind und Güter sowohl in ihrem Kopf als auch in ihren Händen haben. Öffentliches Ansehen ist ein solches Gut, und wir brauchen nicht allzu lange nachzugrübeln, um herauszufinden, daß es als solches überhaupt nur dann existieren kann, wenn es verdienstvolle Männer und Frauen auch tatäschlich gibt. Es ist das einzige Gut, dessen Verteilung, wenn eine solche überhaupt stattfinden bzw. wenn dem, was verteilt wird, überhaupt ein Wert anhaften soll, an der Verdienstlichkeit orientiert sein muß.

Wir könnten natürlich öffentliche Ehren aus utilitaristischen Gründen verteilen, etwa um die Menschen zu politisch oder sozial nützlichem Verhalten zu motivieren. Solche Gründe werden in der Praxis der Ehrung auch immer eine Rolle spielen, ich sehe aber nicht, wie es gehen sollte, daß sie allein den Ausschlag geben. Wie sollen wir wissen, wen wir ehren können, wenn wir nicht gehalten sind, dies in Ansehung seiner persönlichen Verdienste zu tun? Solange der Ansporn die gewünschte Wirkung zeitigt, ist sozusagen jeder recht. Aus dieser Perspektive können die Obrigkeiten es sogar für das Beste halten, sich ein bestimmtes Verhalten auszudenken und sich den passenden »Darsteller« dafür zu suchen, um sicherzugehen, daß der von ihnen gegebene Ansporn auch voll und ganz in ihrem Sinne wirkt. Diese Möglichkeit (die einen alten Einwand gegen die utilitaristische Interpretation von Strafe widerspiegelt) zeigt, daß es gute Gründe gibt, an dem allgemeinen Verständnis von individueller Verdienstlichkeit festzuhalten. Ansonsten bleibt die Ehrung nämlich ganz und gar der despotischen Nutzung überlassen: Weil ich die Macht dazu habe, werde ich diesen oder jenen ehren. Es ist nicht wichtig, wen ich dafür auswähle, weil praktisch niemand es wirklich verdient, geehrt zu werden. Und es ist auch nicht wichtig, bei welcher Gelegenheit ich es tue, weil ich sowieso nicht bereit bin, einen inneren (sozialen) Zusammenhang zwischen dem Ansehen, das jemand genießt, und einem speziellen Leistungssystem anzuerkennen. Eine solche Praxis wird allerdings nur dann von Erfolg gekrönt sein, wenn der Despot lange genug an der Macht bleibt, um das Allgemeinverständnis davon, was rühmliches Verhalten sei, in seinem Sinne zu beeinflussen und zu verändern. Aber genau das ist seine Absicht und sein Ziel.

Stalins Stachanowarbeiter

Stachanow war keine Erfindung, auch wenn er sehr gut eine hätte sein können. Er war ein Bergarbeiter von außergewöhnlicher Kraft und Energie, der mehr Kohle förderte, als die offizielle Förderquote verlangte. Dies war in einer sozialistischen Gesellschaft, in einem proletarischen Staat, ganz gewiß ein rühmliches Verhalten. Aber ebenso gewiß waren Stachanows Kraft und Energie in der Sprache von damals »moralisch gesehen nichts als eine Laune der Natur« — kein Grund, ihn vor anderen Arbeitern, die körperlich minder kräftig waren und ebenfalls hart arbeiteten, auszuzeichnen. (Auch eine Auszeichnung von hart arbeitenden Kumpels vor solchen, die nur arbeiteten, wäre auf der Basis dieses Verständnisses von Beliebigkeit nicht gerechtfertigt gewesen.) Daß er Stachanow aber nicht nur heraushob, um ihn auszuzeichnen, sondern auch, um ihn zum lebendigen Symbol sozialistischer Ehre und sozialistischen Ansehens zu machen, läßt darauf schließen, daß es Stalin zumindest auch darum ging, die Idee des Verdienstes zu propagieren, um gesellschaftlichen Nutzen aus ihr zu ziehen: Stachanow verdiente es, geehrt zu werden, weil er getan hatte, was er getan hatte, und weil das, was er tat, rühmlich war. In Wirklichkeit dürfte es so gewesen sein, daß Stalin die erste und Stachanows Arbeitskollegen die zweite Hälfte dieser Feststellung anzweifelten.

Die Idee der Verdienstlichkeit impliziert eine gewisse Vorstellung von menschlicher Autonomie. Ehe ein Mensch sich achtbar und rühmlich verhalten kann, muß er für sein Verhalten verantwortlich sein; er muß ein moralisch Handelnder sein; seine Verhaltensweisen und seine Leistungen müssen seine eigenen sein. Es gab in den 30er Jahren sowjetische Philosophen und Psychologen, die eine solche Auffassung vom menschlichen Wirken und Handeln verfochten; als jedoch Stalin in den Jahren unmittelbar nach dem Zweiten Weltkrieg schließlich seine persönliche Position zu diesen Fragen kundtat, vertrat er einen völlig anderen Standpunkt. Sich einen radikalen Pawlowianismus zu eigen machend, reproduzierte er die Sichtweise vom Menschen als »einem reaktiven Mechanismus, dessen Verhalten, alle höheren geistigen Prozesse eingeschlossen, auf der Basis einer Kenntnis der Regeln der Konditionierung erschöpfend erklärt und ... durch Anwendung dieses Wissens auch gesteuert werden kann.«[19] Dies ist nur eine der psychologischen Theorien, die die Verneinung des individuellen Verdienstes plausibel zu untermauern verstehen. Wir müssen jedoch sagen, daß gerade sie es in einer besonders überzeugenden Weise tut. Stalin neigte vermutlich bereits in den 30er Jahren, als das Stachanow-Experiment lanciert wurde, der von ihm erst später öffentlich gemachten Auffassung zu. Wenn aber Stachanows energetische Aktivität (ich lasse seine körperliche Stärke hier beiseite) das Resultat seiner Konditionierung war, in welchem Sinne verdiente er es dann, ausgezeichnet und geehrt zu werden? Stalin hob ihn einzig und allein aus utilitaristischen Gründen heraus. Der Zweck des Stachanowsystems war, andere Arbeiter dazu zu bestimmen, sich in einer ähnlichen Weise zu verhalten und ähnliche Leistungen zu erbringen – so daß es möglich war, die Förderquote zu steigern, die Fließbänder schneller laufen zu lassen usw. Die Stachanow-Prämie war keine Anerkennung, sondern ein Anreiz, ein Ansporn, eine jener Gaben, die sich sehr schnell in eine Bedrohung verwandeln. Und mehr kann eine Prämie in Abwesenheit einer Theorie der Verdienstlichkeit auch nicht sein.

Natürlich erhoben die anderen Arbeiter Einspruch. Der Nutzen, den Stalin im Auge hatte, war nicht ihr Nutzen. Aber ihr Protest reichte tiefer. Denn was immer sie über Stachanow selbst dachten, eines war für sie klar: seine Nachfolger, die Stachanowarbeiter der mittdreißiger Jahre, verdienten es nicht, geehrt zu werden. Die Prämiengewinner hatten (gehen wir einmal davon aus) zwar hart gearbeitet, aber sie hatten auch die Normen ihrer Klasse verletzt und die Solidarität mit ihr gebrochen. Allen uns zugänglichen Berichten zufolge wurden sie als Opportunisten und Renegaten angesehen, als die proletarischen Ebenbilder der Uncle Toms; sie wurden verächtlich gemacht, aus der Gemeinschaft ausgeschlossen und bei der Arbeit behindert.[20] Die durch Stalin vorgenommene Ehrung war der Anlaß für individuelle und gemeinschaftliche Verachtung. Ganz ohne Zweifel sollte die Verachtung ein Abschreckungsmittel sein, aber ich vermute, daß die Arbeiter auf Nachfragen auch gesagt hätten, daß sie mit ihrem Verhalten auch auf den unehrenhaften Charakter der Leistungen und des Verhaltens der Stachanowarbeiter reagierten. D.h., sie hätten gesagt, daß sie daran glaubten, daß den Menschen zuteil werde, was sie (wirklich) verdienten.

Die Frage, ob dies überhaupt möglich ist, ist schwer zu beantworten. Selbst wenn wir Hamlets Hinweis auf »Spott und Geißel«, denen niemand entgehe, zurückweisen in der Annahme, daß es sehr wohl Menschen gibt, die öffentliches Ansehen verdienen, dann wissen wir doch immer noch nicht, ob es einen Weg gibt, die richtigen Personen auch tatsächlich herauszufinden. Können Preisrichter wirklich Urteile aussprechen, die keine bloßen Meinungsäußerungen sind? Werden Preise und Prämien nicht doch Zufallsprodukte sein, selbst wenn wir uns darin einig sind, daß Gleiches für große Leistungen nicht gilt? Wichtig ist hier, daß wir unsere Maßstäbe nicht zu hoch ansetzen. Wir sind keine Götter, und wir wissen niemals genug, um zu absolut zuverlässigen Urteilen über die Fähigkeiten und Leistungen anderer Menschen gelangen und die volle Wahrheit über sie verkünden zu können. Was indes zählt, ist unser Anspruch. Was wir anstreben, sind Urteile, keine Meinungen, und um diesem Ziel entsprechen zu können, treffen wir Vorkehrungen. Daher (wiederum) das Preisrichterkollegium, jene Gruppe von Männern und Frauen, die darauf vereidigt sind, die Wahrheit ausfindig zu machen. Bisweilen liegt sie, diese Wahrheit, außerhalb ihrer Reichweite, und sie sind genötigt, zwischen verschiedenen, miteinander konkurrierenden Annäherungen an sie auszuwählen. Bisweilen machen sie Fehler, begehen sie Irrtümer; bisweilen sind einzelne Juroren einfach korrupt oder parteilich. Bisweilen ist die Uneinigkeit zwischen ihnen zu groß, als daß sie überhaupt zu einem gemeinsamen Urteil gelangen könnten, und bisweilen werden sich die Jurymitglieder einfach nur handelseinig. Aber gerade die Kritik, die wir gemeinhin an diesen Ausschüssen üben, bestätigt ihren Zweck. Denn was wir ihnen vorwerfen, ist, daß sie besser hätten arbeiten müssen, oder daß wir an ihrer Stelle besser gearbeitet hätten, nicht aber, daß sie überflüssig seien, weil es nichts für sie zu tun gebe. Ein richtiges Urteil ist zumindest dem Prinzip nach möglich.

Der Nobelpreis für Literatur

Wenden wir uns nun einer der angesehensten und zugleich umstrittensten öffentlichen Auszeichnungen zu. Alfred Nobel hat mit seinem letzten Willen im Jahr 1896 einen Preis für besondere literarische Leistungen ausgesetzt, ohne jedoch die Bedingungen für seine Vergabe detailliert und eindeutig festzulegen. Der Preis sollte vergeben werden »an die Person, die auf dem Gebiet der Literatur das herausragendste Werk mit idealistischer Tendenz geschaffen hatte«.[21] Die späteren Juroren mußten zunächst jeweils selbst entscheiden, wie sie »das Gebiet der Literatur« zum Zweck der Preisvergabe abstecken und was sie unter »Idealismus« im Hinblick auf dieses Gebiet verstehen wollten. Danach mußten sie den Preisträger aus einer riesigen Vielfalt von Kandidaten auswählen, deren Werke in unterschiedlichen Gattungen, Sprachen und literarischen Traditionen beheimatet waren. Wie konnten sie einem gerechten Urteil auch nur in etwa nahe kommen? »Es ist absolut unmöglich«, schrieb der Vorsitzende des ersten Preisrichterkollegiums, Carl David af Wirsén, »zu entscheiden, wem der höchste Rang gebührt, dem Dramatiker, dem Epiker oder dem Lyriker ... dem Balladenschreiber oder dem Gelehrten. Es ist, als beurteile man die relativen Vorzüge von Ulmen, Linden, Eichen, Rosen, Maiglöckchen oder Veilchen.«[22] Und dennoch zeigen die Protokolle der Gremiumssitzungen, daß Wirsén eine sehr dezidierte Auffassung davon hatte, wer den Preis erhalten solle. Auch haben die Kritiker der späteren Nobelpreiskomitees — und es hat viele Kritiker gegeben — keineswegs die Idee der Unmöglichkeit in den Mittelpunkt gestellt. So töricht es scheint, die Aufstellung einer Rangordnung für alle Schriftsteller der Welt auch nur zu versuchen, als so natürlich wird die Kenntnis einer kleinen Zahl von herausragenden Autoren empfunden. Und sowohl Kritiker als auch Leser argumentieren bereitwillig und eifrig darüber, welcher von diesen überragenden Geistern nun wirklich der allerbeste sei.

Ich glaube, daß es auf diese Frage niemals nur eine einzige Antwort gibt. Nach Ablauf einer gewissen Zeit könnte jedoch eine Vielzahl von Antworten vorliegen, die in ihrer Summe die Thematik mehr oder weniger erschöpfend behandeln. Eine solche Kollektion von Antworten zu erarbeiten, war denn auch das Ziel der aufeinanderfolgenden Preisrichterkollegien. Die Tatsache, daß Tolstoi, Ibsen, Strindberg, Hardy, Valéry, Rilke und Joyce niemals den Nobelpreis für Literatur erhielten, zeigt, daß die Juroren nicht nur glücklich entschieden. Aber die Versäumnisse, die sie sich haben zuschulden kommen lassen, sind schnell aufgezählt. Obendrein haben wir heute den Vorteil, aus der Distanz zurückblicken und späte Einsichten entwickeln zu können. Es ist aber wichtig, sich daran zu erinnern, daß der Preis jeweils hic et nunc einen Schriftsteller ehrt und ehren soll, den seine Zeitgenossen für herausragend halten, und daß er nicht einen Versuch darstellt, die Urteile der Geschichte zu beurkunden. Dennoch, Tolstoi, Ibsen, Strindberg, Hardy, Valéry, Rilke und Joyce galten vielen ihrer Zeitgenossen als absolut herausragend ... Vielleicht fühlen sich die Mitglieder des Komitees ja bisweilen durch politische Faktoren eingeengt; vielleicht denken sie, daß die Preise auch eine gewisse geographische Verteilung aufweisen sollten. Und so schlüpfen sie in die Rolle einer Personalkommission, die nach Kandidaten Ausschau hält, die diese oder jene Leerstelle ausfüllen könnten. Die Standardkritik lautet in diesem Fall, sie sollten sich mehr auf ihre Funktion als Preisrichterkollegium besinnen und sich entsprechend verhalten. Daß ein solches Verhalten prinzipiell möglich ist, wird nicht bezweifelt. Und die Geschichte des Nobelpreises und der Kontroversen, die einzelne Preisvergaben ausgelöst haben, belegen eindringlich, daß wir alle fest daran glauben, daß es Autoren gibt, die es verdienen, besonders geehrt und ausgezeichnet zu werden.

Es ist indes nicht nötig (es sei denn, wir verstehen Alfred Nobels Verfügung ganz und gar wörtlich), immer nur auf die »herausragendsten« Leistungen zu starren; wir können einfach alle herausragenden Leistungen in Betracht ziehen. Dies ist denn auch die gebräuchlichste Form der öffentlichen Ehrung in modernen Gesellschaften, wo die Ehrenlisten immer mit impliziten Entschuldigungen an die Adresse derer veröffentlicht oder zitiert werden, die versehentlich vergessen wurden und es doch verdient hätten, ebenfalls genannt zu werden. Möglicherweise besteht eine gewisse Spannung zwischen der allumfassenden Liste und dem singulären Preis. Rousseau nutzte diese Spannung in seinen Betrachtungen über die Regierung Polens, um einen Punkt für die Demokratie zu machen. Der Beschreibung eines Zensurausschusses, welcher »nach guter Kenntnisnahme genaue Verzeichnisse von Einzelpersonen aller Stände, deren Betragen der Ehre und Belohnung wert wäre, (entwürfe)«, ließ er die Empfehlung folgen, dieser Ausschuß möge

> »bei diesen Bewertungen weit mehr die ganze Person als einzelne Handlungen in Betracht ziehen. Das wahre Gute geschieht mit wenig Glanz. Durch ein gleichförmiges und nicht nachlassendes gutes Betragen, durch heimliche und häusliche Tugenden, durch die rechte Erfüllung aller Pflichten seines Standes ... kann ein Mann mehr Ehren verdienen als durch einige Bravourstücke, welche ihren Lohn schon in der öffentlichen Bewunderung finden. Die philosophische Prahlerei liebt solche aufsehenerregenden Taten sehr«, solche »recht lärmenden und recht vielgelobten Taten«.[23]

Der letzte Punkt ist sicherlich richtig, wenn ich auch nicht einsehe, weshalb jemand von dem von ihm eingeschlagenen Weg abweichen sollte, nur um die Allgemeinheit daran zu hindern, ihre Bewunderung für dieses oder jenes »Bravourstück« zu bekunden. Aber Rousseau hat Recht, wenn er darauf insistiert, daß es, speziell in einer Demokratie, wichtig ist, erst einmal die Tugenden der Normalbürger anzuerkennen und zu ehren. Stalins Stachanow-Prämie ist eine schlimme Parodie auf das, was getan werden muß, aber das soziale Erfordernis der Anerkennung bleibt dennoch in ihr sichtbar. Die modernen Armeen, in denen die für eine heldenhafte Leitung vergebene höchste Auszeichnung minder große Ehrungen für geringere Leistungen nicht ausschließt, sie wissen dieses Erfordernis im allgemeinen relativ gut zu erfüllen – ganz im Gegensatz zu den Berufen, deren Sozialprestige niedrig ist: »Der bisweilen unglaubliche Heroismus der Grubenarbeiter oder Meerfischer,« so schrieb Simon Weil, »findet selbst in der Welt der Grubenarbeiter und Meerfischer kaum einen Widerhall.«[24] Hier kann die öffentliche Ehrung Abhilfe schaffen und zugleich erzieherisch wirken, indem sie die einfachen Bürger dazu anregt, über ihre vorgefaßten Urteile hinauszublicken und Verdienstlichkeit zu erkennen, wo immer sie sich zeigt, auch in den eigenen Reihen.

Römische und andere Triumphzüge

Diese Art der Verteilung von Ehre und Ruhm ist politisch gesehen keineswegs neutral. Während sie in der Demokratie geradezu ein Erfordernis zu sein scheint, ist sie für andere Regime stets mit einem gewissen Risiko behaftet. In Monarchien und Oligarchien ist Verdienstlichkeit selbst dann noch ein subversives Prinzip, wenn nur »Bravourstücke« gefeiert werden. Dies ist kein neuer Gedanke, er hat vielmehr einen Stammplatz in der politischen Theorie; aber es lohnt sich, ihn wiederaufzunehmen, weil er uns das Verständnis der Tatsache erleichtert, daß die Autonomie von Distributionssphären immer eine relative ist. Der Standardverweis gilt dem römischen Triumphzug, »der höchsten Ehrung«, so Jean Bodin, »die ein römischer Bürger anstreben konnte ... Der Triumphator nämlich hielt unter größeren Ehrungen Einzug als ein König beim Einzug in sein Königreich.«

Gekleidet in Purpur und Gold, gekrönt mit einem Lorbeerkranz, fahrend in einem Streitwagen an der Spitze seines Heeres, seine Gefangenen in Ketten vor sich, paradierte der siegreiche Feldherr auf dem Capitol, »indem er die Herzen der Menschen teils aus unglaublichem Jubel, teils vor Staunen und Bewunderung höher schlagen ließ.« Der Triumphzug taugt nur für einen volkstümlichen Staat (mit einem starken Sinn für Bürgertugenden). Ein König muß eifersüchtig über sein Ansehen wachen; er ist ein karger und geiziger Ehrenspender, ein Monopolist des Ruhms. Er kann es nicht zulassen, daß außer ihm noch andere Personen die Herzen seines Volkes entzücken. Und deshalb, so fuhr Bodin fort, »kommt es auch nicht vor, daß Monarchen, oder gar Tyrannen, Untertanen, mögen sie noch so gewaltige Siege über den Feind davongetragen haben, Triumphzüge oder ehrenvolle Aufzüge bereiten würden.« Die Ehre des Sieges gebührt immer dem Fürsten, »auch wenn er sich dem Schlachtgetümmel fernhält.«[25] Francis Bacon stellt dieselbe Überlegung an, wenn er in seinen *Essays* schreibt: »Aber vielleicht eignet sich diese Ehrung (der Trimphzug) nicht für Monarchien, es sei denn, sie betrifft die Person des Königs selbst oder seine Söhne.«[26]

Wie Bodin sagt, ist das Argument um so stichhaltiger, je despotischer der Machthaber ist. Dies ist denn auch der Grund, weshalb Herrscher wie Stalin und Mao die Ehre großer Leistungen stets für sich reklamiert haben, und zwar nicht nur im Kriegswesen, sondern auch in den Natur- und Sprachwissenschaften, in der Medizin, der Dichtkunst, der Landwirtschaft usw. Und es ist der Grund, weshalb der arme Stachanow nicht für etwas geehrt werden konnte, was auch seine Kollegen hätten für rühmlich halten können, mußten sie doch befürchten, »der süße Köder Ehre« veranlasse ihn dazu, eine Vertretungs- oder Leitungsfunktion anzustreben. Tyrannen verteilen Auszeichnungen aus manipulativen Gründen oder auch aus einer puren Laune heraus und unterhöhlen so gezielt den Wert der Ehrengabe, während sie ihrerseits für ihre vermeintlichen Verdienste nachhaltig geehrt zu werden wünschen. In früheren Zeiten wurden die Könige natürlich ihrer Abstammung und ihres Geblüts oder ihres königlichen Ranges wegen geehrt, alles Dinge, die in sich ehrwürdig waren. Weder Bodin noch Bacon spechen von solcherlei Ehransprüchen; ihre Überlegungen sind Appelle an die politische Vernunft. Für sie wie für uns gebührt Ehre denen, die sie verdienen, weil sie sich Verdienste erworben haben. Die Ehre des Königs ist so gesehen eine politische Lüge. Obwohl Bodin und Bacon dies niemals gesagt hätten, ist jeder König ein Usurpator und ein Tyrann: »Weil ... die Ehre, der einzige Preis der Tugend, denen, die sie verdient haben, vorenthalten oder arg geschmälert wird.«[27] Verdienstvolle Männer und Frauen, und zwar alle, wie sie da sind, gebührend anzuerkennen, ist nur in einer Demokratie möglich.

Und Anerkennung, so sagt man, wirke Wunder. Tatsächlich haben Demokratien mehr Helden aufzuweisen, mehr wagemutige und tatkräftige Bürger, mehr Bürger, die bereit sind, sich für das Allgemeinwohl zu opfern, als jedes andere Regime. Der Grund: ihre Bürger werden allesamt, wie Bodin es ausdrückt, »vom süßen Köder Ehre« angezogen. Gleichzeitig dürfen Ehre und Ansehen jedoch niemals eine so breite Verteilung finden, daß sie ihren Wert verlieren. Egalitäre Philosophen vertreten gemeinhin die Auffassung, daß in einer demokratischen Gemeinschaft alle Bürger Anspruch darauf hätten, in gleicher Weise geachtet zu werden.[28] Ich werde später herauszufinden versuchen, in welchem Sinne diese Forderung möglicherweise gerechtfertigt ist; auf der Basis meiner bisherigen Überlegungen würde ihre Zurückweisung allerdings mehr Sinn machen. Das Gesetz schaut nicht auf die Person, läßt sich nicht von ihrem Rang und ihrer Stellung beeinflussen. Wenn Bürger sich an ihre Regierung wenden, dann muß allen die gleiche Aufmerksamkeit zuteil werden; wenn Ämter zu besetzen sind, müssen alle in gleicher Weise berücksichtigt werden; wenn Wohlfahrtsgüter zur Verteilung gelangen, müssen alle gleichermaßen bedacht werden. Wenn es aber um Achtung und Respekt geht, um eine »ehrerbietige Würdigung«, um eine besondere Auszeichnung und rituelle Höherstellung, dann haben sie so lange keinen Anspruch darauf, wie sie von ihren Mitbürgern dessen nicht für würdig befunden werden.

Dieser »Befund« unterscheidet sich zweifellos von den Ergebnissen, zu denen der Markt und der Hobbessche Wettlauf gelangen, denn er kommt im Prinzip ohne jede Art von Handelsaktivität und ohne Abnötigung zustande. Öffentliches Ansehen ist keine freundliche Gabe und kein Bestechungsgeschenk, sondern eine zuverlässige Aussage über die Vortrefflichkeit und den Wert der geschätzten Person. Dabei müssen die in der Aussage postulierten Werte den am Marktgeschehen und am Wettlauf beteiligten Normalbürgern einsichtig und die Vortrefflichkeiten so beschaffen sein, daß diese sie auch konstatieren können. Die öffentliche Anerkennung kann deshalb nicht eglitärer sein als die private Anerkennung – zumindest nicht im einfachen Wortsinn. Selbst dann, wenn Männer und Frauen, die normalerweise keine Beachtung finden, irgendwann belobigt und geehrt werden – etwa durch ein Rousseausches Zensorengremium –, geschieht dies aufgrund irgendeiner Leistung oder eines Berichts von einer solchen, die, wäre sie allgemein bekannt, ihnen in jedem Fall die Bewunderung ihrer Mitbürger eingetragen hätte. Die Einsicht, daß Ehre und Ansehen von Menschen verdient werden könne, die nicht im traditionellen Sinne ehrwürdig sind, ist ein wichtiges Konstituens der komplexen Gleichheit, ohne daß es die Singularität der Ehrung schmälerte oder gar zunichte machte.

Die Bestrafung

Gleiches gilt für die Bestrafung, den gewichtigsten Fall von öffentlicher Unehre und Schmach. Alle Bürger sind unschuldig bis zum Beweis ihrer Schuld; aber dieser Rechtsgrundsatz erfordert keinen universellen Respekt und keine universelle Achtung, sondern nur die universelle Abwesenheit von Respektlosigkeit und Mißachtung. Das Gesetz schaut zwar nicht auf den Rang von Personen, es schaut aber auch nicht an ihnen vorbei, indem es sie als Personen mißachtete. Es hat kein Vorausurteil über sie (oder sollte es nicht haben), weil sie von vornehmer Herkunft sind und einen Adelstitel tragen oder weil sie viel Geld besitzen oder eine bestimmte politische Meinung vertreten. Eine Bestrafung setzt ein spezifisches Urteil voraus, das Urteil eines Gerichts; ein Umstand, der zeigt, daß wir – zumindest dem Anspruch nach – Menschen nur dann bestrafen, wenn sie es verdienen, bestraft zu werden. Eine Bestrafung ist, genau wie eine Ehrung, eine Heraushebung, wobei die Strafe mehr auf der Ebene des eindrucksvollen Preises als auf der der Ehrenliste liegt, denn wir bestrafen Individuen für einzelne Taten (und wir bestrafen sie besonders streng im Falle von »spektakulären Großtaten«), nicht jedoch für eine schlechte Lebensführung im allgemeinen. Möglicherweise ließe sich ein Analogon zur Rousseauschen Ehrung finden, eine Art von öffentlicher Anerkennung von nichtkrimineller Lasterhaftigkeit, aber nichts von alledem spielt in der Institution der Strafe eine Rolle – oder hat, soweit mir bekannt, jemals eine Rolle in ihr gespielt.

Eine Bestrafung ist ein schweres Stigma; sie entehrt den von ihr Betroffenen. In der Bibel lesen wir, daß Gott Kain ein Mal auf die Stirn zeichnete, um ihn zu schützen; aber das Zeichen brandmarkte ihn als Mörder und verwandelte sich so in eine Strafe; und obschon wir alle göttlichen Schutz dankbar entgegennähmen, möchte doch keiner von uns ein Kainsmal tragen. Es gibt keine Möglichkeit der Bestrafung, die den Bestraften nicht brandmarkte und stigmatisierte. Dies gilt für utilitaristische Strafen ebenso wie für die Vergeltung. Welches Ziel wir mit der Strafe auch immer verfolgen und wie immer wir sie begründen und rechtfertigen, der Distributionseffekt ist der gleiche. Wenn wir strafen, um andere Menschen von verbrecherischen Taten abzuhalten, dann können wir dies nur tun, indem wir einen speziellen Straftäter herausgreifen; Abschreckung erfordert ein Beispiel, und Beispiele müssen konkret und spezifisch sein. Wenn wir bestimmte Handlungen verurteilen wollen, dann können wir dies nur tun, indem wir einen Akteur verurteilen; unsere Botschaft muß, soll sie verstanden werden, konkret sein. Wenn unser Ziel darin besteht, den Mann oder die Frau, die das Gesetz gebrochen haben, umzuerziehen und zu resozialisieren, dann können wir dies nur tun, wenn wir genau diesen Mann oder diese Frau als Personen kenntlich machen, die der Umerziehung bedürfen. In den ersten beiden Fällen (nicht jedoch im dritten) könnten wir jemanden nach dem Zufallsprinzip herausgreifen, das Beweismaterial erfinden und ihm das Verbrechen »anhängen«, das wir verurteilen und vor dem wir abschrecken wollen. Wenn die Einzelnen für ihren

Charakter und ihr Verhalten nicht verantwortlich sind, dann wäre es egal, wen wir auswählten. Die Frage einer gerechten Verteilung würde sich insofern nicht stellen, als an Menschen ohne Verantwortlichkeit keine Gerechtigkeit praktiziert werden kann. Zudem wäre eine Bestrafung dieser Art, wenn wir sie als das verstünden, was sie wäre, in keiner Weise unehrenhaft. Wenn eine Bestrafung jedoch, wie dies bei uns heute der Fall ist, entehrend ist, dann muß unterschieden werden zwischen denen, die es verdient haben, entehrt zu werden, und denen, die es nicht verdienen. Und dann ist es entscheidend wichtig, daß wir die Richtigen herausfinden, daß es auch wirklich *Kain* ist, den wir mit dem Kainsmal versehen. Noch einmal, wir sind keine Götter und wir können unserer Sache niemals völlig gewiß sein, aber wir müssen die Verteilungsinstanzen so gestalten, daß wir der Gewißheit so nahe wie möglich kommen.

Es gibt eine Art von moralischer Besorgnis, die die Praxis der Bestrafung begleitet und die vermutlich ebensoviel mit der Schmach zu tun hat wie mit dem Zwang und der Pein, welche die Strafe impliziert. Zwang und Pein sind zwar auch Merkmale des Militärdienstes, aber weder wecken sie hier die gleiche moralische Besorgnis, noch zwingen sie uns dazu, nach Männern und Frauen zu suchen, die es verdient haben, Zwang und Pein zu ertragen. Der Grund: der Militärdienst ist weder unehrenhaft, noch ist er eine Strafe oder sollte zumindest keine sein. Wir versuchen, ihn gerecht zu verteilen; aber wir tun es und können es tun, ohne uns Gedanken über Verdienstlichkeiten zu machen. Basis der Einberufung zum Militärdienst ist nicht eine Serie von Urteilssprüchen, ebenso wie eine Bestrafung nicht die generelle Musterung eines ganzen Geburtenjahrgangs voraussetzt, weder wählen wir Strafgefangene mittels Los aus, noch werden Personen, die an Asthma oder Krampfadern leiden, von Bestrafung freigestellt. Wir ziehen die körperlich Leistungsfähigen ein, Männer und Frauen, die die Härten des Krieges voraussichtlich aushalten können. Aber wir bestrafen nur diejenigen, die eine Strafe verdient haben: nicht die, die am ehesten in der Lage sind, das Stigma der Bestrafung zu tragen, oder irgendeine Zufallsauswahl von ihnen, sondern einzig und allein diejenigen, die es tragen sollen. Was wir anstreben, ist eine außerordentliche und hochkomplizierte Präzision.

Der Mechanismus, vermittels dessen wir herausfinden, wer die Richtigen sind, ist der Strafprozeß oder das Gerichtsverfahren, eine öffentliche Untersuchung, die dem Ziel dient, in einer bestimmten Sache die Wahrheit zu ermitteln. In unterschiedlichen Kulturen jeweils unterschiedlich organisiert, ist der Strafprozeß eine sehr alte Institution; man findet ihn fast überall, und immer hat er die Funktion eines Spezialverfahrens zur Gewinnung nicht einer allgemeinen Meinung oder einer politischen Entscheidung, sondern eines Urteils, eines Beweises, eines Verdikts. Sieht man von Alices Wunderland einmal ab, so erfolgt die Bestrafung *nach* dem Urteil und ist ohne dieses nicht möglich. Fast könnte man sagen, daß das Urteil die Strafe ist; denn es ist das Urteil, das dem Verurteilten das Stigma anheftet, welches der nachfolgende Zwang und die nachfolgende Pein symbolisieren und praktisch werden lassen. Ohne das Urteil sind Zwang und Pein nichts als Widrigkeiten, die, auch wenn sie bekannt werden, keineswegs stigmatisierend wirken. Erweist sich umgekehrt das Gerichtsverfahren als ein Schwindel, dann werden seine Opfer durch ihre »Bestrafung« eher geehrt als entehrt.

Würden wir Strafen nach unterschiedlichen Kriterien verteilen, dann wären sie gar keine Strafen. Wir sehen dies am besten, wenn wir zwei verschiedene Verteilungsmechanismen näher betrachten, die ich im einen Fall als »Abstimmungs«- im anderen als »Findungsverfahren« bezeichnen möchte. Wir könnten die zu Bestrafenden durch ein Votum ermittteln, so wie es die alten Athener taten, wenn sie durch das Scherbengericht die Bürger bestimmten, die ostraziert werden sollten; oder wir suchen nach den qualifiziertesten Strafkandidaten, so wie die gegenwärtigen Verfechter des vorbeugenden Gewahrsams es gerne sähen. Beide Verfahrensweisen sind eminent praktisch, aber zugleich auch äußerst despotisch, denn was mit ihrer Hilfe verteilt wird, sind Unehre und Schmach.

Der Ostrazismus in Athen

Die Verbannung war in der Antike eine Strafe, mit der sehr häufig die schwersten Vergehen belegt wurden. Sie hatte den Verlust der politischen Zugehörigkeit und der Bürgerrechte zur Folge, und es gibt weder einen griechischen noch einen römischen Schriftsteller, der, wie später Hobbes, der Ansicht gewesen wäre, daß »bloße Luftveränderung noch keine Strafe ist«.[29] Um so zu empfinden, mußte man in einem anderen Zeitalter leben, in einer Epoche, in der das Orts- und Gemeinschaftsgefühl seine Intensität längst verloren hatte. Doch war die Verbannung, zumindest in Athen, nur dann eine Strafe, wenn ihr ein Gerichtsverfahren und ein Urteilsspruch vorausgingen. Der Ostrazismus, die Verbannung durch das Scherbengericht, war etwas völlig anderes, und zwar deshalb, weil der ostrazierte Bürger nicht verurteilt, sondern von seinen Mitbürgern für die Verbannung ausgewählt wurde. Das Verfahren wurde in den allerersten Tagen des demokratischen Regimes konzipiert; es sollte den

Bürgern die Möglichkeit geben, mächtige oder ehrgeizige Individuen, die möglicherweise nach der Alleinherrschaft strebten oder deren Rivalitäten den Frieden der Stadt bedrohten, loszuwerden. So gesehen war der Ostrazismus eine Art von politischer Niederlage, eines der Risiken der Demokratie. Die Implikation war nicht, daß die ausgewählten Individuen ihre Verbannung verdienten; es war nur – nach allgemeiner Auffassung – das Beste für die Stadt, daß sie aus ihr verbannt wurden. Und so gab es weder Anklage noch Verteidigung. Das Gesetz ging so weit, selbst Nominierungen und Aussprachen in dieser Sache zu verbieten – vielleicht in der klaren Intention, alles zu vermeiden, was nach einem Strafprozeß aussah. Die Bürger schrieben nur den Namen dessen auf eine Tonscherbe oder einen Ziegel (die Archäologen haben inzwischen Tausende davon gefunden), den sie ostraziert sehen wollten; und auf wessen Namen die meisten Stimmen entfielen, der wurde, ohne die Möglichkeit einer Berufung, auf zehn Jahre exiliert. Das Verfahren bewirkte, daß der Ostrazismus, wie Finley sagt, ein »Ehrenexil war ... welches weder den Verlust des bisherigen Besitzes noch eine soziale Schmach implizierte«.[30]

Als jedoch die Praxis des Ostrazismus via Scherbengericht gegen Ende des 5. Jahrhunderts aufgegeben wurde, so erfahren wir weiter von Finley, blieb die »gewöhnliche Verbannung dennoch weiterhin eine Möglichkeit, ›kriminelle Vergehen‹ zu ahnden«.[32] D.h., man konnte das Geschworenensystem dazu benutzen, einem Gegner oder Rivalen die gleiche Art von politischer Niederlage nunmehr auf dem Rechtswege beizubringen. Denn das athenische Geschworenengericht war so etwas wie eine kleine Volksversammlung; die Zahl der Geschworenen ging in die Tausende, mit dem Effekt, daß der Strafprozeß sehr schnell politisiert wurde. Als es aber Opponenten und Rivalen waren und nicht Kriminelle, die zu dem verurteilt wurden, was man nicht länger ein »Ehrenexil« nennen konnte, war die Verurteilung erkennbar ein Akt von Tyrannei: Weil ich politische Macht habe und über genug Stimmen verfüge, werde ich dich bestrafen. Die Unterscheidung zwischen Ostrazismus und Bestrafung zieht eine ebenso feine wie wichtige Trennungslinie zwischen der öffentlichen Meinung und dem Urteil eines Gerichts, zwischen politischer Niederlage und kriminellem Verdienst. Was wir daraus lernen können? Der sozialen Schmach, soll ihre Verteilung eine gerechte Verteilung sein, muß unbedingt ein Gerichtsurteil vorausgehen; sie muß eine Funktion des Verdienstes, d.h., sie muß verdient sein.

Der vorbeugende Gewahrsam

So wie die Athener gefährliche Bürger ostrazierten, sollten wir, so die heute des öfteren zu hörende Empfehlung, sie inhaftieren. Wenn es eine entsprechende Form der »Ehrenhaft« gäbe, dann könnte dies möglicherweise tatsächlich ein attraktives Arrangement sein. Eine solche Ehrenhaft existiert aber derzeit nicht, und die Protagonisten des vorbeugenden Gewahrsams haben es bislang auch nicht annähernd geschafft, etwas zu entwickeln und zu definieren, was von der gewöhnlichen Einkerkerung so verschieden wäre, wie der Ostrazismus es von der gewöhnlichen Verbannung war. Doch auch die Zukunftsaussichten dieses Konzepts sind nicht eben vielversprechend, denn was seine Verfechter im Auge haben, ist eine kriminelle und nicht eine politische Gefahr; wie aber sollen wir es anstellen, Männer und Frauen, die wir bereits zu potentiellen Kriminellen gestempelt haben, in einen ehrenvollen Gewahrsam zu nehmen.[32]

Die Idee, die hinter dem vorbeugenden Gewahrsam steht, besagt, daß wir unsere Gefängnisse in der gleichen Weise mit qualifizierten Kandidaten füllen sollten – mit Männern und Frauen, die voraussichtlich ein verwerfliches Verhalten an den Tag legen werden –, wie wir dies im Hinblick auf unsere Ämter dadurch tun, daß wir nach Männern und Frauen Ausschau halten, die sich vermutlich wohl verhalten werden. Verlangt ist hierbei nicht ein Urteil, sondern eine Prognose: mithin nicht ein Gericht, sondern eine Findungskommission. Vielleicht muß diese Kommission Anspruch auf ein gewisses Expertenwissen erheben (ein Gericht tut so etwas nicht); zumindest muß sie Experten konsultieren. Wenn ihre Prognosen richtig sind, dann sollte es möglich sein, die betreffenden Personen von ihren Untaten abzuhalten, ehe es nötig wird, sie zu verhaften, und damit die Sicherheit des Alltagslebens erheblich zu steigern. Natürlich ist eine Prognose nicht das gleiche wie ein Urteil; wiewohl man angesichts der Extravaganzen von Gerichten und der mutmaßlichen Kompetenz von Findungskommissionen behaupten könnte, daß die eine vermutlich eine nicht minder »verläßliche Aussage« ist als das andere. Aber dies geht an der entscheidenden Differenz zwischen beiden vorbei. Wenn man auf der Basis einer Prognose agiert, ist es unmöglich, jemals zu erfahren, ob es sich wirklich um eine verläßliche Aussage handelte. Die Verbrechensrate kann zwar erheblich sinken, wenn ein Programm des vorbeugenden Gewahrsams erst einmal praktiziert wird, sie sinkt sogar ganz bestimmt, wenn man nur genug Leute in diesen Gewahrsam nimmt. Aber wir werden niemals wissen, ob diejenigen, die prophylaktisch eingesperrt sind, auch tatsächlich straffällig geworden wären.

Im Falle der Ämtervergabe fügen wir uns in diese Ungewißheit, weil uns keine andere Wahl bleibt. Es gibt keine Möglichkeit herauszufinden, ob ein durchgefallener Kandidat die anliegende Arbeit besser verrichtet hätte als sein erfolgreicher Mitbewerber. Die Arbeitsleistungen, die das Amt erfordert, werden erst nach seiner Vergabe erbracht, während die Straftaten der Bestrafung vorausgehen. Ein gewisses Quantum an Ehre haftet, der konkreten Leistung sozusagen vorauseilend, ganz sicher dem Amt selbst an, aber ich habe versucht zu zeigen, daß unter Bedingungen von komplexer Gleichheit die höchsten Ehren dennoch ganz eindeutig jenen Amtsinhabern zuteil werden, die gute Arbeit leisten. Nun ist aber die Strafe eine negative Ehre und kein negatives Amt. Sie folgt auf Handlungen, nicht auf Qualifikationen; wir bestrafen Individuen, die ihre Untaten bereits begangen haben. Ein massives Argument zugunsten dieser Strafauffassung ist ganz gewiß der Verweis auf den Wert der Freiheit: Selbst diejenigen Männer und Frauen, von denen sich sagen läßt, daß sie aller Wahrscheinlichkeit nach kriminelle Taten begehen werden, haben das Recht, selbst zu entscheiden, ob sie sie auch tatsächlich begehen wollen.[33] Es ist aber auch eine andere und, wie ich meine, sogar sinnvollere Argumentation möglich. Sie geht von der Überlegung aus, daß wir, mäßen wir der Freiheit einen etwas weniger hohen Wert bei, für diese Fälle vermutlich längst eine der Quarantäne für Menschen mit ansteckenden Krankheiten vergleichbare Form der Ehrenhaft ersonnen hätten, für die einzelne Individuen sich sozusagen qualifizieren würden (wiewohl anzunehmen ist, daß das Interesse an dieser Qualifikation gering wäre). Da wir diese Ehrenhaft aber nicht ersonnen haben – sei's daß wir nicht wollten, sei's daß wir nicht konnten –, ist ein vorbeugender Gewahrsam schlicht und einfach ungerecht. Denn die in Gewahrsam Genommenen werden aus Gründen bestraft, die mit unserem allgemeinen Verständnis davon, was Strafe ist und wie sie zu verteilen sei, nichts zu tun haben. Die Gefangensetzung ist in diesem Falle nichts anderes als ein Akt der Tyrannei.

Selbstschätzung und Selbstachtung

Achtung und Verachtung sind deshalb so bedeutsam und wichtig, weil sie so leicht eine reflexive Form annehmen. Die These, die Vorstellungen vom eigenen Selbst seien nichts anderes als internalisierte Sozialurteile, ist denn auch weder abwegig noch neu. Es gibt keine Selbstkenntnis ohne Mithilfe der andern. Es sind ihre Augen, in denen wir uns spiegeln. Die Meinung, die wir von uns haben, ist dann eine hohe Meinung, wenn die Menschen um uns herum uns bewundern und hochschätzen; und dennoch ist dies nicht umstandslos und immer so. Der Circulus der Anerkennung ist viel mehr äußerst problematisch. Nehmen wir z.B jemanden, der selbstgefällig oder aufgeblasen ist; er bewundert sich selbst mehr, als seine Umwelt dies tut. Oder denken wir an jemanden mit einem schweren Minderwertigkeitskomplex; er hält sich selbst für inferior, auch wenn seine Umwelt eine ganz andere Meinung von ihm hat. Vielleicht gab es irgendwann einmal jemanden, der den einen vergöttert oder den andern gedemütigt hat. Nichtsdestoweniger stellen beide Verhaltensweisen Brüche in dem Zirkel dar, die unseren Blick für die Probleme der reflexiven Form schärfen sollten. Was wir einander zukommen lassen, untereinander verteilen, ist Wertschätzung, nicht Selbstschätzung, Achtung, nicht Selbstachtung, Ablehnung und Niederlage, nicht aber das Gefühl des Versagens. Das Verhältnis, indem der erste und der zweite Begriff in diesen Paaren jeweils zueinander stehen, ist ein indirektes und veränderliches.

Die Selbstschätzung dürfte in hierarchischen Gesellschaften am ausgeprägtesten sein, sieht man vom untersten Rang in der Hierarchie einmal ab. Den Angehörigen aller anderen Ränge, die, wie Rousseau sagt, den Blick »eher nach unten als nach oben« richten, macht die Achtung, die ihnen zuteil wird, zumeist sehr viel mehr Vergnügen, als die Achtung, die sie ihrerseits anderen zollen, ihnen Unlust bereitet. So gesehen erzeugen hierarchische Gesellschaften auf allen Sprossen der sozialen Leiter mit Ausnahme der untersten stets aufs neue jene Freude, die zu empfinden Tertullianus den Heiligen nachsagte, wenn sie dem Leiden der Verdammten zusähen. Und diese Freude ist nicht nur eine sensuelle, sondern auch eine intellektuelle Freude, sie resultiert in einer gesteigerten Selbstsschätzung, die mit den sozialen (oder geistigen) Höhen zu tun hat, welche die Heiligen erklommen zu haben glauben. Sie würden, wie Rousseau es von den Reichen und Mächtigen behauptet, in dem Moment aufhören, glücklich zu sein, in dem die Menschen, die in der Hierarchie unter ihnen stehen, »nicht mehr elend wäre(n)«.[34] Aber das Elend derer am Fuß der Pyramide spiegelt sich nicht immer oder notwendig in einem geringeren Selbstwertgefühl wider. Eine andere Möglichkeit, damit umzugehen, besteht darin, daß die unteren Ränge die höheren imitieren bzw. ihrerseits Momente der Überlegenheit bei sich ausmachen. So erkennen die indischen Straßenfeger, wie eine Kollegin aus der Anthropologie anschaulich darlegt, ihren Platz im hierarchischen System zwar an, »assoziieren aber ihre Arbeit ... mit einer Robustheit, die sie an Männern und Frauen gleichermaßen schätzen und die ihren Ausdruck auch im Verzehr von ›scharfen‹ Substanzen in Gestalt von stark gewürzten Fleischgerichten und hochprozentigem Alkohol findet. Eng damit verkoppelt ist ihre Vorstellung von sich als heißblütig und sexuell besonders rege.«[35] Wir können dies, wenn wir wollen, als Kompensation bezeichnen, um auszudrücken, daß es nur einen subjektiven Wert habe; dennoch ist auch der subjektive Wert ein Wert. Von ihren eigenen Höhen blicken diese Straßenfeger herab auf die bläßlich-matte Enthaltsamkeit der »höheren« Kasten.

Ich möchte hier keineswegs behaupten, daß das von den Straßenfegern entwickelte Selbstwertgefühl nach einer Abschaffung der bestehenden Hierarchie nicht größer wäre, als es dies unter den gegebenen Umständen heute ist. Ich gehe vielmehr fest davon aus, daß es wüchse. Es könnte aber auch sein, daß die Gesamtmenge an Selbstwertgefühl, ließe sie sich messen, kleiner würde (eine Feststellung, die kein Plädoyer für die Hierarchie sein soll). In der Gesellschaft der »Misters« dürfte die Selbstschätzung einheitlicher, uniformer sein; sie dürfte von mehr Menschen empfunden werden, dank ihrer Uniformität die Einzelnen aber auch dazu reizen, jede Gelegenheit zu ergreifen, sich von den andern abzuheben. »Es ist unmöglich, in einer Gesellschaft wie der unsrigen nicht zumindest bisweilen ein Snob zu sein«.[36] Thackeray war es, der um die Mitte des vergangenen Jahrhunderts diese Feststellung traf. Snobismus ist der Stolz derer, die nicht mehr genau wissen, wo in der Gesellschaft sie stehen; d.h., er ist eine speziell demokratische Untugend. Ein Snob ist einer, der, wie wir es gerne ausdrücken, »auf dem hohen Roß sitzt« und »Allüren hat«; einer, der so tut, als wäre er ein Aristokrat und sich dabei einen Titel anmaßt, den er nicht hat. Es ist schwer zu sagen, wie man einem solchen Verhalten steuern, es verhindern könnte; wiewohl inzwischen zu konstatieren ist, daß der Snobismus infolge der zunehmend blasser werdenden Erinnerung an den Adel andere (obschon überraschenderweise gar nicht so sehr differente) als die von Thackeray geschilderten Formen annimmt. Aufs Ganze gesehen gilt jedoch: Ist der Rang als Fundament des Snobismus eliminiert, dann werden Vermögen, Amt, schulische Erziehung oder Bildung zur Basis, auf der die Menschen ihn neu praktizieren. Ist es nicht dieses, dann ist es eben jenes, irgendein tertium comparationis findet sich immer, denn die Menschen bewerten sich selbst – und werden bewertet – im Vergleich mit anderen. »Der Anblick des Kontrasts steigert die Lebensfreude«,[37] schreibt Norbert Elias. Mit anderen Worten, Selbstschätzung ist ein relationaler Begriff. Daran ändert sich auch dann nichts, wenn unter Bedingungen von komplexer Gleichheit das Vergleichsmuster seine Starrheit verliert, weil die Dominanz von Rang und Reichtum entfällt, die besonderen Wonnen der Aristokratie nicht mehr existieren und der Snobismus – auf der einen oder anderen Basis – für jedermann zu haben ist. Selbstschätzung bleibt auch dann noch ein relationaler Begriff.

Ein wenig anders liegt der Fall im Hinblick auf die Selbstachtung. Daß die Sprache zwischen Selbstschätzung und Selbstachtung klar unterscheidet, bedeutet allerdings nicht, daß die heutigen Philosophen dies in ihrer Arbeit gleichermaßen sorgsam täten. Dem Oxford English Dictionary zufolge ist Selbstschätzung (»self-esteem«) »eine positive Einschätzung oder Meinung von der eigenen Person«, während Selbstachtung (»self-respect«) »die angemessene Beachtung der Würde der eigenen Person oder der eigenen Position« impliziert.[38] Der zweite Begriff ist im Gegensatz zum ersten, für den dies nicht gilt, ein auf unserem moralischen Verständnis von Personen und Positionen basierender normativer Begriff. In den beiden nicht-reflexiven Formen, d.h. in den einfachen Begriffen von Schätzung und Achtung, wird diese Differenz nicht sichtbar. Anders als die Selbstachtung haben sie ihren Platz in der Welt der interpersonellen Vergleiche, wobei der Begriff des Ansehens, genau wie der des »guten Namens«, beiden Welten zuzugehören scheint. Nicht so die Selbstachtung, sie bemißt sich nicht an anderen Personen, sondern an einer allgemeinen Norm, anhand deren die Umwelt ihrerseits beurteilen kann, ob sie, die Selbstachtung, auch gerechtfertigt ist.

Nehmen wir ein Beispiel aus meiner Bildungs- und Erziehungsdiskussion. »Erzieherischen Erfordernissen nachzukommen,« schrieb R.H. Tawney, »ohne auf die vulgären Nebensächlichkeiten von Klassenzugehörigkeit und Einkommenshöhe zu achten, macht einen Teil des Ansehens aus, das der Lehrer genießt.« (s.S. 148) Referenzpunkt der Tawneyschen Überlegung ist ein allgemeines Verständnis davon, was ein Lehrer ist, sozusagen ein (impliziter) Berufskodex. Der einzelne Lehrer richtet, so die Erwartung, seine Ehrvorstellungen an diesem Kodex aus; gerechtfertigt ist seine Selbstachtung mithin nur dann, wenn sein Verhalten den in diesem Kodex festgelegten Normen entspricht. Entspricht es ihnen, dann hat er jedoch allen Grund, sich selbst zu achten. Feststellungen wie die folgenden sagen nichts anderes:

Ein Arzt mit Selbstachtung würde einen Patienten niemals so behandeln. Ein Gewerkschafter mit Selbstachtung würde einem solchen Vertrag niemals zustimmen.

Was zur Debatte steht,ist die Würde der Position und die Integrität dessen, der sie innehat. Er sollte sich auf keinen Fall um eines persönlichen Vorteils willen erniedrigen, er sollte sich nicht verkaufen, und er sollte es nicht dulden, daß man ihn beleidigt. Was als Erniedrigung, Verkauf und Beleidigung zu gelten hat, hängt von der sozialen Bedeutung der konkreten Funktion und Arbeit ab, die er erfüllt bzw. verrichtet. Eine substantielle Erklärung von Selbstachtung kann niemals eine universelle Erklärung sein.

Hingegen ist es durchaus möglich, daß der je einzelne Lehrer, Arzt oder Gewerkschafter genauestens darauf achtet, daß er sich weder erniedrigt noch verkauft, sondern vielmehr mit allen seinen Handlungen sowohl seiner eigenen Person als auch seiner Position die gebührende Achtung erweist. Die Norm der gebührlichen Achtung kann strittig sein, und der Streit um sie kann Konkurrenzverhalten erzeugen. Aber die Praktiken der Selbstachtung sind keine Konkurrrenzpraktiken. Kennen wir erst einmal die Norm, dann messen wir uns auch an ihr; und mein Gefühl (oder das Gefühl anderer Personen), der Norm gerecht zu werden, mag zwar bewirken, daß ein anderer Gewissensbisse verspürt und sich unbehaglich fühlt, es vereitelt aber nicht seinen Erfolg, und zwar ebensowenig, wie sein Erfolg den meinen schmälert. Man kann es mit diesen Messungen vermutlich auch übergenau nehmen. Und so gehört die Selbstachtung zum Musterknaben wie die Selbstschätzung zum Snob. Aber die übertriebenen Werte des Musterknaben können im Unterschied zu den übertriebenen Werten des Snobs von allen geteilt werden. Selbstachtung ist ein Gut, in dessen Besitz wir alle gelangen können – und es lohnt nach wie vor sehr, es zu besitzen.

In einer hierarchischen Gesellschaft ändern sich Normen und Maßstäbe von Stufe zu Stufe bzw. von Rang zu Rang. Ein Edelmann kann sich seiner ausgedehnten Ländereien oder seiner engen Verwandtschaft mit einem Angehörigen des Hochadels rühmen und auf diese Weise Selbstschätzung praktizieren. Doch erleidet diese Selbstschätzung in dem Moment eine Einbuße, da jemand in seiner Nähe auftaucht, der noch mehr Land besitzt oder mit einem noch höhergestellten Adelsherrn verwandt ist. Seine Selbstschätzung kann aber auch in der Erfüllung der Normen seines Standes begründet sein. In diesem Fall wird sie zur Selbstachtung, die zwar ihrerseits verlorengehen, meines Erachtens aber nicht verringert werden kann. Beide reflexiven Formen sind kompliziert, doch ist die Selbstschätzung enger an den hierarchischen Rang geknüpft (auch dann, wenn die unteren Ränge insgeheim eine Gegenhierarchie ausbilden). Die Selbstschätzung von Aristokraten und Edelleuten ist größer als die von Handwerkern, Dienstboten oder Leibeigenen. So jedenfalls stellen wir uns das im allgemeinen vor. Gleiches gilt aber ganz gewiß nicht für die Selbstachtung, die auf seiten der unteren Ränge ebenso gut entwickelt sein kann wie auf seiten der oberen, wenn auch die Maßstäbe, an denen sie sich jeweils messen, verschiedene sind. Aber auch diese Maßstäbe müssen nicht notwendig verschieden sein. Der Philosoph und Sklave Epiktet maß sich an seiner Vorstellung von Humanität und bewahrte so seine Selbstachtung. Der religiöse Universalismus liefert ähnliche Maßstäbe, die zwar ganz ohne Zweifel bei Sklaven und Knechten mehr Anklang finden als bei Herren und Gebietern, die aber doch für beide gleichermaßen gelten. Mich interessiert hier allerdings mehr die Frage, wie Hierarchien zu ihren je nach Stufe oder Rang verschiedenen Selbstachtungsmodellen gelangen: der stolze Aristokrat, der ehrliche Handwerker, der getreue Diener usw. Diese konventionellen Typisierungen haben den Zweck, die Hierarchie aufrechtzuerhalten. Und dennoch sollten wir nicht allzu schnell bei der Hand sein, solche Selbstbilder verächtlich zu machen, und zwar auch und selbst dann nicht, wenn wir hoffen, sie durch andere ersetzen zu können. Sie haben im moralischen Leben der Menschheit eine große Rolle gespielt — während eines Großteils der menschlichen Geschichte eine größere als ihre philosophischen oder religiösen Alternativen.

Das bedeutet, daß jeder, der eine gewisse Vorstellung von seiner »eigenen« Würde hat und zugleich über eine gewisse Fähigkeit verfügt, sie auch zu demonstrieren, Selbstachtung erwerben und besitzen kann. Wenn nun die Maßstäbe, wie dargelegt, mit den sozialen Positionen variieren, mit den Rängen in einer Hierarchie und mit den Berufen in der Gesellschaft der »Misters«, und wenn es in der letztgenannten Gesellschaft zusätzlich eine allen gemeinsame soziale Position gibt, die (für Männer) den Titel »Mister« trägt, welcher Maßstab soll dann für diese allen gemeinsame Position gelten? Tocqueville unterstellt eine Äquivalenz zwischen dieser Frage und der Frage, was es bedeutet, ein Mensch mit Selbstachtung (oder eine achtbare Person mit bestimmten Ehrbegriffen) zu sein? Seine Antwort liest sich wie folgt:

»Die Vorschriften der Ehre werden ... in einem nicht in Kasten unterteilten Volk immer weniger zahlreich sein als in einem anderen. Bilden sich Völker, in denen Klassen überhaupt kaum vorkommen, so wird sich die Ehre auf einige wenige Vorschriften beschränken, und diese Vorschriften werden sich immer weniger von den sittlichen Gesetzen entfernen, die die Menschheit als Ganzes angenommen hat.«[39]

Mir scheint, daß Tocqueville zu schnell bei der »Menschheit als Ganzer« anlangt. Der Weg von der Klasse und der Nation zur Menschheit im allgemeinen weist meines Erachtens mehr Windungen auf. Wir haben zwar eine gewisse Vorstellung davon, was es bedeuten könnte, eine Person mit Selbstachtung zu sein — ein »Mensch«, ein »menschliches Wesen«, doch mangelt es dieser Vorstellung an Konkretheit und Spezifizität. Für sich genommen ist sie zu vage — so vage wie die Moral ist, wenn sie von Funktionen, Beziehungen und Sozialpraktiken abstrahiert. Hier liegt denn auch der Grund, weshalb es für den »Mister«-Titel keine einheitliche Definition gibt, sondern vielerlei Definitionen, und weshalb das, wofür er heute steht, kaum mehr ist als eine Minimalposition, ein Mindestrang im allgemeinen Konkurrenzkampf. Die Revolutionäre, die die alte Ordnung herausforderten, sie nannten sich nicht »Mister«. Ihre Primärforderung galt nicht einer gleichen Menschheit, sondern einer gleichen Teilhaberschaft an ihr. Simone Weils Feststellung, »die Ehre ... gilt einem menschlichen Wesen, nicht nur als solchem, sondern in seiner sozialen Umwelt betrachtet,«[40] hätte ihre volle Zustimmung gefunden. Die von ihnen bevorzugten Titulierungen hießen »Bruder«, »Bürger«, »Genosse«. Sie benutzten diese Begriffe ganz gewiß, um damit Menschen zu kennzeichnen, die sich selbst achteten, gleichzeitig war aber noch mehr damit intendiert, nämlich ein höchst spezielles Verhältnis zu den so Apostrophierten.

Nehmen wir den einfachsten Fall, stellen wir uns eine Gesellschaft von Bürgern vor, eine politische Gemeinschaft. Die Selbstachtung von Bürgern läßt sich meines Erachtens mit der Selbstachtung, wie sie in der Ranghierarchie möglich ist, nicht auf einen Nenner bringen. Der sich selbst achtende Diener, der seinen Platz kennt und den für ihn geltenden Normen gerecht wird (und seine Würde bewahrt, wenn sein Herr und Gebieter sich schlecht benimmt), mag eine attraktive Figur sein, einen guten Bürger dürfte er indes kaum abgeben. Die beiden gehören unterschiedlichen Sozialwelten an. In der Welt der Herren und der Diener hat das Bürgerrecht keinen Platz; in der Welt der Bürger gilt die persönliche Dienerschaft als entwürdigend. Was die demokratische Revolution intendiert, ist weniger eine Redistribution der Selbstachtung als ihre Neukonzeptualisierung, die, wie Tocqueville meint, dadurch erreicht wird, daß man sie an ein einheitliches, für alle verbindliches Normensystem knüpft. Es bleibt natürlich weiterhin möglich, ein sich selbst achtender Lehrer, Arzt oder Gewerkschafter zu sein — und auch ein sich selbst achtender Straßenkehrer, Tellerwäscher oder Krankenpfleger, vermutlich sind es sogar just diese Berufsrollen, welche die unmittelbarste Erfahrung von Selbstachtung vermitteln. Aber diese Erfahrung ist heute gekoppelt an ein Bewußtsein von der eigenen Fähigkeit, die Arbeit (und das Leben), das man mit den anderen teilt, selbst gestalten und steuern zu können. Deshalb:

Kein Bürger mit Selbstachtung würde eine solche Behandlung von seiten irgendwelcher Staatsbeamten (oder Chefs oder Aufseher oder Vorarbeiter) hinnehmen.

Das demokratische Bürgerrecht garantiert einen Status, der sich keiner Hierarchie beugt. Die gesamte Bürgerschaft unterliegt ein und derselben Respektsnorm. Wer eine aktivere Form von Bürgerrecht und Staatsbürgerschaft anstrebt – indem er uns sagt, daß wir jedes private Vergnügen sein lassen und, mit Rousseau gesprochen, »zu den Versammlungen eilen«[41] sollten –, der ist eher ein Musterknabe als ein Snob. Er versucht, die Maßstäbe, an denen die Bürger sich selbst und einander wechselseitig messen, zu verschärfen. Es sind aber die der demokratischen Praxis inhärenten Minimalrichtlinien, aus denen sich die Selbstachtungsnormen herleiten. Indem diese Richtlinien die bürgerliche Gesellschaft als Ganze durchziehen, ermöglichen sie eine Art der Selbstachtung, die nicht an spezielle soziale Positionen geknüpft ist, sondern sich aus der generellen Zugehörigkeit zur Gemeinschaft und aus dem eigenen Selbstverständnis speist – nicht als bloßem Individuum, sondern als einer Person, die in einem bestimmten Rahmen als volles und gleiches, aktiv an der Gesellschaft beteiligtes Mitglied etwas leistet.[42]

Die Praxis des Bürgerrechts setzt voraus, daß jedem Gesellschaftsmitglied der Bürgerstatus zuerkannt wird – eine staatliche Form von einfacher Anerkennung. Sie dürfte gemeint sein, wenn von »gleicher Achtung«, von gleichem Respekt die Rede ist. Mit positivem Inhalt gefüllt, besagt dieses Schlagwort folgendes: Jeder Bürger hat die gleichen gesetzlichen und politischen Rechte, seine Stimme zählt ebensoviel wie die Stimmen seiner Mitbürger, und sein Wort vor Gericht hat das gleiche Gewicht wie das Wort jedes anderen. Und dennoch ist nichts von alledem ein notwendiges Konstituens für die Entstehung von Selbstachtung, denn schwerwiegende Ungleichheiten im Rechtswesen und in der politischen Arena enden nicht mit der Errichtung eines demokratischen Systems, sondern bestehen in den meisten Demokratien munter fort, ohne deren Bürgern die Fähigkeit zur Selbstachtung zu benehmen. Notwendig ist hingegen, daß die Idee des Bürgerrechts von einer Gruppe von Menschen geteilt wird, die einander wechselseitig als Träger des Bürgertitels anerkennen und die zugleich einen sozialen Raum bereitstellen, in dem dieser Titel praktisch wirksam werden kann. Ähnlich muß auch die Idee der ärztlichen Betätigung als Beruf oder des Gewerkschaftswesens als politischem Engagement von einer Gruppe von Menschen getragen und geteilt werden, ehe es Ärzte und Gewerkschafter geben kann, die sich selbst achten. Oder etwas eindringlicher: »Damit ... das Bedürfnis nach Ehre im Berufsleben befriedigt werde, muß jedem Beruf eine Gemeinschaft entsprechen, die wirklich fähig ist, das Gedächtnis der in Ausübung dieses Berufes aufgewendeten Schätze an Größe, Heldentum, Rechtschaffenheit, Großmut und Genie lebendig zu erhalten.«[43]

Selbstachtung kann keine Idiosynkrasie sein; sie ist keine Frage des Willens. Im je konkreten Fall ist sie vielmehr immer eine, wenn auch komplizierte Funktion von Mitgliedschaft und Zugehörigkeit, das Ganze auf der Basis einer allen Mitgliedern zuteil werdenden gleichen Achtung. Deshalb noch einmal, wenn auch nunmehr unter eher kooperativen Auspizien denn unter solchen der Konkurrenz: »Sie anerkennen sich, als gegenseitig sich anerkennend.«

Selbstachtung setzt so gesehen eine substantielle Bindung an die Gruppe voraus, der man angehört, an die Gruppierung oder Bewegung, die die Idee der Berufsehre, der Klassensolidarität oder der Bürgerrechte hochhält, oder an die größere Gemeinschaft, innerhalb deren diese Ideen mehr oder weniger fest verankert sind. Das ist der Grund, weshalb ein Ausschluß aus der Bewegung oder die Verbannung aus der Gemeinschaft jeweils als eine so schwere Strafe empfunden werden. Sie bedrohen und lädieren sowohl die äußere als auch die reflexive Form von Achtung und Respekt. Langewährende Arbeitslosigkeit und Armut sind ähnlich bedrohlich. Als eine Art von ökonomischer Verbannung stellen sie Strafen dar, von denen niemand von uns sagen mag, irgendein Mitbürger habe sie verdient. Der Wohlfahrtsstaat ist denn auch in sich ein Versuch und eine Bemühung, diese Strafe abzuschaffen, die ökonomisch Verbannten in die Gemeinschaft zu reintegrieren und allen eine aktive und effektive Mitgliedschaft in ihr zu garantieren.[44] Aber selbst wenn der Wohlfahrtsstaat dies auf die bestmögliche Weise tut, indem er Bedürfnisse stillt, ohne Menschen zu erniedrigen, kann er nicht sicherstellen, daß jeder seiner Bürger auch wirklich Selbstachtung entwickelt, er kann nur die Voraussetzungen dafür schaffen. Dies ist vielleicht der tiefere Sinn von distributiver Gerechtigkeit. Wenn alle sozialen Güter, von der Mitgliedschaft bis zur politischen Macht, vernünftig und gerecht verteilt werden, dann ist dies der beste Nährboden für die Entstehung von Selbstachtung. Und trotzdem wird es auch dann noch Männer und Frauen geben, die an einem Mangel an solcher Selbstachtung leiden.

Um unsere Selbstschätzung genießen zu können, müssen wir uns erst einmal selbst davon überzeugen (und mag dies auch einer Selbsttäuschung gleichkommen), daß wir sie auch wirklich verdient haben, und das gelingt uns nur, wenn unsere Freunde uns dabei ein wenig helfen. Dennoch sind wir Richter in eigener Sache; wir besetzen die Geschworenenbank mit uns wohlgesonnenen Bürgern, und wir frisieren und retuschieren das ergangene Urteil, wo immer dies möglich ist. Niemand ist schuldbewußt, wenn er so handelt; so zu verfahren, ist nur menschlich oder allzu menschlich. Anders die Selbstachtung, sie bringt uns der Sache, um die es geht, schon etwas näher, ähnelt sie doch mehr dem System von öffentlicher Achtung und Verachtung als dem Hobbesschen Wettlauf. Das Gewissen ist es, das nunmehr die Funktion des Gerichts ausübt; und dieses Gewissen ist nichts anderes als ein gemeinsames Wissen, eine internalisierte Billigung von gemeinschaftlichen Richtlinien und Maßstäben. Diese Maßstäbe sind gar nicht so besonders hoch, denn was wir sein sollen, sind Brüder und Bürger, nicht Heilige und Helden. Aber wir können sie nicht außer acht lassen, diese Maßstäbe, und wir können auch das Urteil nicht frisieren. Entweder werden wir den Maßstäben gerecht oder wir werden ihnen nicht gerecht. Wenn wir ihnen gerecht werden, dann ist dies keine Frage des Erfolgs in dieser oder jener Sache, und ganz gewiß nicht des relativen oder des uns von außen zugeschriebenen Erfolgs. Es ist vielmehr eine Art, innerhalb der Gemeinschaft zu leben und zu agieren, den Kopf hoch zu tragen (was etwas ganz anderes ist, als auf dem hohen Roß zu sitzen).

Um Selbstachtung empfinden zu können, müssen wir uns zutrauen, den gesetzten Maßstäben gerecht zu werden, und wir müssen Verantwortung übernehmen für die Handlungen, die die Erfüllung oder Nichterfüllung der Maßstäbe begründen. Das aber bedeutet, daß die Selbstachtung von einem tiefer liegenden Wert abhängt; von einem Wert, den ich als »Selbstbeherrschung« bezeichnen möchte im Sinne von Besitzerschaft und Herrschaft nicht nur über den eigenen Körper, sondern auch über den eigenen Charakter in Gestalt der jeweils an den Tag gelegten Eigenschaften und Handlungsweisen. Der Bürgerstatus ist ein Ausdruck dieser Selbstbeherrschung. Wir halten uns für eigenverantwortliche Wesen und werden von unseren Mitbürgern für solche gehalten. Diese doppelte Wahrnehmung, die wechselseitig gilt, ist der Boden, auf dem sowohl die Selbstachtung als auch das öffentliche Ansehen gedeihen. Dabei treten diese beiden Sozialphänomene keineswegs immer gemeinsam auf. Wenn ich mich zu Unrecht entehrt fühle, kann ich dennoch meine Selbstachtung bewahren. Sie bleibt mir aber auch dann, wenn ich meine Schande ehrenhaft auf mich nehme, indem ich mich zu meinen Taten bekenne. Hingegen verhält sich als unehrenhaft, wer behauptet, er trage keine

Verantwortung, und sich weigert, Selbstbeherrschung zu üben. Der springende Punkt ist nicht, daß der sich selbst achtende Bürger den Verpflichtungen, die sein Bürgerstatus ihm auferlegt, immer fehlerfrei nachkommt, sondern daß er seine Fehler erkennt und eingesteht, daß er von sich weiß, daß er diesen Verpflichtungen nachkommen kann, und daß er stets bestrebt bleibt, dies auch zu tun. Selbstschätzung ist eine Sache von (Pascal hat sie so genannt) »geborgten« Qualitäten; wir leben »in der Vorstellung der andern«.[45] Selbstachtung ist eine Sache der eigenen Qualitäten, worauf es ankommt, ist Wissen, nicht Meinung, ist Identität und nicht die relative Position. Dies ist der tiefere Sinn der von Marcus Antonius gesprochenen Worte

»die Ehre missen, heißt Alles missen.«[46]

Der sich selbst achtende Bürger ist ein autonomes Wesen, autonom nicht in bezug auf die Welt im allgemeinen — was das bedeuten würde, weiß ich nicht —, wohl aber in bezug auf seine Gemeinschaft, in der er als ein frei und verantwortlich Handelnder, als ein partizipierendes Mitglied lebt. Er ist meiner Ansicht nach das ideale Subjekt der Theorie der Gerechtigkeit. *Hier*, in seiner Gemeinschaft, ist er zuhause, in ihr kennt er seinen Platz; wenn er regiert, dann ist es seine eigene Gruppe, über die er regiert, und nicht eine fremde, er strebt nicht nach Macht und Herrschaft über die ganze Welt. Damit ist er das genaue Gegenteil des Tyrannen, der seine vornehme Abstammung, seinen Reichtum, sein Amt oder auch nur seine Berühmtheit dazu benutzt, Anspruch auf andere Güter zu erheben, die ihm nicht zustehen, weil er sie nicht verdient hat und weil er kein Recht hat, sie für sich zu fordern. Platon hat den Tyrannen in psychologischen Begriffen als einen Menschen charakterisiert, der von einer Urleidenschaft zu herrschen umgetrieben und bestimmt wird.[47] Aus der Perspektive der von mir umrissenen Moralökonomie ist der Tyrann ein Mensch, der eine Führungsposition dazu benutzt, sich die in seiner Umgebung lebenden Männer und Frauen zu unterwerfen. Er ist nicht zufrieden damit, daß er sich selbst besitzt, sondern setzt sich vermittels Geld oder Macht in den Besitz auch von anderen Menschen. »Ich *bin* häßlich, aber ich kann mir die *schönste* Frau kaufen. Also bin ich nicht *häßlich*, denn die Wirkung der *Häßlichkeit* ... ist durch Geld vernichtet ... ich bin ein schlechter, unehrlicher, gewissenloser, geistloser Mensch, aber das Geld ist geehrt, also auch sein Besitzer.«[48] Ich möchte hier nicht behaupten, daß ein sich selbst achtender »schlechter« Mensch niemals nach solchen Ehrungen streben werde — wiewohl eine solche Vorstellung hinter einer speziellen Art von stolzem Menschenhaß schon stecken könnte. Ich möchte vielmehr allgemeiner sagen, daß der sich selbst achtende Bürger nicht nach etwas streben wird, was er auf achtbare Weise nicht erlangen kann.

Was er hingegen ganz gewiß erstreben wird, ist die Anerkennung derer, die im Hobbesschen Wettlauf seine Mitkonkurrenten sind (schließlich ist er kein Aussteiger, keiner, der das Rennen abbricht); d.h., er wird versuchen, bei seinen Mitbürgern öffentliches Ansehen zu gewinnen. Der Besitz der von ihm erstrebten Güter, die als Sozialgüter zu gelten haben, ist angenehm, und Selbstachtung ist kein Ersatz für sie. Die Relativität des Wertes läßt sich ebensowenig abschaffen wie die Relativität der Bewegung. Ich möchte dennoch meinen, daß Selbstachtung dazu führt, daß die Menschen, die sie besitzen, nur an solchen Ehrungen und Auszeichnungen interessiert sind, die ihnen aus freien Stücken und auf der Basis von Aufrichtigkeit aus der eigenen Peer-Gruppe zuteil werden. So verstanden impliziert Selbstachtung die Anerkennung der moralischen Bedeutung von komplexer Gleichheit. Umgekehrt ist anzunehmen, daß die Praxis der komplexen Gleichheit Selbstachtung erzeugt, auch wenn sie sie niemals generell garantieren kann.

12. Kapitel
Politische Macht

Souveränität und begrenzte Herrschaft

Souveränität, politische Gewalt und autoritative Entscheidung — so lauten die Grundbegriffe des modernen Staates. Bei ihnen und mit ihnen möchte ich beginnen. Zwar füllt die Oberherrschaft keineswegs den gesamten Bereich der Macht aus, doch lenkt sie unseren Blick auf ihre wichtigste und zugleich gefährlichste Erscheinungsform. Denn die Oberherrschaft ist nicht einfach nur eines jener zahlreichen Güter, denen Menschen nachjagen, sie ist, als staatliche Souveränität und damit als *Staatsmacht*, zugleich dasjenige Instrument, vermittels dessen die vielen verschiedenen menschlichen Bestrebungen, das Machtstreben selbst eingeschlossen, reguliert und reglementiert werden. Sie ist der wichtigste Garant distributiver Gerechtigkeit; sie wacht über die Grenzen, innerhalb deren die verschiedenen Sozialgüter verteilt werden. Daher das Doppelerfordernis, die Macht zu erhalten und sie gleichzeitig einzudämmen: sie zu mobilisieren, zu teilen, zu kontrollieren und im Gleichgewicht zu halten. Die politische Macht schützt uns vor der Tyrannei... und wird darüber selbst tyrannisch. Damit sind auch schon die Gründe benannt, weshalb die Macht so heiß begehrt und so heftig umkämpft ist.

Ein großer Teil dieses Kampfes findet inoffiziell, sozusagen unter der Decke statt, als alltägliches Guerillascharmützel, in dem wir (die einfachen Bürger) entweder um den Erhalt oder um die Revision der Grenzen der verschiedenen Distributionssphären kämpfen. Im einen Fall versuchen wir, unrechtmäßige Grenzüberschreitungen zu verhindern; in einem anderen ziehen wir vor Gericht oder organisieren wir Protestaktionen, und bisweilen versuchen wir sogar das, was man in gefestigten demokratischen Regimen einen »Bürgereinspruch« nennen kann. Was wir bei all diesen Gelegenheiten, sofern es sich nicht um Revolutionen handelt, in letzter Instanz tatsächlich anrufen, ist die Macht des Staates, die Staatsmacht. Und so haben unsere politischen Machthaber, die Vertreter der souveränen Gewalt, eine Menge zu tun (und zu verhindern), was für sie bedeutet, daß sie in ihrer offiziellen Eigenschaft allüberall aktiv werden und werden müssen. Was sie tun? Sie schaffen Erbtitel ab, ehren Helden und finanzieren die Verfolgung – und Verteidigung – von Kriminellen. Sie wachen über die Trennung von Kirche und Staat. Sie reglementieren die elterliche Gewalt, vollziehen Ziviltrauungen und setzen Unterhaltszahlungen fest. Sie haben die Oberhoheit über das Schulwesen und verfügen die allgemeine Schulpflicht. Sie dekretieren neue Feiertage und schaffen alte ab. Sie bestimmen den Rekrutierungsmodus des Militärs. Sie garantieren für die Fairness der Prüfungen im öffentlichen Dienst und an den Universitäten. Sie verhindern rechtswidrige Tauschgeschäfte, verteilen Geld um und erleichtern die gewerkschaftliche Organisierung. Sie bestimmen Rahmen und Charakter der Gemeinschaftsversorgung. Sie akzeptieren Bewerber um die Mitgliedschaft in der staatlichen Gemeinschaft oder weisen sie ab. Und schließlich halten sie bei allem, was sie tun, ihre eigene Macht im Zaum, indem sie sich verfassungsmäßigen Beschränkungen unterwerfen.

So jedenfalls sollte es sein; denn angeblich handeln sie ja in unserem Interesse und (mit unserer Zustimmung) sogar in unserem Namen. De facto ist es jedoch in den meisten Staaten so, daß die politischen Machthaber wahlweise als Interessenvertreter von Ehemännern und Vätern, von Adelsfamilien, von Akademikern, von Kapitalisten und was sonst noch fungieren. Es ist entweder das Geld, das Talent, das Geblüt oder das Geschlecht, welches die Staatsmacht zu okkupieren versucht, und ist sie erst einmal davon okkupiert, dann fallen sehr schnell ihre Begrenzungen und Schranken. Andererseits ist die Staatsmacht aber auch in sich selbst imperialistisch, sind ihre Träger doch Tyrannen aus eigener Machtvollkommenheit, die, statt über die Distributionssphären zu wachen, ihrerseits in sie einbrechen und, statt soziale Sinngehalte zu schützen und zu verteidigen, sich rücksichtslos über sie hinwegsetzen und sie niederwalzen können. Tun sie es, dann ist dies die offensichtlichste Form von Tyrannei und zugleich diejenige, mit der ich mich an dieser Stelle sogleich näher befassen möchte. Die unmittelbaren Konnotationen des Tyrannenbegriffs sind politische Konnotationen; ihre negative Bedeutung leitet sich her aus der Jahrhunderte währenden unterdrückerischen Herrschaft von Häuptlingen und Königen – und in neuerer Zeit von Generälen und Diktatoren. Während des größten Teils der menschlichen Geschichte war es das absolutistische Modell, das in der Sphäre der Politik dominierte, eine Konstruktion also, bei der die Macht durch eine einzige Person monopolisiert wird, eine Person, die ihre gesamten Energien darauf verwendet, nicht nur innerhalb der Sphäre der Politik, sondern auch jenseits von ihr in allen anderen Distributionssphären die Vorherrschaft zu erringen.

Machtblockierungen

Die Folge von alledem war und ist, daß erhebliche Mengen an politischer und intellektueller Energie in die Bemühung flossen und fließen, die Konvertierbarkeit der Macht zu begrenzen, ihren Gebrauch zu beschränken und diejenigen Tauschaktivitäten zu benennen, die die Politik keinesfalls betreiben darf. So wie es — zumindest dem Prinzip nach — Dinge gibt, die für Geld nicht zu haben sind, so gibt es auch Dinge, welche die Repräsentanten der obersten Gewalt, also die offiziellen Vertreter des Staates in Gestalt seiner Beamtenschaft, nicht tun dürfen. Oder genauer, wenn sie sie tun, dann üben sie nicht politische Macht aus, sondern nackten Zwang; sie handeln ohne Legitimation und ohne Vollmacht. Zwang ist Macht, ausgeübt unter Verletzung ihrer sozialen Bedeutung. Daß sie häufig in just dieser Weise gebraucht wird, sollte uns nicht über den ihr dann anhaftenden tyrannischen Charakter hinwegtäuschen. Thomas Hobbes, der große philosophische Verfechter der »souveränen Gewalt«, war es, der Tyrannis definierte als »mißbilligte« Souveränität, die »man... für schlecht hält.«[1] Seine Kennzeichnung trifft dann zu, wenn erkennbar wird, daß die zum Ausdruck kommende »Mißbilligung« keine Idiosynkrasie darstellt, sondern auf einem gemeinsamen Urteil derjenigen Männer und Frauen basiert, die eine bestimmte politische Kultur herstellen und praktizieren wollen; wenn sie einem gemeinsamen Verständnis dieser Männer und Frauen davon entspringt, was souveräne Gewalt ist und welchen Nutzen sie hat. Wiewohl äußerst komplex, nuancenreich und in vielen Punkten auch kontrovers, läßt sich dieses gemeinsame Verständnis dennoch konkretisieren, und zwar vermittels eines dem Katalog der blockierten Tauschaktivitäten vergleichbaren neuen Katalogs, der die in diesem Falle nicht den blockierten Tausch, sondern den blockierten Machtgebrauch spezifiziert. In den USA liest sich dieser Katalog heute in etwa wie folgt:

1. Souveräne Gewalt schließt keinerlei Knechtschaft ein; die Repräsentanten des Staates dürfen sich an den Personen ihrer Untertanen (die zugleich ihre Mitbürger sind) nicht vergreifen, d.h., sie dürfen sie weder in ihre Dienste zwingen noch sie einsperren oder töten — es sei denn, sie tun dies im Einklang

mit und aufgrund von Verfahrensregelungen, die von den Untertanen selbst oder von ihren Vertretern auf der Basis von Gründen gebilligt sind, die sich aus dem gemeinsamen Verständnis von Strafjustiz, Militärdienst usw. herleiten.

2. Die Feudalrechte der Vormundschaft und der Vermählung, die die absolutistischen Könige kurzerhand in ihre Rechtspraxis übernahmen, liegen außerhalb der moralischen und rechtlichen Kompetenz des Staates. Seine Vertreter haben über die Eheschließung ihrer Untertanen nicht zu befinden, sie dürfen sich in deren persönliche oder familiäre Beziehungen nicht einmischen und die häusliche Aufzucht der Kinder nicht reglementieren;[2] der Zugriff auf die persönliche Habe ihrer Untertanen ist ihnen ebensowenig verstattet wie die Einquartierung von Militärtruppen in deren Privatwohnungen – es sei denn, sie tun es im Einklang mit und aufgrund von Verfahrensregelungen, die . . . usw.

3. Staatsvertreter dürfen dem gemeinsamen Verständnis von Schuld und Unschuld nicht dadurch Gewalt antun, daß sie das Strafrechtssystem korrumpieren, die Strafe in ein Mittel der politischen Repression verwandeln oder grausame und ausgefallene Strafen verhängen. (Desgleichen müssen sie dem gemeinsamen Verständnis von geistiger Gesundheit und geistiger Krankheit Rechnung tragen und Bedeutung und Zweck der psychiatrischen Therapie respektieren.)

4. Staatsvertreter dürfen ihre politische Macht weder verkaufen bzw. spezielle Entscheidungen meistbietend versteigern, noch dürfen sie ihre Macht dazu benutzen, die Interessen ihrer eigenen Familien zu begünstigen oder Staatsämter an Verwandte oder »Busenfreunde« zu verteilen.

5. Da alle Staatsbürger vor dem Gesetz gleich sind, dürfen Staatsvertreter nichts tun, was rassische, ethnische oder religiöse Gruppen diskriminieren oder Einzelpersonen entwürdigen oder erniedrigen könnte (es sei denn, dies geschähe aufgrund einer strafrechtlichen Verurteilung); desgleichen dürfen sie niemanden aus der Verteilung von Gemeinschaftsgütern ausschließen.

6. So wenig das Privateigentum willkürlich besteuert oder konfisziert werden darf, so wenig dürfen Staatsvertreter in die innerhalb der Geld- und Warensphäre stattfindenden Tausch- und Schenkaktivitäten eingreifen, sofern diese Sphäre klar als solche erkennbar und in sich abgegrenzt ist.

7. Staatsvertreter dürfen das religiöse Leben ihrer Mitbürger weder in toto reglementieren, noch dürfen sie im einzelnen versuchen, Einfluß darauf zu nehmen, wie sich die göttliche Gnade verteilt, d.h. wem Kirchen und freie Gemeinden ihre Gunst und ihr Wohlwollen zuteil werden lassen.

8. Wiewohl sie einen allgemeinen Lehr- oder Studienplan gesetzlich vorgeben können, dürfen Staatsvertreter sich nicht in die konkrete Lehrpraxis einmischen oder die akademische Freiheit der Lehrer beschränken.

9. Staatsvertreter dürfen die nicht nur im Bereich der Politik, sondern in allen Sozialsphären stattfindenden Diskussionen über die Bedeutung von Sozialgütern und die im einzelnen Fall angemessenen Verteilungsgrenzen weder steuern noch zensieren; vielmehr müssen sie Rede-, Presse- und Versammlungsfreiheit – die traditionellen bürgerlichen Freiheiten – garantieren und respektieren.

Diese den Staatsvertretern auferlegten Beschränkungen setzen der souveränen Gewalt Grenzen, und zwar sowohl im Umgang mit dem Staat als auch mit allen anderen Sozialsphären. Wenn wir diese Grenzen als Garanten unserer Freiheit und Autonomie begreifen, dann ist dies absolut richtig; und dennoch haben sie darüber hinaus insofern noch einen weiteren Effekt, als sie auch die Egalität der Bürger befördern. Anmaßung und Arroganz von Staatsvertretern stellen nämlich nicht nur eine Bedrohung der bürgerlichen Freiheit dar, sie sind auch ein Angriff auf die bürgerliche Gleichheit, so wenn elterliche Positionen und Entscheidungen nicht gebührend beachtet oder überhaupt nicht zur Kenntnis genommen werden. Gleiches gilt mit Blick auf Kirchenmitglieder, auf Lehrer und Schüler, auf Arbeiter, Freiberufliche und Angestellte, auf Käufer und Verkäufer, kurz auf den Bürger im allgemeinen.

Der »Übermut der Ämter«, die Amtsanmaßung, sie sind es, die bewirken, daß all die vielen sozialen Gruppen in der Gesellschaft sich jener einen Spezialgruppe unterordnen, die die Macht im Staate hat oder sie ausübt. Die begrenzte Herrschaft ist deshalb, genau wie der blockierte Tausch, eine der wichtigsten Voraussetzungen von komplexer Gleichheit.

Wissen und Macht

Wer es ist, der herrscht, darüber sagt das Prinzip der begrenzten Herrschaft allerdings nichts aus, denn es legt nicht fest, in welcher Art und Weise die Macht innerhalb der Sphäre der Politik zu verteilen sei. Theoretisch zumindest kann es ebensogut ein Erbkönig sein, der die ihm gesetzten Grenzen respektiert, wie ein milder Despot, eine Grundadelsklasse, ein kapitalistischer Exekutivausschuß, eine Staatsbürokratie oder eine revolutionäre Avantgarde. Praktisch gesehen spricht indes einiges für einen demokratischen Umgang mit der Macht, denn die verschiedenen Gruppen von Männern und Frauen erfahren den ihnen gebührenden Respekt am ehesten dann, wenn alle Mitglieder aller Gruppen an der politischen Macht partizipieren. Dies ist eine starke Argumentation, die dank ihres breiten Fundaments zudem bestens mit unserem gemeinsamen Verständnis davon harmoniert, was Macht sein, welchen Zwecken sie dienen und welchen Nutzen sie haben sollte. Sie ist jedoch nicht die einzige Argumentation, die diese Verbindung herstellt oder herzustellen vorgibt. Tatsächlich trugen die in der langen Geschichte politischen Denkens und politischer Theorie bezüglich der Macht und ihrer Bedeutung entwickelten Thesen und Konzepte zumeist einen antidemokratischen Charakter. Wenn ich diese Vorstellungen besonders genau in Augenschein nehme, dann deshalb, weil kein anderes soziales Gut existiert, dessen Besitz und Gebrauch bedeutsamer und folgenreicher wäre. Macht gehört nicht zu den Dingen, die man an sich drücken und liebkosen oder an denen man sich im verborgenen so ergötzen kann, wie ein Geizhals dies an seinem Geld oder ganz normale Männer und Frauen an ihren liebsten Besitztümern tun können. Macht muß, will man sich ihrer erfreuen und sie genießen, ausgeübt werden; wird sie aber ausgeübt, dann werden die, an denen und über die sie ausgeübt wird, dirigiert, kontrolliert, manipuliert, gefördert und unterstützt oder verletzt und geschädigt. Bleibt zu fragen, wer staatliche Macht tatsächlich besitzen und ausüben soll?

Es gibt zwei der politischen Sphäre intrinsische Antworten auf diese Frage. Antwort Nummer eins: Die Macht sollte bei denen liegen, die am besten mit ihr umzugehen, sie am besten auszuüben wissen. Antwort Nummer zwei: Sie sollte bei denen liegen oder zumindest von denen kontrolliert werden, die ihre Auswirkungen am unmittelbarsten zu spüren bekommen. Die Hochwohlgeborenen und die Reichen entwickeln das, was man korrekterweise als extrinsische Konzepte bezeichnen muß, Vorstellungen und Forderungen, die mit der sozialen Bedeutung von Macht nichts zu tun haben. Das ist der Grund, warum diese Gruppen, wann immer es ihnen möglich ist, das Wissensargument ins Feld führen — indem sie beispielsweise behaupten, ein Spezialwissen und -verständnis von den langfristigen Dauerinteressen der politischen Gemeinschaft zu haben, ein Wissen, über das Aufsteiger und Emporkömmlinge oder solche, die keinen Besitzanteil (im Sinne eines »Einsatzes«) und damit auch kein echtes Interesse an dem Land hätten, in dem sie lebten, nicht verfügten. Auch die Behauptung von der göttlichen Amtseinsetzung ist ein extrinsisches Argument, es sei denn, es handelt sich um eine jener Glaubensgemeinschaften, die alle Autorität als Gottesgabe, als von Gott verliehen, begreifen. Aber selbst in diesen Fällen heißt es gewöhnlich, daß Gott, wenn er seine irdischen Deputierten und Stellvertreter auswähle, sie auch mit dem zur Ehrung ihrer Glaubensgenossen erforderlichen Wissen ausstatte und erleuchte. So erhoben Könige von Gottes Gnaden Anspruch auf eine einzigartige Einsicht in die »Geheimnisse des Staates«, während die puritanischen Heiligen gezielt und systematisch innere Erleuchtung mit politischem Wissen verwechselten. Alle Argumente für eine Exklusivherrschaft, alle antidemokratischen Argumente sind, sofern sie überhaupt seriös sind, Wissensargumente.

Das Staatsschiff

Wenn es aber so ist, daß sich die Macht ans Amt heftet, dann sind wir aufgefordert, wenn nicht gar gezwungen, bei seiner Besetzung nach qualifizierten Kandidaten Ausschau zu halten, politische Führer eher mittels Kooption als durch Wahlen für ihre Posten zu bestimmen und uns dabei mehr auf Findungskommissionen als auf Parteien, Wahlkämpfe und öffentliche Diskussionen zu verlassen. Doch es gibt ein historisch älteres Theorem der Verknüpfung von Macht und Amt, das den Kern des Arguments vom Spezialwissen sehr viel klarer hervortreten läßt. Es ist Platons Interpretation der Politik als einer techné — einer Kunst oder einem Handwerk —, die nichts anderes ist als eine, wenn auch unendlich viel kompliziertere Spezialtätigkeit neben all den anderen Spezialisierungen des sozialen Lebens. So wie wir unsere Schuhe bei einem Schuhspezialisten kaufen, der etwas von der Herstellung von Schuhen versteht, so sollten wir auch unsere Gesetze von einem Fachmann konzipieren und konstruieren lassen, der es gelernt hat, zu herrschen und zu regieren. Auch hier wieder stoßen wir auf die »Geheimnisse des Staates« — wobei unter Geheimnis das geheime (oder zumindest nicht leicht zu erwerbende) Wissen verstanden wird, das einem Beruf oder Gewerbe zugrunde liegt, wie die in englischen Lehrbriefen noch heute Verwendung findende Formel von »art and mystery« deutlich macht. Aber diese Mysterien sind Geheimnisse, die man durch Schulung und Ausbildung aufdeckt und kennenlernt und nicht durch Inspiration. Wie in der Schusterei, der Medizin, der Navigation usw. sind wir auch in der Politik genötigt, nach den Wenigen Ausschau zu halten, die die Mysterien kennen, und nicht nach den Vielen, die keine Ahnung von diesen Berufsgeheimnissen haben.

Nehmen wir den Fall des Lotsen oder Navigators, der am Steuer eines Schiffes steht und dessen Kurs bestimmt. (Der englische Begriff »governor« leitet sich her von einer lateinischen Übersetzung des griechischen Wortes für »Steuermann«.) Wem sollen wir diese Aufgabe übertragen? Platon zeichnete ein Bild davon, wie es auf einem demokratischen Schiff zuginge:

> » ... die Schiffer ... streiten untereinander um die Führung des Steuers, da jeder glaubt, er müsse steuern, ohne je die Seefahrt erlernt zu haben, ohne einen Lehrer aufweisen zu können oder eine Lehrzeit; dazu sagen sie... noch, die Kunst sei gar nicht lehrbar, und wer sie für lehrbar erklärt, den sind sie bereit niederzuschlagen.«

Ein Schiff, auf dem zu fahren aus zwei Gründen gefährlich wäre: einmal wegen des an Bord stattfindenden physischen Gerangels um die Herrschaft — ein Streit, dessen Ende weder absehbar noch klar ist; zum andern wegen der vermutlichen Inkompetenz des jeweiligen (temporären) Siegers. Was Platons Schiffer nicht begreifen, ist, daß der »wahre Steuermann ... sich um das Jahr und seine Zeiten, um Himmel und Sterne, um Winde und alles übrige, was zu seinem Fachgebiet gehört, kümmern muß.«[4] Gleiches gilt für das Staatsschiff. Demokratische Bürger streiten miteinander um die Staatsführung und bringen sich damit unnötig in Gefahr, statt die Führung derjenigen Person zu übertragen, die über das zur Ausübung von Macht »gehörige« Spezialwissen verfügt. Haben wir erst einmal begriffen, was das Steuer ist und wozu es gut ist, dann fällt es uns erheblich leichter, den idealen Steuermann zu beschreiben; und wenn wir verstanden haben, was politische Macht ist und wozu sie gut ist, dann wird es uns (wie in Platons *Staat*) auch gelingen, den idealen Herrscher zu kennzeichnen.

Je tiefer wir aber in die Bedeutung der Macht eindringen, je genauer wir sie durchleuchten, desto klarer müssen wir gegen Platons Analogie Position beziehen. Denn wir vertrauen uns dem Steuermann ja erst dann an, wenn wir bereits entschieden haben, wohin die Reise gehen soll; und es ist diese Entscheidung, in der die Ausübung von Macht ihren massivsten Niederschlag findet, und nicht die danach erfolgende Festlegung eines speziellen Kurses. »Die richtige Analogie«, schreibt Renford Bambrough in seiner berühmt gewordenen Analyse der Platonschen Argumentation, »ist die zwischen der Entscheidung eines Politikers für ein bestimmtes politisches Ziel und der Entscheidung des Schiffseigners oder der Passagiere für ein bestimmtes Reiseziel.«[5] Der Steuermann wählt nicht den Zielhafen aus; seine techné ist für die Entscheidung, die die Passagiere zu treffen haben und die mit ihren individuellen oder kollektiven Zielen zu tun hat und nicht mit dem »Jahr und seinen

Zeiten, mit Himmel, Sternen und Winden«, schlicht irrelevant. In einer Notlage werden sie sich natürlich an erster Stelle von dem Maxime leiten lassen, »im Sturm ist jeder Hafen recht«, und an zweiter vom Urteil und der Empfehlung des Steuermanns in der Frage, welcher Hafen am sichersten zu erreichen sei. Aber selbst in einem solchen Fall, in dem die Wahl schwer zu treffen und die Risiken kaum abzuschätzen sind, könnte die Entscheidung durchaus den Passagieren überlassen bleiben. Hat sich der Sturm gelegt, werden sie ganz gewiß ihre in der Not aufgesuchte Zufluchtsstätte wieder verlassen und erneut den zunächst von ihnen anvisierten Bestimmungsort ansteuern wollen.

Ziele und Risiken sind es, die den Inhalt der Politik ausmachen; Macht ist in diesem Geschehen nur die Fähigkeit, Dinge nicht nur für die eigene Person, sondern auch für andere zu regeln. Fachkenntnissen kommt dabei gewiß eine große Bedeutung zu, aber sie sind nicht bestimmend und dürfen es auch nicht sein. Die Geschichte der Philosophie, die platonische techné, ist eine Geschichte der Auseinandersetzungen über wünschenswerte Ziele und moralisch und materiell vertretbare Risiken. Diese Auseinandersetzungen werden sozusagen coram publico, d.h. im Angesicht der Bürger, geführt und können allein von den Bürgern mit einiger Autorität entschieden werden. Was Politiker und Steuerleute, sofern es um Politik geht, wissen und kennen müssen, ist der Wille des Volkes bzw. der an Bord des Staatsschiffes befindlichen Passagiere. Und was sie ermächtigt, auf der Basis dieser Kenntnis zu agieren, ist ihre Autorisierung durch das Volk bzw. die Passagiere. (Der Fall ist der gleiche wie beim Schuhmacher: er kann meine Schuhe nicht einfach nur deshalb reparieren, weil er weiß, wie es geht; was er als erstes braucht, ist meine Zustimmung zu dem Unternehmen.) Die entscheidende Qualifikation für die Ausübung von politischer Macht ist nicht ein spezielles Wissen um menschliche Ziele, sondern eine spezielle Beziehung zu einer bestimmten Gruppe von Menschen.

Platon war der Auffassung, er habe in seinem Plädoyer für die Übertragung der Macht auf Philosophen mit den von ihm verwendeten Gleichnissen vom Schuhmacher, vom Arzt und vom Steuermann nicht nur seine Empfehlung gut begründet, sondern zugleich auch die Bedeutung der Macht, genauer der Ausübung von Macht und Herrschaft, erklärt. Was er erklärte, war aber ganz eindeutig nicht die allgemeine Bedeutung und das politische Verständnis seiner athenischen Mitbürger von Macht. Denn sie, oder zumindest der größte Teil von ihnen, müssen als praktizierende Mitglieder einer Demokratie geglaubt haben, was Perikles in seiner großen Trauerrede versichert hat, und was Protagoras in dem sokratischen Gespräch, das seinen Namen trägt, feststellt:

daß zum Regieren die Wahl der Ziele gehöre, die gemeinsame »Wahl des Angenehmen und Peinlichen, das heißt des Guten und Bösen«, an der teilzunehmen jedem gebühre, und daß das dafür notwendige Wissen von vielen geteilt werde.[6] »Unsere Bürger besorgen theils mit gleichem Eifer ihre häuslichen und die öffentlichen Angelegenheiten, ... wenn sie auch ihre vornehmste Sorge auf den Haushalt und das Gewerbe wenden, so sind sie doch der Angelegenheiten des Staates nicht unkundig.«[7] Mit mehr Nachdruck formuliert, es gibt keine besseren Richter und kann sie nicht geben, weil die zulässige Form der Machtausübung nichts anderes ist als die Führung des Staats im Einklang mit dem Staatsbewußtsein oder dem Gemeinsinn seiner Bürger. Das heißt nicht, daß für spezielle Aufgaben nicht besonders kenntnisreiche Spezialisten gefunden werden müßten. So beriefen die Bürger Athens ihre Heerführer und ihre Ärzte per Wahl in ihr Amt und nicht etwa mittels Losverfahren – etwa so, wie sie sich umgesehen haben dürften, ehe sie sich einem speziellen Schuster anvertrauten oder einen Steuermann anheuerten. Aber alle diese Personen sind Kommissionäre und Bevollmächtigte der Bürger und nicht ihre Herrscher.

Disziplinarinstitutionen

Perikles und Protagoras artikulieren jenes demokratische Verständnis von Macht, das gemeinhin auf das zentriert ist, was ich – in einem Anachronismus, wenn ich von den Athenern spreche – als »Souveränität« bezeichnet habe. Souveränität als staatliche, bürgerliche, kollektive Herrschaft. Solcherlei Macht gründet in der Entscheidungskompetenz der Bürger, in ihrem aus vielen Einzelwillen sich zusammensetzenden Gesamtwillen. Sie schlägt sich nieder in Gesetzen und Verfahrensbestimmungen, die nichts anderes sind als Machtansprüche und Machtbefugnisse. Ob sie sich auch immer einlösen lassen, diese Ansprüche, ist nach wie vor eine offene Frage; tatsächlich ist heute zunehmend davon die Rede, daß Wissen eine Art von Macht erzeuge, die von der souveränen Gewalt nicht mehr kontrolliert werden könne. Damit wird einem alten Argument Platons neues Leben eingehaucht (wenn auch zumeist in einer anderen Absicht, als Platon sie verfolgte). Platon hatte gesagt, daß Personen, die in den freien Künsten und ihren Geheimnissen bewandert seien, Anspruch darauf hätten, Macht auszuüben; vernünftige Männer und Frauen würden bereit sein, sich ihrer Autorität zu beugen. Heute heißt es, daß technisches Wissen per se Macht über und gegen die oberste Gewalt verleihe, eine

Macht, der wir uns de facto allesamt beugten, auch wenn wir demokratische Bürger seien und an der »verfassungsmäßigen Autorität« des Staates partizipierten. Das, was Michel Foucault »die Unterseite des Gesetzes« nennt, ist für die heutige Philosophie kein undurchdringliches Problem mehr, sie — oder genauer die Wissenschaft bzw. die Sozialwissenschaft — hat es fest im Griff; und was den Bürger angeht, so bleibt ihm nicht viel anderes übrig, als sich von den verschiedenen Experten in Militärstrategie, Medizin, Psychiatrie, Pädagogik, Kriminologie usw. leiten und lenken zu lassen.[8]

Wenn sie sich ihrerseits rechtfertigen, diese Experten, dann greifen sie zu platonischen Argumenten, sagen dabei aber nicht, daß sie den Staat regierten (schließlich sind sie keine echten Platoniker), sondern bescheiden sich damit, Heere, Hospitäler, Heilanstalten, Schulen und Gefängnisse zu leiten. Dennoch scheint es allgemeine Ziele — oder zumindest einen Minimalkonsens hinsichtlich solcher Ziele — zu geben, die von diesen Institutionen angesteuert werden. D.h., moderne Experten gleichen Steuerleuten von Schiffen, deren Bestimmungsort vorgegeben ist, die jedoch in Gefahrensituationen, die eine Kursänderung erforderlich machen, kurzfristig die Kommandogewalt übernehmen. Doch Heere, Hospitäler, Gefängnisse usw. zeichnen sich durch eine spezielle Besonderheit aus: ihre Mitglieder oder Insassen sind, wenn auch aus unterschiedlichen Gründen, von der vollen Partizipation an der Entscheidungsfindung auch (oder gerade) in Notsituationen ausgeschlossen. Entscheidungen zur Wahrnehmung ihrer Interessen müssen von der Bürgerschaft im ganzen getroffen werden, von Bürgern also, die nicht Passagieren, sondern höchstens potentiellen Passagieren vergleichbar sind und die kaum ihre Zeit auf die Lösung der in den Institutionen anstehenden Probleme verwenden werden. Das ist der Grund, weshalb die Macht der Experten so groß ist, ähnlich groß wie die der Philosophenkönige bei Platon, deren Verhältnis zu ihren Untertanen dem von Lehrern zu Schulkindern oder, in einer anderen platonischen Analogie, von Hirten zu ihren Schafen glich.

Tatsächlich unterscheidet sich die Machtverteilung in Armeen, Hospitälern, Gefängnissen und Schulen (Foucault zählt auch Fabriken dazu; aber die Machtansprüche in Fabrikbetrieben basieren in letzter Instanz nicht auf Wissen, sondern auf Besitzerschaft, und ich werde sie deshalb gesondert behandeln) nachhaltig von der Machtverteilung, die in einem demokratischen Staat angezeigt ist. Es ist das Wissen, dem in diesen Institutionen eine besondere Bedeutung zukommt; wir brauchen qualifizierte Leute, und wir finden sie eher, wenn wir gezielt nach ihnen suchen, als wenn wir sie mittels allgemeiner Wahlen bestimmen. Denn auf unserer gezielten Suche sind es Ausbildung und Erfahrung, auf die wir den Blick richten können, mithin die institutionellen Äquivalente des Wissens, das der Steuermann über Jahreszeiten, Himmel, Sterne und Winde hat. Nun es ist ganz sicher richtig, daß geschulte und erfahrene Männer und Frauen zumindest partiell vor Laienkritik geschützt sind. Je tiefgründiger und geheimnisvoller ihr Wissen (ich erinnere an Kapitel 5), desto wirksamer dieser Schutzschild – ein massives Argument für eine demokratische Erziehung, deren Zweck aber dennoch nicht darin besteht, alle Bürger zu Experten zu machen, sondern darin, die Grenzen des Expertentums abzustecken. Denn wenn Spezialwissen auch Macht erzeugt, so erzeugt es doch keine grenzenlose Macht. Auch hier gibt es Machtblockierungen, die sich einerseits aus den Gründen ergeben, die uns dazu veranlassen, Heere aufzustellen und Hospitäler, Gefängnisse und Schulen zu errichten, und andererseits aus unserem gemeinsamen Verständnis davon, welche Aktivitäten den jeweiligen Amtsträgern angemessen sind.

Die Festlegung des Bestimmungsorts, die dem Steuermann ansonsten das Kommando über sein Schiff beläßt, setzt ihm in dem, was er tun darf, dennoch insofern Grenzen, als er letztlich das Schiff an einen ganz bestimmten Ort steuern muß. Ähnlich setzt unser Verständnis vom Zweck eines Gefängnisses (und von der Bedeutung der Strafe wie auch von den sozialen Rollen von Richtern, Gefängnisdirektoren und -wärtern) der Ausübung von Macht innerhalb seiner Mauern Grenzen. Ich bin sicher, daß diese Grenzen oft überschritten werden. Auch unter den bestmöglichen Umständen ist ein Gefängnis ein brutaler Ort; die tägliche Routine ist grausam, und Leiter wie Wärter sind häufig versucht, die Grausamkeit zu verstärken. Wenn sie es tun, dann ist dies bisweilen der Ausdruck ihrer eigenen Furcht; bisweilen – denn es sind die gleichen Mauern, die die einen, die Sträflinge, einsperren und die andern, Leiter und Aufseher, zu freien Menschen machen – ist es aber auch eine besonders vehemente Form von Amtsübermut, der hier zum Ausdruck kommt. Und dennoch können wir, die anderen, die Verletzungen sehen und als solche erkennen. Liegt uns ein Tatsachenbericht über die Verhältnisse im Gefängnis vor, dann können wir relativ genau sagen, ob der Gefängnisdirektor seine Machtbefugnisse überschritten hat. Und wenn die Gefangenen Klage darüber führen, daß er es getan habe, dann appellieren sie an den Souverän und an das Gesetz und damit letztlich an das Rechtsbewußtsein der Bürger. Das Spezialwissen des Gefängnisdirektors in Sachen Kriminologie ist kein Argument gegen diesen Appell.

Das gleiche gilt im Falle von Hospitälern und Schulen. Patienten und Kinder sind besonders geeignete Objekte für die Ausübung von Macht durch eine kompetente Fachkraft, die nicht zu Unrecht behauptet, sie handle im Interesse, zum Nutzen und mit Blick auf das zukünftige Wohl ihrer Schützlinge usw. Und dieses oder jenes medizinische Heilprogramm oder auch eine bestimmte pädagogische Technik mögen tatsächlich eine strenge und unangenehme Disziplin erfordern, eine scheinbar bizarre Lebenswelt und eine strikte Kontrolle des Patienten oder Schülers. Aber auch hier setzt unser klares Bewußtsein davon, daß es ein *Mensch* ist (und nicht eine Maschine), der durch diese oder jene Therapie geheilt werden soll, und daß die schulische Erziehung die Ausbildung zum *Bürger* darstellt, der Machtausübung Grenzen. Gesetze, die die Zustimmung der Patienten zu dem erfordern, was mit ihnen geschieht oder Schulakten, die den Schülern zugänglich sein müssen, gehören zu den zahlreichen Bemühungen, diesem Bewußtsein praktische Geltung zu verschaffen. Sie zwingen die jeweiligen Fachkräfte, eine verantwortungsvolle Berufsauffassung zu entwickeln. Das bedeutet, daß die Medizin- und Sozialwissenschaft eine Art von Macht erzeugen, die in einem bestimmten institutionellen Rahmen nützlich und sogar notwendig ist; daß diese Macht aber immer eine begrenzte Macht ist, begrenzt durch die Beschränkungen, welche die ihrerseits aus dem allgemeineren Wissen um soziale Sinngehalte hervorgegangene und sich weiterhin aus ihm speisende souveräne Gewalt verfügt. Ärzte und Lehrer (und Gefängnisleiter und sogar Generäle) unterliegen der »Disziplinierung« durch die Bürger.

Zumindest (ich wiederhole mich) sollte es so sein. Ein freundlicher Staat, dessen Bürger und Beamte sich der komplexen Gleichheit verpflichtet fühlen, wird alles tun, um die Integrität seiner institutionellen Einrichtungen zu wahren. Er wird darauf achten, daß seine Gefängnisse Orte der strafrechtlichen Internierung sind und nicht des vorbeugenden Gewahrsams oder des wissenschaftlichen Experiments; daß seine Schulen nicht Gefängnissen gleichen und daß seine Heilanstalten die geistig Kranken beherbergen (und pflegen) und nicht die politischen Dissidenten. Ein despotischer Staat wird im Gegensatz dazu in allen seinen Institutionen die immer gleiche Tyrannei reproduzieren. Vielleicht verteilt er die Macht ja an die falschen Leute; wahrscheinlicher ist jedoch, daß er den Gebrauch von Macht jenseits ihrer Grenzen zuläßt oder sogar begünstigt. An irgendeinem Punkt in unserem Leben machen wir alle die Erfahrung des Unterworfenseins unter einen und der Abhängigkeit von einem kenntnisreichen Sachverständigen; es gibt immer jemanden, dessen Expertentum uns in den Stand von Laien versetzt. Der Grund dafür ist nicht, oder nicht primär, politische Schwäche — auch wohlhabende Bürger sind in einer kapitalistischen Gesellschaft Studenten, Patienten, Soldaten,

Anstaltsinsassen und (wenn auch weniger häufig als andere Mitbürger) Strafgefangene; und die Konsequenz davon ist nicht notwendig ein dauerhafter Machtverlust. Zumeist sind diese Erfahrungen von begrenzter Dauer, haben sie einen im voraus bekannten Endpunkt — in Gestalt einer Graduierung, einer Genesung usw. Hinzu kommt der Schutz, den uns die Autonomie der verschiedenen institutionellen Einrichtungen, in denen das Ganze vonstatten geht, bietet. Anders liegt die Situation im Falle einer Angleichung zwischen den verschiedenen Institutionen im Sinne des Foucaultschen »Kerkerkontinuums«, wo alle Disziplinarinstitutionen wie Gefängnisse aussehen; sie läßt die Grenzlinien hin zu Freiheit und Gleichheit ebenso verschwimmen, wie die von oben nach unten praktizierte Gleichschaltung durch Staatsbeamte dies tut. Beide, sowohl die Angleichung als auch die Gleichschaltung, lassen den Despotismus auf eine merkwürdig nachhaltige Weise ins Alltagsleben eindringen.[9] Trotzdem gilt: Spezialwissen ist nicht per se tyrannisch.

Eigentum und Macht

Besitzerschaft, richtig verstanden, ist eine Art von Macht über Dinge. Wie die politische Macht besteht auch die Besitzerschaft in der Kompetenz, Ziel und Risiken zu bestimmen — d.h. Dinge wegzugeben oder sie (in Grenzen) gegen andere einzutauschen, aber auch sie zu behalten, um sie zu gebrauchen oder zu mißbrauchen, in freier Abwägung der Kosten, die ihre natürliche Abnutzung verursacht. Besitzerschaft kann aber auch verschiedene Arten und Grade der Macht über Menschen mit sich bringen, wobei der Extremfall in Gestalt der Sklaverei weit über die üblichen Formen politischer Herrschaft hinausgeht. Ich befasse mich hier indes nicht mit dem faktischen Besitz von Menschen, sondern nur mit der Kontrolle über sie — vermittelt durch den Besitz von Dingen; dies ist eine Art von Macht, die derjenigen, welche der Staat über seine Untertanen und die Disziplinarinstitutionen über ihre Insassen ausüben, sehr ähnlich ist. Besitzerschaft zeitigt Auswirkungen durchaus auch unterhalb der Schwelle von Abhängigkeit und Unterworfensein. Die Menschen treten auf vielfältige Weise in Kontakt nicht nur miteinander, sondern auch mit Institutionen. Die sich dabei ergebenden Beziehungen spiegeln die momentane Ungleichheit ihrer ökonomischen Positionen wider. Beispiel 1: Ich besitze ein bestimmtes Buch, das Sie gerne hätten; es steht mir frei, es Ihnen zu verkaufen, zu leihen oder zu schenken oder mich dafür zu entscheiden, es einfach selbst zu behalten. Beispiel 2: Wir organisieren eine Fabrikkomune und gelangen zu dem Schluß, daß die Fähigkeiten von X ihn nicht für die Mitgliedschaft in unserem Betrieb qualifizieren. Beispiel 3: Sie trommeln Ihre Lobby zusammen und schlagen mich im Wettbewerb um die Stelle eines Klinikchefs. Beispiel 4: Unser Unternehmen wird bei der Vergabe eines städtischen Auftrags von einem anderen durch heftiges Unterbieten aus dem Rennen geworfen. Dies alles sind Beispiele für kurze Kontakte. Ich sehe keine Möglichkeit, sie zu vermeiden, es sei denn, man errichtet eine politische Ordnung, in der die Kontakte zwischen Menschen systematisch durch das ersetzt werden, was Engels einst »die Herrschaft der Dinge« — genannt hat — eine harte Reaktion auf im Grunde völlig normale Begebenheiten in der Geld- und Amtssphäre. Was Souveränität im Sinne von Oberhoheit indes tatsächlich nach sich zieht, und was Besitzerschaft (außerhalb ihrer eigentlichen Sphäre) oft genug zustande bringt, ist eine anhaltende Kontrollherrschaft über die Ziele und Risiken anderer Menschen; und dies ist eine äußerst ernste Angelegenheit.

Den genauen Punkt auszumachen, an dem die freie Nutzung von Eigentum in Machtausübung umschlägt, ist nicht leicht. Die Sachlage selbst ist schwierig und der politisch-akademische Streit um sie heftig.[10] Orientiert an der entsprechenden Literatur, konstruiere ich, im Bestreben, die Problematik ein wenig zu erhellen, zwei weitere Beispiele.

1. Entmutigt durch unsere Mißerfolge auf dem Markt, fassen wir den Beschluß, die in unserem gemeinsamen Besitz befindliche Fabrik zu schließen oder umzusiedeln. Der Schaden, den wir den ortsansässigen Kaufleuten damit zufügen, ist erheblich. Kann man aus dieser Tatsache schließen, daß wir über diese Kaufleute Macht ausüben? Gewiß nicht anhaltend, möchte ich meinen, wenngleich unsere Entscheidung schwerwiegende Auswirkungen auf ihr Leben haben dürfte. Worüber wir ganz sicher keine Kontrolle haben, ist ihre Reaktion auf die von uns geschaffene neue Situation (die ihrerseits nicht gänzlich unser Werk ist, denn wir haben nicht beschlossen, auf dem Markt zu scheitern). Dennoch, so könnte man im Verweis auf unser Eintreten für eine demokratische Politik argumentieren, hätten wir die Kaufleute am Ort in unsere Entscheidungsfindung einbeziehen müssen — einbeziehen im Sinne der bei modernen Demokraten großen Anklang findenden Maxime: *»Was alle betrifft, sollte auch von allen entschieden werden.«* Aber von dem Moment an, da man anfängt, alle Menschen, die durch eine bestimmte Entscheidung betroffen oder berührt sind, in den Entscheidungsprozeß einzubeziehen und nicht mehr nur diejenigen, deren tägliche Aktivitäten dadurch bestimmt werden, wird es schwierig zu sagen, wo man aufhören soll. Ganz si-

cher müssen die Kaufleute in den für eine Neuansiedlung der Fabrik in Frage kommenden Städten ebenfalls einbezogen werden, ferner alle die Menschen, die vom Wohlergehen eben dieser Kaufleute profitieren usw. usw. D.h., die Macht fließt weg von den lokalen Vereinigungen und Gemeinschaften, hin zu der einen großen Assoziation, die alle Betroffenen einschließt – zum Staat (und schließlich, wenn wir die Logik der »Betroffenheit« zu Ende denken, zum Weltstaat).

Aber diese ganze Argumentation zeigt nur, daß ein solches Betroffensein keine ausreichende Basis sein kann für das Recht auf Einbeziehung. Wer etwas tut, was auch andere Menschen berührt, übt noch keine Macht über sie aus, zumindest nicht im politischen Sinne des Wortes.

Anders ist die Situation, wenn der Staat beschließt, die Bezirksämter einer seiner Bürokratien umzusiedeln. Er muß diese Entscheidung, sofern sie auf Kritik stößt, in einem politischen Prozeß durchfechten. Da es sich um öffentliche Ämter handelt, die zum Zweck gemeinnütziger Dienstleistungen aus öffentlichen Mitteln finanziert werden, ist die Entscheidung eindeutig eine Form der Ausübung von Macht über diejenigen Männer und Frauen, die einerseits mit ihren Steuern jene öffentlichen Mittel bereitstellen und die andererseits auf die gemeinnützigen Dienstleistungen angewiesen sind. Eine private Firma, ob sie sich nun in individuellem oder kollektivem Besitz befindet, ist etwas anderes. Ihre Beziehungen zu ihren Kunden gleichen eher Kurzkontakten. Wenn wir versuchten, diese Beziehungen zu kontrollieren, indem wir beispielsweise darauf bestünden, daß jede Entscheidung über die Ansiedlung oder Umsiedlung von Firmen politisch durchgefochten werden müßte, dann würde dadurch im Endeffekt die Sphäre des Geldes und der Waren mitsamt den ihr zugehörigen Freiheiten abgeschafft. Alle derartigen Versuche liegen außerhalb der Rechtskompetenz von (begrenzter) staatlicher Gewalt. Aber was, wenn unsere Fabrik der einzige oder zumindest der bei weitem größte Produktionsbetrieb in der Stadt ist? Unser Entschluß, zuzumachen oder wegzuziehen, könnte in diesem Fall verheerende Auswirkunen haben, und in jeder echten Demokratie wären die politischen Obrigkeiten gezwungen zu intervenieren. Sie könnten versuchen, die Marktstellung unseres Unternehmens (durch Subventionszahlungen an die Fabrik) zu verbessern, sie könnten uns aufkaufen oder nach einem Weg suchen, neue Industriezweige in die Stadt zu locken.[11] Diese Alternativen sind jedoch mehr eine Sache der politischen Klugheit als der distributiven Gerechtigkeit.

2. Wir führen unseren Betrieb so, daß über einem Großteil der Stadt, in der unsere Fabrik liegt, die Luft verschmutzt und damit die Gesundheit der Ein-

wohner in Gefahr gebracht wird. Tag für Tag bürden wir unseren Mitbürgern Risiken auf, wobei wir es sind, die aus technischen und kommerziellen Gründen darüber entscheiden, welches Ausmaß diese Risiken annahmen. Wer aber anderen Menschen Risiken, zumindest Risiken solcher Art, aufzwingt, übt Macht über sie aus, und zwar im exakten politischen Wortsinn. In dieser Situation müssen die staatlichen Behörden einschreiten, um die Gesundheit ihrer Klientel in Gestalt der Einwohnerschaft zu schützen oder um ihr verbrieftes Recht wahrzunehmen, im Namen und zum Wohle der Bürgerschaft den Grad des ihr zumutbaren Risikos zu bestimmen.[12] Aber selbst hier wird die Obrigkeit sich nicht dauerhaft in die Entscheidungsfindung in der Fabrik einmischen. Sie wird nur die Grenzen setzen oder revidieren, innerhalb deren das Unternehmen seine Entscheidungen trifft. Wenn wir (die Mitglieder der Fabrikkommune) in der Lage wären, die Obrigkeit an diesen Aktivitäten zu hindern — indem wir beispielsweise drohten, aus der Stadt wegzuziehen —, und wenn wir uns damit die Möglichkeit verschafften, die Umwelt unbegrenzt weiter zu verschmutzen, dann wäre es gerechtfertigt, uns als Despoten zu bezeichnen. Denn wir würden Macht ausüben unter Verletzung des gemeinsamen (demokratischen) Verständnisses davon, was Macht ist und wie sie verteilt werden muß. Würde es einen Unterschied machen, wenn es uns nicht darum ginge, unsere Profitmargen konstant zu halten, sondern wenn wir nur einfach darum kämpften, den Betrieb über Wasser zu halten? Ich weiß es nicht, vermutlich wären wir in beiden Fällen verpflichtet, die örtlichen Behörden von unserer Finanzlage in Kenntnis zu setzen und ihre Auffassung davon, welche Risiken vertretbar seien, zu übernehmen.[14]

Beide Fälle sind schwierige Fälle, der zweite mehr noch als der erste; und ich werde nicht versuchen, hier zu einer detaillierten Lösung zu gelangen. In einer demokratischen Gesellschaft verläuft die Grenze der Geld- und Warensphäre vermutlich in etwa zwischen beiden Beispielen, so daß Fall eins innerhalb dieser Grenze läge und Fall zwei nicht. Ich habe jedoch die Problematik insofern stark vereinfacht, als ich eine genossenschaftlich betriebene Firma zum Exempel gemacht habe; und so muß ich nun etwas weiter ausholen, um auch den wesentlich häufigeren Fall von privater Besitzerschaft erörtern zu können. Die Arbeiter in der Fabrik sind hier keine ökonomischen Akteure mehr, ausgestattet mit der Befugnis, eine Vielzahl von Entscheidungen zu treffen; Wirtschaftsbevollmächtigte dieser Art sind einzig der Betriebseigner, die Besitzer der Fabrik. Den Arbeitern ergeht es wie der restlichen Stadtbevölkerung, kommerzielle Fehlschläge des Betriebes und die von ihm verursachte Umweltverschmutzung treffen beide gleichermaßen. Doch sind die Arbeiter nicht nur mehr oder weniger ernsthaft »betroffen«, im Unterschied zu den anderen Stadtbewohnern gehören sie dem Unternehmen, das diese Wirkungen zeitigt, in persona an, was bedeutet, daß sie an die im Betrieb geltenden Regeln gebunden sind. Die Besitzerschaft konstituiert eine »Privatherrschaft«, deren Untertanen die Arbeiter sind.* Da dies so ist, muß ich, wie in meiner früheren Diskussion über das Thema Lohnfestsetzung, auch hier wieder den Charakter der ökonomischen Agentschaft untersuchen.

Der klassische Rahmen für private Herrschaft war das Feudalsystem, eine Gesellschaftsordnung, in welcher das Grundeigentum seine Besitzer ermächtigte, direkte (rechtliche und polizeiliche) Disziplinargewalt über jene Männer und Frauen auszuüben, die auf seinem Boden lebten und leben mußten, weil sie gar nicht das Recht hatten, ihrerseits fortzugehen. Diese Menschen waren keine Sklaven, aber sie waren auch keine Pächter bzw. Lehensleute. Die Bezeichnung »Untertanen« dürfte ihre Situation am genauesten kennzeichnen; ihr Grundherr war zugleich ihr Herr und Gebieter und damit derjenige, der ihnen Steuern auferlegen und sie für sein Privatheer rekrutieren konnte. Viele Jahre lokalen Widerstandes, königlicher Machterweiterung und revolutionärer Aktivität waren erforderlich, ehe eine klare Trennungslinie gezogen werden konnte zwischen Stand und Königtum, zwischen Privateigentum und Gemeinwesen. Erst 1789 wurde die formelle Struktur des Feudalrechts abgeschafft und die Disziplinargewalt der Grundherren endgültig verstaatlicht. Das Recht auf Besteuerung, Rechtsprechung und Konskription, Privilegien, die unsere heutige Vorstellung davon, was Eigentum und Besitz bedeuten, nicht einschließt, sind erst zu jener Zeit aus dem Eigentumsbegriff verschwunden. Der Staat emanzipierte sich, wie Marx schrieb, von der Gesellschaft.[16] Die Rechtsimplikationen von Besitzerschaft bzw. die Verpflichtungen aus Eigentum wurden neu definiert mit dem Ziel, ihren Kompetenzbereich um jene Entscheidungen einzuschränken, die, so der Gedanke, nur von der politischen Gemeinschaft als Ganzer getroffen und getragen werden

---

* Die Literatur über solcherlei »Privatherrschaften« ist riesig und stammt zu einem großen Teil aus der Feder von zeitgenössischen Politikwissenschaftlern, die (zu Recht) in neue Forschungsfelder vordringen.[14] Die entscheidenden Worte scheint mir indes R.H. Tawney im Jahr 1912 gefunden zu haben, als er schrieb: »Was ich hier deutlich machen möchte, ist, daß jeder Arbeitgeber insofern ein Herrscher ist, als er über die bei ihm Beschäftigten regiert. Er hat die Oberhoheit über sie und verfügt damit über ein wahrhaft öffentliches Amt. Er gebietet zwar nicht über Fallgrube und Galgen ... wohl aber über Überstunden und Kurzarbeit, über volle und leere Mägen, über Gesundheit und Krankheit. Die Frage, *wer* diese Macht hat, wie qualifiziert er ist für ihren Gebrauch, wie der Staat seine Freiheiten kontrolliert... dies ist die Frage, die für den einfachen Mann heute wirklich von Belang ist.«[15]

konnten. Diese Neudefinition legte, indem sie Staat und Wirtschaft voneinander trennte, eine der wichtigsten Scheidelinien fest, entlang denen unser heutiges soziales Leben organisiert ist. Auf der einen Seite dieser Trennlinie finden all die Aktivitäten statt, die wir »politisch« nennen und die die Kontrolle über soziale Ziele und Risiken implizieren; auf der anderen sind all jene Aktivitäten versammelt, die »ökonomisch« heißen und den Tausch von Geld und Waren betreffen. Aber obschon diese Teilung unser Verständnis von den beiden Sphären prägt, bestimmt sie dennoch nicht von sich aus, was in ihnen konkret vorgeht. Tatsächlich lebt das Phänomen der privaten Herrschaft auch in der postfeudalen Wirtschaft fort. Auch kapitalistische Besitzerschaft erzeugt politische Macht, wenn schon nicht auf dem Markt, wo blockierte Tauschaktivitäten zumindest der rechtmäßigen Nutzung von Eigentum und Besitz Grenzen setzen, so doch in der Fabrik selbst, wo die Arbeit eine bestimmte Disziplin erforderlich zu machen scheint. Aber wer diszipliniert wen? Es ist ein zentrales Merkmal kapitalistischer Ökonomie, daß es die Besitzer sind, die die Nichtbesitzer disziplinieren.

Was dieses Arrangement rechtfertige, so sagt man uns immer wieder, seien das Risiko, das zu übernehmen die Besitzer bereit und gezwungen seien, sowie der unternehmerische Eifer, der Erfindergeist und die Kapitalinvestition, die bewirkten, daß Wirtschaftsunternehmen gegründet, am Leben erhalten und ausgeweitet würden. Während der Feudalbesitz auf Waffengewalt gründe und durch die Macht des Schwertes erhalten und ausgeweitet werde (wiewohl er auch käuflich und erblich war), basiere der kapitalistische Besitz auf Aktionsformen, die von sich aus nicht gewaltsam und politisch seien. Die moderne Fabrik unterscheide sich vom feudalen Lehensgut dadurch, daß Männer und Frauen freiwillig zur Arbeit in die Fabrik kämen, angezogen durch Löhne, Arbeitsbedingungen, Zukunftsaussichten usw., die der Fabrikbesitzer offeriere, während die Arbeiter auf dem Lehensgut Leibeigene seien, Gefangene ihrer adligen Grundherren. All dies trifft, zumindest bisweilen, wirklich zu, aber die aus der Besitzerschaft sich herleitenden Rechte sind immer noch nicht hinreichend von der politischen Macht abgegrenzt. Denn alles, was ich soeben über Firmen und Fabriken gesagt habe, ließe sich auch von großen und kleinen Städten sagen, wenn auch nicht unbedingt von Staaten. Auch ihre Prosperität erfordert unternehmerische Energie, Geschäftssinn und Risikobereitschaft, und auch sie gewinnen und halten ihre Bürger, denen es frei steht, zu kommen und zu gehen, indem sie ihnen einen attraktiven Ort bieten, an dem zu leben sich lohnt, und dennoch sollten wir jedem, der Anstalten macht, eine Stadt in Besitz nehmen zu wollen, besorgt entgegentreten;

Besitzerschaft ist keine akzeptable Basis für die Ausübung von politischer Macht in städtischen Gemeinden. Auf der Suche nach Gründen, warum dies so ist, werden wir, falls wir genau nachdenken, zwangsläufig die Erkenntnis gewinnen, daß Besitzerschaft nicht nur im politischen Bereich, sondern auch in Firmen oder Fabriken keine akzeptable Machtbasis abgibt. Was wir brauchen, um zu dieser Einsicht gelangen zu können, ist die Geschichte von einem kapitalistischen Unternehmer, der zugleich ein politischer Unternehmer war und der versucht hat, seine Macht auf seinen Besitz zu gründen.

Der Fall Pullmann — ein Lehrstück aus dem Staate Illinois

George Pullmann war einer der erfolgreichsten Unternehmer, die Amerika im späten 19. Jahrhundert aufzuweisen hatte. Seine Schlaf-, Speise- und Salonwagen machten das Reisen mit der Bahn sehr viel angenehmer, als es dies bis dahin gewesen war, und zwar ohne es nennenswert zu verteuern. Auf dieser finanziell gesehen durchaus geringen Differenz begründete Pullman sowohl ein Unternehmen als auch ein Vermögen. Als er sich entschloß, nicht nur eine neue Spezies von Betrieben, sondern auch eine sie beherbergende Stadt zu errichten, beharrte er zwar darauf, daß dies nur ein weiteres Unternehmen in der schon bestehenden Geschäftswelt sei. Seine Erwartungen und Ziele waren jedoch sehr viel weiter gesteckt. Wovon ihm träumte, war eine Gemeinde und Gemeinschaft, in der es keine politische oder ökonomische Unruhe gab — waren glückliche Arbeiter und streikfreie Betriebe.[17] Er steht damit ganz eindeutig in der großen Tradition der politischen Gründerväter, auch wenn er im Unterschied zu Solon von Athen seine Pläne nicht ausführte, um danach alsbald nach Ägypten zu entschwinden, sondern am Ort blieb, um die von ihm konzipierte Stadt selbst zu regieren. Was anders hätte er auch tun können, vorausgesetzt, die Stadt gehörte ihm tatsächlich?

Pullman, Illinois, wurde errichtet am Lake Calumet, südlich von Chicago, auf einem etwas über 4000 Morgen großen Gelände, das Mr. Pullman (in fünfundsiebzig Einzeltransaktionen) zu einem Gesamtpreis von 800 000 Dollar zusammengekauft hatte. Die Stadt wurde im Jahr 1880 gegründet und im wesentlichen im Lauf von zwei Jahren nach einem umfassenden Gesamtplan fertiggestellt. Pullman (der Besitzer) baute nicht nur Fabriken und Wohnheime, wie es etwa fünfzig Jahre zuvor in Lowell, Massachusetts, geschehen war. Er errichtete Villen, Reihenhäuser und Mietblöcke für sieben- bis achttausend Menschen, dazu (unter kunstvollen Arkaden gelegene) Läden und Büros sowie Schulen, Sportanlagen, Spielplätze, einen Markt, ein Hotel und eine Bibliothek, ein Theater und sogar eine Kirche: kurz, eine Modellstadt, eine auf dem Reißbrett geplante Stadtgemeinde. Und jedes Stück darin gehörte ihm.

»Ein Fremder, der nach Pullman kommt, steigt ab in einem Hotel, das von einem Angestellten von Pullman geführt wird, er besucht ein Theater, in dem sämtliche Bediensteten bei Mr. Pullman im Brot stehen, er trinkt das Wasser und nutzt das Gas, das Mr. Pullmans Gas- und Wasserwerke liefern, er mietet beim Leiter der Pullmanschen Mietstallungen alles, war er für einen Ausritt braucht, er besichtigt eine Schule, in der die Kinder von Mr. Pullmans Bediensteten von anderen Bediensteten Mr. Pullmans unterrichtet werden, er erhält eine Rechnung, zu zahlen auf ein Konto bei der Pullman-Bank, es ist ihm unmöglich, einen Kauf zu tätigen, bei dem sein Gegenüber nicht ein Pächter von Mr. Pullman ist, und in der Nacht wird er bewacht von einer Feuerwehr, deren Mitglieder allesamt vom Hauptmann abwärts in Mr. Pullmans Diensten stehen.«[18]

Diese Schilderung entstammt einem Artikel aus der *New York Sun,* (Die Modellstadt zog viel Aufmerksamkeit auf sich) und ist absolut zutreffend mit Ausnahme der Zeile, die von der Schule handelt. In Wirklichkeit unterstanden die Schulen von Pullman zumindest nominell der Schulaufsichtsbehörde von Hyde Park Township. Die politische Zuständigkeit für die Stadt lag bei Cook County und beim Staat Illinois. D.h., Pullman hatte keine eigene Stadtregierung. Gefragt von einem Journalisten, wie er die Bevölkerung von Pullman »regiere«, antwortete Mr. Pullman, »wir regieren sie in der gleichen Weise, in der ein Mann sein Haus, seinen Laden oder seine Werkstatt regiert. Es ist alles ganz einfach«.[19] Sein Recht auf Lenkung und Steuerung des Geschehens in Pullman war nach seiner Auffassung in seinem Besitz der Stadt begründet; worauf er pochte, war ein Besitzrecht, das er trotz des wohlklingenden »wir« für sich höchstselbst beanspruchte und ausübte. In Pullman war Pullman ein Autokrat. Er hatte eine genaue Vorstellung davon, wie die Einwohner der Stadt leben sollten, und er zweifelte niemals daran, daß er das Recht habe, diese Vorstellung auch zu realisieren. Sein Interesse, dies sollte ich betonen, galt dem äußeren Erscheinungsbild und dem Verhalten der Menschen, nicht ihren inneren Überzeugungen. »Niemand mußte sich zu irgendwelchen Idealen bekennen, ehe er nach Pullman zog.« Einmal da, mußten die Menschen jedoch einem bestimmten Lebensstil Rechnung tragen. Neuankömmlinge konnte man daran erkennen, »daß sie auf den Türstufen saßen, der Mann in Hemdsärmeln, eine Pfeife im Mund, seine unordentliche Frau damit beschäftigt, Kleidungsstücke auszubessern, und halbangezogene

Kinder, die um sie herum tobten.« Sie wurden sehr schnell darauf aufmerksam gemacht, daß ein solches Verhalten nicht akzeptabel sei. Und wenn sie sich nicht besserten, »kamen Inspektoren der Gesellschaft vorbei und drohten Geldbußen an«.[20]

Pullman lehnte es strikt ab, Land und Häuser zu verkaufen — um, wie er sagte, »die Harmonie der Anlage der Stadt« nicht zu zerstören, wohl aber auch, um seine Kontrolle über die Einwohnerschaft nicht zu verlieren. Jeder, der in Pullman (Illinois) wohnte, war Mieter von Pullman (George). Wohnungsrenovierungen waren genehmigungspflichtig. Mietverträge konnten vom Vermieter mit einer Zehntagefrist gekündigt werden. Und als Katholiken und schwedische Lutheraner um eine Einwilligung zum Bau eigener Kirchen nachsuchten, beschied Pullman sie abschlägig mit einem Nein. Er tat dies nicht, weil er etwas gegen ihren Glauben gehabt hätte (sie konnten Räumlichkeiten anmieten), sondern weil seine Stadtkonzeption nur eine einzige, aber dafür umso prächtigere Kirche vorsah, deren Mietpreis allein die Presbyterianer aufzubringen in der Lage waren. Aus etwas anderen Gründen, wenn auch aus einem ähnlichen Streben nach Ordnung heraus, war Alkohol nur an einem einzigen Ort in Pullman erhältlich: im einzigen Hotel der Stadt in einer ziemlich eleganten Bar, die kaum dazu angetan gewesen sein dürfte, einfachen Arbeitern das Gefühl zu vermitteln, sie könnten sich hier zuhause fühlen.

Ich habe Pullmans Autokratie hervorgehoben; ich könnte auch seine Menschenfreundlichkeit betonen. Die Wohnungen, die er bereitstellte, waren erheblich besser als die, die für amerikanische Arbeiter in den achtziger Jahren des 19. Jahrhunderts andernorts zu haben waren; die Mieten hielten sich in vernünftigen Grenzen (Pullmans Gewinnspannen waren relativ niedrig); die Gebäude wurden gepflegt und instandgehalten usw. Aber der kritische Punkt lag darin, daß alle Entscheidungen, ob menschenfreundlich oder nicht, bei einem einzigen Mann konzentriert waren, der sowohl Regent als auch Besitzer der Stadt war und den das Volk, das er regierte, sich nicht selbst ausgesucht hatte. Richard Ely, der die Stadt im Jahr 1885 besuchte und einen Artikel in *Harper's Monthly* über sie schrieb, bezeichnete das in Pullman praktizierte System als »einen unamerikanischen..., menschenfreundlichen, wohlmeinenden Feudalismus«.[21] Doch war diese Beschreibung insofern nicht ganz zutreffend, als die Männer und Frauen von Pullman frei entscheiden konnten, ob sie dort leben wollten oder nicht. Sie konnten auch außerhalb der Stadt wohnen und zur Arbeit in den Fabriken pendeln, wiewohl in schweren Zeiten Pullmans Mieter ganz offensichtlich diejenigen waren, die als letzte entlassen wurden. Diese Mieter lassen sich am besten kennzeichnen als die lohnabhängigen Untergebenen eines kapitalistischen Unternehmens, das sich von der Manufaktur zur Liegenschaft ausgeweitet und die Werkstattdisziplin, sie gleichsam verdoppelnd, auf die ganze Stadt übertragen hatte. Was ist daran falsch?

Wenn ich diese Frage stelle, dann ist sie rhetorisch gemeint; aber vielleicht ist es sinnvoll, sie dennoch konkret zu beantworten. Die Bewohner von Pullman waren Gastarbeiter, und dies ist ein Status, der mit einer demokratischen Politik nicht vereinbar ist. George Pullman heuerte sozusagen höchstpersönlich eine Metökenbevölkerung an, und dies in einer politischen Gemeinschaft, in der Selbstachtung eng mit dem Bürgerrecht verknüpft ist und Entscheidungen über Ziele und Risiken — zumindest dem Anspruch nach — von allen Bürgern gemeinsam getroffen werden. Mr. Pullman glich damit eher einem Diktator als einem feudalen Grundherrn, denn er regierte auf der Basis von Zwang. Die ständige Kontrolle der Stadtbewohner durch seine Inspektoren war zudringlich und despotisch und konnte kaum anders empfunden werden.

Ely schrieb, daß Pullmans Besitzerschaft der Stadt deren Einwohner zu Menschen mache, die nicht im Vollbesitz jenes Status seien, der amerikanischen Staatsbürgern generell eigne: »Man spürt, daß man es mit einer abhängigen, servilen Bevölkerung zu tun hat«. Offensichtlich begegnete Ely nichts, was ihn den großen Streik von 1894 hätte vorausahnen lassen.[22] Nun schrieb er seinen Artikel zu einem Zeitpunkt, da die Geschichte der Stadt noch in ihren Anfängen steckte. Vielleicht brauchten die Menschen ja Zeit, um sich zurechtzufinden und zu lernen, daß sie einander vertrauen konnten, ehe sie es wagten, der Macht Pullmans entgegenzutreten. Als sie dann aber tatsächlich streikten, richtete sich ihre Auflehnung ebensosehr gegen seine Macht in der Fabrik wie gegen seine Herrschaft über die Stadt. Tatsächlich waren Pullmans Vorarbeiter eher noch tyrannischer als seine Kommissionäre und Inspektoren. Und so mutet es mich kurios an, die Doppeldisziplin der Modellstadt zu untersuchen und nur die eine Hälfte von ihr zu verdammen. Aber genau das war die Sichtweise und das Verständnis jener Zeit. Als das oberste Gericht von Illinois im Jahr 1898 der Pullman-Gesellschaft (George Pullman war ein Jahr zuvor gestorben) die Auflage machte, sich von allem Besitz, der nicht zu Produktionszwecken gebraucht wurde, zu trennen, war seine Begründung die, daß zwar nicht der Besitz einer Handelsgesellschaft, wohl aber der Besitz einer Stadt »mit der Theorie und dem Geist unserer Institutionen unvereinbar« sei.[23] Die Stadt mußte demokratisch regiert werden — nicht so sehr, weil private Besitzerschaft ihre Einwohner servil machte, sondern weil sie sie dazu zwang, um Rechte zu kämpfen, die sie als amerikanische Bürger bereits besaßen.

Daß der Kampf um Rechte in der Fabrik ein neuartiger Kampf war, ist zweifellos richtig, und sei es auch nur, weil Fabriken als Institutionen jünger und neuer waren als große und kleine Städte. Dennoch möchte ich behaupten, daß eine demokratische Verteilung von politischer Macht nicht an den Fabriktoren enden kann. Die Grundprinzipien sind für beiderlei Institutionen dieselben. Und es ist just diese Identität, die das moralische Fundament der Arbeiterbewegung bildet — nicht der Unternehmerverbände die eine andere Basis haben, wohl aber jedweder Forderung nach Fortschritt in Richtung Wirtschaftsdemokratie. Aus diesen Forderungen folgt nicht, daß Betriebe nicht jemandem gehören können; auch die Gegner des Feudalismus behaupten nicht, daß es keinen Besitz an Grund und Boden geben dürfe. Es ist sogar vorstellbar, daß sämtliche Bewohner einer (kleinen) Stadt an den gleichen Grundherrn Miete zahlen, doch darf dieser Umstand sie nicht zur Unterwürfigkeit nötigen. Der Streitpunkt in all diesen Fällen ist nicht die Existenz von Besitzerschaft, sondern das, was rechtlich und praktisch aus ihr folgt. Demokratie setzt voraus, daß Besitzerschaft keine politische Währung ist, daß sie nicht umgemünzt werden kann in irgendeine Art von Oberherrschaft, von autoritativer Befehlsgewalt und von permanenter Kontrolle über andere Menschen. Zumindest nach 1894 scheinen die meisten Beobachter sich darin einig gewesen zu sein, daß Pullmans Besitzerschaft der Stadt undemokratisch war. Aber war sein Besitz an der Handelsgesellschaft, an dem Pullman-Unternehmen, dies nicht ebensosehr? Die ungewöhnliche Nebeneinanderstellung beider Besitztümer reizt zum produktiven Vergleich.

Die unternehmerische Phantasie, Energie, Erfindungsgabe usw., die in die Herstellung von Pullman-Schlaf-, Speise- und Salonwagen eingingen, sie sind es nicht, die Stadt- und Unternehmensbesitz voneinander unterscheiden. Denn die gleichen Fähigkeiten und Eigenschaften flossen auch in den Aufbau der Stadt. Nicht zufällig rühmte sich Pullman der Tatsache, daß sein »›System‹, das sich im Eisenbahnreiseverkehr erfolgreich durchgesetzt hat, nun auch auf die Probleme von Arbeit und Behausung angewendet wird.«[24] Und wenn die Anwendung im einen Fall nicht zur Entstehung von politischer Macht führt, warum sollte es dann im andern so sein?*

---

* Aber vielleicht war es Pullmans Expertenwissen und nicht seine Phantasie, Energie usw., welches seine autokratische Herrschaft rechtfertigte. Vielleicht sollten Fabriken der Kategorie

Aber auch die Investition von privatem Kapital in das Unternehmen ist es nicht, die die beiden Besitzerschaften voneinander unterscheidet. Pullman investierte auch in die Stadt, jedoch ohne damit das Recht zu erwerben, über ihre Bewohner zu herrschen. Der Fall ist der gleiche, wie wenn jemand Gemeindeobligationen kauft. Er gelangt damit nicht in den Besitz der Gemeinde. Wenn er zudem in dem Ort, dessen Schuldverschreibungen er erwirbt, nicht wohnhaft und wahlberechtigt ist, dann kann er noch nicht einmal mitentscheiden, wofür sein Geld ausgegeben werden soll. Er hat keine politischen Rechte; während die Bewohner der Stadt Rechte besitzen, ob sie nun investieren oder nicht. Es scheint keinen Grund zu geben, die gleiche Unterscheidung nicht auch in wirtschaftlichen Assoziationen zum Kriterium für eine gerechte Verteilung von politischer Macht zu machen und die Investoren von den unmittelbar Beteiligten abzugrenzen.

Und schließlich unterscheiden sich Fabrik und Stadt nicht dadurch voneinander, daß die Menschen freiwillig und in voller Kenntnis der im Betrieb geltenden Regeln und Bestimmungen zur Arbeit kommen. Sie kommen ebenso freiwillig in die Stadt, um hier zu leben, haben aber in beiden Fällen solange keine volle Kenntnis von den Regeln, bis sie Gelegenheit hatten, konkrete Erfahrungen mit ihnen zu sammeln. Jedenfalls implizieren die Wahl des Wohnsitzes, der Zuzug in eine Stadt keine Zustimmung zu despotischen Regeln, selbst wenn diese im voraus bekannt sind; auf der anderen Seite ist der Wegzug nicht die einzige Möglichkeit, Widerspruch zu bekunden. Neben den geschilderten gibt es indes eine ganze Reihe von andersgearteten Vereinigungen oder Einrichtungen, auf die die zuletzt getroffenen Feststellungen eher in ihrer Umkehrung zutreffen. Ein Mann, der in einen Klosterorden eintritt, welcher strengen und bedingungslosen Gehorsam fordert, dürfte sich weniger für einen Wohnort (oder Arbeitsplatz) als für eine Lebensweise entschieden haben. Wir würden ihm nicht den gebührenden Respekt zollen, wenn wir uns weigerten, die Wirksamkeit und Wirkkraft seiner Entscheidung anzuerkennen. Ihr Zweck und ihr moralischer Effekt bestehen nämlich just darin, seine Superioren zu ihren Entscheidungen zu ermächtigen, sie dazu zu

---

der Disziplinarinstitutionen zugerechnet und von fachkundigen Managern geleitet werden. Eine Überlegung, die allerdings ebensogut für Städte angestellt werden könnte. Und tatsächlich geschieht es nicht selten, daß ein Gemeinderat oder eine Stadtverordnetenversammlung irgendwelche Experten anheuert, die sich im Entscheidungsfall allerdings stets der Autorität des gewählten Stadtverordnetenkollektivs beugen müssen. Anders die fachkundigen Manager, sie sind der – wenn auch in vielen Fällen hohlen – Autorität des einzelnen Unternehmensbesitzers unterworfen. Und so bleibt die Frage: warum der Autorität des Besitzers und nicht der Autorität der Arbeiter (oder ihrer gewählten Repräsentanten)?

autorisieren, und er kann ihnen diese Autorität nicht wieder entziehen, ohne sich selbst aus dem gemeinsamen Leben, das sie erst möglich macht, auszuschließen. Dies gilt mit Sicherheit nicht für Männer und Frauen, die in eine Fabrik gehen, um dort zu arbeiten. Weder ist das gemeinsame Leben hier allumfassend, noch setzt es die fraglose Hinnahme von Autorität voraus. Wir begegnen dem je einzelnen Arbeiter nur dann mit der geziemenden Achtung, wenn wir davon ausgehen, daß er nicht danach strebt, sich politisch unterzuordnen. Gewiß trifft er auf Vorarbeiter und auf eine Werkspolizei, das wußte er im voraus; es kann auch sein, daß das Gedeihen des Unternehmens seinen Gehorsam erforderlich macht, so wie das Gedeihen einer Stadt verlangt, daß ihre Bürger den Anweisungen städtischer Beamter Folge leisten. Dennoch würden wir in beiden Fällen nicht sagen (was wir dem Novizen im Kloster möglicherweise empfehlen würden): »Wenn Ihnen diese Amtspersonen und die Anweisungen, die sie erteilen, nicht gefallen, dann bleibt Ihnen immer die Möglichkeit, wieder zu gehen.« Wir würden es in diesen beiden Fällen deshalb nicht sagen, weil es sinnvolle Optionen jenseits des Rückzugs gibt, Alternativen, welche die Stellung der entscheidungsbefugten Amtspersonen und die Konzeption der Regeln betreffen, denen sie Geltung verschaffen.

Im Falle anderer Organisationsformen mag die Situation komplizierter sein. Nehmen wir das Beispiel, das Marx im Dritten Band des *Kapitals* benutzt, um das Wesen von Autorität – bei ihm die »Oberaufsicht und Leitung« – in einer Kooperativfabrik zu illustrieren. Kooperative Arbeit, so schreibt er, erfordert »einen kommandierenden Willen«, und er vergleicht diesen Willen mit dem eines Orchesterleiters.[25] Der Musikdirektor sorgt für eine Harmonie der Töne und, so scheint Marx gedacht zu haben, auch für eine Harmonie unter den Musikern. Der Vergleich ist allerdings insofern irritierend, als Musikdirektoren häufig unverkennbare Despoten sind. Soll ihr Wille wirklich »kommandierend« sein? Vielleicht ist dies ein Erfordernis, das darin begründet liegt, daß ein Orchester die von ihm gespielte Musik in einer einzigen gemeinsamen Interpretation zum Vortrag bringen muß. Im Unterschied dazu läßt sich über Arbeitskonzepte in einer Fabrik sehr viel leichter verhandeln. Aber auch die Mitglieder eines Orchesters müssen sich nicht in jedem Aspekt ihres gemeinsamen Lebens ihrem Dirigenten beugen. Selbst wenn sie sich im Spiel dem kommandierenden Willen ihres Leiters fügen, können sie in den Geschäftsangelegenheiten des Orchesters dennoch ein beträchtliches Mitspracherecht reklamieren.

Aber weder die Mitglieder eines Orchesters noch die Arbeiter einer Fabrik, auch wenn sie noch so viel Zeit miteinander verbringen, wohnen zusammen.

Vielleicht ist es die Trennung zwischen Wohnung und Arbeit, auf welche die Scheidelinie zwischen Politik und Wirtschaft zurückgeht. Pullman kombinierte und vermengte beide miteinander und unterwarf Stadtbewohner und Arbeiter dem gleichen Regiment. Aber ist denn alles schon gut, wenn die Bewohner einer Stadt über sich selbst bestimmen können und nur die Arbeiter der Besitzherrschaft unterworfen sind, wenn diese Bewohner Bürger und diese Arbeiter Metöken sind? Zweifellos und zu Recht gilt die Selbstbestimmung der Bewohner einer Stadt als ein primär wichtiges Gut – ein Umstand, aus dem sich erklärt, warum ein Hauswirt sehr viel weniger Macht über seine Mieter hat als ein Fabrikbesitzer über seine Arbeiter. Männer und Frauen müssen über den Ort, an dem sie leben, gemeinsam bestimmen können, sollen sie sich in ihrem eigenen Heim wohl und sicher fühlen. »A man's home is his castle«. Ich gehe davon aus, daß diese alte Maxime einen echten moralischen Imperativ ausdrückt. Was sie fordert, ist indes weniger die politische Selbstbestimmung als vielmehr der gesetzlich garantierte Schutz des häuslichen Sphäre – nicht nur vor ökonomischen, sondern auch vor politischen Eingriffen. Wir brauchen einen Ort, an den wir uns zurückziehen, an dem wir ausruhen und privat und (bisweilen) auch allein sein können. So wie ein Feudalherr sich auf seine Burg zurückzog, um über ihm zugefügte öffentliche Kränkungen nachzusinnen, so ziehe ich mich in mein Heim zurück. Aber die politische Gemeinschaft ist keine Ansammlung von Orten zum Nachdenken, oder zumindest ist sie nicht nur das. Sie ist auch ein Gemeinschaftsunternehmen, ein öffentlicher Ort, an dem wir alle miteinander über das Gemeinwohl diskutieren, an dem wir über gemeinsame Ziele entscheiden und uns über die Vertretbarkeit von Risiken streiten. All das fehlte in Pullmans Modellstadt so lange, bis die amerikanische Eisenbahnergewerkschaft sich Arbeitern und Bewohnern gleichermaßen als Disskussionsforum darbot.

Aus dieser Perspektive betrachtet scheint ein Wirtschaftsunternehmen einer Stadt recht ähnlich zu sein, selbst wenn – oder zum Teil auch weil – es dem privaten Heim so wenig gleicht. Es ist kein Ort der Ruhe und Intimität, sondern der kooperativen Aktion. Es ist kein Ort der Zurückgezogenheit, sondern der fortgesetzten aktiven Beschlußfassung. Wenn Hausbesitzer ihre politische Macht spielen lassen, dann sind es in der Regel ganze Familien, die sie zu spüren bekommen; nicht so im Falle von Unternehmensbesitzern; wenn sie ihre politische Macht in Zwang verwandeln, dann sind es Einzelindividuen, die davon betroffen sind. Theoretisch gesehen ist die erste Variante gewiß die schlimmere von beiden, doch unterscheidet diese Differenz die beiden Fälle in der Praxis nicht in signifikanter Weise voneinander, sondern stuft sie nur graduell voneinander ab. Einmischung und Zwang werden gleichermaßen durch einen tiefer liegenden Umstand ermöglicht – durch die Usurpation eines Gemeinschaftsunternehmens und die Verdrängung der kollektiven Entscheidungsfindung durch die Macht des Eigentums. Und weil dies so ist, vermag keine der vorgetragenen Standardrechtfertigungen so recht zu überzeugen. Pullman ließ ihre Schwächen in exemplarischer Weise sichtbar werden, als er erklärte, er regiere die in seinem Besitz befindliche Stadt exakt genauso, wie er die in seinem Besitz befindlichen Fabriken regiere. Tatsächlich ähneln die beiden Arten von Herrschaft einander sehr, indem sie beide auf das hinauslaufen, was wir gemeinhin unter autoritärer Politik verstehen. Wer sich das Recht anmaßt, Geldbußen aufzuerlegen, versieht die Arbeit der Steuerbehörde; und wer sich befugt sieht, Mieter aus ihren Wohnungen mittels Zwangsräumung hinauszuwerfen oder Arbeiter zu entlassen, fungiert (zumindest zum Teil) als Strafinstanz. Wenn Regeln und Verordnungen ohne öffentliche Diskussion durch ernannte anstelle von gewählten Beamten erlassen und durchgesetzt werden und es weder institutionalisierte Rechtsverfahren noch rechtmäßige Formen der Opposition, noch Kanäle für Mitbestimmung, ja noch nicht einmal für Protest gibt, dann ist die politische Führung autoritär. Wenn aber solche Herrschaftspraktiken für Städte untauglich sind, dann taugen sie auch nicht für Handelsunternehmen und Fabriken.

Stellen wir uns vor, Pullman oder seine Erben beschließen, ihre Fabrik/Stadt umzusiedeln. Die Anfangsinvestitionen sind abgeschrieben, ihr Blick fällt auf lukrativere Gefilde andernorts; oder sie haben einen neuen Plan, ein besseres Modell für eine neue Modellstadt im Kopf und möchten es ausprobieren. Die Entscheidung, sagen sie, liege allein bei ihnen, und zwar deshalb, weil Fabrik und Stadt ihnen allein gehörten. Weder die Bewohner von Pullman noch die Arbeiter werden um ihre Meinung gefragt. Aber wie kann dies Rechtens sein? Die Entwurzelung einer Gemeinschaft, eine erzwungene Migration großen Umfangs, die Vertreibung vieler Menschen aus ihren Wohnungen, in denen sie viele Jahre gelebt haben – all dies sind politische Verfügungen und Akte, und zwar von einer ganz extremen Art. Die Entscheidung bedeutet und ist Ausübung von Macht; und würden sich die Stadtbewohner alledem einfach fügen, dann hielten wir sie für Bürger, denen es an der nötigen Selbstachtung ermangelt. Wie aber steht es mit den Arbeitern?

Welche politischen Arrangements sollen die Arbeiter anstreben? Politische Herrschaft impliziert zweifellos ein gewisses Maß an Autonomie; es ist aber nicht sicher, ob Autonomie in einer einzelnen Fabrik oder auch in einer Firmengruppe wirklich herstellbar ist. Die Bürger einer Stadt sind auch die

Konsumenten — und von einigen gelegentlichen Besuchern abgesehen, sogar die einzigen Konsumenten — der von dieser Stadt produzierten Güter und Dienstleistungen. Anders die Arbeiter einer Fabrik, sie sind Produzenten von Gütern und Dienstleistungen, deren Konsumenten sie nur bisweilen, und auch dann niemals als einzige, sind. Darüber hinaus sind sie in enge ökonomische Beziehungen zu anderen Fabriken verstrickt, Fabriken, die ihre Abnehmer oder auf deren Produkte sie ihrerseits angewiesen sind. Wenn Privatbesitzer zueinander in Beziehung treten wollen, dann tun sie dies über den Markt. Der Theorie nach sind ökonomische Entscheidungen unpolitische Entscheidungen, die ohne die Intervention von politischen Autoritäten koordiniert werden. Wenn diese Theorie richtig wäre, dann bräuchten Arbeiterkooperativen sich einfach nur innerhalb des Netzes der Marktbeziehungen anzusiedeln. Tatsächlich geht die Theorie aber sowohl an den Absprachen, die die Privatbesitzer untereinander treffen, als auch an ihrer kollektiven Möglichkeit, die Unterstützung von Staatsvertretern zu erwirken, voll vorbei. Was also tun? Der angemessene Ersatz für diesen Markt ist eine auf nationaler wie auf lokaler Ebene organisierte Wirtschaftsdemokratie. Aber wie kann ausgerechnet Macht so verteilt werden, daß ihre Verteilung sowohl der notwendigen Autonomie von Handelsunternehmen und Fabrikbetrieben als auch ihrer in der Praxis erforderlichen Verknüpfung Rechnung trägt? Die Frage wird in der Literatur zum Thema Arbeiterkontrolle häufig aufgeworfen und in vielfältiger Weise beantwortet. Ich werde hier weder versuchen, zu einer neuen Antwort zu gelangen, noch möchte ich die Schwierigkeiten leugnen, die mit einem solchen Versuch verbunden sind. Ich möchte nur darauf insistieren, daß die Arrangements, die zur Praxis einer industriellen Demokratie, d.h. einer Wirtschaftsdemokratie, gehören, sich von denen, die für eine politische Demokratie erforderlich sind, nicht allzusehr unterscheiden. Wenn es sich nicht um unabhängige Stadtstaaten handelt, dann sind (große und kleine) Städte niemals völlig autonom; selbst über die von ihnen für den internen Konsum produzierten Güter und Dienstleistungen haben sie keine absolute Oberhoheit. In den Vereinigten Staaten sind sie heute eingebunden in eine föderale Struktur und in ein Regelwerk, das ihnen sagt, was sie in den Bereichen von Erziehung, Strafjustiz, Umweltnutzung usw. tun dürfen. Mit Fabriken und anderen Geschäftsunternehmen sollte nicht anders verfahren werden, auch sie müßten in dieser Weise in die Gesamtstruktur und ihr Regelwerk verwoben (und entsprechend besteuert) werden. In einer entwickelten Wirtschaft würden genau wie in einem entwickelten Staatswesen auf verschiedenen Organisationsebenen von verschiedenen Personengruppen verschiedene Entscheidungen getroffen. Die Teilung der Macht ist in beiden Fällen nur partiell eine Prinzipienfrage; sie ist ebensosehr eine Frage der konkreten Umstände und Erfordernisse.

Die Überlegungen, die angestellt werden müssen, wenn es sich um innerbetriebliche konstitutionelle Arrangements handelt, sehen nicht viel anders aus. Auch ihre Entwicklung und Ausgestaltung wird mit vielen Schwierigkeiten verbunden sein. Es wird hier ebensoviele Fehlstarts und Fehlversuche geben, wie es sie in der Geschichte der Städte gegeben hat. Auch sollten wir nicht auf ein singuläres, allüberall passendes Universalarrangement setzen. Direkte Demokratie, proportionale Repräsentation, Wahlkreise, in denen je ein Abgeordneter gewählt wird, Mandatsträger und unabhängige Repräsentanten, Zwei- und Einkammersysteme, Stadtdirektoren, Lenkungsausschüsse, öffentliche Körperschaften — die politischen Entscheidungsstruktruren sind vielfältig und werden es auch weiterhin sein. Wichtig ist jedoch, daß wir wissen, daß es sich bei den jeweils getroffenen Entscheidungen um politische Entscheidungen handelt, um die Ausübung von Macht und nicht um die freie Nutzung von Eigentum.

Es gibt heute zahllose Männer und Frauen, die Unternehmen vorstehen, in denen Hunderte und Tausende ihrer Mitbürger arbeiten, Männer und Frauen, die das Arbeitsleben ihrer Mitbürger dirigieren und kontrollieren und deren Selbstverständnis sich von dem, das Pullman von sich hatte, nicht um ein Jota unterscheidet. Ich bestimme über diese Leute in der gleichen Weise, so sagen sie, in der man über die Dinge bestimmt, die einem gehören. Wer so spricht, irrt. Er mißversteht und mißdeutet die Vorrechte von Besitzerschaft (die Privilegien von Unternehmensgründung, Kapitalinvestition und Risikoübernahme) und erhebt Anspruch auf eine Art von Macht, auf die er kein Anrecht hat.

Mit diesen Feststellungen soll die große Bedeutung unternehmerischer Aktivität keineswegs geleugnet werden. In Betrieben wie in Städten werden Persönlichkeiten von der Art eines George Pullman dringend gebraucht, Menschen voller Energie und Ideen, bereit zur Innovation und zur Übernahme von Risiken und ausgestattet mit der Fähigkeit, große Projekte zu organisieren. Es wäre töricht, ein System zu schaffen, das sie nicht förderte. Wir haben nichts davon, wenn sie nur in ihren Burgen sitzen und grübeln. Dennoch gibt nichts von dem, was sie tun, ihnen das Recht, über den Rest von uns zu bestimmen, es sei denn, es gelingt ihnen, unsere Zustimmung dazu zu gewinnen. Mit anderen Worten: Ist ein gewisser Punkt in der Unternehmensentwicklung erreicht, muß der Betrieb der unternehmerischen Kontrolle entzogen und im Einklang mit der herrschenden (demokratischen) Vorstellung davon, wie Macht zu verteilen sei, sozusagen politisch organisiert oder reorganisiert werden. Es wird immer wieder gesagt, daß Wirtschaftsunternehmer keine Initiative entwickelten, wenn sie nicht hoffen dürften, die von ihnen gegründeten Unternehmen auch zu besitzen. Aber das ist so, wie wenn man sagte, daß niemand nach göttlicher Gnade oder Erleuchtung streben werde, wenn er nicht hoffen könne, in den Erbbesitz einer Kirche oder eines »heiligen Gemeinwesens« zu gelangen, oder daß niemand ein neues Krankenhaus oder eine Versuchsschule gründen werde, der nicht die Absicht habe, sie an seine Kinder weiterzugeben, oder daß niemand eine politische Innovation und Reform finanziell fördern werde, wenn er nicht die Chance habe, damit Mitbesitzer des Staates zu werden. Besitzerschaft ist aber nicht das einzige Movens politischen oder religiösen Lebens und Wirkens, vielmehr gibt es auch andere, nicht minder attraktive und vielleicht sogar verlockendere Ziele. Wäre die Stadt, die Pullman begründete, in sich gelungener gewesen, dann hätte er vielleicht jenes öffentliche Ansehen erringen können, das Männern und Frauen bisweilen als das oberste Ziel menschlichen Handelns gilt. Wenn er daneben auch nach politischer Macht strebte, dann hätte er als Bürgermeister kandidieren müssen.

Das demokratische Bürgerrecht

Wenn wir der Besitzerschaft, dem Expertentum, der religiösen Erleuchtung usw. erst einmal den ihnen zukommenden Platz angewiesen und ihre Autonomie institutionalisiert haben, dann gibt es in der Sphäre der Politik zur Demokratie keine Alternative mehr. Das einzige, was undemokratische Regierungsformen zu erklären vermag, ist eine undifferenzierte Vorstellung von sozialen Gütern – etwa von der Art, wie Theokraten und Plutokraten sie haben mögen. Selbst ein Militärregime, das auf nichts anderem zu basieren scheint als auf der Bejahung von Gewalt, muß einen tieferen Anspruch geltend machen, den Anspruch nämlich, daß militärische Gewalt und politische Macht in Wirklichkeit ein und dasselbe seien, daß Männer und Frauen nur auf der Basis von Drohung und physischem Zwang regiert werden könnten, und daß die Macht deshalb (falls jene sie noch nicht an sich gerissen haben) in die Hände der effizientesten Militärs zu legen sei. Dies ist zugleich ein Plädoyer für das Fachwissen, denn es ist nicht irgendein Soldat, der da herrschen soll, sondern derjenige Krieger, der es am besten versteht, seine Truppen zu organisieren und seine Waffen zu gebrauchen. Aber wenn wir die militärische Gewalt etwas enger fassen, so wie Platon es tat, als er die Wächter den Philosophen unterstellte, dann können wir auch der Militärherrschaft Grenzen setzen. Der beste Soldat bestimmt über die Armee, aber nicht über den Staat. Und wenn wir die Philosophie etwas enger fassen, als Platon es tat, dann werden wir zu dem Schluß gelangen, daß die besten Philosophen zwar unser Denken regieren, nicht aber über unsere Personen herrschen dürfen.

Die Bürger müssen sich selbst regieren. »Demokratie« ist der schlichte Name für eine solche Regierungs- und Herrschaftsform, doch was der Begriff beschreibt, ist alles andere als ein einfaches System; auch bedeutet Demokratie nicht dasselbe wie einfache Gleichheit. Tatsächlich kann Herrschaft niemals auf eine simple Weise egalitär sein; denn es geschieht andauernd, daß eine Einzelperson oder eine Gruppe in einer bestimmten Frage eine Entscheidung treffen und durchsetzen müssen, die von anderen Personen oder Personengruppen hingenommen und in ihrer Auswirkung ertragen werden muß. Demokratie impliziert eine bestimmte Form sowohl der Zuweisung von Macht als auch der Legitimierung ihres Gebrauchs — oder präziser, sie ist die politische Form der Machtallokation. Extrinsischen Gründen kommt dabei kein Gewicht zu. Was zählt, ist allein die Diskussion unter den Bürgern. De facto setzt die Demokratie einen Preis aus auf Sprachvermögen, Überzeugungskraft und rhetorisches Geschick. Im Idealfall ist es so, daß der Bürger, der das überzeugendste Argument vorträgt — d.h., der mit seiner Argumentation die meisten anderen Bürger überzeugt —, sich durchsetzt. Er kann dabei aber weder Gewalt anwenden noch seinen Rang ausspielen, noch Geld verteilen, sondern er muß über die anliegenden Probleme sprechen. Und alle seine Mitbürger müssen mitdiskutieren oder zumindest die Chance haben, es zu tun. Es ist jedoch nicht nur die Inklusivität, das Miteinbegriffensein aller, die eine demokratische Herrschaft ausmacht. Nicht minder wichtig ist, was wir die Herrschaft der Vernunftgründe nennen könnten. Bürger kommen auf den Marktplatz mit nichts als ihren Argumenten. Alle nichtpolitischen Güter müssen sie zuhause lassen, Waffen und Geldbörsen ebenso wie Titel und Grade.

Demokratie ist nach Thomas Hobbes »nichts anderes als eine Aristokratie von Rednern, die manchmal durch die zeitweilige Alleinherrschaft *eines* Redners unterbrochen wird.«[26] Hobbes dachte, als er dies sagte, an die athenische Volksversammlung und an Perikles. Unter modernen Verhältnissen wäre an eine sehr viel größere Vielfalt von Diskussionsforen — Ausschüssen, Wahlversammlungen, Parteien, Interessengruppen usw. – und damit auch an eine sehr viel größere Vielfalt von rhetorischen Stilen zu denken. Der große Einzelredner hat seine Dominanz längst verloren. Dennoch dürfte Hobbes recht gehabt haben, wenn er darauf insistierte, daß die einzelnen Bürger an der Entscheidungsfindung mehr oder weniger massiv zu beteiligen seien. Gewiß, einige von ihnen sind tatkräftiger, haben mehr Einfluß als andere; aber wäre dem nicht so, hätten alle Bürger tatsächlich genau gleich viel Einfluß, wie würden dann überhaupt jemals klare und eindeutige Entscheidungen zustande kommen? Wenn die Bürger ihr Recht selber setzen sollen, dann müssen ihre Diskussionen irgendwann und irgendwie in ein *Gesetz* einmünden. Und wiewohl sich in diesem Gesetz eine Vielzahl von Kompromissen widerspiegeln werden, wird es in seiner endgültigen und letzten Fassung immer noch den Wünschen einiger Bürger mehr entsprechen als denen anderer. Eine vollkommen demokratische Entscheidung dürfte den Wunschvorstellungen derjenigen Bürger am nächsten kommen, die das größte politische Geschick zu entwickeln vermögen. Demokratische Politik ist ein Monopol von Politikern.

Das athenische Lossystem

Eine Möglichkeit, dieses Monopol zu vermeiden, besteht darin, daß man Amtsträger mittels Losverfahren bestimmt. Das Resultat ist einfache Gleichheit in der Amtssphäre, und ich habe einige ihrer modernen Versionen auch bereits erörtert. Aber es lohnt sich, für einen Moment den Blick auf das athenische Beispiel zu richten, weil es am klarsten zeigt, wie politische Macht sich dieser Art von Gleichheit immer wieder entwindet. Damit soll der eindrucksvolle Egalitarismus der athenischen Demokratie keineswegs geleugnet werden. Ein großer Kreis von Amtsträgern wurde per Los ermittelt und mit wichtigen Staatsaufgaben betraut. Daß sie sich auch einer Art von Prüfung unterziehen mußten, ehe sie ihre Posten antreten konnten, lag allein daran, daß man sicherstellen wollte, daß die potentiellen Amtsinhaber angesehene Bürger waren, die ihren politischen und familiären Verpflichtungen nachkamen. Und so interessierte bei den Prüfungsfragen, die für alle Bürger und alle Ämter die gleichen waren, denn auch »keineswegs die (individuelle) Befähigung für das Amt, für das der Kandidat per Los ausgewählt worden war.«[27] Diese Befähigung, so wurde angenommen, besaßen alle Bürger, eine Annahme, die voll gerechtfertigt gewesen zu sein scheint; jedenfalls wurde die Arbeit von einer Abfolge von zufällig mittels Los ausgewählten Personen in effektiver Manier verrichtet.

Die wichtigsten Ämter — Ämter, die eine außergewöhnliche Besonnenheit und Klugheit auf seiten ihrer Träger erforderten — wurden dennoch nicht auf diese Weise vergeben. Und was noch wichtiger war, auch Gesetze und politische Konzepte wurden nicht nach diesem Muster beschlossen. Niemand kam jemals auf den Gedanken, jeder Bürger solle das Recht haben, politische Konzepte oder Gesetzentwürfe für eine allgemeine Lotterie zu »nominieren.« Über gemeinschaftliche Ziele und Risiken in dieser Weise zu entscheiden, wäre den Athener Bürgern als unverantwortlich und viel zu beliebig erschienen. Statt dessen erörterte die Volksversammlung die verschiedenen Vorschläge, oder genauer, die Redneraristokratie diskutierte sie, während die Masse der Bürger zuhörte und am Ende der Diskussion abstimmte. Was das Los verteilte, war administrative Macht, nicht aber politische Macht im strengen Sinne des Wortes.

Diskussion und Stimmabgabe, sie sind die Basis, auf der politische Macht in einer Demokratie verteilt wird. Aber ist nicht die Stimme selbst eine Art von Macht, verteilt nach dem Prinzip der einfachen Gleichheit? Eine Art von Macht vielleicht schon, aber eine völlig andere als die Kompetenz, über Risiken und Ziele zu bestimmen. Wir können hier ein weiteres Mal sehen, wie das Prinzip der einfachen Gleichheit die von ihm regierten Güter entwertet. Eine einzige Stimme repräsentiert, wie Rousseau sagt, »nur den 1/n Teil der oberherrlichen Gewalt«.[28] In einer Oligarchie ist das ein erheblicher Anteil; in einer Demokratie, und speziell in einer modernen Massendemokratie, ist dieser Anteil nur sehr klein. Und dennoch ist die Stimme doppelt wichtig: einmal, weil sie als Symbolträger für Mitgliedschaft fungiert, und zum andern, weil sie dieser einen konkreten Inhalt gibt. Ein Bürger/eine Stimme ist das funktionale Äquivalent in der Sphäre der Politik zum Prinzip des Einschlusses und der Gleichbeachtung aller Staatsbürger in der Amtsphäre und zur Garantie eines Schulplatzes für jedes Kind in der Sphäre der Erziehung. Die Stimme ist das Fundament aller distributiven Aktivität und der unverrückbare Rahmen, innerhalb dessen Entscheidungen vorgenommen werden müssen. Doch müssen diese Entscheidungen auch tatsächlich getroffen werden; und wie sie ausfallen, hängt nicht von einzelnen Stimmen, sondern von deren Akkumulation ab — d.h. von Einflußnahmen, Überredungen, Pressionen, Unterhandlungen, Zusammenschlüssen usw. Durch ihre Beteiligung an solchen Aktivitäten üben Politiker, ob sie nun als Führer oder als Mittelsmänner auftreten, politische Macht aus.

Parteien und Vorwahlen

Macht und Überzeugungskraft »gehören zusammen«; und so sind Politiker solange keine Tyrannen, wie ihre Kompetenzen entsprechend begrenzt und ihre Überzeugungskraft nicht auf die »Sprache des Geldes« oder die Hochachtung vor Abkunft und Geblüt gegründet sind. Dennoch haben Demokraten immer ein gewisses Mißtrauen gegen Politiker gehegt und nach Wegen gesucht, die einfache Gleichheit in der Sphäre der Politik erfolgreicher zu verankern. Wir könnten z.B. den redegewandtesten unter unseren Mitbürgern ein Handicap auferlegen, indem wir die Zahl ihrer Diskussionsbeiträge limitierten oder von ihnen verlangten, Demosthenes' Sprechübungen am Meeresstrand folgend, bei Großversammlungen mit Kieselsteinen im Mund zu sprechen.[29] Oder realistischer, wir könnten auf Großversammlungen gänzlich verzichten, sie sozusagen abschaffen, und die von Politikern als Podium für die Entfaltung ihrer Überzeugungskraft organisierten Vereine und Parteien ächten bzw. verbieten. Dies ist die Intention der Rousseauschen Einlassung, daß Staatsbürger zu guten Entscheidungen gelangen würden, »hätten (sie) bei der Beschlußfassung eines hinlänglich unterrichteten Volkes ... keine feste Verbindung untereinander«. Jeder Staatsbürger würde dann »nur für seine Überzeugung eintreten«. Überzeugungskraft oder organisationeller Einfluß hätten kein Wirkungsfeld, Rhetorik und Konferenzgeschick würden nicht prämiert; an die Stelle einer Redneraristokratie träte eine genuine Demokratie von Bürgern.[30] Aber wer würde »das Volk hinlänglich unterrichten«? Und was hätte zu geschehen, wenn es zu Meinungsverschiedenheiten darüber käme, was eine »hinlängliche« Unterrichtung sei?

De facto ist Politik ebenso unvermeidlich, wie Politiker unvermeidlich sind. Selbst wenn wir nicht miteinander sprechen, dann muß irgend jemand zu uns allen sprechen, und zwar nicht nur, um uns mit Fakten und Zahlen zu versorgen, sondern auch, um Positionen zu verteidigen. Die moderne Technologie macht so etwas in etwa möglich, indem sie den einzelnen Bürger in direkten oder scheinbar direkten Kontakt mit politischen Entscheidungen und Ämterkandidaten bringt. So könnten wir z.B. Druckknopf-Referenden zu wichtigen Fragen organisieren, bei denen die Bürger bei sich zuhause in ihren Wohnzimmern vor dem Fernsehapparat säßen und, den Finger auf der privaten Stimmabgabetaste, nur mit ihren Ehepartnern diskutierten. Auch nationale Nominierungen und Wahlen könnten in dieser Weise vonstatten gehen: Fernsehdebatte und Instantabstimmung. Dies ist so etwas wie einfache Gleichheit in der Sphäre der Politik (trotz der Leute, die da am Fernsehen diskutieren). Aber ist es auch Machtausübung? Ich halte ein solches Verfahren eher für einen weiteren Fall von Werterosion — eine falsche und letztlich entwürdigende Form der Partizipation an der Entscheidungsfindung.

Vergleichen wir für einen Moment Vorwahl und Parteiversammlung miteinander, zwei sehr verschiedene Methoden, Präsidentschaftskandidaten zu küren. Demokraten und Verfechter der Gleichheit haben mehr Vorwahlen gefordert, mehr sogenannte offene Vorwahlen (bei denen die Wähler frei entscheiden können, bei welcher Partei sie sich an der Wahlkandidatensuche beteiligen wollen), veranstaltet eher auf regionaler oder nationaler Ebene als auf bundesstaatlicher. Der Zweck besteht auch hier darin, den Einfluß von Parteiorganisationen, Funktionären, eingefleischten Politikern usw. auf ein Minimum zu reduzieren und den des je einzelnen Bürgers auf ein Maximum zu steigern. Der erste Effekt läßt sich mit diesem Konzept ganz gewiß erzielen. Von dem Moment an, da Vorwahlen, und vor allem offene Vorwahlen, institutionalisiert sind, verlieren bundesstaatliche und lokale Organisationen an Einfluß und Macht. Der Kandidat spricht zu seinen potentiellen Wählern nicht aus dem Gehäuse einer wohlgegliederten Struktur heraus, sondern über die Massenmedien. Er verhandelt nicht mit Lokalgrößen, spricht nicht vor Parteiausschüssen und geht keine Bündnisse mit etablierten Interessengruppen ein. Sein Bemühen ist darauf ausgerichtet, Stimmen zu werben, wobei er versucht, jeden einzelnen registrierten Wähler, sozusagen einen um den andern, für sich zu gewinnen, ganz gleich, wie stark dessen Bindung an die Partei, wie tief seine Loyalität ihren Programmen gegenüber oder wie groß seine Einsatzbereitschaft im Wahlkampf sind. Umgekehrt sehen und erleben die Stimmberechtigten den Kandidaten nur auf dem Bildschirm, wo er gleichsam freischwebend und ohne politische Vermittlung agiert. Die Stimmabgabe ist aus dem Kontext von Parteien und Plattformen herausgelöst; sie gleicht mehr einem Spontankauf als einer politischen Entscheidungsfindung.

Eine Vorwahlkampagne in den Vereinigten Staaten ähnelt derzeit einem Kommandoüberfall. Der Kandidat und sein persönliches Gefolge fallen zusammen mit einigen ihm politisch zugetanen Fachexperten, Werbeleuten, Kosmetikern für Gesicht und Geist in einen Staat ein, schlagen hier eine kurze Schlacht und sind wieder weg. Lokaler Bindungen bedarf es nicht. Basisorganisationen und Rückhalt bei örtlichen Notabeln sind überflüssig. Das ganze Geschäft ist enorm anstrengend für die paar wenigen Leute, die für einen Moment irgendwo auftauchen, um sogleich wieder zu verschwinden; während die Bewohner des Staates bloße Zuschauer sind, die sich irgendwann auf wundersame Weise in Bürger-Souveräne verwandeln, die mittels Stimmabgabe ihre Favoriten küren. Anders die Parteipolitik, sie ist kein plötzlicher Überfall, sondern ein langanhaltender Kampf. Wiewohl durch Wahlen kontrapunktisch unterbrochen, ist ihr Tempo sehr viel ruhiger als das einer Vorwahlkampagne; sie erfordert Verbindlichkeit und Ausdauer. Mehr Menschen sind dauerhafter darin involviert; aber es sind auch nur diese Involvierten, die die wichtigen Entscheidungen treffen, indem sie die Kandidaten der Partei bestimmen und ihr Programm in Parteiausschüssen und auf Parteikonferenzen erarbeiten. Wer zuhause sitzt, entscheidet nicht mit, ist aus dem Geschehen ausgeschlossen. Parteipolitik ist eine Sache von Versammlungen und Diskussionen; zu diesen Versammlungen zu gehen und die dort vorgetragenen Argumente zu hören, ist entscheidend wichtig. Passive Bürger betreten die Bühne erst später; sie erscheinen dort nicht, um Kandidaten zu nominieren, sondern um unter den Nominierten auszuwählen.

Parteiausschüsse und -konvente gelten im Vergleich zu Vorwahlen gemeinhin als weniger egalitär, doch geht diese Sichtweise an der tieferen Wahrheit vorbei. In Wirklichkeit ist es so, daß die intensiveren Formen der Partizipation die Distanz zwischen Führer und Gefolgschaft verringern und der Diskussion einen zentralen Platz sichern — jener Diskussion, ohne die politische Gleichheit sehr schnell zu einer inhaltsleeren Verteilungsform degeneriert. Kandidaten, die von Parteiausschüssen und -konventen gewählt werden, sind mit Sicherheit mehr Menschen besser bekannt, als in Vorwahlen ermittelte Kandidaten dies sein können. Denn im Unterschied zu den letzteren sind die ersteren aus der Nähe und ohne Schminke zu sehen, sie haben im Bezirk gearbeitet, Stellung zu dort anstehenden Fragen bezogen, sich in konkreter Weise bestimmten Männern und Frauen gegenüber zur Gemeinsamkeit verpflichtet. Ihr Sieg wird der Sieg der Partei sein, d.h., sie werden Macht in eher kollektiver Manier ausüben — weniger *über* ihre Anhänger als vielmehr *mit* ihnen. Parteiausschüsse und -konvente sind es, die den entscheidenden Rahmen für die Verhandlungen bilden, die diesem Streben nach Gemeinsamkeit Gestalt verleihen und die die verschiedenen Kräfte der Partei — Notabeln, Funktionäre, Sektierer, Radikale — zu einer größeren Gemeinschaft vereinen. Schlechtestenfalls erwächst daraus eine Politik der Lokalgrößen (nicht der nationalen Berühmtheiten, die das Vorwahlsystem braucht und produziert); bestenfalls handelt es sich um eine Politik von Parteiorganisatoren, -aktivisten und -kämpfern, die zu Versammlungen gehen, Streitfragen diskutieren und Kompromisse aushandeln. Vorwahlen sind wie Wahlen: Jeder Bürger ist ein Wähler, und jeder Wähler ist dem andern gleich. Aber alles, was diese stimmberechtigten Wähler tun, besteht darin, daß sie ihre Stimme abgeben. Parteiausschüsse und -konvente sind wie Parteien: Bürger kommen im Besitz der Macht, die sie aufzubieten haben, und dieses Machtaufgebot verstrickt sie tiefer in den politischen Prozeß, als die singuläre Stimmabgabe dies jemals tun kann. Der Bürger/Wähler ist für den Bestand der Demokratie und einer demokratischen Politik unverzichtbar; aber ohne Bürger/Politiker lebt diese Demokratie nicht, gerät ihre Integrität in Gefahr.

Wer für die massiveren Formen von Partizipation plädiert, plädiert zugleich für komplexe Gleichheit. Zweifellos kann Partizipation breit verteilt sein, wie sie es z.B. im Geschworenenausschuß ist. Aber selbst wenn die Geschworenen per Los bestimmt werden, und selbst wenn jedes Mitglied im Ausschuß eine und nur eine Stimme hat, funktioniert das Ganze mehr wie ein Parteiausschuß oder eine Parteikonferenz als wie eine Vorwahl. Der Gerichtsraum ist es, der den Rahmen abgibt für die ungleiche Ausübung von Macht. Da einige Mitglieder ein größeres rhetorisches Geschick, mehr persönlichen Charme oder moralisches Gewicht besitzen oder auch nur mehr Sturheit aufweisen als andere, wird sich ihre Sichtweise im Urteil stärker niederschlagen. Wir könnten solche Menschen insofern als »natürliche Führer« ansehen, als ihre Führerschaft sich nicht an ihre Vermögenslage, ihre Herkunft oder auch nur an ihre Bildung knüpft, sondern sozusagen aus dem politischen Prozeß selbst erwächst. Wenn Geschworene niemals zusammensäßen oder miteinander sprächen, sondern nur den Argumenten der Anwälte lauschten, ihre eigenen Gedanken dächten und dann abstimmten, würden jene »natürlichen Führer« niemals in Erscheinung treten. Die Macht der passiveren Geschworenen würde durch ein solches Procedere sicherlich vergrößert; ob die Urteile besser oder schlechter wären, ich weiß es nicht. Ich vermute jedoch, daß das Geschworenengericht als Ganzes entwertet würde, und daß einzelne Geschworene ihre Funktion minder hoch einschätzen; gehen wir doch gemeinhin davon aus, daß die Wahrheit sich aus der Diskussion ergibt – so, wie wir davon ausgehen, daß sich die politische Linie aus dem Für und Wider der politischen Debatte herauskristallisiert. Und es ist besser und befriedigender, sich an den Diskussionen und Debatten – selbst als Ungleicher – zu beteiligen, als sie um der einfachen Gleichheit willen schlicht abzuschaffen.

Demokratie setzt gleiche Rechte voraus, nicht gleiche Macht. Rechte sind hierbei die garantierten Möglichkeiten, minimale Macht (das Stimmrecht) auszuüben oder zu versuchen, größere Macht zu erringen (mittels Rede-, Versammlungs- und Petitionsrecht). Demokratietheoretiker präsentieren den guten Bürger gemeinhin als jemanden, der beständig versucht, mehr Macht zu erringen und auszuüben, wenn auch nicht notwendig in seinem eigenen Interesse. Er hat Prinzipien, Ideen und Programme, und er kooperiert mit gleichgesinnten Männern und Frauen. Gleichzeitig sieht er sich in einen heftigen, bisweilen erbitterten Streit mit anderen Personengruppen verwickelt, deren Mitglieder ihrerseits ebenfalls ihre eigenen Prinzipien, Ideen und Programme verfechten. Vermutlich genießt er den Streit, den »wild antagonistischen« Charakter des politischen Lebens, die Gelegenheit zu öffentlichem Handeln.[31] Sein Ziel ist, zu gewinnen — d.h., eine Macht *ohnegleichen* auszuüben. In der Verfolgung dieses Ziels nutzen er und seine Freunde alle Vorteile aus, über die sie verfügen. Sie machen heftigen Gebrauch von ihren rhetorischen Fähigkeiten und ihrer organisationellen Kompetenz; sie spielen Parteiloyalitäten aus und erinnern an gemeinsam durchgestandene alte Kämpfe; sie suchen Unterstützung bei allseits anerkannten oder öffentlich ausgezeichneten Persönlichkeiten. All das ist absolut legitim (solange Anerkennung sich nicht direkt in politische Macht übersetzt. Wir statten Personen, die wir ehren, deshalb noch lange nicht mit einer Doppelstimme oder einem öffentlichen Amt aus). Nicht legitim wäre hingegen — aus Gründen, die ich bereits dargelegt habe —, wenn es bestimmten Bürgern gelänge, ihre politischen Kämpfe deshalb zu gewinnen, weil sie persönlich reich sind, weil finanzkräftige Gönner hinter ihnen stehen, oder weil sie mächtige Freunde und Verwandte in der an der Macht befindlichen Regierung haben. Es gibt Ungleichheiten, die im Zuge von politischer Aktivität genutzt werden dürfen, und es gibt Ungleichheiten, für die dies nicht gilt.

Nicht legitim — und dies ist sogar noch wichtiger — wäre auch, wenn die Sieger, nachdem sie gewonnen haben, ihre ungleiche Macht dazu gebrauchten, die Stimm- und Partizipationsrechte der Verlierer zu beschneiden. Sie können zu Recht sagen: weil wir so und so argumentiert und uns organisiert, weil wir die Menge überzeugt und die Wahl gewonnen haben, werden wir über euch herrschen. Doch wäre es tyrannisch, würden sie erklären: wir werden dies für immer und ewig tun. Politische Rechte sind Dauergarantien; sie untermauern einen Prozeß, der keinen Endpunkt hat, eine Argumentation, die keinen endgültigen Schluß kennt. In der demokratischen Politik sind alle Ziele temporäre Ziele. Kein Bürger kann jemals von sich behaupten, er habe seine Mitbürger ein für alle Mal überzeugt. Zum einen kommen ständig neue Bürger hinzu, zum andern haben die alten immer das Recht, die Diskussion neu zu eröffnen — oder sich einer Argumentation anzuschließen, welcher sie sich bis dahin verweigert haben (oder auch nur endlos zu kiebitzen). All das bedeutet komplexe Gleichheit in der Sphäre der Politik. Es ist nicht die Macht selbst, die alle miteinander teilen, es sind die Chancen und Möglichkeiten, Macht zu erlangen. Jeder Bürger ist ein potentieller Teilhaber an der Macht, ein potentieller Politiker.

Diese Potentialität ist die notwendige Voraussetzung für die Selbstachtung des Bürgers. Da ich den Zusammenhang zwischen Bürgerrecht und Selbstachtung bereits dargelegt habe, möchte ich hier nur noch ein kurzes Fazit ziehen: Der Bürger achtet sich selbst als jemand, der, wenn seine Prinzipien es erfordern, fähig ist, sich am politischen Kampf zu beteiligen, mit anderen Bürgern zu kooperieren und in der Ausübung von und im Streben nach Macht mit ihnen zu konkurrieren. Und er achtet sich darüber hinaus als jemand, der fähig ist, der Verletzung seiner Rechte Widerstand entgegenzusetzen, nicht nur in der politischen Sphäre, sondern auch in allen anderen Distributionssphären. Widerstand ist selbst eine Form von Machtausübung, während Politik die Sphäre ist, von der aus alle anderen Sphären reglementiert werden. Die zufällige oder willkürliche Ausübung von Macht erzeugt keine Selbstachtung – der Grund, weshalb eine auf der Basis von Knopfdruck-Partizipation betriebene Politik moralisch unbefriedigend bleibt. Der Bürger muß willens und fähig sein, zur gegebenen Zeit gemeinsam mit seinen Mitbürgern zu beratschlagen und nachzudenken, ihnen zuzuhören und von ihnen gehört zu werden und für das, was er sagt und tut, die Verantwortung zu übernehmen. Willens und fähig übrigens nicht nur in Staaten und Städten, sondern allüberall dort, wo Macht ausgeübt wird, also auch in Handelsunternehmen und Fabriken, in Gewerkschaften, Berufsverbänden usw. Der Macht auf nationaler oder auf lokaler Ebene dauerhaft beraubt, geht er, dieser Bürger, dieses Selbstverständnisses verlustig. Daher die Umkehrung der Maxime von Lord Acton, die einer Vielzahl von Politikern und Autoren des 20. Jahrhunderts zugeschrieben wird: »Macht korrumpiert, aber Machtlosigkeit korrumpiert noch mehr.«[32] Dies ist eine Erkenntnis, die meiner Meinung nach nur in einem demokratischen System reifen kann, in einem System nämlich, in dem das Gefühl von potentieller Macht als eine Form von moralischer Gesundheit (und nicht etwa von drohender politischer Subversion) verstanden werden kann. Bürger ohne Selbstachtung träumen von tyrannischer Rache.

Die in den Vereinigten Staaten von heute allgemeinste Form von Machtlosigkeit gründet in der Vorherrschaft des Geldes in der Sphäre der Politik. Das Endlosdrama um Macht und Besitz, die politische Erfolgsstory von den Reichen, in Szene gesetzt und auf jeder Sozialbühne immer neu aufgeführt, hat im Lauf der Zeit eine tiefe und durchdringende Wirkung erzielt. Bürger ohne Geld teilen miteinander eine tiefe Überzeugung davon, daß sie sich von der Politik nichts, aber auch gar nichts erhoffen können. Dies ist ein praktisches Wissen, das die Erfahrung sie lehrt und das sie an ihre Kinder weitergeben. Mit ihm einher gehen Passivität, Unterwürfigkeit und Groll.[33] Aber auch hier müssen wir darauf achten, daß unser Verständnis von dem Circulus, der von der Machtlosigkeit zum Verlust der Selbstachtung führt und weiter zu einem immer umfassenderen Machtverlust usw., nicht zu eng ausfällt. Denn der Kampf gegen die Übermacht des Geldes, gegen die Verquickung von Reichtum und Macht, ist möglicherweise der subtilste und vornehmste Ausdruck von Selbstachtung in unserer Zeit. Und die Parteien und Bewegungen, die diesen Kampf organisieren und vorantragen, sind der Nährboden, auf dem der sich selbst achtende Bürger gedeiht. Der Kampf ist selbst eine Verneinung der Machtlosigkeit, eine Verwirklichung staatsbürgerlicher Tugend. Was macht ihn möglich? Ein Hoffnungsschimmer, erzeugt vielleicht durch eine soziale oder eine wirtschaftliche Krise, ein gemeinsames Verständnis von politischen Rechten, ein in der Kultur (nicht in jeder Kultur) latent vorhandener Drang zur Demokratie.

Zu sagen, ein Sieg in diesem Kampf sei eine Garantie für Selbstachtung, wäre indes absolut falsch. Wir können Rechte anerkennen und Macht verteilen, oder zumindest die Gelegenheiten zur Machtentwicklung, aber wir können nicht das stolze Agieren garantieren, dem jene Rechte und Gelegenheiten den Boden bereiten. Sind alle unrechtmäßigen Dominanzen beseitigt, dann ist die demokratische Politik eine permanente Aufforderung, öffentlich zu handeln und sich selbst als einen Bürger zu begreifen, der fähig ist, sich für bestimmte Ziele zu entscheiden und die für ihn und andere damit verbundenen Risiken zu tragen, und der auch fähig ist, die Distributionsgrenzen zu überwachen und eine gerechte Gesellschaft funktionsfähig zu erhalten. Es gibt aber keine Möglichkeit sicherzustellen, daß Sie oder ich oder irgend jemand sonst die gebotene Gelegenheit auch wirklich ergreifen. Dies, so vermute ich, ist die profane Version der Lockeschen Sentenz, niemand könne zu seinem Heil gezwungen werden. Anders als das Seelenheil hängen Bürgerrecht und Bürgerstatus jedoch von bestimmten öffentlichen Arrangements ab, die zu beschreiben ich versucht habe. Und die Herrschaft des Bürgerrechts ist im Unterschied zur Herrschaft der Gnade (oder des Geldes, des Amtes, von Erziehung und Bildung oder Geburt und Geblüt) nicht tyrannisch; im Gegenteil, sie ist das Ende von Tyrannei.

13. Kapitel
Tyranneien und gerechte Gesellschaften

Die Relativität und die Nichtrelativität von Gerechtigkeit

Obschon ich weiß, daß die beste Beschreibung von distributiver Gerechtigkeit eine Beschreibung ihrer Komponenten in Gestalt von Sozialgütern und Distributionssphären ist, möchte ich nun den Blick doch aufs Ganze richten. Dabei sind es drei Dinge, die mich an dieser verteilenden Gerechtigkeit besonders interessieren: erstens ihr relativer Charakter; zweitens die Form, die sie in meiner eigenen, der amerikanischen, Gesellschaft annimmt; und drittens die Stabilität dieser Form. Diese drei Punkte werden meine Darlegungen beschließen. Ich werde nicht versuchen, der Frage nachzugehen, ob Gesellschaften mit einer gerechten Güterverteilung auch gute Gesellschaften sind. Zweifellos ist Gerechtigkeit besser als Tyrannei; aber ob diese gerechte Gesellschaft besser ist als jene, weiß ich nicht zu sagen. Und ob es überhaupt ein spezielles Verständnis und, in seinem Gefolge, eine spezielle Verteilung von sozialen Gütern gibt, die als solche *gut* sind, dies ist eine Frage, mit der ich mich in diesem Buch nicht beschäftigt habe. Und so kommt denn auch der Idee des Guten in meinen Überlegungen zur Gerechtigkeit keine spezielle Bedeutung im Sinne eines Leitgedankens zu.

Gerechtigkeit ist kein absoluter, sondern ein relativer Begriff, dessen je konkreter Inhalt in Relation steht zu bestimmten sozialen Zielen und Sinngehalten. Tatsächlich läßt sich die Relativität des Begriffes ebensosehr aus der klassischen nichtrelativen Definition von Gerechtigkeit deduzieren, derzufolge jeder Mensch das bekommt, was ihm gebührt, wie aus meinem eigenen Konzept, wonach Güter nach »internen« Kriterien zu verteilen sind. Beides sind formale Definitionen, die, wie ich zu zeigen versucht habe, mit historischem Inhalt gefüllt werden müssen. Wir können nicht sagen, was diesem oder jenem Menschen gebührt, solange wir nicht wissen, in welchem Verhältnis beide Personen durch die Dinge, die sie herstellen und verteilen, zueinander stehen. Eine gerechte Gesellschaft kann es erst dann geben, wenn es eine Gesellschaft gibt; und das beschreibende Adjektiv *gerecht* bestimmt nicht das reale Leben von Gesellschaften, sondern kennzeichnet es nur. Es gibt eine unendliche Zahl möglicher Lebensformen, die durch eine unendliche Zahl von möglichen Kulturen, Religionen, politischen Systemen, geographischen Gegebenheiten usw. geprägt sind. Eine bestehende Gesellschaft ist dann eine gerechte Gesellschaft, wenn sie ihr konkretes Leben in einer bestimmten Weise lebt — in einer Weise, die den gemeinsamen Vorstellungen ihrer Mitglieder entspricht. (Wenn sich die Mitglieder einer Gesellschaft über die Bedeutung von sozialen Gütern uneins, wenn ihre Vorstellungen kontrovers sind, dann muß die Gesellschaft, um gerecht zu sein, diesen Differenzen Rechnung tragen, indem sie einerseits institutionelle Kanäle für ihre Artikulation schafft und andererseits Adjudikativtechniken und alternative Verteilungsformen entwickelt.)

In einer Gesellschaft, in der die sozialen Sinngehalte integrierte und hierarchische Sinngehalte sind, leistet die Gerechtigkeit der Ungleichheit Vorschub, wird sie zu ihrem Stützpfeiler. Nehmen wir noch einmal das Kastenwesen, das mir bereits am Anfang des Buches als Prüfstein für theoretische Kohärenz gedient hat. Hier die Zusammenfassung eines ausführlichen Berichts über die Verteilung von Korn in einem indischen Dorf:

»Jeder Dorfbewohner nahm an der Aufteilung der vorhandenen Kornmenge teil. Dabei wurde weder gehandelt, noch mußten irgendwelche Zahlungen für Sonderdienste geleistet werden. Wiewohl jeder, der zum Leben des Dorfes etwas beitrug, einen Anspruch auf das Gesamtprodukt hatte, gab es keine Buchführung, der gesamte Ertrag wurde ohne großen Aufwand und zur Zufriedenheit aller unter den Dorfbewohnern aufgeteilt.«[1]

Was wir hier vor uns sehen, ist das Dorf als eng verbundene Gemeinschaft — ein idealisiertes, doch keineswegs absurdes Bild. Aber wiewohl jedermann einen Teilanspruch auf die kommunale Kornmenge hatte, gab es doch Personen, deren Anspruch größer war als der anderer Personen. Und so waren die Anteile der Dorfbewohner am Gesamtertrag ungleich, und zwar merklich ungleich. Dabei kamen diese Ungleichheiten nicht etwa zufällig zustande, sondern knüpften sich an eine lange Reihe anderer Ungleichheiten, die allesamt durch gewohnheitsrechtliche Regeln und eine alles überwölbende Religionslehre gerechtfertigt wurden. Die Verteilungen gingen öffentlich und »ohne großen Aufwand« vonstatten, so daß es nicht schwer gewesen sein dürfte, ungerechte und ungerechtfertigte Inbesitznahmen und Akquisitionen – nicht nur von Korn – rasch zu erkennen. Ein Grundbesitzer z.B., der Lohnarbeiter von außerhalb anheuerte, um sie anstelle von Angehörigen der unteren Kaste im Dorf arbeiten zu lassen, er hätte eindeutig die Rechte seiner Dorfgenossen verletzt. D.h., das Adjektiv *gerecht*, angewandt auf diese Gemeinschaft, schloß derlei Verletzungen aus. Was es hingegen nicht ausschloß, war die Ungleichheit der jeweils vergebenen Anteile. Mit anderen Worten, eine radikale Umgestaltung des Dorfes entgegen den gemeinsamen Sozialvorstellungen seiner Bewohner war nicht erforderlich. Hätte sie dazu gehört, dann wäre die Gerechtigkeit ihrerseits selbst tyrannisch gewesen.

Aber vielleicht sollten wir Zweifel daran hegen, daß die Vorstellungen, die das dörfliche Leben bestimmten, wirklich gemeinsame Vorstellungen waren. Vielleicht waren die Mitglieder der unteren Kaste (auch wenn sie ihre Gefühle nicht offen zeigten) zornig und empört selbst über jene Grundbesitzer, die nur ihren »rechtmäßigen« Anteil von dannen schleppten. Wenn es so war, dann wäre es wichtig, die Prinzipien zu kennen, die ihren Zorn und ihre Empörung auslösten. Diese Prinzipien müßten zumindest ebenfalls eine Rolle in der dörflichen Gerechtigkeit gespielt haben; und wenn sie in den unteren Kasten bekannt waren, dann waren sie in den oberen nicht unbekannt (wenn auch möglicherweise verdrängt). Soziale Vorstellungen und Sinngebungen müssen nicht unbedingt harmonisch sein; bisweilen liefern sie nur den geistigen Rahmen, in dem die Verteilungsmodi diskutiert werden. Dennoch ist dieser Rahmen wichtig und notwendig. Es gibt keine externen und universellen Prinzipien, die ihn ersetzen könnten. Jede konkrete Beschreibung von distributiver Gerechtigkeit ist ein Lokalkolorit.*

Es dürfte an diesem Punkt hilfreich sein, auf eine Frage zurückzukommen, die ich in meinem Vorwort gleichsam nebenbei gestellt habe – die Frage, aufgrund welcher Merkmale wir einander gleich sind? Zumindest eines dieser Merkmale spielt eine höchst zentrale Rolle in meiner Argumentation: wir sind (und zwar samt und sonders) kulturproduzierende Geschöpfe; wir schaffen und bewohnen bedeutungsvolle Welten. Da es keine Möglichkeit gibt, diese Welten hinsichtlich ihres Verständnisses von Sozialgütern in eine Rang-

---

* Trotzdem kann es sein, daß – wie ich im 1. Kapitel gezeigt habe – sich bestimmte interne Prinzipien, bestimmte Vorstellungen von Sozialgütern in anderen, ja in vielen anderen und vielleicht sogar in allen menschlichen Gesellschaften wiederfinden. Doch das ist eine empirische Frage. Sie kann nicht durch eine philosophische Argumentation unter uns Theoretikern entschieden werden – auch dann nicht, wenn es sich um Musterexemplare unserer Zunft handelt.

folge zu bringen, erweisen wir ihren je konkreten Bewohnern am ehesten dann Gerechtigkeit, wenn wir deren spezielle Hervorbringungen respektieren, während sie ihrerseits dadurch Gerechtigkeit einfordern und sich der Tyrannei wiedersetzen können, daß sie auf den Bedeutungen beharren, die sie ihren Sozialgütern gemeinsam beigelegt haben. Gerechtigkeit wurzelt in dem spezifischen Verständnis von Positionen, Ehrungen, Tätigkeiten, in toto: von all den Dingen, die eine gemeinsame Lebensweise ausmachen. Sich über dieses Verständnis rücksichtslos hinwegzusetzen, heißt (immer) ungerecht zu handeln.

Nehmen wir einmal an, daß die indischen Dorfbewohner den Prinzipien, die das Kastensystem rechtfertigen, tatsächlich zustimmen. Ein Besucher des Dorfes könnte — in absolut redlicher Absicht — dennoch versuchen, sie davon zu überzeugen, daß es sich um falsche Grundsätze handelt. Er könnte sagen, daß die Menschen als Gleiche geschaffen sind — gleich aber nicht über viele Inkarnationen hinweg, sondern in den Grenzen der einen Inkarnation, die sie im Moment erleben. Hätte er Erfolg mit seinem Versuch, träten eine Vielzahl neuer (an der neuen Sicht vom Menschen und den ihm zukommenden Tätigkeiten orientierter) Distributionsprinzipien ins Blickfeld. Einfacher ausgedrückt, die Unterordnung des Kastensystems unter eine moderne Staatsbürokratie führt zur Ausbildung neuer Prinzipien und Differenzierungslinien. Rituelle Reinheit und Amtsträgerschaft sind nicht mehr in gehabter Manier miteinander verquickt. Die Verteilung von Staatsämtern folgt anderen Kriterien; und wenn die Unberührbaren dabei ausgeschlossen bleiben, dann ist es Zeit, daß wir — mit ihnen gemeinsam — von Ungerechtigkeit reden. Tatsächlich weist diese Rede eine uns wohl vertraute Form auf, denn sie schließt (im heutigen Indien) Argumente gegen die Ämterreservierung ein, ein Faktum, das für manche Leute der Beweis für eine Mutation des Kastensystems ist, während andere ein notwendiges Gegenmittel darin erblicken.[2] Wo genau die Trennlinie zwischen alten Kasten und neuer Bürokratie zu ziehen ist, ist gewiß eine Streitfrage; daß sie gezogen werden muß, sobald die Bürokratie etabliert ist, steht außer Zweifel.

So, wie es möglich ist, ein Kastensystem als eine Ordnung zu beschreiben, die gewisse (interne) Gerechtigkeitsstandards erfüllt, so läßt sich auch von einem kapitalistischen System sagen, es praktiziere solche internen Gerechtigkeitsnormen. Doch reicht diese Kennzeichnung inzwischen nicht mehr aus, die Beschreibung muß heute allein schon deshalb sehr viel differenzierter sein, weil die sozialen Vorstellungen und Sinngebungen nicht mehr in der gleichen Weise integriert sind. Mag sein, daß, wie Marx im Ersten Band des

Kapitals sagt, die Schaffung und Aneignung von Mehrwert »ein besonderes Glück für den Käufer (von Arbeitskraft), aber durchaus kein Unrecht gegen den Verkäufer (ist).«[3] Doch ist dies ganz gewiß nicht alles, was es über Gerechtigkeit und Ungerechtigkeit in der kapitalistischen Gesellschaft zu sagen gibt. Gleichermaßen wichtig wird sein, ob dieser Mehrwert konvertierbar ist, ob man sich mit ihm spezielle Privilegien erkaufen kann, sei es in den Sphären von Recht und Bildung oder in denen des Amtes und der Politik. Da die Entwicklung des Kapitalismus mit einer beträchtlichen Ausdifferenzierung sozialer Güter nicht nur einhergeht, sondern diese sogar begünstigt, dürfte eine bloße Darstellung des Kauf- und Verkaufsgeschehens, eine Beschreibung des freien Tausches nicht ausreichen, um der Gerechtigkeitsproblematik Genüge zu tun. Wir werden eine Menge über andere Distributionsprozesse und ihre jeweilige Autonomie oder Integration in den Markt in Erfahrung bringen müssen. Es ist die Dominanz des Kapitals außerhalb des Marktes, die den Kapitalismus ungerecht macht.

Die Theorie der Gerechtigkeit wischt über Unterschiede und Grenzlinien keineswegs hinweg, sondern hat sie sorgsam im Blick, woraus allerdings nicht folgt, daß Gesellschaften dann am gerechtesten sind, wenn sie besonders differenziert sind. Die Gerechtigkeit hat in solchen Gesellschaften nur einen weitergefaßten Geltungsbereich; ihr Aktionsradius ist größer, weil es mehr verschiedenartige Güter gibt, mehr Distributionsprinzipien, mehr handelnde Personen und mehr Verhaltens- und Verfahrensmodi. Je weiter aber der Geltungsbereich von Gerechtigkeit, desto größer ist die Wahrscheinlichkeit, daß sie in der Form der komplexen Gleichheit praktiziert wird. Auch die Tyrannei hat einen großen Aktionsradius. Aus unserer eigenen Perspektive, und damit von außen betrachtet, haben die indischen Brahmanen große Ähnlichkeit mit Tyrannen – und sie werden auch zu solchen, wenn das Verständnis, auf dem ihr hoher Rang basiert, kein allgemeines Verständnis mehr ist. Von innen gesehen nimmt sich die Sache anders aus, da wachsen ihnen ihre Privilegien dank ihrer rituellen Reinheit sozusagen von selbst zu. Um in den vollen Genuß der vorhandenen Sozialgüter zu kommen, brauchen sie sich gar nicht erst in Tyrannen zu verwandeln. Tun sie es dennoch, dann kosten sie nur die Vorrechte bis zur Neige aus, die sie längst haben. Ist es jedoch so, daß die Gütervielfalt groß und die Distributionssphären autonom sind, dann erfordert die gleiche Nutznießung Anstrengungen, Intrigen und die Anwendung von Gewalt. Als wichtigstes Kennzeichen von Tyrannei darf denn auch gelten: ein beständiges Greifen nach Dingen, die sich nicht von selbst einstellen, ein nicht endender Kampf um die Herrschaft außerhalb der eigenen Lebenssphäre.

Die höchste Form von Tyrannei, der moderne Totalitarismus, ist nur in hochdifferenzierten Gesellschaften möglich. Der Grund: Totalitarismus ist die *Gleichschaltung*, die systematische Koordinierung und Gleichordnung von Sozialgütern und Lebenssphären, die dem Prinzip nach voneinander getrennt sein sollten, wobei der spezielle Terror des Totalitarismus darin begründet liegt, daß dieser »Sollensforderung« in unserem Leben ein ungeheures Gewicht anhaftet. Und so sind moderne Tyrannen unablässig im Einsatz. Wollen sie in allen Sphären herrschen und bestimmen, ganz gleich, ob es sich um die Bürokratie und das Rechtswesen, um Märkte und Produktionsstätten, Parteien und Gewerkschaften, Schulen und Kirchen, um Freunde und Geliebte oder Verwandte und Mitbürger handelt, dann haben sie alle Hände voll zu tun. Der Totalitarismus läßt völlig neue und zugleich fundamentale Ungleichheiten entstehen; doch gibt es möglicherweise einen versöhnenden Zug in diesen Ungleichheiten, der darin besteht, daß ihnen in der Theorie der Gerechtigkeit niemals ein Stützpfeiler erwachsen kann. Im Totalitarismus erreicht die Ungerechtigkeit einen Vollkommenheitsgrad, als hätten wir die reichlich vorhandenen Sozialgüter nur deshalb erfunden und verschiedenen Lebenssphären zugeordnet, um die Ambitionen von Tyrannen zu wecken und zu vergrößern. Doch bleibt die Tyrannei wenigstens erkennbar.

Gerechtigkeit im 20. Jahrhundert

Gerechtigkeit als Gegensatz zur Tyrannei wird so zur Anklägerin der entsetzlichen Geschehnisse des 20. Jahrhunderts. Komplexe Gleichheit ist das Gegenteil von Totalitarismus: maximale Differenzierung versus maximale Gleichschaltung. Es ist der besondere Wert von komplexer Gleichheit für uns, die wir hier und heute leben, daß sie diesen Gegensatz sichtbar macht. Denn Gleichheit kann erst dann das Ziel unserer Politik sein, wenn wir sie als etwas begreifen und beschreiben können, das uns vor der modernen Tyrannei der Politik, d.h. vor der Unterdrückung durch Partei und Staat, schützt. Im Zentrum unserer Überlegungen muß deshalb die Frage stehen, wie dieser Schutz hergestellt und gewährleistet werden kann.

Die heutigen Formen von egalitärer Politik haben ihren Ursprung im Kampf gegen den Kapitalismus und gegen die spezielle Tyrannei des Geldes. Und ganz sicher ist es in den Vereinigten Staaten von heute die Herrschaft des Geldes, die am meisten zum Widerstand herausfordert, und zwar mehr in der

Kombination von Besitz und Macht, denn als Macht an sich. Dennoch gibt es den häufig vorgetragenen Einwand, Macht allein, d.h. ohne das Pendant des Besitzes, sei viel gefährlicher. Staatsvertreter, so hören wir, würden zu Tyrannen, sobald ihre Macht nicht durch die Gegenmacht des Geldes ausgeglichen und kompensiert werde. Daraus folgt umgekehrt, daß die Kapitalisten immer dann Tyrannen sein werden, wenn Besitz und Reichtum nicht durch einen starken Staat aufgewogen und neutralisiert werden. Oder in der alternativen Metapher der amerikanischen Politikwissenschaft: politische Macht und Besitz müssen einander kontrollieren und in Schach halten. Da ganze Heerscharen von ehrgeizigen Männern und Frauen auf der einen Seite der Grenze vorpreschen, brauchen wir vergleichbare Heerscharen, die auf der anderen Seite dagegenhalten. John Kenneth Galbraith hat aus dieser Metapher eine bzw. seine Theorie der »countervailing powers«, der ausgleichenden Gewalt oder auch der Gegengewalt entwickelt.[4] Eine Konkurrenzauffassung dazu sagt, der Freiheit zuträglich sei einzig und allein, wenn die Armeen des Kapitalismus nirgendwo und niemals auf Gegenwehr stießen. Doch diese Behauptung kann schon deshalb nicht stimmen, weil es nicht nur die Gleichheit ist, die wir verteidigen, wenn wir eine große Zahl (der viel größeren Zahl) von möglichen Tauschaktivitäten blockieren, sondern auch die Freiheit. Aber auch die Theorie der Gegengewalt ist so nicht richtig, sondern bedarf einer gewissen Modifizierung. Die bestehenden Grenzen müssen ganz ohne Zweifel von beiden Seiten her verteidigt werden. Das Problem des Tandems von Besitz und Macht besteht jedoch darin, daß es in sich bereits eine Verletzung der Grenzen darstellt, eine Inbesitznahme von in der Sphäre der Politik gelegenem Terrain. Der Tatbestand der Geldherrschaft ist nämlich nicht nur dann erfüllt, wenn reiche Männer und Frauen den Staat regieren, sondern auch dann, wenn sie über Handelsunternehmen und Fabriken gebieten. Wenn beide Arten von Herrschaft zusammenkommen, dann ist es in aller Regel die erste, die sich den Zwecken der zweiten fügt: die zweite ist sozusagen übergeordnet. So wird, wenn die lokale Macht und die reale politische Basis von Eigentümern und Managern in Gefahr geraten, die Nationalgarde zu ihrem Schutz herbeigerufen.

Dennoch ist die Tyrannei des Geldes weniger fruchterregend als diejenigen Despotismen, die ihren Ursprung auf der anderen Seite der Geld-/Politikgrenze haben. Die Plutokratie ist ganz gewiß weniger angsteinflößend als der Totalitarismus, der Widerstand gegen sie weniger gefährlich. Der wichtigste Grund für den Unterschied liegt darin, daß man Macht und Einfluß — genau wie Ämter, Bildung, Ansehen usw. — kaufen kann, ohne die verschiedenen

Distributionssphären radikal gleichschalten und alternative Prozesse und Akteure ausschließen zu müssen. Geld korrumpiert zwar die Verteilungsmuster, es transformiert sie aber nicht; die Folge ist ein Nebeneinander von korrumpierten Verteilungen und solchen, die rechtmäßig sind, so wie Prostitution und eheliche Liebe nebeneinander existieren. Dennoch bleibt das Ganze eine Tyrannei, die harsche Formen von Herrschaft ausbilden kann. Und wenn sich der Widerstand gegen sie auch weniger heroisch ausnimmt als der Widerstand gegen einen totalitären Staat, so ist er doch kaum weniger wichtig.

Dieser Widerstand wird irgendwann eine Konzentration der politischen Macht erfordern, welche der Konzentration der plutokratischen Macht gleichkommt – d.h., es wird einer Bewegung oder einer Partei bedürfen, die sich des Staates bemächtigt oder ihn zumindest in ihrem Sinne nutzt. Aber was geschieht, wenn die Geldherrschaft niedergerungen ist? Welkt der Staat dann dahin? Er tut es nicht – allen Verheißungen revolutionärer Führer zum Trotz. Und es wäre auch gar nicht wünschenswert. Oberherrschaft ist ein fester Bestandteil politischen Lebens, der als solcher nicht in Frage steht. Worauf es entscheidend ankommt, sind ganz eindeutig die Grenzen, innerhalb deren diese Oberherrschaft geübt wird, und sie werden von den ideologischen Bindungen, der politischen Organisation und dem praktischen Handeln der jeweils erfolgreichen Bewegung oder Partei bestimmt. D.h., die Bewegung muß in ihrer Alltagspolitik die reale Autonomie der Distributionssphären anerkennen. Ein Feldzug gegen die Geldherrschaft, der den Wirkungs- und Geltungsbereich sozialer Güter und sozialer Sinngehalte nicht zu respektieren gewillt ist, dürfte sehr schnell in eine Tyrannei einmünden. Es sind aber auch andere Arten des Kampfes möglich. Was es angesichts der Vorherrschaft des Geldes ganz gewiß braucht, ist so etwas wie eine »distributive Unabhängigkeitserklärung«. Wenn Bewegung und Staat, die der Theorie nach als Träger und Agenten der Unabhängigkeit fungieren, fest in der Hand von Bürgern sind, die über genug Selbstachtung verfügen, dann werden sie – die Bewegung und der Staat – diese Funktion sehr bald auch in der Praxis erfüllen.

Sehr viel hängt dabei von den soeben zitierten Bürgern ab, von ihrer Fähigkeit, sich in dem großen Reich der Güter mit ihren eigenen Ziel- und Wertvorstellungen zu behaupten. Damit soll nicht gesagt sein, daß es keine institutionellen Strukturen gebe, welche die Praxis der komplexen Gleichheit erleichtern und vereinfachen können (wiewohl soziale Gleichheit als Gesellschaftskonzept niemals so »einfach« sein kann wie das Kastensystem). Die mir unter diesem Blickwinkel für meine eigene, die amerikanische, Gesellschaft als angemessen erscheinenden Strukturen sind die eines dezentralen demokratischen Sozialismus in Gestalt eines starken Wohlfahrtsstaates, dessen Vertreter zumindest zum Teil aus lokalen, ehrenamtlich tätigen Gemeindebeamten bestehen, eines regulierten Marktes, eines offenen und entmystifizierten Staatsdienstes, unabhängiger staatlicher Schulen, einer Partizipation aller an harter Arbeit ebenso wie an freier Zeit, des Schutzes religiöser und familialer Aktivitäten, eines von Rücksichten auf Rang und Klassenzugehörigkeit freien Systems der öffentlichen Ehrung und Mißbilligung, einer von Arbeitern ausgeübten Kontrolle über Großbetriebe und Fabriken und einer auf Parteien, Bewegungen, Versammlungen und öffentliche Diskussionen gestützten Politik. Strukturen und Institutionen dieser Art entfalten ihren Nutzen allerdings nur dann, wenn die in ihnen tätigen Männer und Frauen sich in ihnen heimisch fühlen und bereit sind, sie gegen Angreifer zu verteidigen. Es mag ein Argument gegen die komplexe Gleichheit sein, daß sie eine große Verteidigungsbereitschaft erfordert, und zwar vom ersten Moment ihrer Entstehung an. Aber das gleiche Argument läßt sich auch gegen die Freiheit ins Feld führen. Tatsächlich kann man sagen, daß beide ihren Preis haben — den Preis beständiger Wachsamkeit.

Gleichheit und sozialer Wandel

Das Konzept der komplexen Gleichheit würde vermutlich sehr viel zwingender erscheinen, wenn wir, um es zu beschreiben, statt von der Autonomie der verschiedenen Verteilungssphären reden zu müssen, ihre Kongruenz postulieren könnten. Doch soziale Sinngebungen und gesellschaftliche Verteilungsmuster stimmen nur insofern zusammen, als wir, wenn wir wissen, warum ein bestimmtes Gut eine bestimmte Gestalt hat und warum es in einer bestimmten Weise verteilt wird, zugleich auch wissen, warum andere Güter sowohl anders aussehen als auch anders verteilt werden müssen. Das aber heißt, daß der endemische Grenzkonflikt vorprogrammiert ist. Tatsächlich sind die den verschiedenen Sphären angemessenen Funktionsprinzipien ebensowenig kongruent wie die unter ihrem Einfluß entstehenden Verhaltens- und Gefühlsmuster. Wohlfahrtssysteme und Märkte, Ämter und Familien, Schulen und Staaten, sie werden allesamt nach unterschiedlichen Prinzipien betrieben — und nicht anders sollte es sein. Zwar müssen die verschiedenen Prinzipien innerhalb der je einzelnen Kultur schon irgendwie miteinander harmonieren und über die je einzelnen Gruppierungen von Männern und Frauen hinaus verständlich sein; doch kann und wird dies nicht verhindern, daß es auch zu tiefen Spannungen oder kuriosen Nebeneinanderstellungen kommt. Das alte China wurde von einem Erbkaiser von Gottes Gnaden und einer meritokratischen Bürokratie regiert. Man muß eine sehr komplizierte Geschichte erzählen, um dieses Nebeneinander erklären zu können. Die Kultur einer Gemeinschaft stellt eine solche Geschichte dar; ihre Mitglieder erzählen sie, um die verschiedenen Teilstücke ihrer sozialen Existenz in einen sinnvollen Zusammenhang zu bringen. Anders die Gerechtigkeit, sie ist das Prinzip, welches diese Teilstücke voneinander unterscheidet, sie voneinander separiert. In jeder differenzierten Gesellschaft wird Gerechtigkeit nur dann zu Harmonie und Eintracht führen, wenn sie zunächst für Separierung und Unterscheidung sorgt. Gute Zäune garantieren gerechte Gesellschaften.

Wo diese Zäune aufzurichten sind, läßt sich niemals genau sagen; sie haben keinen natürlichen, angestammten Platz. Die Güter, die sie voneinander separieren, sind Artefakten; so wie sie an irgendeiner Stelle errichtet wurden, so können sie auch an einer anderen neu errichtet werden. Die einmal gezogenen Grenzlinien stehen nicht unwandelbar fest, sondern verschieben sich, wenn sich die sozialen Bedeutungen wandeln; und uns bleibt keine andere Wahl, als mit den ständigen Ein- und Übergriffen zu leben, in denen diese Grenzverschiebungen Ausdruck finden. Im allgemeinen gleichen sie vom Meer bewirkten Veränderungen; sie vollziehen sich nur sehr langsam, so langsam, wie ich es im 3. Kapitel mit Blick auf die Heilung von Seelen und von Körpern im mittelalterlichen und neuzeitlichen Okzident beschrieben habe. Dennoch kommt die je konkrete Grenzrevision, wenn sie denn kommt, auf eine gewisse Weise plötzlich, etwa so wie im Falle der Schaffung des staatlichen Gesundheitsdienstes in Großbritannien nach dem Zweiten Weltkrieg: Bis zum Jahr X waren die Ärzte Fachexperten und freie Unternehmer; im darauffolgenden Jahr waren sie Fachexperten und Staatsbedienstete. Wir können, ausgehend von unserem heutigen Verständnis von Sozialgütern, ein Programm für solche Revisionen konzipieren oder, wie ich es getan habe, gegen die obwaltenden Formen von Vorherrschaft opponieren. Wir können aber nicht die tieferen Wandlungen im Bewußtsein der Menschen antizipieren, nicht in unserer eigenen Gemeinschaft und schon gar nicht in irgendeiner anderen. Die soziale Welt wird eines Tages anders aussehen, als sie es heute tut, und die distributive Gerechtigkeit wird einen anderen Charakter annehmen, als sie ihn heute für uns hat. Beständige Wachsamkeit ist keine Garantie für ewigen Bestand.

Dennoch ist es unwahrscheinlich, daß wir (oder unsere Kinder und Enkelkinder) Veränderungen von einem solchen Ausmaß erleben werden, daß wir das Faktum der Differenzierung und das Plädoyer für die komplexe Gleichheit in Zweifel ziehen bzw. verwerfen müßten. Die Formen von Herrschaft und Macht, die konkreten Mittel und Wege, Gleichheit zu verhindern, sie können sich ändern. Und so kursiert denn auch unter den Sozialtheoretikern unserer Tage die Behauptung, Bildung und technisches Wissen seien in zunehmendem Maße die dominanten Güter in modernen Gesellschaften, sie verdrängten das Kapital aus seiner bisherigen Funktion und bereiteten einer neuen herrschenden Klasse, bestehend aus Intellektuellen, den Boden.[5] Wiewohl diese Behauptung falsch sein dürfte, verdeutlicht sie doch in anschaulicher Weise die Möglichkeit von großvolumigen Transformationen, die das Reich der Güter und der sozialen Bedeutungen dennoch nicht antasten. Denn selbst wenn technisches Wissen ein neues und immer größeres Gewicht erlangte, haben wir keinen Grund anzunehmen, dieses Gewicht werde so groß sein, daß wir genötigt sein könnten, auf andere Distributionsprozesse, in denen es derzeit überhaupt keine Rolle spielt, zu verzichten – und die Menschen Prüfungen zu unterziehen, ehe sie etwa in Geschworenenausschüssen sitzen, Kinder erziehen, Urlaub machen oder sich am politischen Leben beteiligen dürfen. Auch wird der Stellenwert von Wissen nicht so hoch sein, daß er gleichsam sicherstellt, daß nur Intellektuelle Geld verdienen, der Gnade Gottes teilhaftig werden oder die Achtung ihrer Mitbürger erringen können. Wir können meines Erachtens davon ausgehen, daß der soziale Wandel die verschiedenen Gruppierungen von Männern und Frauen mehr oder weniger unangetastet fortbestehen lassen wird.

Das aber bedeutet, daß komplexe Gleichheit als Form des Zusammenlebens auch und selbst dann eine reale Möglichkeit bleiben wird, wenn neue Gegner der Gleichheit an den Platz der alten treten. Die Möglichkeit der Realisierung von komplexer Gleichheit bleibt praktisch gesehen immer bestehen ... so wie auch die ihr zuteil werdende Gegnerschaft nicht versiegt. Die Errichtung einer egalitären Gesellschaft bedeutet nicht das Ende des Kampfes um Gleichheit. Worauf wir einzig hoffen können, ist, daß der Kampf etwas weniger hart sein wird, wenn die Menschen lernen, mit der Autonomie der Distributionssphären zu leben, und wenn sie erkennen, daß unterschiedliche Resultate auf seiten unterschiedlicher Menschen in unterschiedlichen Sphären dennoch eine gerechte Gesellschaft ergeben. Es ist eine bestimmte Geisteshaltung, die der Theorie der Gerechtigkeit zugrunde liegt und die durch die lebendige Erfahrung von komplexer Gleichheit verstärkt werden dürfte.

Wir dürfen sie uns vorstellen, diese Geisteshaltung, als einen geziemenden Respekt vor den Ansichten und Meinungen der Menschheit als Ganzer. Nicht vor den Meinungen dieses oder jenes Einzelindividuums, auf die eine grobe oder brüske Reaktion durchaus gerechtfertigt sein mag, sondern vor jenen tieferen Auffassungen, die die Widerspiegelungen jener sozialen Bedeutungen in den Köpfen von Einzelnen sind, die unser gemeinsames Leben konstituieren. Derzeit, und dies gilt auch für die absehbare Zukunft, sehen diese Auffassungen autonome Distributionen vor; jede Art von Vorherrschaft ist deshalb ein Akt mangelnden Respekts. Wer gegen Vorherrschaft und die mit ihr verknüpften Ungleichheiten angehen will, braucht nur die Güter, um die es geht, im Blick zu behalten und auf das gemeinsame Verständnis von diesen Gütern zu pochen. Wenn Philosophen so verfahren, wenn sie sich in ihrer Arbeit von einem Respekt vor diesem Verständnis, das sie mit ihren Mitbürgern teilen, leiten lassen, dann verfolgen sie die Sache der Gerechtigkeit in der gebotenen Weise und befördern das gemeinsame Vorhaben.

Wenn Aristoteles in seiner *Politik* sagte, die Voraussetzung von Gerechtigkeit in einer Demokratie bestehe darin, daß die Bürger im Wechsel regierten und regiert würden, daß sie sich darin versuchten, einander gegenseitig zu regieren,[6] dann ist dies nicht unbedingt das Bild, das man sich von einer politischen Gemeinschaft macht, die zehn Millionen Bürger umfaßt. Zwar könnte etwas Ähnliches von einer erklecklichen Zahl dieser zehn Millionen insofern praktiziert werden, als es nicht nur den Staat, sondern auch Städte, Großbetriebe und Fabriken zu regieren gibt. Angesichts der großen Zahl von Bürgern und der Kürze des Lebens bleibt jedoch bei bestem Willen und hinlänglichen Fähigkeiten einfach nicht so viel Zeit, daß jeder an die Reihe kommen könnte. Wenn wir die Sphäre der Politik selbst zum Gegenstand unserer Betrachtungen machen, dann zeigt sich, daß Ungleichheiten hier gleichsam vorprogrammiert sind. Politiker, Redner, Aktivisten und Kämpfer werden – auch wenn sie, wie wir hoffen dürfen, gewissen verfassungsmäßigen Beschränkungen unterworfen sind – mehr Macht ausüben als der Rest der Bevölkerung. Aber Politik ist nur eine (wenn auch vermutlich die wichtigste) der vielen Sphären sozialer Aktivität. Was ein umfassenderer Begriff von Gerechtigkeit erfordert, ist nicht, daß Bürger im Wechsel regieren und regiert werden, sondern daß sie in der einen Sphäre regieren und in einer anderen regiert werden – wobei »regieren« nicht bedeutet, daß sie Macht ausüben, sondern daß sie einen größeren Anteil an den zur Verteilung gelangenden Gütern haben als andere Menschen – ganz gleich, um welche Güter es sich immer handeln mag. Den Bürgern kann nicht allüberall garantiert werden, daß sie irgendwann »dran«

sind. Meiner Ansicht nach kann ihnen sogar nirgendwo garantiert werden, daß sie mit Sicherheit »an die Reihe kommen«. Dennoch bürgt die Autonomie der verschiedenen Sphären für eine breitere Verteilung von Sozialgütern als jedes andere vorstellbare soziale Arrangement. Die Befriedigung, die die Aktivität des Herrschens und Bestimmens abwirft, sie wird im Angesicht von autonomen Distributionssphären breiter verteilt sein; und was heute noch immer in Frage steht — die Kompatibilität von Regiert-Werden und Selbstachtung — wird ein fester Bestandteil sozialen Lebens sein. Denn regiert zu werden, ohne dominiert zu sein, ist keine Beleidigung unserer Würde, keine Verneinung unserer moralischen oder politischen Kompetenz. Wechselseitiger Respekt und eine allseitige Selbstachtung sind je einzeln die großen Stärken von komplexer Gleichheit — gemeinsam ermöglichen sie ihren dauerhaften Fortbestand.

Anmerkungen

Vorwort

1 Frank Parkin, *Class, Inequality, and Political Order* (London, 1972), S. 183.
2 Karl Marx, »Ökonomisch-philosophische Manuskripte von 1844«, in: *Marx Engels Werke* (Berlin 1968), Erg.Bd. 1. T., S. 534.
3 Vgl. John Stuart Mill, »On Liberty«, in: *The Philosophy of John Stuart Mill*, Hrsg. M. Cohen (New York 1961), S. 198; deutsch: *Über Freiheit* (Frankfurt/Wien, 1 tions (New York, 1977), insbes. Kap. 4 und 8; deutsch: *Gibt es den gerechten Krieg?* (Stuttgart, 1982).

Erstes Kapitel

1 Siehe John Rawls, *A Theory of Justice* (Cambridge, Mass., 1971); deutsch: *Eine Theorie der Gerechtigkeit* (Frankfurt, 1979). Jürgen Habermas, *Legitimationsprobleme im Spätkapitalismus* (Frankfurt, 1973); Bruce Ackerman, *Social Justice in the Liberal State* (New Haven, 1980).
2 Robert Nozick äußert ganz ähnliche Einwände in seiner Schrift *Anarchy, State, and Utopia* (New York, 1974), S. 149–150. Die Schlußfolgerungen, zu denen er dabei gelangt, sind allerdings insofern sehr verschieden von den meinen, als sie radikal individualistisch sind und mir am gesellschaftlichen Charakter der Produktion vorbeizuzielen scheinen.
3 Ralph Waldo Emerson, »Ode«, in: *The Complete Essays and Other Writings*, hrsg. v. Brooks Atkinson (New York, 1940), S. 770.
4 John Stuart Mill, »On Liberty«, in: *The Philosophy of John Stuart Mill*, Hrsg. M. Cohen (New York, 1961), S. 255; deutsch: *Über Freiheit* (Frankfurt/Wien 1969). Eine anthropologische Betrachtung über die Neigungen und Abneigungen gegenüber sozialen Gütern stellen Mary Douglas und Baron Isherwood an in *The World of Goods* (New York, 1979).

5   William James, zitiert in C. R. Snyder und Howard Fromkin, *Uniqueness: The Human Pursuit of Difference* (New York, 1980). S. 108.
6   Karl Marx, »Die deutsche Ideologie«, in: *Marx Engels Werke* (Berlin 1962), Bd. 3, S. 46.
7   Bernard Williams, *Problems of the Self: Philosophical Papers, 1956—1972* (Cambridge, England, 1973), S. 230—249 (»The Idea of Equality«). Dieser Aufsatz ist einer der Ausgangspunkte meiner eigenen Reflexion über den Gegenstand der distributiven Gerechtigkeit. Siehe ebenso die Kritik an Williams' Argumentation (und an einem älteren Text von mir) in Amy Gutmann, *Liberal Equality* (Cambridge, England, 1980), Kap. 4.
8   Siehe Alan W. Wood, »The Marxian Critique of Justice«, in: *Philosophy and Public Affairs* 1 (1972), S. 244—282.
9   Michael Young, *The Rise of the Meritocracy, 1870—2033* (Harmondsworth, England, 1961) — ein Meisterwerk sozialer Science-fiction-Literatur.
10 Rawls, *Eine Theorie der Gerechtigkeit* [1]*, S. 95 ff.
11 Siehe Marx' Feststellung in seiner »Kritik des Gothaer Programms«, wo er sagt, daß die demokratische Republik die »Staatsform« sei, in der der Klassenkampf »definitiv auszufechten ist«, in der er sich unmittelbar und ohne Verzerrung im politischen Leben widerspiegele, in: *Marx Engels Werke* (Berlin 1962), Bd. 19, S. 29.
12 Blaise Pascal, »Pensées« in *Pascal* (Frankfurt/Hamburg, 1954), Nr. 332, S. 184—185.
13 Karl Marx, »Ökonomisch-philosophische Manuskripte«, in: *Marx Engels Werke* (Berlin, 1968). Erg.Bd. 1. T., S. 567. Es ist an dieser Stelle interessant, daß Pascals Überlegungen bereits vor Marx ein Echo gefunden haben, und zwar in Adam Smiths *Theory of Moral Sentiments* (Edinburgh, 1813), Bd. I, S. 378—379; Smith scheint jedoch der Auffassung gewesen zu sein, daß die Verteilungsmodi in seiner Gesellschaft dieser Angemessenheitsvorstellung entsprachen — ein Irrtum, dem weder Pascal noch Marx jemals unterlagen.
14 Siehe die zusammenfassende Darstellung in Jean Bodin, *Six Books of a Commonweale*, Hrsg. Kenneth Douglas McRae (Cambridge, Mass., 1962), S. 210—218; deutsch: *Sechs Bücher über den Staat* (München, 1981), Bd. I—III, S. 351—360.
15 Vgl. Nozick über »patterning« in *Anarchy, State, and Utopia* [2] S. 155 ff.
16 Marx, »Gothaer Programm« [11], Bd. 19, S. 21.
17 J.H. Hutton, *Caste in India: Its Nature, Function, and Origins* (Bombay, 1963), S. 127—128. Des weiteren stütze ich mich auf Célestin Bouglé, *Essays on the Caste System* (Cambridge, England, 1971), insb. Teil III, Kap. 3 u. 4, sowie auf Louis Dumont, *Homo Hierarchicus: The Caste System and Its Implications* (rev. engl. Ausgabe, Chicago 1980).
18 Hutton, *Caste in India* [17], S. 125.
19 Siehe Charles Beitz, *Political Theory and International Relations* (Princeton, 1979), Teil III; er unternimmt den Versuch, das Rawlssche Vertraglichkeitskonzept auf die internationale Gesellschaft anzuwenden.

---

*   Die Ziffern in eckigen Klammern verweisen auf die jeweils erste vollständige Literaturangabe eines zitierten Werks innerhalb des jeweiligen Kapitels.

Zweites Kapitel

1. John Rawls, *Eine Theorie der Gerechtigkeit* (Frankfurt, 1979), S. 136. Zur wechselseitigen Hilfeleistung als potentiellem Rechtsanspruch siehe Theodore M. Benditt, *Rights* (Totowa, N.J., 1982), Kap. 5.
2. Rawls, *Theorie der Gerechtigkeit* [1], vgl. S. 274.
3. John Winthrop, in *Puritan Political Ideas: 1558—1794*,, Hrsg. Edmund S. Morgan (Indianapolis, 1965), S. 146.
4. Über die Aufteilung in Zonen siehe Robert H. Nelson, *Zoning and Property Rights: An Analysis of the American System of Land Use Regulation* (Cambridge, Mass., 1977), S. 120—121.
5. Siehe hierzu die Entscheidung des Obersten Gerichtshofes der Vereinigten Staaten in *Village of Belle Terre v. Boraas* (Oktober, 1973).
6. Bernard Bosanquet, *The Philosophical Theory of the State* (London, 1958), S. 286.
7. Henry Sidgwick, *Elements of Politics* (London, 1881), S. 295—296.
8. Ebda., S. 296.
9. Vgl. Maurice Cranston über das allgemeine Verständnis des Rechts auf Freizügigkeit in *What Are Human Rights?* (New York, 1973), S. 32.
10. Siehe John Highams Bericht über diese Auseinandersetzungen in *Strangers in the Land* (New York, 1968).
11. Winthrop, *Puritan Political Ideas* [3], S. 145.
12. Thomas Hobbes, *The Elements of Law*, hrsg. v. Ferdinand Tönnies (2. Aufl., New York, 1969), S. 88; deutsch: *Naturrecht und allgemeines Staatsrecht in den Anfangsgründen* (Berlin, 1926), Erster Teil, Kap. XVII., Abschn. 2, S. 114.
13. Bauers Gedanken sind dargelegt in *Die Nationalitätenfrage und die Sozialdemokratie* (1907); ein Text, der zu Teilen enthalten ist in dem von Tom Bottonmore und Patrick Goode herausgegebenen Band über *Austro-Marxism* (Oxford, England, 1978), S. 102—125.
14. Sidgwick, *Elements of Politics* [7], S. 295. Vgl. auch den Brief von John Stuart Mill an Henry George über die Einwanderung von Chinesen nach Amerika, zitiert in Alexander Saxton, *The Indispensable Enemy: Labor and the Anti-Chinese Movement in California* (Berkeley, 1971), S. 103.
15. Thomas Hobbes, *Leviathan* (Neuwied/Berlin, 1966), Teil II, 30. Kap., S. 264.
16. Zitiert in H.J. London, *Non-White Immigration and the »White Australia« Policy* (New York, 1970), S. 98.
17. Hobbes, *Leviathan* [15], Teil I, 15. Kap. S. 116—117.
18. Sidgwick, *Elements of Politics* [7], S. 296—297.
19. Bruce Ackerman, *Social Justice in the Liberal State* (New Haven, 1980, S. 95).
20. E.C.S. Wade/G. Godfrey Phillips, *Constitutional and Aministrative Law*, 9. Aufl., überarb. v. A.W. Bradley (London, 1977), S. 424.
21. Eine Gesamtdarstellung dieser schlimmen Geschichte findet sich in Nikolai Tolstoy, *The Secret Betrayal: 1944—1947* (New York, 1977).
22. Victor Ehrenberg, *The People of Aristophanes* (New York, 1962), S. 153; allgemeiner S. 147—164.

23 David Whitehead, *The Ideology of the Athenian Metic*, Cambridge Philological Society supplementary volume No. 4 (1977), S. 41.
24 Aristoteles, *Politik* (Hamburg, 1958), 1275a und 1278a.
25 Isokrates, zitiert in Whitehead, *Athenian Metic* [23], S. 51—52.
26 Whitehead, *Athenian Metic* [23], S. 174.
27 Ebda., S. 57—58.
28 Ebda., S. 154 ff.
29 Aristoteles, *Politik* [24], 1326b.
30 In meinen Darlegungen über Gastarbeiter stütze ich mich in der Hauptsache auf Stephen Castles und Godula Kosack, *Migrant Workers and Class Structure in Western Europe* (Oxford, England, 1973), auf Cheryl Bernard, »Migrant Workers and European Democracy«, in: *Political Science Quarterly* 92 (Sommer 1979), S. 277—299 und auf John Berger, *A Seventh Man* (New York, 1975).
31 Die »spezifischen Gemeinschaften« sind entlehnt von Otto Bauer (siehe *Austro-Marxism* [13], S. 107).

Drittes Kapitel

1 Jean-Jacques Rousseau, *Politische Ökonomie* (Frankfurt, 1977), Klostermann Texte, S. 57.
2 Edmund Burke, *Betrachtungen über die Französische Revolution* (Frankfurt, 1967), S. 132.
3 Vgl. David Hume, *A Treatise of Human Nature*, Buch III, Teil II, Kap. 8; deutsch: *Traktat über die menschliche Natur* (Hamburg, 1980).
4 Die Formulierung stammt von dem griechischen Geographen Pausanias und ist zitiert in George Rosen, *A History of Public Health* (New York, 1958), S. 41.
5 Simone Weil, *Die Einwurzelung* (München, 1956), S. 30—40.
6 Charles Fried, *Right and Wrong* (Cambridge, Mass., 1978) S. 122.
7 Michael Walzer, »Philosophy and Democracy« in: *Political Theory* 9 (1981), S. 379—399. Siehe auch die feinsinnigen Darlegungen in Amy Gutmann, *Liberal Equality* (Cambridge, England, 1980), insb. S. 197—202.
8 Louis Cohn-Haft, *The Public Physicians of Ancient Greece* (Smith College Studies in History, Bd. 42, Northampton, Mass., 1956), S. 40.
9 Ebda., S. 49.
10 Aristoteles, *Die Verfassung von Athen* (Leipzig, 1892) Abs. 49—52; M.J. Finley, *The Ancient Economy* (Berkeley, 1973), S. 170; dt.: *Die antike Wirtschaft* (München, 1977).
11 Aristoteles, *Die Verfassung von Athen* [10], Abs. 50,2.
12 Ebda., Abs. 49,4.
13 Kathleen Freeman, *The Murder of Herodes, and Other Trials from the Athenian Law Courts* (New York, 1963), S. 167.
14 A.H.M. Jones, *Athenian Democracy* (Oxford, England, 1957), S. 6.
15 Finley, *Ancient Economy* [10], S. 173.

16 S.D. Goitein, *A Mediterranian Society*, Bd. II: *The Community* (Berkeley, 1971).
17 Salo Wittmayer Baron, *The Jewish Community* (Philadelphia, 1942), S. 248—256; H.H. Ben-Sasson, »The Middle Ages«, in: Ben Sasson, Hrsg., *A History of the Jewish People* (Cambridge, Mass., 1976), S. 551.
18 Baron, *Jewish Community* [17], S. 333.
19 Goitein, *Mediterranean Society* [16], S. 142.
20 Ebda.
21 Baron, *Jewish Community* [17], S. 172; siehe ebenso Ben-Sasson, »Middle Ages« [17], S. 608—611.
22 Die stärkste philosophische Verteidigung dieser Position liefert Robert Nozick in *Anarchy, State, and Utopia* (New York, 1974); dt.: *Anarchie-Stadt-Utopia* (München, 1976).
23 Morris Janowitz, *Social Control of the Welfare State* (Chicago, 1977), S. 10.
24 Siehe Baron, *Jewish Community* [17], S. 177—179.
25 Goitein, *Community* [16], S. 186.
26 Freeman, *Murder of Herodes* [13], S. 169.
27 Einen Bericht über die irische Hungersnot und die britische Reaktion darauf siehe C.B. Woodham-Smith, *The Great Hunger: Ireland 1845—1849* (London, 1962).
28 Burke, *Betrachtungen über die Französische Revolution* [2], S. 108.
29 John Rawls, *Eine Theorie der Gerechtigkeit* (Frankfurt 1979) Teil I, Kap. 2 u. 3.
30 T.H. Marshall, *Class, Citizenship, and Social Development* (Garden City/New York, 1965), S. 298; dt.: *Bürgerrechte und soziale Klassen* (Frankfurt/M. 1992).
31 Siehe Judith Walzer Leavitt, *The Healthiest City: Milwaukee and the Politics of Health Reform* (Princeton, 1982), Kap. 5.
32 Siehe die differenzierten Darlegungen hierzu in Harold L. Wilensky, *The Welfare State and Equality* (Berkeley, 1975), S. 87—96.
33 P.H.J.H. Gosden, *Self-Help: Voluntary Associations in the Nineteenth Century* (London, 1973), Kap. 9.
34 Siehe z.B. Harry Ecksteins Erörterung der Gemeinschafts- und Wohlfahrtsstaatsideen in Norwegen in *Division and Cohesion in Democracy: A Study of Norway* (Princeton, 1966), S. 85—87.
35 Rousseau, »Abhandlung über den Ursprung und die Grundlagen der Ungleichheit unter den Menschen« in: *Schriften*, hrsg. v. Henning Ritter (Frankfurt/Berlin/Wien, 1981), Bd. 1, S. 167 ff.
36 Louis Dumont, *Homo Hierarchicus: The Caste System and Its Implications* (überarb. engl. Ausgabe, Chicago, 1980), S. 105.
37 Wilensky, *Welfare State* [32], Kap. 2 u. 3.
38 Siehe Whitney North Seymour, *Why Justice Fails* (New York, 1973), insb. Kap. 4.
39 René Descartes, *Abhandlung über die Methode des richtigen Vernunftgebrauchs* (Stuttgart, 1961), S. 58.
40 Einen gedrängten Überblick über diese Entwicklungen vermittelt Odin W. Anderson, *The Uneasy Equilibrium: Private and Public Financing of Health Services in the United States, 1875—1965* (New Haven, 1968).
41 Bernard Williams, »The Idea of Equality«, in: *Problems of Self* (Cambridge, England, 1973), S. 240.

42 Siehe Robert Nozick, *Anarchy, State and Utopia* [22], S. 233—235.
43 Thomas Scanlon, »Preference and Urgency«, in: *Journal of Philosophy* 57 (1975), S. 655—670.
44 Monroe Lerner, »Social Differences in Physical Health«, John B. McKinley, »The Help-Seeking Behavior of the Poor«, und Julius Roth, »The Treatment of the Sick«, in: *Poverty and Health: A Sociological Analysis*, Hrsg. John Losa und Irving Kenneth Zola (Cambridge, Mass., 1969); zusammenfassende Feststellungen finden sich auf den Seiten 103, 265 und 280—281.
45 Eine angeblich ebenfalls relativ kostengünstige Form von Wohlfahrt beschreibt Colin Clark in *Poverty before Politics: A Proposal for a Reverse Income Tax* (Hobart Paper 73, London, 1977).
46 Siehe *The New York Times*, 2. Juli 1978, S. 1, Spalte 5.
47 Marcel Mauss, *Die Gabe* (Frankfurt, 1968), S. 157.
48 Richard Titmuss, *The Gift Relationship: From Human Blood to Social Policy* (New York, 1971).
49 Das Zitat stammt aus *Social Work, Welfare, and The State*, hrsg. v. Noel Parry, Michael Rustin und Carole Satyamurti (London, 1979), S. 168; eine ähnliche Argumentation findet sich in Janowitz, *Social Control* [23], S. 132—133.

Viertes Kapitel

1 William Shakespeare, »Timon von Athen«, in: *Shakespeare's drmatische Werke* (Berlin, 1850) Bd. 10, IV: 3, S. 335—336; zitiert von Marx in *Ökonomisch-philosophische Manuskripte«*.
2 Karl Marx, »Ökonomisch-philosophische Manuskripte«, in: *Marx Engels Werke* (Berlin, 1968), Erg.Bd. 1. T., S. 564.
3 William Shakespeare, »König Heinrich der Sechste«, Zweiter Teil, in: *Shakespeare's dramatische Werke* 1, Bd. 3, IV: 2, S. 94.
4 Zum Umfang des Krieges und zu der zu seiner Führung erforderlichen Truppenstärke siehe Walter Mills, *Arms and Men: A Study of American Military History* (New York, 1958), S. 102—104.
5 Marcus Cunliffe, *Soldiers and Civilians: The Martial Spirit in America, 1775—1865* (New York, 1973), S. 205—206.
6 James McCague, *The Second Rebellion: The History of the New York City Draft Riots of 1863* (New York, 1968), S. 54.
7 Ebda., S. 18.
8 Arthur Okun, *Equality and Efficiency: The Big Tradeoff* (Washington, D.C., 1975), S. 6 ff.
9 Ebda., S: 20.
10 Douglas M. MacDowell, *The Law in Classical Athens* (Ithaca, N.Y., 1978), S. 171— 173.
11 Samuel Butler, *Hudibras*, Teil III, Kap. 3, Zeile 1279.

12 Über die Bedeutung von »Dingen« siehe Mary Douglas/Baron Isherwood, *The World of Goods* (New York, 1979), insb. Kap. 3; sowie Mikaly Csikszentmikalyi/ Eugene Rochberg-Halton, *The Meaning of Things: Domestic Symbols and the Self* (Cambridge, England, 1981).
13 John Locke, »Die zweite Abhandlung über die Regierung«, in: *Zwei Abhandlungen über die Regierung* (Frankfurt, 1967), Kap. 5, S. 217 ff.
14 Lee Rainwater, *What Money Buys: Inequality and the Social Meaning of Income* (New York, 1974), S. XI.
15 Eine völlig individualistische Bewertung bzw. eine absolute Privatsprache der Güter kann es natürlich nicht geben: siehe wiederum Douglas/Isherwood, *World of Goods* [12], Kap. 3 u. 4.
16 Siehe Louis O. Kelso/Mortimer J. Adler, *The Capitalist Manifesto* (New York, 1958), S. 67–77. Hier wird die Verteilung von Reichtum auf der Basis der Beitragsleistung analogisiert mit der Verteilung von Ämtern auf der Basis der Verdienstlichkeit. Ökonomen wie Milton Friedman sind vorsichtiger in ihren Äußerungen, doch läßt sich die kapitalistische Volksideologie ganz gewiß wie folgt zusammenfassen: Erfolg ist die verdiente Belohnung für »Intelligenz, Entschlossenheit, Arbeitseinsatz und die Bereitschaft zum Risiko« (George Gilder, *Wealth and Poverty* New York, 1981, S. 101).
17 Siehe Robert Nozicks Unterscheidung zwischen Anspruch und Verdienst in *Anarchy, State, and Utopia* (New York, 1974), S. 155–160.
18 Walt Whitman, »Democratic Vistas«, in: *Complete Poetry and Selected Prose*, Hrsg. James E. Miller, Jr. (Boston, 1959), Fußnote auf S. 471; deutsch: »Demokratische Ausblicke«, in: *Walt Whitmans Werk* (Hamburg, 1956) – die in der amerikanischen Edition enthaltene Fußnote fehlt in der deutschen Ausgabe, A.d.Ü. –
19 Über die Basar-Wirtschaft siehe Clifford Geertz, *Peddlers and Princes: Social Development and Economic Change in Two Indonesian Towns* (Chicago, 1963), S. 35–36.
20 Ralph M. Hower, *History of Macy's of New York, 1858–1919: Chapters in the Evolution of the Department Store* (Cambridge, Mass., 1943), Kap. 2–5. Hier sind Macy's Mißerfolge und sein schließlicher Erfolg im Detail nachgezeichnet.
21 Ebda., S. 141–157; siehe ebenso Michael B. Miller, *The Bon Marché: Bourgeois Culture and the Department Store* (Princeton, 1981).
22 Ezra Vogel, *Japan as Number One: Lessons for America* (New York, 1980), S. 123; eine ganze Reihe europäischer Länder operieren mit ähnlichen Gesetzesverordnungen.
23 Hower, *History of Macy's* [20], S. 198 u. 306.
24 André Gorz, *Socialism and Revolution* (Garden City, N.Y., 1973), S. 196; dt.: *Zur Strategie der Arbeiterbewegung im Neokapitalismus* (Frankfurt/M., 1974)
25 Ebda., S. 195–197.
26 Ebda., S. 196.
27 Eine Kritik an dieser Art von »Konsumgesellschaft« liefert Charles Taylor, »Growth, Legitimacy, and the Modern Identity«, in: *Praxis International* 1 (Juli 1981), S. 120.
28 Siehe Alfred E. Kahn, »The Tyranny of Small Decisions: Market Failures, Imperfections, and the Limits of Economics«, in: *KYKLOS: International Review of Social Sciences* 19 (1966).

29 Gorz, *Socialism and Revolution* [24], S. 195.
30 Henry Phelps Brown durchleuchtet die verschiedenen Faktoren gewinnbringend in *The Inequality of Pay* (Berkeley, 1977), S. 322 ff., siehe ebenso S. 13.
31 Einen Überblick über die laufende Diskussion gibt Mark Granovetter mit »Toward a Sociological Theory of Income Differences«, in: *Sociological Perspectives on Labor Markets,* Hrsg. Ivar Berg (New York, 1981), S. 11-47.
32 Adolph Sturmthal, *Workers Councils: A Study of Workplace Organization on Both Sides of the Iron Curtain* (Cambridge, Mass., 1964), S. 106.
33 Martin Carnoy/Derek Shearer, *Economic Democracy: The Challenge of the 1980s* (White Plains, N.Y., 1980), S. 175.
34 *R.H. Tawney's Commonplace Book,* hrsg. v. J.M. Winter und. D.M. Joslin (Cambridge, England, 1972), S. 33—34.
35 Zum »Zusammenlegen« siehe Marshall Sahlins, *Stone Age Economics* (Chicago, 1972), Kap. 5. Ich möchte an dieser Stelle betonen, daß »Zusammenlegen« nicht notwendig eine Gleichverteilung zur Folge hat; siehe Walter C. Neale, »Reciprocity and Redistribution in an Indian Village: Sequel to Some Notable Discussions«, in: *Trade and Market in the Early Empires,* Hrsg. Karl Polanyi, Conrad M. Arensberg und Harry W. Pearson (Chicago, 1971), S. 223—228.
36 Robert Kuttner, *Revolt of the Haves: Tax Rebellions and Hard Times* (New York, 1980).
37 Siehe z.B. Henri Pirenne, *Sozial- und Wirtschaftsgeschichte Europas im Mittelalter* (München, 1971), S. 168—169.
38 Benjamin Franklin, *Poor Richard's Almanac,*, April 1735.
39 Jack Barbash, *The Practice of Unionism* (New York, 1956), S. 195.
40 Bronislaw Malinowski, *Argonauts of the Western Pacific* (New York, 1961); deutsch: »Argonauten des westlichen Pazifik«, in: *Schriften in vier Bänden* (Frankfurt, 1979), Bd. I.
41 Ebda., »Argonauten des westlichen Pazifik«, S. 128.
42 Ebda., S. 115.
43 Ebda., S. 128 und 115.
44 Sahlins, *Stone Age Economics* [35], S. 169.
45 Malinowski, »Argonauten« [40], S. 128.
46 John P. Dawson, *Gifts and Promises: Continental and American Law Compared* (New Haven, 1980), S. 48—50.
47 John Stuart Mill, *Principles of Political Economy,* Buch II, Kap. 2, Abschn. 5 in: *Collected Works of John Stuart Mill,* Hrsg. J.M. Robsen (Toronto, 1965); deutsch: »Grundsätze der politischen Ökonomie«, in: *Gesammelte Werke* (Leipzig, 1869), S. 239.
48 Ebda., S. 238.
49 Ebda., S. 239.
50 Ebda., S. 235—236.

Fünftes Kapitel

1 Wie dieser Prozeß in concreto aussah, zeigt G. Tellenbach, indem er eine seiner kritischsten Phasen nachzeichnet in: *Church, State, and Society at the Time of the Investiture Contest* (Oxford, England, 1940).
2 State of Massachusetts, »Civil Service Anouncements« (1979), mimeo. Frederick C. Mosher, *Democracy and the Public Service* (New York, 1968); Kap. 3 gibt einen historischen Überblick über die amerikanischen Konzepte und Praktiken der Ämtervergabe.
3 John Rawls, *Eine Theorie der Gerechtigkeit* (Frankfurt, 1979), S. 104.
4 Emile Durkheim, *Über soziale Arbeitsteilung* (Frankfurt, 1988), S. 446.
5 Ebda.
6 William Shakespeare, »König Heinrich der Sechste«, Zweiter Teil, in: *Shakespeare's dramatische Werke* (Berlin 1850), IV: 7, S. 106.
7 Zu Rousseau siehe, »Betrachtungen über die Regierung Polens«, in: *Sozialphilosophische und Politische Schriften* (München, 1981), S. 579. Zu Andrew Jackson siehe Mosher, *Democracy and Public Service* [2], S. 62; und zu Lenin, »Staat und Revolution«, in: *Ausgewählte Werke* (Moskau, 1947), Bd. II, S. 190.
8 Siehe Ying-Mao Kau, »The Urban Bureaucratic Elite in Communist China: A Case Study of Wuhan, 1949–1965«, in: *Chinese Communist Politics in Action*, Hrsg. A. Doak Barnett (Seattle, 1969), S. 221–260.
9 Siehe Michael Young, *The Rise of the Meritocracy, 1873–2033* (Baltimore, 1961) – eine Darstellung des Meritokratieprinzips in Romanform; ebenso Barry R. Gross, *Discrimination in Reserve: Is Turnabout Fair Play?* (New York, 1978), der eine philosophische Verteidigung der Meritokratie vorlegt.
10 John Dryden in seiner Vergil-Übersetzung »Georgics« IV, 136 in: *The Poetical Works of Dryden*, Hrsg. Georges Noyes (Cambridge, Mass., 1950), S. 478.
11 Chung-Li Chang, *The Chinese Gentry: Studies of Their Rule in Nineteenth-Century Chinese Society* (Seattle, 1955), S. 165 ff. Des weiteren stütze ich mich auf Ping-Ti Ho, *The Ladder of Success in Imperial China: Aspects of Social Mobility, 1368–1911* (New York, 1962), und auf Ichisada Miyazaki, *China's Examination Hell: The Civil Service Examinations of Imperial China* (New Haven, 1981).
12 Ho, *Ladders of Success* [11], S. 258.
13 Ebda., Kap. 4.
14 Ebda., S. 11.
15 Miyazaki, *Examination Hell* [11], S. 43–49.
16 Zitiert in Chang, *Gentry* [11], S. 172.
17 Ebda., S. 182.
18 William Cowper, *The Task*, Buch IV, Zeile 788.
19 Eine offizielle Verurteilung der Praxis erfolgte erst mit dem päpstlichen Dekret »Admonet nos« im Jahre 1567; siehe *The New Catholic Encyclopedia* (1967) Stichwort »nepotism«.
20 Erhellendes zu diesem ewigen Streitpunkt siehe Alan H. Goldman, *Justice and Reverse Discrimination* (Princeton, 1979); Robert K. Fullinwinder, *The Reverse Discri-*

mination Controversy: A Moral and Legal Analysis (Totowa, N.J., 1980) und Gross, *Discrimination in Reverse* [9].
21 Vgl. hierzu Goldman, *Reverse Discrimination* [20], S. 188—194. Jede Erörterung der Rechte von Gruppen scheint — wie etwa in Owen Fiss' »Groups and the Equal Protection Clause«, in: *Philosophy and Public Affairs* 5 (1976), S. 107—177 beispielhaft sichtbar — alsbald den Gebrauch des Proporzmaßstabes als Gradmesser für die Verletzung dieser Rechte oder das Scheitern ihres gleichen Schutzes nahezulegen.
22 Arend Lijphart, *Democracy in Plural Societies: A Comparative Exploration* (New Haven, 1977), S. 38—41 et passim.
23 Siehe Harold Isaacs, *India's Ex-Untouchables* (New York, 1974), S. 114 f.
24 Siehe die Darlegungen in Fullinwinder, *Controversy* [20], S. 45 ff.; desgleichen Judith Jarvis Thomson, »Preferential Hiring«, in: *Philosophy and Public Affairs* 2 (1973), S. 364—384.
25 Ronald Dworkin, *Taking Rights Seriously* (Cambridge, Mass., 1977), S. 227; dt.: *Bürgerrechte ernstgenommen* (Frankfurt/M., 1984); ebenso Dworkin, »Why Bakke Has No Case«, in: *The New York Review of Books*, 10. Nov. 1977, S: 11—15.
26 Siehe Boris J. Bittker, *The Case for Black Reparations* (New York, 1973); sowie Robert Amdur, »Compensatory Justice: The Question of Costs«, in: *Political Theory* 7 (1979), S. 229—244.
27 Magali Sarfatti Larson, *The Rise of Professionalism: A Sociological Analysis* (Berkeley, 1977), insb. Einleitung und Kap. 6.
28 T.H. Marshall, *Class, Citizenship, and Social Development* (Garden City, N.Y., 1965), S. 177.
29 Tom Levin, *American Health: Professional Privilege vs. Public Need* (New York, 1974).
30 Siehe Henry Phelps Brown, *The Inequality of Pay* (Berkeley, 1977), S. 322-328.
31 R.H. Tawney, *The Acquisitique Society* (New York, o.J.), S. 178.
32 Larson, *Professionalism* [27], S. 9 (er zitiert Everett Hughes). Vgl. auch die etwas andersartige Argumentation von Adam Smith, *Eine Untersuchung über Natur und Wesen des Volkswohlstandes* (Gießen, 1973), S. 145—146.
33 Karl Marx, »Der Bürgerkrieg in Frankreich«, in: *Marx Engels Werke* (Berlin, 1964), Bd. 17, S. 339.
34 Brown, *Inequality of Pay* [30], S. 85 (Tabelle 3, 4). Für diese Art von Gleichstellung argumentiert Norman Daniels, »Merit and Meritocracy«, in: *Philosophy and Public Affairs* 7 (1978), S. 206—223.
35 George Bernard Shaw, »The Socialist Criticism of the Medical Profession, in: *Transactions of the Medico-Legal Society* 6 (London, 1908—1909), S. 210.
36 Smith, *Natur und Wesen des Volkswohlstandes* [32], Bd. I, S. 142—143.
37 Blaise Pascal, *Gedanken* (München, 1988), S. 84.

Sechstes Kapitel

1 Oscar Wilde, »The Soul of Man under Socialism«, wiederersch. in: *The Artist as a Critic: Critical Writings of Oscar Wilde*, Hrsg. Richard Ellmann (New York, 1969), S. 269; deutsch: *Der Sozialismus und die Seele des Menschen* (Zürich, 1970), S. 34.
2 John Ruskin, *The Crown of Wild Olive: Four Lectures on Industry and War* (New York, 1874, S. 90—91.
3 Siehe die Diskussion über Fouriers Konzept in Frank E. Manuel, *The Prophets of Paris* (Cambridge, Mass., 1962), S. 229.
4 George Orwell, *The Road to Wigan Pier* (New York, 1958), S. 44; deutsch: *Der Weg nach Wigan Pier* (Zürich, 1982), S. 43.
5 Ebda., S. 33.
6 Jean-Jacques Rousseau, *Der Gesellschaftsvertrag* (Stuttgart, 1974), S. 105—106.
7 Melford E. Spiro, *Kibbutz: Venture in Utopia* (New York, 1970), S. 16—17.
8 Ebda., S. 77.
9 Ebda. Eine Untersuchung über die geschlechtliche Arbeitsteilung im Kibbuz legt Joseph Raphael Blasi vor mit *The Communal Future: The Kibbutz and the Utopian Dilemma* (Norwood, Pa., 1980), S. 102—103.
10 Spiro, *Kibbutz* [7], S. 69.
11 Bernard Shaw, *The Intelligent Woman's Guide to Socialism, Capitalism, and Fascism* (Harmondsworth, England, 1937), S. 106; deutsch: *Wegweiser für die intelligente Frau zum Sozialismus und Kapitalismus* (Frankfurt, 1978), S. 61.
12 Harold R. Isaacs, *India's Ex-Untouchables* (New York, 1974), S. 36—37.
13 Walt Whitman, »Song of the Exposition«, in: *Complete Poetry and Selected Prose*, Hrsg. James E. Miller, Jr. (Boston, 1959), S. 147.
14 Siehe Michael Walzer, *The Revolution of the Saints: A Study in the Origin of Radical Politics* (Cambridge, Mass., 1965), S. 214.
15 Stewart E. Perry, *San Francisco Scavengers: Dirty Work and the Pride of Ownership* (Berkeley, 1978), S. 7.
16 Shaw, *Wegweiser für die intelligente Frau* [11], S. 60.
17 Shaw, *Wegweiser für die intelligente Frau zu Sozialismus und Kapitalismus* (Berlin, 1929), S. 120. (Die Textstelle fehlt in der in [11] angegebenen deutschen Neufassung — deshalb hier die alte, komplette Übersetzung von 1929.)
18 Perry, *Scavengers* [15], S. 197.
19 Wilde, »Soul of Man«, [1], S. 268; deutsch: *Der Sozialismus und die Seele des Menschen* [1], S. 33.
20 Perry, *Scavengers* [15], S. 8.
21 Ebda., S. 188—191.
22 Studs Terkel, *Working* (New York, 1975), S. 168.
23 Bernard Shaw, »Maxims for Revolutionists«, *Man and Superman* in: *Seven Plays* (New York, 1951), S. 736; deutsch: »Aphorismen für Umstürzler«, in: *Mensch und Übermensch* (Berlin, 1921), S. 328.
24 W.H. Auden, »In Time of War« (XXV), in: *The English Auden: Poems, Essays, and Dramatic Writings 1927—1939,* Hrsg. Edward Mendelson (New York, 1978), S. 261.

25 Everett Hughes, *The Sociological Eye* (Chicago, 1971), S. 345.
26 Ebda., S. 314.
27 Ebda.,
28 Shaw, *Wegweiser für die intelligente Frau* [11], S. 61–62.
29 Terkel, *Working* [22], S. 153.

Siebtes Kapitel

1 Thorstein Veblen, *The Theory of the Leisure Class* (New York, 1953), S. 47; deutsch: *Theorie der feinen Leute* (Berlin, 1958), S. 58 und 59.
2 James Boswell, *The Life of Samuel Johnson*, Hrsg. Bergen Evans (New York, 1952), S. 206.
3 Siehe hierzu Sebastian de Grazia, *Of Time, Work, and Leisure* (New York, 1962), S. 12; sowie Martin Buber, *Moses: The Revelation and the Covenant* (New York, 1958), S. 82.
4 T.H. Marshall, *Class, Citizenship, and Social Development* (Garden City, N.Y., 1965), S. 159.
5 Alfred Zimmern, *The Greek Commonwealth* (Oxford, 1961), S. 271 in Paraphrasierung einer Passage von G. Salviolo, *The Capitalisme dans le monde antique* (Paris, 1906), S. 148.
6 Aristoteles, *Nikomachische Ethik* (Stuttgart, 1969), X 7, S. 289.
7 Karl Marx, *Grundrisse der Kritik der Politischen Ökonomie* (Berlin, 1953), S. 505.
8 Karl Marx, *Das Kapital* (Berlin, 1965), Dritter Band, S. 828.
9 Marx, *Kapital* [8], Erster Band, S. 249.
10 Ebda., Bd. I, S. 280.
11 Ebda., Bd. I, S. 280.
12 De Grazia, *Time* [9], S. 89–90; Neil H. Cheek/William R. Burch, *The Social Organization of Leisure in Human Society* (New York, 1976), S. 80–84; William L. Parish/Martin King Whyte, *Village and Family in Contemporary China* (Chicago, 1980), S. 274. Die für China angegebenen Ziffern beruhen auf den Berechnungen eines kommunistischen Gegners der traditionellen Formen von Muße (siehe an späterer Stelle in diesem Buch, S. 388).
13 Marx, *Kapital* [8], Bd. I, S. 280.
14 William Shakespeare, »König Heinrich der Fünfte«, in: *Shakespeare's dramatische Werke* (Berlin, 1850), Bd. 2, IV: 1, S. 205–206.
15 Bernard Shaw, *Wegweiser für die intelligente Frau zum Sozialismus und Kapitalismus* (Frankfurt, 1978), S. 269.
16 Ebda., S. 271.
17 De Grazia, *Time* [3], S. 467 (Tabelle 12).
18 Ebda., S. 66 und S. 116 ff.
19 Cheek/Burch, *Social Organization* [12], Kap. 3.
20 Buber, *Moses* [3], S. 84.

21 Vgl. Max Weber, »Das Antike Judentum«, in: *Gesammelte Aufsätze zur Religionssoziologie III* (Tübingen, 1921).
22 Siehe Louis Ginzberg, *The Legends of the Jews* (Philadelphia, 1954), Bd. IV, S. 201.
23 Zitiert in Isadore Twersky, *Introduction to the Code of Maimonides* (New Haven, 1980), S. 113—114.
24 Leo Baeck, *Dieses Volk* (Frankfurt, 1955), 2 Bde., Bd. I, S. 176.
25 Siehe E. Wright Bakke, *Citizens Without Work* (New Haven, 1940), S. 13—18.
26 William Shakespeare, »König Heinrich der Vierte«, in: *Shakespeare's dramatische Werke* (Berlin, 1850), Bd. 1, Teil I, I:2, S. 231.
27 Ginzberg, *Legends* [22], Bd. III, S. 99.
28 Parish und Whyte, *Village and Family* [12], S. 274.
29 Ebda., S. 287.
30 United Nations' International Covenant on Economic, Social and Cultural Rights, Teil I, Art. 8; siehe dazu die Erörterungen von Maurice Cranston in *What Are Human Rights?* (New York, 1973), Kap. 8.

Achtes Kapitel

1 Aristoteles, *Politik* (Berlin, 1958) 1337a, S. 282.
2 Siehe Samuel Bowles und Herbert Gintis, *Schooling in Capitalist America* (New York, 1976), S. 12; dt.: *Pädagogik und die Widersprüche der Ökonomie* (Frankfurt/M. 1978).
3 John Dewey, *Democracy and Education* (New York, 1961), S. 18—22.
4 Vgl. Rousseaus Empfehlungen in »Betrachtungen über die Regierung Polens«, in: *Sozialphilosophische und Politische Schriften* (München, 1981), S. 579, wo er sagt: »Hütet euch vor allem, aus dem Stande des Erziehers ein Gewerbe zu machen.«
5 G.C. Vaillant, *The Aztecs of Mexico* (Harmondsworth, England, 1950), S. 117.
6 Jacques Soustelle, *The Daily Life of the Aztecs* (Harmondsworth, England, 1964), S. 178 bzw. S. 175.
7 Aristoteles, *Politik* [1], 1332b, S. 267.
8 Die Geschichte ist nacherzählt in Aaron H. Blumenthal, *If I am Only Myself: The Story of Hillel* (unveröff., 1974), S. 2—3.
9 Siehe den Anhang (»Selected Cases...«) zu Ping-Ti Ho, *The Ladder of Success in Imperial China: Aspects of Social Mobility, 1368—1911* (New York, 1962), S. 267—318.
10 R.H. Tawney, *The Radical Tradition* (New York, 1964), S. 69.
11 Aristoteles, *Politk* [1], S. 282.
12 Eine Entwicklung, die insofern auf eine allgemeine Kritik stößt, als es weithin heißt, eine dergestalt breite Verteilung der Highschool-Ausbildung »senke« zwangsläufig deren Wert. Siehe hierzu die klugen und differenzierten Darlegungen von David K. Cohen und Barbara Neufeld, »The Failure of High Schools and the Progress of Education«, in: *Daedalus*, Sommer 1981, S. 79 et passim.
13 William Cummings, *Education and Equality in Japan* (Princeton, 1980), S. 4—5.
14 Ebda., S. 273.

15 Ebda., S. 274; siehe auch S. 154.
16 Aristoteles, *Politik* [1], 1337a, S. 282.
17 Cummings, *Japan* [13], S. 274; siehe auch S. 127.
18 Ebda., S. 275.
19 Ebda.
20 Ebda., S. 117.
21 Bernard Shaw, *Wegweiser für die intelligente Frau zum Sozialismus und Kapitalismus* (Frankfurt, 1978), S. 377–378.
22 Siehe Ivan Illich *Entschulung der Gesellschaft* (Hamburg, 1973), der sich dazu, wie eine Elementarerziehung in einer »entschulten« Gesellschaft zu bewerkstelligen sei, nicht äußert.
23 Tawney, *Radical Tradition* [10], S. 79–80, 73.
24 Siehe David Page, »Against Higher Education for Some«, in: *Education for Democracy*, Hrsg. David Rubinstein und Colin Stoneman (2. Aufl. Harmondsworth, England, 1972), S. 227–228.
25 John Milton, »Of Education«, in: *Complete Prose Works of John Milton*, Bd. II, Hrsg. Ernest Sirluck (New Haven, 1959), S. 379; deutsch: *Milton's Pädagogische Schriften und Äußerungen* (Langensalza, 1890), S. 4.
26 Siehe die Diskussion in Cummings, *Japan* [13], Kap. 8, über die steigenden Zahlen von japanischen Kindern, die um einen Universitätsplatz konkurrieren.
27 Bernard Crick, *George Orwell: A Life* (Boston, 1980), Kap. 2, sichtet das vorliegende Material.
28 George Orwell, »Such, Such Were the Joys«, in: *The Collected Essays, Journalism and Letters of George Orwell*, Hrsg. Sonia Orwell und Ian Angus (New York, 1968), Bd. III, S. 336; deutsch: *Such, Such Were the Joys/Die Freuden der Kindheit* (München, 1989), S: 21–23.
29 Ebda., S. 41, deutsche Version.
30 Ebda., S. 33, deutsche Version.
31 William Shakespeare, »Wie es euch gefällt«, in: *Shakespeare's dramatische Werke* (Berlin, 1850), Bd. 6, II:5, S. 307.
32 Siehe Michel Foucaults Abhandlung über das »Kerker-Kontinuum«, das Gefängnisse, Asyle, Armeen, Fabriken ebenso einschließt wie Schulen, in: *Überwachen und Strafen: Die Geburt des Gefängnisses* (Frankfurt, 1977), S. 379–397. Foucault überzieht in seiner Darstellung die Ähnlichkeiten.
33 John E. Coons und Stephen D. Sugarman, *Education by Choice: The Case of Family Control* (Berkeley, 1978).
34 Albert O. Hirschman, *Exit, Voice, and Loyalty: Responses to Decline in Firms, Organizations, and States* (Cambridge, Mass., 1970); dt.: *Abwanderung und Widerspruch* (Tübingen, 1974).
35 Siehe die kritische Diskussion über die Garrity-Entscheidung im besonderen und über »statistische Gleichheit« im allgemeinen in Nathan Glazer, *Affirmative Discrimination: Ethnic Inequality and Public Policy* (New York, 1975), S. 65–66.
36 Congress of Racial Equality (CORE), »A Proposal for Community School Districts«, (1970) in: *The Great School Bus Controversy*, Hrsg. Nicolaus Mills (New York, 1973), S. 311–321.

37 Besonders deutlich wird dies, wenn die lokalen Wortführer eine »fremde« Sprache sprechen; siehe Noel Epstein, *Language, Ethnicity, and the Schools* (Institute for Eudcational Leadership, Washington, D.C., 1977).

Neuntes Kapitel

1 James Boswell, *The Life of Samuel Johnson*, Hrsg. Bergen Evans (New York, 1952), S. 285.
2 Kung Futse, *Gespräche* (Jena, 1914), I:2, S. 1—2.
3 Lucy Mair, *Marriage* (New York, 1972), S. 20.
4 Siehe Eugene Victor Walters Erörterung über den Einfluß von verwandtschaftlichen Zwängen auf die politische Macht in *Terror and Resistance: A Study of Political Violence, with Case Studies of Some Primitive African Communities* (New York, 1969), Kap. 4; ebenso seine Beschreibung des von Shaka, dem »terroristischen Despoten« der Zulus, unternommenen Angriffs auf die Verwandtschaftsprinzipien, insb. S. 152—154.
5 John Selden, *Table Talk*, Hrsg. Frederick Pollack (London, 1927), S. 75.
6 Meyer Fortes, *Kinship and the Social Order: The Legacy of Lewis Henry Morgan* (Chicago, 1969), S. 309.
7 Das Zitat stammt aus Fortes, *Kinship and Social Order* [6], S. 232.
8 John Rawls, *Eine Theorie der Gerechtigkeit* (Frankfurt, 1979), S. 94.
9 Ebda., S. 555.
10 Platon, *Der Staat* (Stuttgart, 1958), V. 463—464, S. 252—254.
11 Lawrence Stone, *The Family, Sex, and Marriage in England: 1500—1800* (New York, 1979), S. 426.
12 Siehe Platon, *Der Staat* [10], ebda., S. 254.
13 Siehe Lawrence Kohlberg, »The Claim to Moral Adequacy of a Highest Stage of Moral Development«, in: *Journal of Philosophy* 70, (1975), S. 631—647.
14 Mair, *Marriage* [3], S. 7.
15 Siehe Gordon J. Schochet, *Patriarchalism in Political Thought* (New York, 1975), Kap. 1—3.
16 Friedrich Engels, »Die Lage der arbeitenden Klasse in England (1844)«, in: *Marx Engels Werke* (Berlin, 1962), Bd. 2. Siehe auch Steven Marcus, *Engels, Manchester, and the Working Class* (New York, 1974), S. 328 ff.
17 Jane Humphries, »The Working Class Family: A Marxist Perspective«, in: Jean Bethke Elsthain, Hrsg., *The Family in Political Thought* (Amherst, Mass., 1982), S. 207.
18 Karl Marx/Friedrich Engels, »Manifest der Kommunistischen Partei«, in: *Marx Engels Werke* (Berlin, 1964), Bd. IV, S. 478.
19 Siehe auch Friedrich Engels, »Der Ursprung der Familie, des Privateigentums und des Staats«, in: *Marx Engels Werke*, Bd. 21; sowie die Diskussion in Eli Zaretsky, *Capitalism, the Family, and Personal Life* (New York, 1976), S. 90—97.

20 Siehe die Diskussion der Marxschen Sichtweise in Phillip Abbott, *The Family on Trial: Special Relationship in Modern Political Thought* (University Park, Pa., 1981), S. 72–85.
21 Zaretsky, *Capitalism* [19], S. 62–63.
22 Bernard Shaw, *Wegweiser für die intelligente Frau zum Sozialismus und Kapitalismus* (Berlin, 1929), S. 96.
23 Jean-Jacques Rousseau, »Brief an d'Alembert über das Schauspiel«, in: *Schriften*, hrsg. v. H. Ritter, (Berlin/Wien, 1981), Bd. 1, S. 464–446.
24 Ebda., S. 468.
25 Mair, *Marriage* [3], S. 92.
26 Diese und andere Beispiele einer »Befreiung« sind anschaulich beschrieben in Abbott, *Family on Trial* [20], insb. S. 153–154.
27 Das Zitat stammt aus John Milton, *Paradise Lost*, Buch IV; deutsch: *Das verlorene Paradies* (Leipzig, 1878), Fünfter Gesang, S. 132.
28 Dies ist einer der Hauptpunkte in Susan Moller Okin, *Women in Western Political Thought* (Princeton, 1979); für eine Zusammenfassung der Argumente siehe S. 274–275.
29 Hugh D.R. Baker, *Chinese Family* [29], S. 182.
30 Jean Bethke Elshtain, *Public Man, Private Woman; Women in Social and Political Thought* (Princeton, 1981), S. 229–235.
31 Zitiert in Fortes, *Kinship and Social Order* [6], S. 79, aus Elaine Cumming und David Schneider, »Sibling Solidarity: A Property of American Kinship«, in: *American Anthropologist* 63 (1961), S. 498–507.

Zehntes Kapitel

1 Martin Luther, »Von der babylonischen Gefangenschaft der Kirche«, in: *Luther*, Hrsg. K.G. Steck (Berlin/Darmstadt/Wien, 1961), S. 69.
2 John Locke, *Ein Brief über Toleranz* (Hamburg, 1957), S. 15; Luther, »Von weltlicher Obrigkeit«, in: *Luther* (Berlin/Darmstadt/Wien, 1961), S. 158.
3 Locke, *Brief über Toleranz* [2], S. 13.
4 Ebda., S. 37.
5 Ebda.
6 Oliver Cromwell, *Oliver Cromwell's Letters and Speeches*, Hrsg. Thomas Carlyle (London, 1893), S. 354. (Rede an das Parlament der Heiligen, gehalten am 4. Juli 1953).
7 Ebda., S. 355.
8 Increase Mather, *Pray for the Rising Generation* (1618), zitiert von Edmund S. Morgan in: *The Puritan Family* (New York, 1966), S. 183; siehe die Diskussion in J.R. Pole, *The Pursuit of Equality in American History* (Berkeley, 1978), Kap. 3.
9 Alan Simpson, *Puritanism in Old and New England* (Chicago, 1961), S. 35.
10 Locke, *Brief über Toleranz* [2], S. 55.

Elftes Kapitel

1 Einen informativen Ausblick auf die Überreste dieses Systems verschafft »Armiger«, *Titles and Forms of Address: A Guide to Their Correct Use* (7. Aufl., London, 1949).
2 Alexis de Tocqueville, *Über die Demokratie in Amerika* (München, 1976), S. 732.
3 Orlando Patterson, *Slavery and Social Death: A Comparative Study* (Cambridge, Mass., 1982), S. 97 und Kap. 3.
4 Thomas Hobbes, *Leviathan* (Neuwied/Berlin, 1966), Teil 1, Kap. 13, S. 96.
5 *Oxford English Dictionary*, Stichwort »Mr.«; siehe auch die Eintragung unter »Titles of Honour« in der *Encyclopedia Britannica* (11. Aufl. 1911).
6 Ralph Waldo Emerson, »Conduct of Life«, in: *The Complete Essays and Other Writings of Ralph Waldo Emerson*, Hrsg. Brooks Atkinson (New York, 1940), S. 729.
7 H.L. Mencken, *The American Language* (4. Aufl., New York, 1938), S. 275.
8 Harold R. Isaacs, *India's Ex-Untouchables* (New York, 1974), S. 27—28.
9 Hobbes, *Leviathan* [4], Teil 1, Kap. 13, S. 95.
10 Dies ist einer der Kerngedanken in William J. Goode, *The Celebration of Heroes: Prestige as a Social Control System* (Berkeley, 1978).
11 Thomas Hobbes, *Naturrecht und allgemeines Staatsrecht in den Anfangsgründen*, Hrsg. F. Meinecke/H. Onken (Berlin, 1926), 1. Teil, 9. Kap. S. 77.
12 Ebda., S. 76.
13 Blaise Pascal, in: *Pascal*, hrsg. u. ausgewählt von R. Schneider (Frankfurt, 1954), S. 156.
14 Frank Parkin, *Class, Inequality, and Political Order* (London, 1972), S. 34—44.
15 Thomas Nagel, *Mortal Questions* (Cambridge, 1979), S. 104.
16 Parkin ist der Ansicht, daß solche Bewertungen und Wertschätzungen bereits existieren, auch wenn sie anderen »Bedeutungssystemen« zugeordnet sind (*Class* [14], S. 97).
17 Georg Friedrich Hegel, *Phänomenologie des Geistes* (Hamburg, 1952), S. 143.
18 Siehe John Rawls, *Eine Theorie der Gerechtigkeit* (Frankfurt, 1979), S. 121—122, ebenso S. 92—94. Es ist Rawls Argumentation, der hier mein Hauptinteresse gilt. Zum Teil mache ich mir bei ihrer Rezeption die Kritik von Nozick, dargelegt in *Anarchy, State, and Utopia* (New York, 1974), S. 213—216 und 228, zueigen.
19 Robert C. Tucker, »Stalin and Psychology«, in: *The Soviet Political Mind* (New York, 1963), S. 101.
20 Isaac Deutscher, *Stalin: A Political Biography* (New York, 1960), S. 270—271.
21 Andreas Österling, »The Literary Prize«, in: H. Schück, et al., *Nobel: The Man and His Prizes* (Amsterdam, 1962), S. 75.
22 Ebda., S. 87.
23 Jean-Jacques Rousseau, »Betrachtungen über die Regierung Polens«, in: *Sozialphilosophische und Politische Schriften* (München, 1981), S. 638—639.
24 Simone Weil, *Die Einwurzelung* (München, 1956), S. 37—38.

25 Jean Bodin, *The Six Books of a Commonweale,* Hrsg. Kenneth Douglas McRae (Cambridge, Mass., 1962), S. 586; deutsch: *Sechs Bücher über den Staat* (München, 1986), 2 Bde., Bd. II, S. 215–216.
26 Francis Bacon, *Essays,* No. 29, »Of the True Greatness of Kingdoms and Estates«.
27 Bodin, *Sechs Bücher* [25], S. 216.
28 Vgl. Ronald Dworkin, der nachweist, daß Rawls' Gerechtigkeitskonzept letztlich auf der Reklamation des Anrechts »aller Männer und Frauen« auf das gleiche Maß an Respekt beruht (*Taking Rights Seriously,* Cambridge, Mass., 1977, Kap. 6.)
29 Thomas Hobbes, *Leviathan* [4], Teil II, Kap. 28.
30 M.J. Finley, *The Ancient Greeks* (Harmondsworth, England, 1977), S. 80. Zu Geschichte und Verfahren des Ostrazismus siehe *Aristotle and Xenophon on Democracy and Oligarchy* (Berkeley, 1975), S. 241–244.
31 Finley, *Greeks* [30], S. 80.
32 Siehe hierzu die differenzierten Darlegungen über »Gefährlichkeit« als Grund für Inhaftierung in Norval Morris, *The Future of Imprisonment* (Chicago, 1974), S. 63–73.
33 H.L.A. Hart, *Punishment and Responsibility* (Oxford, England, 1968), S. 21–24.
34 Jean-Jacques Rousseau, »Abhandlung über den Ursprung und die Grundlagen der Ungleichheit«, in: *Schriften,* hrsg. v. Henning Ritter (Frankfurt/Berlin/Wien, 1981), Bd. 1, S. 260. Zu Tertullians Haltung siehe Max Scheler, *Ressentiment* (New York, 1961), S. 67; deutsch: *Das Ressentiment im Aufbau der Moralen* (Frankfurt, 1978).
35 Mary Searle-Chatterjee, »The Polluted Identity of Work: A Study of Benares Sweepers«, in Sandra Wallman, Hrsg., *The Social Anthropology of Work* (London, 1979), S. 284–285.
36 William Makepeace Thackeray, *The Book of Snobs* (Garden City, N.Y., 1961), S. 29.
37 Norbert Elias, *The Civilizing Process: The History of Manners* (New York, 1978), S. 210; deutsch: *Über den Prozeß der Zivilisation* (Basel, 1939); siehe auch Nozick, *Anarchy* [18], S. 243–244.
38 *Oxford Engish Dictionary,* Stichwort »self-esteem« und »self-respect«. David Sachs ist einer der wenigen zeitgenössischen Philosophen, die über diese Unterscheidung öffentlich nachgedacht haben; siehe »How to Distinguish Self-Respect form Self-Esteem«, in: *Philosophy and Public Affairs* 10 (Herbst, 1981), S. 346–360.
39 Tocqueville, *Demokratie in Amerika* [2], S. 729–730.
40 Weil, *Einwurzelung* [24], S. 36.
41 Jean-Jacques Rousseau, *Der Gesellschaftsvertrag* (Stuttgart, 1974), Buch 3, Kap. 15, S. 106.
42 Siehe Rawls' Diskussion dieser Punkte — auch wenn sie hier unter dem Thema »Selbstwertgefühl« abgehandelt werden (*Theorie der Gerechtigkeit*) [18], S. 264–265.
43 Weil, *Einwurzelung* [24], S. 37.
44 Siehe Robert Lane, der sagt, die Arbeit sei für die Existenz und den Bestand des »Selbstwertgefühls« wichtiger als die Politik (»Government and Self-Esteem«, in: *Political Theory* 10, Febr. 1982, S. 13).
45 Pascal, in: *Pascal* [13], S: 155.
46 William Shakespeare, »Antonius und Cleopatra«, in: *Shakespeare's dramatische Werke* (Berlin, 1850), III:4, 10. Bd., S. 75.

47 Platon, *Der Staat* (Stuttgart, 1958), IX, 571—576, S. 383—391.
48 Karl Marx, »Ökonomisch-philosophische Manuskripte«, in: *Marx Engels Werke* (Berlin, 1968), Erg.Bd., 1. Teil, S. 564.

Zwölftes Kapitel

1 Thomas Hobbes, *Leviathan*, Teil II, Kap. 19, S. 145.
2 Vgl. hierzu Lucy Mair, *Marriage* (New York, 1972), S. 76—77.
3 Die Schlüsseltexte von Platon sind *Der Staat*, I. (341—347), IV. (488—489), *Gorgias* und *Protagoras*.
4 Platon, *Der Staat* (Stuttgart, 1968), VI. (488—489).
5 Renford Bambrough, »Plato's Political Analogies«, in: *Philosophy, Politics, and Society*, Hrsg. Peter Laslett (Oxford, 1967), S. 105.
6 Platon, *Protagoras* (Leipzig, 1900), S. 78 und 28. Siehe die Interpretation dieses Abschnitts in Eric A. Havelock, *The Liberal Temper in Greek Politics* (New Haven, 1957), S. 169.
7 Thucydides, *Geschichte des Peleponnesischen Krieges* (Leipzig, 1811—1816), Buch II, 40, S. 155.
8 Michel Foucault, *Überwachen und Strafen* (Frankfurt, 1976); siehe auch Foucault, *Power/Knowledge: Selected Interviews and Other Writings, 1972—1977*, hrsg. v. Colin Gordon (New York, 1980), insb. nos. 5 und 6.
9 Foucault, *Überwachen und Strafen* [8], S. 379—397.
10 Siehe hierzu die ergiebige Diskussion in Steven Lukes, *Power: A Radical View* (London, 1974); und William E. Connolly, *The Terms of Political Discourse* (Lexington, Mass., 1974), Kap. 3.
11 Wie dies in der Realität aussehen kann, zeigen Martin Carnoy und Derek Shearer in *Economic Democracy: The Challenge of the 1980s* (White Plains, N.Y., 1980), S. 360—361.
12 Zur Auffassung, wir sollten uns eher auf den Markt und die Geschichte verlassen als auf die politische und die legislative Führung siehe Robert Nozick, *Anarchy, State, and Utopia* (New York, 1974), S. 79—81; vgl. auch die Fallstudie von Matthew Crenson, *The Unpolitics of Air Pollution: A Study of Non-Decisionmaking in Cities* (Baltimore, 1971).
13 Siehe hierzu Connolly, *Political Discourse* [10], S. 95—96, der auch die schwierige Thematik von drohenden Gefahren und Prognosen behandelt.
14 In vorderster Linie steht hier Grant McConnell, *Private Power and American Democracy* (New York, 1966).
15 *R.H. Tawney's Commonplace Book*, hrsg. v. J.M. Winter und D. M. Joslin (Cambridge, England, 1972), S. 34—35.
16 Karl Marx, »Zur Judenfrage«, in: *Marx Engels Werke* (Berlin, 1964), Bd. 1, S. 356.
17 Stanley Buder, *Pullman: An Experiment in Industrial Order and Community Planning, 1880—1930* (New York, 1967).
18 Ebda., S. 98—99.

19 Ebda., S. 107.
20 Ebda., S. 95; siehe auch William M. Carwardine, *The Pullman Strike*, eingeleitet von Virgil J. Vogel (Chicago, 1973), Kap. 8, 9, 10.
21 Richard Ely, zitiert in Buder, *Pullman* [17], S. 103.
22 Ebda., siehe ebenso Carwardine, *Pullman Strike* [20], Kap. 4.
23 Carwardine, *Pullman Strike* 20, S. XXXIII.
24 Buder, *Pullman* [17], S. 44.
25 Karl Marx, *Das Kapital* (Berlin 1963), Dritter Band, S. 397, 400. Lenin wiederholt den Gedanken, indem er die »milde Leitung eines Dirigenten« als Beispiel für kommunistische Obrigkeit anempfiehlt in »Die nächsten Aufgaben der Sowjetmacht«, in: *Ausgewählte Werke* (Moskau, 1947), Bd. II, S. 385.
26 Thomas Hobbes, *Naturrecht und allgemeines Staatsrecht in den Anfangsgründen* (Berlin, 1926), Teil II, Kap. 2, Abschn. 5, S. 144.
27 *Aristotle and Xenophon on Democracy and Oligarchy*, Hrsg. J.M. Moore (Berkeley, 1975), S. 292. Das Zitat entstammt Moores Kommentar.
28 Jean-Jacques Rousseau, *Der Gesellschaftsvertrag* (Stuttgart, 1974), 3. Buch, 1. Kap., S. 65.
29 Jane J. Mansbridge, *Beyond Adversary Democracy* (New York, 1980), S. 247.
30 Rousseau, *Gesellschaftsvertrag* [28], 2. Buch, 3. Kap., S. 32—33.
31 Hannah Arendt, *The Human Condition* (Chicago, 1958), S. 41.
32 Die bevorzugte Zuschreibung gilt dem *Oxford Dictionary of Quotations* zufolge Adlai Stevenson.
33 Siehe John Gaventa, *Power and Powerlessness: Quiescence and Rebellion in a Appalachian Valley* (Champaign, Ill., 1982).

Dreizehntes Kapitel

1 Walter C. Neale, »*Reciprocity and Redistribution in the Indian Village: Sequel to Some Notable Discussions*«, in: *Trade and Market in the Early Empires*, Hrsg. Karl Polanyi, Conrad M. Arensberg und Harry W. Pearson (Chicago, 1971), S. 226.
2 Harold R. Isaacs, *India's Ex-Untouchables* (New York, 1974), Kap. 7 u. 8.
3 Karl Marx, *Das Kapital* (Berlin, 1965), Erster Band, S. 208.
4 John Kenneth Galbraith, *American Capitalism* (Boston, 1956), Kap. 9; deutsch: *Der amerikanische Kapitalismus im Gleichgewicht der Wirtschaftskräfte* (Stuttgart/Wien/Zürich, 1952).
5 Siehe z.B. Alvin W. Gouldner, *The Future of Intellectuals and the Rise of the New Class* (New York, 1979).
6 Aristoteles, *Politik* (Hamburg, 1958), 1283, S. 106.

Sachregister

Achtung
  Selbstachtung 390-396, 398, 421, 438f., 451
  Selbstschätzung 388ff.

Amt 22, 194, 196
  Ämterreservierung 221-225, 228
  Eindämmung 237-243
  politisches 159, 194, 196
  Rotation 201f., 291
  ziviles 196

Anerkennung 17, 359, 361f., 364, 369, 381
  reflexive 372

Ansehen 38f., 235, 268, 359, 365

Arbeit 271
  geistige 273
  gefährliche 248-251
  Gemeinschaftsarbeit 252f.
  Schwerarbeit 251-256
  Dreckarbeit 256-260
  Zwangsarbeit 253

Aristokratie 38

Asyl 91

Bedürfnis 111, 124, 128, 133f., 177
  Prioritäten 111
  sozial anerkanntes 109, 134, 184
  und Gesellschaftsvertrag 109

Bildung 124

Bürgerrecht 92, 95, 97, 99, 103, 117, 165, 295, 302, 343, 394, 421

Bürokratie 148, 210, 241

Demokratie 44, 75, 104f., 117, 133, 175, 246, 296, 303, 305, 319f., 363, 379f., 407, 415, 422, 429f., 436, 450
  Demokratischer Sozialismus 447
  Wirtschaftsdemokratie 422, 427

Distributionskriterien 28, 34, 50
  freier Austausch 51ff.
  Verdienst 53-56
  Bedürfnis 56ff.
  Gegenseitige Hilfe 67, 89, 92, 328
  Distributionskampf 38
  Redistribution 132, 165, 176, 183-187, 353

Disziplinarinstitutionen 412

Dominanz (siehe Herrschaft)

Egalitarismus 16-21, 431

Einbürgerung 93, 104, 106

Einfluß 54

Einwanderung 13, 93, 104, 106

Ehe 337f.

Ehre (s. Ansehen)

Erziehung 22, 288
  Elementarerziehung 293, 303, 305, 310

Familie 192, 328ff., 342, 344

Feiertag 282, 284, 286
  Abschaffung 285

Flüchtlinge 80, 88-92

Frauen 125, 245, 335, 360
  Frauenfrage 343

Freiheit 19, 21, 88, 340f., 343, 387, 445

Freizeit 22, 270-274, 276, 286, 336

Fremde 67-70, 72, 80, 83f., 86, 93, 96f., 105, 224, 334

Freundschaft 160, 190

Gastarbeiter 94, 97, 98, 421

Geld 15, 22, 27, 41, 100, 173
  Akkumulation 172
  und politische Macht 185, 335, 438, 445f.
  als Universalmedium 152

Gemeinschaft 21, 62, 127
  homogene 77, 86, 201
  politische 61, 65, 71, 76, 83, 92, 100, 122, 130, 194, 215, 254, 302, 305, 331, 421, 425
  nationale 82, 93
  und Grenzen 90

Gerechtigkeit 29f., 32, 198, 274, 325, 333, 439, 442, 444, 448
  als Bedürfnis 109
  autonome 118
  distributive 11, 21f., 26, 28, 30, 32, 45, 51, 62, 65, 124f., 167, 327, 395, 399, 414, 439, 441, 448, 450
  Erziehungsgemeinschaft 297, 299, 312
  Gemeinschaftsversorgung 110, 113-122, 135, 144ff., 185, 246, 287
  politische 103f.
  religiöse 119

  Theorie der 21, 30, 107, 170, 194, 304, 397, 443, 449
  und Selbstbestimmung 106
  Urgemeinschaft 110

Geschenke 162, 187-191

Gesellschaft
  egalitäre 46, 60
  kapitalistische 14, 38, 151, 442f.
  kommunistische 273
  Vielvölkergesellschaft 63

Gesellschaftsvertrag 128, 131, 133

Gleichheit 15f., 18, 22, 47, 216, 224
  Chancengleichheit 42, 59, 209, 212, 215f., 218, 223, 226, 237, 239, 242, 313, 366
  einfache 17, 42-45, 52, 63, 68, 144, 172, 175, 187, 194, 199f., 216, 247, 295, 300, 337, 365, 430-433
  komplexe 11f., 46-50, 60, 167, 170, 181, 242f., 246, 271, 280, 313, 326, 347, 368, 381, 387, 398, 403, 436, 438, 443f., 447, 449, 451
  soziale 201

Gnade 160, 348, 353

Güter 32
  Grundgüter 33
  ihre soziale Bedeutung 34ff.
  negative 244f., 247f., 255
  öffentliche 176
  Pluralismus der 21
  Privatgüter 176
  Theorie der Güter 32

Herrschaft 18f., 21, 36, 38, 40, 186, 202, 233, 352, 426, 430
  der Experten 236
  Definition 37
  der Heiligen 353
  herrschende Klasse 50
  imperiale 82f.
  Privatherrschaft 416f.
  über Fremde 106

Sachregister

Hierarchie 58ff., 231f., 358
 priesterliche 285

Hinterlassenschaft 192ff.

Integration 321

Kalter Krieg 89, 319

Kapitalismus 335, 417

Kaste 59

Kirche 139, 196, 219

Konsumtion 26

Liebe 54, 160, 327
 romantische 337f.

Löhne 178-182

Macht 15, 45, 184, 193, 203, 343, 404, 415, 429
 königliche 60
 politische 22, 43, 52f., 62, 101, 113, 157, 326, 329, 353, 399, 417, 423
 -blockierungen 401ff., 410
 Wissen und Macht 405, 407, 409

Markt 27f., 36, 142, 144, 164, 174, 184, 194, 260, 345
 Abschaffung 178, 181
 als Distributionssphäre 52, 167-171
 -imperialismus 163, 169, 183f.
 Schwarzer 161

Medizinische Versorgung 137-145

Meritokratie 39, 42, 198, 203

Menschheit 62f.

Minimaleinkommen 165

Mitgliedschaft 62, 88, 107, 108, 176, 183
 als soziales Gut 65-70
 in Familien 78ff.
 in Nachbarschaften 72-76
 in politischen Gemeinschaften 81, 92f., 106, 215, 324
 in Vereinen 76ff.

Monopol 36-41, 175, 199, 201f., 232, 296, 306, 329, 353, 370, 431
 politischer Macht 43

Nützlichkeit 21f.

Öffentliche Gesundheit 129, 131

Pluralismus 28f., 313, 315, 322f.
 der Distributionsmöglichkeiten 32, 52
 und Weltgesellschaft 88

Plutokratie 445

Populismus 200

Produktion 26

Professionalismus 231

Qualifikation 204-209, 214-219

Reichtum 87, 183

Rechte 156
 Menschenrechte 21
 Bleiberecht 80
 politische 101

Reservearmee 259, 263

Relativismus 11

Säkularismus 354

Schulen 288, 300, 330
 inklusive 295
 Entschulung 301
 Nachbarschaftsschulen 324
 Privatschulen 314-318

Seelsorge 138

Selbstbeherrschung 396f.

Sezessionskrieg 154ff.

Sicherheit 112

Sklaverei 96, 157, 225

Souveränität 78, 399, 408, 413

Staat 27, 41, 75, 78, 83, 102, 109, 199, 252, 327, 342

als religiöses Reich 353
autokratischer 15, 89, 420
feudaler 16
idealer 19
moderner 158
oligarchischer 15
proletarischer 374
kapitalistischer 15
Territorialstaat 83, 106
Weltstaat 68, 75, 87, 414

Staatenlosigkeit 66

Staatsbürgerschaft (s. Mitgliedschaft in politischen Gemeinschaften)

Strafe 381-384

Strafjustiz 136, 157

Steuern 252

Tausch 151, 184
blockierter 153, 156

Territorium 83, 86, 106

Titel 205ff., 350, 359

Totalitarismus 444

Tyrannei 48f., 52, 56, 63, 103f., 107, 178, 203, 276, 326, 329, 335, 380, 387, 397, 400, 411, 437, 439, 441, 443f., 446
Bürgertyrannen 96, 101

Universaler Zivildienst 203, 209, 237, 241

Unsterblichkeit 136f.

Unternehmer 170, 172ff., 185, 239, 418, 429

Unverkäuflichkeit (s. blockierter Tausch)

Urlaub 277-281

Utilitarismus 22, 192, 373, 375, 382

Verdienst 204, 372, 374

Verteilungsgerechtigkeit (s. distributive Gerechtigkeit)

Verteilungskriterium (s. Distributionskriterium)

Vertragstheorie 63

Verwandtschaft 327

Warenfetischismus 164

Wettbewerb 166, 198, 205

Wohlfahrt 22, 107, 149, 159, 185, 333
Wohlfahrtsstaat 98, 113, 123, 133, 145, 183, 228, 246, 316, 346, 369, 395, 447

Personenregister

Ackermann, Bruce 90
Acton, John Emerich Edward 438
Antonius, Marcus 397
Aristoteles 95ff., 116, 130, 272, 276, 293, 295, 451
Auden, Wystan Hugh 265

Baeck, Leo 283
Bambrough, Renford 406
Bauer, Otto 82
Bodin, Jean 379f.
Bosanquet, Bernard 73
Buber, Martin 282
Burke, Edmund 108, 128

Cleveland, Steven Grover 172
Cohn-Haft, Louis 114
Cromwell, Oliver 352
Cummings, William 297ff.

Demosthenes 433
Descartes, Réne 138
Dewey, John 290
Dryden, John 204
Dumont, Louis 135
Durkheim, Emile 199
Dworkin, Ronald 226f.

Ekklesiastes 150
Elias, Norbert 400
Ely, Richard 420f.
Emerson, Ralph Waldo 360
Engels, Friedrich 334f.
Epiktet 393

Finley, M.I. 117, 385
Ford, Henry 177
Fortes, Meyer 329
Foucault, Michel 409, 412
Fourier, Charles 249
Franklin, Benjamin 184
Fried, Charles 112

Gailbraith, John Kenneth 446
Gandhi, Mahatma 257
Goitein, S.D. 118, 126
Gorz, André 174-177
de Grazia, Sebastian 278

Hardy, Thomas 377
Hegel, Georg Friedrich Wilhelm 369
Hippokrates 137
Hirschmann, Albert 316
Hobbes, Thomas 81, 84ff., 127, 211, 359, 361-364, 366, 368, 370, 381f., 384, 396, 401, 430f.
Hughes, Everett 266

Ibsen, Henrik 377
Isaacs, Harold 224
Isokrates 96
Jackson, Andrew 201
James, William 33
Johnson, Samuel 271, 327
Joyce, James 377

Kennedy, John F. 220
Kennedy, Robert 220
Konfuzius 210

Lenin, Wladimir Iljitsch 201
Leylls, Charles 192
Lincoln, Abraham 154
Locke, John 163, 350-353, 439
Luther, Martin 200, 349f.
Lysias 116, 124

Macy, Roland 171-174
Maimonides 119, 146, 283
Mair, Lucy 333
Malinowski, Bronislaw 186ff.
Mao Tse-Tung 345, 380
Marshall, T.H. 130, 232, 271
Marx, Karl 34, 38, 40f., 44, 47f., 50, 56f., 150ff., 273-277, 287, 335, 416, 424, 443
Mather, Increase 354
Maugham, Somerset 338
Mauss, Marcel 145
Melbourne, Lord 358
Mill, John Stuart 21, 33, 192f.
Milton, John 305

Nagel, Thomas 367
Napoleon 190f., 202
Nobel, Alfred 376, 378
Nozick, Robert 140

Okun, Arthur 156
Orwell, George 250, 307ff., 313, 315, 331

Parkin, Frank 16, 366
Pascal, Blaise 47f., 50, 397
Patterson, Orlando 357
Perry, Stewart 261f.
Platon 29, 330f., 397, 406ff., 430
Perikles 94, 116, 407f., 430
Poujade, Pierre 183
Protagoras 407f.
Pullmann, George 418-422, 426, 428

Rawls, John 67, 87, 128, 330
Rainwater, Lee 163f., 176
Rilke, Rainer Maria 377
Roosevelt, Franklin 173

Rousseau, Jean-Jacques 108, 133, 155, 201, 252-255, 338ff., 378, 381, 388, 394, 432f.
Ruskin, John 248

Sahlins, Marshall 189
Scanlon, Thomas 141
Shakespeare, William 150ff., 200, 276, 285
Shaw, Bernard 256, 259f., 268, 277, 301, 337
Sidgwick, Henry 73, 75, 84f., 87
Skylax 293
Smith, Adam 235, 273
Solon 418
Spiro, Melford 254f.
Stachanow, Aleksej 374f., 380
Stalin, Jossif W. 374f., 380
Stone, Lawrence 331
Strauss, Isidor 171, 173
Strauss, Nathan 171f.
Strauss, Oscar 172f.
Strindberg, August 377
Swift, Jonathan 217

T'ai-tsung 209
Tawney, R.H. 181f., 234, 294, 303f., 390, 416
Terkel, Studs 268
Thackeray, William M. 389
Titmuss, Richard 146f.
Tocqueville, Alexis de 357, 392f.
Tolstoi, Leo 377
Trotzki, Leo 217, 253

Valéry, Paul 377
Veblen, Thorstein 270

Weber, Max 194, 282
Weil, Simone 111, 393
Whitman, Walt 169, 257
Wilde, Oscar 152, 246, 261
Williams, Bernard 35, 140
Winthrop, John 68, 78, 84
Wirsén, Carl David af 377
Wu Ching-tsu 211

Aus unserem Programm

Reihe »Theorie und Gesellschaft«
Herausgegeben von Axel Honneth, Hans Joas und Claus Offe

Gertrud Nunner-Winkler (Hg.)
Weibliche Moral
Die Kontroverse um eine geschlechtsspezifische Ethik

Band 19: 1991. 344 Seiten
ISBN 3-593-34338-X

Thomas H. Marshall
Bürgerrechte und soziale Klassen
Studien zur Soziologie des Wohlfahrtsstaates

Übersetzt aus dem Englischen und herausgegeben von Elmar Rieger

Band 22: 1992. 202 Seiten
ISBN 3-593-34660-5

Sighard Neckel
Status und Scham
Studien zur Soziologie des Wohlfahrtsstaats

Band 21: 1991. 292 Seiten
ISBN 3-593-34576-5

Stefan Breuer
Max Webers Herrschaftssoziologie

Band 18: 1991. 256 Seiten
ISBN 3-593-34458-0

Campus Verlag · Frankfurt am Main